KB062619

얄타에서 베를린까지

얄타에서 베를린까지
독일은 어떻게 분단되고 통일되었는가

초판 1쇄 펴낸날 2019년 5월 23일
초판 2쇄 펴낸날 2019년 12월 5일

지은이 윌리엄 스마이저 **옮긴이** 김남섭
펴낸이 이건복 **펴낸곳** 도서출판 동녘

등록 제311-1980-01호 1980년 3월 25일
주소 (10881) 경기도 파주시 회동길 77-26
전화 영업 031-955-3000 편집 031-955-3005 **전송** 031-955-3009
블로그 www.dongnyok.com **전자우편** editor@dongnyok.com
인쇄·제본 영신사 **종이** 한서지업사

ISBN 978-89-7297-941-8 03920

• 잘못 만들어진 책은 바꿔드립니다.
• 책값은 뒤표지에 쓰여 있습니다.
• 이 도서의 국립중앙도서관 출판시도서목록(CIP)은 서지정보유통지원시스템 홈페이지(http://seoji.nl.go.kr)와
  국가자료공동목록시스템(http://www.nl.go.kr/kolisnet)에서 이용하실 수 있습니다.(CIP제어번호: CIP2019016895)

얄타에서 베를린까지

독일은 어떻게 분단되고 통일되었는가

FROM YALTA TO BERLIN

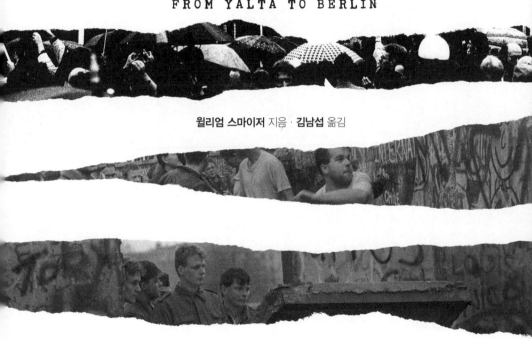

윌리엄 스마이저 지음 · 김남섭 옮김

동녘

일러두기

1. 이 책은 윌리엄 리처드 스마이저(William Richard Smyser)의, *From Yalta to Berlin: The Cold War Struggle over Germany*(New York: St. Martin's Griffin, 1999)를 완역한 것이다.
2. 본문의 각주는 모두 옮긴이 주다.

서언

독일은 개인적으로도 직업적으로도 내 삶에서 중요한 요소였다. 아마도 내가 구소련이라고 말해야 하는 러시아와 함께, 내 자신의 나라 외에 다른 어떤 나라도 오랜 세월에 걸쳐 그처럼 온 마음을 사로잡을 만큼 나의 흥미를 끌지는 못했다. 그러므로 기본적으로 나는 스마이저 박사의 연구 같이 냉정한 새 독일 연구라면 어떤 연구도 환영해 마지않는다.

내 가족은 친가와 외가 모두 독일계이다. 나는 보모 덕분에 시카고의 집에서 영어보다 먼저 독일어로 말하는 법을 배웠다. 나는 아버지가 사라예보에서 암살 사건이 터진 뒤 티롤의 휴가지에서 유럽을 가로질러 우리를 서둘러 집으로 데려가던, 내가 일곱 살 때 겪었던 운명적인 1914년 여름을 생생하게 기억한다. 우리는 영국이 독일에 전쟁을 선포할 때 뮌헨에 살고 있었다. 우리는 비열한 영국인이라고 괴롭힘을 당할까봐 옷깃에 조그만 미국 국기를 달았다. 미국이 전쟁에 참여하자 나는 전쟁 공채를 팔기도 했고, 6학년 때는 파리 강화회담을 주제로 한 학교 토론에서 독일 외무장관 발터 라테나우(Walther Rathenau)의 역할을 하기도 하는 등, 전쟁에 대한 관심을 놓지 않았던 기억이 난다.

독일은 또 간접적이긴 하지만 재정과 정부의 세계로 나를 이끌기도 했다. 하버드 대학교를 졸업한 지 얼마 되지 않았던 1929년에 나는 시카고의 증권회사였던 베이컨휘플 사의 명을 받아 당시 이미 가격이 많이 올랐던 미국 증권보다 독일 증권이 더 나은 투자가 될 수 있을지를 알아보기 위해 독일에 갔다. 소개장 몇 장을 준비했는데, 그중에는 심지어 유럽으로 떠나기 전에도 덕을 보았던 소개장도 있었다. 그 소개장은 저명한 뉴욕 투자 은행가였던 클래런스 딜런(Clarence Dillon) 앞으로 쓴 것이었다. 귀국길에 딜런은 딜런리드 사에서 자신의 개인 보좌관으로 일하면 어떻겠느냐고 제안하기도 했다. 1930년대에 이 회사에서 일하는 동안 특히 당시 파트너였던 짐 포레스털(Jim Forrestal)과 맺었던 친분은 나중에 내가 워싱턴으로 직장을 옮긴 뒤 큰 도움이 되었다.

독일 증권에 관한 보고—나는 매입을 권하지 않았다—에 초점을 맞춘 이 일곱 달 동안의 유럽 여행은 많은 점에서 기억할 만했다. 누구보다도 조각가였던 알렉산더 칼더(Alexander Calder)와 함께 베를린의 니콜스부르거 플라츠에 있는 나우만 펜션에서 특히 즐거운 시간을 보냈다. 베를린은 또 멋진 하버드 친구인 프레디 윈스럽(Freddy Winthrop)과 하이킹을 떠났을 때, 의도하지 않게 처음으로 소련 땅을 밟은 짧은 여행의 베이스캠프 역할을 하기도 했다. 우리는 폭우가 쏟아지는 가운데 길을 잃고 핀란드 국경선을 넘어 소련 영내로 들어가게 되었는데, 우연히 마주친 한 어부가 우리가 러시아에 들어 왔으며 얼른 돌아가라고 일러주었다.

몇 년 뒤인 1937년에 다소 가까운 거리에서 아돌프 히틀러를 처음 보았다. 나는 아내와 함께 자동차로 휴가여행 중이었는데, 어느 시카고 신문사의 통신원으로부터 이 '미친 자'를 한 번 보라는 이야기를 들었다. 그래서 나는 차를 몰고 뮌헨으로 가서 에덴 호텔 2층에 방을 잡았다. 방에는 광장을 내려다볼 수 있는 작은 발코니가 있었고, 다음 날 히틀러는 1층 바로 내 발 밑에서 연설을 했다. 나는 이전에는 그런 연설을 들어본 적이 없었다. 대단한 경험이었다. 나는 이전에는 연설은 조용하고 사려 깊게 하는 것이라고 생각했다. 히틀러는 정말 열정과 증오에 차서 고함을 지르고 열변을 토했다. 마침 그때는 우리가 처음으로 히틀러 유겐트를 보았고 교만과 경멸에 찬 그들의 표정 때문에 불안감이 등골을 서늘하게 타고 내리면서, 우리의 즐거운 휴가에 짙은 그늘을 드리우던 시점이었다.

내 기억에 독일이 폴란드를 침공하고 영국과 프랑스가 전쟁을 선포할 수밖에 없었을 때 나는 콜로라도의 부모님 목장에 있었다. 당시 많은 미국인들처럼 그리고 독일계 미국인이라는 혈통의 영향도 조금은 있어서 나는 우리가 처음에 그랬던 것처럼, 미국이 이 충돌에서 중립을 지켜야 한다고 생각했다. 그러나 독일의 정복 전쟁이 진행될수록 점점 우리 자신의 안보가 더 위험해진다는 것이 곧 명백해졌다. 1940년 여름, 프랭클린 루스벨트(Franklin D. Roosevelt)의 특별 행정 보좌관 여섯 명 중 한 명으로 근무하고 있던 짐 포레스털이 나에게 워싱턴에서 일해달라고 요청했을 때 나는 기꺼이 그 일을 맡았다. 몇 가지 일로 인해 방해를 받았지만 어쨌든 유럽에서 전쟁이 끝났을 때 나는 다시 독일에 있게 되었다. 나는 우리 가족의 독일 친척들의 행방을 알아냈고 또 심지어 베를린의 나우만 펜션을 방문하려고도 했지만 펜션은 폐허로 변해 있었다. 가장 기억할 만한 일화 중의 하나는 독일의 전시 생산 책임자였던 알베르트 슈페어(Albert Speer)를 심문한 일이었다. 우리는 연합국이 아직 점령하기 전이었던 홀슈타인에서 그 일을 했다. 슈페어는 독일의 패배를 히틀러를 둘러싼 집단의 무능력과 유약함, 우둔함 탓으로 돌렸다. 나는 슈페어가 전범으로 기소되지 않도록 해주기를 바랐다고 생각하나 그것은 내 봉급 수준으로는 어림없는 일이라고 그에게 알려주었다.

그 시점부터 독일과 나의 연결은 주로 정책 분야에 머물러 있었는데, 대체로 마셜 계획, 베를린 공수작전, 나토 창설로부터 소련과의 전략무기 협상에 이르는 공적 영역의 일들이었다. 나는 지금도 1948년의 베를린 위기가 그 후에 일어난 쿠바 미사일 위기보다 훨씬 아슬아슬하게 우리를 소련과의 충돌 위기로 몰아갔던, 미국에게 가장 위태로운 순간이었다고 여긴다. 이렇게 간주하는 큰 이유는 미국은 군사적으로 전쟁 준비가 되어 있지 않았다고 알고 있었지만, 반면에 소련은 전투 준비를 갖춘 사단이 많았다고 생각했기 때문이었다. 그러나 우리는 불가피한 위험을 감수했고 우리의 정책은 먹혀들었다.

세월이 흐르면서 나는 전후의 모든 독일 총리들과 친분을 쌓게 되었다. 나는 콘라트 아데나워(Konrad Adenauer)를 존경했다. 아데나워는 그 자신이나 다른 어느 누구의 기대도 저버리지 않는 용감한 사람이었다. 나는 꽤 지적이었던 헬무트 슈미트(Helmut Schmidt)의 가까운 친구가 되었고, 헬무트 콜(Helmut Kohl)이 멋진 유머 감각을 지닌, 나와 매우 비슷한 유의 사람이라는 것을 알았다. 나는 항상 그들과 의견이 일치한 것은 아니었다. 예를 들어, 나는 1977년에 소련의 SS-20 미사일 배치를 상쇄하기 위해 미국이 유럽에 중거리 미사일을 배치해야 한다는 슈미트의 제안에 대해 처음에 미심쩍어 했다. 나는 퍼싱 II가 이 목적에 맞는 미사일이 아니라고 믿었으므로 군부의 주장에 동의하지 않았다. 또 퍼싱 II 배치가 특히 서독에서 정치적으로 불화를 일으킬까봐 걱정도 되었다. 그러나 1979년에 나토가 '이중 트랙' 정책을 채택하자, 나는 우리가 책무라고 생각하며 전념해왔던 일을 갑자기 그만둘 수가 없었기 때문에 계속 일을 진행하는 것 말고는 선택의 여지가 없었다.

이와 마찬가지로 나는 독일이 경제적으로 성공적이고 통합된 유럽에서 더 잘 살 것이라는 콜의 시각에 어떤 문제점도 느끼지 않았지만 언제나 유럽 내부의 협력보다는 독일-미국 관계의 중요성에 더 큰 역점을 두었다. 이 두 가지는 내 마음속에서 양립 불가능한 것은 아니었으나, 냉전이 지속되는 한 미국이 독일과 가장 가까운 관계를 구축하고 독일이 서방 동맹에 상당한 기여를 하는 것이 논리적이었다. 그리고 처음에는 아데나워의 지도력과 우리 자신의 설득력 있는 주장 덕분에, 모스크바가 크게 실망하게도 일은 그런 식으로 돌아갔다.

특히 기밀이었다가 지금은 해제된 많은 소련 정보에 접근할 수 있었던 스마이저 박사는 이러한 주제들에 학수고대하던 이해의 실마리를 던져준다. 우리는 지금 알고 있는 것을 그때 알기만 했더라도, 밤에 잠자리가 좀 더 편안했을 것이다.

폴 니츠(Paul Nitze) 전 미국 국방차관

머리말

잇단 선전포고의 소식으로 유럽 전역이 뒤숭숭하던 1914년 8월 3일, 영국 외무장관 에드워드 그레이* 경은 땅거미가 으스름하게 내려앉고 있던 화이트홀** 집무실의 높은 창문을 내다보며 이렇게 말했다. "오늘밤 유럽의 모든 곳에서 전등이 꺼질 것이오. 그리고 우리 생애에는 전등이 다시 켜지는 것을 보지 못할 겁니다."

에드워드 경의 예언은 그대로 실현되었다. 유럽의 마지막 제국이 대륙의 동부에 대한 엄격한 지배를 포기했던 1990년까지 전등이 다시 켜지지 않았던 것이다.

독일은 전등이 계속 꺼져 있는 데 어느 국가보다도 더 큰 역할을 했다. 독일은 유럽과 전 세계를 집어삼켰던 전쟁을 두 번이나 개시했다. 그런 뒤 패전국이자 분단국이 된 독일은 새로운 다른 전쟁에서 주요 목표물이 되었다.

어떤 민족의 분노도 어떤 민족의 운명도 20세기에 더 큰 충격을 준 적이 없었다. 독일의 철학자들은 가장 악의에 찬 이념을 생산하고 그 신봉

---

* Edward Grey(1862-1933). 영국의 자유당 정치가. 1905-1916년 영국 외무장관, 1919-1920년, 미국 주재 영국 대사를 역임했다.
** Whitehall. 트라팔가 광장에서 의사당에 이르는 길로 관공서가 많이 모여 있는 런던 도심의 거리를 가리킨다. 일반적으로 영국 정부나 정책을 일컫기도 한다.

자들은 가장 잔혹한 전쟁을 시작했다. 독일의 과학자들은 가장 무서운 무기를 상상했다. 독일군은 승리도 거두고 패배도 맛보면서 여러 민족을 이동시키고 그들의 지도를 다시 그렸다. 독일은 자신의 사상과 정복 활동, 그리고 만행을 3세대에 걸친 의식적·잠재의식적 기억 속에 뜨겁게 낙인찍었다.

1945년부터 1990년까지 독일을 둘러싼 투쟁은 세계의 모습을 만드는 데 일조했다. 그 투쟁은 냉전의 중심 소용돌이를 이루면서 유럽의 모든 국가와 그 너머의 많은 국가들을 빨아들였다. 투쟁은 고정된 경계가 없었고, 정부와 사회에 관한 서로 대립하는 구상들 사이에서 거대한 지구적 갈등의 중심이 되었다.

냉전의 경쟁자들은 언제 어디서 충돌하든, 항상 독일을 둘러싼 투쟁을 염두에 두었다. 그들은 사실상 모든 위기를 중부 유럽의 균형에 미치는 영향이라는 면에서 평가했다. 그리고 그들은 모든 독일 위기를 유럽과 그 너머 지역에 미치는 영향이라는 면에서 평가했다.

독일을 둘러싼 투쟁은 모든 참여자들이 처음부터 그들이 필요로 했던 것을 얻었을 때 비로소 끝났다. 비록 어느 누구도 처음에 그들이 원했던 모습대로 그것을 얻지는 못했지만 말이다. 독일인들 스스로—특히 베를린 시민들—가 중요하고 궁극적으로 결정적인 역할을 했다.

이 책을 쓰면서 나는 독일을 둘러싼 투쟁의 모든 요소들을 공평하게 다루려고 했다. 나는 투쟁의 양상을 형성하고 그 결과를 결정지은 요인들을 제시했다. 나는 갈등의 핵심에 초점을 맞추지만 또한 폭넓은 주변에서 작동한 연관 요인들도 언급한다. 나는 때때로 서사뿐만 아니라 논평도 곁들이면서 무슨 일이 왜 벌어졌는지를 기록한다.

나는 미래가 칼끝에 대롱대롱 매달려 있거나 새 지도자들이 새로운 방향을 설정한 가장 결정적인 순간들에 대해 자세히 논의한다. 또 독일을 둘러싼 투쟁은 잠시도 중단된 적이 없기 때문에 좀 덜 상세하긴 하지만 결정적인 순간과 순간 사이에 무슨 일이 벌어졌는지도 묘사한다. 충분한 이유로 나는 지도자뿐만 아니라 일반인들도 살펴본다.

저자라면 그가 기술하는 사건들에서 자신이 어떤 역할을 했는지 독자들에게 한 마디쯤 해야 한다고 생각한다. 내 경우에는 매우 적극적인 역할이었다. 나는 생애의 많은 시간 동안 독일 문제에 깊이 관련되었다. 나는 진주만 공습이 있기 전에 아돌프 히틀러의 독일에서 2년 동안 살았다. 1950년대에는 2년 동안 루셔스 클레이* 장군과 함께 독일 주둔 미군에서 복무했고, 1960년대 초에는 4년 더 베를린에서 근무했으며, 그 뒤 1970년대 말에는 본의 미 대사관에서 정무 참사관으로 4년 동안 일했다. 나는 독일을 자주 방문했고 또 독일에 대해 계속 글을 썼다.

나는 때로는 참가자로서 때로는 근접 관찰자로서 내가 이 책에서 묘사한 사건의 많은 부분에 관여했다. 나는 목격자이기도 하고 역사가이기도 한데, 때로는 내 연구에, 때로는 내 기억에, 그리고 종종 연구와 기억 모두에 의거해 판단한다.

저자라면 또 자신이 기여하고자 하는 바를 명확히 해야 한다. 수많은 책과 논문들이 이 책에서 다루고 있는 문제를 언급하고 있으나, 어떤 연구도 독일 분단의 역사를 발생부터 종결까지 전 과정을 검토하면서 그 의미를 이해하려고 하지는 않았다. 나는 바로 그 작업을 하고 싶다. 나는 낡은 자료와 분석이 아니라 새로운 자료와 분석을 제시하고자 한다. 나는

---

* Lucius Clay(1898-1978). 미군 장성. 1947-1949년 독일의 미국 점령지 군정장관을 지냈다. 1948-1949년 소련이 서베를린을 봉쇄했을 때 베를린 공수작전을 지휘했다.

모든 논쟁, 특히 오래된 논쟁에 관여하고 싶지는 않다. 나는 냉전이 어떻게 지금 우리가 보고 있고 우리가 예상할 수 있는 그런 모습을 빚었는지에 대해 새로운 결론을 내리고자 한다.

지금 독일, 특히 독일 통일과 관련된 새로운 정보가 거의 매일 해묵은 자료나 새로운 회고로부터 등장하고 있다. 학자들은 통일 독일의 외무부가 동독 외무부 자료들을 여전히 기밀에 부치고 있긴 하지만, 이제 많은 구동독 문서들을 검토할 수 있다. 냉전국제사프로젝트(Cold War International History Project)나 국가안보아카이브(National Security Archive) 같은 미국의 주요한 몇몇 기관들은 소련과 동독 문서들을 발간하고 분석하고 있다. 미국의 학자들은 미국의 이해와 가장 밀접히 관련된 문서들에 집중한다. 독일의 학자들은 독일의 이해와 가장 밀접히 관련된 문서들에 집중하고 있다. 소련과 동독의 외교관 및 정보기관 관리들은 자신들이 직접 겪은 이야기를 해왔으며, 그들 중 일부는 다른 사람보다 더 진실하게 자신의 경험을 털어놓는다.

비록 최고위 소련 지도자들이 무슨 생각을 했는지를 우리에게 알려주거나 적어도 그들이 무엇을 쓰고 말했는지를 보여줄 대통령 문서고는 공개하지 않았지만, 러시아는 많은 자료들을 공개해왔다. 우리는 일부 분야는 여전히 베일에 싸여 있긴 하나, 오래 전부터 기대해왔던 것보다 더 많은 것을 볼 수 있었다. 아마 스탈린* 시대의 자료를 비롯해 더 많은 자료들이 앞으로 공개될 것이다.

나는 다른 연구들을 그대로 베끼려고 하지는 않았지만, 믿을 만하다

---

* Joseph Stalin(1879-1953). 러시아의 정치가, 공산주의자. 1922-1952년 소련공산당 총서기, 1941-1953년 소련 각료회의 의장 등을 맡은 소련의 최고 지도자였다.

고 생각되면 그 연구들을 활용했다. 이 책은 미국, 소련, 독일, 프랑스, 영국에 집중하고 있으므로 나는 이 모든 나라들의 자료를 이용했다. 미국의 학자들은 냉전에 관한 유럽의 자료, 특히 독일 자료를 더는 모른 체할 수 없다. 회고록의 독일어 판본은 영어 번역본보다 더 많은 정보를 담고 있는 경우가 흔하다. 나는 필요하면 두 판본을 다 이용했고, 특히 최신의 독일어권 연구를 영어권 독자들에게 소개하려고 했다.

저자라면 사건의 전모라고 생각하는 것을 말할 수 있을 만큼 기록이 완전할 때 책을 쓰기 시작해야 한다. 바로 이것이 현재 이용 가능한 정보를, 내가 시간의 검증을 견뎌낼 것이라고 믿는 분석 속으로 끌어들이면서 하려고 했던 일이다. 나중에 증거 자료를 바탕으로 더 고증하다 보면 내 결론 중 일부가 흔들릴 수도 있겠지만, 나는 내 결론이 완전히 뒤집히는 일은 없을 것이라고 생각한다.

이 책의 연구와 집필은 미국평화연구소(United States Institute of Peace)의 후한 지원 덕분에 가능했다. 나는 또 데탕트 외교를 살펴보고 독일에서 인터뷰를 진행하기 위해 독일마셜기금(German Marshall Fund)으로부터 연구비도 지원 받았다.

몇몇 분들이 각별히 내 연구에 도움을 주었다. 미 국무부의 랠프 J. 번치 도서관(Ralph J. Bunche Library) 직원들, 특히 윌리엄 설리번(William Sullivan), 뉴욕의 독일정보부(German Information Service)에 근무하는 한넬로레 쾰러(Hannelore Köhler), 냉전국제사프로젝트의 크리스천 오스터만(Christian Ostermann)이 그들이다. J. D. 빈데나겔(J. D. Bindenagel), 카를 H. 체르니(Karl H. Cerny), 존 메이포서(John Mapother), 카를-하인츠 슈미트(Karl-Heinz Schmidt), 로버트 졸릭(Robert Zoellick)을 비롯한 많은 학자와 실무자들이 원고를 전부 또는 일부를 읽고 검토하여 유익한 제안과 정보를 제공했다. 나는 기관들과 사람들에게 깊이 감사드리지만, 그들은 내가 내린 결론에 어떤 책임도 없다.

독일을 둘러싼 투쟁은 많은 이들에게 행복하게 끝났지만, 일부 사람들에게는 치명적이었다. 나는 이 책을 베를린 공수작전을 수행하다가, 또는 베를린 장벽을 기어오르다가, 또는 우리가 결코 알지 못할 방식으로 죽은 사람들을 추모하며 썼다.

차례

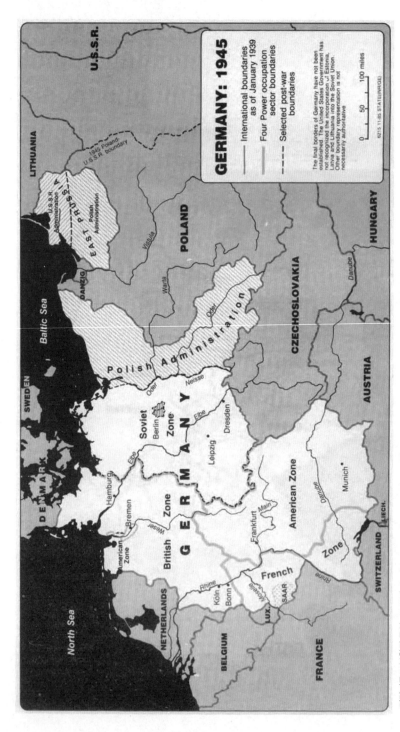

점령지들로 분할된 독일. 1945년. *Documents on Germany 1944–1985*, Department of State publication 9446에서 전재.

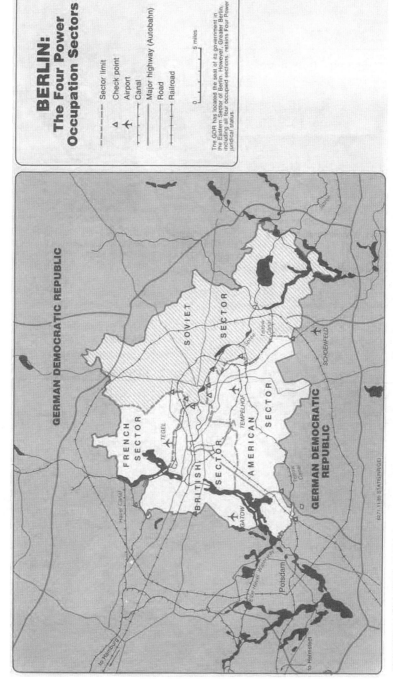

점령구역들로 분할된 베를린, 1945년. Documents on Germany 1944-1985, Department of State publication 9446에서 전재.

베를린 도심의 거리 지도

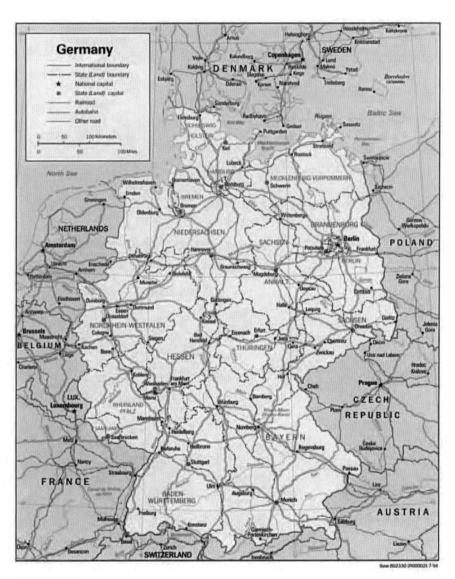

통일 독일, 1994년

서문

비스마르크와 독일 문제

독일의 '철혈 재상' 오토 폰 비스마르크* 후작은 덴마크, 오스트리아, 프랑스와의 잇단 전쟁에서 승리를 거둔 후 1871년 프로이센이 주도하던 독일을 통일시켰다. 그와 독일의 새 황제 빌헬름 1세**가 베르사유 궁전의 거울의 방에서 독일제국(German Reich)을 선포했을 때, 비스마르크는 자신들을 위해서든 자신들의 주둔군을 위해서든 전략적 입지를 탐내는 외국인들이 독일 영토를 침공하는 일에 종지부를 찍을 만큼 강력한 독일을 만들었다고 생각했다. 비스마르크는 독일 영토를 둘러싼 싸움과 말다툼이라고 알려져 온, 이른바 '독일 문제'가 다시는 없을 것이라고 여겼다.

비스마르크의 낙관주의가 전혀 근거가 없는 것은 아니었다. 비스마르크가 수많은 소제후국들로 분열되어 있던 독일을 한 지붕 아래로 마침내 통합시키는 데 성공했기 때문이었다. 비스마르크가 통일을 이룩하기 전에 독일은 그 취약성으로 인해 독일의 일부를 통제하려는 혹은 다른 나

---

* Otto Von Bismarck(1815-1898). 1871년 독일을 통일시켜 독일 제국을 건설한 프로이센의 외교관이자 정치가. 1862-1873년 프로이센 외무대신, 1862-1890년 프로이센 재상, 1871-1890년 독일 제국 재상을 역임했다.

** Wilhelm I(1797-1888). 프로이센의 국왕(재위 1861-1888). 1866-1871년 북독일연방 의장을 지내다 1871년 독일이 통일되면서 독일 제국의 초대 황제가 되어 1888년 사망할 때까지 재위했다.

라들이 독일을 통제하는 것을 차단하려는 프랑스, 러시아, 스웨덴, 오스트리아 등 인접국들의 침공에 오랫동안 시달려왔다. 이 침공들 때문에 수많은 독일인들이 죽고 도시와 성곽, 농장은 폐허가 되었다. 비스마르크는 다른 유럽 국가들보다 뒤늦긴 했지만, 마침내 통일된 강력한 독일이 자신의 이익과 자신의 국민을 보호할 수 있으리라고 생각했다. 그러나 비스마르크는 그 자신을 파괴시킬 씨앗을 품은 독일 제국을 창건하면서 두 가지 치명적인 실수를 저질렀다.

첫째, 비스마르크는 독일의 통일을 프로이센 전제정에 결부시켰다. 1848년과 1849년에 독일을 민주주의 토대 위에서 통일시키려 했던* 독일의 자유주의자, 이상주의자, 인본주의자들을 물리치는 데 한 몫 한 후, 비스마르크는 독일을 호엔촐레른가** 아래 통일시켰다. 이는 거들먹거리면서 근시안적 안목을 가진 프로이센 통치 계급의 지배를 받는 독일 제국을 국내와 국외에서 잇단 재앙에 빠트렸다.

둘째, 비스마르크는 프랑스로부터 알자스-로렌 지방을 빼앗아 병합했는데, 이는 복수심에 불타는 화해 불가능한 적을 만들었다. 독일은 평화와 안전을 보장받지 못했다. 대신 독일은 계속 전쟁의 위협 속에 살아야 했는데, 이 전쟁은 비스마르크의 끝없고 종종 기만적인 책략에 의해서만 연기될 수 있었다. 하지만 결국 독일은 이 전쟁에서 패배하게 될 터

---

* 1848년 프랑스 2월 혁명에 자극받아 1848년 3월에서 1849년까지 독일 전역에서 진행되었던 '1848년 독일 혁명'을 가리킨다. 1848년 3월 빈과 베를린에서 자유주의자들이 주도하는 혁명이 발발한 데 이어 그해 5월에는 프랑크푸르트 국민의회가 소집되어 통일 독일을 위한 헌법을 제정했다. 하지만 독일 황제로 선출된 프로이센의 빌헬름 4세가 황제직을 거부하면서 혁명은 결국 실패로 돌아갔다.

** Hohenzollerns. 브란덴부르크 선제후, 프로이센 왕, 독일 황제(프랑켄계), 호엔촐레른 공국의 통치자와 루마니아의 왕(슈바벤계)을 배출한 유럽의 가문을 말한다. 가문은 본래 슈바벤의 귀족 출신이다.

였고, 그 후 프랑스와 그 동맹국들이 1919년 베르사유에서 그들 자신의 보복적인 평화를 강요한 뒤 히틀러가 벌인 복수와 정복의 전쟁은 훨씬 더 많은 파괴와 수치의 기괴한 유산을 남겼다. 비스마르크의 독일제국은 새로운 독일 문제를 낳았다. 유럽의 한복판에서 걷잡을 수 없이 사납게 날뛰는 가르강튀아*를 어떻게 다룰 것인가가 그것이었다.

세계와 독일은 비스마르크의 실수에 대해 값비싼 대가를 치렀다. 그가 창건한 통일 독일은 분열된 독일보다도 훨씬 더 큰 위험한 불씨가 되었다. 제2차 세계대전 후 승전국들은 독일에 또 한 번의 기회를 주지 않기로 결정했다.

1898년 비스마르크가 사망한 지 겨우 반세기 만에 독일은 어느 때보다도 더 철저히 패배하고 황폐화된 채 다시 분단되어 외국의 점령하에 놓이게 되었다. 프로이센은 법적으로 폐지되었고, 대부분의 영토는 러시아와 폴란드가 나눠 갖게 되었다.

그러나 다시 한 번—1871년 이전처럼—분단 독일은 탐욕스런 경쟁을 불러 일으켰다. 히틀러의 제3제국을 패배시킨 4대 열강은 남은 것을 두고 서로 다퉜다. 그들은 독일 전체를 통제하거나 적어도 상대방이 독일 전체를 통제하는 것을 막기를 원했다. 그들은 과거에 유럽의 왕과 황제들이 했던 것과는 달리 독일을 두고 군사적 충돌을 일으키지는 않았다. 대신 4대 열강은 냉전이라고 알려진 전쟁에서 그 밖의 모든 수단을 동원하여 싸웠다. 4대 열강은 자신들이 보유한 부분이 무엇이든 그에 대한 통제권을 잃어버릴 위험을 무릅쓰기보다는 독일을 분단된 채로 남겨두

---

* Gargantua. 16세기 르네상스 시대에 활동한 프랑스의 작가, 프랑수아 라블레의 작품에 나오는 두 명의 거인왕(巨人王) 중 한 명이다.

기를 원했다.

끝으로, 1990년 9월에 4대 열강과 독일인들은 독일을 다시 통일시키는 조건에 대해 합의했다. 그리하여 독일 분단뿐만 아니라 냉전 전체가 종언을 맞았다.

냉전은 몇몇 예상치 않은 이익을 가져다주었다. 냉전은 근대 독일 국가를 육성하는 극히 중요한 인큐베이터로 기능했다. 냉전은 또 한 번의 보복적인 평화를 미연에 방지하면서 모든 측면에서 전시 감정을 누그러뜨렸다. 그리고 냉전은 독일인들에게 자신들의 역사에서 민주주의의 뿌리를 재발견하여 육성하고, 자신들의 손실을 받아들일 수 있는 시간을 주었다. 또 인접국들이 자신들의 나라에 대해 가지고 있는 근거 있는 두려움을 인정하여 존중하고, 히틀러가 야기했던 고통을 이해하는 가운데 그에 대한 보상을 할 수 있는 시간도 부여했다.

시간은 치유자이면서 동시에 창조자가 되었다. 40년 동안 냉전은 옛 적들을 새로운 관계 속으로 끌어들였다. 냉전 덕분에 독일은 다른 나라들이 받아들일 화해 속에서 자신의 미래를 분명히 할 수 있었다. 유럽과 세계는 독일이 참여하여 기여할 수 있는 제도를 창출했다.

최근에 이용 가능해진 증거들은 독일을 둘러싼 냉전의 역사를 새롭게 들여다볼 수 있는 창문을 제공한다. 이오시프 스탈린은 독일의 분단을 원하지 않았지만 분단을 막는 데 필요한 결정을 내리지 않았음이 이제 분명해졌다. 스탈린의 총독인 발터 울브리히트*는 우리가 아는 것보다

---

* Walter Ulbricht(1893-1973). 독일민주공화국(동독)의 정치가. 1929년 독일 제국의회 의원에 당선되었으나 1933년 나치정권이 수립되면서 모스크바로 망명했다. 제2차 세계대전 종전 후 1945년 사회민주당과 공산당을 통합한 독일사회주의통일당(SED)을 창당했다. 그 뒤 1950-1953년 총서기, 1953-1971년 제1서기, 1949-1960년 부총리를 지냈다. 1960년 국가평의회 의장에 취임했으나, 1971년 호네커가 당 제1서기에 피선됨으로써 실권을 잃었다.

더 자율적이고 더 사악한 역할을 했다. 니키타 흐루쇼프[*]는 쿠바를 보호하기 위해서가 아니라 서베를린을 획득하기 위해 쿠바에 미사일을 갖다 놓았다. 울브리히트의 후임자인 에리히 호네커[**]는 소련 지도자 레오니트 브레즈네프[***]의 희망을 거역하여 서독 총리 빌리 브란트[****]를 제거할 음모를 꾸몄던 것 같다.

서방 측의 상황을 보자면 이제 우리는 영국 외무장관 어니스트 베빈[*****]이 일반적으로 믿는 것보다 더 냉전 독일과 유럽의 틀을 형성시켰음을 알 수 있다. 훗날 미국 대통령 존 F. 케네디[******]는 경험 부족과 편향된 자문에 시

---

[*] Nikita Khrushchev(1894-1971). 러시아 제국과 소련의 혁명가이자 정치가. 1953년부터 1964년까지 소련공산당 제1서기, 1958년부터는 소련 각료회의 의장을 역임했다. 스탈린주의를 비판했고 대외적으로는 미국을 비롯한 서방 국가와 공존을 모색했다.

[**] Erich Honecker(1912-1994). 독일의 정치가. 1931년 자르지방 공산청년연맹 서기가 된 뒤 나치 정권에 의해 체포되었다. 독일의 패전과 함께 석방되어 다시 공산당에 입당하고, 1946년 독일사회주의통일당이 창립되자 당 지도부의 일원이 되어 1958년 이후 정치국원 및 서기를 지냈다. 1971-1989년 당 총서기와 국가방위평의회 의장, 1976-1989년 국가평의회 의장을 지냈다. 독일 통일 후 1993년 칠레로 망명했다.

[***] Leonid Brezhnev(1906-1982). 소련의 정치가. 1960-1982년 소련 최고 소비에트 간부회 의장, 1964-1966년 소련공산당 제1서기, 1966-1982년 소련공산당 총서기를 역임하면서 소련의 최고 지도자로 활동했다.

[****] Willy Brandt(1913-1992). 독일의 정치가. 1969년부터 1974년까지 독일연방공화국의 제4대 총리를 맡았으며 1961년부터 1988년까지 독일 사회민주당을 이끌었다. 1971년 동독 및 공산주의 국가들과의 동방 정책으로 노벨 평화상을 수상했다. 동방 정책으로 동독과 폴란드, 소련과의 관계를 평화적으로 이끌어 독일 통일의 기틀을 마련했다는 평가를 받고 있으며 기용 사건으로 총리직을 사퇴한 이후에도 왕성한 정치 활동을 수행했다.

[*****] Ernest Bevin(1881-1951). 영국의 노동조합 지도자이자 노동당 정치가. 운수일반노동자연합을 설립하여 1922-1940년 총서기를 지냈다. 1940-1945년 노동장관, 1945-1951년 외무장관을 역임했다. 미국의 재정 지원을 획득하고 공산주의에 강력히 반대했으며 나토 창설을 도왔다.

[******] John F. Kennedy(1917-1963). 미국의 제35대 대통령(재임 1961-1963). 1960년 대통령 선거에서 민주당 후보로 출마해 공화당 닉슨 후보에게 승리했다. 내정에서는 그다지 업적이 없었다. 외교 면에서는 쿠바 침공을 시도했다가 실패했으나, 1962년 10월 쿠바 미사일 위기 때 흐루쇼프와 대결하여 쿠바 불가침을 조건으로 미사일과 폭격기 철수를 수락 받았다.

달렸다. 케네디는 큰 실책을 저질렀으나 그 후 곤경에서 벗어났다. 새 문서는 케네디를 비롯해 사람들이 재빨리 행동했더라면 베를린 장벽의 건설을 막을 수 있었음을 보여준다. 후유증이 극심한 가운데 프랑스 대통령 샤를 드골*은 케네디를 거의 압도했고, 독일과 유럽에서는 영국 총리 해럴드 맥밀런**을 완전히 압도했다.

결국 공화당 대통령인 로널드 레이건***과 조지 부시****는 마침내 민주당의 해리 트루먼*****이 시작했던 일을 마무리했다. 미하일 고르바초프******는 다

1963년 11월 암살당했다.

* Charles de Gaulle(1890-1970). 프랑스의 레지스탕스 활동가, 군사 지도자, 정치인, 작가. 1945년 6월부터 1946년 1월까지 임시정부 주석, 1958년 6월 1일부터 6개월 동안 총리로서 전권을 행사했고, 1959년 1월 제18대 프랑스 대통령으로 취임했다. 1965년 대선에서 재선했으나 1969년 지방 제도 및 상원 개혁에 관한 국민투표에서 패하고 대통령직에서 물러났다.

** Harold Macmillan(1894-1986). 영국의 정치가. 제2차 세계대전 이후 영국 보수당 내각의 국방장관, 외무장관, 재무장관을 역임했고, 1957년부터 1963년까지 총리를 지냈다.

*** Ronald Reagan(1911-2004). 미국의 제40대 대통령(재임 1981-1989). 1966년 이후 캘리포니아 주지사를 지냈으며, 1980년 카터 대통령을 누르고 당선되었다. 대소 강경노선으로 군비를 확대하는 한편, 사회복지 지출을 억제해 대폭적인 감세를 실시하는 등 '레이건 혁명'을 달성해, 1984년 압도적인 표차로 재선되었다. 임기 후반기에는 소련의 고르바초프 총서기와 중거리핵전력(INF) 조약을 조인하고 미소 간의 긴장완화 노선을 확정함으로써 궁극적으로 냉전 체제의 종결에 기여했다.

**** George H. W. Bush(1924-). 미국의 정치가. 연방 하원의원, 국제연합 주재 대사, 미국중앙정보국(CIA) 국장 등 여러 공직을 거친 후 1980년 대통령 선거에서 로널드 레이건의 러닝메이트로 출마, 1981-1989년 부통령을 지낸 데 이어, 1989-1993년 제41대 대통령으로 재임했다.

***** Harry S. Truman(1884-1972). 미국의 제33대 대통령(재임 1945-1953). 루스벨트 대통령의 갑작스런 죽음으로 부통령이 된 지 82일 만에 대통령직을 승계했다. 제2차 세계대전과 태평양 전쟁에서 독일과 일본의 항복을 받았으며, 한국전쟁 당시 미국의 대통령이었다. 1947년 3월 12일, 미국 상하 양원 합동회의에서 '트루먼 독트린'을 선언함으로써 전후 냉전 시대를 연 인물로 일반적으로 평가된다.

****** Mikhail Gorbachev(1931-). 소련의 정치가. 1985년부터 1991년까지 소련공산당 총서기, 1988-1990년 소련 최고회의 의장, 1990-1991년 소련 대통령을 역임했다. 소련 최고 지도자로 재임하면서 개방 정책인 페레스트로이카를 추진했고, 이는 소련을 비롯한 중부 유럽과 동유럽 공산주의 국가들의 개혁과 개방에 큰 영향을 주었다. 소련 붕괴 이후 일반적으로

른 소련 지도자들이 원했던 선택을 했다. 그러나 고르바초프는 너무 늦었고, 그 자신이 예견한 대로 역사는 그를 응징했다.

독일을 둘러싼 투쟁은 시간이 어떻게 정치와 정책에 영향을 미치는 지를 보여주었다. 1946년이나 1958년에는 불가능했던 해결이 1970년 이나 1990년에는 가능해졌다. 시간이 경과하고, 독일 민주주의와 정책이 안정된 데다가 소련이 기진맥진해지면서 많은 독일인들이 추구해왔으나 다른 사람들이 놓쳐버린 통일을 다시 이룩하게 되었다.

소련과 서방은 독일이 그 둘 사이의 공간을 채울 수 있었을 때 비로소 냉전을 끝낼 수 있었다. 독일인들은 자신들의 나라를 둘러싼 투쟁에서 승리할 수 없었지만, 그들의 도움이 없었더라면 소련도 서방도 그 투쟁에서 승리를 거두지 못했을 것이다. 투쟁은 전쟁터가 아니라 교회에서, 베를린 장벽 위에서, 그리고 회의실에서 끝나야 할 때 끝났다. 모든 이들이 승리할 수 있고, 또 승리하는 방식으로 투쟁은 끝났다.

가장 말이 없던 자들이 가장 분명하게 말하는 자들이 되었고, 가장 힘 없는 자들이 가장 힘 있는 자들이 되었다. 그들은 독일이 '철과 피' 속에서 벼려질 것이라고 한 비스마르크의 주장이 거짓임을 보여주었다. 그들은 비스마르크의 실수를 바로잡았다. 그리고 그들이 가져다준 평화는 냉전 뿐만 아니라, 비스마르크가 독일의 자유주의자들을 패배시키고 프랑스를 욕보인 이래 유럽과 세계를 괴롭혔던 오랜 갈등도 끝을 냈다.

그럼에도 불구하고, 독일 문제는 사라지지 않았다. 그것은 새로운 형태로 바뀌었으나 그 형태는 더는 다른 국가들을 혹하게 하는 분단된 독일이나 그들을 공포에 떨게 하는 통일된 독일에 관한 것이 아니다. 그렇다

냉전을 종식시킨 인물로 평가받는다.

면 새로운 형태는 무엇인가? 미국과 유럽 등은 지금 새로운 통일 독일로부터 무엇을 기대할 수 있는가? 냉전은 어떻게 새로운 독일 문제와 더불어 그 해법까지 동시에 제공하게 되었는가?

1장

전쟁의 와중에 평화를 구상하다

아돌프 히틀러와 그의 '천년 왕국'은 히틀러가 권좌에 오른 지 10년만인 1942-1943년 겨울에 종말을 맞았다.

육군원수 에르빈 롬멜*은 1942년 10월 이집트의 엘 알라메인에서 패배함으로써 수에즈 운하에 결코 이르지 못했다. 육군원수 프리드리히 폰 파울루스**는 1943년 2월 스탈린그라드에서 독일 제6군 잔여병력을 포기하고 항복했다. 5개월 뒤 히틀러는 직접 지휘봉을 잡았고, 역대 최대 규모의 기갑전인 러시아의 쿠르스크 전투에서 패배했다. 1943년 여름에 독일은 건조할 수 있는 U-보트보다 더 많은 U-보트를 상실하고 있었다. 연합국은 북아프리카와 이탈리아에 성공적으로 상륙했다. 태평양에서는 일본이 결정적으로 중요한 미드웨이 해전에서 패배했다.

독일은 러시아, 북아프리카, 유럽 전체에서 서서히 대대적인 후퇴를 시작했다. 그러나 히틀러는 외통수로 궁지에 몰릴 때까지 패배를 인정하지 않는 3류 체스 선수처럼 계속 싸웠다. 히틀러와 그의 동맹국들은 여전

---

* Erwin Rommel(1891-1944). 제2차 세계대전에서 활약한 유명한 독일군 원수. 1941년 이후 북아프리카 전역에서 독일 아프리카 군단을 성공적으로 이끌면서 '사막의 여우'라는 별명을 얻었다. 그러나 1943년 서부전선으로 파견된 후 노르망디 상륙 작전을 저지하지 못했고, 1944년 히틀러 암살 미수 사건에 연루되면서 그해 10월 히틀러로부터 자살을 권유받고 스스로 목숨을 끊었다.

** Friedrich von Paulus(1890-1957). 제2차 세계대전에서 활약한 독일의 장군. 1942년 제6군 사령관으로 스탈린그라드 전투에 참여했다. 전투에서 소련군에 패배하여 포로생활을 하다 1944년 이후 소련이 지원하는 '자유독일국민위원회'를 이끌면서 소련군의 선무 활동에 앞장섰다.

히 유럽과 태평양의 많은 부분을 점령하고 있었고 연합국의 승리는 당장은 오지 않을 것이었다.

루스벨트, 스탈린, 처칠

나폴레옹이 그랬듯이, 히틀러도 대영제국 총리 윈스턴 처칠*이 '대동맹'이라고 부른 강력한 적들의 연합을 낳았다.

대동맹의 지도자들인 미국의 프랭클린 루스벨트** 대통령, 소련의 이오시프 스탈린 원수, 그리고 처칠은 1943년 무렵에는 자신들이 전쟁에서 이길 것임을 알았다. 그러나 그들은 또 자신들이 계속 단결하는 한에서만 승리할 수 있다는 것도 알았다. 프랑스, 필리핀, 독일, 일본에서 벌어진 몇몇 대규모 군사행동은 아직 시작조차 하지 않았다. 연합국의 일원 중 하나가 흔들리거나 빠져나간다면 다른 연합국들도 전쟁에서 패할 수 있는 상황이었다.

또 연합국 지도자들은 독일과 그 동맹국들의 운명에 대해 합의를 봐야 한다는 것도 알았다. 그러나 그들은 추축국들을 패배시키고 싶은 희망 외에는 사실상 어떤 공통점도 없었다. 그들 각자는 그 자신의 이해와 그 자신의 견해를 갖고 있었다.

루스벨트는 실용주의자로 화려한 정치 경력을 쌓았음에도 불구하고

---

* Winston Churchill(1874-1965). 영국의 정치가. 1940-1945년, 1951-1955년 두 차례에 걸쳐 총리를 지냈다.
** Franklin Delano Roosevelt(1882-1945). 미국의 제32대 대통령(재임 1933-1945). 임기 동안 대공황과 제2차 세계대전을 모두 경험한 미국 지도자로서 뉴딜정책을 통하여 미국이 대공황에서 벗어나도록 도왔고, 제2차 세계대전 때 연합군의 일원으로 독일, 이탈리아, 일본을 상대로 전쟁을 수행해 승리로 이끌었다.

이상주의자에 매우 가까웠다. 대부분의 미국인들처럼 루스벨트는 세계가 더는 세력권*으로 나뉘어서는 안 된다고 믿었다. 그는 지구적 문제는 개선된 새 국제연맹을 통해 가장 잘 해결될 수 있다는 국무장관 코델 헐**과는 신념이 달랐다. 루스벨트는 미국인들이 유럽인들보다 국제 문제를 더 잘 해결할 수 있다고 믿었다.

1941년 12월 7일 일본이 진주만을 공격함으로써 미국이 전쟁에 돌입한 후, 루스벨트는 전후의 정치적 고려 사항들은 승리의 요구에 종속되어야 한다는 미 육군참모총장 조지 C. 마셜***과 의견을 같이 했다.[1] 루스벨트는 독일과 일본이 모두 패배할 때까지 스탈린의 신뢰를 얻고 유지하는 데 특별한 중요성을 부여했다. 그는 전쟁이 진행되는 동안 전후 유럽의 모습에 대해 구체적인 약속을 하거나 하려 하는 것은 현명하지 못한 일이라고 생각했다. 그러나 루스벨트는 평화를 위한 계획을 수립하기 시작해야 한다는 것도 알았다.

처칠은 이상주의적 세계에서도 살았고 현실주의적 세계에서도 살았다. 뛰어난 작가이자 연설가였던 처칠은 위대한 이상을 명확히 표현할 수 있는 말을 좋아했다. 히틀러의 군대가 영국을 위협했을 때 처칠의 힘

---

* sphere of influence. 국제 관계에서 열강들의 이해관계에 맞춰, 한 국가가 자신의 국경을 넘어 정치적·경제적·군사적·문화적 배타성을 발휘하는 지역을 일컫는다.
** Cordell Hull(1871-1955). 미국의 정치가. 1920년대에 민주당 국민위원회 위원장을 지냈고, 1930년 상원에 선출되었다. 1933-1944년 루스벨트 대통령 밑에서 국무장관으로 일했다. 제2차 세계대전 수습을 위해 미국과 일본 간의 교섭을 담당했고, 이 일로 1945년 노벨 평화상을 받았다. 전쟁 시기 동안 국제연합 창설을 추진했다.
*** George C. Marshall(1880-1959). 미국의 군인, 정치가. 제1차 세계대전 때 미국 파견군 제1, 제8군 참모장으로 참전하고, 1938년 참모본부 작전부장을 거치면서 1939년에 미국 육군 참모총장이 되었다. 제2차 세계대전 때 미-영 합동 참모본부의 최고 수뇌가 되어 북프랑스 상륙 작전을 지휘했다. 1947년 국무장관이 되자 마셜계획을 세워 유럽 부흥에 크게 기여했다. 1953년 노벨평화상을 받았다.

있고 화려한 언변은 영국 국민과 그들의 친구들을 움직이게 만드는 데 도움을 주었다.

루스벨트와 마찬가지로 처칠도 스탈린이 전쟁에 온 힘을 기울일 수 있기를 바랐다. 그는 서방 연합국이 이탈리아와 프랑스에서 새로운 전선을 형성할 때까지 소련이 베어마흐트*에 맞서 유럽 땅을 지키는 부담을 지고 있었기 때문에 스탈린에게 의무감을 느꼈다. 처칠은 스탈린이 자신이나 루스벨트가 가진 민주주의 이상을 공유하고 있지 않다는 것을 알았지만, 스탈린을 전쟁터에 계속 묶어 둘 합의에 이르기를 원했다.

스탈린은 자신의 공산주의 이념에도 불구하고 세 지도자 중에서 가장 현실적으로 세계를 바라보았다. 그에게는 말보다 현실이 더 중요했다. 1941년 12월 16일, 스탈린은 모스크바에서 영국 외무장관 앤서니 이든**에게 다음과 같이 말했다. "선언은 대수학 같은 것이고, 조약이나 협정은 실용산수입니다. 우리는 대수학보다 산수를 좋아합니다." 그는 선전용이 아니라면 포괄적 약속은 고려할 가치도 없다고 일축했다. 스탈린은 앞선 국제연맹이 실패한 마당에 새로운 국제연맹은 아무 소용이 없을 것이라고 여겼다. 스탈린은 검증되지 않은 새로운 세계질서를 원하지 않았다. 그는 소련에게 안전한 국경을 제공할 확실한 협정을 원했다.[2]

세 지도자 중 가장 음흉하고 가장 심한 외국 공포증을 가졌던 스탈린은 세계혁명을 확산시키는 데서는 소련의 창건자인 블라디미르 레닌***을,

---

* Wehrmacht. 제2차 세계대전 당시 독일 국방군을 일컫는 말.

** Anthony Eden(1897-1977). 영국의 정치가. 1923년 하원의원으로 당선되어 의회에 진출했다. 1935년 이후 세 번 외무장관을 역임했으며 처칠의 뒤를 이어 보수당을 이끌고 총리를 지냈다. 1957년 이집트 침공의 실책으로 사임했다.

*** Vladimir Lenin(1870-1924). 러시아 제국과 소련의 혁명가, 정치가. 마르크스의 사상을 발전시킨 레닌주의 이념의 창시자이다. 1917년 11월 볼셰비키 최고 지도자로서 러시아에서

그리고 제국을 건설하는 데서는 차르들을 능가하고 싶어 했다. 그러나 다른 사람들에 대한 스탈린의 불신은 그에게 불리하게 작용했다. 1930년대의 몇 년 동안 소련 외무인민위원으로, 1940년대 초에는 워싱턴 주재 소련 대사로 근무했던 막심 리트비노프*는 속이 좁고 융통성이 없다고 스탈린을 비난했다. 그는 스탈린이 '얼간이' 뱌체슬라프 몰로토프,** '출세주의자' 라브렌티 베리야,*** '바보' 니키타 흐루쇼프로 주위를 둘러쌌다고 불만을 토로했다.[3]

　스탈린은 서방이 마땅히 자기를 도와야 하는 만큼 돕지 않는다고 느꼈다. 그는 연합국이 자신들이 행동하지 않으면 결국 소련이 유럽을 지배하고 말 것임을 알아차리기 전까지 유럽에서 반(反)히틀러 전선을 구축하지 않았다고 생각했다. 스탈린은 레닌이 세계혁명의 열쇠로서 독일과의 유대를 원했었다는 사실을 상기했다. 이제 스탈린이 그것을 원했다. 그는 또 세계적 파트너로서 온전히 인정받기를 원했다.

세계 최초의 사회주의 혁명을 성공시켰고, 그 결과 탄생한 소련 정부의 초대 수반을 지냈다.

* Maxim Litvinov(1876-1951). 소련의 정치가이자 외교관. 1930-1939년 외무인민위원, 1941-1943년 미국 주재 대사를 역임했다.

** Vyacheslav Molotov(1890-1986). 러시아 제국과 소련의 혁명가이자 정치가. 1930-1941년 소련 인민위원회의 의장, 1939-1946년, 1946-1956년 외무인민위원 및 외무장관을 지냈다. 1939년 독소 불가침 조약을 체결하고 제2차 세계대전 동안 스탈린의 오른팔로서 소련의 외교정책을 주도했다. 스탈린 사망 후, 탈스탈린화를 추진했던 흐루쇼프와 대립하다 좌천되고, 후에 당적을 박탈당했다.

*** Lavrenti Beria(1899-1953). 소련의 정치가. 1931년 그루지야(지금의 조지아) 공산당의 제1서기가 되었다가, 1938년 말 내무인민위원이 되어 대숙청 뒤의 치안기관을 맡았다. 1941년 인민위원회 부의장이 되었고, 제2차 세계대전 중에는 원수로 임명되었다. 전쟁이 끝난 뒤 정치국원, 수용소의 최고 책임자가 되었고, 군사기술, 특히 로켓과 핵폭탄 개발에 힘썼다. 또한 동유럽권 치안 조직까지도 장악했고, 1953년 스탈린이 죽은 뒤, 말렌코프, 몰로토프와 함께 집단 지도를 실행했다. 일정한 자유화를 내세웠으나, 권력투쟁에서 패해 1953년 6월 스탈린에 대한 지나친 '개인숭배'의 책임을 물어 체포되었으며, 같은 해 말 총살되었다.

그들의 차이가 무엇이든 세 연합국은 모두 독일을 가혹하게 다루어야 한다는 데 동의했다. 30년도 채 안 되는 기간 동안 두 번이나 가까스로 패배를 모면한 세 연합국은 독일이 다시는 그들을 위협하는 일이 없도록 확실히 해두고 싶었다. 루스벨트는 영구적인 분할은 물론 탈산업화까지도 적극적으로 생각한 것 같다. 스탈린과 처칠도 더 이상 자신들의 국민이 독일의 공격을 받지 않도록 필요한 일은 무엇이든 하려 했다.[4]

눈앞에 승리의 전망이 보이자, 1943년 1월 루스벨트와 처칠이 모로코의 카사블랑카에서 만났다. 루스벨트는 연합국이 독일, 이탈리아, 일본의 '무조건적 항복'을 원한다고 발표할 기회를 잡았다. 처칠은 이탈리아에게 별도의 협정을 허용하는 쪽을 선호했을 테지만 루스벨트의 발언, 특히 독일에 대한 무조건적인 항복 요구를 절대적으로 지지했다.[5] 무조건 항복은 곧 연합국의 주된 전쟁 목표가 되었다.

루스벨트도 처칠도 무조건 항복 요구를 공표하기 전에 스탈린과 그 문제에 대해 상의하지 않았다. 스탈린은 카사블랑카에 초청을 받았으나 거절했다. 그는 이 목표를 지지했지만, 사전에 자신의 의견을 물었어야 했다고 밝혔다.

1943년 중반에 처칠과 루스벨트는 스탈린과 히틀러 사이에 별도의 평화조약이 맺어질 거라는 소문(아마도 크렘린 자신이 퍼뜨렸던)을 들었고, 그래서 스탈린과 좀 더 확실한 논의를 시작하고자 했다.[6] 7월 2일 이든은 소련 외무장관 몰로토프에게 각서를 보내, 연합국은 유럽의 모든 추축국들에게 무조건 항복 원칙을 적용하고, 패전국들을 점령하며, 점령지를 통치할 관리위원회를 설치하고, 크든 작든 모든 승전국들이 참가하는 유럽 조정위원회를 설립하자고 제안했다.

스탈린은 이든의 제안에 공식적인 답변을 내놓진 않았지만, 정신이 번쩍 들었는지 바로 행동을 취했다. 스탈린은 소련이 장기적 목표를 명확히 세울 필요가 있다고 판단했다. 이 과제의 중요성을 깨달은 스탈린은 그의 측근이었던 클리멘트 보로실로프* 원수가 이끄는 한 위원회에 그 책임을 맡겼다.

보로실로프와 그의 위원회는 독일과 평화조약을 맺는 데 오랜 시간이 걸릴 것이며, 그 사이에 독일인들이 연합국 사이에 싸움을 붙일 수 있다고 경고했다. 보로실로프는 스탈린이 어떤 것도 운에 맡겨서는 안 되며, 심지어 첫 휴전협정도 소련의 안보 이해와 영토 요구를 반영할 것을 확실히 해야 한다고 주장했다. 또 휴전은 평화조약이 체결될 때까지 독일에게 수용 가능한 지위를 충족시키는 방향으로 설계되어야 하고, 소련은 전쟁이 끝난 후 우방국이 마음을 바꾸더라도 안전해야 한다고 주장했다. 스탈린은 이 제안을 받아들였다.

세 연합국 지도자들은 협의를 할 필요가 있다는 점을 깨달았고, 만날 장소를 정해야 했다. 그들은 1943년이 끝나기 전에 테헤란에서 회동하는 데 동의했다. 스탈린 입장에서 테헤란은 모험을 무릅써야 할 만큼 멀리 떨어진 곳이었다. 그들은 또 조정 및 계획 기구로서 유럽자문위원회(European Advisory Commission, EAC)를 설치하는 데도 동의했다. 유럽자문위원회는 런던에서 지속적으로 회의를 열고, 각각의 유럽 내 적국들에게 부과할 항복 조건과 그 조건의 이행을 보장하기 위해 필요한 기구에 관해 권고를 할 것이었다.[7]

---

* Kliment Voroshilov(1881-1969). 소련의 육군 원수이자 정치가. 1934년 국방인민위원, 1935년 소련 최초의 원수가 되었다. 1946년 부총리, 1953년 최고회의 간부회 의장이 되었으나 1960년 해임되었다. 1961년 제22차 소련공산당 대회에서 1957년에 '반당그룹'에 참가했다는 비난을 받았으나 자기비판을 함으로써 제명을 모면했다.

    테헤란 정상회담은 두 가지 목적에 부응했다. 그중 좀 더 당면한 것이지만 덜 중요한 목적은 나머지 전쟁 기간 동안의 연합국 전략에 대해 논의하는 것이었다. 좀 더 원대한 나머지 또 한 가지 목적은 유럽의 미래의 모습을 논의하는 일이었다. 연합국 지도자들은 이 회담에서 군사 계획은 조율하려고 했지만 유럽의 미래에 대해서는 이견으로 논의를 할 수 없었기 때문에 두 가지 목적은 서로 충돌하게 되었다. 서방 연합국은 독일과의 전쟁은 물론 일본과의 전쟁에서도 스탈린의 도움이 절실했으므로 스탈린의 계획을 지나치게 꼬치꼬치 캐물을 수가 없다고 판단했다.

    테헤란에서 연합국은 폴란드의 국경을 서쪽으로 이동시킨다는 데 합의했다. 스탈린은 소련이 폴란드 동부를 점령할 뜻이 있음을 밝혔고, 그러자 처칠이 폴란드 동부 영토가 소련의 일부가 되더라도 폴란드가 생존할 수 있도록 그 국경을 "서쪽으로 이동시킬 것"을 제안했다. 그는 "폴란드가 독일의 발을 좀 밟더라도 어쩔 수 없다."고 덧붙였다. 스탈린은 폴란드 영토를 서쪽으로 오데르 강까지 넓힐 것을 제안했다.[8]

    잠재적인 국경선을 보여주기 위해 처칠은 성냥개비 세 개를 이용해 폴란드가 서쪽으로 이동하는 모습을 시연했고, 스탈린은 처칠이 자신의 의견에 동의하는 것으로 보였기 때문에 기분 좋은 기색이 역력했다. 세 연합국 정상 모두 오데르 강이 폴란드 서부 국경의 대부분을 이루는 데 의견이 일치했다. 스탈린은 또 소련이 부동항인 동프로이센의 쾨니히스베르크를 원한다고 말했고, 루스벨트와 처칠도 이에 반대하지 않았다.

    연합국은 오데르 강 남쪽에 폴란드-독일 국경을 설치하는 문제를 놓고 논의를 했으나, 거기가 어디를 가리키는지 명확히 결정하지는 않았다. 연합국은 나이세 강을 국경으로 하는 문제에 관해 의견을 나누었지만, 동 나이세 강인지 서 나이세 강인지 특정하지 않았다. 이 두 강은 모두 북쪽 방향으로 흘러 오데르 강에 합류하지만 서로 200킬로미터 가량 떨어져 있었다. 그들은 논의를 하면서 지도를 보지 않았다.[9]

독일의 동부 영토를 폴란드에 할양하기로 결정한 뒤, 세 지도자 모두 나머지 독일을 1871년 이전처럼 작은 국가들로 분할해야 한다는 데 동의했다.

루스벨트는 독일을 다섯 부분으로 쪼개자고 제안했다. (1) 북동쪽의 프로이센, (2) 북서쪽의 하노버와 저지대 부분, (3) 동쪽의 작센과 라이프치히 지역, (4) 서쪽의 헤센-다름슈타트와 헤센-카셀, (5) 남쪽의 바이에른, 바덴, 뷔르템베르크. 이 다섯 부분은 자치권을 누리겠지만, 설립이 예정된 국제연합 기구가 루르와 자르의 석탄·철강 생산 지대와 킬, 킬운하, 함부르크 같은 전략적으로 민감한 지역을 관리한다는 것이었다.

처칠은 루스벨트의 계획에 얼마간의 지지를 보여주었으나, 자신은 가장 중요한 점이 프로이센을 단호하게 다루는 것이라고 믿는다고 덧붙였다. 다른 독일 주들은 도나우 연합이나 다른 국가연합 같은 연합체 속에 포함될 수 있고, 그렇게 되면 그들에게는 일이 더 쉽게 풀릴 터였다.

스탈린은 독일을 분할하는 구상이 마음에 든다고 했지만, 구체적인 제안을 내놓기 전에 그 구상을 좀 더 연구하기를 원했다. 그는 도나우 연합이든 다른 연합이든 새 연합을 만드는 일이 의문시된다고 덧붙였다. 스탈린은 연합국이 독일인들에게 어떤 분할을 강제하더라도 그들은 다시 통일을 원할 것임을 인정할 수밖에 없다고 결론 내렸다.

세 지도자는 독일의 미래의 모습에 대한 논의를 운만 뗐을 뿐이라는 데 동의했고, 이 문제를 유럽자문위원회에 넘기기로 결정했다.

테헤란 회담이 끝날 때까지 처칠이 말한 대동맹의 세 거두는 최소한 일반적인 전후 독일의 모습을 미리 결정했다. 독일은 쾨니히스베르크와,

형태와 크기는 여전히 불명확하지만 슐레지엔의 오데르 강 남쪽 일부 영토, 그리고 오데르 강 동쪽 및 북동쪽의 모든 영토를 상실할 것이었다. 독일의 나머지 부분은 분할될 것이나 세 연합국은 이 분할을 결정하는 원칙에 대해서는 합의를 하지 않았다. 그들은 전쟁이 계속 격렬히 진행되고 있는 상황에서 세부사항들을 놓고 입씨름을 벌이는 것을 원하지 않았다. 그런 연유로 유럽자문위원회는 독일의 분할에 관한 어떤 후속 결정도 내리지 않았다. 하지만 유럽자문위원회는 1944년 초까지 임시 점령지의 대체적인 모습에 대해서는 합의했다.[10]

테헤란 회담은 히틀러 정권과 독일에 대한 연합국의 징벌적 태도를 반영하고 있었다. 그러나 연합국은 보복이라는 측면에서만 사고한 것은 아니었다. 그들은 또 다른 히틀러가 등장하는 것을 막고 싶었다. 그러므로 점령 방식에서 제1차 세계대전 후 파리강화회의가 저질렀던 실수를 되풀이하지 않으려고 애썼다. 이번에는 연합국은 1918년 이후 독일 군부가 바이마르공화국*에게 '등 뒤의 비수'라는 비난을 퍼부었던 것처럼, 또 다른 히틀러가 다른 누군가, 특히 민주적 정부에게 그의 패배에 대한 책임을 지우지 못하게 해야 했다. 독일은 철저히 패배를 당해야 하고, 또 그 점을 명심하게 함으로써 전제정과 군국주의 세력을 완전히 근절해야 했다.

그러나 루스벨트와 처칠은 또 제1차 세계대전 후처럼 독일 경제를 강제로 붕괴시키는, 베르사유에서 저질렀던 실수를 피하고 싶었다. 엄청난 인플레이션에 뒤이어 파멸적인 불황을 초래했던 이 붕괴는 히틀러가 권

---

* Weimar Republik. 제1차 세계대전이 종결된 뒤 1919년부터 1939년까지 존재했던 '독일제국'(Deutsches Reich)을 가리킨다. 바이마르 공화국은 출범 직후부터 초인플레이션과 극좌·극우 세력의 저항, 제1차 세계대전 이후 외교 관계의 논란 등 많은 문제에 직면하며 혼란에 빠졌고, 1930년대에 들어 대공황의 여파로 경제가 붕괴하고 실업률이 폭등하면서 결국 1933년 나치의 집권이 이뤄졌다.

좌에 오르는 것을 도왔다.

이렇게 해서 '베르사유의 교훈'은 세 연합국과 그들의 유럽자문위원회 대표들에게 두 가지 상호 모순적인 목표를 제시했다. 한편으로는 독일, 그중에서도 히틀러 및 나치에게 전쟁을 일으킨 책임을 물어 징벌을 가하는 것과, 다른 한편으로는 독일인들을 또 다시 정치적 극단주의로 흐르게 할 수 있는 절망적인 상황에 처하지 않도록 하게 하는 것이 그것이었다. 이 모순적인 목표는 점령과 배상에 관한 정책을 복잡하게 만들게 된다.

얄타에서 독일을 분할하기로 하다

테헤란 정상회담은 세 거두가 히틀러에 반대하는 자신들의 협력을 위태롭게 하고 싶지 않았기에 많은 문제를 미해결인 채로 남겼다. 하지만 전쟁이 계속되면서 세 거두는 그 문제들에 관해 합의를 보아야 한다는 사실을 깨닫기 시작했다.

연합군은 거침없이 전진했다. 독일군은 특히 러시아 전선에서 때때로 격렬히 저항하기도 했으나 전략적인 계획이 전혀 없었고, 전투를 지속할 동기도 거의 사라진 상태였다. 수많은 병사들이 총살당할 위험을 무릅쓰고 도주했다. 독일군 고위 사령부의 구성원들은 종종 독일군을 방어가 불가능한 위치에 있게 함으로써 전투에서 패배하게 할 뿐만 아니라 대 부대를 상실케 하는 히틀러의 불합리한 명령에 점점 더 분노했다. 도덕적 이유로 오랫동안 히틀러에 저항해왔던 사람들은 히틀러가 전쟁에서 패배할 것임을 깨달은 사람들 사이에서 친구를 찾았다. 그들은 히틀러 살해 음모를 꾸몄고, 1944년 7월 20일 음모를 실행에 옮겼다. 그러나

이 기도는 실패했고, 음모를 꾸민 자들은 정육점의 고기처럼 갈고리에 매달렸으며, 전쟁은 계속되었다.

소련군은 유럽에서 지배적인 존재가 되었다. 1944년 여름에 그들은 폴란드에 진입했다. 그러나 스탈린은 곧 바로 독일로 진격하라는 명령을 내리지 않았다. 대신 스탈린은 붉은군대에게 광범한 전선에서 동유럽 전부와 발칸 국가들을 정복하라고 명령했다. 붉은군대는 1945년 초에야 오데르 강에 도달했다. 그때 서방 연합국은 이미 독일의 서부 국경에 당도해 있었다.

연합국은 그들의 군대가 군사 전선에서 진격함에 따라 외교 전선에서도 진격하려고 했다. 그러나 연합국은 그들이 무찌르고 있는 나라를 어떻게 처리할지에 대해 의견 일치를 볼 수 없었다. 유럽자문위원회에 참여한 연합국 대표들은 많은 기본적인 문제에서 의견이 달랐다.[11] 유럽자문위원회 위원들은 연합국에 의한 통제 체제가 일시적이어야 한다는 데는 동의했지만, 얼마나 오랫동안 기능할 것인지에 대해서는 의견이 갈렸다.[12] 또 그들은 점령 기간을 계승할 좀 더 장기적인 체제에 대해서도 결정을 내릴 수 없었다. 그들은 공식적인 정치적 항복문서의 문안이나 공통의 점령 정책 선언, 분할 계획이나 배상 일정도 만들어내지 못했다. 심지어 위원들은 연합국이 독일에 진입한 후에 독일의 공공기관을 그대로 둘지 말지에 대해서조차도 합의할 수 없었다.[13]

하지만 유럽자문위원회 위원들은 개괄적 정책은 연합국관리이사회 (Allied Control Council, ACC)에서 만장일치로 정해지지만, 각 점령지 사령관이 자신의 점령지에서 최고권위를 가진다는 데는 의견 일치를 보았다.[14] 이는 각 점령 사령관이 자신의 점령지에서는 자기가 하고 싶은 대로 할 수 있고 독일 전역에 적용될 어떤 정책도 거부할 수 있었으므로 사실상 독일의 분단을 결정했다.[15] 미군과 소련군 모두 자신들의 사령관이 외부의 통제에 종속되는 것을 원하지 않았기 때문에 이 규칙을 고집했다.

유럽자문위원회는 대체로 세 가지 기술적인 합의를 보았다.

(1) 독일의 무조건 항복을 위한 지시 초안

(2) 점령지와 베를린에 관한 협약

(3) 독일을 위한 통제 기구에 관한 합의[16]

유럽자문위원회는 1944년 초까지 점령지의 윤곽에 관해서 합의했으나, 9월에야 비로소 루스벨트는 다른 이들이 미국에 배당한 남부 독일을 점령지를 수용하는 데 동의했다. 루스벨트는 프랑스의 레지스탕스 지도자 샤를 드골을 믿지 못했고, 미군이 프랑스를 통과하는 보급로에 의존하는 것을 원하지 않았기 때문에 북서부 지역을 희망한 바 있었다. 그는 또 루르 지방도 원했는데, 여기에 대해 처칠은 연합군이 진격하는 동안 항상 영국군이 미군의 북쪽에 있었으며, 군대를 이동시키기가 매우 어려울 것이라고 주장했다. 루스벨트는 결국 처칠의 주장을 받아들이긴 했지만, 미국 점령지가 육지로 둘러싸이는 것을 마음에 들어 하지 않았다. 그는 소련 점령지를 통과하는 베를린으로의 수송로보다도 영국 점령지를 통과하는 수송로를 더 신중하게 마련했다.[17]

연합국 지도자들은 국외에서뿐만 아니라 국내에서도 정책상의 의견 충돌에 직면했다. 가장 격렬한 충돌은 워싱턴에서 발생했는데, 독일의 장기적인 미래의 모습과 관련된 것이었다. 재무장관 헨리 모겐소*는 독

---

* Henry Morgenthau Jr.(1891-1967). 미국의 행정가. 1934-1945년 루스벨트 대통령 내각에

일이 다시는 위협을 가하지 못하도록 독일을 농업국가로 만들 것을 제안했다. 모겐소는 또 독일을 전면적으로 분할하고 의도적인 경제적 대혼란을 일으키기를 원했다. 국무장관 코델 헐과 육군장관 헨리 스팀슨*은 오늘날 모겐소 계획이라고 알려진 이 구상에 반대했다. 그들은 빈곤하고 복수심에 불타는 독일이 아니라 번영하고 민주적인 독일이 유럽에서 미국의 이해를 더 잘 충족시킬 것이라고 생각했다. 루스벨트는 처음에 모겐소 계획을 받아들였으나 나중에 이를 폐기했다. 그러나 이 계획은 미국 점령 정책에서 되살아나게 된다.[18]

독일에 대한 미국의 태도는 전쟁 후 모스크바와의 관계 악화가 분명해지면서 바뀌기 시작했다. 미국 정부는 소련의 의도를 우려하는 보고를 점점 더 많이 접하기 시작했다. 모스크바의 미국 대사관에서 자문관으로 일하던 조지 케넌**은 1944년 말에 미국이 유럽에서 소련과의 협력을 바랄 수가 없다고 썼다.[19]

워싱턴과 마찬가지로 런던에서도 대외정책 전문가들은 유럽의 경제적 생존을 위해 안정된 독일이 필요하며 또 전략적으로 소련을 저지하는 것을 도와야 하므로 독일이 생존 가능한 국가로 다시 등장하는 것을 허용해야 할 뿐 아니라 어쩌면 촉진해야 할 것이라고 주장했다. 그러나 처칠은 그의 전문가들보다 더 심하게 독일을 처벌하기를 원했다.

프랑스의 지도자들 역시 의견이 서로 달랐다. 그들은 1943년에 독일

서 재무장관을 지냈다. 뉴딜 정책과 무기대여법을 설계하고 시행하는 데 주요 역할을 했다.

* Henry L. Stimson(1867-1950). 미국의 법률가이자 공화당 정치가. 1911-1913년, 1940-1945년 육군장관, 1927-1929년 필리핀 총독, 1929-1933년 국무장관을 지냈다.

** George Kennan(1904-2005). 미국의 외교관, 정치가, 역사가. '봉쇄의 아버지'라고 잘 알려져 있으며 미소 냉전의 핵심이 된 인물이다. 1952년 소련 주재, 1961-1963년 유고슬라비아 주재 미국 대사를 역임했다.

에 대한 전후 계획을 논의하기 시작했으나 워싱턴이나 런던, 모스크바에서 어떤 구상이 논의되고 있는지 거의 정보가 없었다. 드골을 비롯한 일부 프랑스 레지스탕스 지도자들은 제1차 세계대전 후 시행되었던 독일에 대한 군사적 통제로 돌아가는 쪽을 선호했다. 하지만 일부 프랑스 사회주의자들을 비롯한 다른 이들은 프랑스와 유럽이 독일과 친구가 되어 독일을 미래의 서유럽 연방으로 통합해야 한다고 믿었다.[20]

1944년, 드골이 새 프랑스의 지도자가 되면서 그의 견해가 프랑스의 정책이 되었다. 드골은 라인 강 서쪽 지역을 전부 독일로부터 떼어내 일부는 벨기에나 네덜란드 국기하에, 대부분은 프랑스의 점령하에 두기를 원했다. 드골은 프랑스가 독일의 그 부분을 병합하지는 않겠지만 '프랑스 군대의 깃발'이 그곳에서 휘날릴 것이라고 말했다. 그는 프랑스 점령지에 슈투트가르트 시를 포함해 바덴-뷔르템베르크의 대부분이 포함되기를 원했다. 드골은 또 프랑스가 충분한 배상금을 받기를 원했다.[21]

드골은 폴란드에서 유사한 상황을 보았다. 스탈린이 폴란드를 위해 오데르 강 동쪽 땅을 원했듯이, 드골은 프랑스를 위해 라인 강 서쪽 땅을 원했다. 그는 루르 지방을 영구히 독일 주권으로부터 분리해서 국제적으로 관리하기를 원했다. 그런 다음 루르 지방의 광물자원과 철강 공장들을 몰수하여 독일을 포함해 세계의 모든 국가와 자유롭게 거래하는 국제적 기관에 넘기고자 했다.

다른 이들이 생각하고 계획하는 동안 붉은군대는 동유럽을 장악했다. 처칠은 1944년 10월 모스크바로 날아가 자신의 세력권 구상의 적용을 시도했다. 그는 스탈린에게 모스크바와 서방 사이에 다음과 같이 세력권을 분할하자고 제안하는 문서 한 장을 내밀었다.

루마니아:　　　모스크바 90% / 서방 10%

불가리아:　　　모스크바 75% / 서방 25%

유고슬라비아:　모스크바 50% / 서방 50%

헝가리:　　　　모스크바 50% / 서방 50%

그리스:　　　　모스크바 10% / 서방 90%[22]

　　스탈린은 문서를 힐끗 쳐다보고는 바로 자신의 이니셜로 서명했다. 처칠은 이 서명이 동의를 나타낸다고 생각했다. 스탈린은 그리스와 유고슬라비아 몇몇 지역을 제외하고는 열거된 국가들을 이미 모조리 점령한 상태였다. 그는 동유럽 전부와 중부 유럽 대부분에서 벌어질 일을 자신이 결정할 것이었기 때문에 처칠의 비율을 적절하지 않다고 묵살할 수 있었다.

　　스탈린은 두 사람이 폴란드에 대해 논의할 때 훨씬 더 분명하게 자신의 힘을 보여주었다. 스탈린은 폴란드 국민들이 붉은군대가 폴란드에 가져다준 이른바 루블린 정부*에 호의를 보였으며, 좀 더 영속적인 정부가 선출될 때까지 이 정부가 통치할 것이라고 역설했다. 처칠은 그의 마음을 바꿀 수가 없었다. 소련의 독재자는 폴란드에 대해 충분한 영향력을 행사하기로 이미 작정한 상태였기 때문이었다.

　　스탈린과 처칠은 또 독일의 장래에 대해서도 논의했는데, 둘 다 모종의 분할을 고려했다. 스탈린은 쾨니히스베르크 시를 원한다고 되풀이했

---

* Lublin government. 제2차 세계대전 중이던 1944년 7월, 소련의 붉은군대는 루블린을 점령하고 그곳에 '폴란드 민족해방위원회'를 세웠다. 스탈린은 이 조직을 폴란드의 합법적인 정부로 인정한 반면, 런던에 있던 폴란드 망명 정부는 제국주의의 앞잡이라고 비난하며 무시했다.

다. 그러나 두 사람은 루스벨트가 참여하는 또 다른 정상회담에서만 어떤 확고한 결정을 내릴 수 있다는 데 의견이 일치했다.

두 달 뒤 드골이 모스크바를 찾았다. 드골이 프랑스는 라인 강 서쪽의 독일 영토 전부를 원한다고 말하자, 스탈린은 그것은 수용할 수 없다고 말했다. 드골은 또 프랑스는 소련과의 조약을 원한다고 말했는데, 스탈린은 이에 동의했다. 그들은 1944년 12월 10일 상호원조조약에 조인했다.

별도의 양자 회담과 아무런 성과가 없었던 유럽자문위원회 회의는 세 거두가 다시 만날 필요가 있다는 것을 보여주었다. 그 밖의 어떤 토론의 장으로는 독일의 미래를 결정할 수가 없었다. 공통된 정책이 마련되려면, 오직 루스벨트와 처칠, 그리고 스탈린만이 그 윤곽을 정할 수 있었다.

1945년 2월 4일과 12일 사이에 세 거두는 크림반도의 휴양도시 얄타에서 만났다. 서방 연합국은 그곳으로 가고 싶지 않았지만, 스탈린은 러시아를 떠나지 않으려 했다.[23] 드골은 자신의 견해를 제시하고 참가를 요구하기 위해 얄타회담 직전에 세 열강의 수도를 모두 방문하려 했으나, 루스벨트와 처칠은 그의 방문을 받아들이지 않으려 했다.[24]

얄타회담은 붉은군대의 동유럽 점령이라는 암담한 현실 속에서 열렸다. 루스벨트와 처칠은 폴란드와 그 이웃나라에 서방식 자유를 도입할 기회가 거의 없다는 사실을 알고 있었지만, 여전히 그렇게 하기 위해 노력할 필요가 있다고 믿었다. 그들은 또 독일 문제를 논의할 필요도 있었다. 루스벨트는 두 가지 사항을 추가로 얻어내기를 원했다. 국제연합의 투표방식에 대해 스탈린의 동의를 얻는 것과, 연합국이 히틀러를 패배시킨 뒤 최대한 빨리 소련이 대(對)일본 전쟁에 참전하겠다는 약속을 얻어내는 것이 그것들이었다.

얄타회담 초기에 루스벨트는 스탈린에게 자신은 교전이 끝난 후 2년 이상 미군이 독일에 남을 것이라고 예상하지 않는다고 말했다. 그와 같은 조속한 철군은 영국과 프랑스 두 나라만을 유럽의 주요 서방 열강으로 남겨둘 것이었다. 루스벨트의 이와 같은 전망은 얄타에서 독일에 관한 모든 논의에 영향을 끼쳤다.

테헤란회담과는 달리 얄타회담은 군사 문제를 깊이 들여다보지 않았다. 전쟁은 사실상 끝났다. 어느 누구도 서방 군대와 소련 군대가 정확히 언제 어디서 조우할지 예측할 수 없었지만 패배한 독일의 어디에선가 곧 만날 것이었다. 그리하여 세 거두는 전후 처리에 집중할 수 있었다.

세 거두는 독일 문제를 여러 번 논의했다. 대체로 그들은 유럽자문위원회가 생산한 문서들을 승인했다. 세 사람 모두 그 문건들이 진짜 어려운 문제들은 해결하지 못한다는 것을 알았지만, 그들은 여전히 그 문제들을 무시할 수 있을 때까지 무시하는 쪽을 택했다.

테헤란에서와는 달리 독일의 분할 가능성은 거론되지 않았다. 루스벨트는 그가 이전에 한 제안을 되풀이하지 않았다. 처칠은 '원칙적으로' 분할에 찬성한다고 말했지만 그도 이전 제안을 되풀이하지 않았다. 처칠은 이미 유럽에서 소련과 힘의 균형을 맞추려면 통일된 독일이 필요할 것이라고 믿고 있었다. 스탈린은 분할을 공개적으로 반대했다.[25] 그러나 세 거두는 이 구상을 완전히 기각하지는 않았으며, 그들은 '독일의 분할을 위한 절차'를 연구할 '분할위원회'를 설치하기로 결정했다.

그들은 베를린을 세 구역으로 나누고, 나머지 독일도 세 개의 점령지로 분할하는 유럽자문위원회의 안을 승인했다. 그들은 이 구역들 및 점령지들의 경계선을 임시 분할선으로 받아들이기로 결정했다.

나아가 지도자들은 프랑스에게도 점령지를 할당하는 데 다 같이 의견의 일치를 보았다. 다만 스탈린은 미국과 영국의 점령 지역 일부를 떼어내 프랑스 점령지를 만들어야 한다고 강력히 주장했다. 스탈린은 또 프랑스에게 연합국관리이사회의 한 자리를 내어주는 데도 동의했다. 그러나 루스벨트가 개인적으로 호소한 뒤에야 스탈린이 동의했다는 사실은 의미심장하다. 확실히 스탈린은 독일에 관한 드골의 계획을 좋아하지 않았던 것이다.

얄타회담은 점령지들에 대해서는 의견의 일치를 본 것 같지만, 배상 문제에 대해서는 그러지 못했다. 스탈린은 루스벨트와 처칠에게 가장 강력한 단어들을 동원해 제2차 세계대전의 피해에 대한 보상 차원에서 소련에 대대적인 배상을 공여할 것을 촉구했지만, 그들을 설득하지 못했다.

스탈린은 독일이 배상금으로 200억 달러를 지불하는 안을 제시했는데, 그중 절반이 소련의 몫으로 되어 있었다. 배상 방식에 대해서는, 2년에 걸쳐 독일의 산업시설을 해체해 옮겨가는 것으로 배상하고, 나머지 금액은 그 후 10년에 걸쳐 현물로 배상하는 것으로 했다.

처칠과 루스벨트는 소련이 배상을 받을 자격이 있음을 인정했다. 그러나 그들은 특정된 액수, 그것도 그렇게 엄청난 액수는 수용할 수 없다고 했다. 루스벨트는 독일 경제는 엄청난 배상금 때문에 파탄이 날 것이고, 그렇게 되면 제1차 세계대전 후에 그랬듯이 결국 미국과 다른 서방 국가들이 재건 비용을 지불하게 될 것을 우려했다. 처칠도 그런 우려에 공감했다.

루스벨트와 처칠은 모스크바에 무한정 도움을 제공해야 한다고 생각하지 않았다. 미국과 영국은 전쟁 동안에도 소련을 도와 왔다. 총 60억 달러가 넘는 1,000만 톤 이상의 무기를 모스크바에 보냈고, 또 그 약 3분의 1에 해당하는 비군사 원조도 제공했다. 이 물자에는 스탈린의 전쟁 수행 노력에 절대적으로 필요했던 수천 대의 탱크, 대포, 트럭뿐 아니라 식량

까지 포함되어 있었다.[26]

스탈린은 이 주제를 논의한 얄타의 최종 회의에서 격분했다. 스탈린은 서방 지도자들에게 소련이 다른 어떤 나라보다도 극심한 전쟁의 고통을 겪었음을 상기시켰다. 그 지점에서 루스벨트는 스탈린의 요구를 받아들이고 싶었다. 그러나 처칠은 거부했다. 루스벨트의 설득에 못 이겨 결국 처칠은 200억 달러를 합의된 금액이 아니라 '논의의 출발점'으로 마지못해 수용했다. 얄타회담의 배상금 원안은 영국 대표단은 "배상금과 관련하여 어떤 수치도 언급되어서는 안 된다."고 생각했다고 기술하고 있다.[27]

배상금 문제를 둘러싸고 이견을 노출함으로써 얄타협정은 전시 동맹을 위태롭게 했다. 그것은 군사적 위상이 어느 때보다도 높았던 스탈린에게 좌절감을 안겨주었음에 틀림없다. 그러나 스탈린은 또한 자신이 할 수 있는 일이 별로 없다는 점도 인정했음에 틀림없다. 가장 중요한 배상은 루르 강 유역의 공업지역에서 나올 텐데, 그곳은 영국의 점령지로 계획된 지구 안에 포함되어 있고, 게다가 서방 군대가 먼저 도착할 것이었다.

연합국은 아마도 독일에 관한 일부 결정들은 미룰 수 있었겠지만, 얄타회담을 지배했던 문제인 폴란드에 관한 결정은 미룰 수가 없었다. 그들은 주로 두 가지 문제에 초점을 맞췄다. 하나는 폴란드의 서부 국경에 관한 것으로, 폴란드뿐 아니라 독일에도 직접 영향을 미치는 문제였다. 다른 하나는 폴란드의 미래의 정부에 관한 것으로 독일에게는 덜 직접적으로 영향을 미치지만 스탈린에 대한 서방의 인식과, 그리하여 독일에 대한 서방의 생각을 바꿔놓게 되는 문제였다.

동유럽에서 보인 소련의 행태는 처칠을 소름끼치게 했다. 처칠은 모스크바가 이 지역을 지배할 것임을 깨달았다. 심지어 처칠이 스탈린에게 세력권 구상을 제시했던 데서 알 수 있듯이 그는 내키진 않아도 거기에 동의할 마음도 있었다. 그러나 처칠은 스탈린 지배의 특징이 된 억압과 냉소에 깊이 반대했으며, 감정적으로도 반감을 느꼈다. 처칠은 영국의 동맹국이 소련군과 소련 행정가들이 현재 하고 있는 그런 식으로 행동을 하는 것을 용인할 수가 없었다. 그는 얄타에서 스탈린에게 독수리는 "작은 새들이 노래하는" 것을 막을 만큼 충분한 힘을 가지고 있지만 녀석들이 노래하도록 내버려둔다고 말했다. 스탈린은 이 말의 의미를 이해하지 못했다.

두 지도자는 폴란드의 미래의 정부를 두고 격렬하게 언쟁을 벌였다. 스탈린은 계속해서 루블린 정부를 지지했다. 처칠은 런던의 폴란드 망명 정부를 지지했다. 그는 또 스탈린 자신이 직접 반 나치 봉기를 촉구해 놓고도 독일군이 바르샤바의 저항세력을 학살하는 상황에서 붉은군대의 개입을 막은 스탈린의 결정에도 격분했다. 그러나 처칠은 스탈린이 폴란드를 정복했고, 그 미래를 결정하게 될 것이라는 현실을 바꿀 수가 없었다.[28]

폴란드 정부를 둘러싼 논란은 폴란드 서부 국경에 관한 논의의 전개에 영향을 미쳤다. 테헤란회담에서 세 거두는 정확한 경계선을 결정하지는 않았으나 폴란드를 서쪽으로 이동시킨다는 데는 동의했다. 그러나 그 당시까지 처칠은 폴란드가 독립국이 되기를 기대했다. 그런데 얄타회담이 열릴 무렵 처칠은 폴란드가 소련의 위성국이 될 것임을 깨달았다. 이것은 폴란드의 서부 국경에 대한 이견의 골을 더욱 깊게 만들었다. 폴란드를 서쪽으로 이동시키는 것은 동유럽에 대한 스탈린의 지배 권역만 넓혀주는 것이므로 폴란드인들보다는 스탈린을 돕는 셈이 되었다.

스탈린과 몰로토프가 제시한 폴란드의 서부 국경에 대한 안에는 독일의 발트 해 항구인 슈테틴이 북부 폴란드로 편입되어 있었다. 그런 다음 국경선은 남쪽으로 오데르 강과 서 나이세 강을 따라 체코슬로바키아 국경까지 죽 이어졌다. 루스벨트와 처칠 모두 서 나이세 강을 국경선으로 하는 것에 고개를 저었다. 그렇게 되면 사실상 슐레지엔 지역이 모조리 독일 영토에서 제외될 것이었다. 그들은 오데르 강을 따라 동쪽으로 방향을 틀었다가 다시 동 나이세 강을 따라 남쪽으로 국경선을 긋는 안을 내놓았다. 이렇게 되면 상부 슐레지엔은 폴란드에 포함되지만 오데르 강 남쪽의 약 300만 명의 독일인은 폴란드가 아니라 계속 독일에 속하게 될 것이었다.[29]

처칠은 폴란드가 그렇게 넓은 땅과 그렇게 많은 독일인들을 수용할 수 있을지에 의문을 품었다. 그는 '폴란드 거위'가 그렇게 많은 '독일 음식'을 먹으면 목이 막혀버릴 것이라고 경고했다. 스탈린은 대부분의 독일인들이 소련군이 도착하기 전에 미리 피난을 떠나고 있기 때문에 폴란드인들이 차지할 빈 땅이 많다며 그런 의문을 눌러버렸다.

처칠과 루스벨트는 얄타회담이 열리기 전에 이미 이 논쟁에서 지고 있었다. 1944년 12월 18일, 《프라우다》는 스탈린과 몰로토프가 얄타에서 제시한 안대로 국경선을 그은 논설을 게재했다. 이 논설은 표면적으로는 폴란드 루블린 정부의 어느 대표 이름으로 나갔지만, 결정을 내린 사람은 분명히 스탈린이었다.[30] 그런 상황에서 런던의 폴란드 망명정부마저 서 나이세 강을 국경선으로 하는 안을 지지하자 처칠과 루스벨트는 별 뾰족한 수가 없었다.

이러한 이견을 감안해, 회담의 공식발표에서는 폴란드가 동부에서 포기하는 땅에 대해 '북부와 서부에서' '상당한' 보상을 받아야 하며, 최종적인 국경 획정은 "평화회담을 기다릴" 것이라고 언급할 수 있을 뿐이었다.[31] 이 지역은 표면적으로는 '폴란드 행정부'의 관할 아래 있을 것이었다. 그러나 얄타를 떠날 때 모두가 폴란드와 독일의 새 국경선이 독일이 히틀러의 전쟁에 대해 치러야 할 대가의 일부가 될 것임을 인정하고 있었다.

얄타회담이 끝났을 때 세 거두는 저마다 얻은 것과 잃은 것이 있었다. 루스벨트는 자신이 주장한 국제연합 투표방식과 소련의 대일본 참전에 대한 스탈린의 동의를 얻어냄으로써 유럽 바깥에서 이득을 보았다. 스탈린은 루스벨트와 처칠이 폴란드를 서쪽으로 이동시키고 독일로부터 구체적이지는 않지만 큰 배상을 받는 것을 받아들이면서 동유럽에서 이득을 보았다. 처칠은 프랑스가 연합국관리이사회에 참여해 앞으로 미국이 유럽에서 떠나더라도 소련과 균형을 맞추는 것을 돕도록 함으로써 서유럽에서 이득을 보았다. 그러나 처칠은 영국의 참전 목적 가운데 하나였던 자유로운 폴란드를 상실했다는 것을 깨닫고 깊이 상심한 채 회담장을 떠났다.

처칠과 루스벨트는 또 처음으로 스탈린이 그의 통제하에 들어온 지역을 결코 양보하지 않으리라는 것을 알게 되었다. 얄타회담은 나치가 쫓겨난 나라들에 민주주의적 자유를 약속하는 '유럽해방선언'[*]을 내놓았지만, 처칠과 루스벨트는 그즈음 자신들이 내세웠던 그러한 자유가 히틀러 치하에서처럼 스탈린 치하에서도 보편화되지 않을 것임을 알았다.

얄타회담은 붉은군대의 통치를 받는 국가들과, 이런저런 과정을 거쳐 서방에 합류할 국가들로 유럽을 분할했다. 얄타회담은 공식적으로가

---

[*] Declaration of Liberated Europe. 얄타회담 중에 루스벨트가 제안한 선언. 이 문서에서 미국, 영국, 소련의 최고 지도자들은 독일로부터 해방된 모든 민족들이 "민주적인 수단으로 그들의 절박한 정치적·경제적 문제를 해결하는 것을" 돕겠다고 약속했다.

아니라 실질적으로 그렇게 했다. 얄타회담은 또 표면적으로는 점령지들로, 그러나 궁극적으로는 별개의 국가로 독일을 분할했다.

트루먼이 포츠담에 합류하다

얄타회담 이후에도 전쟁은 계속되었다. 연합군은 동쪽과 서쪽으로부터 독일 영토를 가로질러 싸우면서 전진했고, 소련의 점령지가 될 토르가우에서 만났다. 1945년 4월 30일, 히틀러는 악취로 코를 찌르는 총리 벙커에서 자살하기 직전에 독일 북부군 사령관인 카를 되니츠* 제독을 총리이자 국가수반으로 임명하여 자신을 계승하게 했다. 절망적인 군사 정세에 직면한 되니츠는 독일군의 항복을 결정했다. 항복문서는 5월 7일 랭스에서 서명되었다. 소련의 주장으로 문서는 이튿날 베를린에서 한 번 더 서명되었다.

항목문서에 따르면 독일 정부가 아니라 독일군이 항복했을 뿐이었다. 첫 문단은 다음과 같이 언명했다.

> 이로써 우리 서명인들은 독일최고사령부의 권위를 대리하여 당일 독일 통제하에 있는 지상, 해상, 공중의 모든 군대를 최고사령관, 연합국 원정군, 그리고 동시에 붉은군대 최고사령부에 무조건 인도한다.[32]

되니츠 정부는 서방 연합국이 사정없이 그 구성원들을 체포할 때까

---

* Karl Dönitz(1891-1980). 제1, 2차 세계대전에 참전한 독일의 해군 제독. 제2차 세계대전에서 독일 잠수정 지휘관, 잠수정 지도자, 해군 최고사령관을 거쳐, 1945년 4월 23일 히틀러가 자살한 후 그해 5월 23일까지 국가수반인 대통령을 지냈다.

지 수도를 벗어나 북부 독일의 플렌스부르크에서 3주 가까이 더 기능했다. 이것은 일방적인 조치였기 때문에 독일 국가수반이나 정부수반에 의한 항복문서는 없었다. 독일 정부는 공식적으로 자신의 권위와 주권을 양도하지 않았다. 법학자들은 장차 이 조치의 법적 의미에 관해 무수히 많은 책을 쓰게 되지만, 당장 나타난 효과는 한 국민을 중앙기관 없이 방치하는 것이었다.[33]

1945년 6월 5일 연합국 4개국은 자신들이 독일 정부와 독일 최고사령부, 모든 국가, 시, 지방 정부의 권한을 포함해 최고권위를 수임하는 문서를 발표함으로써 독일의 주권을 장악했다. '베를린 선언'으로 알려지게 되는 이 문서는 연합국 관리기구의 규정과 더불어 독일과 베를린에 대한 점령 규정을 공포했다.[34] 그리하여 독일 국가는 새로운 연합국 기구로 대체되었다.

베를린 선언은 오데르-나이세 선 동쪽의 독일 영토에서 벌어진 일에 대해 명기하지 않았다. 베를린 선언은 독일 영토를 '1937년 12월 31일 현재'의 독일 영토처럼 말했으나, 4개국 중 누군가가 점령하게 될 쾨니히스베르크, 프로이센, 포메른, 슐레지엔을 언급하지 않았다. 베를린 선언은 4개국의 점령하의 영토들이 마치 1937년의 독일 국경을 의미하는 척했지만 실은 그렇지 않았다. 연합국은 폴란드의 관할하에 들어갈 땅을 독일에서 떼어내는 것에 대한 공식적인 책임을 결코 떠맡지 않았다. 그들은 그 책임을 평화조약이나 미래의 독일 국가에 떠넘겼다.

독일을 패퇴시키고 그 영토를 점령했지만, 연합국은 여전히 분할이나 배상 같은, 얄타회담에서 미루어두었던 골치 아픈 문제들에 직면해 있었다. 그들은 협정의 시행을 앞두고 더 많은 결정을 내리고 합의를 해야 했다. 그래서 연합국은 다시 만나지 않으면 안 되었다.

스탈린은 소련 영토에서 만날 것을 고집했다. 그곳은 베를린 근처의 소련 점령지에 있는 유서 깊은 포츠담 시였다. 포츠담은 독일이 대도시들만큼 심하게 파괴되지는 않았다. 연합국은 1945년 7월 17일부터 8월 1일까지 2주 동안 그곳에서 회동했다. 포츠담은 프로이센의 프리드리히 대왕이 휴양지인 상수시궁을 세웠던 곳으로 독일의 장래를 결정하기에 알맞은 장소처럼 보였다.

또 한 번의 세 거두 회담을 강하게 밀어붙인 것은 처칠이었다. 그는 전시에 충만했던 협력 정신이 눈앞에서 퇴색하는 것을 보았다. 소련군이 동유럽과 중부 유럽 국가들에게 은근한 독재체제를 강요하고 있는 것을 보았고, 미군이 유럽을 떠나 아시아와 집으로 향하는 것을 보았다. 처칠은 스탈린에게 영향을 미치고 싶었고, 새 미국 대통령 해리 S. 트루먼이 어떤 사람인지도 알아보고 싶었다. 트루먼은 처칠이 워싱턴을 방문했을 때도 따로 만난 적이 없는 인물이었다. 처칠은 또 각별히 오데르-나이세 선에 관해 몇 가지 의문을 다시 제기하고 싶기도 했다.

그러나 포츠담에서 처칠은 자기보다 좋은 패를 가진 스탈린과 트루먼을 우렁찬 목소리만으로 설득하려고 한 허망한 인물이 되고 말았다. 회담을 앞두고 처칠은 트루먼에게 적어도 스탈린에게서 얼마간의 양보를 얻어낼 때까지는 미군을 그들이 점령한 소련 점령지 부분에 그대로 둘 것을 줄기차게 설득했다. 그러나 트루먼은 동의하지 않았다. 마지막 굴욕은 처칠과 이든이 회담이 끝나기 전에 회담장을 떠나야 했다는 사실이었다. 선거 결과 그들은 영국 국민들로부터 공직에서 해임 당했던 것이다.

처칠의 후임인 클레멘트 애틀리*는 오랫동안 영국의 전시내각에서

---

* Clement Attlee(1883-1967). 영국의 정치가. 1924년 제1차 노동당 내각의 육군차관, 제2차

일했고, 회담이 시작되었을 때부터 포츠담에 있었다. 그는 처칠의 정책을 고수했으나 회담 자체에는 어떤 영향도 미칠 수 없었다. 이든의 후임인 어니스트 베빈은 곧 강한 개성과 확고한 견해를 가졌음을 스스로 보여주었지만, 역시 아무것도 바꿀 수가 없었다.

회담석상의 새로운 인물이었던 트루먼은 원래 참가를 원하지 않았었다. 그는 포츠담보다는 워싱턴에서 더 긴급한 업무가 있다고 생각했고, 둘러앉아 이야기하는 것을 좋아하지 않았다. 대신 트루먼은 결정을 내리고 실행하기를 좋아했다. 회담이 진행되는 동안 뉴멕시코 주의 핵폭탄 실험이 예상을 뛰어넘는 성공을 거두었다고 귀띔 받은 그는 온통 핵폭탄 생각뿐이었다. 트루먼은 논의를 더 진행해봤자 아무것도 바뀌지 않을 거라고 생각했고, 때문에 인내심을 발휘하지 못하고 성급하게 포츠담회담의 가장 어려웠던 결정 중 몇 가지를 강력히 밀어붙였다.

트루먼은 여러 가지 점에서 루스벨트와는 달랐다. 그는 미국 북동부의 귀족 가문이 아니라 미국 중심부의 중간계급 출신이었다. 루스벨트처럼 직관과 축적된 지식에 의거하여 행동하는 대신에 트루먼은 요약된 보고서를 읽고 당면한 주제들에 대해 꼼꼼하게 따져보았다. 그는 루스벨트가 테헤란회담이나 얄타회담을 준비했을 때보다 훨씬 더 철저하게 포츠담회담을 준비했다.

스탈린은 포츠담에서 매우 미묘한 과제에 직면했다. 그의 군대는 유럽의 많은 부분을 지배했지만, 일단 전투가 끝나자 소모성 자산이 되었

노동당 내각의 체신장관 등을 지내고, 1935년 당수가 되었다. 제2차 세계대전 후인 1945년 선거에서 대승하고 노동당 내각을 성립시켜 총리가 되었다. 애틀리 노동당 정부는 국민에게 내핍을 호소하고 영국은행, 철도, 석탄, 가스, 전신전화 등 기간산업의 국유화를 추진했다. 1951년의 선거에서 패배하고 1955년에 은퇴했다.

다. 스탈린은 일시적인 군사적 우세를 이용해 영구적인 정치적·경제적 이득을 얻을 방법을 찾아야 했다. 그는 동유럽에 안전보장 지대를 설치했지만 유럽 전역에 영향을 미치고 싶었다. 모스크바 주재 미국대사 애버렐 해리먼*이 그에게 서쪽으로 멀리 포츠담까지 오셨다며 축하의 말을 건네자 스탈린은 차르 알렉산드르 1세는 파리까지 갔었노라고 대꾸했다.

스탈린은 소련의 힘을 강화하고, 소련 권력의 활동 범위를 넓히고자 했다. 그는 독일로부터 받을 배상금이 소련 경제를 현대화시킬 수 있을 것으로 생각했다. 스탈린은 독일 해군의 일부를 손에 넣기를 바랐다. 무엇보다도 그는 독일 전체와 관련된 문제에서 발언권을 갖고자 했다.

포츠담회담에서는 특히 독일-폴란드 국경에 관한 논란이 거셌다. 처칠은 끈질기게 폴란드인들에게 넘어갈 독일 땅을 제한하려 했다.[35] 그는 서 나이세 강이 아니라 동 나이세 강을 국경선으로 해야 한다는 얄타에서 피력했던 주장을 되풀이했다.[36] 그러나 영국군이 아니라 소련군이 슐레지엔에 주둔해 있었다. 훗날 처칠은 만약 자신이 회담의 전 과정에 계속 참가했다면 결코 서 나이세 강 안을 받아들이지 않았을 것이라고 주장했다. 그러나 처칠도 애틀리도 트루먼도 사실상 할 수 있는 일이 거의 없었다.

테헤란과 얄타 회담에 참여하지 않았던 트루먼은 또 다른 접근을 시도했다. 트루먼은 세 거두는 1937년의 독일에 대해 이야기하려고 포츠담으로 왔으며, 여기에는 오데르 강 동쪽의 영토가 포함된다고 말했다. 그러나 스탈린은 1937년의 독일은 더 이상 존재하지 않으며, 자신들은 '전쟁 후의 독일'에 대해 이야기하고 있다고 트루먼의 말을 수정했다. 트

---

* Averell Harriman(1891-1986). 미국의 민주당 정치가, 사업가, 외교관. 1943-1946년 소련 주재 대사, 1946년 영국 주재 대사, 1946-1948년 상무장관, 1955-1958년 뉴욕 주지사를 역임했다.

루먼은 미국은 쾨니히스베르크에 대한 소련의 요구는 수용할 준비가 되어 있지만, 소련이 일방적으로 폴란드인들에게 '독자적인 점령지'를 내줄 수는 없다고 말했다. 트루먼은 "우리가 독일을 조각조각 나눠서 아무한테나 모조리 줘버리려는 겁니까?" 하고 물었다.

스탈린은 폴란드가 새로 얻을 땅을 점령지로 간주하는 것에 동의하지 않았다. 그는 점령지는 한시적인 것이고, 폴란드의 이동은 영구적인 것으로 여겼다. 스탈린은 트루먼에게 폴란드인들이 그곳을 떠날 것이라고 믿지 않는다고 말했다. 그것으로 트루먼은 스탈린이 미군과 다른 점령군이 떠난 뒤에도 폴란드인들이 그대로 머무를 것을 기대한다는 사실을 깨달았다.

스탈린은 폴란드인들과 마주치자 그들을 밀어붙였다. 수백 만 명의 폴란드인들이 붉은군대가 당도하기 전에 피난을 떠났는데, 그들은 프로이센, 포메른, 슐레지엔 같은 옛 독일 땅 안으로 진입하여 서 나이세 강까지 도달했다. 수백 만 명의 독일인들이 폴란드인과 소련인들이 오기 전에 피난을 떠났으며, 그중 많은 이들이 피난 중에 목숨을 잃었다. 그러나 어느 누구도 희생자의 수가 얼마나 되는지 계산하고 싶어 하지 않았고 계산하지도 않았다. 어느 서방 군대도 폴란드에게 땅을 이양하는 것에 이의를 제기하려 하지 않았다. 포츠담의 공식 문서에서 "폴란드 서부 국경의 최종적인 획정은 평화조약을 기다려야 한다."고 재확인했지만, 모든 것이 포츠담회담이 열리기 오래 전에 이미 결정되어 있었다.

연합국은 동유럽을 보루로 변모시키겠다는, 점점 분명해지는 소련의 확고한 의지에 분노했다. 처칠과 이든은 스탈린이 루마니아, 불가리아, 그리고 나중에는 헝가리에 공산주의 지배체제를 강요하면서 동원했던 야만적인 방식을 거론하며, 소련의 독재자가 세력권 비율에 대한 합의뿐만 아니라 얄타의 '유럽해방선언'을 위반하고 있다고 비난했다. 개인적으로 처칠은 스탈린이 루마니아와 불가리아에서 확보한 소련의 지위를 이용해 터키와 다르다넬스해협을 통제할 것을 우려했다. 그렇게 되면 모스크바는 지중해에서 영국에 도전할 수 있을 터였다. 한편 스탈린과 몰로토프는 그리스 등지에서의 서방 정책에 불만을 표시했다.

서방 지도자들과 마찬가지로 스탈린도 포츠담회담에서 얻은 이득이 얄타회담에서 얻은 이득보다 나은 게 없었다. 트루먼과 그의 영국 동료들은 소련이 독일로부터 받아내려는 배상금의 액수를 정하는 것을 결코 수용하려 하지 않았다. 몰로토프는 세 거두가 얄타에서 배상금 액수에 합의했다고 거듭 주장했으나, 트루먼의 신임 국무장관 제임스 번스*나 이든, 베빈과 어떤 결과도 얻지 못했다.

트루먼과 처칠은 이전과 똑같은 이유로 총 200억 달러에 달하는 배상금 액수에 반대했으나, 이번에는 반대의 강도가 더욱 셌다. 동유럽에서 스탈린이 취한 행동을 지켜본 그들은 배상금 때문에 막 태동하기 시작한 바이마르 민주주의가 파괴되고 미국과 영국이 그 배상금을 보조해줄 수밖에 없었던 제1차 세계대전 후의 경험을 되풀이할 이유가 없었다. 트루먼은 또 미국 의회가 붉은군대가 점령지를 유지하는 데 도움을 줄 자금을 결코 승인하지 않으리라는 것도 알았다.

서방 연합국은 스탈린이 소련군의 통제하에 있는 독일과 '폴란드 관할' 지역으로부터 배상 물자를 실어 나르고 있지만 이 품목들을 배상액

---

* James Byrnes(1882-1972). 미국의 정치가. 1911-1925년 하원의원, 1931-1941년 상원의원, 1941-1942년 대법원 연방 대법관, 1945-1947년 국무장관을 역임했다. 그 뒤 1951년에는 사우스캐롤라이나 주 주지사로 당선되어 1955년까지 재임했다. 프랭클린 루스벨트 대통령의 신임을 받았으며, 1940년대 중반 미국 국내외 정책에서 가장 강력한 인물 중의 한 명이었다.

에 포함하지 않고 있다는 사실을 알았다. 번스와 몰로토프는 그런 설비 해체 이전 행위로 소련의 최종 청구액수가 얼마나 줄어들어야 하는지를 두고 옥신각신했다. 몰로토프는 이 해체물은 배상이 아니라 '전리품'에 해당한다고 역설했다. 번스는 완전한 명세서를 요구했으나 받지 못했다.

번스와 트루먼은 배상금 문제를 폴란드에 대한 스탈린의 요구사항과 연계시킴으로써 불리한 상황에서도 최대한 성과를 얻어내기 위해 노력 했다. 트루먼은 독일 영토 일부를 폴란드 영토에 편입시키려 하는 한 소 련 측에서 요구하는 배상금 액수에 동의하지 않을 것이라고 말했다. 그 는 독일의 나머지 영토로는 1937년 국경에 포함된 좀 더 넓은 지역을 전 제로 책정한 배상금 요구를 충족시킬 수 없다고 주장했다. 트루먼은 폴 란드 '점령지'에서 설비를 해체해 이전하는 형태로 빼내간 배상금이 총 배상금 요구액에 불리하게 작용할 수도 있다고 큰 소리로 말했다. 스탈 린은 배상과 오데르-나이세 선을 두고 선택하려고 하지 않았으며, 이 문 제를 논의조차 하지 않으려 했다.

마침내 선택해야 했을 때 스탈린은 번스가 예상했던 대로 오데르-나 이세 선을 선택했다. 번스는 영국 동료들의 반대에도 불구하고 이를 바 탕으로 합의에 도달하고자 했다. 번스는 이 국경에 더 이상 이의를 제기 하지 않았지만 대신 점령국은 총액 목표 없이 기본적으로 각자 자신의 점 령지에서 배상금을 챙길 것을 요구했다. 스탈린과 몰로토프는 동의할 수 밖에 없었다. 그러나 두 사람은 소련이 서방 점령지에서는 필요 없는 독 일의 산업 장비 중 15퍼센트를 받기를 여전히 원했고, 그렇게 합의했다. 대신에 스탈린과 몰로토프는 자신들의 점령지에서 식량, 광물 및 여타 물품들을 실어 내가기로 약속했다. 스탈린은 어떤 보상도 지불하지 않고 서방 점령지로부터 불필요한 독일의 산업 장비 10퍼센트를 추가로 받기

로 했다.[37]

그러나 소련 지도자는 트루먼과 영국인들에게 자신의 영토 요구와 배상 요구 둘 다를 받아들이라고 강제할 수가 없었다. 스탈린의 부대는 폴란드와 동부 독일을 점령했으나 트루먼과 처칠의 부대는 스탈린이 주로 배상금을 챙기기를 원했던 지역을 점령했다. 스탈린은 자신이 과연 발칸 국가들을 점령하지 않고 바로 루르 지방으로 진격했더라면 더 좋지 않았을까 하고 틀림없이 자문했을 것이다.

노골적인 힘이 포츠담 협상을 처음부터 끝까지 몰아세웠다. 스탈린은 독일의 4분의 1을 폴란드에게 내어주고 그의 군대는 힘이 미치는 곳에서는 무엇이든 가져갈 수 있었으나 독일의 서부 지역으로부터는 아무것도 얻을 수 없었다. 처칠의 대동맹은 그 목적을 완수했지만 공통의 이해를 잃어버렸다.

그럼에도 세 거두는 장차 유럽의 장래와 독일을 둘러싼 각축의 양상을 결정할 여섯 가지 합의에 도달할 수 있었다.[38]

첫째, 그들은 독일과 독일의 동맹국들에 대한 평화조약을 준비하기 위해 정기적으로 만날 외무장관협의회(Council of Foreign Ministers, CFM)를 설치하기로 결정했다. 그들은 이 협의회가 이탈리아와, 상대적으로 작은 독일 동맹국들인 불가리아, 핀란드, 헝가리, 루마니아를 위한 평화조약문을 작성하는 일로 업무를 시작하기로 결정했다. 협의회는 그 뒤에야 독일을 위한 조약문을 작성할 터였다.

둘째, 세 거두는 점령된 독일 전역에 필수적인 물품을 '균등하게 배분'함으로써 독일을 단일한 경제단위로 취급하고, 또 적절한 연합국의 통제와 감독하에서 독일 행정기구가 경제를 관리한다는 데 동의했다.

셋째, 세 거두는 모겐소 계획에서 언급된 몇 가지 요소가 반영된 일단의 경제원칙들에는 합의했지만 모겐소 계획 자체는 폐기했다. 트루먼은 모겐소 계획을 싫어했고, 재무장관의 권고에도 불구하고 모겐소와 함께 포츠담에 가기를 거부했다. 그러자 모겐소는 사임했다. 그럼에도 세 거두는 독일에서 카르텔, 트러스트 등 독점체들을 제거하는 데 동의했다. 그들은 또 독일의 전쟁 능력을 제거하고 '평화적인 국내 산업'을 육성해야 한다는 데도 동의했다.

넷째, 세 거두는 독일을 완전히 분할하거나 영구적으로 분할하지 않을 것이라는 데 암묵적으로 동의했다. 그러나 그들은 독일을 하나의 경제단위로 취급하기로 한 것 외에는 회담의 협약 초안에 이 결정을 기록하지 않은 채 분할에 관한 위원회를 종결시켰다. 포츠담회담에서 스탈린은 분할된 독일보다 통일된 독일을 지지한다고 결정했었다. 처칠도 그랬다. 트루먼은 그들과 의견을 달리 할 이유가 없었다.

다섯째, 세 거두는 또 체코슬로바키아, 헝가리, 폴란드에서 남아 있던 독일인들을 추방하는 것에도 암묵적으로 동의했다. 다음 몇 년 내에 이 국가들은 사실상 모든 독일인들을 쫓아냈다. 세 거두는 추방을 '질서 정연하고 인도적인 방식'으로 수행할 것을 요구했지만, 독일인들은 보통 어떤 물건도 챙기지 못한 채 무자비한 방식으로 쫓겨났다. 히틀러의 국방군이 그들이 점령한 땅에 너무나 많은 비통한 기억들을 남긴 탓에 어느 누구도 독일인들을 상냥하게 대하려 하지 않았다.

여섯째, 세 거두는 평화조약의 조건들을 수용할 책임 있는 독일 정부를 구성하기 위한 길을 열었다. 교묘하게 모호한 용어로 그들은 각료이사회(Council of Ministers)가 "그 목적에 충실한 정부가 수립되면 독일 정부가 수용할 수 있는" 독일에 대한 평화 조약을 마련한다는 데 동의했다.[39] 하지만 그들은 그러한 독일 정부가 언제, 어떻게 수립될지, 누가 그 정부를 세울 권한을 가질지, 또 그 정부는 어떤 종류의 정부일지에 대해 전혀 합의에 이르지 못했다. 그리하여 세 거두는 영구적인 독일 점령을 상정하지는 않았음을 보여주었지만, 그들의 부정확한 언어는 그들이 장기적인 미래에 대해 의견이 달랐음을 드러냈다.

많은 기본적인 문제들이 미해결 상태로 남아 있었다. 세 거두는 앞으로 독일의 외부 국경과 내부 경계를 어떻게 획정할지에 대해 공식적으로 합의하지 않았다. 그들은 독일을 점령지들로 공식적으로 분할했을 뿐, 어떤 단일한 독일 정부 당국도 수립하지 않았다. 독일의 미래에 관한 가장 중요한 몇 가지 문제에 대해서 포츠담회담은 분명한 유산을 전혀 남겨놓지 않았다.

그러나 포츠담회담은 트루먼과 스탈린의 서로에 대한 태도라는 면에서 독일을 위해 지속적인 유산을 남겨놓았을 것이다. 트루먼은 스탈린의 단호한 스타일을 좋아했지만, 이 소련 지도자가 대하기 힘들고 때로는 불쾌하다는 것도 알았다. 그는 스탈린이 주요 수로들에 대한 국제적 관리 문제를 논의하기를 거부하자 몹시 실망했다. 이 주제는 트루먼이 중요하다고 여기고 한동안 관심을 기울이던 것이었다. 트루먼은 회담에서 이 문제를 제기했지만 도나우 강을 계속 통제하려 한 스탈린으로부터 완강한 저항에 봉착했을 뿐이었다. 트루먼이 비공개석상에서 스탈린에게 이 문제에 대해 실제로 이루어지는 것은 전혀 없더라도 회담 기록에 언급만이라도 해두자고 호소했을 때, 스탈린은 이 요청을 거친 언사로 거절했다. 통역관이 트루먼의 발언을 끝까지 통역해주기도 전에 스탈린은 영어로 단호하게 '노'를 되풀이했다. "아니오! 나는 아니라고 말합니다!" 전체 회담 동안 스탈린이 내뱉은 유일한 영어였던 이 말 때문에 트루먼은 격분하여 얼굴이 벌게졌다.

스탈린을 만나기 전에 폴란드를 둘러싸고 몰로토프와 불쾌한 대결을 펼쳤던 트루먼은 포츠담에서 공산주의자들의 경찰국가가 나치의 경찰국가와 다를 바 없다는 것을 알게 되었다고 딸 마가렛에게 말했다.[40] 트루먼은 독일에서 스탈린이 바라는 바가 자신의 희망과 다르다는 것을 곧 깨달았다. 트루먼은 포츠담에서 2주 이상을 보냈지만 그곳에서 얻어낸 것이 진정으로 아무 것도 없다고 불평했다. 그는 포츠담 같은 회담에 다시는 참석하지 않겠다고 다짐했고, 실제로 그렇게 했다.[41] 그 후 트루먼은 스탈린을 루스벨트와는 매우 다른 방식으로 대했다.

이미 루스벨트도 스탈린에게 실망했다는 단서가 있다. 죽기 직전 루스벨트는 "우리는 스탈린과 같이 일을 도모할 수가 없었어요. 스탈린은 자신이 얄타에서 한 약속을 모조리 깨트렸습니다."라고 말했던 것이다.[42] 그러나 루스벨트는 트루먼에게 이에 대해 알려주지 않았으므로 신임 대통령은 스스로 깨달아야 했다.

스탈린도 트루먼을 싫어했다. 트루먼은 처칠만큼 끈질기게 소련의 정책을 물고 늘어지지 않았고 또 포츠담에서 종종 영국의 입장과 소련의 입장을 중재하는 모습을 보이곤 했지만, 공개적인 도전에 익숙하지 않은 독재자를 당혹스럽게 만들었을 수도 있는 직설적인 방식으로 자신의 견해를 몇 차례 제시했다. 트루먼은 또 유럽에서 전쟁이 끝나자마자 무기대여법*에 따라 소련에 제공해왔던 재정 지원을 중단시켰다. 이 조치는 미국 법률에 따라 불가피한 측면이 있었지만 어쨌든 충분한 설명이 이루

---

* Lend Lease Act. 정확한 명칭은 '미합중국 방위 촉진을 위한 조례'로서 미국이 제2차 세계대전 동안 영국, 소련, 중국 등의 연합국에게 막대한 양의 전쟁 물자를 제공할 수 있게 만든 법이다. 1941년 3월에 발효되어 1945년 9월 2일에 만료되었다. 이 법으로 미국은 제1차 세계대전 이후로 지속되어온 고립주의 정책을 포기하고 국제 정세에 개입하는 쪽으로 돌아섰다.

어지지 않았고 또 스탈린이 아마도 우방에게 했을 기대에 부응하지 않은 것이었다. 나중에 스탈린은 트루먼을 두고 '쓸모없는 사람'이었다고 니키타 흐루쇼프에게 말했다.[43]

포츠담회담의 결과는 몇 가지 치명적인 결함을 안고 있었다. 무엇보다도 프랑스가 참석하지 않았다. 이 때문에 샤를 드골은 그의 동맹국들이 이룬 합의를 실행할 마음도 의무감도 갖고 있지 않았고, 그로 인해 매우 중요한 회담의 몇 가지 결정들이 우습게 되었다.

앞서 처칠과 트루먼은 스탈린에게 드골을 포츠담에 참석시키겠느냐고 물었었다. 기력을 소진한 영국인들이 유럽에서 소련의 힘에 홀로 맞서야 되리라는 전망에 점점 위축된 처칠은 드골에 대해 개인적으로 매우 강한 혐오감을 갖고 있었음에도 불구하고 프랑스의 참석을 진정으로 희망했다. 트루먼은 드골 장군에 대한 루스벨트의 적대감을 물려받지는 않았지만 프랑스군이 그들에게 할당된 점령지로 너무나 천천히 철수하는 것에 분노했다. 트루먼은 슈투트가르트에서 프랑스군을 철수시키기 위해 프랑스에 대한 원조를 중단하겠다는 위협까지 동원해야 했다. 슈투트가르트는 드골이 희망했던 도시로 미국에 할당된 점령지 내에 위치해 있었다. 트루먼은 포츠담회담에 프랑스의 참석을 원하는 처칠을 지지했으나 이를 위해 새삼스럽게 목소리를 높여야 할 이유는 보지 못했다.[44]

스탈린은 처칠과 트루먼이 동의하지 않으리라는 것을 뻔히 알면서 만약 폴란드가 참석한다면 프랑스의 포츠담 참석도 허용하겠다고 말했다. 스탈린은 런던과 워싱턴이 그들의 점령 지역 일부를 프랑스에 주겠다면 굳이 반대하지 않겠지만, 프랑스를 독일에 대한 결정에 참여시키는 것은 바라지 않았다. 그는 얄타에서 루스벨트의 개인적 간청에 응답하는 차원에서 마지못해 연합국 독일관리이사회의 한 자리를 프랑스에게 주었으나, 포츠담회담은 드골의 참여를 받아들이기에는 너무나 중요했다. 또한 스탈린은 아마 독일을 분할하겠다는 드골의 공개적 결정도 싫었을 것이다.

놀랄 것도 없이 드골은 포츠담회담의 결과를 대부분 거부했다. 회담이 끝난 지 닷새 뒤 세 거두에게 전달된 메모에서 드골은 프랑스가 "유럽에 관한 모든 중요한 문제"에 관여할 것임을 분명하게 덧붙이면서 외무장관협의회 참석에 동의했다. 그는 오데르-나이세 국경과 쾨니히스베르크의 소련 이양을 받아들였으나, 다른 독일 국경은 '모든 이해 당사국들'(프랑스를 포함)의 검토를 거쳐야 한다고 말했다. 그리고 드골은 배상금에 관한 프랑스의 견해를 제시할 권리를 갖고 있었다.

드골은 워싱턴과 런던이 프랑스에 할당한 점령지가 마음에 들지 않았다. 너무 협소하고 프랑스 국경과도 너무 가까워서 그가 원한 전략적·정치적 잠재력을 갖지 못한다고 여겼던 것이다. 익살꾼들은 그것을 '브래지어'라고 불렀다. 크기가 비슷한 두 지역을 끈처럼 가느다란 띠로 연결한 모양을 하고 있었기 때문이었다. 프랑스 지도자는 1945년 7월에야 이를 받아들임으로써 자신의 불쾌한 감정을 표현했다.

포츠담에서 세 거두는 처음으로 견해차에 직면했다. 히틀러와 싸우기 위해 여전히 서로를 필요로 했던 동안에 열린 테헤란회담과 얄타회담에서는 그들은 합의하기 어려운 문제들은 계속 미루거나 위임하면서, 독일과 유럽의 미래에 대한 큰 그림을 그릴 수 있었다. 포츠담에서는 더 이상 그럴 필요도 없었고 그럴 수도 없었다. 세 거두는 더는 자신을 속이려하지도, 다른 사람을 현혹하려 하지도 않았다.

포츠담회담은 바로 세 거두가 더는 문제를 미룰 수가 없었기 때문에, 말하자면 트루먼이 루스벨트를 대신했다거나 애틀리가 회담 도중에 처칠을 대신하게 된 것 때문이 아니라 견해차를 더 이상 숨길 수가 없었기 때문에, 매우 논쟁적인 정상회담이 되었다. 이든은 소련이 "최대한 많은 것을 얻어내기 위해" 회담을 이용한다고 불평했다.[45] 포츠담회담은 세 거두의 만남에서 처음으로 매우 험악한 논쟁이 벌어지는 모습을 연출했다.

그럼에도 세 거두는 얄타에서 그랬던 것처럼 우회적으로 중요한 거래를 매듭지었다. 스탈린은 독일과 폴란드 사이의 국경을 더 서쪽으로 이동시킨다는, 자신이 간절히 원했던 결과를 얻었다. 미국인과 영국인들은 생존 가능한 미래의 독일이라는 그들이 가장 원하던 것을 얻었다. 번스는, 아마도 영국인과 소련인들을 격분시켰겠지만, 작동 가능한 방안을 제시했다. 트루먼과 애틀리는 폴란드가 전쟁 전 독일 영토의 약 4분의 1을 차지하는 것에 동의했으나, 제1차 세계대전을 뒤이었던 초인플레이션과 불황으로부터 독일 경제를 구했다. 각 국가들은 대체로 자신의 점령지로부터 배상금을 챙길 것을 강력히 주장함으로써, 그들은 그들 자신의 점령지들과 그리고 결과적으로 독일 영토 대부분을 소련의 배상금 요구로부터 면제시켰다.

트루먼과 번스, 애틀리와 베빈은 히틀러의 군대가 이미 상실한 독일 땅을 양보했으나 독일 경제와 독일 국가를 지켰다. 그것은 멋진 거래는 아니었지만, 거래의 모든 당사자들은 자신들이 가장 원하는 것을 얻고, 그 대가로 지불해야 할 것을 지불했다.

포츠담에서 독일에 맞선 투쟁은 끝났고, 독일을 **둘러싼** 투쟁이 시작되었다. 세 거두는 더는 분할을 이야기하거나 분할을 원하지도 않았지만, 실제로는 분할을 실행했다. 공동의 정책 없이 각 점령국은 자신의 점령지에서 자신이 하고 싶은 것을 했다. 점령지는 분할 지역이 되었고, 일부 점령지 경계들은 국경 비슷한 기능을 하게 되었다.

최후의 세 거두 정상회담이었던 포츠담회담은 통일된 독일 국가를 계획했으나 분할된 국가를 남겨놓았다. 포츠담회담은 연합국의 협력을 계획했지만 연합국의 분열을 반영했다. 포츠담회담은 독일 문제를 해결할 수가 없었고, 그 문제를 점령자와 피점령자들에게 떠넘겼다.

2장

점령의 개시

1945년 6월 평화가 찾아온 유럽은 수천만 명이 죽거나 불구가 되고, 극도로 가난해지고, 집과 땅을 잃은 황폐화된 대륙이었다. 30년 전쟁*이 나 나폴레옹 전쟁**도 그토록 잔인하고 광범하게 대륙을 피폐하게 만들진 않았다. 피해를 입지 않은 사람이 아무도 없었다.

승전국들은 이제 평화조약 문서를 작성해야 했다. 그들은 독일의 동맹국들에 대한 평화조약 문서들부터 작성하기로 했는데, 아마도 그 편이 협상이 쉬울 거라고 생각했기 때문일 것이다. 하지만 그 조약문서들은 극히 어려운 일로 밝혀졌다.

서방이 몰로토프를 만나다

1945년 9월 11일부터 10월 2일까지 런던에서 외무장관협의회가 먼저 개최되었다. 협의회는 뱌체슬라프 몰로토프가 프랑스와 중국 국민당 정부의 협의회 참가 권리에 이의를 제기하면서 격론 속에 시작되었다.[1] 프랑스인들은 스탈린이 자신들의 이해와 프랑스-소련 조약을 무시하는 것 같다고 불평했다. 해리 트루먼은 스탈린에게 직접 호소했으나 스탈린

---

* Thirty Year's War. 1618-1648년에 유럽에서 로마 가톨릭교회를 지지하는 국가들과 개신교를 지지하는 국가들 사이에서 벌어진 종교 전쟁을 일컫는다.
** Napoleonic Wars. 1803-1815년에 나폴레옹의 프랑스 제1제국 및 그 동맹국과 영국이 군사적으로 주도하는 연합군 사이에서 벌어진 일련의 전쟁을 가리키다.

은 트루먼의 호소를 거부했다. 어니스트 베빈과 제임스 번스가 어떤 연합국도 배제되는 것을 용인하지 않으려 했기 때문에 이 문제는 곧바로 협의회를 교착상태에 빠뜨렸다.

동서 분열은 프랑스와 중국을 그들의 이해가 걸린 인접 지역 문제에 한해 참가시키는 절충안으로 절차 문제가 해결된 후 더욱 심화되었다. 외무장관들은 영국인과 소련인들이 각각 자신의 이해 권역으로 간주했던 전략적 지역인 동부지중해와 동유럽의 미래에 대해 상반된 견해를 갖고 있었다. 대(對) 이탈리아 평화조약으로 논의가 넘어가자 몰로토프는 이전에 이탈리아가 영유하고 있던 트리폴리타니아(리비아)에 대한 소련의 신탁통치를 요구했다. 베빈은 즉각 이 요구를 거부했다. 그러자 몰로토프는 유고슬라비아가 영국군과 미군이 점령한 이탈리아의 트리에스테 항을 할양받기를 원했다. 베빈과 번스 둘 다 이를 거절했다. 소련 전함들이 지중해에 좀 더 쉽게 접근할 수 있도록 하려고 몽트뢰협약*을 재협상하자는 몰로토프의 요구는 일본의 점령과 일본에 관한 평화조약 협상에서 소련의 상당한 역할을 원한 그의 요구와 똑같은 취급을 받았다.

서방 연합국, 특히 영국은 스탈린이 유럽의 테두리를 벗어나 중동과 지중해 주변에서 나름대로 역할을 하고 싶어 한다는 사실을 알아차렸다. 베빈은 소련에게 그런 종류의 힘을 양보하지 않으려 했다. 그는 중동의 유전뿐만 아니라 지중해와 수에즈운하를 통과하는 영국의 생명선이 위협 당할 것을 우려했다.

---

* Montreux Convention. 1936년 7월 20일 스위스의 몽트뢰 궁에서 영국, 소련, 독일, 프랑스, 호주, 불가리아, 일본, 루마니아, 터키, 그리스, 유고슬라비아 사이에서 맺은 협약. 터키에게 보스포루스 해협과 다르다넬스 해협에 대한 통제권을 부여해 군함의 통과를 규제할 수 있게 해주었다.

그러자 몰로토프는 동유럽에서 민주적 절차와 민주적 정부를 원한 서방의 요구를 거부했다. 영국이 지중해를 계속 지배하고 싶어 했다면, 모스크바는 동유럽에 대한 지배를 원했다. 하지만 그렇게 하면서 몰로토프는 스탈린이 전쟁을 치르는 동안 겉으로나마 지지했던 정치적 자유와 인권을 거부했다. 동유럽 국가들은 명목상으로는 연립정부를 구성했지만, 공산당과 친(親) 소련 정당들이 훨씬 더 노골적이고 철저하게 통치했다.

외무장관들이 독일에 관해 견해를 밝히기 시작하면서 협의회는 어떤 진전도 이루지 못했다. 몰로토프는 루르 지방을 4개국이 공동으로 관리하자는 스탈린의 주장을 거듭 고집했다. 서방 측 참가자들이 이를 거부하자, 몰로토프는 이에 맞서 소련 점령지에 대한 자유로운 접근을 원한 서방의 요구를 거절했다. 프랑스인들은 이 협의회를 이용해 라인란트를 독일에서 분리하고, 자를란트를 프랑스 경제에 통합시키며, 루르 지방을 국제 관리하에 두려 했지만, 어느 누구도 동의하지 않았다.

외무장관협의회가 어떤 추가 회의도 예정하지 않았는데도, (베빈이 매우 곤란하게도) 번스는 12월에 모스크바에서 3대 강대국 외무장관 회의를 갖자고 몰로토프에게 요청하는 책임을 스스로 짊어졌다. 몰로토프는 동의했다. 이 회의에서는 어떤 실질적인 진전도 이루지 못했다. 그러나 번스와 몰로토프, 베빈은 추가 협상을 위한 계획을 대충 꿰맞추었는데, 이 추가 협상은 1946년 파리에서 열린 독일 동맹국들에 대한 평화 회의로 수렴된다.

트루먼은 번스의 행동이 마음에 들지 않았다. 그는 번스가 동유럽에서 모스크바가 민주주의를 파괴하고, 전쟁 이후에도 소련군이 이란에 머물러 있으며, 스탈린이 국제 수로의 자유 항해에 동의하지 않은 문제들에 대해 제대로 항의하지 않았다고 불만을 표시했다. 트루먼은 "소련인들의 응석을 받아주는 데 넌더리가 납니다."라고 번스에게 말했다.[2] 여기에 대한 반응으로 번스는 이후 회의에서는 좀 더 강경한 입장을 취했다.

파리 외무장관협의회(1946년 4월 25일-5월 16일과 6월 15일-7월 12일)는 몇 가지 평화조약을 낳았다. 이 평화조약들은 불가리아, 헝가리, 루마니아에서 모스크바의 지배적인 역할을 인정하고 그 지역들에 소련군이 주둔하는 것을 허용했다.

외무장관들은 독일에 관한 논의에 단 며칠의 일정만을 할애했다(4월 29일, 5월 15-16일, 7월 9-12일). 그들은 협상할 시간은 고사하고 이미 알려진 입장을 다시 한 번 분명히 하는 시간도 가까스로 가졌을 뿐이었다. 그러므로 논의는 독일에 관한 동서 간의 이견을 해소하기보다는 더욱 심화시켰다.[3]

번스는 심지어 평화조약 이후에도 4개국의 보장 아래 25년 동안 독일을 무장 해제하는 합의를 위한, 스스로 논란의 여지가 없는 제안이라고 여긴 계획을 제의함으로써 교착상태를 타개하고자 했다. 베빈과 프랑스 외무장관 조르주 비도*는 그 계획을 지지했다. 그러나 몰로토프는 독일이 이미 무장 해제되었다고 주장하며 이 제안을 거부했다. 번스가 다시 시도했을 때도 몰로토프는 여전히 완강했다. 번스는 결국 몰로토프가 미국에게 독일에 관해 장기적인 발언권을 부여하는 어떤 제안도 거부할 것이라고 결론을 내렸다. 번스는 스탈린이 미국이 유럽에서 철수하기를 기대하고 또 원한다고 추정했다.

번스와 베빈은 독일 경제의 어떤 부분도 별개의 지위를 갖기를 원하

---

* Georges Bidault(1899-1983). 프랑스의 정치인. 2차 세계대전 동안 레지스탕스로 활동했다. 전후, 프랑스의 총리와 외무장관을 지냈으며, 식민지(알제리와 인도차이나) 독립에 반대하는 극우 단체인 '비밀군사조직'(Organisation de l'armée secrète, OAS)에 가담하기도 했다.

지 않았으므로 루르 지방을 4개국이 공동으로 통제하자는 몰로토프의 제안을 다시 거부했다. 베빈은 또 스탈린이 루르 지방에서 맡을 모종의 역할을 활용해 영국 점령지, 어쩌면 서방 점령지 전체의 경제를 통제하려고 시도할 것을 우려했다. 대신 번스와 베빈은 포츠담에서의 합의에 따라 독일 경제 전체를 하나로 통합하자고 제안했다. 몰로토프는 원칙적으로 독일의 통일에 찬성한다고 주장하면서도 이 제안을 거부했다. 프랑스는 여전히 점령국들 가운데 일체의 독일 통일에 가장 크게 반대하고 있었기 때문에 비도 역시 거부했다. 베빈과 번스는 몰로토프의 배상금 희망에 동의하지 않으려 했다. 대신 베빈과 번스는 소련이 소련 점령지로부터 보내주기로 약속한 식량을 보내지 않는 바람에 자신들의 점령지를 먹여 살리느라 해마다 5억 2,000만 달러의 돈을 써야 한다고 불만을 터뜨렸다. 번스는 또 소련은 슐레지엔과 쾨니히스베르크로부터 이미 배상금을 챙겼다고 지적했다. 배상금 문제를 둘러싼 얄타의 교착상태는 아직도 계속되고 있었다.

몰로토프는 마치 스탈린이 당분간 독일과 평화조약을 맺고 싶어 하지 않는 것처럼 말했다. 독일에 관한 논의가 거의 끝나갈 즈음이었던 1946년 7월 10일, 몰로토프는 새 독일 정부가 배상 의무를 비롯한 모든 의무를 충분히 만족스럽게 수행할 때까지 소련은 몇 년 동안 그런 조약을 체결할 수 없을 것이라고 말했다. 번스는 그런 상황이라면 독일과의 평화조약이 '앞으로 수년간' 불가능할 것이며, 이는 유럽을 떠나고자 하는 미국의 계획을 변경시킬 수밖에 없다는 사실을 깨닫고 정신이 멍해져서 회담장을 나왔다.[4]

런던과 파리에서 열린 외무장관협의회 회의들은 처칠이 포츠담회담 전의 전시 정상회담 동안 했던 역할과 동일한 주요한 파트너 역할을 베빈이 수행하고 있음을 보여주었다. 파리의 협의회 회의에서 베빈은 영국에 강력한 발언권을 부여하기 시작했다. 그러나 베빈은 논의를 계속하고 싶지 않았다. 그는 합의에 도달하기를 원했다.

베빈은 국왕 폐하의 외무장관이 해온 전통적인 역할에 머물려고 하지 않았다. 노동계급 출신으로서 그 사실에 자부심을 갖고 있던 베빈은 그가 오랫동안 살아왔던 육체노동자의 눈으로 세상을 바라보고 행동했다. 그의 정제되지 않은 매너 속에는 어떤 문제라도 그 핵심을 간파하는 묘한 능력을 갖춘 기민한 정신이 감춰져 있었다. 애틀리로부터 광범한 재량권을 부여받은 베빈은 대등한 조건 이상으로 미국, 소련, 프랑스의 동료들과 거래할 수 있었다. 베빈은 런던이 더는 지난날의 자원을 가지고 있지 못하고 그만큼의 존중을 받지 못하고 있음에도 최선을 다해 영국의 전통적인 이익을 보호했다. 베빈은 또 영국으로 하여금 몰로토프와 정면으로 맞서게 하고 미국을 편들게 함으로써 미국의 위상을 점점 강화시켰다.

유럽 노동조합운동의 다른 많은 구성원들처럼 베빈은 공산주의자들을 경멸했다. 그는 몰로토프에 대한 개인적 혐오를 군이 숨기려 하지 않았다. 베빈은 몰로토프를 '모울로토프'라고 부르며 비아냥거렸고, 때때로 동유럽에서의 소련의 책략을 히틀러의 책략에 비유함으로써 그를 짜증나게 했다. 이에 맞서 몰로토프 역시 예의 없이 행동하고 영국의 입장과 미국의 입장을 이간질함으로써 베빈의 화를 돋웠다. 그러나 베빈의 집요함은 몰로토프에 못지않았다. 스탈린은 베빈이 신사가 아니라고 불평했다.

베빈은 런던과 모스크바의 협의회 회의들을 통해 몰로토프가 회의를 질질 끌면서 소련군이 자신의 점령지에 대한 지배력을 공고히 할 시간을 벌려 한다고 믿게 되었다. 베빈은 소련이 독일 평화조약을 통해 독일 전역을 통제하고 모스크바가 유럽 대륙을 지배할 수 있을 때에만 몰로토프가 이 조약에 동의할 것이라고 우려했다. 베빈도 비도처럼 독일을 분단시켜야 한다고 결정했다. 하지만 다른 이유 때문에, 그리고 다른 길을 따라 독일을 분단시켜야 했다. 베빈은 서방 점령지들을 소련의 영향을 받지 않는 독자적 지역으로 구축하고 싶어 했다. 그는 이것이 미군을 유럽에 계속 주둔하게 만들어서 소련에 맞서 영국을 돕도록 만드는 유일한 길이라고 여겼다.

베빈은 번스에게 독일을 재통일시킬 대안을 찾아보라고 촉구하면서도 스탈린과의 협상 전망이 어둡다고 그의 기를 죽이면서, 그에게 점점 더 강력한 영향력을 행사했다.[5] 캐나다에 근거지를 둔 간첩망을 통해 미국의 핵 기밀을 빼내려고 한 소련의 시도는 베빈의 말에 더욱 힘을 실어주었다. 몰로토프가 1946년 국제연합 총회의 개막 회기에 참석조차 않는 등 소련이 국제연합에 보여준 경멸감도 더욱 노골화되었다.

1946년 말까지 외무장관협의회는 독일의 작은 동맹국들과의 평화조약을 마무리 짓고 대 독일 평화조약 작업에 착수할 수 있었다. 그러나 외무장관들 사이의 관계는 많은 논란을 불러일으켰던 협상 과정 동안 나빠졌다. 몰로토프의 까칠한 매너와 완고한 전술은 그가 가진 입장의 실제 내용보다도 훨씬 더 서방측 동료들의 분노를 샀다.

지지부진하고 성과 없는 의사진행에 지친 번스는 외무장관협의회 프로세스를 완전히 포기하겠다고 위협하고서야 비로소 몰로토프로 하여금 위성국들에 대한 평화조약들에 동의하도록 할 수 있었다. 번스는 1947년 1월 21일 사임하기 전에 마지막 행동으로 조약들에 서명한 만큼, 아직 좀 더 국무장관직을 수행할 시간이 있었다.

스탈린이 소련 점령지를 손아귀에 넣다

외무장관협의회가 독일의 미래에 대한 논의를 시작하기 한참 전에 전시 동맹국들의 군대와 행정가들은 그 미래를 바쁘게 결정하고 있었다. 그들은 군대의 주둔과 점령 정책, 그리고 독일인들과의 관계와 서로 간의 관계를 바탕으로 그런 결정을 내렸다. 그들은 외교관들보다 독일의 미래의 모습을 형성하는 데 더 큰 몫을 했으며, 한편으로는 외교관들이 취할 수 있는 선택의 폭을 제한했다.

베를린을 포함한 몇몇 도시들에서 어린 10대 신병들을 동원한 도시 방어 노력이 수포로 돌아간 뒤 전쟁이 끝나자, 독일 국방군은 포로수용소로 비척거리며 걸어 들어갔다. 나치 기구는 녹아 없어져버렸다. 탈진하고 방향을 잃어버린 독일 사회는 해체되었다. 연합군은 예상했던 자살 저항 전사들이 아니라, 흩어진 가족과 파괴된 소유물의 잔해를 찾아 폐허더미를 헤집고 다니는 구부정한 사람들의 무리가 자신들의 눈앞에 있음을 알았다.

연합국은 독일 국가를 해산하는 법령들을 시행함으로써 독일의 해체에 기여했다. 그들은 나라를 여러 개의 점령지로 분할한 다음 각 점령 사령관에게 자신의 점령지에서 절대적인 권한을 행사할 수 있도록 해주었다. 연합국은 이 법령들로 수십 년 동안 독일이 걸어갈 방향을 정했다.

3대 강대국은 독일을 균등하게 나누지 않았다. 미국 점령 사령관과 소련 점령 사령관은 각각 약 10만 7,000평방킬로미터와 1,700만 독일인들로 이루어진 두 개의 가장 큰 점령지를 통치했다. 또한 두 점령지에는 수백 만 명의 난민들도 포함되어 있었다. 영국의 점령군 사령관은 9만 7,000평방킬로미터의 점령지를 통치했으나, 루르 강 유역에 단일 최대

공업단지와 수백 만 명의 난민들, 가장 큰 인구 집단(2,200만여 명)이 그 안에 포함되어 있었다. 프랑스 점령군 사령관은 4만 평방킬로미터와 500만 명의 독일인들을 통치했으나, 난민들은 많지 않았다.[6]

스탈린과 그의 독일인 행정가들은 소련 점령지 자체를 혁명화하고 모든 독일인들에게 모델이 될 즉각적인 사회적·경제적 개혁을 강제하기로 결정했기 때문에, 점령의 충격은 소련 점령지에서 특히 강했다. 스탈린은 언젠가는 그와 소련이 부활한 독일을 다루어야 할 것임을 알았다. 스탈린은 새로운 독일이 소련을 상대로 전쟁을 일으키지 못할 사회적·경제적·정치적 질서를 갖도록 확실히 하고 싶어 했다. 이것은 독일의 정치적·군사적 위계체제와 그들의 사회적·경제적 토대를 총체적으로 파괴하는 것을 의미했다.

스탈린은 처칠이나 루스벨트가 독일 문제를 바라보았던, 또는 아마도 애틀리나 트루먼이 바라보았을, 그런 방식으로 독일 문제를 바라보지 않았다. 앵글로색슨인들은 영국해협과 대서양 너머로 후퇴할 수 있었다. 그러나 러시아인들은 독일인들과 대륙을 공유했다. 그들은 폴란드라는 대지의 장벽을 가졌으나 스탈린은 독일인들이 얼마나 신속하게 그 장벽을 뛰어넘을 수 있는지를 이미 보았다.

스탈린은 통일된 독일을 원했고, 심지어 그것이 필요했다. 분단된 독일은 그에게 가장 가치가 적은 독일 부분을 남겨줄 것이었다. 그의 점령지에는 딱히 자산이 될 만한 게 별로 없었다. 발트 해에 좁은 해안이 있긴 했지만, 그곳에는 이렇다 할 항구(슈테틴은 폴란드에게 양도되었다.)가 없었다. 또 포메른과 브란덴부르크 변경백령에 중급 정도의 토질을 가진 땅과 모래로 뒤덮인 습지가 있었으며, 한때 독일의 자랑거리였으나 루르 지방에 밀려 쇠퇴한 작센 공업지역이 있었다. 소련 점령지는 식량과 약간의 공산품을 생산할 수 있었으나 그 밖에 다른 것은 별로 없었다. 원자재로 유일하게 관심을 끄는 자산은 우라늄 광석과 값싸지만 질이 낮은 갈탄이 전부였다.

구태여 누가 상기해주지 않더라도 스탈린은 자신이 통제하는 독일 부분이 독일 자체에 대한 실질적인 영향력을 발휘하지 못한다는 것을 알 수 있었다. 또 그것이 스탈린에게 유럽 전체에 대해 어떤 영향력도 갖게 해주지 않는 것도 확실했다. 스탈린은 더 잘 할 필요가 있었고 또 더 잘 하고 싶었다. 1945년 6월 4일, 모스크바에서 소련 관리들 및 독일 공산주의 지도자들과 회의를 하면서, 스탈린은 통합된 독일공산당(Kommunistische Partei Deuchlands, KPD)을 원동력으로 해서 독일 통일을 이룩하기를 기대한다고 말했다. 그들은 통일된 독일 전체를 소련 세력권으로 편입시킬 계획을 세울 것이었다.

스탈린은 이런 일이 금방 일어나지는 않으리라는 것을 알았다. 그는 통일 독일이 히틀러 이전처럼 부르주아 국가로 시작할 수 있을 것이라고 생각했다. 그러나 스탈린은 공산주의 정당과 사회주의 정당들이 바이마르공화국 동안 독일 정치에서 주요 세력이었음을 떠올렸다. 스탈린은 이제 공산주의자들에게 사회주의자들과 협력하라고 지시를 내리게 되면 통일 독일이 소련에게 우호적이 될 것이며, 시간이 흐르면서 마르크스주의로 기울어질 것이라고 생각했다. 스탈린은 그와 같은 결과를 낳고 그 사이에는 경제적 도움을 받을 수 있는 조건을 협상에서 얻어내기를 원했다.[7]

스탈린은 통일 독일을 전략상 필수적인 것으로 보았다. 심지어 부르주아 독일조차 소련과 긴밀한 경제적 연계를 갖게 될 것이며, 스탈린에게 서유럽 깊숙이 영향력을 미칠 수 있도록 해줄 것이었다. 1945년 5월 말 정치국회의에서 독일에 대해 논의하면서 스탈린은 '농업화된' 혹은 분할된 독일은 환상에 지나지 않거나 비현실적이라고 말했다. 그는 모스크바와 좋은 관계를 맺을 통일 독일을 원했다. 스탈린은 가장 신뢰하는 정치국의 경제 전문가인 아나스타스 미코얀*을 보내 전쟁 직후의 독일 상황을 살펴보고 독일 경제가 소련을 도울 수 있는 방법을 찾아보도록 했다.[8]

통일이 될 때까지 소련 점령지는 독일인 공산주의자 행정가들의 감독을 받으며 소련 세력권의 근거지로 기능할 것이었다. 1943년 여름에 '자유독일전국위원회'(National Committee for Free Germany)를 설립한 스탈린은 전쟁 막바지에 신속하게 움직일 수 있었다. 그는 독일공산당 그룹을 소련 전선 바로 뒤의 독일로 보냈다.[9]

포츠담회담이 열리기 꽤 오래 전인 1945년 4월 30일 '울브리히트 그룹'(Gruppe Ulbricht)이 베를린으로 들어갔다. 스탈린은 그 지도자인 발터 울브리히트를 베를린과 독일을 위한 소련의 선두 척후병으로 선택했다. 울브리히트는 소련 외무부에서 전후 독일에 대한 연구 그룹을 이끈 인물이었다. 다른 독일 공산주의 팀들은 소련 점령지의 다른 부분으로 들어갔다. 그곳에서 그들은 계획했던 대로 신문, 라디오, 출판사뿐만 아니라 독일 지역 관청들을 설립했다. 독일공산당은 이튿날 소련 점령자들로부터 업무 개시 인가를 받았다. 독일공산당 노동조합인 '자유독일노동조합'(Freier Deutscher Gewerkschaftsbund, FDGB)이 닷새 뒤 활동을 시작했다.

소련인들과 울브리히트는 모든 단계의 독일 인사 담당자들을 소련

---

* Anastas Mikoyan(1895-1978). 아르메니아 출신의 볼셰비키이자 소련의 정치인. 1920년대부터 주로 국내 상업과 해외 무역 관련 고위 관직을 역임했다. 1935-1966년 소련공산당 정치국원이었으며, 1964-1965년 소련 최고소비에트 간부회 의장을 지냈다.

에 거주하며 일했던 독일공산당원들 중에서 선발하는 것으로 확실히 결정했다. 독일공산당 지하조직이 제공한 독일에 관한 정보들이 전반적으로 훌륭했기 때문에 소련인들과 울브리히트는 누구를 신뢰해야 하는지 알고 있었다. 그들은 서방 동맹국들과는 달리 중간 수준의 나치들까지는 건드리지 않고 핵심 나치와 고위층 인물들만 해고하고 블랙리스트에 올렸다. 그러나 누가 책임을 맡을지에 대해서는 의문이 있을 수 없었다. 울브리히트는 자신의 그룹을 독일로 데리고 갔을 때 그들에게 이렇게 말했다. "모든 것이 민주적으로 보여야 합니다. 그러나 우리는 상황을 확고히 손아귀에 틀어쥐어어야 합니다."[10]

7월 14일까지 울브리히트와 소련 점령군 사령관인 게오르기 주코프* 원수는 소련 점령지 전역에 대한 기초적인 행정과 통치를 담당하고, 독일이 통일되면 전독일 행정 기반으로 기능할 11개의 중앙조직들을 위한 토대를 마련했다. 소련은 그들의 점령지에서만 최고권위를 행사했지만, 통일된 독일 국가를 위한 계획을 미리 마련하고 있었다.[11]

스탈린은 발터 울브리히트를 독일에서 자신의 사람으로 선택하면서, 자기와 유사한 사람을 뽑았다. 울브리히트는 대중성이 있는 인물은 아니었으나 통제하는 법을 알았다. 그는 말을 잘 하는 연설가가 되고 싶었으나, 고음의 목소리와 알아들을 수 없는 작센 억양 때문에 그렇게 되지 못했다. 그의 강점은 조직에 있었다. 울브리히트는 제1차 세계대전 후 독일에서 독일공산당 조직을 도왔고, 바이마르공화국 후반기에 독일 의회의 독일공산당 의원이 되었다.

---

* Georgy Zhukov(1896-1974). 소련의 군인이자 정치가. 제2차 세계대전에서 크게 활약해 1943년 소련군 원수로 승진했다. 1955-1957년 소련 국방장관을 지냈다.

스탈린은 1920년대 중반에 독일공산당을 노동자 지향의 노동조합 조직으로부터 침투에 능하고 배후에서 사태를 조종하는 데 적합한 강인한 간부 정당으로 변모시키기를 원했을 때, 이 변화를 감독하고 모스크바의 통제를 계속 유지하기 위해 울브리히트—그의 독일공산당 암호명은 첼레(Zelle, 세포)—에게 의존했다.[12]

울브리히트는 히틀러가 집권하자 독일을 빠져나와 프랑스로 몸을 피했고, 그 뒤에는 잠깐 스페인 내전*에 참여했다. 소련 관리들은 그를 독일 공산주의의 잠재적 지도자로 인정했다. 그들은 울브리히트를 모스크바로 데려갔고, 울브리히트는 그곳에서 제2차 세계대전을 보냈다. 그는 소련 시민이 되었고, 국제공산주의운동 간부들 사이에서 일했으며, 코민테른**은 울브리히트와 독일공산당에게 전후 질서를 준비하게 했다. 그는 필요에 따라 입장을 바꾸었고, 또 소문에 의하면 독일공산당 내 경쟁자들을 고발함으로써 스탈린 숙청에서 살아남았다. 울브리히트는 무자비하게 권력을 휘두름으로써 명성을 얻었다. 어느 누구도 울브리히트보다 독일공산당 조직과 그 구성원들을 더 잘 알지 못했다.

1945년 4월에 스탈린은 승전국들은 각자의 군대가 진격한 만큼 각자 자신의 정치적·사회적 체제를 도입할 것이라고 말했다.[13] 이것은 스탈린과 울브리히트가 계속 이어서 하고자 한 일이었다. 그리고 그들은 훨씬

---

* Spanish Civil War. 마누엘 아사냐가 이끄는 좌파 인민전선 공화국 정부와 프란시스코 프랑코를 중심으로 한 우파 반란군 사이에 있었던 스페인의 내전. 1936년 7월 17일 모로코에서 프랑코 장군이 쿠데타를 일으켜 내전이 시작되었고, 1939년 4월 1일에 공화파 정부가 마드리드에서 항복하면서 프랑코 측의 승리로 끝났다.
** Comintern. 공산주의 인터내셔널, 제3 인터내셔널로도 불린다. 1919년 3월 레닌의 주도로 설립되어 1943년 스탈린에 의해 해체되었다. 코민테른의 목적은 각국 공산당들 사이의 연계를 강화하고 그들의 활동을 통일적으로 지도함으로써 자본주의 체제를 정복하고 프롤레타리아 독재를 세우며 사회주의와 공산주의를 실현하는 데 있었다.

더 급진적인 변화를 모색했고, 그 결과 그들이 수행한 개혁은 서방 점령국이 시행한 어떤 개혁보다도 훨씬 더 철저했다.

1945년 9월 소련 군정청은 첫 조치로 대규모 토지개혁을 발표했다. 전쟁을 치르는 동안 모든 연합국은 전쟁이 끝난 뒤 반동적인 프로이센 융커* 군사·정치 엘리트들의 권력 기반이었던 광대한 농장들을 잘게 조각내 버려야 한다는 데 동의했다. 울브리히트와 스탈린은 그보다 더 멀리 내다보면서, 토지개혁을 노동자와 농민의 동맹에 기반을 둔 새로운 형태의 독일 정치체제를 정착시키는 데 도움을 줄 새로운 소농계급을 창출하는 조치로 생각했다. 그들은 포츠담회담 직후인 1945년 9월에 토지개혁에 착수했다. 가을 추수기와 작물 파종 시기에 토지개혁을 실시함으로써 수확량이 심하게 줄어들었기 때문에 울브리히트와 스탈린은 성급한 정책에 대해 큰 대가를 치렀다.[14] 그러나 두 사람은 통일이 이루어지기 전에 개혁이 확고히 자리 잡기를 원했으므로 신속하게 움직이지 않으면 안 되었다. 그들은 북부의 대규모 농장들뿐 아니라 남부의 비교적 작은 보유지들도 잘게 쪼갰다.[15]

토지개혁은 50만 명 이상의 독일인 농부들에게 토지를 제공했고, 처음에 생산에 가해진 충격에도 불구하고 큰 지지를 얻은 것으로 밝혀졌다. 토지개혁은 또 스탈린이 얼마나 면밀하게 독일 문제를 연구했는지, 얼마나 꼼꼼히 진행되기를 원하는지도 보여주었다. 모스크바에서 있은 한 회의에서 스탈린은 울브리히트와 그의 독일공산당 동료 지도자인 빌

---

* Junker. 프로이센의 지배 계급을 형성했던 보수적인 토지 귀족. 동부 독일 지방은 중세 말 식민운동으로 개발되었고 농민의 부역 노동에 의한 상품 생산을 위해 대농장이 경영되었는데, 이 대농장을 소유, 경영한 토지 귀족을 융커라 일컬었다. 이들은 프로이센 행정 기구의 주요한 자리나 상급 장교의 지위를 독점했고 막강한 권력을 휘두르면서 온갖 특권을 유지했다.

헬름 피크*에게 토지보유 하한선을 울브리히트가 지지한 50헥타르가 아니라 100헥타르에 맞추라고 구체적으로 지시했다. 그는 중간 규모 토지보유 농민들의 독일공산당에 대한 저항을 중단시키고 싶었고, 또 소련 점령지가 서방 점령지들과 완전히 공존 불가능하게 만들고 싶지 않았다.

스탈린과 울브리히트는 다음으로 소련 점령지 내의 기업들이 모두 나치와 군국주의자, 전범들의 소유였다고 주장하면서 이 기업들의 국유화를 추진했다. 소련인 자신들은 소비에트주식회사(Sowjetische Aktiengesellschaft, SAG)의 형태로 기업들의 약 25퍼센트 지분을 가져갔다. 그들은 나머지 중 많은 부분을 국유화했다. 1946년 중반에 그들은 주요 공장에 대한 사적 소유를 완전히 철폐했다. 붉은군대가 도착한 지 1년도 안 돼 스탈린과 울브리히트는 소련 점령 지역의 경제적·사회적 질서를 일변시켰다.

스탈린은 소련 점령지로부터 최대한 많은 것들을 빼내갔다. 그는 종종 공장들을 통째로 소련으로 이전해가는 등 수많은 공장들의 해체를 명령했다. 소련인들이 해체를 위해 확인한 1,000개 이상의 공장들 중에서 그들은 1945년에 200개를, 그리고 1946년 초에 200개를 더 실어 날랐다. 그리하여 소련인들은 점령 1년 만에 소련 점령지에서 가동 중인 생산 능력의 절반 이상을 제거했다.[16]

울브리히트는 독일인들이 개혁에 어떻게 반응할지 알지 못했다. 스탈린의 압력을 받은 그는 이 프로그램을 신속히 완수하기 위해 독단적이고 거의 충동적으로 움직였다. 울브리히트는 12년간의 독재와 전쟁 이후

---

* Wilhelm Pieck(1876-1960). 동독의 정치가. 1938-1943년 코민테른 총서기, 1949-1960년 독일민주공화국의 초대 대통령을 지냈다.

안정을 희구하는 인민들에게 강제된 이와 같은 극단적인 변화가 그들이 참을 수 있는 것보다 더 나아갔다고 생각하지 않았다.

토지개혁과 국유화 캠페인을 완수하고 난 후에야 비로소 스탈린과 울브리히트는 자신들이 조장했던 저항을 이해했다. 새 독일 체제의 토대가 될 노동자들은 직업을 잃었기 때문에 해체와 개혁의 대부분에 반대했다. 그들은 많은 사람들을 죽음에 이르게 하고 또 수없이 많은 이들의 건강을 파괴한 조건 아래 일을 해야 하는, 비스무트 인근의 우라늄 광산에 징발되는 것도 두려워해 했다. 그런 작업을 위해 노동자들을 끌어 모으고 또 노동현장에서 여타 혼란스런 상황이 발생하면서 소련 점령 초기에 많은 동독인들이 서방 점령지로 도피했다. 점령을 개시한 지 거의 1년쯤 된 1946년 6월 30일까지 소련 당국은 벌써 그들의 점령지에서 사람들이 빠져나가는 것을 막기 시작하지 않으면 안 되었다.

울브리히트와 스탈린은 또 소련 점령지 안에 독일 전역에서 확실하게 작동할 수 있는 당의 굳건한 토대가 될 강력한 좌익 조직을 꾸리고자 했다. 그들은 대체로 1920년대와 1930년대 초기에 독일 좌파가 히틀러에 맞서 단결하지 못하는 바람에 히틀러가 권좌에 올랐다는 사실을 알고 있었다. 독일공산당은 보수주의자들보다 독일사회당과 주로 싸웠고, 이 때문에 그들이 서로 싸우고 있는 동안 노쇠한 파울 폰 힌덴부르크* 육군 원수가 독일 대통령이 되었고 히틀러가 권좌에 오를 수 있었다. 그들은 이번에는 좌파를 단결시키기를 원했다.

---

* Paul von Hindenburg(1847-1934). 바이마르공화국의 군인이자 정치가. 제1차 세계대전 때 제8군 사령관으로서 동프로이센에 부임해 참모장 에리히 루덴도르프와 함께 타넨베르크 전투에서 러시아군에 대승을 거두었다. 그 후 바이마르공화국 제2대 대통령(재임 1925-1934)을 지내면서 아돌프 히틀러를 내각 총리로 임명해 나치 독일 성립의 길을 열었다.

전쟁 직후 재건된 독일사회민주당(Sozialdemokratishe Partei Deutschlands, SPD)은 독일공산당에게 새로 통합한 좌파 정당에 가입하라고 요청했다. 울브리히트는 외부인이 들어와 독일공산당을 약화시키기 전에 당에 대해 충분한 통제력을 갖기를 원했기 때문에 이 제안을 거절했다. 그는 또 소련의 위세와 반(反) 히틀러 투쟁 경력 덕분에 독일공산당이 지도적인 좌파 정당이 될 수 있다고 생각했고, 시간을 벌면서 그렇게 되기를 원했다.[17]

1946년 봄에 울브리히트는 자신의 계산이 틀렸음을 깨달았다. 1945년 가을에 오스트리아와 헝가리 선거에서 공산당은 잘하지 못했다. 널리 존경받는 독일사회민주당 지도자 쿠르트 슈마허*가 공산주의를 비난한 서방 점령지들에서는 독일사회민주당이 독일공산당보다 더 큰 지지를 받고 있었다. 모스크바가 아니라 히틀러의 집단수용소에서 전쟁 시기를 보낸 슈마허는 스탈린에게 빚진 것이 전혀 없었다. 슈마허는 강인한 성격을 갖고 있었고, 불같은 그의 연설은 수용소에서 겪은 구타와 고문이 남긴 불구의 몸 때문에 더욱 극적인 호소력을 발휘했다. 울브리히트는 독일사회민주당이 독일공산당보다 더 강력한 당이 되는 것을 두려워했다. 합당하면 당내에서 우월한 세력이 될 수 있다고 확신할 만큼 충분히 독일공산당을 조직한 후에야 그는 스스로 독일사회민주당과의 합당을 제안했다. 하지만 그때는 이미 독일사회민주당이 자신의 원래 제안에서 후퇴한 상태였다. 심지어 오토 그로테볼** 같은 소련 점령지의 독일사

---

* Kurt Schumacher(1895-1952). 독일의 정치가. 제2차 세계대전 후 독일사회민주당(SPD)을 재건해 당을 이끌며 국회의원으로 활동했다. 서독의 초대 총리 선거에서 기독민주연합(CDU)의 콘라트 아데나워에게 근소한 차이로 패배해 낙선했다. 이후 야당 대표로 활동하면서 아데나워의 정치적 호적수로 활약했다.
** Otto Grotewohl(1894-1964). 독일의 정치인. 1946년 울브리히트 및 피크와 함께 독일사회주의통일당을 창당했다. 1949년부터 사망할 때까지 독일민주공화국 초대 총리를 지냈으

회민주당 지도자들조차 울브리히트와 합쳐봤자 얻을 게 별로 없다고 판단했고, 그들은 울브리히트의 뒤늦은 접근을 거부했다.

스탈린은 상황을 침울하게 지켜보았다. 공산주의자들이 인민들의 지지를 받지 못하게 되자 전국적인 좌파 정당하에 독일을 통합시키겠다는 그의 계획은 일그러졌다. 1946년 초에 스탈린은 울브리히트를 모스크바로 불러 메이데이 전에 소련 점령지에 그런 통합 정당을 결성하라고 지시했다. 그의 명령에 따라 새 소련 점령군 사령관인 바실리 소콜롭스키*는 독일사회민주당 지도자들을 독일공산당과 합당하는 쪽으로 밀어붙였다. 그는 그로테볼 등을 체포하겠다고 협박하고, 또 따르지 않으면 당 활동에 필요한 공간과 자원 지원을 끊어버리겠다고 위협하는 등 그들에게 강력한 압박을 가했다. 소련군은 머뭇거리는 독일사회민주당원들을 체포하거나 소련으로 추방했는데, 사건이 발생한 후 상당한 시간이 흐를 때까지 가족들에게 통지조차 하지 않는 경우도 많았다. 체포된 많은 사람들 중 많은 이들이 소련 점령지나 소련의 감옥에서 죽음을 맞이했다.

이러한 체포와 실종에 대한 소문이 급속히 퍼져나갔다. 독일사회민주당 인사들을 비롯해 많은 사람들이 침묵에 빠지거나 서방 점령지로 도피했다. 많은 이들이 히틀러 치하에서 배웠던 '내부 망명'을 실행하면서 정치의 장에서 후퇴했다.

슈마허는 합당에 대해 큰소리로 불만을 터뜨렸다. 그는 독일공산당

나, 1950년부터 사실상의 권력자는 독일사회주의통일당 중앙위원회의 총서기 울브리히트였다.

* Vasily Sokolovsky(1897-1968). 소련의 군인. 모스크바 전투, 쿠르스크 전투, 스몰렌스크 전투 등 독소전쟁에서 활약하고 전후인 1946년 소련 원수로 진급하는 동시에 동독 주둔 소련군 총사령관이자 독일의 소련 군정청 수반이 되었다. 1949-1952년 국방 차관, 1952-1960년 참모총장을 역임했다.

이 독일사회민주당에 대한 지지와 그 명성을 파괴하려고 음모를 꾸미면서도 그것을 활용하는 등 독일사회민주당을 '수혈'용으로만 이용할 것이라고 경고했다. 그러나 그로테볼은 울브리히트와 스탈린에게 저항할 수 없었다. 그는 의구심을 품은 채 합당에 동의했다.[18]

소련 점령지에서의 독일공산당과 독일사회민주당의 합당으로 1946년 4월 21-22일의 한 회합에서 독일사회주의통일당(Sozialistische Einheitspartei Deutschlands, SED)이 창당되었다. 당시 독일공산당원이었고 울브리히트와 소콜롭스키의 전술을 내부에서 볼 수 있었던 독일 시사평론가 볼프강 레온하르트*는 그것을 독재 연합(diktatorische Vereinigung)이라고 불렀다. 서독 독일사회민주당 인사인 에곤 바르**는 오랜 시일이 지난 후 다음과 같이 논평했다. "사회민주주의자들의 손은 처음에는 움켜잡혔고 그 후 절단되었다."[19] 이 연합을 공고히 하자는 의미에서 그로테볼과 피크가 악수하는 사진에서 피크와 울브리히트의 얼굴은 득의양양하게 상기되어 있었지만, 그로테볼은 언짢고 풀이 죽은 모습이었다.

그로테볼이 그렇게 보인 데는 충분한 이유가 있었다. 울브리히트의 독일공산당 당원들은 독일사회주의통일당을 더욱 더 직접적이고 완벽하게 통제했다. 그들은 소련 점령지 전역에서 독일사회민주당 조직을 파

---

* Wolfgang Leonhard(1921-2014). 독일의 작가이자 역사가. 소련, 독일민주공화국, 공산주의에 관한 일류 전문가이다. 1935-1945년 동안 소련에서 거주했고, 울브리히트 그룹의 일원으로 귀국했으나 1949년 동독의 창건자들과 결별한 뒤 예일 대학에서 교수로 재직하면서 소련 비판가로 활동했다.

** Egon Bahr(1922-2015). 독일사회민주당(SPD)의 정치가. 1969년부터 1972년까지 독일의 제4대 총리 빌리 브란트의 비서로 함께 일하며 동방정책의 기틀을 마련했다. 그 후 1972-1990년에는 독일연방공화국의 하원의원으로 활동했고 1972-1976년 사이에는 장관직을 지냈다. 동독과 서독, 독일과 소련 사이의 협상 과정에서 항상 핵심 인물이었고, 모스크바 조약과 바르샤바 조약 등 협약을 맺는 데 큰 기여를 했다.

괴했다.[20] 1947년 9월 20-24일에 열린 제2차 독일사회주의통일당 당대회 때, 독일사회민주당은 1946년의 제1차 '합당' 대회 때보다도 훨씬 역할이 축소된 반면, 이전 독일공산당 당원들은 더 전폭적이고 자신감 있게 참여했다. 22명의 연사들 중 단 2명만이 이전 독일사회민주당 당원이었다.[21]

제2차 독일사회주의통일당 당대회는 제1차 당대회보다 소련과 소련 이념에 훨씬 더 노골적으로 굴종적인 태도를 보였다. 당 지도자들은 굳이 모스크바에 대한 충성을 맹세하기까지 했다. 그로테볼은 장황하게 소련 모델을 찬양하는 연설을 함으로써 과거 독일사회민주당 동료들을 기운 빠지게 만들었다. 그들은 자신들을 독일공산당과의 합당으로 이끈 사람이 소련식 공산주의, 스탈린주의, 절대주의로 방향을 트는 것을 받아들일 준비가 되었다는 사실을 그 전에는 몰랐지만 이제 완벽히 깨닫게 되었다.[22]

소콜롭스키 또한 소련인들이 장악하고 있던 권위의 일부를 넘겨줌으로써 독일사회주의통일당이 소련 점령지의 행정에서 좀 더 큰 역할을 할 수 있도록 해주었다. 1947년 6월 4일, 소콜롭스키는 소련 점령지를 관할하는 민간 행정기관으로서 독일사회주의통일당의 통제를 받는 '독일경제위원회'(Deutsche Wirtschaftskommission, DWK)의 설립을 명령했다. 그것은 울브리히트와 소콜롭스키가 상당 기간 동안 계획해왔던 조치였다.[23]

울브리히트는 소련 점령지의 민간 행정기관에 대한 독일사회주의통일당의 통제를 완벽하게 수행하기 위해 독일경제위원회를 이용했다. 그는 당에 기술적 기능직을 제외하고는 최대한 많이 독일경제위원회에 들어가 직원으로 일하라고 지시했다. 울브리히트는 독일경제위원회를 발판으로 소련 당국을 대체하게 될 동독 민간 행정기관을 별도로 설립하고 싶었다.

하지만 스탈린과 울브리히트가 어떤 전술을 쓰든 그들은 독일인들을 자신들의 편으로 끌어들일 가능성이 없었다. 그것은 소련 병사들이 독일에 진입했을 때 보인 행동들 때문이었다. 소련 점령지로 들어온 이 병사들은 점령지의 주민들, 특히 독일 여성들 사이에 공포와 혐오감이 뒤섞인 폭발성 혼합 화약을 남겨놓았다.

1944년 소련군은 처음 동프로이센과 슐레지엔의 독일 영토에 진입하면서 그들 앞의 독일인들을 쓸어버리는 공포 작전을 체계적으로 개시했다. "우리는 모든 것에 대해 무시무시한 복수를 행할 것"이라는 주코프의 명령에 고무된 소련군은 마구 날뛰었다.[24] 강간은 소련군 군사작전의 가장 두드러지고 두려운 특징이 되었다. 정복과 복수의 열정에 불타는 소련 병사들은 걸핏하면 식량과 술, 전리품을 찾아 마을의 모든 집을 약탈했고, 그런 다음 모든 부녀자를 강간했으며, 종국에는 마을을 불태우고 떠났다.

비록 일부 소련 사령관들이 강간 혐의로 병사들을 총살하는 등 극단적인 폭력을 중단시키려고 노력했고 또 자신들이 언젠가는 소련이나 폴란드 소유가 될 재산을 파괴하고 있음을 충분히 깨달았음에도 불구하고, 붉은군대는 격분 속에 으르렁거리며 앞으로 나아갔다. 진격의 속도와 파괴 측면에서 사령관들은 서로 경쟁했고, 그 덕분에 소련군 병사들은 땅을 초토화시켰으며 때로는 가장 힘든 전투에서 죽을힘을 쏟아 승리를 거두었다.

약탈은 오데르 강 동쪽에서 전략적 목적을 달성하는 데 도움을 주었다. 약탈은 너무나 끔찍해서 대부분의 독일인들은 침략자들이 도착하기도 전에 도주했고, 그들의 재산을 폴란드인들에게 남겨놓았다. 얄타회담에서 스탈린은 독일인들이 이미 땅을 버렸고 붉은군대는 그것을 폴란드 행정기관에 넘겼다고 말했는데, 틀린 말이 아니었다.

그러나 이 전략적 목적은 소련군이 독일에 진입하는 순간 사라졌다. 스탈린은 새 독일과 좋은 관계를 맺기를 원했다. 소련군 사령부는 소련군이 베를린으로의 최후의 진격을 위해 오데르 강을 건널 준비를 할 때 고삐를 당겨 속도를 늦추려 했다. 《프라우다》의 논설은 1942년 2월 23일 자의 스탈린 명령을 상기시켰다. "히틀러의 패거리들을 독일인들과 동일시하는 것은 우스운 일일 것이다. 역사적 경험은 히틀러들은 왔다가 사라지지만 독일 인민, 독일 국가는 남는다는 것을 보여준다."[25] 주코프는 그의 부대가 독일 인민과의 관계에서 자제와 규율을 발휘해야 한다고 구체적인 지시를 내렸다.

그럼에도 소련 병사들은 물론이고 심지어 장교들마저 이전과 똑같이 행동했다. 그들은 독일 국민, 특히 나이를 불문하고 여성들을 향해 분노를 쏟아내며 강간하고 불태우고 약탈했다. 세월이 지난 후 독일 여성들은 그 경험들에 대해 입을 떼지 않을 것이며, 혹시라도 어렵게 말을 꺼낼 때는 혐오감을 담아 말할 터였다. 새로 공개된 문서와 당시의 기록에 바탕을 둔 추산에 따르면 무려 200만 명의 독일 여성들이 때로는 반복적이면서도 매우 수치스런 방식으로 강간당한 것 같으며, 모든 여성들이 강간의 공포 속에 살았다고 한다.

울브리히트와 그의 그룹은 소련 군복을 입은 '나치 파괴자들'이 강간을 자행했다고 거짓 해명을 내놓았다. 분노한 독일인들이 공산주의자들이 소련군의 행동에 맞서 개입하지 않는다고 비난했음에도 불구하고 울브리히트는 붉은군대를 공개적으로 비판하고 싶지 않았다. 그는 1945년 7월 12일 소련군이 민간인들을 군사적으로 공격하고 있다는 '소문'에 대해 주코프에게 말했고, 주코프는 그 문제를 조사하겠다고 약속했다. 그러나 다른 독일공산당 관리들은 소련군이 공산주의 대의를 훼손했다고 공개적으로 인정했으며, 한 관리는 소련군이 독일로 진입하기 전에 전쟁이 끝났더라면 독일공산당에게 훨씬 더 좋았을 것이라고 말하기도 했다.

1947년 중반 이후 소련군은 더 이상 문제를 야기하지 못하도록 막사에 갇혀 지냈다. 1949년 3월에는 스탈린과 울브리히트가 독일민주공화국 건국을 고려하면서 강간을 더욱 무겁게 처벌하는 법령을 공표했다. 그러나 그때까지 피해는 컸다. 붉은군대는 히틀러의 군대가 소련에서 저질렀던 만큼이나 대규모로 독일에서 범죄와 실책을 저질렀다. 소련의 이미지는 결코 회복되지 못했다. 히틀러의 명령으로 남편이나 남자 형제, 아들이 죽임을 당한 많은 여성들은 소련군을 나치 폭정으로부터 그들을 해방시킨 해방군으로 환영했을 수도 있었다. 그러나 오히려 그들은 붉은군대를 두려워하고 경멸하게 되었다.

독일사회주의통일당 고위 간부였던 헤르만 마테른*은 독일 여성들의 분노가 소련 점령지에서의 선거에서 독일사회주의통일당에 결정적인 타격을 가했다고 언급했다. 또 다른 이는 메클렌부르크 주 전역에서 독일사회주의통일당에 투표할 준비가 되어 있는 여성을 단 한 명도 찾기가 힘들었을 것이라고 썼다. 울브리히트는 이 문제에 관해 모스크바에 맞서지 못함으로써 독일사회주의통일당과 동독 주민들 사이에 깊은 골을 만

---

* Hermann Matern(1893-1971). 1919년 독일공산당 창건자 중의 한 사람으로서 독일민주공화국의 공산주의 정치가였다. 1933년 체포되었으나 탈출한 뒤 종국적으로 소련으로 망명했다. 1945년 귀국한 뒤 작센 주의 독일공산당 당수로 임명되었고, 그 후 독일사회주의통일당의 중앙 당통제위원회 의장, 중앙위원회 정치국원 등을 역임했다. 1949년 이래 독일민주공화국 인민의회 의원을 지내면서 인민의회 부의장직을 맡기도 했다. 발터 울브리히트의 확고한 정치적 동맹자였다.

들었다.[26]

1946년 9월의 베를린 지방선거는 이 상황을 잘 보여준다. 서방 점령군이 독일사회민주당 후보가 독일사회주의통일당과 별도로 공천을 받아 입후보할 수 있도록 보장한 이 선거에서, 독일사회민주당은 심지어 소련 구역에서조차 독일사회주의통일당을 44퍼센트 대 30퍼센트로 이겼다. 독일사회민주당은 모든 서방 구역에서 50퍼센트 이상 득표한 반면, 독일사회주의통일당은 평균 득표율이 15퍼센트에 불과했다. 이 패배는 앞서 오스트리아 공산당과 헝가리의 공산당이 패배했을 때처럼, 공산주의자와 소련이 전쟁이 끝나자마자 거의 즉시 인민들의 지지를 상실했다는 사실을 보여주었다. 독일공산당은 1945년 이후에 1920년대보다 추종자들이 더 적었다.[27] 소련 병사들은 서방 연합국 군대가 그들에게 할당된 구역으로 진입하도록 허용되기 전인 4월부터 6월까지 베를린 전역을 점령했다. 이 기간 동안 그들은 스탈린의 공언된 의지와 정반대의 지울 수 없는 인상을 남겼다.

이러한 문제들이 불거졌는데도 스탈린과 울브리히트는 주요 정책 사안들에 대해 의견이 달랐다. 스탈린은 대부분의 사람들에게서 공포를 자아내고 손가락을 까딱하는 것만으로도 울브리히트의 권위를 없애버릴 수 있었음에도 불구하고, 자신의 의지를 자신의 지방 총독에게 충분히 강요하지 않았다. 울브리히트가 스탈린을 속일 정도로 뛰어난 기만술을 습득했든지, 아니면 스탈린이 자신이 임명한 사람을 제거하지 않기로 결정했든지 둘 중의 하나다. 울브리히트가 스탈린의 목표로 여겨지는 것을 훼손하는 정책을 추구할 수 있었던 것은 여전히 전후 독일 역사의 수수께끼 중 하나이다.

스탈린과 울브리히트는 사실상 정반대의 전략을 추구했다. 스탈린은 독일의 통일을 원했고 또 기대했다. 스탈린에게 소련 점령지는 독일공산당과 독일사회주의통일당이 독일 전체에 영향력을 행사하고 궁극적으로 전 독일에 공산주의를 가져다줄 근거지였다. 그는 소련 점령지에 굳건한 공산주의체제를 건설하기 위해 신속히 움직이기를 원했으나, 서방 연합국이나 소련 점령지 밖의 독일인들을 소외시키지 않으면서 이 일을 해야 했다. 스탈린은 어떤 주어진 순간에도 얼마나 멀리 얼마나 빨리 움직여야 되는지를 정확히 파악하고서 복잡하게 얽혀 있는 정책들을 집행할 수완 있는 부관이 필요했다.[28]

울브리히트는 그런 류의 수완을 발휘하며 행동하지 못했다. 어쩌면 그럴 생각이 없었는지도 모른다. 어쩌면 신경도 쓰지 않았을 수도 있다. 울브리히트는 소련 점령지를 자신의 최고 우선사항, 아마도 유일한 우선사항으로 보았을 것이다. 그는 독일 전역에 공산주의를 진전시키는 일에 스탈린만큼 중요성을 부여하지 않았다. 또한 울브리히트는 자신의, 혹은 스탈린의 정책 중 일부가 서방 점령지에서 일으킬 반응에 대해 스탈린이 바랐던 만큼 크게 걱정하지 않았다.

비록 울브리히트는 스탈린의 감독을 받고 소련 독재자의 계획에 근거하여 일해야 했지만, 독자적인 견해와 독자적인 방식을 갖고 있었다. 울브리히트는 토지개혁과 산업의 국유화를 좀 더 신속하게, 그리고 스탈린이 원했던 것보다 좀 더 가혹한 방식으로 밀어붙이는 등 종종 스탈린의 지시를 무자비하게 실행했다. 소콜롭스키 원수의 정치자문관이었던 블라디미르 세묘노프*는 종종 울브리히트를 억제시켜야 했다. 많은

---

* Vladimir Semyonovich Semyonov(1911-1992). 소련의 외교관. 1946-1949년 독일 소련 군정청 정치 인민위원, 1949-1953년 독일 소련통제위원회 정치 인민위원, 1953-1954년 독일민주공화국 주재 소련 대사, 1955-1978년 소련 외무부 차관, 1978-1986년 서독 주재 소

소련 관리들은 울브리히트가 완전히 소련 점령하에 있는 국가들에서는 적절하나, 모스크바가 독일의 다른 부분은 통제하지 못한 상태에서 독일의 한 부분에만 실시하기에는 적절하지 못한 정책을 따르고 있다고 불평했다.[29]

울브리히트는 전(全) 독일 정책을 다루지 않았다. 그는 서방 점령지의 독일공산당을 보조기관으로 취급하여, 그들로 하여금 지역적으로 좀 더 성공을 거둘 수 있었을지도 모르는 노선 대신에 자신의 선전 노선을 그대로 따르게 했다. 세묘노프는 울브리히트가 가장 훌륭한 공산주의 관리들을 소련 점령지에만 배치하는 바람에 서방 점령지의 독일공산당에는 재능 있는 일류 관리들이 없다고 불평했다.

울브리히트는 비공산주의 정당들과 좋은 관계를 발전시키지 못했다. 스탈린이 소련의 지지 기반을 넓히려고 독일 보수주의 그룹에 호소할 정당들을 설립하기를 원했을 때, 울브리히트는 이에 반대하면서 꾸물거렸다. 그는 또 강제 합당이 사회주의에 대한 지지를 철회하게 만들었으므로 소련 점령지에 독일사회민주당을 별개의 정당으로서 재창당하자는 소련 관리들의 제안에도 반대했다. 울브리히트는 연합국 점령 당국이 그들의 점령지들에서 독일사회주의통일당을 쉽게 차단할 수 있도록 만들었다. 한 소련 관리는 울브리히트가 서방 점령지들에서 공산주의 노력에 해를 끼쳤다고 결론 내렸다.[30]

스탈린은 좋든 싫든 연합국 점령자들과 함께, 그리고 그들을 통해 일하고 싶어 했다. 그는 때가 오면 점령지들을 합치기를 원했다. 울브리히트는 이러한 인식을 결코 받아들이지 않았다. 울브리히트는 소련 점령지

런 대사 등을 역임했다.

와 서방 점령지들 안에서 필요 이상으로 부정적 반응을 크게 불러일으켰다. 울브리히트는 소련 점령지에서 사회주의 사회에 대한 자신의 개념을 확립함으로써 독자적인 목적에 충실했던 반면 스탈린의 목적에는 도움을 주지 않았다. 스탈린은 소련 점령지가 공산주의 영역이 되지 않았음을 다른 지역의 독일인들에게 보여주려고, 비록 형태만 흉내 내는 데 그치긴 했지만 소련 점령지의 독일 행정기관이 어느 정도 정치적 다양성을 반영하기를 원했다. 하지만 울브리히트는 온갖 기회를 이용해서 공공연하게 독일사회주의통일당에 통제력을 집중시켰다.[31]

소련 점령자들은 울브리히트의 접근법이 스탈린이 바라는 바와 충분히 일치하지 않는다는 사실을 깨달았지만, 울브리히트의 상대가 되지 않는 것으로 밝혀졌다. 울브리히트는 스탈린의 희망에 언제나 조심스럽게 귀를 기울이며 그 희망을 실행하겠다고 약속했으나, 앞으로 자신의 나라가 될 지역에 그 자신의 체제를 강요했다.[32]

스탈린이 항상 변명의 여지가 있는 것은 아니었다. 스탈린은 소련 점령지에서 소련의 협소한 이익을 보호하곤 했는데, 그로 인해 울브리히트에 대한 지지를 잃기도 했다. 독일사회주의통일당의 많은 관료들이 동독 출신의 전쟁 포로들을 석방하면 독일 전역에서 소련에 대한 이미지가 개선될 것이라고 생각했지만 스탈린은 소련에 있는 동독 출신 전쟁 포로들의 귀환을 허용하지 않았다. 1947년 서독으로 미국의 원조가 유입되기 시작한 후 대부분의 충직한 독일사회주의통일당 지도자들조차 소련 관리들에게 미국의 원조와 소련의 배상 요구가 뚜렷이 대비되면 독일사회주의통일당이 타격을 받을 것이라고 경고했지만, 스탈린은 소련의 배상금 요구를 낮추려고 하지 않았다.[33]

스탈린은 또한 사태의 논리를 오해했을 수도 있다. 그는 독일의 정치적 통일을 원한다고 말했지만, 그 첫 번째 조치라고 할 수 있는 독일의 경제적 통일을 위한 어떤 조치도 취하기를 거부했다. 스탈린은 소련 점령지로부터 식량을 공급해달라는 서방의 요청을 모조리 거절하며, 소련 점령지를 별개의 영토로 취급했다. 서방 점령자들은 그와 협력할 어떤 유인동기도 없었다. 스탈린과 몰로토프는 독일이나 독일의 일부분을 통합하기 위한 어떤 제안도 자신들의 희망과 조금이라도 어긋나면 거절했다. 예를 들어, 그들은 프랑스를 제외하고 3개 점령지와 관련된 사무소를 설치하려는 미국 점령군 사령관 루셔스 클레이 장군의 몇 차례에 걸친 노력을 거부했다.[34]

스탈린은 공개적인 정치적 경쟁보다 결과가 보장된 통제된 과정을 선호했다. 울브리히트는 스탈린에게 그런 통제권을 갖도록 해주었으나, 그것은 소련 점령지에서만 그리고 스탈린과 울브리히트의 권력이 미치지 못하는 독일인들을 소외시키는 방식으로 이루어졌다. 스탈린이 독일의 통일을 원했을 가능성은 있지만, 그 일을 수행하는 데 잘못된 사람, 잘못된 방식을 선택했다. 소련 점령지는 자신이 갖지 못한 것에 호소하기보다는 자신이 가진 것을 계속 갖기를 원한 사람의 수중에서, 스탈린의 계획이 아니라 스스로 제 갈 길을 갔다.[35]

1947년 말까지 울브리히트의 승리가 확실해졌다. 소련 점령지는 독자적인 시스템을 바탕으로 별개의 정체성을 발전시켰고, 어느 한 편에서 큰 사회적·정치적 격변이 일어나지 않고서는 서방 점령지와 통합이 불가능할 정도가 되었다. 그리고 독일사회주의통일당과 인민들 사이의 냉랭한 분위기 때문에 스탈린은 모든 독일인들을 공포에 질리게 하는 물리력으로 울브리히트를 지지하는 수밖에 없었다.

모스크바와 울브리히트의 견해 차이는 앞으로 수십 년 동안 메아리를 일으킬 것이었다. 최근인 1990년에 소련 대통령 미하일 고르바초프의 보좌관이었던 바딤 자글라딘*은 소련은 항상 독일 통일을 원했는데, 동독 공산주의 지도부가 통일을 반대하고 방해했다고 어느 프랑스 관리에게 말했다.[36] 하지만 울브리히트는 독일의 분단을 서방 탓으로 돌렸다.

베빈, 번스, 비도가 서방 점령지들을 연결하다

서방 점령자들은 폐허가 된 땅, 쇠약해진 국민, 엉망이 된 경제를 비롯해 소련인들과 똑같은 문제에 직면했다. 그들의 희망 중 많은 것이 스탈린의 희망과 유사했다. 서방 점령자들은 어떤 독일 군대도 다시는 이웃 나라를 공격하지 못하도록 확실히 하고 싶어 했다. 그들은 스탈린과 울브리히트처럼 철저하게는 아니지만 독일 사회와 정치를 개혁하기를 원했다. 서방 점령자들은 또 어떤 독일인이 나치고 어떤 독일인들을 신뢰할 수 있는지를 알아내고 싶어 했다. 소련인들처럼 그들도 난민 문제에 부딪쳤으나, 이 문제는 처음에 소련 점령지로 도주한 많은 독일인들이 나중에 서방 점령지로 다시 도피하는 바람에 더 심각하고 더 장기화되었던 것으로 밝혀졌다.

서방 승전국들은 소련만큼 잘 준비되어 있지 못했다. 그들에게는 업무를 개시할 태세가 되어 있는 조직된 독일인 간부들도 없었고, 구체적인 계획도 없었다. 대부분의 서방 지도자들, 특히 대부분의 미국인들은 히틀러와는 별개인 독일 국민에 대해 스탈린이 가지고 있었던 것과 같은

---

* Vadim Zagladin(1927-2006). 소련의 정치가. 1964-1988년 소련공산당 중앙위원회 국제부 부서기로 일했으며, 서유럽과 가장 가까운 소련 정치인이었다. 1989-1991년 고르바초프의 측근 고문으로 페레스트로이카와 글라스노스트에 관해 자문했다.

역사적인 시각을 갖고 있지 못했다. 그들은 무엇을 기대해야 하는지에 대해서 거의 아무런 생각이 없었고, 점령을 개시한다는 당장의 과제를 넘어서 무엇을 해야 하는지에 대해서는 더더욱 생각이 없었다.

서방 점령자들은 저마다 다른 태도와 시각을 가지고 있었다. 그들은 특히 처음에는 대체로 자신들만의 정책을 따로따로 추구했다. 또 자신들의 점령지에서 자신들만의 특별한 문제에 봉착했다. 점령에 관한 합의는 언어와 최근의 역사, 절망 외에는 공유하는 것이 별로 없는 작은 국가들을 만들어냈다. 각 점령지는 점령 첫 해만에 거의 독자적인 실체가 되었다.[37]

미국인들은 신속하게 군대를 해산하고 2년 안에 독일을 떠날 것을 기대하면서, 두 가지 서로 모순된 정책을 추구했다. 한편으로 그들은 모겐소 계획에 깊이 영향을 받은 가혹한 점령 정책을 따랐다. JCS 1067로 알려지고 1945년 4월에 승인된 합동참모본부(Joint Chiefs of Staff, JCS) 문서에 들어 있는 이 정책은 탈군사화, 탈카르텔화, 탈나치화, 민주화라는 '4D'를 확고하게 추구했다. 이 정책은 독일을 해방된 국가가 아니라 패전한 국가로 취급해야 한다고 특별히 강조했다. 그것은 독일 민간인과의 어떤 친교도 금지했고, 점령 당국이 독일 경제를 강화시킬 어떤 조치도 취해서는 안 된다고 선언했다. 미국의 태도는 연합국이 나치 집단수용소의 참상을 보고, 집시, 동성애자, 장애인뿐만 아니라 수백 만 명에 이르는 유대인 학살에 대해 알게 되면서 훨씬 더 강경해졌다.

드와이트 D. 아이젠하워* 장군 밑에서 그리고 그 후에는 조지프 맥너

---

* Dwight D. Eisenhower(1890-1969). 미국의 군인이자 정치가. 미국 육군 원수였고 1953-1961년에 미국의 34대 대통령을 지냈다. 제2차 세계대전 동안에는 유럽에서 연합군 최고 사령관으로 일했으며, 1951년에 나토 초대 사령관이 되었다. 전임인 민주당 트루먼 대통령

니[*] 장군 밑에서 군정 차관을 지낸 루셔스 클레이 장군이 미국 점령지를 책임졌다. 그는 아이젠하워와 맥너니가 군사 문제에 집중하는 동안, 독일 문제와 4개국 점령기구에 집중했다. 그래서 클레이는 1947년 봄 군정장관이 되기 전에 이미 독일인들과 연합국에 꽤 잘 알려진 인물이 되었다.

클레이는 전형적인 군 경력을 밟아온 인물이 아니었다. 그는 보병이나 기갑부대가 아니라 공병대에서 군 경력을 시작했다. 전투지휘 경험이 없었던 그는 일본에 대한 최후의 공격에서 전투부대를 이끌기를 원했으며, 그 때문에 처음 독일에 배치되자 이에 반발했다. 그러나 뛰어난 분석적·조직적 사고방식과 강한 결단력, 그리고 번뜩이는 순발력을 겸비한 클레이는 자신의 새로운 직책에 이상적인 재능을 소유하고 있었다. 클레이는 펜타곤에서 병참과 조달, 예산을 다루면서 오랜 시간을 보냈다. 그리하여 클레이는 어떤 전투지휘관보다도 더 효과적으로 수많은 점령 문제를 해결할 수 있었다. 또 그는 행정부든 의회든 워싱턴에 폭넓은 연줄을 갖고 있었다.

가장 중요한 것은 클레이가 미국의 내전에서 패한 뒤 양키의 점령에 의해 큰 정신적 외상을 입은 미국 남부의 한 주에서 태어났다는 점이었다. 그는 독일에 이와 유사한 분노의 유산을 남겨두지 않겠다고 굳게 다짐했다. 워싱턴의 많은 이들과 달리 클레이는 장차 예상되는 독일과의 우의를 위한 토대를 닦기를 원했다. 그런 의미에서 클레이는 스탈린과 비슷했다. 클레이는 복수의 평화가 아니라 화해의 평화를 원했다.

---

* Joseph McNarney(1893-1972). 미국의 공군 장성. 1945-1947년 독일의 미국 점령지 군정 장관, 연합국관리이사회 미국 대표를 지냈다. 하지만 자신의 일에 관심이 없어 대부분의 업무를 군정 차관인 루셔스 클레이에게 일임한 것으로 알려져 있다.

클레이는 가능한 한 빨리 점령 당국의 통제를 받는 독일 민간 행정기관을 설립하는 쪽으로 움직이면서, 미국 점령군이 조속히 철수할 수 있도록 독일을 준비시키기를 원했다. 그는 울브리히트처럼 위로부터의 포괄적인 사회적 변화를 도모하지는 않았지만, 중위 수준과 하위 수준에서 다른 어떤 점령자들보다도 적극적이고 광범위한 탈(脫)나치화 프로그램을 추구했다. 클레이는 점령 업무를 도와줄 '선량한' 독일인들을 열심히 찾았다. 그는 주로 바이마르공화국 시기 독일에서 정치활동을 하다가 히틀러에 의해 해임 당하거나 감옥으로 보내졌던 극소수의 사람들을 찾아냈다. 클레이는 그들 중에서 전쟁 동안 위험을 무릅쓰고 패배한 독일을 위해 자유시장 정책을 옹호하는 제안서를 썼던 루트비히 에르하르트*라는 경제학자를 찾아냈다. 클레이는 에르하르트에게 미국 점령지의 독일 경제를 관리하도록 부탁했다.

클레이는 다른 서방 열강들보다 더 빨리, 그리고 미국 정부보다 더 빨리 연합국이 독일의 민주주의 정치를 고무해야 한다고 판단했다. 클레이는 1945년에 독일인들과 정치적 접촉을 개시했다. 클레이는 JCS 1067의 개괄적 지침을 따랐지만, 시간이 지나면서, 또 독일이 민주주의 체제로서 기능할 수 있다는 확신이 강해짐에 따라 이 지침을 점점 더 관대하게 해석했다. 그는 독일에 기회를 주기로 결심했다. 미국의 일부 민간인 관리들은 클레이를 "지나친 지역적 열정"을 가졌다고, 즉 독일인들에게 너무 동정적이라고 비난했지만, 그는 경험에 비추어 자신의 정책이 옳다고 믿었다.[38]

---

* Ludwig Erhard(1897-1977). 독일의 정치인, 경제학자. 콘라트 아데나워 내각에서 경제장관을 지내며 독일의 부흥을 이루었고, 2대 연방 총리(재임 1963-1966)를 역임했지만 아데나워와의 당내 권력싸움에서 밀려 총리로서는 단명했다.

클레이는 전반적인 통제권은 미 군부의 수중에 두었으나, 지방정부에 약간의 제한적인 행정권을 허용했다. 1945년 10월까지 클레이는 미군의 점령하에 있는 독일 주들(Länder)에 민간 행정기관을 설립했고, 점령지의 조정기구로서 이 주들의 주지사들로 이루어진 협의회를 설치했다. 독일의 역사와 독일 주들 사이에 오랫동안 존재해왔던 차이들을 연구한 뒤 클레이는 미국 연방주의 모델뿐만 아니라 독일 전통과도 양립할 시스템을 발전시킬 수 있다고 생각했다.

클레이는 소련 병사들이 소련 점령지에서 불러일으킨 분노를 알았고, 미군이 올바르게 행동하기를 원했다. 그러나 미국인들도 1946년의 대부분과 1947년 내내 규율 문제에 부딪쳤다. 규율 문제는 비록 약간의 강간 사례가 있긴 했지만, 강간의 물결로서가 아니라 독일 암시장과 독일 여성이라는 이중의 유혹의 형태로 다가왔다. 미군 병사들은 저렴한 PX 가격으로 암시장에서 화폐처럼 통용되는 나일론 스타킹, 미제 담배, 파커 만년필을 살 수 있었다. 미군 병사들은 이러한 물건들을 막대한 이윤을 붙여 팔았으며, 또 고마워하는 독일 여성들에게 방이나 아파트를 마련해주고 밤이나 주말 외출 때 그곳을 찾곤 했다.

이러한 행태가 확산되면서 독일 내 미군의 긴장이 풀어지고 기강이 해이해졌다. 우발적 사고들이 크게 증가했고, 여기에 대한 독일인들의 혐오가 점점 심해졌다. 클레이는 사령관이 되자 엄격한 새 훈련 프로그램을 시행하고 암시장 거래를 강력히 단속함으로써 이 흐름을 뒤바꿨다. 비록 독일인들이 견실한 통화를 도입한 뒤에도 이 문제는 사라지지는 않았지만, 병사들의 기강을 잡겠다는 클레이의 의지는 독일인들의 존경을 얻는 데 도움을 주었다.[39]

클레이는 국무장관 제임스 번스가 자신의 정책과 태도에 동의한다고 믿었다. 오랜 세월 역시 남부 출신인 번스와 알고 지냈던 클레이는 번스가 정치를 교양 있게 이해한다는 것도 알았다. 몰로토프가 통일 독일에 대해 말했던 1946년 여름에 클레이는 독일의 여론을 놓고 벌인 경쟁에서 소련이 이길 것을 우려했다. 몰로토프는 오직 모스크바만이 독일 통일을 지지하는 것처럼 보이게 할 수 있었다. 독일인들은 또 미국인들이 떠난 뒤에도 붉은군대는 장기간 주둔할 것이므로 모스크바와 협상할 필요가 있다는 점도 알았다. 클레이는 미국이 대안을 가지고 있음을 독일인들에게 알려주고 싶었다. 그리하여 그는 자신을 완전히 신뢰하는 번스에게 슈투트가르트로 와서 몰로토프에게 단호히 대응하라고 설득했다.

번스는 번영하고 민주적인 독일의 창건에 도움을 줄, 확고하지만 우호적인 태도를 다음과 같이 천명함으로써 클레이의 설득에 호응했다.

"우리는 우리의 본분을 회피하지 않을 겁니다. 우리는 후퇴하지 않을 겁니다. 우리는 여기 머물며 안전보장 군으로서 합당한 역할을 다할 것입니다."[40]

번스는 독일인들에게 미국이 유럽에 계속 관여할 것이며 독일인들을 지지할 것이라고 말한 최초의 미국인이었다. 한 연설에서 그는 모겐소계획과 1947년까지 미군이 철수하리라는 예상을 모두 뒤집었다. 클레이는 번스가 기차로 이동하던 중 한 역에서 기차 꽁무니 부분에 서서 독일인들의 사인 요청에 응했다는 사실을 최근에 알게 되었노라고 보고했다. 그는 이것을 독일의 여론이 미국의 확약을 원했고 그 확약을 진정으로 환영한 징후로 여겼다.[41]

그러나 번스는 1947년에 사임했고 조지 마셜*이 그 뒤를 이었다. 마셜은 모스크바와 독일 처리 문제를 협상하기를 희망했지만 그의 자문관들은 만족스런 합의에 도달하는 것이 불가능할 거라고 생각했다. 그의 자문관에는 소련 전문가들인 찰스 볼렌**과 조지 케넌***이 포함되어 있었다. 나중에 '봉쇄' 이론을 발표하게 될 조지 케넌은 이미 스탈린이 독일 전체를 지배할 기회를 갖는 대가로만 소련 점령지를 포기할 것이기 때문에 독일은 분단 상태로 남을 수밖에 없다고 믿고 있었다.[42] 마셜은 특히 몰로토프의 연설과 협상 전술이 이들의 견해가 정당함을 보여주었기에 점차 그 견해들을 경청하게 되었다.

1947년 봄, 마셜이 외무장관협의회 참석을 위해 모스크바로 가는 길에 독일을 들르자, 클레이는 마셜 및 그의 자문관들과 정면으로 맞섰다. 클레이는 미국이 독일을 통일시키기 위해 또 한 번 단호한 노력을 기울여야 한다고 말하면서 자신은 소콜롭스키와 관계가 여전히 좋다고 덧붙였다. 클레이는 독일이 통일될 수 있고 점점 더 험악해져가는 동서 간의 논쟁에서 독일을 떼놓을 수 있다고 생각했다. 클레이는 소련 점령지나 베를린이 장기적으로 소련의 통제를 받는 것을 원하지 않았다. 그러나 클

---

* George Marshall(1880-1959). 미국의 군인, 정치가. 제1차 세계대전 때 미국 파견군 제1, 제8군 참모장으로 참전하고, 1938년 참모본부 작전부장을 거치면서 1939년에 미국 육군참모총장이 되었다. 제2차 세계대전 때 미-영 합동 참모본부의 최고 수뇌가 되어 북프랑스 상륙 작전을 지휘했다. 1947년 국무장관이 되자 마셜 계획을 세워 유럽 부흥에 크게 기여했다. 1953년 노벨 평화상을 받았다.

** Charles E. Bohlen(1904-1974). 미국의 외교관으로서 소련 전문가였다. 1953-1957년 소련 주재, 1957-1959년 필리핀 주재, 1962-1968년 프랑스 주재 미국 대사를 역임했다.

*** George Kennan(1904-2005). 미국의 외교관, 정치가, 역사가. '봉쇄의 아버지'라고 잘 알려져 있으며 미소 냉전의 핵심이 된 인물이다. 1952년 소련 주재, 1961-1963년 유고슬라비아 주재 미국 대사를 역임했다.

레이는 여전히 회의적이었던 마셜을 이기지 못했다.

클레이는 당시 마셜의 고문이었던 존 포스터 덜레스*와 특히 날카롭게 논쟁을 벌였다. 덜레스는 몰로토프에게 루르 지방을 독일에서 분리해 국제적 통제하에 두는 협정을 맺자고 제안하고 싶어 했다. 클레이는 통일 독일에서 루르를 특별 경제체제로 만드는 것은 생각해볼 수 있지만 루르를 별개의 독립 지역으로 만드는 것에는 반대한다고 말했다. 클레이는 이것이 반동적인 독일의 실지 회복주의 운동이나 서방에 대한 독일의 영원한 증오를 조장할 것을 우려했다. 그는 강력히 저항했으나 무위로 끝났다. 하지만 덜레스는 몰로토프의 신랄한 비판에 마음이 상하는 바람에 이 제안을 하지 않았다. 훗날 클레이는 몰로토프가 자신의 거친 협상 스타일 때문에 모스크바가 얼마나 손해를 봤는지를 과연 알았는지 궁금해 했다.[43]

어니스트 베빈은 다른 문제에 직면했다. 처칠과 마찬가지로 그 역시 소련에 홀로 대적하기에는 영국이 너무 약하다고 생각했다. 그러나 처음에는 베빈은 어찌할 바를 몰랐다. 그는 미군이 철수할 계획이었기 때문에 워싱턴에 의지할 수 없었다. 또한 드골이 영국 점령지로부터 라인란트와 루르를 떼어가고 싶어 했으므로 프랑스에도 의지할 수 없었다. 베빈은 시간은 자기편이며, 파리든 워싱턴이든 다시 생각하는 도리밖에 없을 것이라고 바랄 수 있을 뿐이었다.

그동안 영국인들은 어떤 수준에서든 독일 정부를 발족시키는 데 미국인들보다 늦게 움직였다. 영국인들이 마침내 독일 정부를 창설했을 때

---

* John Foster Dulles(1888-1959). 미국의 외교관, 정치가. 1949년 뉴욕 주 상원의원, 1953-1959년 미 국무장관을 지냈다.

그들은 연방 모델이 아니라 영국 모델을 따르면서, 그들의 점령지 전체에 걸쳐 중앙집권화된 행정기구를 설립했다. 그들은 어느 정도의 지방자치를 허용했지만 클레이가 허용한 것만큼은 아니었다. 소련과 마찬가지로 영국도 그들의 점령지 내에 있는 독일 주들이 서로를 직접 상대하는 것을 원하지 않았다.

베빈은 또 클레이와는 매우 다른 경제 정책을 추구했다. 그는 에르하르트 스타일의 자유시장 경제학을 도입하지 않고 좀 더 중앙집중적으로 계획되고 감독되는 시스템을 선호했다. 사회주의에 헌신하는 영국의 새 노동당 정부는 다른 어떤 서방 점령국보다 더 많은 독일 기업들을 국유화했다. 런던은 또 독일 노동자들이 자신들이 다니는 기업의 기본적인 정책 결정 과정에서 발언권을 갖는 공동결정 원칙도 도입했다. 나중에 독일 전역에 채택된 이 시스템은 노동자의 '공동결정권'(Mitbestimmung)으로 자리 잡게 될 터였다.

런던은 자신의 점령지가 현실적으로 부담이 된다는 것을 알았다. 영국에서 독일은 대영제국이나 영국 파운드화 문제보다도 우선순위가 낮았다. 영국 점령지의 독일인들은 스스로를 돌보아야 했지만 그럴 수가 없었다. 영국 점령지는 독일에서 산업과 인구가 가장 밀집된 지역이었다. 이 점령지는 수세기 동안 식량을 자급하지 못했고, 패전과 분할의 혼란 속에서 그렇게 할 수도 없었다. 소련인들이 소련 점령지와 루르 지방에 대한 전통적인 식량공급 지역인 폴란드로부터 식량을 날라 오기를 거부하자, 영국 점령자들은 심각한 식량 부족 사태에 직면했다. 영국 내에서도 식량배급을 실시하던 시기에 애틀리와 베빈은 영국의 이전 적들에게 식량을 보내지 않으면 안 되었다.

이러한 문제들을 해결하기 위해 베빈은 모든 점령지들의 경제가 자신들의 잉여생산물을 서로 자유롭게 보낼 수 있는 '베빈 계획'을 제안했다. 그는 다른 점령지들로부터 식량을 공급받고 그 대신 철강을 수출할 수 있기를 희망했다. 클레이는 베빈의 계획을 마음에 들어 했고 영국 점령군 사령관 브라이언 로버트슨* 장군과 이 문제를 논의하기 시작했다. 그러나 스탈린과 울브리히트는 그 계획에 반대했다.

1946년 초에 브레멘 시장은 지금이 독일이 경제적 통합을 되살리는 일을 착수하기에 좋은 때라고 판단했다. 그는 이 문제에 관한 회의에 모든 독일 주들의 주지사들을 초청했다. 프랑스 점령군 사령관이나 소련 점령군 사령관은 자신들의 점령지에 있는 독일 관리들이 그 회의에 참석하는 것을 허용하지 않았지만, 클레이와 로버트슨은 허용했다. 회의는 영국과 미국 점령지의 민간인들이 서로 협력하도록 고무했다.

처음에 클레이는 여전히 소콜롭스키와 세 점령지의 협력을 위한 합의에 이르기를 바랐기 때문에 영국인들과 따로 협력하는 것에 찬성하지 않았다. 그러나 그러한 희망은 곧 무의미해졌다. 몰로토프는 독일 통일을 역설하고 있었지만, 거의 모든 문제에서 4개국 사이의 협력을 좌절시켰다. 1946년 5월에 클레이는 프랑스 점령지와 소련 점령지로 배상 화물을 수송하는 일을 중단하기로 결정했다. 클레이는 그렇게 함으로써 파리와 모스크바가 어쩔 수 없이 자신들의 경계를 개방하기를 희망했지만 그 희망은 무위로 끝났다. 바로 그 시점에 영국의 공업지역과 미국의 농업지역을 결합시킨다는 순전히 경제적인 논리가 크게 세를 얻었다.

이 문제를 놓고 영국과 미국 사이에 여름 내내 회담이 진행되었다.

---

* Brian Hubert Robertson(1896-1974). 영국의 육군 장성. 제2차 세계대전에서 동부 아프리카, 북부 아프리카, 이탈리아 전선에서 활약했다. 전쟁이 끝난 후 1945-1948년 영국 점령지의 독일 군정 차관, 1948-1949년 군정 장관을 지냈다.

9월까지 런던과 워싱턴은 그들의 점령지들을 경제적으로 합병하는 데 동의했다. 1947년 1월 1일, 그들은 북해와 함부르크에서 서부 독일의 공업 중심지를 거쳐 오스트리아와 알프스까지 이어지는 '두 통합점령지'(Bizonia)라는 단일한 경제 지역을 창설했다. 프랑크푸르트가 두 통합점령지의 수도가 되었다.

베빈을 비롯한 많은 영국 관리들은 동서 점령지의 경계를 따라 독일을 분할하는 것을 선호했다. 그들은 두 통합점령지를 첫 단계로 보았다. 1946년 5월에 베빈이 "확실히 러시아의 위험이 부활한 독일의 위험만큼, 아니 어쩌면 그보다도 훨씬 더 커졌다."고 영국 내각에 경고한 뒤, 이제 영국인뿐만 아니라 미국인들도 주둔하는 분단된 독일만이 유일한 희망을 제공하는 것 같았다.[44]

1946년에 베빈은 클레이와 트루먼, 번스가 그런 정책을 지지할지 확신하지 못했다. 1947년에 베빈은 클레이가 이 가능성을 고려하기 시작했으며, 워싱턴 또한 그 방향으로 기울어지고 있다는 것을 알고 매우 기뻐했다.[45]

샤를 드골은 전쟁이 끝났을 때부터 1946년 1월 사임할 때까지 프랑스의 대(對) 독일 점령 정책을 직접 지휘했다. 스탈린과 마찬가지로 드골 역시 프랑스와 독일 사이에 광대한 바다를 가져다놓을 수는 없었다. 그는 다른 해결책을 찾아야 했다.[46]

뻣뻣하고 초연하고 오만하고 고집스런 드골은 국가에 대해서는 낭만적이었으나 권력에 대해서는 논리적이었다. 그는 독일의 위협 아래에서 생애를 보냈다. 젊은 장교였던 드골은 독일 군부와 마찬가지로 기갑전과 탱크의 전략적 함의에 매혹되었다. 1940년에 프랑스 정부가 항복하기 전에 드골은 독일 침략군에 맞서 명예롭게 싸웠고 얼마간 성공도 거두었다. 그 후 드골은 런던으로 옮겨 '자유프랑스레지스탕스' 운동을 창설했고, 전쟁이 끝난 뒤에는 새 프랑스 임시정부의 지도자로서 귀국했다. 그는 프랑스의 정치 게임에 환멸을 느끼며 대통령직을 사임할 때까지 전후 겨우 8달 동안 프랑스의 정책을 이끌었을 뿐이었다. 그러나 이 짧은 기간 동안 드골은 독일에 지속적인 영향을 주게 될 기본원칙들을 만들어냈다.

드골은 다시는 적대적인 독일군이 직접 프랑스 국경을 위협하는 일이 없기를 원했다. 루이 14세, 나폴레옹, 제1차 대전 이후 베르사유에서의 조르주 클레망소*가 그랬듯이 드골은 라인란트를 독일로부터 떼어내 벨기에와 네덜란드, 프랑스와 연결시키기를 원했다. 그는 이 영토를 합병하는 것을 원하지는 않았으나, 그곳에 독일군이 주둔하는 것을 허용하고 싶지도 않았다. 드골은 또 루르 지방이 경제적으로뿐 아니라 정치적으로도 독일로부터 분리될 것을 요구했다. 루르를 프랑스, 이탈리아, 스위스, 네덜란드, 벨기에, 룩셈부르크 등 루르의 석탄을 이용하던 국가들에게 합병하지는 않더라도 최소한 그 나라들의 통제하에 두어야 했다.

드골은 자신의 제2차 세계대전 동맹국들이 라인란트와 루르를 독일로부터 떼어내는 데 동의하지 않는다면, 독일이 전후의 점령지들로 계속 분할되어 있기를 원했다. 드골은 통일 통일을 위한 어떤 제안도 거부하기 위해 연합국관리이사회와 외무장관협의회에서 거부권을 사용할 것이라고 말했다. 1945년 여름부터 연합국관리이사회와 외무장관협의회의 프랑스 대표들은 그 기능이 아무리 형식적일지라도 중앙 독일 행정기

---

* Georges Clemenceau(1841-1929). 프랑스의 언론인이자 정치가. 1906-1909년, 1917-1920
년 프랑스 총리를 지냈고, 특히 제1차 세계대전 때에는 레몽 푸앵카레 대통령과 함께 대독
일 강경 정책을 추진하며, 전쟁을 승리로 이끌었다. 전쟁 후 파리 강화회의에서 프랑스의 전
권 대표로 참석했다.

구들을 수립하기 위해 다른 세 점령국들이 행한 시도들을 모조리 거부했다. 1946년 3월에는 파리는 다른 승전국들, 특히 소련이 승인하기를 원한 전국적 규모의 독일 정당들의 결성까지도 거부했다.

드골은 또 독일을 포함하는 유럽의 구조에 대한 논의를 시작하기를 원했다. 1945년 10월에 프랑스 점령지를 방문했을 때 드골은 독일인 청중들에게 독일은 유럽의 사명을 가져야 하며 라인란트는 유럽이라는 독립체에 끼워 맞춰져야 한다고 말했다. 그는 옛것으로 돌아가려는 어떤 시도도 거부하던 바로 그때, 독일을 위한 새로운 틀과 새로운 목적을 제안했던 것이다.

3대 강국은 프랑스에게 짜증이 났지만 드골의 반대를 이겨낼 수가 없었다. 독일을 통일시키겠다고 결심하고 프랑스 없이 그렇게 할 태세가 되어 있던 클레이 장군은 심지어 미국 점령지, 영국 점령지, 소련 점령지를 '세 통합점령지'(Trizonia)로 병합하자고 제의하기까지 했다. 그러나 소콜롭스키는 거부했다.

드골은 비교적 온건한 점령 정책을 추구했다. 프랑스의 탈(脫) 나치화 프로그램은 철저함이라는 면에서 미국의 프로그램에 필적하지 못했다. 나치의 핵심인물들과 추종자들이 제거되고 처벌될 때 그 밖의 독일인들은 정상적인 삶을 계속 영위할 수 있었다. 기본적으로 자립적이었던 프랑스 점령지는 어떤 다른 점령지보다도 더 빨리 경제적 관계를 회복했다. 파리는 또 프랑스어 강습뿐만 아니라 프랑스 연극, 프랑스 미술, 프랑스 영화도 가지고 들어오는 등 매우 적극적인 문화 정책을 수행했다. 드골은 독일의 여론을 얻기 위해 다른 어떤 점령자들보다도 더 의식적이고 일관되게 노력했다.

드골은 또 다른 전리품에 주목했다. 남부 라인란트에 속하는 자를란트는 면적은 작지만 석탄이 풍부한 곳으로 루이 14세 시대 이래로 독일과 프랑스 사이의 분쟁 지역이었다. 점령이 개시된 때부터 드골은 자를란트에 프랑스 점령지의 다른 부분들과는 다른 별도의 지위를 부여했다. 1945년 8월 30일 드골은 자를란트를 특별 프랑스위원회 아래에 둠으로써 프랑스 점령지로부터 분리했다. 12월에 드골은 프랑스를 위해 자르의 석탄 광산들을 몰수했다. 1년 뒤 프랑스 정부는 자를란트와 독일의 다른 지역 사이에 관세 국경을 설치했으며, 1947년 11월까지는 자를란트의 경제를 프랑스에 통합시켰다.

드골은 독일을 4개의 점령지로 분할된 채 놓아둠으로써 적어도 단기적으로는 승리를 거두었는지도 모른다. 그러나 프랑스는 무한정 독단적으로 행동할 수는 없었다. 드골은 사임하기 전에 독일의 위협보다 소련의 위협에 대해 더 걱정하기 시작했다. 후속 프랑스 정부들은 영국과 미국의 정책에 점점 더 가까워졌으나 유럽 차원의 해결책을 계속 원했다.

두 통합점령지가 발전하면서 프랑스 외무장관 조르주 비도는 프랑스 점령지를 다른 서방 점령지들과 더욱 긴밀하게 연결시키기 시작했다. 1947년 1월 1일 프랑스인들은 두 통합점령지와 공개적인 무역을 허용했다. 그러나 프랑스 여론은 여전히 맹렬하게 반독일적이었고, 독일과의 어떤 협상도 프랑스 정부를 무너뜨릴 판이었다. 비도는 미국과 영국 관리들에게 프랑스의 정책이 서서히 진전될 것이라고 약속했다. 그럼에도 비도는 프랑스가 독일에 관한 외무장관협의회의 논의 결과를 본 뒤에야 그런 진전이 이루어질 것이라고 그들에게 경고했다.

7월 21일, 프랑스 대사는 외무장관협의회가 독일에 관해 합의에 도달하지 못하더라도 프랑스는 자신의 점령지를 두 통합점령지에 합류시킬 준비를 할 것이라고 마셜에게 알려주었다. 파리는 처음에 독일 통일을 저지하는 데 일조한 후, 영국과 미국에 합류하여 서방 점령지들의 통합을 준비했다.

이 모든 논의들은 서방 점령지 내 독일인들의 일상적 삶에 거의 영향을 주지 못했다. 그들은 식량을 구하는 일을 훨씬 더 많이 걱정했다. 모든 서방 점령지들, 특히 미국 점령지와 영국 점령지의 독일인들은 점령 첫 3년 동안 심각한 식량부족 사태를 겪었다. 영양실조는 서방 행정당국이 직면한 가장 심각한 문제였다. 독일의 비축 식량은 점령 초기의 대혼란 동안 고갈되었다. 흉작과 혹독한 날씨가 이어지면서 위기는 심화되고 길어졌다. 아이들의 식사는 기아선상에 머물렀다. 작업 도중에 노동자들이 쓰러지곤 하는 바람에 물품 생산도 제대로 이루어지지 못했다. 점령군과 관계된 일을 비롯해 적절한 점심을 약속하는 일자리에는 엄청난 수의 지원자들이 몰려들었다.

대부분의 전쟁 기간 동안 독일 주민들은 1인당 하루 3,000칼로리의 배급을 받았으나 연합국은 그 수준을 유지할 수가 없었다. 1945년 8월 현재 식량배급은 하루 950-1,150칼로리 사이에서 책정되었는데, 이는 일하는 사람들에게 필수적이라고 생각되는 2,000칼로리의 절반에 불과했고, 심지어 최소한의 배급이라고 여겨지는 1,550칼로리보다도 낮았다. 그러나 연합국은 이 낮은 목표를 충족시킬 만큼의 식량조차 공급할 수 없었다. 1945년 11월 클레이는 독일의 긴급한 식량 수입을 조율하기 위해 워싱턴을 방문했다. 그러나 모겐소 계획과 JCS 1067식 사고가 여전히 매우 팽배한 상황에서 독일은 우선순위가 매우 낮았고, 클레이는 자신이 원하는 만큼 얻지 못했다.

1945-1946년의 겨울 동안 위기가 심화되었다. 미국인들은 미국 점령지의 주민들을 위해 60만 톤의 곡물을 싣고 왔지만, 클레이는 서방 점

령지 전역에서 혼란과 식량폭동이 일어나는 불상사를 방지하기 위해 영국 점령지와 프랑스 점령지에 그 절반을 내어줄 수밖에 없었다. 질병과 영양실조로 인해 수천 명의 아이들이 사망했다. 산업생산이 떨어졌다. 소련 점령지는 독일의 전통적인 곡물 생산지로부터 적절한 공급을 받을 수 있었기 때문에 클레이는 미국 점령지 주민들이 절망에 빠진 나머지 공산주의로 기울어질까봐 우려했다. 클레이는 소련인들이 서방 연합국에 대한 독일인들의 지지를 훼손시키기 위해 의도적으로 소련 점령지로부터의 식량공급을 중단한 것으로 의심했다.

1946년 클레이의 요청으로 전직 미국 대통령 허버트 후버*가 식량사정을 살펴보기 위해 독일을 방문했다. 제1차 세계대전 이후 미국의 대(對) 유럽 구호 프로그램을 관리했던 후버는 클레이와 의견을 같이 하고 점령지들로 더 많은 식량을 공급하라고 지시했다. 하지만 이 같은 조치들은 적절히 이루어지지 못했다. 1946-1947년의 혹독한 겨울 동안에 철도와 운하가 얼고 곡물 창고가 붕괴되면서 식량배급은 기아선상으로 떨어졌다. 전국에 걸쳐 식량폭동이 발생했다.

클레이는 식량부족으로 인한 인간적 비극과 정치적 파장에 대해 점점 더 과도하리만큼의 불안감을 불러일으키는 메시지를 보내며 워싱턴을 끈질기게 괴롭혔다. 그는 마침내 트루먼의 개인적인 주의를 끌었고, 대통령은 1947년 3월에 다시 후버를 독일로 보냈다. 후버는 클레이의 견해를 충분히 뒷받침하는 암울한 보고와 일련의 권고사항들을 들고 귀국했다. 독일과 유럽에 대한 미국의 생각이 변하고 있었기 때문에 마셜은

---

* Herbert Hoover(1874-1964). 미국의 제31대 대통령(재임 1929-1933). 제1차 세계대전 때 난민 구호 위원으로 활동했다. 1921년에는 미국의 상무장관이 되었으며, 1928년에는 미국의 공화당 후보로 출마해 미국의 제31대 대통령으로 선출되었다.

후버의 제안을 받아들였고, 1947년 7월 11일 JCS 1067을 대체하는 새롭고 좀 더 관대한 미국의 점령 방침인 JCS 1779를 지지했다. 식량위기는 완화되었다.

후버는 또 이전의 미군 군용식량을 300만 명 이상의 독일 아동들을 위해 점심으로 제공하도록 주선했다. 클레이는 이것이 미국이 독일인들에게 도움을 줄 의사를 가지고 있음을 독일인들에게 확신시키는 데 그 어떤 것보다도 도움이 되는 조치라고 믿었다. 독일과 전 세계적 차원에서 식량 비축을 증대시키는 계기가 되었던 1948년의 풍작 이후, 그리고 농산물 판매에서 수익을 얻을 수 있도록 만든 통화개혁 이후, 서방 점령지들은 더는 식량 문제에 봉착하지 않았다.[47]

서방 사령관들은 서로 다른 정책을 가지고 점령을 개시했다. 하지만 1947년 말까지 서방 점령군 사령관들은 그들의 정책과 점령지들을 통합하기 시작했다. 기본적으로 그것은 독일인들을 위한 것이 아니었다. 그보다는 그들은 점점 더 갈 길이 먼 노정처럼 보이는 일을 위해 비용을 절감하면서 통치할 방법을 찾아야 했다. 서방 사령관들은 또 그들을 서로 떼어놓았던 차이들이 그들을 소련인과 발터 울브리히트로부터 떼어놓았던 차이들만큼 큰 문제가 아니라는 사실을 깨닫기 시작했다.

3장

스탈린의 망설임

외무장관협의회는 1947년 3월 10일에 개시한 제4차 회기에서 마침내 독일 문제를 논의하기 시작했다. 외무장관협의회는 기억하는 한 가장 추웠던 겨울이 지난 후 특히 을씨년스러웠던 7주 동안 모스크바에서 열렸다. 장관들은 처음에는 세 달 동안 회담을 진행하기로 계획했으나 아무런 성과를 보지 못하자 회기를 단축했다.

장관들은 의견 일치를 보지 못하는 데 익숙해졌고, 격렬하고 오랜 토론을 거친 후에야 비로소 독일의 동맹국들에 대한 평화조약들에 합의했다. 그들은 또 터키와 여타 중동 국가들을 둘러싸고 진정한 이해 충돌과 전쟁에 대한 두려움도 경험했다.[1] 전시의 협력 분위기는 물거품처럼 완전히 사라져버렸다.

독일의 상황은 여전히 유동적이었다. 어떤 것도 정해져 있지 않았다. 그러나 점령지들은 각자의 갈 길을 가기 시작했다. 분열을 향한 이 가속도를 막고자 한다면 외무장관들은 신속하고 단호하게 행동해야 할 터였다.

모스크바의 추웠던 날들

모스크바에서의 회담은 몰로토프가 서방에 대한 비난으로 포문을 열었을 때 험난한 출발을 알렸다. 몰로토프는 두 통합점령지가 모스크바가 여전히 선호한 통일 독일의 가능성을 훼손한다고 주장하며 두 통합점령지를 비난했다. 그는 소련의 100억 달러 배상 요구를 되풀이했고, 또 다시 루르 지방에 대한 공동 통제를 요구했다. 몰로토프는 얄타협정과 포츠담협정을 위반했다며 서방 측을 힐난했다.

베빈은 1947년 7월 1일까지 독일 경제를 완전히 통합시키기 위한 출발점으로서 독일 전역에서의 완전한 이동의 자유를 요구하는 것으로 이에 대응했다. 두 통합점령지를 완전한 독일 통일을 향한 가능성이 있는 첫 번째 단계로 제시하면서, 베빈은 다른 점령국들도 여기에 합류할 것을 요청했다. 그는 독일이 더 많이 수출하고 현재는 연합국의 보조금을 받는 식량 수입에 대해 대금을 지불할 수 있도록 독일의 산업생산 상한선을 더 높여서 새로 설정할 것을 요구했다. 베빈은 점령자들이 파산하지 않으려면 독일이 생산할 수 있어야 한다고 말하면서 배상금 액수를 늘리라는 몰로토프의 요구를 일축했다.

비도는 베빈보다 몰로토프에 더 동의했다. 그는 독일의 경제적 통합을 요구하는 베빈을 거부했고, 독일 생산의 어떤 증대도 반대했으며, 배상금 액수를 늘릴 것을 요구했다. 비도는 프랑스가 독일과의 경쟁에 직면하기 전에 먼저 자국이 정상적으로 생산할 필요가 있다고 말했다. 그는 자를란트가 프랑스 경제 지역의 일부가 될 것을 요구했다. 그러나 비도는 프랑스가 독일의 나머지 지역을 통합시키기 위한 모종의 조치를 지지할 수 있으려면 연합국이 먼저 라인란트와 루르를 독일로부터 떼어내야 한다고 말함으로써 독일 통일에 대해 몰로토프와 의견을 달리 했다.

언쟁이 아니라 협상을 염두에 두고 이 회담에 처음 참가한 마셜은 이러한 논쟁들이 어이없는 시간 낭비에 불과하다는 것을 알았다. 마셜은 이 논의에 서서히 신중을 기하며 참여했다. 마셜은 독일의 절망적 상황을 언급하며 연합국이 독일인들을 보조금으로 도와주든지 혹은 그들을 죽게 내버려두든지 양자택일하려는 것이 아니라면, 독일이 다시 자립할 수 있도록 만들어야 한다고 경고했다. 마셜은 독일이 좀 더 넓은 식량 생산지를 갖도록 오데르-나이세 국경을 새로 설정하고, 폴란드에게 상부 슐레지엔과 동 프로이센의 남부를 갖게 하자고 촉구했다. 몰로토프는 이 제안을 받아들일 수 없다며 배격했다.

장관들은 또 포츠담협정에서 그린 미래의 독일 정부에 대해서도 의견이 날카롭게 갈렸다. 독일 정부가 일찍이 현재 베를린의 소련 구역이 된 곳에 위치해 있었다는 사실 때문에 소련이 독일 정부를 지배하게 될지도 모른다고 걱정한 베빈과 마셜은 대부분의 정부 기능이 주들에게로 이관되는 느슨한 민주주의적 연방제를 선호했다. 비도는 사실상 중앙정부에 어떤 권한도 부여하지 않는 극단적인 형태의 연방주의를 제의했다. 몰로토프 혼자 중앙집권화된 독일 정부를 선호했다.

그런 뒤 장관들은 1주일 동안 휴회했는데, 그동안 그들의 부하 대표단원들은 혹시 있을 수도 있는 합의를 반영하게 될 문안을 정교하게 작성하는 불가능한 임무를 시도했다. 이 휴회 기간 동안 트루먼 대통령은 트루먼 독트린*이라고 알려지게 된, 그리스와 터키에 대한 미국의 원조 프로그램을 발표했다. 베빈은 이 발표가 강력한 반공주의 어조 때문에 외무장관협의회를 위험에 빠뜨리지 않을까 우려했지만, 몰로토프는 거기에 대해 전혀 언급하지 않았다.

트루먼의 논지를 쫓아 마셜은 재소집된 외무장관협의회에서 미국은

---

* Truman Doctrine. 1947년 3월 미국 대통령 해리 S. 트루먼이 의회에서 선언한 미국 외교정책에 관한 원칙. 그 내용은 공산주의 확대를 저지하기 위해 자유와 독립의 유지에 노력하며, 소수의 정부지배를 거부하는 의사를 가진 세계 여러 나라에 대하여 군사적·경제적 도움을 제공한다는 것이었다. 당시 이 원칙에 따라 미국은 그리스와 터키의 반공 정부를 군사적·경제적으로 원조했다.

계속 유럽에서 자신의 '책임'을 다할 것이라고 말했다. 그리하여 마셜은 워싱턴이 루스벨트가 얄타회담에서 했던 예측을 번복했음을 소련 정부에 공식적으로 알렸다. 마셜은 워싱턴이 유럽에 미군이 장기적으로, 아마도 무한정 주둔할 것을 결정했다고 주장하면서, 번스보다 훨씬 더 멀리 나갔다. 독일에 대해 마셜은 미국은 나라를 분할하는 데 반대하며 민주주의 원리에 따라 통일 정부를 수립하기를 원한다고 말했다.

마셜은 독일을 25년 동안 탈군사화시키는 조약을 맺자는 번스가 파리에서 한 제안으로 되돌아갔다. 베빈은 파리에서 그랬던 것처럼 이에 동의했다. 비도도 원칙적으로 동의했다. 하지만 몰로토프는 연합국이 먼저 루르에 대한 4개국 통제에 관해 합의할 것을 요구했다. 마셜은 자신의 제안을 밀어붙이지는 않았으나, 몰로토프는 이 제안이 마셜 자신과 서서히 전개되는 미국의 태도에 대해 그에게 무엇을 말해주는지 명백히 인식하지 못했다.

회담은 어떤 주제에 대해서도 타협을 보지 못한 채 성과 없이 계속되었다. 어느 외무장관도 새로운 것을 말하지 않았고, 부하 대표단원들은 어떤 합의에도 이를 수 없었으며, 과정 전체가 마침내 활력을 잃어버렸다. 장관들은 가을까지 회담을 휴회했다가 그 후 런던에서 만나는 데 동의했다.

1970년대와 1980년대의 그의 후임자들과 달리, 소련 체제에서 최고 지도자에게 곧장 직행하는 법을 아직 몰랐던 마셜은 외무장관협의회 회담 전에 스탈린을 방문하겠다고 요청하지 않은 상태였다. 그러나 마셜은 모스크바를 떠나기 전에 자신의 인상을 정리하는 데 도움이 될까 하고 소련 지도자와 개인적 면담을 갖기로 결심했다. 마셜은 늘 하던 대로 무미건조한 말씨로 스탈린에게 외무장관협의회 회의가 실패한 것에 실망했다고 말했다. 그는 미국인들이 전시에 소련에게 보여준 동정심을 잃어버리고 있다고 경고했다. 끝으로 마셜은 미국은 어떤 나라에도 특정 체제를 강요하기를 원하지는 않으나 경제적 혼란은 허용할 수 없다고 말했다.

스탈린은 똑같이 차분하게 마셜에게 대답했다. 그는 외무장관협의회에서 그리고 일반적으로 소련이 취한 행동과 정책을 설명하면서, 몰로토프의 지시가 바뀔 것이라는 어떤 기색도 보이지 않았다. 하지만 발언 말미에 스탈린은 인내심을 갖는 게 현명할 것이라고 말했다. 독일을 대상으로 탈군사화, 배상, 경제적 통합, 정치구조 등 모든 문제에 관해 타협의 여지가 있었다. 비관주의에 굴복하지 말고 천천히 앞으로 나아갈 준비가 되어 있어야 했다.

스탈린은 런던에서 열릴 다음 외무장관협의회를 기다리라고 마셜을 설득했다고 생각했겠지만, 이 미국인이 모스크바에서 허비한 7주간과 스탈린 자신의 발언에 어떻게 대응할 것인지 예상하는 데는 실패했다. 미국의 국무장관은 넌더리가 나고 낙담했을 뿐만 아니라 스탈린이 회담 연기를 원하는 것은 독일의 상황이 더 악화되기를 기대하고 있기 때문이라고 확신한 채 모스크바를 떠났다. 마셜은 서방 점령지와 서유럽 전체가 절망적 상황에 빠져 있음을 깨달았다. 그는 또 다른 외무장관협의회 회의가 성과를 내기를 희망하면서 마냥 기다리고만 있을 여유가 없다고 생각했다.

스탈린과 몰로토프는 그 사실을 몰랐으나, 그들은 협상 과정에 대한 통제력을 잃어버렸다. 모스크바에서의 회담 이후 마셜은 서방이 소련의 동의나 추가 회담을 기다리지 말고 독일과 유럽에서 행동해야 한다는 베빈의 견해를 수용했다. 베빈은 스탈린이 독일의 군사화를 막을 조약을 비롯해 모든 미국의 제안을 거부함으로써 1939년에 스탈린이 히틀러와

맺은 협정만큼이나 나쁜 실수를 저질렀다고 애틀리에게 보고했다.[2]

그 후 스탈린은 또 독일에서 진행되는 프로세스에 대한 통제력도 잃었다. 모스크바 회담 이후 소련 관리들은 몇몇 독일 공산주의 지도자들에게 다가올 런던회담은 독일의 정치적·경제적 통일을 가져올 것이라고 말했다. 그러나 독일 공산주의 지도자들은 소련 점령지가 통일을 위한 준비가 되어 있지 않다고 대꾸했다. 울브리히트는 통일 독일에서 효과적으로 경쟁할 수 있도록 준비하는 데 수개월 이상의 기간이 필요하고, 스탈린이 독일 전역에서 성공을 거두기를 원한다면 독일 통일을 추진하는 것을 연기해야 한다고 스탈린에게 알려주었다. 여름의 휴회 기간은 울브리히트에게 충분한 시간이 되지 못했다. 그는 신중하게 통제된 상황이 아니라면 통일은 위험할 것이라고 경고했다.[3]

마셜은 스탈린에게 보낸 울브리히트의 경고를 알지 못했으나 유사한 결론에 도달했다. 그는 또 독일에서 어떤 지연도 공산주의자들에게 유리하게 작용할 것이라고 생각했다. 독일은 조약 없이 그리고 조약을 맺을 어떤 전망도 없이 2년을 보냈다. 어떤 독일인도 무엇을 해야 할지, 무엇을 먹어야 할지, 어디서 살아야 할지, 어디서 어떻게 일해야 할지, 장차 무슨 일이 벌어질지 알지 못했다. 서방 점령지 전역에서 폭동과 파업이 급속히 퍼져나갔다. 마셜은 스탈린이 타협을 진정으로 원하지 않으며, 원하는 것은 모호한 약속으로 서방을 마비시키는 것일 뿐이라고 결론 내렸다. 그 사이 독일은 대혼란의 나락에 빠져 공산주의의 통제를 받게 될 것이었다. 이 미국인은 비록 스탈린이 통일 독일을 원했을 수도 있었지만, 독일사회주의통일당이 자신이 원하는 종류의 독일을 건설할 준비가 되어 있지 않았기 때문에 시간을 끌지 않으면 안 되었다는 사실을 몰랐다.

4월 28일 마셜은 모스크바 회담에 관해 보고하고 무의미한 추가 회담을 위한 시간은 없다고 덧붙인 한 라디오 연설에서 간접적으로 스탈린의 논평에 응답했다. "우리는 시간이라는 요인을 무시할 수 없습니다. 의사가 곰곰이 생각하는 동안 환자는 쓰러지고 있습니다." 그는 '지체 없이' 행동에 들어갈 것을 촉구하는 말로 연설을 끝냈다.[4]

1947년 6월 5일, 마셜은 마셜 계획*이라고 알려지게 되는 안을 제의했다. 이 계획은 유럽인들이 공동의 안을 내놓으면 미국이 유럽 부흥을 위해 원조를 제공한다는 것이었다. 베빈과 비도는 소련과 동유럽인들을 포함해 유럽 국가들의 회의를 소집하기 위한 주도권을 쥐었다. 스탈린은 처음에 흥미를 보이며 몰로토프를 파리에 보내 회의에 참석하게 했다.

몰로토프는 미국의 원조가 공동의 기관을 통해서가 아니라 각국이 각자의 권한하에 개별적으로 관리되기를 원했다. 사실 몰로토프는 마셜 계획이 마셜이 염두에 둔 국제적으로 조율된 행정기구가 아니라 제2차 세계대전의 무기대여 모델을 따르기를 원했다. 몰로토프는 마셜 계획이 미국의 원조와 함께 동유럽에 미군의 주둔을 가져올 수도 있다고 깨달았을 때 파리를 떠났고, 동유럽 대표단에게도 자신과 함께 떠나도록 강요했다.[5] 마셜과 베빈은 소련을 포함하지 않아도 된다는 사실에 안도하며 서유럽 부흥을 위한 계획을 밀고나갔다.

한때 외무장관협의회가 미래의 프랑스 안보를 위한 탄탄한 토대를

---

* Marshall Plan. 정식 명칭은 유럽 부흥 계획이다. 제2차 세계대전 후 유럽의 황폐화된 동맹국들을 위해 미국이 계획한 재건·원조 계획이다. 미국의 국무장관 조지 마셜이 제창했기 때문에 마셜 계획이라고 불리며, 공산주의의 확산을 막는 것이 목적이었다. 계획은 1947년 6월에 있었던 서유럽-미국 회의에서 조직되었다. 미국은 소련과 그 동맹국에게도 "정치적 개혁과 외부 감독을 받는 조건하에" 동일한 원조 계획을 제시했고, 당연히 소련은 이 제안을 거절했다.

놓는 데 일조할 수 있기를 희망했던 비도조차 몰로토프와 함께 일할 수 없다고 결정했다. 그는 모스크바회담 이후 몰로토프를 비롯한 소련 지도자들이 "완고하고 머리가 둔하며 좋지 않은 신념을 가졌다."고 불평했다. 몰로토프는 한번은 건배를 하는 자리에서 보란 듯이 비도를 무시하면서 프랑스와 비도를 일부러 모욕하기까지 했다.[6] 이 때문에 비도는 더욱더 베빈 및 마셜과 함께 일하는 것이 좋겠다고 생각하게 되었다.

1947년 무렵 드골의 1944년 프랑스-소련 조약은 사문화되었다. 몰로토프는 베빈이나 마셜과 마찬가지로 라인란트나 루르를 독일로부터 분리하자는 프랑스의 제안을 지지하지 않으려 했다. 그러나 영국인과 미국인들은 적어도 협력의 가능성을 어느 정도 제공했지만, 소련인들은 전혀 그렇지 않았다. 그런 상황에서 프랑스는 선택의 여지가 없었다.[7]

스탈린은 보복에 들어갔다. 1947년 9월 스탈린은 코민포름*을 설립함으로써 유럽 공산주의 협력 체제를 만들었는데, 이는 부분적으로는 그가 1943년에 해체시켰던 세계적 규모의 코민테른을 계승하는 것이었다. 코민포름은 대부분의 동유럽인들뿐만 아니라 프랑스와 이탈리아 공산당까지 포함했으나 독일사회주의통일당은 포함하지 않았다. 유럽을 수중에 넣기 위한 전투가 본격적이고 공공연하게 시작되면서 프랑스와 이탈리아에서 공산주의자들이 선동하는 파업이 뒤를 이었다.

울브리히트와 소콜롭스키는 두 통합점령지 문제와, 서방 점령지들

---

* Cominform, Information Bureau of the Communist Parties의 약칭. 1947년 9월 바르샤바에서 소련을 중심으로 체코, 불가리아, 루마니아, 헝가리, 폴란드, 유고슬라비아, 프랑스, 이탈리아 등의 9개국 공산당이 참가하여 창설한 공산주의 국가의 정보국을 말한다. 코민포름의 목적은 미국을 중심으로 한 서유럽의 반공 체제와 투쟁하기 위해 행동의 통일, 경험과 정보의 교환, 활동의 조정을 도모하는 데 있었다. 1956년 4월 해산될 때까지 세계 각국의 공산당을 지도함으로써 냉전 초기 단계에서 동서 대결을 촉진하는 데 적지 않은 역할을 했다.

사이의 좀 더 긴밀한 연계 문제에 대해 직접 대응했다. 1947년 6월 4일, 심지어 마셜의 연설이 있기도 전에 소콜롭스키는 소련 점령지를 위한 민간 행정기구로서, 그리고 아마도 울브리히트가 런던 외무장관협의회 회의 전에 자리를 잡게 하고 싶어 하던 잠재적인 독일 민간정부의 선구기관으로서 '독일경제위원회'의 설립을 지시했다.

1947년 11월 25일, 외무장관협의회가 런던에서 다시 소집되었다. 하지만 그때쯤에는 외무장관협의회는 이미 사실상 유효기간이 끝난 상태였다. 마셜과 베빈, 비도는 외교 프로세스 전체를 거의 포기했고, 단지 협상을 위한 마지막 기회가 과연 한 번 더 있을 것인지 그 여부를 확인하기 위해 왔을 뿐이었다. 그들은 기대를 거의 하지 않았다.

베빈은 독일의 혼란을 우려했을 뿐만 아니라 영국에 닥친 경제위기 때문에도 협상 과정을 신속히 끝내기를 원했다. 그는 독일이 하루 빨리 스스로 복구를 개시하고, 영국 국민들이 감당할 수 있는 능력 이상으로 비용이 드는 일을 중단하기를 원했다.

스탈린은 울브리히트가 독일사회주의통일당이 준비가 되지 않았다고 경고했음에도 불구하고 독일 전역에 자신의 영향력을 확대하기 위해 여전히 독일을 통일시키기를 원했다. 런던 외무장관협의회 회의가 열리기 전날인 11월 21일, 소련 공산당 정치국은 회담에 참석한 소련 대표단이 통일 독일을 가져올 평화조약을 체결하려고 노력해야 한다는 데 의견 일치를 보았다. 스탈린은 외무장관협의회가 전(全) 독일 정부와 공식적인 평화회담에 관해 합의하기를 원했다.

몰로토프는 엄청난 과제에 직면했다. 그는 울브리히트의 신생 공산주의체제를 보호하면서도 전국에 걸쳐 모스크바의 영향력을 확대할 수 있는 통일 독일에 관한 합의에 도달해야 했다. 그리고 몰로토프는 자신의 배상 요구를 양보하지 않으면서도 복잡한 통일 조건을 협상해야 했다. 거기에 더해 몰로토프는 독일과 유럽의 여론에도 호소해야 했다. 이 소련 외무장관은 스탈린이 합의를 원하면서도, 너무 노골적으로 타협할 낌새를 드러낸다면 자신을 처벌할 수도 있음을 잊어버릴 수가 없었다.

몰로토프는 이 과제를 수행할 수가 없었다. 과제를 수행하려면 매우 노련한 외교관이 필요했는데, 몰로토프는 그런 외교관이 아니었다. 그의 발언은 과거처럼 오직 소련만이 독일 통일을 지지한다는 점을 강조했다. 그러나 몰로토프의 설명은 자신이 잠재적인 전 독일 행정기구로서 독일 경제위원회를 이미 갖고 있긴 하지만 아직은 통일 독일을 성취하는 일에 적극적으로 달려들 수 없다는 울브리히트의 경고를 반영한 것이었다.

몰로토프의 전술은 매일매일 달라졌다. 때때로 그는 통일 독일의 가능성과 독일의 모든 정치세력이 참여하는 민주주의체제에 대해 장밋빛 용어를 써가며 극찬했다. 당시 서방의 장관들은 몰로토프가 독일 여론의 지지를 얻고 자신들은 함정에 빠지거나 끝없이 계속되는 회담에 빠질 까 봐 우려했다. 하나의 독일 중앙정부는 몰로토프가 덧붙인 요구와 조건들을 도외시한다면 매력적으로 보일 수 있었다. 하지만 서방 열강은 그 하나의 정부가 독일 전체를 베를린에 있는 울브리히트의 수도 아래에 둘 것을 두려워했다.

다른 때에 몰로토프는 이 모든 요구와 조건을 단호하게 되풀이했다. 몰로토프는 소련 점령지에서 농업개혁과 공업개혁을 되돌리는 사태를 차단하려고 애쓰는 한편, 몰로토프는 서방 점령자들이 그들의 점령지들에서 똑같은 개혁을 수행하고 똑같은 국가의 생산통제를 강요하는 데 먼저 동의할 것을 고집했다. 그는 또 정당들뿐만 아니라 소련 점령지에서 생겨난 종류의 '민주적' 조직들도 중요시하는 독일 정치 프로세스도 강력히 요구했다. 몰로토프는 서방 외무장관들이 울브리히트의 제도들에 대해 이의를 제기거나 폐기하려고 할 것이 아니라, 그 제도들이 독일 전역으로 확대되도록 하는 데 동의해야 한다고 생각했다.

독일공산당이 권력을 획득하지는 못하더라도 사회주의화된 독일을 담보하려는 몰로토프의 결의는 서방에 매력이 없었다. 베빈과 그의 동료들은 몰로토프가 실제로는 독일사회주의통일당이 주도권을 잡기를 원하면서도, 순전히 선전 목적으로만 독일 통일에 대해 이야기한다고 의심했다.

몰로토프는 또 배상금으로 100억 달러를 계속 고집했는데, 이 금액은 이제 독일 산업을 추가로 해체하는 방식이 아니라 현재의 독일 생산으로부터 지불되어야 한다고 역설했다. 그는 루르 지방에 대한 4개국 통제를 요구했다. 그리하여 소련은 통일 독일에서 무슨 일이 벌어지든 상관없이 독일의 경제적 지원을 받을 것이었다.

몰로토프는 포츠담 협정을 서방이 위반했다고 계속 독설을 퍼부었는데, 이는 그런 장황한 비난에 결코 익숙해질 수 없고 유럽이 불타는 동안 협상가들은 빈둥거리기만 하고 있다고 느끼는 마셜을 특히 당황하게 했다. 몰로토프는 또 모든 서방의 제안을 거부했는데, 이 때문에 런던의 다른 외무장관들과 기자들은 그를 '미스터 아니오(Nyet)'라고 불렀다. 그는 합의를 낳을 수 있는 상호 이해의 정신을 진작시킬 마음이 없었다.

서방 외무장관들은 독일의 미래를 담보로 한 몰로토프의 정치적·경제적 요구를 거절했다. 그들은 모스크바가 자신의 점령지로부터 가져갈 수 있는 모든 것을 이미 가져갔고, 이제 서방 점령지들을 이용할 필요가 생기자 현재의 생산으로부터 배상금을 받아가겠다는 것이라고 믿었다. 마셜은 독일에 대한 원조가 모스크바를 위한 배상 자금으로 쓰인다면 미국 의회가 이 원조를 제공하는 데 결코 동의하지 않을 것임을 알았다. 마셜과 특히 베빈은 몰로토프의 조건대로라면 모스크바에게 독일 경제에 대한 영구적인 통제권이 부여될 것이라고 우려했다.

런던에서 외무장관협의회가 열리고 있는 동안에도 서유럽은 점점 더 금방이라도 폭삭 무너져 내릴 것 같은 상태로 치닫고 있었다. 미국의 식량원조는 겨우 막 도착하기 시작했을 뿐이었다. 클레이는 독일의 사기가 그렇게 낮은 것을 본 적이 없다고 보고했다. 프랑스는 곡물이 떨어졌고 프랑스 경제는 거의 무너지기 직전이었다. 이탈리아 공산당은 파업과 시위를 요구했다. 영국은 파운드화가 잇달아 폭락하면서 재정 붕괴에 직면했다.[9] 베빈, 비도, 마셜은 외무장관협의회에 대해서보다 서유럽에서 자신들의 공통된 필요를 충족시키는 것에 대해서 훨씬 더 많이 대화를 나누기 시작했다.

몰로토프는 무슨 일이 벌어지고 있는지를 깨닫고 전술을 바꾸려 했다. 그러나 몰로토프는 이전보다 더 분명하게 독일 통일에 대한 희망을 강조했음에도 불구하고 여전히 명확한 타협의 신호를 보내지 않았다. 만일 스탈린이 독일 통일을 위한 합의를 원했다면, 몰로토프는 이 메시지를 모호하게 만들었다. 그는 자신의 제안 속에 장광설과 긴 조건들의 목록을 계속 끼워 넣었다. 서방 외무장관들은 깊은 불신을 갖고 그의 발언을 들었고, 몰로토프가 합의에 이르기 위해서가 아니라 오직 여론의 지지를 얻기 위해서 적극적으로 끼어드는 것이라고 결론을 내렸다. 그들은 몰로토프에게 선전과 논쟁을 위한 연단을 제공하는 대신에 유럽의 문제를 다루기를 원했다. 서방 외무장관들은 외무장관협의회 회기를 끝내기로 합의했고, 베빈은 때가 무르익은 것처럼 보이면 휴회를 요구하기로 했다.

몰로토프는 여전히 그의 과장된 말투를 누그러뜨리지 않았다. 12월 15일, 그는 온갖 비방들을 쏟아냈고, 마셜은 참을 수 있는 한 그 중상들을 들었다. 마셜은 회의를 끝내자는 베빈의 신호를 기다리지 않은 채 직접 또 다른 회기 일자를 잡지 말고 외무장관협의회를 휴회할 것을 제의했다.

몰로토프는 협상 지시를 받은 독일에 관한 평화조약문을 작성하지 않고 외무장관협의회가 갑자기 끝나자 자리에 홀로 남았다. 여러 차례 외무장관협의회 회의에 참석했던 클레이 장군은 그때가 몰로토프가 움찔하고 놀라는 것을 본 유일한 때였다고 썼다. 이 소련 외무장관은 회담을 종결시킬 의도로 발언을 했던 것이 아니었다. 이제 그는 자신이 어떻게 실패했는지를 스탈린에게 설명하지 않으면 안 될 것이었다.[10] 그리고 몰로토프는 다시는 독일에 대해 진지하게 협상할 수 있는 기회를 갖지 못할 터였다.

소련의 내부 문서들은 런던회담의 파탄을 '대실패'라고 묘사했다.[11] 통일 독일에 대한 스탈린의 희망은 물거품이 되었다. 루르 지방과 막대한 배상금, 그리고 유럽 중부 지역에 대한 영향력을 위해 일정한 발언권을 확보하고자 했던 그의 희망도 물거품이 되었다. 그에게는 서방 측보다 더 심하게 외무장관협의회가 대재앙으로 밝혀졌다. 몰로토프는 결국 붉은군대가 전투에서 획득하지 못했던 것을 조금도 얻지 못했다.

그러나 스탈린은 무슨 일이 뒤따를 것인지를 알았다. 1948년 1월에 스탈린은 "서방은 서독을 넘겨받을 것이고, 우리는 동유럽을 우리 것으로 만들 겁니다."라고 일단의 동유럽 공산당 관리들에게 말했다.[12]

외무장관협의회 회담이 파탄나자, 서방 외무장관들은 구속에서 풀려났다고 느꼈다. 이제 그들은 성과 없는 협상만 진행하다가 시간을 흘려 보내야 하는 일 없이 각자의 점령지에서 부딪힌 긴급한 문제들을 처리할 수 있었다. 베빈이 다시 앞장을 섰다. 베빈이 의장직을 수행하는 가운데 세 사람은 그들의 점령지의 산업생산을 늘릴 계획을 마련하고 민주적인 독일 정부를 수립하기 위한 추가적인 구상들을 교환했다.

가장 중요한 일은 베빈이 파리가 두 통합점령지에 가입할 경우 프랑스의 안보를 보장할 수 있는 협정을 맺기 시작했다는 것이었다. 모스크바 외무장관협의회 전인 1947년 3월 4일, 영국과 프랑스는 표면적으로는 독일 침공의 위험에 맞서는 것이었지만 확실히 소련 위협을 염두에 둔 군사동맹인 됭케르크조약*을 맺었다.

그해 말 베빈은 됭케르크조약을 이용해 비도에게 소련에 대한 방어 태세를 갖추게 해줄 영국-프랑스 군사협력 같은 것을 주선했다. 비도는 마셜이 너무 오랫동안 몰로토프에게 지나치게 회유적인 태도를 취했다고 생각했고, 영국과 더욱 긴밀한 연계를 원했다. 프랑스인들은 영토적 안전벨트로서 독립된 라인란트에 더는 의지할 수 없었으므로 일반적인 안보협정에 참여하고자 했다.[13]

베빈은 프랑스와 영국의 자원만으로 소련에 맞서 서유럽을 보호할 수 있다는 환상을 품지 않았다. 비도와 마셜은 런던을 떠나기 전에 서유럽의 협력뿐만 아니라 더욱 긴밀한 범대서양 협력에 대한 비도의 구상도 받아들였다.

---

* Dunkirk Treaty. 1947년 3월 북부 프랑스의 됭케르크에서 영국 외무장관 베빈과 프랑스 외무장관 비도가 독일의 침공을 방지할 목적으로 맺은 조약. 하지만 실제로 조약은 독일보다는 코민포름에 대한 대항 조치의 성격이 훨씬 강했다. 됭케르크 조약은 1947년 7월의 마셜 계획으로 강화된 반공전선과 더불어 1948년에 체결된 베네룩스 3국과의 서유럽 5개국 동맹, 그리고 1949년 4월의 북대서양조약 등으로 이어지면서 전후 초기 단계에서 냉전 체제의 확립에 일정한 역할을 한 것으로 평가된다.

그리하여 전후 독일을 둘러싼 4개국 외교는 1948년에는 끝이 났다. 장관들은 작은 나라들에 대한 평화조약은 타결했지만 정작 가장 중요한 임무는 성공할 수 없었다. 소련은 발터 울브리히트 및 그의 독일사회주의통일당과 함께 그 자신의 점령지에 갇혔다. 서방 열강들은 함께 또 독일 친구들과 더불어 일할 것이었다. 포츠담협정에서 구상된 통일 독일 정부는 제2차 세계대전 승전국들이 독일 통일 문제를 어정쩡하게 처리함에 따라 기다릴 수밖에 없을 터였다.

대결의 말싸움 속에 휩쓸려 들어가다

전쟁 직후 시기에 스탈린과 서방 사이에서 많은 이해 충돌이 있었다. 그들은 유럽, 지중해, 트리에스테, 터키, 이란, 일본, 핵폭탄을 비롯한 여러 문제들에 대해 의견이 달랐다. 그리고 스탈린과 서방은 점점 더 그러한 논쟁들을 배경으로 독일이라는 나라를 바라보았다.

양측의 지도자들과 지식인들은 따로따로 벌어진 동-서 논쟁들을 체제적 갈등의 증거로서 설명하기 시작했다. 그들은 문제 하나하나를 바로 그러한 좀 더 넓고 깊은 모순이라는 맥락 속에서 평가했다. 독일은 그 맥락에 추가되었고 그 맥락으로 인해 고통을 받았다.

스탈린은 1946년 2월 9일 한 선거 집회에서, 미국과 영국이 패거리를 지어 소련의 안보를 부정하고 있다며 공개적으로 비난의 포문을 열었다. 스탈린은 자본주의국가들과의 협력이 일시적일 뿐이라고 말했다. 그는 소련 국민들이 어떤 공격도 막아낼 만큼 충분히 무장될 것이라고 덧붙였다.[14] 스탈린이 이 발언들을 순전히 수사에 불과한 것으로 의도했을지라도 이 연설은 서방에서 널리 주목을 끌었고 냉전의 개시를 알리는 총성으로 인용되었다.

스탈린은 불만을 터뜨릴 이유가 있었을 것이다. 서방, 특히 미국은 원조를 바란 그의 희망을 들어주지 않았다. 그는 전쟁 직후 무기대여를 지속하는 형태로 100억 달러의 미국 차관을 요청했다. 미 국무부는 이 요청을 잊어버렸고, 몰로토프가 그 요청을 다시 제출했을 때 또 잊어버렸다. 스탈린은 미국 정부가 그런 요청을 잊은 것이 우연이었다고 생각할 수 없었을 것이다. 스탈린의 연설이 있기 2주 전인 1946년 1월 23일, 미국 대사 애버렐 해리먼이 작별 인사차 내방했을 때 해리먼은 차관과 관련된 질문에 답변을 회피했다. 스탈린은 트루먼이 차관을 거절했다고 결론지었다.[15]

스탈린은 또 서방 국가들이 자신에게 지구적 역할을 부여하지 않을 것임을 인정할 수밖에 없었다. 일본이나 지중해, 중동에 관한 모든 토론에서 서방 지도자들은 오직 자신들만이 세계 전역에 걸쳐 이해와 힘을 가질 수 있다는 점을 분명히 했다. 소련은 지역적 역할은 할 수 있으나 가장 넓은 의미에서 강대국은 되지 않을 것이었다.

서방은 몇 주 내에 윈스턴 처칠의 연설로 스탈린에게 응답했다. 처칠은 이미 사임한 상태였지만 여전히 다른 어떤 서방 지도자보다도 더 날카로운 고뇌를 느꼈다. 처칠은 세 거두 회담을 비롯한 전시 회담들에서 스탈린이 모스크바의 전후 계획에 대해서 그를 오도했다고 믿었다.

처칠은 트루먼이 그를 직접 소개하겠다고 약속하면서 미주리주의 풀턴에 있는 웨스터민스터대학에서 연설해 줄 것을 요청했을 때 기회를 잡았다. 처칠은 길고도 유창한 말솜씨로 소련이 체코슬로바키아를 제외한 모든 동유럽 국가들에 경찰국가를 출범시켰다고 비난했다. 그는 또 스탈린이 모스크바의 독일 점령지에 공산주의체제를 세우고 있다고 비난했다. 처칠은 다음과 같이 경고했다.

발트 해의 슈테틴에서 아드리아해의 트리에스테에 이르기까지 대륙 전체에 철의 장막이 드리워졌습니다. 이 선 뒤에는 중부 유럽과 동유럽의 고대 국가들의 모든 수도—바르샤바, 베를린, 빈, 부다페스트, 부쿠레슈티, 소피아—가 놓여 있습니다.[16]

트루먼은 처칠을 찬양했음에도 불구하고 처칠의 수사와는 거리를 두었다. 그는 미국의 대(對)모스크바 정책에 대해 아직 마음을 정하지 못했다. 트루먼은 연설을 듣기 전에 그 연설 원고를 본 적이 없다고 (사실과 다르게) 말했고, 스탈린에게도 미주리주에서 연설하도록 요청함으로써 균형을 잡으려 했다.[17] 스탈린은 이 요청을 무시했다. 그는《프라우다》지와의 인터뷰에서 "처칠과 그의 친구들은 히틀러와 그의 친구들과 놀랄 정도로 비슷한 점이 있다."고 주장하고, 서방이 소련의 안보 이해를 인정하지 않을 경우 전쟁이 '필연적'이라고 경고하는 등 처칠의 연설을 이미 비난한 터였다.[18] '필연적' 전쟁의 위협을 당한 처칠의 '친구들'에는 명백히 트루먼도 포함되었다.

그러나 처칠 혼자만 그런 입장을 가진 것이 아니었다. 트루먼은 좀 더 정통한 정보원으로부터 또 다른 메시지를 받았다. 그는 트루먼과 번스에게 독일을 비롯한 다른 문제들에 대해 스탈린과 어떤 종류의 협정을 맺는 일도 그만두라고 경고했다.

'장문의 전보'로 알려지게 된 이 전신문에서 당시 해리먼의 뒤를 이어 모스크바의 미국 대사관을 책임지고 있던 조지 케넌은 소련 체제와 서방 체제 사이의 임박한 충돌에 대해 적나라하게 썼다. 케넌은 1946년 2월에 러시아의 편집증과 메시아적 공산주의가 결합하면서 소련이 서방과 화해 불가능한 갈등에 빠질 것이라고 경고했다. 케넌은 전통적인 러시아의 안보 불안감 때문에 소련은 어떤 타협의 희망도 없이 서방과 "총체적 파괴를 위한 치명적 투쟁"을 벌일 수밖에 없을 것이라고 썼다.[19]

케넌은 소련이 '힘의 논리'에 고도로 민감하고 자신의 군대를 '최대한 발전'시키기 위해 노력할 것이라고 쓰면서 특히 소련의 군사적 준비를 지적했다. 당시 동원 해제에 열심이었던 워싱턴을 향해 그는 스탈린에게 깊은 인상을 주는 유일한 방법은 '충분한 힘'과 그 힘을 사용하겠다는 의지를 갖는 것이라고 말했다. 케넌은 모스크바가 '강한 저항'에 직면하면 '전면적인 군사적 충돌'을 모색하지 않고 물러서겠지만, 소련인들은 자신들이 더 강해지는 어떤 상황도 충분히 이용하려 들 것이라고 덧붙였다.

한 달 뒤 어니스트 베빈은 모스크바의 영국 대사관 수장이었던 프랭크 로버츠*로부터 유사한 메시지를 받았다. 케넌의 일반적인 분석을 뛰어넘어 로버츠는 모스크바가 독일에 대한 통제권을 획득하기를 원한다고 경고했다. 로버츠는 "영국과 소련의 의견 차이가 또한 독일에서도 절정에 이르고 있다. 독일에서 러시아인들은…지금 공산주의자들에게 루르를 완전히 통제하는 통일된 '민주적' 독일을 옹호할 것을 독려하고 있다."라고 썼다.[20] 로버츠는 스탈린이 동부 독일에 대한 소련의 통제와 독일 전역에 걸친 공산주의의 영향력을 원한다고 덧붙였다.

트루먼은 더 알아볼 필요가 있다고 결정했다. 트루먼은 최근에 자신

---

* Frank Roberts(1907-1998). 영국의 외교관. 1945-1947년 얄타회담에서 윈스턴 처칠의 자문관을 지내고 소련 주재 영국 공사로 일했다. 1947년부터 영국 외무장관 어니스트 베빈의 개인 비서로 일하면서 냉전 초기 영국 외교에서 핵심적 역할을 담당했다. 그 후 1950년대에는 인도, 유고슬라비아 등지에서 근무했으며, 1960년대에는 소련 주재 대사, 독일연방공화국 주재 대사 등을 역임했다.

이 대통령 법률고문으로 임명한 클라크 클리포드*에게 소련의 정책을 분석해 달라고 요청했다. 이에 대한 응답으로 클리포드는 소련의 대유럽 정책에 대해 경보를 울리고 소련의 지구적인 군사적·정치적 위협에 대해 설명하는 제안서를 내놓았다.[21]

케넌이 쓴 장문의 전보에 폭넓게 의거하여 클리포드는 소련이 공산주의가 자본주의에 최종적으로 승리하는 데 전념하고 있으며, 이길 수 있다는 확신 없이 전쟁을 개시하지는 않겠지만 어쨌든 화해할 수 없는 적이라고 트루먼에게 경고했다. 클리포드는 소련이 전시 동안 서방과 이루었던 합의 중에 이행하지 않은 합의들의 긴 목록을 작성했고, 스탈린이 미국에 직접적으로 도전할 준비를 하고 있다고 경고했다.

독일에 대해서 클리포드는 스탈린이 통일 독일을 원하는 이유는 베를린에 있는 자신의 수도로부터 독일 전체를 통제하기 위해서일 뿐이라고 썼다. 클리포드는 스탈린에게 나라 전체를 자기 쪽으로 끌어들일 기회를 주지 않는 한 그는 독일에 관한 어떤 협정도 받아들이지 않을 것이라고 쓰면서, 스탈린이 배상금을 빌미로 삼아 독일을 소련 종속국으로 만들기를 원한다고 역설했다.

클리포드는 미국이 다른 서방 국가들과 손잡고 "자체적인 목표를 추구하는 우리 자신의 세계를 구축"할 것을 권고했다. 그는 미국이 "소련을 억제하고 소련의 영향력을 현재의 지역에 국한시킬 정도로 강력한 군사력을 유지해야 한다."고 덧붙였다. 클리포드는 소련 지도자들이 "우리가 너무 강해서 이길 수 없고 너무 단호해서 겁을 줄 수 없다는 사실을 깨달

---

* Clark Clifford(1906-1998). 미국의 법률가. 트루먼, 케네디, 존슨, 카터 대통령의 정치 자문관으로 일했고, 1968-1969년에는 존슨 대통령 내각에서 국방장관을 지냈다.

을 때 우리와 함께 공평하고 공정한 합의를 만들어낼" 것이라고 결론지었다.

트루먼은 클리포드의 제안서 때문에 어쩔 수 없이 행동에 나서는 일이 일어나지 않기를 원했으므로 불안한 심정으로 대응했다. 제2차 세계대전으로 발생한 막대한 미국의 적자를 메우고 싶었던 트루먼은 군사예산을 확대하고 싶지 않았다. 그는 클리포드에게 이 보고서 사본을 모두 파기하라고 말했다.

적어도 일부 소련 관리들은 서방에게서 상응하는 위협을 보았다. 1946년 9월 워싱턴 주재 소련 대사 니콜라이 노비코프*는 케넌과 로버츠가 소련의 정책을 분석하며 사용했던 불필요한 우려를 자아내는 용어로 미국의 정책을 분석했다. 노비코프는 전쟁으로 야기된 대대적 파괴가 미국의 경제적·정치적 침투를 위한 좋은 틈을 제공했기 때문에 '미국의 독점자본'이 미국의 영향력을 유럽과 아시아로 확대하려 할 것이라고 썼다. 그는 트루먼이 소련에 대한 루스벨트의 우호적 정책을 번복하고 전쟁을 준비하기 위해 미국이 군대를 증강하고 있다고 지적했다.

몰로토프와 가깝고, 소련 외무장관과 서방 외무장관들 사이에 진행된 토론을 의심할 여지없이 잘 알았던 노비코프는 독일이 소련의 이해에 맞선 미국의 음모에서 핵심적인 무대라고 생각했다. 그는 미국 점령 당국이 소련인들이 자신들의 점령지에서 했던 것과는 달리 독일 산업을 국유화하거나 독일 농업을 개혁하지 않는 등 독일의 자본주의 구조를 그대로 내버려 두었다고 지적했다. 노비코프는 독일이 충분히 무장을 해제하

---

* Nikolai Novikov(1903-1989). 소련의 외교관. 1943년 11월 카이로회담의 소련 대표였고, 1946-1947년 미국 주재 소련 대사를 지냈다.

고 '민주화'되기 전에 독일 점령의 조기 종식을 협상하려는 미국의 노력은 독일 제국을 부활시켜 소련을 상대로 한 전쟁에 이용하려는 미국의 의도를 드러낸다고 썼다.

스탈린의 러시아와 몰로토프의 외무부의 어떤 대사도 전보를 보내라거나 어떤 내용으로 쓰라거나 하는 지시를 받지 않고 그런 전보를 보냈을 리는 없을 것이다. 십중팔구 몰로토프가 전신문을 보내라고 했을 것이고 노비코프에게 어떻게 써야 하는지를 말했을 것이다. 몰로토프가 개인적으로 받은 전신문에는 밑줄과 다른 승인 표시들이 자주 보인다. 그는 또 이 전신문을 그의 개인 파일 속에 간수할 것을 요청했는데, 이는 아마도 자신이 왜 서방과 합의에 도달하기가 그토록 어려웠는지를 (스탈린에게?) 설명하기 위해서였을 것이다.[22]

1947년 이 논쟁의 미국 쪽 부분이 공개되었다. 처음으로 모스크바에서 경종을 울렸던 케넌이 1947년 7월에 《포린 어페어즈》(Foreign Affairs)지에 〈소련 행동의 원천들〉(The Sources of the Soviet Conduct)이라는 제하의 논문을 쓴 것이다. 정부 관리라는 정체를 드러내지 않기 위해 'X'라는 익명으로 쓴 케넌의 이 논문은 스탈린 및 소련 체제와의 어떤 화해 가능성에도 찬물을 끼얹었다.[23] 좋은 지위를 가진, 미국 동부 연안 지배층의 구성원이 쓴 공문서로서 이 논문은 모든 미국의 정치 인사들과 지식인들의 사고방식을 형성하고 공개적 토론을 강제했다. 트루먼은 이 논문과 이 논문이 야기한 논의들을 무시할 수 없었다. 또 더는 논의의 결론을 거스를 수도 없었다.

케넌은 스탈린은 서방과의 어떤 합의도 전술적 책략으로 간주할 것이기 때문에, 이 소련 지도자와 협상을 벌이는 것에 반대했다. 케넌은 소련 체제가 '대응 물리력'과 순전한 힘의 논리에만 민감하다고 썼다. 이는 트루먼이 스탈린과 합의에 이르기가 어렵다는 점을 알고, 스탈린과 무슨 합의를 이루더라도 그 합의를 준수하기를 기대해서는 안 된다는 것을 의미했다. 케넌은 서방이 소련 체제가 동력을 잃고 무너질 때까지 그 팽창을 저지하는 등 확고한 '봉쇄' 전략을 추구할 것을 권고했다.

케넌은 미래를 내다보면서 소련 체제의 그런 특성들은 "소련 권력의 내부 성격이 변할 때까지…우리와 함께 있을 것이다."라고 썼다. 하지만 그는 공산주의 권력 시스템이 붕괴하면 소련은 가장 강한 국가에서 가장 약한 국가로 거의 즉각 바뀔 것이라고 덧붙였다.

케넌의 논문은 미국의 사고 전환과 동-서 협상의 중단 그리고 (케넌의 마음에 들게도) 군사력 증강을 위한 논거를 제시했다. 비록 논문이 독일에 관한 구체적인 충고를 제공하지는 않았지만, 케넌의 추론은 서방이 스탈린이 존중할 수밖에 없는 압도적인 힘을 구축할 때까지 독일에 관한 합의에 도달하려고 노력해봤자 아무 의미가 없을 것임을 시사했다.

번스하에서보다 마셜하에서 더 영향력이 있었던 케넌은 얄타회담과 포츠담회담 전부터 독일 분할에 찬성했다. 케넌은 독일이 모스크바와 공동으로 관리될 수 있다고 희망하는 것은 환상에 불과하다고 생각했다. 또 서방의 유일한 희망은 소련이 통일 독일을 지배함으로써 북해에 이르는 것을 막기 위해 독일을 분단하여 서방 부분을 개발하는 데 있다고 믿었다.[24] 이러한 충고 이후 마셜이 몰로토프와 대화를 끊어버린 것은 별반 놀랄 일이 아니었다.

스탈린은 크렘린의 선전 업무 책임자였던 안드레이 즈다노프*를 선

택해 이에 대응했다. 즈다노프는 런던 외무장관협의회가 열리기 제법 오래 전인 1947년 9월에 코민테른 첫 회의에서 연설하면서, 케넌이 소련 공산주의를 묘사한 것과 유사한 말로 미국 자본주의를 인정사정없고 화해 불가능한 적으로 그렸다.[25]

즈다노프는 워싱턴이 지구적 패권을 원하고 있고, 미국은 대서양 체제를 구축함으로써 유럽을 노예화하려 하고 있다고 주장했다. 그는 이 계획 때문에 유럽이 '두 진영'으로 나눠질 것이라고 예측했다. 즈다노프는 마셜이 미국의 원조를 "새로운 민주주의 국가들에서 제국주의의 힘을 회복하고 그들로 하여금 소련과의 경제적·정치적 협력을 포기하도록 만드는 데" 이용하기를 원한다고 역설했다. 노비코프처럼 즈다노프도 미국이 독일의 자본주의를 회복시키고 부활한 독일을 동유럽에 대한 통제력을 획득하는 데 이용하고 싶어 한다고 경고했다.

프랑스와 이탈리아의 선거에서 공산당들이 패배한 후 바로 뒤이어 나온 즈다노프의 주장에는 그 정당들이 그가 원래 희망한 대로 과연 서유럽에서 정권을 장악할 수 있을지에 대한 스탈린의 깊어가는 의구심이 슬쩍 드러나는 것 같기도 하다.[26] 이 의구심 때문에 스탈린은 통일 독일을 위한 협상에 들어가기 전에 숙고에 숙고를 거듭했을 것이다. 또한 울브리히트도 협상은 여전히 필요하지만 스탈린이 독일 전체에서 공개적 경쟁을 원하는 것은 아니라고 거의 틀림없이 확신했을 것이다.

이러한 연설과 논문들은 독일에 관한 협상을 의미 없게 만들었다. 소련과 서방의 지도자와 분석가들이 너무나 깊이 서로를 불신하고 너무나

부문 억압정책은 '즈다노프 비판'으로서 유명하다. 1947년의 코민포름 창설 및 그 활동에도 영향력을 지니고 스탈린을 충실히 보좌하여, 스탈린, 말렌코프 다음가는 지위에 있었다.

공개적으로 서로를 비난하자, 중부 유럽과 같은 민감한 지역을 둘러싼 타협의 희망은 거의 남지 않게 되었다.

피점령 독일에 관한 주요 4개국 협력기구인 연합국관리이사회는 서로에게 점차 적대적으로 되어 가는 네 열강의 태도를 반영했다. 이사회의 토론은 점점 더 험악해졌다. 다른 미국 관리들보다 오랫동안 네 열강이 독일에서 계속 협력할 수 있을 것으로 믿었던 클레이 장군은 악화일로에 있는 관계를 점점 더 우려의 눈으로 지켜보았다.[27]

클레이는 연합국관리이사회의 네 열강이 따뜻한 개인적·전문적 관계를 맺고 대부분의 주제들에 대해 의견 일치를 볼 수 있었던 1945년 여름의 좋았던 날들을 경험한 바 있었다. 그때는 스탈린이 자신의 연합국관리이사회 대표들에게 몰로토프에게 내린 지시보다 더 협조적인 지시를 분명히 내렸거나, 혹은 연합국관리이사회의 대표들이 그 지시를 좀 더 긍정적으로 해석했을 것이다. 연합국관리이사회 초기 몇 달 동안 소련인과 미국인들은 영국인이나 프랑스인들과 의견 일치를 보는 것보다 더 많이 의견 일치를 보았다. 그들은 드골이 방해했던 독일 통합을 복구하고 싶어 했고, 로버트슨보다 독일 경제의 회복이 더 천천히 이루어지기를 바랐다. 클레이는 종종 영-소 분쟁을 중재하는 위치에 있었다.

그러나 특히 소련 점령지를 자신들의 배타적 영역으로 유지하려는 스탈린과 울브리히트의 단호한 의지 때문에 갈등의 신호가 급증하기 시작했다. 소련인들은 그들의 점령지에서 지속적으로 일방적인 조치를 취했고, 다른 사람들은 그들이 행동하기 전에 왜 사전조율을 하거나 적어도 그 구상들을 논의에 부치지 않는지 의구심을 품었다. 소련 점령군 사령관인 소콜롭스키는 서방의 관청들이 그의 점령지에 관여하지 못하도록 했다. 그는 미군이 그곳에서 전투를 벌였고 미국 정부가 사상자들에 대한 정보를 얻을 필요가 있었음에도 불구하고 미국 영사관의 개소를 허용하지 않으려 했다.

점령국들은 또한 그들에 대한 독일인들의 태도가 점점 분열되는 상황을 다루어야 했는데, 베를린은 최초의 충돌이 일어난 장소가 되었다. 서방 연합국은 오래 전부터 소련이 임명한 베를린의 행정기구를 선출된 정부로 대체하기를 원했다. 소련인들이 이에 동의한 뒤 치른 선거에서 독일사회주의통일당이 패배하자, 소련인들은 정부와 신임 시장인 에른스트 로이터*가 소련 구역에 있던 구 베를린 시청에 입주하는 것을 허용하지 않으려 했다. 베를린의 연합국 점령기구였던 '군사정부사령부'(Kommandatura)는 뒤이은 격렬한 논쟁으로부터 결코 회복하지 못했다.

1947년 초에 외무장관협의회에서 공식적으로 독일 문제를 논의하기 시작하자, 연합국관리이사회는 몰로토프와 서방 장관들 사이의 논쟁 속으로 점점 끌려들어 가게 되었다. 논쟁이 격렬했던 모스크바회담 이후 연합국관리이사회는 더는 효과적인 독일 점령 수단으로 기능하는 척할 수 없었다. 각 점령지 사령관은 심지어 다른 이들과 상의하는 시늉조차 하지 않고 자신이 원하는 것을 했다.

최악의 상태가 런던 외무장관협의회의 개막 전인 연합국관리이사회의 마지막 회의 때 찾아왔다. 소콜롭스키는 이른바 서방 측이 지키지 않은 전시 합의사항들을 적은 긴 목록을 읽었다. 클레이는 이 회의가 완전히 통상적인 규범에서 벗어났다고 보고했다. 왜냐하면 과거에는 소콜롭스키가—그의 서방 동료들처럼—그와 다른 사람들의 의견이 다를 때에

---

* Ernst Reuter(1889-1953). 독일사회민주당 소속의 정치인. 1948년부터 1953년 사망할 때까지 서베를린 시장을 지냈다.

도 합의제적 분위기를 유지하려고 노력했기 때문이다. 클레이는 연합국 관리이사회와 외무장관협의회 둘 다 붕괴 직전에 있다고 결론을 내렸다.

왜 독일은 분할되었나

루스벨트, 스탈린, 처칠이 얄타에서 그었던 임시적인 점령선은 1947년이 되자 좀 더 영구적인 것으로 보이기 시작했다. 물건과 사람들이 일부 선들을 넘어갈 수 없었다. 점령 지역마다 사회구조와 정치조직이 다르게 발전했다. 독일은 수세기 동안 그랬듯이 다시 한 번 나뉘어졌다.

독일은 점령자들이 독일 자체를 두려워해서가 아니라 점령자들이 서로 독일과 결합할까봐 두려워했기 때문에 분할되었다. 모든 점령자들은 그들 사이에 떠오르는 새로운 전투에서 독일의 무게가 승자를 결정할까봐 걱정했다. 그들은 유망한 상대가 모든 것을 독차지하는 위험을 무릅쓰기보다는 각자 자신의 몫을 챙기기로 결정했다.

분할되고 패배한 독일은 어느 누구도 위협할 수 없었다. 그러나 통일되고 부흥한 독일은 점령국가들 중 하나의 국가나 그 이상과 합세하면 어떤 점령국도 위협하는 데 도움을 줄 수 있었다. 비록 전시의 연합국들이 포츠담에서 독일 정부를 구성하고 그 정부와 평화조약을 맺는데 동의했음에도 불구하고, 외무장관협의회는 이 새 정부를 어떻게 구성할지를 두고 합의를 볼 수 없었다. 외무장관협의회는 심지어 점령을 어떻게 관리할지에 관해서도 합의할 수 없었다. 어느 누구도 감히 다른 사람이 유리한 위치를 갖게끔 만용을 부리지 못했다.

독일은 제로섬 게임의 표본이었다. 스탈린과 서방 중 어느 한 쪽이 장악한 통일 독일이란 한 편에는 절대적인 이득을, 다른 한 편에는 절대적인 손실을 의미했다. 지도자들 중 어느 누구도 그런 도박을 하고 싶지 않았다. 폐허가 되었음에도 독일은 여전히 문제였다. 이러한 위험에 직면하여 전시의 동맹국들은 안전한 출구를 선택했다.

스탈린은 공격적이기도 하고 동시에 방어적이기도 한 매우 모순적인 야심을 지녔다. 소련 관리들이 최근에 발간한 일부 회고록과 지난 몇 년 동안 모스크바가 공개한 문서들은 소련 지도자가 분단된 독일을 원하지 않았으며, 자신에게 우호적이기만 하다면 당장은 그곳에 비공산주의 체제가 수립되는 것을 승인할 준비가 되어 있었음을 보여준다. 그러나 스탈린은 독일 전역에 즉시 공산주의 정부가 들어설 수 없다면, 배상금과 루르 지방뿐 아니라 독일의 미래에 대해 적어도 그를 안심시켜 줄 협정을 원했다. 그는 또 독일사회주의통일당의 보호도 원했다. 어느 서방 정부도, 특히 몰로토프가 야기한 논쟁적 분위기에서 또 그들 모두가 스탈린이 어떻게 동유럽에 대한 통제권을 획득하여 행사했는지를 목격한 마당에 스탈린의 희망에 동의할 수가 없었다.

스탈린은 독일 정책에서 몇 가지 근본적인 실수를 저질렀다. 그중에서 독일의 많은 부분을 '폴란드 관리'하에 두겠다는 그의 결정이 가장 큰 실수였던 것으로 밝혀졌다. 스탈린은 협상력이 별로 없었다. 동프로이센과 슐레지엔이 소련 점령하에 있었더라면, 스탈린은 자신의 점령지 안에 독일의 거의 절반을 가졌을 것이다. 하지만 스탈린은 이 지역을 폴란드에게 줌으로써 독일을 두고 협상할 수 있는 기회를 날려버렸다. 그는 서방 연합국에 독일을 통합할 어떤 유인동기도 제공할 수 없었다. 왜 서방 연합국이 스탈린의 헐벗고 중요하지 않은 땅을 받는 대신 스탈린이 그들의 수중에 있는 가치 있는 독일 땅에 영향력을 미치는 것을 허용하겠는가? 스탈린은 독일 침공에 맞서 폴란드를 보호하기 위해 독일 자체에서 대가를 치렀다.

스탈린이 깊은 숙고 끝에 영향력보다는 안보를 선택했을 수도 있다. 폴란드를 서쪽으로 옮기겠다는 결정은 독일의 심장부를 공격하기 전에 발칸 국가들을 점령하겠다는 그의 결정과 마찬가지로, 주위에 해자(垓字)를 파서 소련을 방어하고 싶어 하는 스탈린의 심리를 반영한 것이다. 아마도 무의식적이겠지만, 울브리히트에게 그의 점령지가 언제 통일 독일에 참여할 준비가 될 것인지를 물음으로써 그에게 사실상의 거부권을 부여한 스탈린의 결정이 그랬다.[28] 스탈린은 적어도 통일만큼이나 다른 것도 원했다.

그러나 스탈린은 또 엄청난 모험도 불사했다. 무엇보다도 특히 그는 오래 전부터 독일의 서방 점령지들이 자본주의 미국의 힘과 연결되는 것을 우려해왔다. 스탈린은 독일과 미국이 합세하면 소련이 그 힘을 감당할 수 없음을 알았기 때문인데, 그것은 충분히 근거가 있었다.[29] 그러나 스탈린과 몰로토프의 외교는 정확히 자신이 두려워하는 사태로 가는 문을 열어젖혔다.

몰로토프는 자신이 감당할 수 있는 것보다 더 많은 외교적 실책을 저질렀다. 몰로토프는 독일의 재무장에 맞서 4개국 조약을 맺자는 번스의 제안과 마셜의 제안 둘 다를 거부했을 때 독일 전역에 대해 영향력을 확보할 큰 기회를 놓쳤다. 그는 동료 외교관들을 끊임없이 불쾌하게 만들었는데, 이는 스탈린의 피해망상적인 크렘린을 과시하는 데는 멋지고 심지어 필수적이기까지 한 전술이었을 것이나 합의에 도달하는 길은 아니었다.

스탈린과 몰로토프는 어떤 서방 외무장관이 줄 수 있는 것보다 더 많은 보장을 원했다. 몰로토프가 독일은 '반파시즘' 정부를 가져야 한다고 번스에게 말하고 그런 정부가 모스크바에서 신뢰를 얻을 만큼 오랫동안 기능할 때까지 평화조약을 맺지 않을 것이라고 덧붙이자, 번스는 케넌이 몰로토프가 모든 것을 운에 맡기고 그냥 있지는 않을 것이며 아무것도 독일 유권자들에게 그냥 맡겨 두지는 않을 것이라고 자신에게 말해줄 필요가 없었다.

마지막으로 외무장관협의회를 떠날 때 번스는 몰로토프에게 당신이 진정으로 무엇을 원하는지를 전혀 알 수가 없고, 그러니 당신과 협상을 할 수가 없었노라고 다소 침울하게 말했다. 몰로토프는 대답하지 않았는데, 아마도 그 자신도 몰랐기 때문일 것이다.

외무장관직에서 물러난 뒤 몰로토프는 "소련 국경을 가능한 한 멀리 확장하는" 것이 자신의 임무였으며, '사회주의로 가는 도상'에 있지 않은 '평화 애호' 독일은 있을 수 없다고 말했다.[30] 만일 이것이 진정으로 몰로토프가 원했던 것이라면, 몰로토프와 번스는 결코 합의에 도달할 수 없었을 것이다.

스탈린의 점령군 사령관들은 두 개나 세 개의 점령지들을 합치고자 하는 클레이의 거듭된 노력을 거부했을 때 독일의 분할을 심화시켰다. 그들이 받아들였더라면, 그것도 신속히 받아들였더라면, 베빈과 그 뒤비도는 합류를 거절하기가 힘들었을 것이다. 사실상 전 독일은 길어봤자 1-2년 내에 하나의 중앙 행정기관을 갖게 되었을 것이다. 이 현실은 스탈린에게 그가 원했던 영향력을 주었을 것이나 울브리히트의 입장을 위태롭게 했을 것이다. 소콜롭스키는 명백히 위험을 무릅쓰고 그런 협상을 감수하지 않으려 했다.

사실 스탈린은 발터 울브리히트를 베를린의 자기 사람으로 선택했을 때 이미 최대의 실수를 저질렀는지도 모른다. 울브리히트는 스탈린이 원했던 바의 절반만 할 수 있었다. 울브리히트는 소련 점령지를 통제할 수도 있었다. 그러나 스탈린은 주코프와 소콜롭스키가 그렇게 하도록 했다. 스탈린은 소련 점령지 밖의 독일인들에게 호소력을 발휘할 수 있는 독일사회주의통일당 지도자가 필요했다. 울브리히트는 호소력이 없었다. 울브리히트가 그로테볼과 갈라선 뒤에는 그로테볼도 호소력을 발휘할 수 없었다. 울브리히트의 전술과 매너는 스탈린과 공산주의에게 적들을 만들어냈다.

울브리히트는 또 독자적인 의제도 추구했다. 스탈린은 자신의 점령지가 서방을 향한 발판을 제공하기를 원했던 반면, 울브리히트는 점령지를 봉쇄하기를 원했다. 자신의 입지가 무너지자 울브리히트는 점점 더 힘들어지는 자신의 절대적 권위 아래에 소련 점령지를 둠으로써만 권좌에 머무를 수 있었다. 울브리히트는 스탈린이 통일 독일을 갖지 못하더라도, 그 자신의 영지를 갖기로 결심한 것 같았다.

1947년 말 울브리히트는 소원을 이루었다. 독일은 분할된 채로 남아 있을 것이었다. 울브리히트는 소련 점령지에서 민간기구를 통제했다. 울브리히트는 선택을 했고, 스탈린은 그 선택을 바꿀 수가 없었다.[31] 스탈린은 덤불 속의 새 두 마리보다 수중의 새 한 마리가 더 낫다고 생각했다.

독일에서 스탈린이 실시한 정책은 심지어 반세기가 지난 지금도 설명하기가 거의 불가능하다. 러시아 역사에서 가장 큰 군사적 승리를 거둔 지 2년 반이 지난 1947년 말까지 스탈린은 아무것도 더 얻지 못했다. 1814년 이후의 알렉산드르 1세처럼, 스탈린은 무능한 외교로 군사적 승리를 낭비해버렸다. 몰로토프는 이 비난을 같이 받아야 하지만, 그런 흐름을 만든 사람은 스탈린이었다.

분단 독일을 일관되게 원한 유일한 서방 지도자인 샤를 드골은 자신이 원한 대로는 아니지만 바라던 것을 얻었다. 드골과 비도는 자신들이 소망한 대로 라인란트와 루르를 독일로부터 분리할 수는 없었으나 실제 분할선은 적어도 똑같이 프랑스 목적에 잘 부합했다. 드골과 비도는 프랑스가 최소한 가장 최근의 적으로부터 안전을 확보했다고 확신할 수 있었다. 프랑스는 또 독일의 장래에 대한 절대적인 거부권도 얻었다.

드골은 점령지들의 경계선을 긋는 일을 도와주지는 않았지만 점령지들이 그에게 독일을 계속 취약하게 하는 하늘이 보낸 방법을 제공한다는 사실을 즉각 이해했다. 바로 그것이 드골이 점령지들을 통합하는 온갖 노력을 거부한 까닭이었다. 동일한 이유로, 다른 상황에서 비도는 프랑스 점령지가 두 통합점령지에 합류하겠다고 마셜에게 확언했다. 비도는 두 통합점령지가 독일을 통일하는 것이 아니라 분할하리라는 사실을 깨닫게 되었다. 비록 비도는 드골의 정책을 번복했음에도 불구하고 똑같은 전략적 목적을 고수했다.

비도가 프랑스의 전략을 변경하지 않고 프랑스의 정책을 바꾸었던 반면, 베빈은 영국의 전략을 변경했다. 1946년 베빈은 처칠이 원했던 스탈린과의 야심적인 유럽 합의를 영국이 매듭지을 수 없다고 결론을 내렸다. 또한 영국은 한때 소중히 여겼던 영광의 고립 속에서 더는 기다릴 수 없어 유럽 대륙의 균형을 잡기 위해 어디다 중량을 실어야 할지도 결정해야 했다. 대신 베빈은 대륙 전체를 소련이 지배하는 일을 막는 유일한 방법은 동서 사이에 독일의 분단을 공식화하고 미국으로 하여금 대륙에 폭넓은 발판을 마련하도록 설득하는 것이라고 여겼다. 베빈은 미국인들이 스스로 유럽에서 미국의 역할에 관한 전략적 비전을 갖기 전에 이미 그런 비전을 발전시켰다.

독일인들을 두려워했기 때문에 분단 독일을 원했던 드골과는 달리,

베빈은 소련인들을 두려워했기 때문에 분단 독일을 원했다. 하지만 결과는 동일했고 영국의 새로운 서유럽 체제는 프랑스와 영국, 그리고 분단 독일에 진출한 미국인들을 둘러싸고 형성될 것이었다.

트루먼은 취임했을 때 독일에 관한 정책을 갖고 있지 않았다. 하지만 그는 모겐소 계획의 수정판인 JCS 1067이라는 점령 정책을 갖고 있었다.

대통령은 업무를 공부했고 자문관들의 조언과 자신의 경험에 귀를 기울였다. 모든 이가 대통령에게 독일과 유럽에 관한 공정한 합의를 협상하기에는 스탈린을 신뢰할 수 없다고 말했다. 나중이기는 하지만 베빈처럼 트루먼은 통일 독일이 스탈린의 지배로부터 안전할 수 있는 조건을 보지 못했기 때문에 분단 독일을 선택했다. 1946년과 1947년에 번스는 몰로토프에게 실망했고, 이 때문에 트루먼은 자신이 스탈린을 상대할 수 없다는 케넌에 동의했다. 트루먼은 그런 상황에서 미군을 유럽에서 철수할 수는 없다고 생각했다.

일단 트루먼은 런던과 보조를 맞추고 유럽에서 미군의 주둔을 유지하기로 결심하자, 독일에 대한 정책을 갖게 되었다. 그는 독일의 서방 점령지들을 더 강력하게 만들 필요가 있었기 때문에 모겐소 계획을 버려야 했다.

몰로토프는 트루먼이 루스벨트의 노선을 따르지 않았다고 주장했는데, 그것은 옳았다. 그러나 트루먼은 스탈린이 루스벨트가 전시에 가졌던 기대를 충족시키지 못했다고 주장할 수 있었을 것이다.

제2차 세계대전의 4개 승전국은 몇 가지 잘못된 가정을 바탕으로 점령을 설계했다. 그들은 자신들의 이해가 히틀러를 패배시킨 뒤에도 여전히 비슷할 것이라고 가정했다. 이 가정은 틀린 것으로 밝혀졌다. 그들은 점령 기간 동안 독일인이 수동적인 관찰자로 남아 있을 것이라고 가정했다. 대신 독일인들은 민주주의적인 서방을 향한 분명한 선호를 표명하기 시작했다. 독일인들의 태도가 분명해지자 스탈린은 통일 독일이 자신에게 등을 돌리는 일이 없도록 그들에게 보장책을 요구해야 했다.

제2차 세계대전 승전국들은 또한 자신들이 진공 속에서 독일에 관해 협상을 할 수 있다고 가정했을 것이다. 그러나 독일의 동맹국들에 대해 가졌던 승전국들의 회담은 심지어 독일에 대한 논의를 시작하기도 전에 그들의 외교에 나쁜 영향을 미쳤다. 냉전은 독일에 집중되었지만 독일을 둘러싸고 시작된 것은 아니었다. 냉전은 1944-1945년의 소련 점령 동안 그리고 1946년의 동-서 협상 동안 동유럽을 둘러싸고 시작되었다.

독일의 분할은 모스크바, 런던, 파리 혹은 워싱턴이 마련한 어떤 종합 계획이 있어서 그 계획으로부터 완전히 모양새를 갖추고 나타난 것이 아니었다. 독일 분할은 한 가지 행동의 논리가 다른 행동의 논리를 뒤따르고, 상호 관성 효과가 대부분이 예상치 못한 결과를 낳는, 점증하는 정책 결정 과정으로부터 등장했다.

드골을 제외하고 제2차 세계대전의 승리자 중 어느 누구도 처음에는 독일 분할을 원하지 않았는데, 최종적으로 그들은 다른 이유 때문에 독일 분할을 선택했다. 베빈은 유럽을 스탈린으로부터 보호하고 미군을 유럽에 계속 붙잡아 두기 위해 독일 분할을 선택했다. 트루먼은 유럽과 독일에 대한 소련의 지배를 막기 위해 분할을 선택했다. 스탈린은 몰로토프가 독일, 그리고 아마도 유럽에 대한 실질적인 영향력을 가질 수 있는 합의를 볼 수 없었기 때문에, 독일을 분할하는 쪽을 택했다. 4개국은 독일을 어떻게 통합할지 합의할 수 없었다. 그러나 그들은 독일을 어떻게 분할할지에 대해서도 합의할 수 없었다. 대신 그들은 자신들이 가진 것은 무엇이든 보유하는 개별적 결정들을 내렸다. 어느 누구도 독일인들에게 누가 그들의 선택권을 박탈했는지 묻지 않았다.

정복하기 위해 독일에 진입했던 군대들은 남아서 점령을 계속했다. 그들은 또 독일이 아니라 서로를 상대로 여전히 싸웠다.

4장

베를린 공수작전

어니스트 베빈은 그와 그의 동료들이 런던에서 외무장관협의회 회의를 휴회하기로 결정한 뒤에도 계속 서방의 대(對) 독일 정책의 속도와 방향을 이끌었다. 베빈은 1948년 2월에 독일과 유럽에 대한 다음 조치를 결정하기 위해 런던에서 서방 관리들의 회담을 주최했다.[1] 다른 서방 측 유럽 국가들로 하여금 독일의 경제회복을 수용하도록 보장하기 위해, 베빈은 프랑스와 미국 대사들뿐만 아니라 벨기에, 룩셈부르크, 네덜란드 대사들도 초청했다. 베빈은 서부 독일 국가를 유럽-미국 동맹 체제에 끌어들이기 위한 계획을 세우도록 그들을 독려했다. 여전히 독일의 침공과 점령으로 인한 트라우마에 시달리던 국가들이 깊이 생각해볼 시간이 필요하다는 점을 고려해 베빈은 런던회담 일정을 1948년 2월 23일부터 3월 6일까지와 4월 20일부터 6월 7일까지의 두 시기로 나누어 잡았다.

서방 대사들은 공통의 목적을 가지고 있었지만 문제들도 많았다. 약간의 논의를 거친 후 모든 대사들은 독일의 복구가 유럽 복구의 열쇠라는 데 동의했다. 그러나 조르주 비도는 프랑스로서는 적어도 대(對) 소련 방어책이 필요한 것만큼이나 대(對) 독일 방어책이 여전히 필요하다고 역설했다. 베네룩스 3국의 대사들도 이런 감정을 똑같이 가지고 있었다. 비도는 또 서독이 다시 루르 지방을 통제하는 것을 용인하지 않겠다고 말했다. 그는 런던과 워싱턴이 프랑스에게 자를란트 경제를 흡수하게 할 때까지는 서독이 마셜 계획에 포함되는 것도 용인할 수 없다고 했다. 런던과 워싱턴은 비도의 조건을 받아들였다. 그런 뒤 모든 대사들은 독일에 대해서는 유보했지만 서방 점령지들을 마셜 계획에 포함시키는 것을 고려하는 데 동의했다.

대사들은 또 서독에 세워질 정부에 대해 논의하기 시작했다.[2] 프랑스인들은 계속 프랑스 점령지를 다른 점령지와 결부시키는 것을 꺼렸지만, 종국적으로는 결부시킬 수밖에 없었다.[3] 일단 동의가 이루어지자 런던회담은 서유럽은 분단 독일의 서쪽 부분이 어떤 제도로 발전할지라도 그것을 받아들이기로 결론을 내릴 수 있었다.

3월 6일 런던회담의 전반부가 끝났을 때 스탈린은 서방의 가장 취약 지점인 베를린을 압박함으로써 경고사격을 가하기로 결정했다. 스탈린은 소콜롭스키 원수와 그의 정치자문관인 블라디미르 세묘노프를 모스크바로 불러 베를린으로 향하는 접근 루트에 대해 좀 더 엄격한 통제 조치를 취하라고 말했다. 스탈린은 얼마 전부터 그런 조치를 고려하고 있었는데, 런던회담은 그 조치를 시험해볼 좋은 기회를 제공했다. 게다가 몰로토프는 또 다른 외무장관협의회 회의를 추진하기 위해 동유럽 국가들의 회담을 권고했다. 스탈린은 이에 동의했다.[4]

스탈린은 소콜롭스키에게 베를린의 연합국관리이사회에서 런던회담 결과를 비난하도록 지시했다. 소콜롭스키는 그 지시에 따라 서방 열강들이 연합국관리이사회의 4개국 모두가 함께 결정해야 할 문제들을 자기들끼리 결정하려 한다고 힐난했다. 그는 서방이 포츠담 합의를 찢고 관리이사회를 묻어버리고 있다고 비난했다. 소콜롭스키는 그것이 끔찍한 결과를 초래할 것이라고 경고했다. 울브리히트의 대변지 중의 하나인 《베를리너 차이퉁》(Berliner Zeitung)지는 서방 점령군이 베를린을 떠나야 할 "날이 멀지 않았다."라고 예견했다.[5]

1948년 3월 31일, 소콜롭스키는 모든 승객과 화물에 대한 소련 조사관들의 검문 없이는 군용열차가 서방 점령지들과 베를린 사이를 운행하지 못하도록 막았다. 이튿날 그는 또 소련의 베를린 군사정부사령부의 허가 없이는 어떤 열차도 베를린을 떠날 수 없다고 명령했다. 이러한 명령들은 소련의 관계당국에 베를린을 오가는 모든 연합국 군용열차의 운행에 대한 충분한 통제권을 부여했다.

루셔스 클레이 장군은 묘한 처지에 놓였다. 그는 여전히 분단 독일보다 통일 독일을 선호했기 때문에 런던회담의 결정을 환영하지 않았다. 그러나 클레이는 독일과 베를린에서 미국의 권한이 제한되는 것은 결코 받아들일 수 없었다. 그는 열차를 검문하겠다는 소련의 요구를 거부했다. 클레이는 타협안으로 소련인들에게 완전한 승객 명단과 화물 목록을 제공하겠다고 제의했다. 소콜롭스키는 이 제안을 거부했다. 어떤 연합국 군용열차도 베를린을 드나들 수 없었다.

클레이는 소련의 압력뿐 아니라 국내의 망설임에도 봉착했다. 국무장관 조지 마셜은 베를린에서 위기가 발생하는 것을 원하지 않았다. 그는 독일 분단을 추진하려는 베빈의 움직임에 찬성했으나 모든 결과를 받아들이겠다는 결정은 아직 하지 않았다. 미군도 주저했다. 육군장관 케네스 로열*은 소콜롭스키의 요구를 거부한 클레이의 결정을 의문시했다. 그는 타협을 촉구했다. 로열은 또 베를린에서 미군 가족들을 소개시킬 것을 제안했다. 클레이는 소개 명령을 내리는 것은 거부했지만 가족 전체가 자발적으로 소개하겠다면 이를 허용한다는 데 동의했다. 클레이는 어느 누구도 그렇게 하지 않을 것임을 알고 있었다. 클레이는 미군 가족

---

* Kenneth C. Royall(1894-1971). 미국의 장군. 1945-1949년 트루먼 대통령 내각에서 육군장관을 지냈다.

의 소개는 베를린에서 군의 사기를 완전히 떨어트릴 것이고, "베를린이 함락되면 다음 차례는 서독이 될 것"이라고 로열에게 경고했다.[6]

클레이는 지휘관들에게 소련의 모든 검문 요구에 저항하라고 세심하게 지시한 후 소련 점령지를 통과할 열차를 보내 소련의 의중을 시험해 보기로 했다. 클레이는 소련인들이 열차를 통과시키기를 바랐다. 그러나 소련인들은 열차를 막지는 않았지만 열차를 막다른 대피선으로 선로를 바꾸어 정차시켰다. 며칠 뒤 클레이는 굴욕을 감수하고 열차를 빼내야 했는데, 어쨌든 이를 통해 그는 "러시아인들이 거래를 하고 싶어 한다."고 결론 내렸다.

그 후 클레이는 주둔군에게 당장 긴요한 물자를 공급하기 위해 소규모 공수작전을 명령했다. 공수작전은 며칠 만에 약 100톤의 필수품을 공급함으로써 그 목적을 달성했다. 소콜롭스키는 자신의 요구를 제시한 지 채 2주일도 지나지 않은 4월 10일 그 요구들을 모두 철회했다. 이른바 '새끼 봉쇄'가 끝이 났다. 소련인들이 다음 몇 주 동안 시시때때로 새로운 요구를 들고 나오긴 했지만 운송은 재개되었고 비교적 원활하게 계속되었다. 소콜롭스키는 경고를 보냈고, 클레이는 무엇을 할지를 보여주었던 것이다.

독일 마르크화와 봉쇄

스탈린과 소련 지도부는 '새끼 봉쇄'를 성공이라고 여겼다. 세묘노프는 통제 조치가 미국의 위신에 타격을 가했고, 클레이의 공수작전은 헛수고로 판명되었다고 주장했다. 세묘노프는 소련인들이 서방의 입지에 약점이 존재한다는 것을 알았다고 말했다. 세묘노프는 추가로 그런 압력을 가하는 것이 적절하다고 권했고, 그 압력이 성공할 거라고 자신감을 표명했다. 다른 소련인들도 세묘뇨프와 견해를 같이 했다.

발터 울브리히트는 스탈린에게 베를린에서 서방 열강을 몰아내는, 새로 찾아낸 이 전술을 사용할 것을 촉구했다. 1948년 3월 26일 울브리히트의 자문관인 빌헬름 피크는 서방이 독일에서 나간다면 독일사회주의통일당이 소련 점령지에서 좀 더 큰 지지를 얻을 수 있을 거라고 스탈린에게 말했다. 스탈린은 다음과 같이 대꾸했다. "같이 노력합시다. 그러면 우리는 그들을 몰아낼 수 있을 거요." 이에 소콜롭스키와 울브리히트는 베를린 전체를 소련 점령지로 편입시킬 계획을 짜기 시작했다.[7]

서방 점령군 사령관들은 소련이 봉쇄에 들어갈지 모른다는 경고를 받았다. 그들은 1948년 1월에 어느 소련군 연회에서 술 취한 소련 장교들이 도시를 봉쇄해 6월까지는 연합국을 몰아낼 것이라고 자랑스레 떠벌렸다는 보고를 받았다. 클레이와 베를린의 미군 사령관 프랭크 하울리*는 당시 소련인들과의 관계가 좋은 듯 보였기 때문에 이 보고를 의심했다. 그러나 이 관계는 1948년 2월 체코슬로바키아에서 스탈린이 공산주의 독재체제를 강제하기 위해 선출된 정부를 제거한 뒤 극적으로 악화되었다.[8]

하울리는 벽에 손으로 쓴 글을 보았다. 그는 작은 봉쇄를 돌파하지 못한 서방의 실패가 스탈린과 소콜롭스키로 하여금 다시 봉쇄를 시도할 빌미를 찾도록 부추길 것이라고 생각했다. 하울리와 그의 참모들은 조용히 점령군과 베를린 시민들을 위해서 식량과 의약품, 그리고 그 밖의 비상

---

* Frank L. Howley(1903-1993). 미군 장성. 제2차 세계대전이 끝나고 1949년까지 베를린 미국 구역의 사령관으로 근무했다. 그 후 1950-1969년에는 뉴욕 대학의 부총장직을 맡았다.

물품들을 비축하기 시작했다.

1948년 봄 내내 접근 루트를 따라 긴장이 계속 고조되었다. 하울리와 마찬가지로 클레이도 소련인들이 베를린으로 가는 군사용 운송뿐만 아니라 민간 운송까지 봉쇄하는 것이 단지 시간문제일 뿐이라는 사실을 깨달았다. 5월에 소련인들은 군사용 화물과 민간용 화물에 대한 새로운 서류 요구들을 발표했다. 6월 초에 그들은 이미 소련 점령지 안으로 들어와 있는 열차에서 민간용 화차를 무작위로 떼어내는 등 민간용 화물열차를 지연시키고 때로는 막기도 했다. 이 화차들은 다시는 보이지 않았다.

6월 7일, 런던에서 열린 2차 6개국 회담이 마무리되면서 다음과 같은 원칙에 의거한 서독 국가 수립 안이 마련되었다.

- 독일의 서방 점령지들은 마셜 계획과 충분히 연계될 것이다.
- 루르 지방을 위한 새로운 국제적 통제 기관은 루르 지방의 생산을 마셜 계획에 충분히 통합시킬 것이다.
- 세 점령지의 경제 정책을 조율하기 위해 조속히 행동을 취할 것이다.
- 최종적으로는 통일 독일 국가에 대해, 그리고 그때까지는 서방 점령지들에 대해 연방 형태의 독일 정부가 도입될 것이다.
- 프랑스, 영국, 미국은 유럽의 평화가 확보될 때까지 그들의 군대를 독일에서 완전히 철수하지는 않을 것이다.[9]

런던 선언은 스탈린에게 좌절을 의미했다. 그것은 서방 연합국들이 독일에 남을 것이고, 그들이 모스크바를 루르에서 배제시킬 것이며, 더 이상 배상은 없다는 것을 뜻했다.

소콜롭스키는 연합국관리이사회에서 런던 합의를 비난했고, 베를린으로의 접근을 더욱 어렵게 만들었다. 6월 10일, 소련군은 베를린의 미국 구역에서 기관차와 철로 전환장치(전철기)를 제거하려고 했다. 6월 11일, 소련군은 이틀 동안 베를린과 서독 사이의 열차 운행을 중단시켰다. 6월 12일, 그들은 '수리'를 위해서라며 고속도로 교량의 통행을 막았다. 또 '파손'이라고 주장하며 상당량의 철도 차량을 정지시켰으며, 서베를린에서 나가는 대부분의 철도 화물을 가로막고 오직 빈 차량만 서베를린으로 돌아오는 것을 허용했다. 그들은 베를린 경제를 서방 점령지들로부터 분리시킬 의도였다.[10]

스탈린과 서방은 대규모 충돌의 마당을 깔았다. 스탈린은 독일을 하나의 경제단위로 취급하는 것을 거부함으로써 소련 점령지에서 서방의 권리를 무시했다. 런던에서 서방 연합국은 그들의 점령지에서 소련의 권리를 무시하기로 결정했다. 스탈린은 이제 베를린에서 서방의 권리에 이의를 제기할 것이다.

6월 18일, 서방 점령 당국은 독일 경제 복구를 향한 핵심적인 조치를 단행했다. 그들의 점령지 전역에서 6월 20일자로 발효될 통화개혁을 공표한 것이다. 소콜롭스키 및 그의 직원들과 오랫동안 논의한 후 소련의 민감성을 존중하여 그들은 통화개혁을 베를린으로 확대하지는 않았다. 개혁은 새로운 독일마르크화(D-mark)에 기반을 두었는데, 구 라이히스마르크화*는 한정된 양에 한해 10 대 1의 비율로 독일마르크화와 교환할 수 있었다. 서방 열강은 새 통화가 인플레이션과 암시장을 끝내기를 희망했다. 그들은 1948년 초에 이미 4개국 통화개혁을 제안했다가 소콜롭스키로부터 거부당한 바 있었다. 소콜롭스키는 그것을 소련 측이 라이히

---

* Reichsmark. 1924-1948년에 독일이 사용하던 마르크화.

스마르크화를 마음대로 발행하는 것을 막기 위해 서방 당국이 통화를 공동 관리하려는 술책이라고 판단했다.

그와 동시에 루트비히 에르하르트가 경제 수장으로 있는 서독 민간 당국은 나치와 점령 당국이 독일 경제에 강제한 규제들 가운데 많은 것들을 철폐했다. 이것은 소련의 권위뿐 아니라 서방의 권위도 무시하는 것이었다. 자신의 자문관들이 자신들이 부여한 규제들 가운데 상당수가 폐지된 것에 분노하는 것을 본 클레이는 에르하르트를 불러 훈계를 늘어놓았다. 클레이는 미국 전문가들이 에르하르트의 정책이 실패할 것이라고 경고했다고 에르하르트에게 말했다. 에르하르트는 언제나 물고 있던 시가를 피우면서 짧게 대꾸했다. "제 전문가들도 똑같이 말합니다." 일찌감치 소위 전문가들을 신뢰하지 않았던 클레이는 곧 최대한 에르하르트를 뒷받침해주었다.[11] 서방 점령지들은 경제적으로 자신들의 길을 갈 것이었다.

통화개혁은 소콜롭스키에게 자신이 원했던 봉쇄를 단행할 기회를 제공했다. 이튿날 열린 연합국관리이사회 회의에서 그는 소련 정부는 독일 전체에서 통화개혁이 필수적이고 또 가능하다고 생각하지만 서방의 개혁은 독일을 분열시킬 위험을 무릅쓰고 있다고 말하면서, 통화개혁을 격렬히 비난했다. 소콜롭스키는 베를린 전체가 소련 점령지에 속한다고 덧붙였다. 소콜롭스키에 한 술 더 떠 울브리히트는 통화개혁이 이미 독일을 분열시켰다고 강변했다.

6월 23일, 소콜롭스키와 소련 점령 당국은 자체 통화개혁을 도입해 소련 점령지 전역은 물론 베를린 전역에까지 적용했다. 서방 사령관들은 통화 관리에 얼마간의 발언권만 확보되면 베를린 전역에서 소련 통화를 유통시키는 것을 허용한다는 데 합의했다. 그들은 그게 아니라면 4개국 관리하에 새 독일마르크화를 베를린에 도입하는 것으로 하자고 제안했다. 소콜롭스키는 어느 쪽 제안도 받아들이지 않으려 했다. 그러자 서방 열강은 곧 새 독일마르크화를 베를린의 서방 구역들에 도입했고, 도시는 서로 경쟁하는 두 개의 통화를 갖게 되었다.

6월 24일, 소련인들은 서베를린과 서방 점령지를 잇는 철도와 도로를 폐쇄했다. 그들은 기술적 어려움을 구실로 삼았다. 똑같이 중요한 조치로 그들은 식량, 석탄, 전력을 포함한 화물과 서비스가 소련 점령지에서 서방 구역으로 들어가는 것을 차단했다. 서베를린이 그 배후지에 의존하고 있는 사정을 고려한 조치였다. 그들은 이러한 차단 조치를 점점 강화했고, 8월까지는 육상과 해상 봉쇄가 사실상 완료되었다.[12]

몰로토프가 권고한 대로 스탈린은 바르샤바에서 동유럽 국가들의 회의를 소집했다. 봉쇄가 개시된 그 다음 날, 그들은 런던 선언에 대응하여 바르샤바 선언을 공표했다. 바르샤바 선언은 다음과 같은 5개항의 요구를 포함했다.

- 4개국에 의한 최종적인 독일의 무장해제 시행.
- 루르 지방의 중공업에 대한 4개국 통제.
- 독일의 민주주의적 정당들뿐 아니라 민주주의적 단체들의 대표들로 구성된, 독일 전체를 위한 '임시적·민주주의적·평화 애호적' 정부에 관한 4개국 합의.
- 조약 체결 후 모든 점령군의 1년 내 독일 철수를 포함한, 포츠담 결정에 따른 독일과의 평화 조약.
- 배상의 이행[13]

바르샤바 선언은 스탈린의 요구를 충분히 표현했다. 선언의 단정적인 어조는 스탈린과 울브리히트가 자신들이 유리한 위치에 있다고 믿었음을 보여준다. 그들은 서방 열강이 독일을 분할하기를 원한다고 주장함으로써 서베를린을 압박하고 독일 여론에 호소하려 했다.

클레이가 전략적 공수작전을 고안하다

서베를린의 운명은 다음 며칠 동안 갈림길에 있었다. 클레이 장군은 미국이 베를린에 남아 있을 거라는 성명을 발표했으나 그는 고립된 것 같았다. 서방 신문들은 연합국이 항공기로 베를린에 필수품을 공급할 수 없을까봐 우려하고, 연합국이 베를린 시민에게 고통을 안기는 것을 피하기 위해서 도시를 떠나야 할 것이라고 보도했다. 많은 서방 관리들이 자신들이 도시를 지킬 수 없을 것이라는 개인적 견해를 표명했다. 베를린의 소련 관리들은 서방 연합국이 쫓겨나리라는 철저한 확신을 드러냈다.

베를린 당국과 베를린 시민들은 이 중요한 순간 자신들의 견해를 표명했다. 에른스트 로이터 시장은 올림픽경기장에서 8만 명의 베를린 시민들이 참석한 대중집회를 열었다. 그는 서베를린 시민들이 얼마나 힘든 고통을 견뎌내야 할지 모르겠지만 소련인들과 울브리히트에 맞서 끝까지 버티겠다는 베를린 시민들의 결의를 표명했다. 로이터는 서방 열강에게 포위된 도시를 지원해 줄 것과 떠나지 말 것을 호소했다.

이튿날 클레이의 집무실로 초청을 받은 로이터는 전혀 타협할 생각이 없어 보였다. 그는 베를린 시민들은 이번에는 히틀러 대신에 스탈린과 울브리히트에게 다시 한 번 그들의 자유를 잃느니 차라리 석탄과 전기 없이 궁핍하게 살 것이라고 단언했다. 클레이는 로이터에게 공수작전이 식량을 비롯한 물자의 심각한 부족을 의미한다 할지라도 베를린 시민들이 계속 공수를 지지하겠느냐고 단도직입적으로 물었고, 로이터는 연합국은 베를린 시민들이 불평하지 않고 완강한 저항을 단념하지 않을 것임을 믿어도 좋다고 대답했다.[14]

로이터는 클레이가 듣고 싶은 말을 했다. 클레이는 미국이 도의상 베를린을 떠날 수 없다고 이미 결정한 상태였다. 1947년 한때 클레이는 통일 독일로부터 미군을 철수시키기를 희망했지만, 런던 외무장관협의회 이후 독일이 분단 상태로 남아 있을 것임을 깨달았다. 클레이는 그 경우 울브리히트가 베를린을 갖게 하고 싶지 않았다. 클레이는 항공기로 도시에 필수품을 공급하기로 결심했다. 클레이는 영국 군정장관인 로버트슨 장군과 의견을 조율했고, 로버트슨은 공수작전을 완전히 지지하면서 영국 공군에게 그 작전에 참여하라고 명령했다.

클레이는 유럽의 미 공군사령관 커티스 르메이* 장군을 불러 공군이 석탄, 식량, 의약품 및 여타 필수품들을 항공기로 운송할 수 있는지 물었다. 르메이는 다음과 같이 대답했다. "우리는 무엇이든 운반할 수 있습니다." 이미 소련인들과의 문제를 예상했던 르메이는 항공기를 동원해 서방 점령지들로부터 베를린으로 물자를 실어 나르기 위한 시스템을 수립할 준비가 되어 있었다.

클레이는 서독의 헬름슈테트에서 아우토반을 이용해 베를린으로 가는 장갑수송대를 운용하는 쪽을 원했던 것 같다. 클레이는 수송대를 조

---

* Curtis LeMay(1906-1990). 미국의 공군 장성. 1968년에는 무소속 대통령 후보로 출마한 조지 월러스의 부통령 러닝메이트이기도 했다. 호전적인 성격으로 제2차 세계대전 태평양 전장에서 저고도 전략폭격으로 일본을 초토화시킨 것으로 유명하다. 냉전 시기에 들어서는 서베를린 공수 작전을 지휘했으며, 쿠바 미사일 위기 때는 소련과 쿠바에 대한 핵공격을 포함한 전면전을 주장했다.

직하기 위해 이미 프랑크푸르트로 갔고, 공중 엄호를 준비했다. 스탈린이 전쟁을 원하지 않으며, 따라서 수송대가 소련 점령지를 통과해 베를린까지 갈 수 있을 것이라고 믿었던 그는 수송대가 봉쇄를 무너뜨릴 것이라고 자신 있게 주장했다. 그러나 클레이는 공수작전뿐 아니라 수송대 조직을 명령할 수 있는 권한을 가지고 있었지만 만에 하나 소련인들과의 대결을 자극할 수도 있었기 때문에 수송대 조직을 명령하기 전에 먼저 워싱턴에 물어보아야 한다고 생각했다.

미군은 수송대 운용에 완강하게 반대했다. 고위 장교와 민간인들은 스탈린이 소련군에게 무력으로 수송대를 막으라고 지시를 내릴 경우 상황이 악화될 것을 우려했다. 일부 장교들은 무기를 소지하지 않는다면 호송대를 보내는 것도 고려할 수 있다고 말했는데, 클레이는 이를 터무니없는 대안으로 일축했다. 클레이는 공수작전으로 베를린에 필수품을 충분히 공급할 수 있을지 스스로 의구심을 품었음에도 불구하고 공수작전을 시도해야 했다.[15]

국무부도 펜타곤(미국 국방부)도 공수작전을 원하지 않았다. 봉쇄 첫날에 그들은 클레이에게 새 통화의 도입(이미 완수했다.)을 늦출 것을 요청했고, 미군 가족들의 소개를 시작할 것(클레이는 이를 다시 거부했다.)을 다시 촉구했다. 점령군 사령관으로서 클레이는 독일에서 전권을 갖고 있었고, 워싱턴이나 그 밖의 어느 곳으로부터도 지시를 받지 않으려 했다.

클레이와 로버트슨의 의지에도 불구하고 공수작전은 몹시 고통스러울 정도로 천천히 시작되었다. 첫날, 미 공군은 겨우 80톤의 물품을 운반했는데, 이는 장기적으로 매일 도시를 먹여 살리고 돌보는 데 필요한 절대적인 최소한의 필수품이라고 믿어지는 2,500톤에 턱없이 모자라는 것이었다. 이틀 후 영국 공군은 44톤을 전달하는 것으로 공수작전에 참여했다.

지원 문제에 대한 서방 수도의 성명은 워싱턴이 아니라 런던에서 처음 나왔다. 6월 26일 베빈은 영국 정부가 베를린에 그대로 머물 의향이 있으며 봉쇄 때문에 물러나지는 않을 것이라고 선언했다. 베빈은 소련의 봉쇄가 시작된 때부터 공수작전에 찬성했다. 서방이 자신의 권리와 이해를 보호할 수 있음을 스탈린에게 보여주기 위해 베빈은 일본 상공으로 핵폭탄을 운송했던 미군 B-29 폭격기 2개 중대를 영국에 보낼 것을 요구했다.

클레이, 로이터, 베빈이 행동하는 동안 워싱턴의 의심이 이어졌다. 6월 27일 일요일, 트루먼에게 할 브리핑을 준비하기 위해 펜타곤에서 열린 한 회의에서 고위 국방 관리들은 조기 철군을 포함한 광범한 선택지들을 고려했다. 어느 누구도 공수작전을 통해 도시의 필수품을 공급할 수 있다고 믿지 않았다. 그럼에도 불구하고 회의는 베를린에 한정되지 않는 중요한 결정에 이르게 되었다. 국방 관리들은 베빈의 요청에 대응하고 또 유럽 전역에서 미국의 위상이 위협당하고 있음을 우려하여 독일에 2개 중대의 B-29 폭격기들을 보내고 영국에 2개 중대를 주둔시키기로 결정했다. 그들은 핵폭탄을 운반할 수 있는 항공기를 파견하지는 않았지만 전략폭격기를 유럽에 파견함으로써 미국 정부가 자신의 군대와 이해를 방어할 태세가 되어 있음을 보여주었다. 3주 후, 통상적인 훈련 임무를 구실로 B-29가 유럽에 도착함으로써 유럽은 처음으로 미국 전략공군사령부의 직접적인 보호하에 들어갔다.

트루먼은 베를린에서 철수하는 것을 고려조차 하지 않으려 했다. 로열은 그런 조치를 고려해야 될 것이라고 충고했지만, 트루먼은 미국이 '합의된 권리에 따라' 베를린에 있고 소련인들은 "직접적 압력에 의해서든 간접적 압력에 의해서든 우리를 쫓아낼 권리가 없다."고 말했다. 그는 말했다. "우리는 머무를 거요. 이상 끝입니다."[16] 그리하여 트루먼은 베빈과 더불어 클레이와 로버트슨에게 전폭적인 지지를 보냈다.

베빈은 트루먼의 결정에 크게 기뻐했고, 사흘 후 훨씬 더 강력한 어조로 하원에서 다음과 같이 말했다.

우리는 이 결정의 결과 심각한 상황이 조성될 것임을 깨달았습니다. 그런 상황이 조성되면 우리는 하원에 그 상황을 직시하라고 요청해야 할 것입니다. 국왕 폐하의 정부와 우리 서방 연합국은 이런 상황과 굴복 사이에 어떤 대안도 없다고 생각하며, 우리 중 어느 누구도 굴복을 받아들일 수 없습니다.[17]

소련인들과 울브리히트는 추가적인 압력을 가했다. 군사정부사령부의 소련 대표는 7월 1일, 베를린의 4개국 정부가 더 이상 존재하지 않기 때문에 소련은 앞으로 군사정부사령부 활동에 참여하지 않겠다고 선언했다. 소콜롭스키는 연합국관리이사회로부터 철수했고, 소련 병사들은 연합국관리이사회 건물 앞의 소련 깃발을 끌어내렸다.[18]

울브리히트는 소련 점령지를 사회주의 경제 발전을 향한 도상에 올려주고 동부뿐 아니라 서부까지 포함한 베를린의 모든 구역들을 완전히 통합시킬 새로운 2개년 경제계획을 발표했다. 1948년 6월 27일의 독일사회주의통일당 중앙위원회 회의에서 이 계획을 선언하면서 울브리히트는 그것이 독일 발전을 가로막으려는 사람들에 맞선 계급투쟁의 일환이라고 말했다.[19]

트루먼의 결정에도 불구하고 국무부와 펜타곤은 베를린 잔류 문제에 대해 계속 의구심을 가졌다. 찰스 볼렌, 조지 케넌을 비롯한 마셜 장관의 몇몇 자문관들은 도시를 버리는 것에 찬성했다고 전해진다.[20] 케넌은 모든 외국 군대의 철수와 독일의 중립화에 대해 모스크바와 협상하자고 제안했다. 마셜 자신은 클레이를 베를린에서 떼어놓으려고 노력했으나 전 국무장관 제임스 번스는 마셜의 희망사항을 클레이에게 전달하지 않음으로써 그를 보호했다. 특히 봉쇄 초기에 베를린에 관한 마셜 자신의 발언들은 확고함과 신념이라는 면에서 트루먼이나 베빈의 발언에 필적하지 못했다.[21] 프랑스 또한 서방이 압박을 받고 베를린에 남아 있을 수 있는지에 대해 걱정하는 등 머뭇거림을 보였다.[22]

1948년 8월, 마셜은 베를린 위기에 대한 가능한 해결책을 모색하기로 결심했다. 베빈은 비록 그 시도에 의문을 표시했지만, 마셜의 개인적 요청에 동의했다. 세 서방 연합국은 그들의 모스크바 대사들에게 스탈린을 방문해 그의 생각이 무엇인지 알아보라고 지시했다. 그들은 스탈린이 위기를 끝내고 독일 전체에 대한 해결책을 찾고자 하는 나름 합리적인 인간임을 알았다. 그는 베를린이 독일 문제와 루르로부터 분리될 수 없으며, 모든 것을 논의해야 한다고 주장했다. 스탈린은 전(全) 독일 정부와 평화조약에 대한 자신의 희망으로 돌아갔다.[23] 스탈린은 봉쇄를 이용해 좀 더 좋은 조건으로 외무장관협의회를 재개하고 싶어 하는 듯 보였다.

스탈린은 서방 대사들에게 4개국 대표들이 만나 독일 문제의 가장 중요한 측면에 관해 합의할 때까지 런던 결정의 일시적 유보를 보장하면 베를린 접근을 막는 '기술적 어려움'이 끝날 것이라고 말했다. 이러한 회의가 열리면 런던 외무장관협의회에서 해결하지 못한 채 남은 모든 문제를 논의해야 할 것이었다. 스탈린은 소련 측이 새 통화를 도입한 것은 오직 서방이 그렇게 하도록 강요했기 때문이라고 주장했다. 스탈린은 서방 열강이 소련인들에게 소련 점령지에서 새 정부를 수립할 수밖에 없도록 만들고 싶어 했다고 믿지만 "소련인들은 그렇게 하기를 원하지 않았다."고 덧붙였다.

스탈린은 1년 여 전 모스크바에서 마셜에게 그랬던 것처럼 목소리를 낮춰 말하면서 베를린 통화 문제가 해결될 수 있다고 덧붙였다. 스탈린은 베를린에서 유통되고 있는 소련 통화에 대한 4개국의 통제를 수용하는 데 동의했다.[24]

서방 군정장관들은 스탈린의 말에 근거하여 다음 달에 소련 점령지 통화가 4개 점령국 특별 위원회의 통제하에 베를린에서 사용될 것이라는 합의를 체결하고자 했다. 그들이 9월 첫 주에 매일 소콜롭스키와 만나는 동안, 소콜롭스키는 스탈린의 제안을 결코 되풀이하지 않았다. 소콜롭스키는 스탈린이 받아들인 것처럼 보였던 4개국 재정위원회를 거부하면서, 어떤 동베를린이나 동독 통화에 대한 4개국 통제도 일축했다. 소콜롭스키는 또 베를린을 오가는 항공로인 베를린 공중회랑을 연합국이 사용하는 것에 대한 제한도 요청했으나, 서방 군정장관들은 이를 거부했다.

스탈린은 온건한 것 같았지만, 그와 울브리히트는 베를린에서 자신들의 의사를 관철할 수 있다고 확신했음에 틀림없다. 공수작전은 8월 말까지 매일 평균 2,000톤 이상을 운송하기 시작했고, 8월 31일 3,100톤의 기록을 세웠지만, 소련인들과 울브리히트는 여전히 얼음과 눈, 안개로 인해 베를린에서 활동이 불가능해지는 겨울에 접어들면 공수작전이 실패할 것이라고 기대하고 있었다.

스탈린은 서방 대사들이 자신을 방문하자 더 큰 자신감을 갖게 되었다. 스탈린은 이 방문이 베를린에서 자신들의 지위를 상실할 것에 대한 서방의 우려를 보여주는 것이라고 생각했다. 스탈린은 마침내 독일 문제를 자신에게 유리하게 결정할 지렛대를 찾았다고 믿으면서, 베를린 시민을 소련 점령지에 통합시키기 위해 베를린에서 유통 중인 동부 통화를 사용하기로 계획했다.[25] 일이 아주 순조롭게 풀린다면 스탈린은 바르샤바 선언에서 표명한 대로 자신이 제시한 조건으로 통일 독일을 달성할 것이었다. 최악이라도 베를린 전체를 확보할 터였다.

한편 울브리히트와 소콜롭스키는 베를린 시 정부가 소련 구역의 구 베를린 시청에 자리 잡고, 다수당인 독일사회민주당이 때때로 독일사회주의통일당의 바람과는 다른 정책을 수행하는 비정상적인 상태를 끝내기로 결심했다. 울브리히트는 소콜롭스키의 병사들이 대기한 상태에서 폭도들을 동원해 시청사를 포위했다. 9월 첫 며칠 동안 폭도들은 시의회의 건물 출입을 봉쇄하고 루이제 슈뢰더*에게 물리적 위협을 가했다. 슈뢰더는 소콜롭스키가 로이터에게 소련 구역 내에 있는 자신의 집무실을 이용하는 것을 결코 허용하지 않았기 때문에 시장 대행 역할을 하고 있던 노쇠한 여성이었다.

11월 30일, 울브리히트와 독일사회주의통일당은 동베를린에 새로운 시 정부를 공식적으로 수립함으로써 베를린 시 행정의 분열을 완수했다. 그러자 곧 베를린 의회는 12월 5일 서부 구역에서 선거를 실시했다. 독일사회민주당과 에른스트 로이터가 다수당이 되었다. 베를린은 1990년까지 소련 구역과 서방 구역들을 위한 별개의 행정기관을 갖게 될 것이었다.

---

* Luise Schröder(1887-1957). 독일사회민주당 소속의 정치인. 바이마르 공화국 최초의 여성 의원이었으며, 1948-1951년 서베를린의 부시장을 지냈다.

로이터는 여전히 점령하에 있는 서베를린의 시 행정을 책임졌다. 로이터는 공산주의자들과 독일사회주의통일당을 경멸했다. 그는 젊을 때 독일공산당에 가입하여 1921년에는 총서기가 되는 등 오랫동안 독일공산당 당원이었다. 그러나 로이터는 소련이 당을 지배하는 것에 반대해 사임했고, 그 후 사회민주주의자가 되었다. 로이터는 카리스마 있는 연설가는 아니었지만, 그의 연설은 그가 견지한 확실한 신념과, 독일과 베를린에서 그가 오랫동안 보여 왔던 민주주의의 대의에 대한 지지를 통해 큰 힘을 발휘했다. 로이터의 결단력은 베빈의 노동당이 독일사회민주당에게 사회주의적 동지애를 느꼈기 때문에 영국 정책에 특히 영향을 미쳤다.

로이터는 점령자들 이상으로 베를린이 과거를 부끄러워할 이유가 없다고 믿었다. 대부분의 베를린 시민들은 도시가 나치제국의 수도가 되었음에도 불구하고 히틀러를 좋아하거나 지지한 적이 없었다. 베를린은 극우가 아니라 좌파, 사회주의 노동자들, 그리고 지식인들의 도시였다. 많은 나치들은, 많은 독일사회주의통일당 관리들과 마찬가지로, 베를린 시민들이 너무 독립적이라고 느꼈다.[26] 로이터는 서베를린 시민들이 또 다른 독재자를 인내해야 하는 상황을 원하지 않았다.

클레이처럼, 로이터는 물류 관리를 이해했다. 로이터는 베를린의 광범위한 공공운송시스템이 건설되고 있던 1920년대에 시의 운송 및 공공사업 관리자로 근무했다. 그는 이 시스템을 속속들이 이해했다. 로이터는 소련인들과 울브리히트가 도시에 대한 통제권을 확보하려 들 것임을 예상했기 때문에 봉쇄에 앞서 미리 이 시스템에 대한 많은 도면과 청사진들을 몰래 들여왔다.

9월 9일, 연합국이 모스크바와 여전히 협상하고 있을 때, 로이터는 동베를린 시민들이 참석하기 쉽게 제국의회 앞 브란덴부르크 문 근처에서 대중 시위를 조직하도록 요청했다. 30만 명 이상의 사람들이 시위에 가담했다. 로이터는 점령된 도시의 시장답지 않은 대담한 발언을 통해 서방에게 계속 견뎌내야 한다고 경고했다.

> 우리는 교환할 물건이 아닙니다. 우리는 협상할 물건이 아닙니다. 우리는 판매할 물건이 아닙니다.… 이 도시를 포기하는 사람은 누구든, 베를린 시민들을 포기하는 사람은 누구든…그 자신을 포기하는 것입니다.[27]

공수작전은 계속되고 확대되었다. 트루먼은 다시 펜타곤과 국무부의 충고와는 반대로 10톤을 적재할 수 있는 C-54 수송기 66대를 공수작전에 참여시키라고 명령했다. 영공과 착륙 시설 부족으로 하루에 베를린에 착륙할 수 있는 비행기의 수가 물리적으로 제한을 받고 있던 상태에서 이 수송기들은 공수작전에 필요한 장비를 제공해주었다.

클레이가 C-54기를 요청했던 중요한 백악관 회의에서 모든 국무부 고위 관리들과 군 고위 장교들은 이 요구에 강하게 반대했다. 트루먼은 신중하게 경청했고 아무 말도 하지 않았다. 회의가 끝난 후 낙담한 클레이가 작별인사를 하려고 하자 대통령은 다음과 같이 말했다. "장군, 당신은 당신의 비행기들을 갖게 될 거요." 그런 다음 트루먼은 주저하는 미 공군에 비행기들을 사용할 수 있게 해주라고 지시했다. 클레이는 날씨가 어떻든지 간에 공수작전이 성공할 수 있을 것이라고 처음으로 확신하면서 한껏 고무된 상태로 베를린으로 돌아갔다. 미국 선거가 다가오면서 클레이는 미국뿐만 아니라 세계의 대통령으로서 트루먼에게 투표할 것이라고 말했다.[28]

멀리 떨어진 미국 공군기지에서든 혹은 영국 공군기지에서든 거의 매주 새 비행기들이 날아와 합류했다. 더 많은 비행기들이 착륙할 수 있도록 베를린의 자원봉사자들이 프랑스 구역의 테겔에는 새 비행장을, 미국 구역 및 영국 구역에는 세 개의 새 활주로를 건설했다. 미국 공군은 공수작전에 동원될 조종사들을 훈련시키기 위해 몬태나 주에 공중회랑을 그대로 복제한 시스템을 구축했다. 연합국은 안개가 심하게 긴 날에도 비행이 가능하도록 최신 레이더 및 유도 시스템으로 공수작전을 준비했다.

클레이와 로이터는 상황이 바뀌었다는 것을 알았다. 그들은 석탄과 식량 및 여타 필수품들을 포함하여 서방 구역의 주민들이 겨울을 나는 데 필요한 적어도 최소한의 물품들을 전달하기 위해 필요한 항공기들을 충분히 확보했다. 그 항공기들은 당장 동원할 수 있거나 오는 도중에 있었다. 워싱턴과 그보다는 좀 덜하지만 파리에는 회의론자들이 아주 많았으나, 서베를린의 현장에 있던 사람들은 자신들의 성공을 확신했다.[29]

소콜롭스키는 공수작전을 방해하려 했다. 9월 중순, 그는 소련 항공기가 소련 점령지에서 기동훈련을 할 것이며, 이 기동훈련 때문에 소련 항공기들이 공수작전에 동원된 비행기들이 점령지를 가로지를 때 이용하는 공중회랑을 통과할 것이라고 4개국 베를린항공안전센터에 경고했다. 클레이는 소련이 사고의 모든 결과에 책임을 져야 할 것이라고 응수했다. 소련 전투기들은 때때로 느린 화물 수송기에 매우 근접하기도 했으나 우발적 사고를 피하려 했다.[30]

12월에 항공기는 하루 평균 4,500여 톤의 화물을 운송했고, 이는 최소한을 크게 상회하는 것이었다. 최악의 비행을 기록한 몇 달 뒤인 2월 말에 운송 물량은 평균 5,500톤으로 증가했다. 더욱 육중한 신형 비행기들이 공수작전에 투입되었다. 1949년 봄 무렵에는 하루 평균 8,000톤을 넘어섰다. 비록 난방과 전기 및 여타 편의시설의 제한으로 인해 서방 구역들에서의 생활이 여전히 춥고 불편했지만, 베를린 시민들은 불평하지 않았다. 독일마르크화는 서베를린 주변지역으로부터 암시장 물품들이 흘러들어갈 만큼 인기가 있는 것으로 밝혀졌다. 동베를린과 동독의 가족들은 구역 경계선을 넘어 물품 꾸러미들을 친척들에게 가져다줌으로써 그들을 도왔다.

공수작전은 또 봉쇄에도 불구하고 도시의 경제를 서방 점령지들에 통합하기 위해 서베를린에서 생산된 물건들도 운송했다. 또 봉쇄를 뚫고 매일 거의 100명씩 서베를린에 도착하고 있던 난민들도 운송했다. 미국의 윌리엄 터너* 소장이 지휘하던 영-미 작전 본부의 감독을 받아 공수작전은 모범적일 만큼 효율적으로 진행되었다.

공수작전은 완벽한 비행 조건하에 4월 16일 토요일 정오부터 4월 17일 일요일 부활절 정오까지 24시간 이상 진행되었기 때문에 '부활절 퍼레이드'라고 알려진 작전에서 단일 작전으로는 최대 규모의 공수를 달성했다. 그날 이 작전은 거의 1분에 한 번씩 총 1,398회의 비행으로 12,941톤을 운송했다. 그것은 상황을 결정적으로 변화시켰다. 연합국이 이 군사력 과시를 되풀이하지 않았음에도 그들은 자신들의 목적을 달성했다. 연합국은 필요한 만큼 베를린에 생필품을 공급할 수 있었다. 클레이는 평시의 공수작전을 전략적으로 사용할 수 있음을 보여주었다.

공수작전은 식량과 석탄만 운반한 것이 아니었다. 그것은 서방 연합

---

* William H. Turner(1906-1983). 미국 공군의 장군. 1949-1951년 베를린 공수 동안 군사항공운송국에서 근무하며 공수작전을 지휘한 것으로 유명하다.

국이 베를린 시를 절대 포기하지 않을 것이라는 정치적 메시지도 실어 날랐다. 공수작전은 또 강력한 정치적 호소도 만들어내기 시작했다. 미군 조종사 게일 할보슨[*]이 베를린의 어린이들을 위해 사탕과 껌을 떨어뜨렸을 때 시작된 '작은 식품 작전'이나 크리스마스 선물을 떨어뜨린 '산타 클로스 작전' 같은 프로그램들은 베를린의 어린 시민들에게 몹시 인기가 높았다. 비행장들, 특히 미국 구역의 템펠호프 방문은 어린이들의 특별한 기쁨이었다. 공수작전은 서베를린 시민들과 점령자들 사이에 지속적인 감정적 유대를 창출했다.

한편, 서방의 역봉쇄가 소련 점령지에 점점 더 효과를 발휘했다. 소콜롭스키가 베를린 봉쇄를 단행하자마자 클레이와 다른 서방 군정 장관들이 시행하고 1949년 1월과 2월에 고삐가 바싹 죄어진 역봉쇄는 서방 점령지나 서베를린에서 소련 점령지로 나가는 철도와 수상 수송을 중단시켰다. 그리하여 역봉쇄로 소련 점령지는 전통적으로 의존하던 루르 지방의 강철과 기계, 점결탄(粘結炭)을 확보할 수 없었다.

1949년 봄에 소련 점령지 경제는 적어도 서베를린 경제가 봉쇄의 효과를 느끼는 만큼이나 강력하게 역봉쇄의 효과를 느꼈을 것이다. 동독 공장들은 공급물자나 부품이 부족한 관계로 노동자들을 해고하고 생산 라인 전체를 폐쇄했다. 또 소련 점령지를 위해 수입된 공작기계 중 많은 것들이 사실상 소련으로 향했기 때문에 역봉쇄는 소련 경제에도 타격을 주었다.

---

* Gail Halvorsen(1920-). 미국 공군의 최상급 비행사. 1948-1949년 베를린 공수 동안 독일 어린이들에게 사탕을 떨어트려 '베를린 사탕 폭격수'라는 애칭으로 널리 알려졌다.

스탈린이 봉쇄를 끝내다

1949년 1월 31일, 최악의 겨울이 끝나면서 로이터는《뉴욕타임스》 통신원이었던 드루 미들턴*에게 다음과 같이 말했다. "끝났어요. 러시아 인들은 봉쇄로 베를린을 획득할 수 없다는 것을 알고 있습니다. 곧 그들 은 출구를 찾기 시작할 거요."[31]

2주 뒤 스탈린은 다른 미국 기자와의 인터뷰에서 봉쇄 해제 조건을 열거했다. 그 조건에는 서방 연합국이 통화개혁을 취소해야 한다는 이전 의 요구가 포함되어 있지 않았다.

국무부는 국제연합 대표 필립 제섭**에게 스탈린의 누락이 의도적인 것인지 소련 대표 야코프 말리크***에게 물어보라고 지시했다. 제섭은 대 표들의 라운지에서 격식을 차리지 않고 대화를 나누는 동안 이 문제를 제 기했다. 눈에 띌 정도로 깜짝 놀란 말리크는 제섭에게 답변을 알려주겠 노라고 응답했다.

3월 15일, 말리크는 제섭을 집무실로 초청하여 스탈린의 누락이 "우 연이 아니"라고 말했다. 말리크는 역봉쇄를 동시에 해제하고 서방이 통 화 문제를 포함한 독일 문제 전반을 논의할 외무장관협의회의 또 다른 회 의에 참석할 것을 조건으로 봉쇄 해제를 논의할 것을 제안했다.

6주 동안의 추가 회담 후 5월 5일, 4개국은 5월 12일 봉쇄와 역봉쇄가

---

* Drew Middleton(1913-1990).《뉴욕타임스》의 기자. 제2차 세계대전과 전후 유럽과 유엔의 외교에 관한 뉴스를 담당하고, 그 후에는 중동 문제와 포클랜드 전쟁 등을 취재했다.

** Philip Jessup(1897-1986). 미국의 외교관, 학자, 법률가. 1949-1953년 미국 무임소 대사, 1960-1970년 국제사법재판소 재판관을 역임했다.

*** Yakov Malik(1906-1980). 소련의 외교관. 1942-1945년 일본 주재 대사, 1953-1960년 영국 주재 대사, 1948-1952년, 1967-1976년 유엔 주재 상임대표를 역임했다.

끝날 것이며, '독일에 관한 문제들'을 논의하기 위한 외무장관협의회가 11일 뒤 소집될 것이라고 발표했다. 약 한 달 동안 지속된 이 외무장관협의회 회의는 결국 헛수고임이 드러났지만, 스탈린에게 봉쇄를 끝낼 방법을 제공했다.

소콜롭스키는 1월에 봉쇄가 해제될 거라고 울브리히트에게 말했음이 틀림없다. 왜냐하면 이즈음에 울브리히트가 베를린에 관한 자신의 언급을 크게 바꾸었기 때문이다. 울브리히트는 수개월 동안 도시 전체가 소련 점령지에 속해 있다고 주장했으나, 1월 말의 한 연설에서 베를린이 소련 점령지의 한 도시가 아니라 독일의 수도라고 말했다.[32]

5월 12일 서방 열차가 처음 베를린-샤를로텐부르크 역으로 진입함으로써 봉쇄가 종결된 이후에도 연합국은 물자 비축량을 늘리기 위해 9월 30일까지 공수를 계속했다. 그날 석탄을 실은 27만 6,926번째의 비행이 있었고 이것으로 공수작전은 끝났다.[33]

공수작전의 성공은 베를린에서 서방의 위상을 확고히 했다. 그것은 또 베를린에서 서방의 재정적 위상도 확인했다. 1949년 3월 20일, 독일 마르크화는 베를린과 서독 경제를 연결하면서 서방 구역들에서 유일한 법정 통화가 되었다. 가치가 지속적으로 떨어지고 서베를린 상인들이 오래 전부터 받지 않으려 하던 동부 통화는 여전히 유통될 수는 있었지만 대부분의 상거래에서 사용할 수 없었다.

그동안 공수작전은 총 230만 톤의 물자를 실어 날랐는데, 그중 3분의 1 좀 못 되는 품목이 식량이었다. 모든 비행의 거의 3분의 2가 적어도 얼마간의 석탄을 운반했다. 441대의 미국 항공기와 248대의 영국 항공기를 합해 총 689대의 항공기가 1억 9,800만 킬로미터 이상을 비행했다. 거의 절반이 미국인인 78명의 사람들이 추락이나 그 밖의 사고로 목숨을 잃었다. 공수가 끝날 무렵 베를린 경제가 되살아나기 시작하면서 공수작전은 공급된 원료 260톤마다 공산품 100톤을 실어 나갔다. 그리하여 공수작전은 서베를린을 살아 있게 했을 뿐만 아니라 계속 돌아가게 했다.[34]

베를린 시민들은 연합국의 정책 논의에도 한 몫을 했다. 그들은 명백히 서방을 선호하고 또 봉쇄의 고통을 거뜬히 견뎌냄으로써 어떤 서방 지도자도 도시를 포기하는 것을 고려할 수 없게 만들었다. 1948년 여름에 철군을 제안했던 미국인 및 다른 사람들도 1949년까지는 자신들의 견해를 바꾸었다. 하울리는 베를린 시민들에 대해 다음과 같이 말했다. "그것은 그들의 밸리 포지*였다. 그들은 민주주의를 위해 고통을 감수하고 기꺼이 죽을 수 있는 사람들로서 자신들의 권리를 얻었다."[35]

보기 드물게 네 사람이 베를린, 독일, 서방의 미래를 결정했다. 에른스트 로이터, 어니스트 베빈, 해리 트루먼, 루셔스 클레이. 이 네 사람은 모두 다른 사람들의 의심에 맞서 행동해야 했다.

베를린 시민들을 울브리히트의 수중에 갖다 바친다는 생각을 참을 수 없었던 로이터는 베를린을 서방에 맡겼다. 베빈은 대부분의 영국인들이 여전히 독일인들을 증오하던 때에 베를린을 지지했다. 트루먼은 고위 참모들의 충고와는 반대로 항공기를 보내기로 하는 핵심적 결정을 내렸다. 그리고 클레이는 베를린 공수작전의 물류 관리뿐만 아니라 정치도

---

* Valley Forge. 미국 독립전쟁 중인 1777년에서 1778년 사이에 대륙군이 겨울철에 주둔한 곳으로 필라델피아에서 북서쪽으로 약 30킬로미터 떨어진 펜실베이니아 주에 위치하고 있다. 조지 워싱턴 장군이 이끌던 대륙군은 대륙회의 개최 장소이자 실질적인 수도 역할을 했던 필라델피아가 영국군에 점령당한 뒤, 안전한 장소를 찾아 1777년 12월 밸리 포지에 들어갔다. 그곳에서 대륙군은 굶주림과 질병, 동상 등으로 매우 힘든 상황에 놓여 있었지만 워싱턴은 격렬한 훈련을 통해 병사들을 단련시켜 군대를 재교육하는 데 성공했다. 그 결과 1778년 6월 19일 밸리 포지에 들어선 지 6개월 만에 대륙군은 뉴욕으로 향한 영국군을 쫓아 밸리 포지를 나올 수 있었다.

움켜쥐었다. 이 네 사람은 자신의 일을 마무리했을 때, 베를린과 서방 사이에 강력한 유대 관계를 형성시켰다.

다른 편에서는 스탈린, 울브리히트, 소콜롭스키가 봉쇄의 정치뿐 아니라 물류 관리도 오판했다. 스탈린은 외무장관협의회 회의를 요청함으로써 만회하려고 했으나 봉쇄는 그가 받아들일 수 있는 조건으로 해결책을 협상할 기회를 날려버렸다. 봉쇄는 또 소련이 통일 독일과 좋은 관계를 맺을 가능성도 위태롭게 했다. 스탈린은 공개적으로 투쟁했으나 실패했다. 그는 이제 분단 독일의 가능성에 직면하지 않으면 안 될 것이었다.

5장

정치적 분단

베를린 봉쇄는 런던회담 참석자들에게 서독에 국가를 건설해야 한다는 것을 더욱 확신시켰다. 독일의 많은 정치인들이 이에 동의했다. 그들은 가까운 미래에 독일이 통일될 가능성을 보지 못했다. 그들은 서방 점령지들을 연결함으로써 잃을 것이 없었으며, 안보와 번영을 얻을 것이었다.[1]

그러므로 연합국은 서독 정부를 수립하는 쪽으로 나아갈 수 있었다. 그러나 연합국은 정부의 형태와 그들이 그 정부에 부여할 권한에 대해서는 여전히 의견이 달랐다.

서방 열강은 자신들이 합의할 수 없다는 사실을 깨닫고 독일인 자신들은 무엇을 선호하는지 알아보기로 결정했다. 서방 열강은 각자 점령지의 주지사들에게 새 독일 정부를 위한 헌법을 준비하기 위해서 늦어도 1948년 9월 1일까지 제헌의회를 소집하라고 요청했다. 연합국은 거부권을 보유했으나 독일인들에게 아이디어를 제공하고 구체적인 제안을 할 기회를 부여하게 되었다. 연합국은 또 독일 헌법이 제정되더라도 자신들이 여전히 보유할 권한을 열거한 점령 법규를 기초하는 데도 동의했다.

아데나워가 독일연방공화국을 형성하다

런던회담이 끝난 지 3주 후, 그리고 봉쇄가 시작된 지 1주 후인 1948년 7월 1일, 서방의 세 군정장관들이 서방 독일 주들(Länder)의 주지사들을 프랑크푸르트에서 만나 세 가지 문서를 제시했다. '프랑크푸르트 문서'라고 알려진 이 서류들은 주지사들에게 서독 국가의 수립을 향해 나아갈 것을 요청했다. 이 서독 국가는 늦어도 1948년 9월 1일에는 시작되는 특별 대회에 의해 기초되어 국민투표로 승인될 헌법을 갖게 될 것이었다. 문서들은 몇몇 독일 주들의 경계를 다시 조정했고, 특히 재정, 국방, 외교 업무에서 점령자들이 보유할 일반적 권리에 대해 독일인들에게 조언했다.[2]

주지사들은 연합국의 제안에 진지하게 대응했다. 그들은 이 제안이 독일의 분단을 의미한다는 것을 충분히 잘 알았다. 영국 점령지의 지도적인 정치인이었던 콘라트 아데나워*는 연합국이 나라를 분할함으로써 독일인들에게 독일에 대한 연합국의 장기적인 주권을 승인할 것을 강요하고 있다고 불만을 털어놓았다. 아데나워는 독일인들이 연합국의 요청을 거부함으로써 명예를 지켜야 할 것이라고 깊은 생각을 입 밖에 내어 말했고, 이 소리를 들은 연합국은 크게 분노했다. 실제로 독일사회민주당은 이 제안을 처음에 거부했다.

그러나 독일인들 사이에서는 실용주의자들이 우세했다. 그들은 빌어먹는 놈이 콩밥을 마다할 수 없다고 주장했다. 세계대전을 일으키고 패배한 나라는 완전하지 못한 기회라도 잡아야 했다. 종종 고통스러운 장기간의 심의 끝에 주지사들은 서독 국가를 건설하라는 연합국의 요청을 받아들이는 데 동의했다. 그러나 주지사들은 또 영구적인 헌법을 제정하는 것이 아니라, 주권과 통일이 확보될 때까지 국가가 기능할 수 있는 임

---

* Konrad Adenauer(1876-1967). 독일연방공화국(서독)의 정치인. 1949-1963년 서독의 초대 총리로 재임했다. 1950-1966년 독일 기독민주연합의 총재를 지내면서 1951-1955년 동안에는 외무장관을 겸하기도 했다. 유럽경제공동체(EEC)를 창설하여 그 실현에 노력했다.

시적인 문서만을 작성할 것이라는 데도 의견의 일치를 보았다.

독일인들은 이 문서를 작성하는 데 사용할 용어를 놓고 오랫동안 토의했다. 그들은 '헌법'이라는 용어는 영구성을 함축하고 이 문서가 국민 전체를 지배한다는 것을 암시한다는 이유로 제외했으며, '행정'이라는 단어는 합법성을 결여하고 점령 당국의 수중에 도덕적 권위를 남겨둔다는 이유로 채택하지 않기로 했다. 최종적으로 그들은 도덕적 권위를 가지면서도 '헌법'의 의미를 담고 있지는 않은 기본법(Grundgesetz)이라는 용어를 찾아냈다. 어느 독일인은 그 용어를 '하늘이 보낸' 것으로 묘사했다.

연합국에 보내는 첨부 설명서에서 독일사회민주당 지도자 카를로 슈미트*는 '기본법' 개념의 중요성을 정당화하고 서독 주지사들이 국민 전체를 대변하는 책임을 받아들이는 데 얼마나 주저하는지를 설명하려고 애썼다. 그는 또 연합국이 너무 많은 권한을 보유해서 독일인들에게 행동의 자유가 없다면 주지사들은 독일을 분할하는 정치적 책임을 질 수 없다는 사실을 연합국에게 이해시키고자 했다.

클레이는 독일인들이 누가 자신들의 친구인지를 잊은 것 같다고 불평하면서, 슈미트의 편지에 분노했다. 그는 연합국이 독일인들에게 제시했던 조건과 용어의 변경을 받아들일 수 없다고 고집했다. 클레이는 독일인들이 독일에게 점령을 계속 당하든지 아니면 분할을 받아들이든지 둘 중의 하나를 강요한 데 대해 연합국에 전적인 책임을 떠넘기고 있다고 생각했다. 프랑스 사령관 마리-피에르 쾨니그** 장군은 독일의 반응이 독

---

* Carlo Schmid(1896-1979). 독일사회민주당 소속의 학자이자 정치인. 독일 기본법과 독일 사회민주당의 고데스베르크 강령 작성자 중의 한 사람이었다. 1949-1972년 독일 연방의회 의원을 지냈다.
** Marie-Pierre Koenig(1898-1970). 프랑스의 군 장교이자 정치인. 1945-1949년 독일의 프랑스 점령지 사령관이었으며, 1950-1951년 최고군사회의 부의장을 지냈다. 1954년과

일인들에게 조금이라도 주권을 부여하는 데 대한 프랑스의 의구심이 정당하다는 것을 입증한다고 생각했다.

그러나 영국 사령관인 로버트슨은 클레이와 쾨니그에게 일을 진행시키자고 설득했다. 그들은 주지사들에게 그들의 입장을 재검토하고 연합국의 요구와 타협할 가능성이 없는지 살펴볼 것을 촉구하는 데 동의했다. 클레이는 그와 다른 점령군 사령관들이 독일의 미래를 손상시키는 것이 아니라 도와주기를 원한다는 것을 보여주려고 베를린 공수작전을 예로 들었다. 클레이는 주지사들에게 주선하기가 지겨울 정도로 힘든 제안을 그들이 거부함으로써 독일과 베를린이 국제적 지지를 얻을 아주 좋은 기회를 스스로 위태롭게 할 수도 있다고 경고했다.

에른스트 로이터는 주지사들에게 연합국의 제안을 받아들이라고 간곡히 부탁하면서 클레이를 거들었다. 로이터는 주지사들에게 베를린의 노출되고 위험한 입지를 상기시켰다. 울브리히트가 소련 점령지에서 권력을 장악했고 또 봉쇄가 이루어졌음을 지적하면서 로이터는 다음과 같이 말했다. "독일의 분단은 이미 발생한 것이지 여기서 결정되고 있는 것이 아닙니다."[3] 로이터의 말은 그가 소콜롭스키와 울브리히트가 했던 일을 상세히 설명할 수 있었기 때문에 큰 무게를 지녔다.

긴 논의 끝에 주지사들은 연합국 개념을 대부분 수용하는 데 동의했다. 그러나 그들은 '헌법' 대신 '기본법'이라는 용어를 확고하게 고수했다. 그들은 또 이 문서가 국민투표가 아니라 별도의 서독 주 정부들에 의해 승인되어야 한다고 주장했다. 주지사들은 국민투표를 하면 선거 과정에서 우파와 좌파 극단주의자들이 독일의 국민적 감정을 서방 연합국과

1955년에는 두 차례에 걸쳐 단기간 동안 국방장관을 맡기도 했다.

그리고 그들과 협력하고자 하는 독일인들에 맞서도록 조종할 기회를 갖게 될 것이라고 경고했다. 주지사들은 프로이센과 슐레지엔으로부터 축출된 독일 보수파 집단들뿐만 아니라 독일사회주의통일당의 선전도 우려했다. 연합국은 자체 논의를 더 진행한 후 독일의 견해를 수용했다.

9월 1일, 독일인들은 작업에 착수했다. 65명으로 이루어진 의회협의회가 구성되었고, 이들은 본에서 만나 기본법을 기초하기 시작했다. 주지사들은 자신들이 독일의 분단을 승인했다는 어떤 흔적도 피하고 싶어 했기 때문에 두 통합점령지 수도인 프랑크푸르트 대신 본에서 회의를 갖기로 결정했다. 프랑크푸르트는 옛 독일연방*의 중심지 중의 하나로서 그 크기와 전통 때문에 새 독일 국가의 잠재적인 영구적 수도로 간주될 수 있을 것이었다.

의회협의회는 독일 정당들의 위세를 반영해 구성되었다. 가장 중요한 두 그룹은 사회민주당 대표자들과, 기독민주연합(Christlich-Demokratische Union, CDU) 및 바이에른의 그 자매 정당인 기독사회연합(Christlich-Soziale Union, CSU)의 합동 의회그룹 대표자들로 각 27표씩을 가지고 있었다. 베를린은 공식위원은 없었으나 투표권이 없는 참관인 5명을 보냈다. 대표들 중 상당수가 반나치 저항운동에 가담한 경력을 가지고 있었다.

독일사회민주당은 널리 존경받는 독일사회민주당 지도자이자 인도주의 정치 철학자였던 카를로 슈미트가 주 기초위원회 의장을 맡기를 원

---

* Germanic Confederation. 독일어로는 Deutscher Bund. 1806년 붕괴된 신성로마제국의 영방국가들을 모아 1815년 현재의 독일과 오스트리아, 룩셈부르크 지역을 포함하여 성립된 국가이다. 빈 회의에서 그 성립이 결정되었으며, 1866년 프로이센-오스트리아 전쟁이 종전되자 붕괴되었다.

했다. 이는 새 기본법이 독일 유권자들의 정치적 자유뿐 아니라 사회적 권리까지도 확실히 존중하도록 하고 싶었기 때문이었다. 높은 도덕적 권위를 지녔으면서 동시에 뛰어나고 명석한 사람이었던 슈미트가 주로 문안 작성을 책임졌다.

슈미트가 주된 기초자로 선택되자 반대급부로 대회 의장직은 기독민주연합/기독사회연합 그룹에 돌아갔고, 콘라트 아데나워가 의장직을 맡았다. 아데나워는 처음부터 알고 있었겠지만, 의장직은 입법을 맡는 직책이 아니라 그보다 더 보람 있는 정치적인 직책임이 드러났다. 아데나워는 대회 진행 과정의 대변인으로서 슈미트가 문안에 흔적을 남긴 만큼이나 대회의 이미지에 자신의 흔적을 남겼다.

아데나워는 1917년에서 1933년까지 쾰른 시장을 지내면서 바이마르공화국 시기에 이미 중요한 인물이 되어 있었다. 그는 도시와 도시의 행정을 근대화시켰고 바이마르공화국의 가톨릭중앙당(Deutsche Zentrumspartei, Catholic Centre Party) 지도자 중 한 명이 되었다. 히틀러는 아데나워가 시 건물과 공간에서 나치 상징물들을 제거하라고 명령하자 그를 시장 직에서 해임했다. 나치는 제3제국 시기에 두 차례 그를 투옥시켰는데, 이것은 전후 독일에서 아데나워의 위상을 훨씬 더 높여주었다. 독일 중도파 보수주의의 지도적 대변인으로서 아데나워가 권위 있는 지위를 맡는 것은 당연했다. 그는 기독민주연합/기독사회연합을 전국적 세력으로 만들 것이었다.[4]

승리한 연합국은 아데나워가 상대하기 쉽지 않은 인물이라는 것을 알았다. 영국 점령 당국은 부분적으로는 독일 사회민주주의에 대항한 그의 오랜 저항 전력 때문에 그를 좋아하지 않았다. 그들은 아데나워가 땔감으로 쓰기 위해 시의 나무들을 베는 것을 거부했기 때문에 전쟁 후 쾰른 시장으로 복귀한 그를 해임했다. 그러나 미국 당국은 클레이 역시 아데나워가 특별히 쉬운 파트너가 아니라는 것을 알았음에도 그를 지지했다.

연합국이 전후 독일을 다루면서 베르사유의 유령에 맞닥뜨렸다면, 독일인들은 바이마르의 유령에 맞닥뜨렸다. 그들은 지나치게 강력한 국가수반과 완벽한 비례대표제가 독일 민주주의의 파괴와 미치광이의 집권 같은 대재앙을 낳을 수 있음을, 바이마르공화국과 히틀러 등장 이전의 바이마르공화국의 마비 및 붕괴라는 쓰디쓴 경험으로부터 배웠다. 그들은 어떤 희생을 치르더라도 이러한 대참사를 피하고 싶었다.

의회협의회 위원들은 세 가지 중요한 내용을 기본법에 포함시켰다.

첫째, 그들은 총 유권자의 5퍼센트 또는 국민의 직접투표로 선출된 의석 3석 이상을 얻지 못한 정당은 새롭게 구성되는 연방의회(Bundestag)에 들어갈 수 없다는 데 동의했다. 이것은 자신들의 힘을 과시하거나 자신들의 견해를 선전할 목적으로 이데올로그나 하찮은 정치인들이 의회를 마비시키거나 정부를 실각시킬 수 있는 소규모 정당들을 설립하고자 하는 동기를 없애버렸다.

둘째, 그들은 정부를 실각시키기 위해서는 '건설적 불신임 투표'를 할 것을 요구했다. 이 조항하에서 의회는 기존 정부를 대신할 다른 정부를 동시에 선출하지 않고서는 한 정부를 투표로 물러나게 할 수 없었다. 이 조항은 정당들에게 행동에 대한 책임을 받아들이도록 강제했고, 또 히틀러 이전에 종종 그랬던 것과는 달리, 앞으로는 독일에 효율적인 정부가 존재하지 않는 사태는 없을 것임을 의미했다. 이 조항은 독재체제를 창출하지 않으면서도 안정된 총리 제도를 가능하게 하는 데 일조했다.

셋째, 그들은 국가수반이라는 직위를 없애는 것까지 고려했을 정도로 그 권한을 제한했다. 그들은 국가수반이 의회의 승인 없이는 정부를 지명할 수 없음을 확실히 했다. 그들은 1933년에 프란츠 폰 파펜*과 일단의 보수주의자들이 육군원수 파울 폰 힌덴부르크**와 함께 히틀러를 총리로 만들 수 있었듯이, 경직된 음모자들과 망령든 육군원수의 또 다른 도당이 국민의 신임을 얻지 못한 정부를 강요하는 일이 없기를 원했다.

하지만 바이마르의 실수를 바로잡는 것을 뛰어넘어 독일인들은 어느 누구도 그들의 새 국가를 영구적인 것으로 여기지 말 것을 확실히 하고자 했다. 그들은 특히 소련 점령지나 자르 지방과 등을 돌리지 말기를 원했다. 그래서 건국에 참여하지 않은 독일 주들도 쉽게 가입할 수 있게 하기 위해 23조***를 작성했다.

대회는 강력한 연방 요소를 가진 정부구조를 창출했다. 주들은 도시와 심지어 더 작은 지역들도 그랬듯이, 상당한 권력을 가졌다. 런던이 좀 더 큰 중앙권력을 선호하고 파리가 좀 더 작은 중앙권력을 선호한 반면, 최종적인 독일 문안은 워싱턴의 바람에 가장 가까워졌다. 그것은 아마도 클레이가 미국으로 망명해 연방체제에 대한 이해를 갖고 있던 독일 출신의 정치학자 칼 프리드리히****에게 의회협의회 자문관으로 활동할 것을 부

---

* Franz von Papen(1879-1969). 독일의 정치인. 1932년 독일 총리, 1933-1934년 히틀러 치하에서 부총리를 지냈다. 바이마르 공화국 대통령이던 힌덴부르크에게 히틀러를 총리에 임명하도록 설득한 것으로 유명하다. 그러나 파펜은 히틀러가 정권을 잡은 후 빠르게 소외되었으며, 나치가 그의 심복들 중 일부를 살해한 '긴 칼의 밤' 사건 이후 정부를 떠났다. 1934-1938년 오스트리아 대사를 지내면서 나치독일의 오스트리아 병합에 큰 역할을 했다.

** Paul von Hindenburg(1847-1934). 바이마르 공화국의 군인이자 정치가. 바이마르 공화국 제2대 대통령(재임 1925-1934)을 지내는 동안 아돌프 히틀러를 내각 총리로 임명해 나치독일 성립의 길을 열었다.

*** 기본법 23조는 다음과 같다. "당분간 이 기본법은 바덴 주, 바이에른 주, 브레멘 주, 대베를린, 함부르크 주, 헤센 주, 니더작센 주, 노르트라인베스트팔렌 주, 라인란트팔츠 주, 슐레스비히홀슈타인 주, 뷔르템베르크바덴 주, 뷔르템베르크호엔촐레른 주의 영토에 적용될 것이다. 독일의 여타 지역에서 기본법은 그 지역이 참여할 때 시행될 것이다."

**** Carl Joachim Friedrich(1901-1984). 독일계 미국인 교수이자 정치 이론가. 법률과 입헌주의

탁했기 때문일 것이다.[5]

그러나 독일인들은 또 그들 자신의 모델도 갖고 있었는데, 독일의 자유주의자와 인도주의자들이 작성해 1849년 3월 28일 프랑크푸르트 의회에서 채택된 민주적인 통일 독일을 위한 헌법이 그것이었다. 독일인들은 이 모델로부터 종종 용어들을 그대로 차용함으로써 그들의 권리장전뿐 아니라 그들 제도의 기본구조도 끌어냈다. 그들은 기본법이 독일의 자유주의 전통을 따르고, 연합국의 지시가 아니라 독일 역사에 그 뿌리를 갖고 있음을 보여주기를 원했다. 기본법의 연방주의 형태는 또 비스마르크/바이마르/히틀러 모델들을 거부하고 작은 자치 국가들이라는 독일의 역사적인 전통과도 일치했다.[6]

1949년 2월 10일, 의회협의회가 최종 초안을 승인한 후에도 연합국은 특히 초안이 독일과 주들을 위해 상정했던 과세와 예산 권한에 대해 여전히 유보적인 태도를 취했다. 다시 한 번 양측은 돌이킬 수 없이 분열된 듯이 보였다.

이 시점에 새로운 인물이 무대에 등장해 중심적 역할을 맡게 된다. 바로 신임 프랑스 외무장관 로베르 쉬망*이었다. 그는 베빈이 원해 왔고 서독이 필요로 했던 그런 유의 파트너임이 드러났다. 쉬망은 프랑스와 독일의 영향이 뒤섞인 알자스-로렌 지역에서 성장했다. 그는 제1차 세계대전 동안 독일군에 복무했기 때문에 독일어가 유창했다. 다른 프랑스 관

_____

에 관한 세계적인 정치학자이며 가장 영향력 있는 전체주의 연구자이기도 하다.

* Robert Schuman(1886-1963). 룩셈부르크 태생의 프랑스 정치가. 유럽연합의 창시자 중 한 사람으로 손꼽히고 있다. 1919년 하원 의원이 된 후, 제2차 세계대전에서 프랑스가 항복하자 대독 저항 운동에 참가했다. 제2차 세계대전 전후 프랑스, 서독, 이탈리아, 기타 서유럽의 중요 자원을 공동 관리하는 '쉬망 플랜'을 제창했고, 그의 주장에 따라 1951년 유럽연합의 뿌리인 유럽석탄철강공동체가 출범하기에 이르렀다.

리들로서는 그들의 수장이 한 말을 이해하기 위해 종종 해석을 기다려야 하는 불편을 겪었지만, 쉬망과 아데나워는 서로 정확한 이해를 위해 독일어로 이야기하곤 했다.

쉬망은 새로운 유럽을 원했다. 쉬망은 프랑스와 독일이 그런 유럽을 창출할 역사적인 의무와 기회를 갖고 있다고 믿었다. 그는 또 양 국민의 미래가 해묵은 두려움과 증오로 범벅된 유럽이 아니라 그들이 함께 건설해야 하는 새로운 대륙 질서에 있다고 생각했다.

1949년 1월 쉬망이 런던을 방문했을 때 쉬망과 베빈은 오랫동안 계속되었던 독일에 대한 많은 의견차를 끝냈다. 그들은 연합국의 권리와 이익을 존중해준다면 독일 민간인들이 서독 통치를 시작해야 한다는 데 동의했다. 쉬망과 베빈은 프랑스의 특별한 이익을 존중하면서도 다른 이익들에 손해를 끼치지는 않는 루르 체제에 관해 합의했다. 두 사람은 베빈이 영국이 대륙과 전통적으로 견지해왔던 거리를 유지하려 했기 때문에 미래의 유럽의 정확한 구조에 대해서는 의견이 갈렸다. 그러나 두 사람은 그들의 국민과 독일인들이 진부한 민족적 경쟁을 초월해 좀 더 큰 유럽의 틀을 찾아야 한다는 데 동의했다.

베빈과 쉬망은 독일의 연방 구조에 대해 타협했다. 그들은 독일의 산업생산과 관련해 얼마간의 제한을 풀고 점점 더 격렬한 노동자들의 저항을 불러일으키고 있는 서독 산업의 해체를 중단한다는 데도 신임 미 국무장관 딘 애치슨*과 의견 일치를 보았다. 끝으로, 주로 독일과 프랑스 사이에 새로운 관계를 맺고자 하는 쉬망의 희망 때문에, 그들은 남아 있는 연

---

* Dean Acheson(1893-1971). 미국의 정치가. 1945년 국무차관을 거쳐 1949-1953년 미국의 국무장관을 지냈다.

합국의 권한을 줄이기 위해 연합국의 점령규정을 단순화하는 데 동의했다. 클레이 장군은 새로운 점령규정을 기초하는 것을 돕기 위해 파리에서 쉬망과 가졌던 회담을 자신이 그때까지 프랑스 관리와 가졌던 회담들 중에서 가장 만족스런 회담이었다고 말했다.[7]

이제 프랑스가 독일 문제에 대한 신속한 해결에 찬성하면서, 연합국과 독일인들은 견해차를 극복할 수 있었다. 가장 중요한 일은, 연합국이 새로운 서독 국가에게 적법성과 대중적 호소력을 가져다줄 수 있는 충분한 권위를 부여해야 한다는 결론을 내렸다는 것이었다. 이는 독일인들이 연합국의 법규가 아니라 자신들의 문서에 근거해 통치한다는 것을 의미했다. 연합국의 권한을 규정하는 장황하고 해독 불가능한 법률적 지침은 폐기되고, 타당한 제한 안에서 새 국가에 진정한 권위를 부여하는 명확한 문구로 대체되어야 했다. 독일인들은 점령규정이 좀 더 단순해지고, 연합국 점령군 사령관들이 새로운 고등판무관 제도로 대체된 것을 높이 평가했다.

1949년 4월의 어느 며칠 동안 세 명의 연합국 외무장관들은 애치슨이 '합의의 경이'라고 부른 일을 수행했다. 그들은 독일 기본법과 루르의 권한과 관련된 작업을 마무리했다. 그들은 기본법을 연합국 초안으로 만들지 않도록 독일 정당들이 이 독일 헌법에 관해 도달했던 좀 더 미묘한 타협 중 일부를 존중하는 데 동의했다. 그들은 또 필립 제섭이 소련인들이 베를린 봉쇄를 끝내든 말든 서독 정부 건설을 위한 준비가 계속될 것임을 야코프 말리크에게 알려야 한다는 데도 합의했다. 베빈은 스탈린이 독일과 유럽에 대한 연합국의 계획들을 지연시키는 것을 허용해서는 안 된다고 주장했다.[8]

클레이를 비롯한 연합국 군정장관들이 점령규정을 좀 더 간략하게 하고 제한하는 데 동의했음에도 불구하고, 연합국은 여전히 많은 권한을 보유했다. 연합국은 대외정책, 배상, 산업생산, 모든 종류의 군사적 활동에 대해 최종적인 통제권을 가졌다. 그들은 점령정책과 충돌하는 서독 법률은 무엇이든 거부할 수 있었다. 연합국은 또 비상시에는 점령 권력으로서 충분한 권위를 회수할 수 있었고, 또 베를린에 대한 충분한 권한도 보유했다. 후자의 문구는 프랑스가 독일이 다시 위협 세력이 되는 것을 방지할 수 있다는 점을 프랑스 국민의회에 보장할 필요가 있는 쉬망을 만족시켰다.

1949년 5월 8일, 의회협의회는 53 대 12라는 압도적인 다수결로 기본법을 승인했다. 다음 12주 내에 필수적인 10개 주 의회들에서 이 문안에 대한 비준이 이루어졌다(좀 더 많은 자치를 원한 바이에른만이 거부했다.). 서방의 세 군정장관들도 비준했다. 5월 23일 기본법이 발효되어 독일연방공화국(Bundesrepublik Deutschland, Federal Republic of Germany, FRG)이 창건되었다.

8월 14일, 첫 서독 선거가 실시되었다. 9월 15일, 단 한 표의 차이로 연방의회는 아데나워를 총리로 선출했는데, 그는 이 직책을 14년 동안 유지하게 된다. 그는 기독민주연합/기독사회연합, 자유주의적 자유민주당(Freie Demokratische Partei, FDP), 보수주의적인 독일당(Deutsche Partei)의 표를 얻어 승리했다. 9월 21일, 새 점령규정이 발효되어 독일연방공화국이 제한된 주권을 가진 독립국가로 존재하기 시작했다. 제3제국이 붕괴한 지 4년 후 서독인들은 정치적으로 더 행복하게 살 수 있는 기회를 맞이했다. 그리하여 그들은 그들 자신의 운명을 결정하는 데 일조하기 시작했다. 그러나 서독인들은 민족통일을 희생시키는 값비싼 대가를 치러야 했다.

1949년 봄이 지나가는 동안, 연합국과 독일인들이 연방공화국 계획을 추진하고 있을 때에도 애치슨은 독일 분단에 대해 최종적으로 마음을 굳히지 못하고 있었다. 애치슨은 서방의 군대와 소련군을 독일에서 철수시키고 독일 통일을 목표로 하는, 조지 케넌의 '플랜 A'라고 묘사된 계획을 연구하고 마음에 들어 했다. 1948년까지 독일 통일에 찬성했던 클레이는 베를린 봉쇄 이후 마음을 바꿔 플랜 A에 반대했다. 그러나 애치슨은 여전히 플랜 A를 연구하기를 원했다. 그는 베빈과 쉬망이 통일 독일과 특히 미군 철수에 강력히 반대했을 때 비로소 마음을 바꾸기 시작했다.

　　애치슨은 스탈린의 요구로 베를린 봉쇄를 끝내기 위해 열린 파리 외무장관협의회에서 신임 소련 외무장관인 안드레이 비신스키*와 함께 몇 주일을 보낸 후, 마침내 분단 독일에 찬성하는 쪽으로 마음을 굳혔다. 애치슨은 몰로토프 식의 전술을 겪어본 뒤 외무장관협의회에서 독일에 관한 합의에 도달할 수 없다는 결론을 내린 세 번째 미국 국무장관이 되었다. 마음을 바꾼 표시로서 우아한 귀족적 풍모의 애치슨은 헝클어진 노동당원인 베빈과 팔짱을 끼고 비신스키의 집무실로 들이닥쳤고, 거기서 모스크바가 이전에 오스트리아 평화조약을 위해 지지했던 제안을 막 거부했다는 말을 들었다. 베빈은 애치슨에게 "우리 노동당 녀석들이 말하듯이 연대의 표시로" 행진하면서 함께 〈붉은 깃발〉을 부르자고 제안했다.[9]

---

* Andrei Vyshinsky(1883-1954). 소련의 법률가이자 정치인. 1949-1953년 소련 외무장관을 지냈다. 1920년대에는 모스크바대학 교수 및 학장으로 근무했고, 1930년대에는 일련의 숙청 재판이 진행되는 동안 검찰총장으로 활동했다. 냉전시대에 소련을 대변하는 독설가로 외무장관과 유엔 대표로서 미국과 자주 언쟁을 벌였다.

울브리히트가 독일민주공화국을 창건하다

베를린 봉쇄가 있기 전, 그리고 봉쇄가 진행되는 동안 발터 울브리히트와 바실리 소콜롭스키는 소련 점령지의 권력구조를 바꾸기 위한 운동을 계속했다. 이 변화들로 울브리히트의 독일사회주의통일당은 좀 더 철저하고 공개적으로 책임 있는 자리를 차지하게 되었다.

1947년 여름에 벌써 독일사회주의통일당 고위 관료들은 사적인 발언을 통해 독일사회주의통일당이 소련 점령지의 민간행정에 대한 완전한 권한을 넘겨받을 것이라고 예측하기 시작했다. 1947년 말에는 소련 점령군에 배속된 정치인민위원도 이와 유사한 예측을 내놓았다.[10]

하지만 독일사회주의통일당의 계획은 서서히 진행되었는데, 이는 아마도 서방 연합국과 소련의 관계를 보호하기 위해서였을 것이다. 울브리히트는 1948년 4월 10일에야 비로소 독일사회주의통일당의 역할에 가시적인 변화가 있을 것이라고 당의 중급 관리들에게 말했을 뿐이었다. 그는 독일사회주의통일당 자체가 아직 이념적으로 성숙하지 못했고 또 먼저 소련 점령지에 '반파시즘적 민주주의' 질서를 수립할 필요가 있기 때문에 서서히 완전한 권한을 인계받는 쪽으로 움직였다고 말했다. 토지개혁을 완수하고 산업을 국유화하면서 독일사회주의통일당이 공식적으로 '국가정당'이 될 때가 왔다. 당은 더 이상 단지 또 하나의 정치운동이 아닐 것이었다. 오히려 당은 소련 점령지 행정의 민간부문을 넘겨받을 것이었다. 이 점령지의 다른 모든 정치그룹과 정당들은 이제 공식적으로 독일사회주의통일당의 지도를 따라야 할 것이고, 독일사회주의통일당은 앞으로 자신의 전체 프로그램을 실행할 것이었다.[11]

외부적인 상황이 울브리히트와 소콜롭스키의 타이밍을 결정했을 수도 있다. 울브리히트가 연설한 때는 체코슬로바키아에서 공산주의 쿠데 타가 있은 지 두 달 후, 그리고 소련인들이 베를린 봉쇄를 준비할 즈음이 었다. 울브리히트는 특히 자신이 서베를린을 접수하는 시점에 동독에서 자신의 정책에 반대하는 이질적인 목소리가 나오는 것을 원하지 않았다.

울브리히트는 독일사회주의통일당이 이제 독일 공산주의 철학자들 인 카를 마르크스와 프리드리히 엥겔스의 정당일 뿐만 아니라 소련 공산 주의 모델의 설계자들인 블라디미르 레닌과 이오시프 스탈린의 정당이 기도 하다고 선언했다. 울브리히트는 독일사회주의통일당이 자신이 독 일사회민주당 당원들을 여전히 끌어들이고 싶어 하던 1946년과 1947년 에 표면적으로 선택했던 특별한 '독일의' 길을 단념하고, 독일사회민주 당과의 이전 협정을 완전히 포기했다. 이 점을 더욱 강화하기 위해서 독 일사회주의통일당은 1948년 7월 4일 '유고슬라비아 문제에 대한 선언' 을 발표하여 스탈린이 유고슬라비아의 브로즈 티토* 원수를 배교자라고 비난한 것을 전폭적으로 지지했다. 독일사회주의통일당은 소련 모델이 "모든 사회주의 정당에게 유일하게 가능한 입장"을 대표한다고 말했다.

동유럽에서 널리 행해진 패턴에 따라, 사회주의에 대한 독특한 독일 적 기여를 주장해왔던 사람들이 공개적으로 자신들의 신념을 철회했다. 이념 문제에 관해 독일사회주의통일당의 가장 저명한 저술가였던 안톤 아커만**은 독일의 고유한 길을 옹호하고 예측했던 이전 논문과 스스로

---

* Josip Broz Tito(1892-1980). 유고슬라비아의 독립운동가, 노동운동가, 공산주의 혁명가. 제 2차 세계대전 동안 유고슬라비아를 침공한 나치 독일에 맞서 파르티잔 운동을 이끌었다. 1953-1980년 유고슬라비아 사회주의공화국연방의 초대 대통령을 지냈으며, 비동맹운동 의 의장을 맡았다.

** Anton Ackermann(1905-1973). 독일민주공화국의 정치가. 1920년부터 공산주의 운동에 가담했으며, 1949-1953년 독일민주공화국 외무차관을 지내다 외무장관 게오르크 데르팅

절연했다. 그는 1946년에 썼던 자신의 논문을 "반(反) 볼셰비즘에 여지를 줬다."고 비판했다.[12] 그 대신에 아커만과 독일사회주의통일당 전체는 이제 "사회주의의 전제조건으로서 노동계급의 정치적 원칙"을 위한 소련 모델에 헌신하기로 맹세했다.[13]

소련 모델을 정식으로 채택하는 일을 완수하기 위해 독일사회주의통일당은 1948년 9월 당내에 이념적 연대와 순수성을 강제할 적절한 분과 조직을 가진 당 통제위원회를 설치했다. 당은 주로 "소련과 소련 공산당의 지도적 역할"을 완전히 수용하지 않은 전(前) 독일사회민주당 출신의 주저하는 당원들을 숙청했다. 이전 패턴을 따라 소콜롭스키는 그중 일부를 체포했다. 몇몇 저명한 전 독일사회민주당 당원들은 서독으로 도피했다.

울브리히트와 소콜롭스키의 새로운 체제하에서 독일경제위원회는 5,000명 이상의 직원이 통치의 모든 부문에 관여하는 규모로 성장해 소련 점령지를 위한 원시정부의 역할을 충분히 수행했다. 1948년과 1949년에 독일경제위원회는 정부 관료제의 모습을 띠었으나 여전히 독일사회주의통일당의 통제를 받았다. 울브리히트는 독일 분단을 걱정하는 독일사회주의통일당 관료들에게 독일경제위원회가 서방 점령지들(과 특히 베를린의 서방 구역들)이 소련 점령지에 합류하는 것을 더 쉽게 만들 것이라고 말했다. 그는 서방 점령지들이 독일경제위원회 구조에 들러붙을 수 있기 때문이라고 했다.

하지만 울브리히트의 이 예측은 틀렸다. 독일사회주의통일당이 소련화되고 공산당이 지배하는 소련 점령지 행정부가 창설되면서 서방 점령

거의 체포로 1953년 외무장관직을 잠시 맡았다.

지대들에서 지지를 끌어 모으고 싶었던 스탈린의 희망은 사라졌다. 동부의 정당들에서 도피해온 망명자들은 서독 정치인들에게 독일사회주의통일당을 비롯한 소련 점령지의 정당들과는 어떤 접촉이나 협력도 하지말 것을 촉구했다. 다시 한 번, 소련 점령지에서 통제를 확대하고자 하는울브리히트의 움직임 때문에 스탈린은 다른 점령지들에 대한 소련의 영향력을 확대하기 위해 여전히 애를 쓰고 싶었겠지만, 별 소용이 없었을것이다.

그럼에도 불구하고 울브리히트는 독일사회주의통일당이 독일의 다른 정치조직들을 공통의 대오 속으로 끌어들일 수 있는 구조들을 계속 건설해 갔다. 울브리히트는 독일사회주의통일당이 이 구조를 지배하기를바랐다. 울브리히트는 1차, 2차, 3차 독일인민대회(Deutscher Volkskongress)를 차례로 조직했고, 이 인민대회는 독일 전역의 여론을 반영한다고 주장되었다. 울브리히트는 1948년 12월에 제1차 대회를 소집했고, 대회에는 소련 점령지의 모든 정당들과 또 독일사회주의통일당이 지배하는 노동조합, 청년조직, 문화 그룹에서 1,000명 이상이 참가했다. 제2차 대회는 1948년 3월에 소집되었고, 서방 점령지에서 온 일부 독일공산당 당원들을 포함함으로써 동독의 여론뿐 아니라 서독의 여론도 대표한다고 주장하는 '인민평의회'(Volksrat)를 선출했다.

하지만 다시 한 번 울브리히트와 소콜롭스키는 서방 점령지들에서자신들의 대의를 훼손시켰다. 그들은 소련 점령지의 기독민주연합에게, 가장 저명하고 존경받는 두 지도자인 야코프 카이저*와 에른스트 렘

---

* Jakob Kaiser(1888-1961). 독일의 정치가. 제2차 세계대전 동안 나치에 반대하는 저항운동의 지도자였다. 전후 베를린 기독민주연합의 총재를 지냈지만 1947년 소련의 압력으로 물러나면서 서베를린으로 이주해 서독 기독민주연합에 가담했다. 아데나워의 주요 경쟁자였

머*가 반대했음에도 불구하고, 인민대회 참석을 강제했다. 울브리히트는 자신의 분노를 보여주기 위해 두 사람을 기독민주연합 직책에서 물러나게 했고, 그러자 그들은 서베를린으로 도피했다. 카이저와 렘머의 망명이 널리 보도되면서 울브리히트의 '대회들'이 서독에서 발휘했을지도 모르는 어떤 영향도 효과가 없게 되었다. 이들의 망명으로 기독민주연합은 영웅이 되었고, 아데나워는 1949년 선거에서 그 덕을 보았다. 울브리히트가 독일사회민주당 정부보다 독일 분단에 더 찬성할 것 같은 기독민주연합 정부를 상대하는 것을 선호해 이 사태를 의도했을 수도 있지만, 이것이 반드시 스탈린의 목적에 도움이 되지는 않았다.

독일사회주의통일당이 1948년까지 소련 점령지의 민간행정에 대한 완전한 통제권을 쥐게 되면서 울브리히트는 동독에서 별개의 국가를 만들 준비를 시작할 수 있었다. 울브리히트는 소콜롭스키와 함께 독일경제위원회와 그 기능을 확대하려고 애쓰면서 전국적 정부로서 기능할 수 있는 행정기관을 건설하기 시작했다.[14] 그는 또 베를린 전체를 소련 점령지 경제에 포함시킨 2개년 경제계획도 발표했다.

베를린 봉쇄가 연합국을 서베를린에서 축출할 것이라는 확신 때문에, 1948년 중반에 울브리히트는 베를린 전체를 포함하는 공산주의 국가의 기반을 닦기 시작했다. 울브리히트는 소련 점령지를 위해 별개의 정부를 수립한다는 자신의 원래 계획 중 일부 계획을 끄집어냈다. 그는 1946년 8월에 처음에는 소콜롭스키와 소련 행정기관에 그 계획을 독려

으나 1949-1957년 동안 그의 내각에서 전독일문제부장관직을 수행했다.

* Ernst Lemmer(1898-1970). 기독민주연합 소속의 독일의 정치가. 1956-1957년 체신부장관, 1957-1962년 전독일문제부장관, 1964-1965년 실향민·난민·전쟁희생자부장관을 역임했다.

했으나 스탈린이 거부했으며, 그 후 울브리히트는 이 계획을 치워버렸다. 하지만 1948년에 울브리히트는 소콜롭스키의 지지를 받으며 이 계획으로 되돌아갈 수 있었다.[15]

또 소콜롭스키와 울브리히트는 동독 국가의 수립을 목적으로 소련 점령지에서 새로운 독일군을 위한 기초도 닦기 시작했다. 1948년 7월 3일, 소콜롭스키는 새로운 경찰, 즉 자신의 병영에서 거주하면서 군대처럼 훈련받고 군대처럼 조직된 동독의 준군사 조직인 병영인민경찰(Kasernierte Volkspolizei)을 위한 명령을 하달했다. 1950년까지 울브리히트는 병영인민경찰을 5만 명 이상으로 확대했는데, 이 규모는 점령 열강들을 제외하면 중부 유럽에서 가장 크고 잘 무장된 군사력이었다.

스탈린은 1948년 말, 아마도 세묘노프의 경고 덕분에, 울브리히트가 자신이 원한 것보다 더 빠르게 더 멀리 가고 있다는 사실을 깨달았다. 그 시점에 또 스탈린은 공수작전이 봉쇄를 극복할 것이며, 자신은 베를린을 확보하지 못할 것이고 다시 한 번 독일 통일 협상을 시도해야 하리라는 사실도 깨달았던 것 같다. 소련 점령지에 별개의 공산주의 정부를 수립하려는 울브리히트의 움직임은 스탈린의 협상가들을 약화시킬 수 있었다.

스탈린은 울브리히트와 피크를 모스크바로 불러 독일 상황이 동유럽 인민민주주의 체제의 상황과 다르다고 말하면서 그들의 정책을 번복하라고 지시했다. 피크의 대화 메모에 따르면, 스탈린은 "국가 통일이 아직 이루어지지 않았습니다. 우리는 권력의 문턱에 있지 않습니다."라고 말했다. 스탈린은 그들에게 통일과 평화를 향해 일하라고 언급했다.

스탈린은 독일인들이 "당신들의 선조인 튜턴족*처럼 얼굴이 드러나

---

* Teutons. 고대 유틀란트 반도에 살았던 테우토니족을 일컫는 말. 게르만족의 일파. 유틀란

는 투구를 쓰고" 싸우고 있다고 조롱하면서, 울브리히트를 공개적으로 질책했다. 스탈린은 "그것은 용감할지는 몰라도 매우 어리석은 짓입니다."라고 말했다. 스탈린은 독일사회주의통일당이 아직 독일 전역에 걸쳐 권력을 획득하지 못한 상황에서 그러고 있듯이, 독일에 사회주의 질서를 창출하는 일에 대해 이야기하는 것은 얼빠진 짓이라고 말했다. 먼저 "일을 더 잘해야 합니다."라고 그는 덧붙였다.[16]

스탈린은 울브리히트와 피크에게 1945년의 정책으로 돌아가 독일 통일을 위해 일하고 동과 서의 상이한 발전 형태에 대한 이야기는 그만두라고 말했다. 사회주의는 아직 의제에 없었다. 피크가 독일사회주의통일당이 코민포름에 가입할 수 있는지를 감히 물었을 때 스탈린은 경멸감을 보이며 그런 생각을 일축했다. 피크는 독일에서 사회주의로 가는 길은 '지그재그' 경로를 따를 것이라고 결론지었다.

스탈린은 별도의 공산주의 독일 국가를 세우고자 한 울브리히트의 움직임을 받아들이고 장려한 소콜롭스키를 제거했다. 그러나 이번에도 스탈린은 울브리히트는 제거하지 못했다. 스탈린은 어떤 대가를 치르든 독일을 둘러싼 임박한 투쟁에서 울브리히트가 필요하다고 생각했을 것이다. 그러나 대가는 컸다. 스탈린은 울브리히트에게 그의 정책들을 바꾸라고 말할 수 있었으나, 이 정책들이 다른 독일인들의 생각에 미친 영향은 취소할 수 없었다.

그러므로 스탈린의 시도는 너무 늦었다. 사건들은 스탈린과 울브리히트의 수중에서 모래알처럼 빠져나갔다. 서방 점령지들은 통합 쪽으로

트 반도 서부, 엘베 강 어귀에 거주하고 있었으나, 킴브리족과 함께 남하하여 로마 영내의 갈리아에 침입하다 BC 102년 남 프랑스에서 로마 장군 마리우스에게 패했다. 나중에 라틴 시인들은 게르만족과 같은 뜻으로 사용했다.

움직이고 있었다. 울브리히트와 그의 독일사회주의통일당은 소련 점령지 내에서 점점 더 경멸의 대상이 되어 갔다. 울브리히트는 독일사회주의통일당을 비롯한 소련 점령지 내 정당들과 단체들이 1949년 5월의 제3차 '인민대회'를 위한 선거에서 통합 명부를 관리할 것이라고 주장할 정도로 이 점을 잘 깨달았다. 그 명부에서 독일사회주의통일당은 선거 전에 대회 의석을 여러 정당들 사이에 배당했다. 유권자들은 정당들 사이에서 까다롭게 고르는 것이 아니라 후보자 명부 전체를 승인 혹은 불승인할 수 있을 뿐이었다.

그러나 동독 유권자들은 울브리히트에 맞서 반란을 일으켰다. 투표의 거의 35퍼센트가 '반대표'였고, 또 다른 7퍼센트는 무효였다. 이는 울브리히트의 점령지에서 사회주의로 가는 새로운 소련식 길이 사람들로부터 강력한 저항을 받고 있음을 보여주는 것이었다.

스탈린은 독일연방공화국이라는 새로운 현실을 금방 받아들이지 않았다. 하지만 1949년 9월까지 스탈린에게는 다른 대안이 없었다. 새 서독 연방의회가 선출되었고 콘라트 아데나워가 총리가 되었다. 전쟁 전에 유럽에서 가장 강력한 공산당이었던 전설적인 독일공산당은 총 투표의 5.7퍼센트만을 얻었을 뿐이었다. 독일공산당은 통일 독일 전역에서 강력한 목소리를 내고 싶었던 스탈린의 희망을 더 이상 담아낼 수 없었다. 피크의 메모에 따르면, 그때가 되어서야 스탈린은 소련 점령지를 위한 정부를 갖는 것을 승인했다. 스탈린은 울브리히트가 기초하고 1946년에 자신이 거부했던 독일민주공화국(Deutsche Demokratische Republik, German Democratic Republic, DDR 또는 GDR)을 위한 헌법을 어쩔 수 없이 승인했다.

그러나 스탈린은 새 정부가 '독일민주공화국의 임시 정부'로 기술되어야 한다고 주장했다. 스탈린은 또 그 정부의 권위가 미치는 지리적 지역을 구체적으로 적시하는 것도 거부했는데, 이는 그 정부가 어느 날 베를린을 포함하고 아마도 독일 전역을 통치할 수도 있는 가능성을 열어놓은 것이었다. 그런 제한하에서, 그리고 스탈린의 미적지근한 환영 전보를 받고, 1949년 10월 7일 새 독일민주공화국이 생을 시작했다.

울브리히트는 또 다른 반대투표에 당혹감을 느끼는 일을 피하고 싶었기 때문에 제3차 '인민대회'를 새 독일민주공화국의 하원인 인민의회(Volkskammer)로 변모시켰다.[17] 통합 명부하에서 독일사회주의통일당과 그 대중 조직들은 인민의회에서 330석 중 210석으로 다수파를 구성했다. 남아 있는 120석은 동독 기독민주연합의 잔여 세력과 소규모 정당들에게 배당되었다.

10월 11일, 새 인민의회와 동독 주 의회들은 피크를 독일민주공화국의 대통령으로 선출했다. 이튿날 인민의회는 그로테볼을 초대 정부의 총리로 선출했다. 울브리히트는 초대 부총리가 되었다. 부분적으로 서독에서 이용된 모델을 쫓아 소련 군정청이 1949년 10월 10일 해체되어 소련 통제위원회로 대체되었다.[18]

다른 국가 기관들 중에서 독일민주공화국 헌법은 총리가 아니라 독일사회주의통일당의 정치국에 책임을 지는 국가안전부(Ministerium für Staatssicherheit, MFS)를 창설했다. 그리하여 그로테볼이 아니라 울브리히트가 나중에 슈타지라고 더 잘 알려지게 될 국가 권력의 주요 집행기관을 통제했다.[19]

애치슨과 북대서양조약

전후 초기에 그랬듯이, 동유럽에서 스탈린이 취한 행동은 1948년과

1949년 동안 계속 서방의 여론을 환기하고 서유럽과 독일에서 연합국의 정책에 영향을 미쳤다. 민주적인 체코슬로바키아 정부에 맞서 공산당이 일으킨 쿠데타는 그 전에 스탈린이 폴란드를 점령하고 지배함으로써 미친 영향과 유사한 영향을 서방에 미쳤다. 두 사건 모두에서 스탈린은 히틀러에 저항하고 독일 점령하에서 고통을 받은 것 때문에 광범한 동정을 얻었던 나라들에 맞서는 쪽으로 행동했다. 동기가 무엇이었든, 그의 행동은 소련을 나치 독일과 아주 비슷한 처지에 놓이게 했다.

서유럽인들은 정말 공포를 느꼈다. 프라하에서 공산주의자들이 쿠데타를 일으킬 수 있다면, 정부를 무너뜨리기 위해 공산당이 총파업을 요구하고 있는 파리나 로마에서 같은 짓을 하지 말라는 법이 있는가? 그리고 공산주의자들이 그렇게 나온다면 다른 어떤 국가가 도와줄 수 있는가?

어니스트 베빈은 독일과 관련해서 그랬듯이 유럽과 관해서도 앞장을 섰다. 베빈은 유럽과 북아메리카를 묶어줄 새로운 정치적·군사적 동맹을 제안하면서, 새 동맹은 1947년 영국-프랑스의 됭케르크 조약에 기반을 둘 것을 제안했다. 조르주 비도는 다시는 레지스탕스 운동을 이끌기를 원하지 않는다고 하면서 이에 동의했다. 그들은 새로운 동맹이 군사적 요소를 갖추어야 한다고 결론지었으나, 공산주의가 제멋대로 대륙을 행진할 수 없다는 사실을 보여줌으로써 주로 유럽의 일반 여론 및 정치 여론을 진정시키는 데 도움을 주기를 원했다. 소련에 맞서 방어를 도와주는 데 미국이 필요할 것이기 때문에, 워싱턴은 합류를 요청 받았다.[20]

베빈은 서방의 생존이 서유럽에서 미국, 영국, 영연방 자치령에 의해 뒷받침되는 모종의 공식적 혹은 비공식적 연합을 수립할 수 있는가에 달려 있을 것이라고 주장했다.[21] 베빈은 체코슬로바키아 쿠데타 직후 마셜에게 미국과 서유럽이 군사 동맹을 체결해야 한다고 말했다. 마셜이 난색을 표명하자, 베빈은 1948년 3월에 프랑스와 베네룩스 3국의 외무장관들에게 서유럽 군사협정인 서유럽연합*에 가입할 것을 요청했다. 됭케르크 조약처럼 서유럽연합은 프랑스와 베네룩스 3국에서도 수용할 수 있도록 소련뿐 아니라 독일로부터도 자신을 지키는 것이었다. 그러나 베빈은 여전히 범대서양 조약을 원했다.

미국의 태도도 체코슬로바키아 쿠데타 때문에 변하고 있었다. 6월 11일, 미국 상원은 트루먼 대통령에게 "개별적·집단적 자기 방어를 위해 지역적 협정을 비롯한 집단 협정을 점진적으로 발전시키도록" 하라고 촉구하는 반덴버그 결의안을 통과시켰다.

북대서양을 포괄하는 조약을 창출하는 과정은 점점 더 포괄 범위가 커져가는 쪽으로 진행되었다. 베빈이 영국, 프랑스, 베네룩스 3국 사이에 최초의 논의를 고무한 이후 1948년 여름에 캐나다와 미국이 회의에 참석했다. 그들은 베를린 봉쇄의 가장 불확실한 시기였던 1948년 7월 6일부터 9월 9일까지 워싱턴에서 '안보에 관한 예비 대화'라고 부른 회담을 개최했다. 그들은 서유럽의 자신감을 회복하기 위해 군사 동맹이 필요하

---

* Western European Union(WEU). 1954년부터 2011년까지 존재했던 유럽의 국제기구이다. 사무국은 브뤼셀에 있었다. 1948년 영국, 프랑스, 벨기에, 네덜란드, 룩셈부르크 5개국이 독일의 유럽 국가 침략 정책의 부활 저지를 목적으로 브뤼셀 조약을 체결해 지역 집단안보 체제로서 발족되었으며, 1954년 10월 21일 서독, 이탈리아가 추가된 파리 협정이 체결됨으로써 서유럽연합으로 확대, 개편되었다. 성립 목적 또한 회원국 간의 국방 정책·군비의 조정 및 사회·문화·법률 분야의 협력 촉진으로 변경해 유럽의 단결과 통합을 표방했다. 유럽연합(EU) 및 북대서양조약기구(NATO)와 긴밀한 협력 관계에 있었고, 1990년에는 스페인과 포르투갈이, 1995년에는 그리스가 가입하면서 회원국은 10개국으로 확대되었다. 서유럽연합의 집단방위 정책은 2009년에 발효된 리스본 조약에 넘겨주었다. 2010년 3월 31일을 기해 브뤼셀 조약의 효력이 정지되었고 2011년 6월 30일을 기해 공식적으로 해체되었다.

다고 결론을 내렸다.[22]

의견의 일치를 보자 이들 7개국은 덴마크, 아이슬란드, 이탈리아, 노르웨이, 포르투갈에게도 논의에 참여하라고 요청했다. 그런 뒤 모든 국가가 1949년 4월 4일 북대서양조약에 서명했고, 이로써 북대서양조약기구(North Atlantic Treaty Organization, NATO)가 설립되었다.[23]

프랑스는 다시 한 번 어떤 방어 조약도 소련뿐 아니라 독일에 맞서 자신을 보호하는 것이어야 한다고 주장했다. 신임 외무장관 로베르 쉬망조차 그 자신은 프랑스와 독일의 화해를 바랐지만, 이를 원했다. 워싱턴은 쉬망의 요구로 프랑스 하원에서 북대서양조약이 프랑스 영토 전체를 보호할 것이라고 언급하여 프랑스 정부가 조약에 가입할 수 있는 길을 터주고, 라인 강을 따라 유럽을 방어하는 계획에 동의했다. 프랑스가 라인란트를 독일로부터 분리시킬 수 없다는 것을 알고, 쉬망은 유럽 국가들뿐 아니라 범대서양 국가들도 라인란트를 보호하는 데 도움을 주기를 원했다.

북대서양조약은 서명국들에게 공동의 방어 체제를 창출할 것을 요청했는데, 이는 유럽 역사에서 유례가 없는 조치였다. 엘 알라메인*의 승자이자 영국에서 가장 뛰어난 군인이었던 버나드 몽고메리** 육군원수가 나토의 군사위원회 위원장이 되었다. 그러나 동맹은 즉각 최고 사령관을

---

* El Alamein. 이집트 북부 해안의 도시로 알렉산드리아에서 서쪽으로 약 113km 지점에 있다. 1942년 10월 영국군이 독일과 이탈리아군에게 결정적인 승리를 거둔 곳이다.
** Bernard Law Montgomery(1887-1976). 영국의 군인. 제2차 세계대전 동안인 1942년 북아프리카 전선 제8군 사령관을 맡아 에르빈 롬멜 휘하 독일의 북아프리카 군단을 엘 알라메인 전투에서 격파하여 연합국의 승기를 마련한 것으로 유명하다. 1943년 시칠리아 상륙작전, 1944년 6월에는 노르망디 상륙작전의 영국군 총사령관으로서 활약하여 원수로 진급했다. 종전 후 참모총장을 거쳐 1951-1957년 나토(NATO)군 최고사령관 대리로 근무했다.

임명하지는 않았다. 비록 많은 서방 지도자들이 유럽에서 소련의 군사적 우위에 두려움을 느끼고 있었지만, 어느 누구도 나토를 기본적으로 군사 동맹으로 보지 않았다. 대신 그들은 나토를 서방에 좀 더 큰 자신감을 부여하는 정치적 구조로 여겼다. 각국은 여전히 자국의 군대를 자국의 지휘하에 두고 싶어 했다.

북대서양조약은 새 독일연방공화국을 명확히 보호하지 않았으며, 심지어 독일연방공화국은 조약의 조인을 요청받지도 않았다. 군사 계획은 엘베 강을 따라서 또는 베를린에서가 아니라 프랑스가 주장한 대로 라인 강을 따라서 방어를 제공했다.

그럼에도 불구하고 6조는 조약의 보호를 서명국의 점령군에게까지 확대함으로써 독일과 베를린의 미군, 영국군, 프랑스군까지 포함하게 되었다. 이 규정은 서독을 겨냥한 어떤 공격도 필연적으로 점령군을 공격할 수밖에 없기 때문에 서독 영토를 사실상 보호하는 효과를 발휘했다. 소련인들은 이 점령군들과 충돌하지 않고서는 베를린이나 어느 서방 점령지로도 진입할 수 없었다. 거의 어느 누구도 소련 침공을 예상하지 않았지만, 미 군부는 미군을 보호할 예비 계획을 마련하기 시작했다.[24]

가장 중요한 사실은, 워싱턴에서의 논의에서 인정했듯이, 미 점령군의 독일 주둔은 유럽에서 발생할 어떤 교전 행위에도 미국을 즉각 연루시키리라는 것이었다. 미 점령군은 점령군으로서만 조직되고 장비를 갖추었음에도 불구하고, 서유럽에 대한 미국의 약속을 지키는 보장책이었다.

독일연방공화국은 나토에 가입하지 않았으나, 독일 영토는 서유럽의 안보를 책임지는 열쇠를 쥐고 있었다. 프랑스와 이탈리아가 그들의 강력한 공산당 때문에 마비될 가능성이 농후하고, 베네룩스 3국이 효과적인 방어를 제공하기에는 너무 작으며, 또 영국이 영국 해협에 의해 대륙과 분리되어 있는 상황에서, 서독은 서유럽의 방어가 처음 개시되어야 할 지역으로 등장하기 시작했다.

그러나 나토의 결성이 반드시 독일의 무장을 의미하는 것은 아니었다. 1949년 4월 애치슨은 상원외교위원회에 "독일의 군축과 탈군사화는 완수되어야 하고 절대적이어야 한다."고 말했다.[25] 서독 정부는 "어떤 종류의 군대도 다시 창설하는 것을 막는" 진심어린 결정을 선언했다.[26] 서독 정부는 병영인민경찰에 대응하는 조치를 취하지 않을 것이었다.

6장

아시아에서의 전쟁, 독일에서의 경고

해리 트루먼은 1949년 1월 20일, 자신의 취임식에서 '페어딜'* 사회 프로그램을 발표했다. 트루먼은 미국의 재원을 군사 프로그램이 아니라 이러한 사회 프로그램에 집중하고 주로 마셜 계획이나 '포인트포'*** 개발 원조 같은 경제 프로그램을 통해 해외에서 미국의 역할을 확대하기를 원했다. 트루먼은 새 국방장관으로 루이스 존슨***을 임명했고, 그는 국방 예산의 감축을 목표로 했다. 다른 서방 지도자들은 군사적인 측면보다는 정치적인 측면에서 스탈린의 위협을 계속 보아왔기 때문에 트루먼과 동일한 바람을 가졌다.

이런 그림은 소련이 핵폭탄 시험을 성공적으로 수행했던 1949년 8월 29일부터 바뀌기 시작했다. 이 시험은 전 지구적인 전략적 상황과 특히 유럽과 독일에서의 균형을 극적으로 변화시켰다. 그때까지 미국의 핵 독점은 유럽에서의 소련 지상군의 우위와 균형을 맞추었고, 이는 새로운 대서양조약을 실행 가능하게 했다. 모스크바가 핵폭탄으로 미군과 미국

---

* Fair Deal. 1949년 첫 연두 교서에서 트루먼 대통령이 선언한, 사회복지정책을 일컫는다. 루스벨트의 뉴딜정책을 대체로 계승했다고 평가되었지만 1950년 한국전쟁의 발발로 트루먼 정부의 정책 방향이 바뀌면서 궁극적으로 폐기되었다.

** Point Four. 미국의 트루먼 대통령이 1949년 1월에 제창한 후진국 개발을 위한 원조계획을 말한다. 이 계획은 중남미 원조에 중점을 두고 민간의 자본 이동을 촉진하는 동시에 기술 원조를 공여하기로 했다. 1950년 집행기관으로 미국 국무부 내에 '기술협력국'(TCA)이 설치되었다.

*** Louis A. Johnson(1891-1966). 미국의 정치가이자 법률가. 1937-1940년 육군차관보를 거쳐 1949-1950년 미국의 국방장관을 지냈다.

의 영토를 타격할 수 있게 되자 핵 보복을 위협할 수 있는 워싱턴의 능력은 어느 정도 신뢰를 잃어버렸다.

몇 주 뒤인 10월 1일, 마오쩌둥*이 지도하는 중국 공산주의 세력이 중국 내전에서 승리하여 중화인민공화국(People's Republic of China, PRC)을 수립했다. 많은 미국인들은 마오쩌둥의 승리를, 공산주의가 진격할 수 있는 곳에서는 어디든지 진격할 거라는 신호로 여겼다. 그리고 미국인들은 "권력은 총구에서 나온다."는 마오쩌둥의 말에 주목했다.

트루먼은 1950년 1월에 미국이 수소폭탄을 생산할 것이라고 발표함으로써 미군의 신뢰성을 다시 획득하려 했다. 트루먼은 또 국무부 정책기획국에 국가 안보 수요를 검토하라고 지시했다.

딘 애치슨은 공산주의가 군사적 위협이라기보다는 정치적 위협이라는 조지 케넌의 주장에 대해 이미 의문을 품기 시작했다. 1949년 12월에 애치슨은 정책기획국 국장에 케넌 대신 폴 니츠**를 임명했다. 젊지만 이미 존경 받던 전략가였던 니츠가 이끄는 정책기획국은 NSC 68이라는 새로운 정책 문서를 작성해 트루먼의 지시에 응답했다.[1]

니츠는 직설적이었다. NSC 68은 미국과 그 동맹국들이 공산주의 세계의 조직적 위협에 안보를 희생당할 위험이 있다고 경고했다. 이러한 위협에 대응하기 위해 니츠는 "자유세계에서 정치적·경제적·군사적 위력을 신속히 증강시킬" 것을 제안했다. 니츠는 특히 소련과 그 위성국들이 독일과 서유럽을 재빨리 유린할 수 있다고 경고했다.

---

* 毛澤東(1893-1976). 중화인민공화국의 군인, 정치가. 1945-1976년 중국공산당의 초대 중앙위원회 주석을 지냈다.
** Paul Nitze(1907-2004). 미국의 정치인. 1963-1967년 해군장관, 1967-1969년 국방차관을 역임했다. 미국 NSC 68의 주요 작성자로 가장 잘 알려져 있으며, 여러 행정부에서 미국의 냉전 방어 정책을 만드는 데 일조했다.

니츠는 서독과 일본 같은 이전의 적국들이 재무장함으로써 연합국의 군사력 증강을 도와야 한다고 역설했다. 그는 독일을 분단된 세계에서 중립의 섬으로 만들려는 어떤 제안도 일축했다.

니츠의 주장은 애치슨을 납득시켰으나, 트루먼은 대대적인 군사적 증강을 개시하고 싶지 않았다. 그는 이전에 클라크 클리포드의 문서에 불편함을 느꼈듯이 NSC 68에 대해서도 그만큼 불편함을 느꼈다. 트루먼은 NSC 68을 극비에 부치며, 사본 몇 부만 남기고 모조리 파기하라고 명령했다. 대통령은 또 독일의 재무장에도 반대했다.[2]

김일성이 연방군을 출범시키다

아시아에서 벌어진 사태가 니츠의 주장에 타당성을 부여했다. 북한 공산주의 독재자인 김일성은 1950년 4월에 무력으로 한반도의 통일에 나서게 해달라고 스탈린을 설득했다. 스탈린은 오랫동안 김일성의 희망을 눌러왔지만 이른바 '국제정세의 변화'(아마도 소련의 핵폭탄, 마오쩌둥의 승리 혹은 미국이 한국으로부터 점령군을 철수하고 한국과 일본 사이에 방어선을 수립한다는 애치슨의 연설이 그것일 것이다.) 때문에 마음이 달라졌다.[3]

1950년 6월 25일 북한이 남한을 침공하자 트루먼은 니츠와 애치슨이 공산주의의 서유럽 침공을 우려하는 것이 옳다고 결론을 내릴 수밖에 없었다. 설사 그들이 틀렸다 하더라도 트루먼은 대비를 해야 했다. 트루먼은 이미 중국을 "잃었다"고 비난을 받고 있는 마당에 유럽까지 잃었다고 비난 받고 싶지 않았다.

발터 울브리히트는 북한의 공격을 이용해 공산주의의 승리가 임박했다고 모든 독일인들을 설득하고 싶어 했다. 이를 확실히 하려고 울브리히트는 한국과 독일을 명확하게 연결했다. 1950년 8월 독일사회주의통일당의 한 회의에서 울브리히트는 새 서독 정부의 청산을 요구했고, 그것이 어떻게 이루어질 수 있는지를 보여주는 한 예로서 북한 공격을 언급했다. 그는 서독인들이 소련을 지지할 준비를 갖출 것을 요청했다.[4] 심지어 그 전인 6월 27일에도 소련 언론은 독일에서 발생할 수 있는 사태의 모델로서 한국을 예로 들었다.[5]

서독과 서베를린 시민들은 동독이나 소련의 공격을 두려워했다. 국경 지역에 사는 사람들은 이사를 가거나 피난을 준비하기 시작했다. 미국 점령군은 비록 미군이 어떤 충돌에서도 수적으로 크게 열세였음에도 불구하고 가능한 한 일반 독일인들을 안심시키기 위해 더욱 빈번하게 경계 훈련을 실시하기 시작했다. 서독은 스탈린이 제3차 세계대전을 일으키거나 적어도 서독을 침공하여 아마도 자신의 조건으로 회담을 강요하기 위해 그 영토의 일부를 인질로 삼기로 결정할 것이라는 불안감 속에서 살았다.

1950년 9월 30일, 트루먼은 NSC 68을 "향후 4-5년 이상 따라야 할 정책 보고"로 간주하고, "프로그램 실행을…가능한 한 빨리 시도하라."고 지시했다.[6] 트루먼은 또 서독 군대 없이는 서유럽을 방어할 수 없다고 결론 내렸다.[7] 김일성의 군대가 38도선을 넘은 순간부터, 워싱턴은 유럽에서 전쟁을 준비해야 하며, NSC 68이 옹호한 전 지구적 증강을 뒷받침하는 것을 도와줄 뿐만 아니라 대륙을 방어하는 것을 도와주기 위해 서독을 이용해야 한다고 결정했다. 서독은 방어의 대상으로부터 방어를 위한 자산으로 전환되어야 했다.

그러나 애치슨은 또한 프랑스가 독일 군대를 통제할 통합 지휘관 없이는 나토에 독일군대를 포함시키는 것은 결코 용인하지 않으리라는 것도 알았다. 1950년 9월에 애치슨은 뉴욕에서 쉬망과 베빈을 만나 통합 나토군의 창설을 주장했다. 이 통합 나토군은 아마도 히틀러에 맞서 서방 연합군을 지도했던 드와이트 아이젠하워 장군을 최고 사령관으로 할 것이었다. 그들은 약간 주저함이 없는 것은 아니었지만 통합 나토군에 독일군을 포함시켜야 한다는 데 동의했다. 하지만 그들은 그런 독일군에 대해 상세히 논의하지는 않았다.[8]

스탈린은 북한이 남한을 침공하는 것에 동의했을 때 미국과 서유럽이 어떻게 대응할지 예견하지 못했을 것이다. 가장 최근에 공개된 소련 문서는 이전의 증거와 마찬가지로 스탈린이 오직 아시아에 한정해서 침공의 결과를 생각했으리라는 것을 암시한다.[9] 그것이 사실이었다면 스탈린은 다시 한 번 상황을 오판했다.

콘라트 아데나워는 이미 서독의 무장을 고려하기 시작했다. 1949년 12월, 아데나워는《클리블랜드 플레인 딜러》(Cleveland Plain Dealer)지에 유럽군에 대한 독일의 기여 문제를 "최악의 경우가 현실화된다면" 고려해야 할 것이라고 말했다.[10] 이 인터뷰는 압도적인 다수가 재무장에 반대하는 서독에서 격렬한 논쟁을 불러 일으켰음에도 아데나워는 자신의 주장을 철회하지 않았다.

에르빈 롬멜 육군 원수의 참모장이자 나치즘에 의해 더럽혀지지 않은 명성을 갖고 전쟁에서 빠져나온 독일 장군들 중의 한 사람인 한스 슈파이델* 장군은 소련 위협에 대응하기 위해 다른 독일 고위 장교들과 함께 활동하기 시작했다. 슈파이델은 15개 독일 사단 병력이 유럽군에 통합되어야 할 뿐만 아니라 독일이 나토에 가입해야 한다고 일찍이 권고한

---

* Hans Speidel(1897-1984). 독일의 장군. 1950년 콘라트 아데나워 총리의 군사보좌관이 되었고, 1951-1954년 유럽방위공동체 결성 회담에서 독일연방공화국의 대표를 맡았다. 1957-1963년 북대서양조약기구(NATO)의 중부유럽 연합지상군의 참모총장을 지냈다.

적이 있었다. 아데나워는 1949년 슈파이델의 보고서를 접했고 아마도 그 보고서에 영향을 받았을 것이다.

아데나워는 슈파이델과 다른 몇몇 장군들에게 구체적 안을 제출하라고 요청했다. 한국 침공과 울브리히트의 위협이 있은 후인 1950년 10월에 장군들과 몇몇 참모 장교들은 고도의 기동성을 갖춘 12개의 기갑 사단을 보유하는 약 50만 명의 병력을 제안했다. 장군들은 서독과 다른 서방 군대가 서독 국경 전체를 따라 쉴 새 없이 적을 공격하며 즉각 반격을 가할 수 있기만 하다면, 소련군과 동독군이 국경 안으로 진입하는 것을 허용하지 않고 라인 강에 미치지 못하는 곳에서 공격을 저지시키기를 바랄 수 있다고 믿었다.

아데나워와 장군들은 동독의 병영인민경찰의 무력이 커져가는 것을 우려했다. 독일민주공화국의 국가안전부와 결합된 병영인민경찰은 독일민주공화국에게 강력한 군사력과 보안 능력을 제공했다. 스탈린이 북한에게 남한을 침공하게 했다면, 울브리히트가 암시했듯이, 그는 동독에게 서독을 침공하게 하지 않겠는가?

북한 침공 이후 아데나워는 서독의 무장이 필수적일 뿐 아니라 불가피하다고 결정했다. 그는 또 무장을 이용해 서독의 위상을 높이기를 원했다. 아데나워는 연합국이 이제 서방 전체의 방어를 위해 서독 군대를 원할 것이라고 믿었고, 연합국이 그 대가로 연방공화국에 주권을 부여하기를 바랐다. 아데나워는 또 서독 군대가 유럽 통합을 도와주기를 희망했다. 아데나워는 안보적 측면뿐 아니라 정치적 측면에서도 독일 군대를 바라보았다.

1949년 9월 21일, 아데나워는 서방 고등 판무관들에게 자신의 내각을 선보였을 때 이미 대등한 대우를 요청하는 자신의 주장을 확실히 했다. 그들은 본의 바로 남쪽 라인 강변에 높이 솟은 큰 리조트 호텔로서 연합국이 사무실용으로 인수했던 페테르스베르크에서 만났다. 많은 독일인들은 페테르스베르크가 연합국에게 본과 독일을 감독할 수 있는 뛰어난 위치를 제공하는 것 같았기 때문에 분개했다. 고등 판무관들은 아데나워의 내각을 맞으려고 큰 양탄자 위에 모였다. 분명히 그들은 독일인들이 양탄자 옆에 서 있기를 의도했다. 그러나 아데나워는 고등 판무관들과 함께 도전적으로 양탄자 위로 걸어 들어갔고, 이는 새 연방공화국이 그들과 대등함을 보여주는 것이었다. 그 자신 나치 치하에서 고통을 겪고 나치 감옥에서 받은 대우 때문에 부인을 잃은 아데나워는 도덕적으로 꿀릴 것이 없다고 생각했다.

아데나워는 연방공화국의 권한 확대와 제한 축소를 끊임없이 요구했다. 연합국 고등 판무관들과 처음 만난 지 몇 주 만에 연방공화국과 연합국은 연방공화국에 영사 권한을 부여하고 연합국의 독일 산업 해체 계획을 축소하는 페테르스베르크 협정이라고 알려진 합의에 서명했다.

독일 재무장의 가능성이 거론되자 아데나워는 주권을 획득하기 위한 노력을 배가했다. 독일 군대가 만들어진다면, 그것은 가신들의 군대나 용병들의 군대가 되어서는 안 된다. 아데나워의 완전한 주권 추구는 군사 계획에 대해 독일인들과 연합국 사이에 대화가 있을 때마다 주요 논제가 되었다. 그리고 연합국은 아데나워가 독일 군대가 외국 점령자들이 아니라 독일 국가를 방어할 것이라고 생각할 때까지 독일 군대를 창설하지 않을 것이기 때문에 양보할 수밖에 없다는 것을 알았다.[11]

아데나워는 1950년 8월 30일, 미국 고등판무관인 존 J. 맥클로이*에

---

* John J. McCloy(1895-1989). 미국의 법률가이자 은행가. 제2차 세계대전 동안 육군차관보,

게 두 개의 제안서를 제출했다. 맥클로이가 서방 열강들의 외무장관 회의에 참석하러 갈 예정이었기 때문이었다. 첫 번째 제안서는 유럽군에 대한 독일의 기여를 제안하되 별개의 서독 군대라는 개념은 거부하는 것이었다. 두 번째 제안서는 점령 규정을 폐기하고 대내외 국정에서 독일이 완전한 주권과 권한을 행사할 것을 요구하는 것이었다.

몇 주 후 아데나워는 그가 원하는 바의 일부를 얻었다. 3개 연합국은 연방공화국이 자체 외무부와 외교 기관을 가질 수 있도록 점령 규정과 페테르스베르크 협정을 수정하는 데 동의했다. 그들은 원칙적으로 나토 틀내에서 독일의 군사적 기여를 받아들였다. 트루먼은 또 미국이 서독에서 미군 병력의 수를 늘릴 것—프랑스가 독일 재무장을 승인하기 전에 반드시 해야 하는 중요한 조치—이라고 결정했다.

김일성의 남한 공격은 또 다른 예상치 않은 결과를 낳았다. 미국 산업이 서독 산업이 생산을 허용 받지 못한 군비에 집중해야 함에 따라 독일인들은 민간용 물품의 수출 붐을 맞이했고, 이는 수년간 지속될 것이었다. 그리하여 한국전쟁은 서독의 '경제 기적'을 고무했고, 이는 아데나워의 지위와 그의 정책을 강화시켜 주었다.

모네, 쉬망, 아데나워가 유럽을 만들다

독일의 재무장 가능성은 파리에서 쉽게 받아들여지지 않았다. 프랑스 시민들은 독일 침공과 점령 동안 끔찍한 고통을 겪었다. 프랑스 여론은 독일이 재무장하여 80년 안에 네 번째로 프랑스를 침공할 수 있게 되

1947-1949년 세계은행 총재, 1949-1952년 피점령 독일의 미국 고등 판무관을 역임했다.

는 것을 용인할 수가 없었다.

프랑스는 1950년대 초까지도 여전히 독일에 대해 최종적인 정책이 없었다. 드골은 두 가지 개념, 즉 독일을 분할한다는 부정적 목표와 유럽 내에서 협력을 한다는 긍정적인 목표를 추구했다. 비도는 처음에는 분할을 시도했으나 어느 누구도 동의하지 않자 노선을 바꿔야 했다. 그 후 프랑스는 영국과 미국이 독일과 소련에 맞서 반드시 유럽을 보호하겠다는 태도를 계속 유지시키기 위해 나토에 가입했다. 그러나 프랑스는 여전히 새 연방공화국과 더불어 사는 법을 찾아야 했다.

프랑스 사람인 장 모네*가 대답을 갖고 있었다. 모네는 전쟁 기간의 대부분을 국제경제학자로 미국에서 보냈고 프랑스와 유럽의 미래에 대해 오랫동안 숙고했다. 모네는 1944년에 이미 《포춘》지에 유럽 국가들이 주권을 일종의 유럽연합 같은 것에 양도해야 할 것이라고 말했다. 모네는 독일, 프랑스, 영국을 이런 연합의 핵심 회원국으로 상정했다. 전쟁이 끝난 후 모네는 자신의 구상을 현실화시킬 방법을 찾고자 했다. 베빈이나 애치슨과 마찬가지로 모네는 오랜 문제들에 대한 새로운 해결책을 기대했다.[12]

모네는 자신의 구상을 들을 준비가 되어 있는 사람을 찾아냈는데, 바로 로베르 쉬망이었다. 쉬망은 프랑스가 앵글로-색슨의 제안들에 휩쓸리지 않으려면 독자적인 해결책을 찾아야 한다는 인식을 가지고 있었다. 1949년 4월에 모네는 쉬망에게 프랑스와 독일의 석탄 및 철강 산업을 유

---

* Jean Monnet(1888-1979). 프랑스의 경제학자이자 외교관. 유럽공동체를 설계한 사람으로서 유럽공동체의 아버지로 불린다. 대서양 연안 국가들의 주요 정·재계 인물들과 친분이 두터웠던 그는 두 차례에 걸친 세계대전 후 프랑스 재건을 위해 드골의 민족주의적 경향에 맞서 세계주의자로서의 역할을 자처했다.

럽이라는 실체에 통합시키는 자신의 구상에 대해 보고했다. 이것은 실질적으로 두 국가 사이의 전쟁을 불가능하게 할 터였다. 그것은 또 유럽의 통합도 촉진할 것이다. 모네의 제안이 갖는 혁명적 함의를 이해한 쉬망은 프랑스 내각에 최소한의 토의로 그것을 승인할 것을 설득했다. 쉬망은 1950년 5월 9일 그 제안을 발표했다. 쉬망은 이미 겨우 두 달 전에 프랑스와 서독의 완전한 통합을 제안했던 아데나워에게 이를 알려주었다. 아데나워는 몹시 열광했지만 발표가 프랑스로부터 나올 필요가 있었기 때문에 발표를 자제하지 않으면 안 되었다.

그때부터 모네는 독일 관리와 미국 관리들 사이에서 전면적인 지지를 발견하면서, 유럽석탄철강공동체(European Coal and Steel Community, ECSC)의 설립을 진행했다. 평생 모네와 친구 사이가 되었던 아데나워는 루르 지방의 완고한 독일 석탄과 철강 생산업자들에게 그들의 카르텔을 포기하고 초국적 고위 당국 아래에서 활동하기를 강력히 요구했다. 맥클로이는 아데나워를 강력하게 지지했는데, 왜냐하면 미국의 압력 없이는 루르의 거물들이 굴복하지 않을 것이기 때문이었다. 그러나 영국은 요청을 받았고 또 협력적이었음에도 불구하고 가입하지 않았다. 베빈은 영국을 유럽에 참여시키려 충분히 노력하지 않았고, 또 참여시킬 수도 없었다.

파리는 자신의 독일 정책을 발견했다. 1951년 4월 18일에 서명된 유럽석탄철강공동체 설립 조약은 역사적인 프랑스-독일의 적대관계를 끝냈고, 유럽을 독일을 담는 그릇으로 보는 드골의 생각에 형태를 부여했다. 독일을 약화시키려고 시도하는 대신에 파리는 양국이 협력에 이해관계를 갖게 만들었다. 모네와 쉬망, 그리고 아데나워는 유럽석탄철강공동체를 산업 협정이 아니라 매우 도덕적인 행위로 인식했다. 그들은 유럽석탄철강공동체가 대륙의 피비린내 나는 전쟁을 끝내고 새로운 시대를 낳기를 희망했다.

　새로운 독일 군대는 프랑스에 루르의 거물들보다도 더 큰 도전을 제기했다. 바로 이러한 생각은 모든 프랑스 시민을 분노하게 만들었는데, 왜냐하면 너무나 많은 사람들이 독일군에게 자신의 친구와 친지들이 희생되었기 때문이었다. 프랑스는 독일의 통일만큼이나 확고하게 독일의 재군비에 반대했다.

　그러나 프랑스 총리 르네 플레벵*은 프랑스가 홀로 독일의 무장 압력에 저항할 수가 없다는 것을 알았다. 플레벵은 또 그의 군부와 마찬가지로 독일 군대가 잠재적인 소련 공격에 맞서 프랑스 영토를 보호하는 것을 도와줄 수 있다는 것도 알았다. 그리고 플레벵은 쉬망처럼 프랑스에게 가장 좋은 전략은 불가피한 것을 막으려 하기보다는 부활한 독일과 함께 하는 것이라고 결정했다.

　쉬망이 유럽석탄철강공동체를 제안한 지 다섯 달 후인 1950년 10월 24일, 플레벵은 유럽 내에서 독일을 재무장시키기 위한 참신하지만 복잡한 계획을 발표했다. 그의 계획은 유럽방위공동체(European Defense Community, EDC)를 창설하는 것이었는데, 이 공동체 안에서 독일인들은 장교와 사병으로 복무할 수는 있으나 고위 사령부도 보유할 수 없고 독자적인 대규모 전투 부대도 설립할 수 없도록 했다. 독일을 포함한 여러 나라들은 각각 5,000명의 병사들로 이루어진 전투단들(groupements de combat)을 갖게 될 것이다. 이 전투단은 사단들로 통합되며, 어떤 하나의 국가도 한 개의 사단 안에 한 개 이상의 전투단을 갖지 못한다. 독일인은

---

* René Pleven(1901-1993). 프랑스의 정치인. 제2차 세계대전 동안 드골이 이끄는 자유프랑스에 가담했으며, 전후 1950-1951년, 1951-1952년 두 차례 프랑스 총리를 지냈다.

사단 사령관 지위를 맡을 수 없다. 또한 독일이 특정 형태의 병기와 주력 함을 갖는 것도 허용되지 않는다. 서독은 별개의 나토 회원국이 되지 않는다.[13]

프랑스 군 장교를 비롯한 여타 군 장교들 가운데 많은 이들이 이 계획의 실전 효용성에 의구심에 품었지만, 플레벵의 계획은 어느 정도 지지를 받았다. 장 모네는 그것을 쉬망 계획의 군사적 보완으로 여겼다. 그는 플레벵의 계획이 유럽석탄철강공동체와 같은 정치적 목적에 도움이 되기를 원했다. 유럽방위공동체는 독일 군대가 아니라 유럽군을 창설하는 방안을 통해 프랑스 정부에게 프랑스 여론의 격렬한 반발을 겪지 않고 독일의 무장을 지지하는 출발점을 제공했다.

독일인들은 프랑스인들보다 훨씬 더 강하게 독일의 무장에 반대했다. 독일인들은 전쟁과 전투에, 그리고 아들과 형제와 아버지와 남편을 잃는 일에 진절머리가 났다. 그들은 독일 군대든 유럽군이든 무슨 군대든, 어떤 군대도 원하지 않았다. 독일인들이 가장 좋아하는 구절은 유럽군에는 독일 병사가 전혀 없을 것임을 뜻하는, '나는 빼고'(Ohne Mich)가 되었다. 사회민주주의자들은 독일의 무장에 단호하게 반대했는데, 이는 부분적으로 독일이 무장하면 통일의 기회가 완전히 사라질 것을 우려했기 때문이었다. 아데나워의 연립 파트너였던 자유민주당은 근심어린 유보적 태도를 보였다. 독일민주공화국은 독일 내의 관계를 개선할 '전독일' 위원회 같은 것을 대가로 군비 계획을 포기하라고 서독 일반인들을 충동질했지만, 아데나워는 이를 거부했다.

아데나워는 독일인들에게 침략군이 라인 강에 도달하기 전에 그들만이 이 침략군을 저지할 수 있다고 상기시킴으로써 무기를 들라고 설득했다. 아데나워는 또 독일의 무장이 독일이 주권을 되찾는 것을 도와줄 것이라고 말했다. 아데나워는 서방 연합국뿐 아니라 독일인들에게도 연방공화국이 피점령국으로서는 유럽방위공동체에 기여하지 않을 것임을 매우 분명히 했다.

독일 장교와 연합국 장교들은 프랑스가 필요로 했던 정치적 보장뿐만 아니라 군사 계획도 발전시키기 위해 플레벵의 발표 이후 거의 쉬지 않고 서로 만났다. 아데나워는 또 이 회의들을 이용해 서독이 주권을 가진 동맹국으로서 대우 받아야 한다는 자신의 요구를 압박했다. 영국 관리들은 아데나워의 주장을 전반적으로 수용했다. 미국인들은 외국 땅에서 외국 법률의 적용을 받는 것보다는 피점령국에서 미국의 통제하에 군대를 전개하는 것이 더 용이하기 때문에 주저했다. 프랑스인들은 일관되게 유보적 태도를 보였으나 최종적으로 아데나워 제안의 대부분에 동의했다.

아데나워와 연합국은 유럽방위공동체 아래에 서독군을 창설하는 절차를 수립했다. 그들은 서방 점령 당국의 권한을 축소하되 일부는 그대로 남겨두면서, 좀 더 자주적인 서독에 외국 군대를 주둔시키기 위한 규정에 합의했다. 연합국은 1949년처럼 베를린에서의 그들의 권한뿐 아니라 독일 전체에 대한 처리 문제와 관련해 자신들의 권한을 보유할 필요가 있다고 주장했다. 그러나 연합국은 재정을 비롯한 여타 부문에서는 권한을 양보했다.

아데나워가 그랬듯이 플레벵 역시 유럽방위공동체를 정치적인 측면에서 바라보았다. 아데나워는 유럽 차원의 수많은 연결고리에 독일을 묶어둠으로써 독일이 다시는 어떤 나라에 위협이 될 수 없기를 원했다. 쉬망 계획과 함께 유럽방위공동체는 독일이 강력한 요소이기는 하나 지배적인 세력은 아닌, 통합된 서유럽을 수립하는 것을 도와줄 터였다.

유럽석탄철강공동체 조약이 승인된 지 1년 후 독일은 유럽방위공동체에 참여하는 데 동의했다. 이는 유럽방위공동체가 의미 있는 세력이 될 것이라는 전망을 갖게 했다. 그 대가로 연합국은 점령 규정을 폐기하고 아데나워가 강력히 주장해온 대로 연방공화국에 주권의 많은 부분을 넘겨주는 데 동의했다. 아데나워와 연합국이 1952년 5월 26일 본에서 서명한 조약은 그것이 전쟁 이후 독일을 재구성했기 때문에 독일조약(Deutschlandvertrag)이라고 불리게 되었다. 이튿날 아데나워와 연합국은 파리에서 유럽방위공동체 조약에 서명했다.

하지만 이 새로운 권리에 대한 대가로 연합국은 독일의 충성을 요구했다. 미국인과 영국인들은 독일의 방위 분담을 기대하고 있을 뿐만 아니라 연방공화국이 서방에 충분히 소속되어 있기를 기대한다는 점을 특히 명확히 했다. 맥클로이는 "독일이 중립적 지위를 차지하는 것을 보려고" 연합국이 자신들의 권한을 버리지는 않을 것이라고 아데나워에게 단도직입적으로 말했다.[14] 연방공화국은 서방의 지지와 자신의 새 권한에 대한 존중을 기대할 수 있다면, 동과 서를 이간질하는 비스마르크의 그네 정책(Schaukelpolitik)을 재개할 수는 없었다. 1922년에 독일과 소비에트 러시아라는 따돌림 받는 국가들 사이에 특별한 관계를 수립했던 라팔로 조약[*]이

---

[*]   Rapallo Treaty. 1922년 4월 16일 이탈리아의 제노바 근교인 라팔로에서 바이마르 공화국과 소비에트 러시아 사이에 체결된 우호조약이다. 제1차 세계대전 후 패전 독일과 사회주의국가 소비에트 러시아는 국제적으로 소외된 존재였다. 특히 소비에트 러시아는 제노바 회의에서도 러시아 제국의 외채승인 문제로 불만을 갖고 있었으며 경제건설과 군 강화를 위해 독일과의 교섭을 원했다. 또한 독일도 국방군을 비밀리에 재군비하기 위해 소비에트 러시아의 협력에 적극적 태도를 취했으며, 중공업계도 소비에트 러시아 시장에 매력을 느껴 경제협력에 의욕적이었다. 원래 제네바 회의에서 영국 및 프랑스에 대한 러시아 제국의 채무를 독일의 소비에트 러시아에 대한 배상금으로 지불시키려 했는데, 이 조약에 의해 러시아 제국의 채무와 독일의 대(對)소련 배상이 상쇄되어 영국과 프랑스의 계획은 수포로 돌아갔다.

재현될 수는 없는 노릇이었다.

독일을 둘러싼 투쟁이라는 면에서 아데나워는 결정적인 조치를 취했다. 1952년부터 서방은 연방공화국을 군사적·경제적·정치적 동맹국으로 보았다. 아데나워는 유럽 및 대서양 구조로 서독의 통합을 더욱 단단히 했다. 독일은 분단된 채로 남았으나, 서독은 민주주의와 권위를 획득했다. 김일성은 한국의 지도보다는 유럽의 지도를 더 변화시켰다.

울브리히트는 발생한 사태의 중요성을 충분히 이해했다. 독일조약이 맺어진 그날 울브리히트는 서독과의 분계선 동쪽 변에 5킬로미터의 출입금지 지대를 명령했다. 이 지대는 거주자들, 예고된 방문객들, 신뢰할 수 있는 민간인 관리나 군부대가 특별히 허가를 받은 경우에만 들어갈 수 있었다. 동독 국경 경찰대는 경계선을 따라 '죽음의 띠'(Todesstreifen)라고 알려진 폭 10미터의 경작지에서 사람들을 내보냈다. 국경 경찰은 조준 사계(射界)를 제공하기 위해 감시탑을 세우고 끊임없이 무장 순찰을 돌았다. 어떤 사람도 죽음의 위협을 무릅쓰지 않고서는 그 가늘고 긴 땅에 들어가거나 그 땅을 건너갈 수가 없었다.[15] 서독인들은 서유럽에 합류할 것이지만 동독인들은 그렇지 않을 것이었다.

스탈린의 마지막 시도

1952년 초에 스탈린은 유럽방위공동체가 등장하고 서독 군대가 거기에 포함됨으로써 소련 군대가 1945년 이후 처음으로 독일 군대를 직접 마주치게 될까봐 우려했다. 그런 군대를 유럽의 지휘하에 둔다고 해서 이 현실이 누그러지는 것은 아니었다.

스탈린은 신속하게 행동해야 한다고 결정했다. 스탈린은 몇몇 전후 문서가 증언하듯이 "누구든지 독일 통일을 지지하는 자가 독일 인민의 지지를 얻을 것"이라고 믿었다.[16] 스탈린은 그런 신념에 따라 행동했다.

스탈린은 외무장관으로 다시 불러들인 몰로토프에게 평화조약 문안을 비롯해 독일 통일을 위한 새로운 해법을 담은 제안을 준비하라고 지시했다. 스탈린은 제안이 공개되어 서독에서 주목과 지지를 끌기를 원했다.[17] 그러나 몰로토프와 외무부 직원이 스탈린에게 보낸 초안은 그의 희망을 충족시키지 못했다. 그것은 진부한 해법을 되풀이했고, 루르 지방을 유럽석탄철강공동체에서 배제하라거나 서독으로 도피한 난민들을 송환하라거나 하는 새롭긴 하지만 수용되지 못할 것이 뻔한 요구들을 포함하고 있었다.

스탈린은 새로운 초안을 주문했고, 외무부는 스탈린의 구체적인 지침하에서 행동하면서 새 초안을 생산했다. 새 초안에는 서독인들의 주목을 끌기 위한 몇 가지 새로운 구상이 들어 있었다.

1952년 3월 10일, 스탈린은 독일인들에게 통일을 제안함으로써 서방을 놀라게 했다. 통일은 독일인들이 공개적으로 추구해온 것이었다. 스탈린은 많은 세부사항을 채워 넣고 또 이전보다 더 나은 조건으로 통일을 제안했다. 그러나 스탈린은 또 몇 가지 새로운 조건도 덧붙였다. 소련 외무차관 안드레이 그로미코*는 세 명의 서방 점령국 대사들을 집무실로 불러서 다음과 같은 조건하에 독일의 통일을 제안하는 문서를 주었다.

---

* Andrei Gromyko(1909-1989). 소련의 외교관이자 정치가. 1939년에 외무부에서 일을 시작한 이래 1943년 미국 주재 대사가 되었고, 이후 얄타 회담 등 주요 국제회의에 출석했다. 1946년 국제연합 안전보장이사회의 소련 대표, 1952-1953년 영국 주재 대사를 지냈다. 1957-1985년 28년 동안 소련 외무장관, 1985-1988년 소련 최고소비에트 간부회 의장을 역임했다.

- 독일은 "포츠담 회담의 조항들에 의해 세워진" 경계 내에서 통일 국가를 다시 수립할 것이다.
- 단일한 통일 독일 정부가 평화 조약 협상에서 역할을 할 것이다.
- 모든 점령군은 조약이 발효되는 날짜 이후 1년 내에 철수할 것이다.
- 민주적인 정당과 단체들은 자유롭게 활동할 수 있을 것이다.
- 독일은 "자국의 군대를 동원해 대(對)독일 전쟁에 참여한 열강을 겨냥하는 어떤 종류의 제휴나 군사적 동맹에도 관여하지 않을" 것이다.
- 독일은 "나라를 방위하는 데 필수적인 자체 군대"를 가질 것이다.
- 독일은 자국의 군대를 위해 군수품 생산이 허용될 것이다.
- 독일은 세계 시장에 충분히 접근할 수 있을 것이다.
- 독일군과 나치당의 이전 구성원들은 유죄 판결을 받은 전범들을 제외하고 평화적이고 민주적인 독일을 수립하는 데 참여할 수 있을 것이다.[18]

'스탈린 각서'라고 알려진 이 소련 문서는 독일과 연합국의 수도들에서 센세이션을 일으켰다. 비록 스탈린이 항상 독일 통일에 관심을 보여왔고 소련의 많은 외교적 움직임이 독일 통일을 모색하는 듯했음에도 불구하고, 소련 정책은 나라를 분단시키는 데 일조했었다. 스탈린의 움직임은 서방이 그의 독일 정책에 대해 믿게 되었던 모든 것을 뒤집어버렸다.

스탈린의 각서는 대부분의 독일인들에게 매력적으로 보일 여러 가능성을 암시했다. 독일은 통일될 것이고, 독일 정부는 평화 협상을 도울 것이며, 독일은 자체의 군대를 가질 것이다. 정당들의 무제한적 활동을 통해 자유가 돌아올 것이다. 소련군을 비롯한 점령군들은 떠날 것이다.

하지만 스탈린의 각서에는 많은 서독인들이 환영하지 않은 몇 가지 주장도 들어 있었다. 독일의 경계는 오데르-나이세 선을 따라 정해질 것인데, 이 경계는 많은 독일인들이 여전히 받아들이지 않았다. 독일은 이전의 적국들을 표면적으로 겨냥하는 조직에 가입할 수 없었는데, 스탈린은 이 조항을 이용하여 서독인들이 가입하기를 원하는 광범위한 조직들로부터 독일을 배제할 수 있을 것이었다.

스탈린 각서의 언어는 끝없는 해석의 차이를 낳는 데 유용했다. 각서는 '자유로운' 정치적 활동을 요구하고 독일에 맞서 싸웠던 열강에 '적대적인' 조직들을 비난했다. 그런 단어들의 해석에 따라 새로운 통일 독일은 독립적일 수도 있고 혹은 단단히 속박될 수도 있었다. 소련 지도자 및 관리들과의 초기 회담들은 이런 용어들의 의미와 적용에 관해 합의에 도달하는 데 시간이 오래 걸릴 것임을 시사했다.

그리고 독일이 자국의 방어에 필요할 군대에 대해서는 누가 동의할수 있을까? 유럽방위공동체의 회담들은, 히틀러 침공의 희생자들은 작은 독일 군대를 원하지만 독일은 자국 군대에 충분히 의존해야 한다면 큰군대를 필요로 할 것이었음을 보여주었다. 붉은 군대를 저지할 만큼 큰독일 군대는 벨기에나 네덜란드는 차치하고 프랑스에게도 끔찍하게 보일 것이다. 이 나라들은 유럽의 지휘하에 있는 독일 부대도 받아들이기힘들다는 것을 진작부터 알았다. 하물며 독일 지휘하의 독일 군대는 악몽 같은 일일 것이다.

그러므로 스탈린의 각서는 서독을 유럽과 대서양 기구들로 통합하는과정을 늦출 수 있었다. 그 동안 소련 군대는 자신들을 상대할 수 있는 어떤 필적할 만한 군대도 없이 계속 엘베 강에 머물러 있을 것이었다. 서방연합국과 아데나워는 베를린 봉쇄와 한국 침공 이래 그들이 따랐던 정책들을 파기해야 할 판이었다.

그러나 연합국은 스탈린의 제안을 거부하기가 힘들다는 것을 알았다. 그들은 얼마나 회의적인지 상관없이 정말로 유의미할 수도 있는 소련의 제안을 거부하는 것처럼 보이지 않으면서 자신들의 통합 정책을 계속 진행할 방법을 찾아야 했다. 연합국은 여론의 눈치를 안 볼 수도 없었고, 마땅한 이유 없이 독일을 분단된 채로 놔두는 것에 대해 책임을 질 수도 없었다.[19]

애치슨은 모스크바와 회담을 가져봤자 소용이 없을 것이며 결정적인 시기에 서유럽 통합을 위한 동력만 위태롭게 될 것이라고 믿었다. 애치슨은 소련군이 독일 국경에 여전히 머무르고 있는데 미군이 대서양 너머로 철수할 경우 독일이 스탈린의 영향 아래로 들어갈 가능성을 우려했다. 더군다나 애치슨은 미국이 전략적으로 극히 중요한 유럽군을 위해 독일만큼 좋은 기지 후보지를 결코 찾을 수 없다고 생각했다. 그러므로 애치슨은 스탈린의 제안을 거절하고 싶었다.

영국 외무장관 앤서니 이든은 애치슨의 우려를 공유했다. 이든은 또 모스크바와 회담을 갖게 되면 일정이 지연되는 것도 허용하고 싶지 않았다. 그러나 영국의 여론은 아직 유럽군을 완전히 승인하지는 않은 상태였다. 몇몇 영국 외교관들은 통합된 서유럽을 여전히 두려워했다. 스탈린 각서는 그들의 마음을 끌었다.[20]

쉬망과 프랑스 정부는 스탈린 각서를 매우 위험한 것으로 보았다. 그것은 표면적으로는 중립적이나 국경에 주둔한 소련군의 압력에 종속된 무장된 통일 독일을 창설할 수 있었다. 이러한 결합에 대응하려면 프랑스는 감당할 수 없는 거대한 군사력을 유지해야 할 것이었다.

스탈린의 각서는 프랑스의 '라팔로 콤플렉스', 즉 유럽이 러시아가 뒷받침하는 독일에 의해 다시 지배될 수 있다는 공포를 부활시켰다. 독일과 소련은 프랑스와 이탈리아, 베네룩스 3국을 하찮은 존재로 만들 것이었다. 비록 쉬망은 아데나워를 신뢰했지만, 파리는 독일의 총리나 시민들이 그런 제의에 솔깃해지지 않을까 궁금하지 않을 수 없었다.

3월 17일, 아데나워는 서방 열강이 직면한 딜레마를 스스로 해결했다. 아데나워는 스탈린 각서에 포함된 구상들을 거부한다고 공개적이고 명확하게 말한 최초의 서방 지도자가 되었다. 스탈린이 그의 각서를 연방공화국에 보내지 않았음에도 불구하고 아데나워는 자신의 견해를 밝히기를 원했다. 아데나워는 이 각서를 서독을 서방에 통합시키려는 연합국의 정책을 칭찬하는 척하면서 실제로는 모욕하는 것이라고 비웃었다. 아데나워는 스탈린이 이 통합 과정을 중단시키거나 적어도 지연시키기를 원한다고 생각했다. 아데나워는 사적으로 스탈린의 제안에 대한 답변과 관련된 서방의 모든 토론에 자신이 참여하기를 기대한다고 연합국에 말했다.

스탈린의 각서에 대한 일반인들의 호감을 인정한 아데나워는 소련 독재자의 진짜 의도를 끄집어낼 수 있는 질문들을 제기하자고 주장했다. 아데나워는 이 질문들이 자신이 믿고 있듯이 각서가 기회를 제공하는 것이 아니라 덫을 놓는 것임을 보여주리라고 생각했다.

스탈린의 각서가 제시되기 겨우 열흘 전인 1952년 3월 1일, 아데나워는 기독민주연합 대회에서 모스크바가 서방의 군비에 어떻게 대응할지를 예측했다.

서방이 소비에트 러시아보다 강할 때, 소비에트 러시아와 협상할 시간이 가까이 있습니다. 그때 한편으로는 독일의 공포가 해소될 것입니다. 그때 또 유럽의 절반을 노예 상태로 두는 것이 불가능함을 소비에트 러시아에 설명할 필요가 있을 것입니다.[21]

그러나 아데나워는 자신이 예견한 조건들이 아직 오지 않았다고 생각했다. 아데나워는 시간을 벌기를 원했다. 서방 연합국은 이에 동의했다. 그들은 스탈린의 제안의 가치를 모스크바와 논의조차 하지 않으려 했다. 대신 그들은 각서의 좀 더 모호한 일부 요소와 특히 각서가 제시하는 절차에 초점을 맞추면서, 전술적 접근을 시도했다. 서방 연합국은 전독일 정부가 어떻게 구성될 수 있는지를 물었다. 또 통일 독일이 군사동맹은 물론이고 쉬망 계획을 비롯한 다른 형태의 경제적 통합을 그만두어야 하는지도 물었다. 그리고 서방 연합국은 동독과 서독이 협의해서 공동대표단을 구성하자는 스탈린의 제안도 거부했다.

연합국은 스탈린이 제안한 전독일 정부를 구성하기 위해 자유선거를 요구했다. 이는 표면적으로는 논박의 여지가 없는 것이지만, 연합국이 생각하기에, 울브리히트의 선거 참패 이후 모스크바가 받아들일 수 없는 조건이었다. 동독에서 진정한 자유선거를 갖는 어려움에 관한 이전의 유엔 보고를 다시 언급하며, 유엔 위원단이 동독을 방문해서 자유선거를 위한 현재의 조건을 검토할 것을 제의했다. 스탈린은 이를 거부했다. 스탈린은 또 좀 더 예리한 서방의 일부 질문에 대해서도 답변하기를 회피했다.

스탈린의 각서와 연합국의 대응은 6개월 동안 지속된 각서들의 교환을 낳았다. 소련은 2월 10일에 첫 각서를 시작으로 그 후 4월 9일, 5월 24일, 8월 23일에 각각 다른 각서를 계속 보내면서 전부 네 차례 각서를 발송했다. 연합국은 3월 25일, 5월 13일, 7월 10일, 9월 23일에 답장을 보냈다. 모스크바는 마지막 연합국 각서에는 답변조차 하지 않으려 했다. 왜냐하면 그때쯤에는 원래 각서들을 교환함으로써 이루려 했던 목적이 무엇이었든지 그 목적을 잃어버렸기 때문이었다. 연합국은 이 각서들이 왔다 갔다 하는 동안에도 독일조약과 유럽방위공동체 조약에 서명했다.

늦은 봄이 되자 스탈린은 각서들을 교환하는 일에 흥미를 잃어버린 것처럼 보였다. 5월 24일에 전달된 소련 각서는 이전의 각서들과는 어조와 스타일이 달랐다. 외무부가 분명히 그 각서를 기초했다. 그 후 소련 각서들은 첫 각서의 좀 더 극적인 제안들 중 일부 제안을 되풀이조차 하지 않았다. 스탈린은 마음을 바꾸었든지 아니면 서방이 긍정적으로 답변하지 않을 것이라고 판단했던 것 같다. 이든은 5월 28일, 서방이 '각서들의 전투'에서 승리했다고 동료들에게 알려주었다.[22]

스탈린은 서방의 조건을 수용하지 않으려 했고, 서방은 스탈린의 조건을 받아들이려 하지 않았다. 애치슨은 스탈린의 제안을 지연 전술이라고 비난했다.[23] 이든도 쉬망도 스탈린이 서독이 참여할 수 있는 조직들을 좌지우지하는 것을 원하지 않았다.[24] 후속 소련 각서들이 비군사 조직에 서독이 가입하는 것조차 본을 '공격적인 북대서양 블록'으로 밀어 넣을 것이라고 주장했을 때,[25] 서방 지도자들은 스탈린의 목적에 대해 그들이 품은 의구심이 맞았다고 여겼다. 아데나워는 그런 조건이 유럽에서 영구적인 불안정을 의미할 것이라고 훨씬 더 강하게 느꼈다.[26] 모두가 스탈린의 제안을 거부하는 것이 옳다고 결론 내렸다.

의도와 가치가 무엇이었든, 스탈린 각서는 독일에서 논쟁을 일으키는 문제가 되었다. 일부 독일인들은 각서를 독일의 통일을 이끌 시작으로 보았다. 다른 이들은 스탈린 각서를 유럽의 블록 정치와 또 한 차례의 군비 증강으로부터 독일을 떨어트려 놓을 기회로 여겼다. 상당수의 정치 분석가들은 황금 기회를 놓쳤다고 아데나워를 비난했다. 그러나 이러한 비난은 부분적으로는 서독의 독일사회민주당도 스탈린을 불신했기 때문에 지적인 주목만큼이나 정치적 주목도 결코 끌지는 못했다.

롤프 슈타이닝거*라는 독일 저자는 아데나워가 협소한 정치적 이득을 위해 행동했다고 역설하면서 이 주제를 추적했다. 그는 아데나워가 그렇게 한 것은 동독의 독일사회민주당 성향의 유권자들이 그와 기독민주연합을 권좌에서 쫓아낼까봐 두려워했기 때문이라고 했다. 아데나워의 전기 작가인 한스-페터 슈바르츠**를 비롯한 다른 두 사람은 스탈린 각서가 선전적 술책에 불과하며, 서유럽이 독일에게 모스크바보다 절대적으로 더 밝은 미래를 제공할 수 있다고 역설하면서 이 주장을 일축했다.[27]

아데나워가 스탈린 각서를 선전 술책이 아니라 진정한 제안이라고 생각하여 더 두려워했을 수도 있다. 아데나워는 장기적으로는 독일 통일을 선호했으나 1950년대에 그는 또 하나의 통일 독일이 유럽과 세계에서 독자적이고 해를 끼칠 가능성이 있는 역할을 하는 것을 원하지 않았다. 아데나워는 전후 시기의 독일에 통일보다는 민주주의와 안정이 더 필요하다고 믿었다. 아데나워는 서유럽으로의 통합이 독일에게 평화를 가져다줄 뿐만 아니라 나라 내부의 자유주의 세력도 강화하기를 희망했다. 개인적으로 아데나워는 오데르-나이세 선을 국경으로 삼는 것에 반대하지 않았으나 자신은 자유로운 폴란드와 함께 거기에 서명하기를 더 좋아한다고 말했다.[28]

지금까지 공개된 소련 문서나 동독 문서 중 어떤 문서도 스탈린이 1950년대에 독일을 통일시키고 독일민주공화국을 버릴 준비가 되어 있었다는 구체적인 증거를 제공하지 않는다. 비록 이전의 많은 문서들은

---

* Rolf Steininger(1942-). 독일의 현대사가. 198-2010년까지 인스부르크 대학 현대사 연구소장을 지내고, 현재 볼차노 자유 대학에 재직하고 있다. 유럽연합 장-모네 교수, 뉴올리언스 대학의 아이젠하워미국학센터의 선임연구원이기도 하다.

** Hans-Peter Schwarz(1934-2017). 독일의 정치학자, 현대사학자. 함부르크, 쾰른, 본 대학에서 정치학 교수로 재직했다.

스탈린이 통일 독일을 바라고 있었음을 증명하지만 말이다. 또한 어떤 문서도 스탈린이 1940년대 말에 그 자신이 제안했던 조건보다도 서방 연합국과 서독 여론에 더 만족스러운 조건으로 독일 통일을 협상하려 했음을 암시하지 않는다. 짐작하건대 스탈린은 심지어 평화조약을 체결하지 않고 소련 이익에 도움이 될 점령 협정을 맺으라는 보로실로프의 전시 때 충고를 받아들였던 것 같다.

스탈린은 어쩌면 자신의 각서에서 제시한 조건으로 통일 독일을 진심으로 원했을 것이다. 그러나 너무나 많은 사항들이 해석의 여지가 있어서 전후에 스탈린이 '민주적인 독일'을 희망한 것과 마찬가지로 스탈린이 진짜 무엇을 원했는지를 여전히 알 수가 없다. 연합국은 자신들이 몰로토프와 독일에 관해 결코 협상할 수 없었고, 다시 그 협상을 시도하기를 원하지 않는다는 사실을 알고 있었을 뿐이었다. 비록 스탈린 각서가 독일 통일의 기회를 제공했음에도 불구하고 그들은 각서가 수용 가능한 기회를 제공했다고 생각하지 않았다.

스탈린이 성공적인 협상으로 이끌 화해 분위기를 만들기를 원했다 하더라도 이 분위기를 띄우기 위해 모스크바에서 한 일은 아무 것도 없었다. 스탈린 각서 이후인 1952년 5월에 모스크바 주재 미국 대사가 된 케넌은 완전히 적대적인 환경에 직면해 있다고 보고했다. 소련의 미디어는 미국과 서방을 끊임없이 비난했다. 미국 대사관이 스탈린 각서에 대한 미국의 답변을 전달했을 때, 비신스키는 부정적 대답을 예상했거나 심지어 원하기라도 한 듯이 행동했다.[29]

스탈린 각서는 소련의 최고 지도자가 처음부터 봉착했던 기본적인 딜레마를 해소하지 않았다. 스탈린은 독일인들에게 어느 정도 스스로 선택하게 할 경우에만 비로소 통일 독일을 성취할 수 있었다. 그러나 울브리히트가 독일에서 계속 공산주의의 명성을 훼손하고 있었기 때문에 어떤 자유로운 선택도 스탈린에게 불리할 터였다. 울브리히트가 일부러 연합국과 서독인들을 자극한 것이 아닌지 의문을 품을 만했다. 울브리히트가 그렇게 하면 할수록, 독일 유권자들을 겁먹게 하면 할수록, 공산주의가 통일 독일에서 조금이나마 기회를 가지려면 스탈린은 점점 더 많은 보장을 요구해야 했을 것이고, 조약을 협상하기는 더욱 더 힘들었을 것이다.

스탈린은 각서를 얼마든지 보낼 수 있었으나 그 각서들이 수령되고 협상되는 분위기를 결정한 사람은 울브리히트였다. 그리고 스탈린은 1952년까지는 진정으로 민주적인 통일 독일이 1945년에 그가 기대했을 만큼 모스크바에 우호적이지 않을 것임을 인정했음에 틀림없다. 스탈린은 서방 점령자들에게 미래의 독일 정책과 단체들에 관해 미리 보장을 해달라고 요청해야 했다. 그렇지 않을 경우, 통일 독일은 소련 이익에 당연히 도움이 되지 않을 것이었다.

스탈린의 의도가 무엇이었든지 간에 그는 서방의 통합을 막지 못했다. 연합국은 그들의 유럽석탄철강공동체 계획을 이행했다. 하지만 유럽 방위공동체는 프랑스 정부가 그 안건을 표결에 부치려고 국민의회에 제출조차 하지 않음에 따라 휘청거렸다.

그 사이 울브리히트는 물리적으로뿐만 아니라 경제적·정치적으로도 독일민주공화국과 서독의 분리를 확고히 할 자신의 계획을 추진했다. 적절한 소련의 승인을 얻은 뒤 1952년 7월에 제2차 독일사회주의통일당 협의회는 '강제적인 사회주의 건설'에 착수하기로 결정하고 농업 집단화와 공업의 사회화를 가속화했다. 울브리히트는 1961년까지 서독의 생활수준을 따라잡겠다고 약속하며, 더 높은 노동 기준량과 할당량을 부과하는 후속조치를 단행했다.

베리야와 베를린 봉기

사회화를 가속화하고 노동 기준량을 올림으로써 동독 생산을 증가시키려는 울브리히트의 노력은 형편없이 실패했다. 동독의 생산은 늘어나기는커녕 오히려 줄어들었다. 독일민주공화국은 깊은 불황에 빠졌다.

1952년 말, 1953년 초에 동독 경제는 붕괴 직전이었다. 난민들이 점점 많이 도주하여 1953년 첫 네 달 동안 그들의 수는 10만 명을 훌쩍 넘어섰다. 동독과 서독의 국경을 '죽음의 띠'로 봉쇄하려는 울브리히트의 결정은 난민들이 베를린을 통해 빠져나가는 것을 막지 못했다.

독일민주공화국의 위기가 한창이었던 1953년 3월 5일, 라디오 모스크바(Radio Moscow)는 이오시프 스탈린이 사망했다고 발표했다. 이 뉴스는 새로운 질문과 아마도 새로운 기회를 제기하면서 전 세계를 뒤흔들었다.

새로운 소련 지도자들이 등장했지만 밝혀진 것은 거의 아무 것도 없었다. 당 서기국의 수장인 게오르기 말렌코프*가 간판으로 나타난 것 같았다. 그러나 뱌체슬라프 몰로토프, 라브렌티 베리야, 니콜라이 불가닌,** 니키타 흐루쇼프를 비롯한 몇몇 다른 신구 인물들이 새로운 집단 지도부를 형성했다.

---

* Georgi Malenkov(1902-1988). 소련의 정치가. 1939년 당 중앙위원에 선출되어 서기, 조직국원, 인사부장이 되었다. 1946년 정치국원으로 승진하여 당 중앙위원회 서기와 소련각료회의 부의장(부총리)도 겸했으며, 1953년 3월 5일 스탈린의 사망 뒤 총리가 되었으나 1955년 2월 스탈린 비판에 직면하여 총리직도 사임했다. 그 후 1957년 6월에 흐루쇼프 당 제1서기의 추방을 꾀하려다 실패, 반당분자로 비판받고 실각했다.
** Nikolai Bulganin(1895-1975). 소련의 정치인. 1937-1938년 러시아연방 인민위원회의 의장, 1950-1955년 각료회의 제1부의장, 1953-1955년 국방장관, 1955-1958년 각료회의 의장을 역임했다. 군 경력은 없었으나 독소전쟁 기간 중 소련 정부의 행정을 책임져서 소련의 승리에 기여했고, 원수의 계급을 받았다.

스탈린의 장례식에서 연설하면서 말렌코프는 서방과의 관계 개선과 평화적인 분쟁 해결을 요구했다. 소련 지도부는 한국에서 전쟁을 끝내라는 지시를 내렸다. 그러나 그들은 모든 문제에 의견이 일치하지는 않았다. 몰로토프는 스탈린의 대외 정책을 지속하기를 선호했으나 반면에 말렌코프와 특히 베리야는 새로운 방향으로 가기를 원했다.[30]

신임 미국 대통령 드와이트 아이젠하워는 새로운 평화 계획을 시도하기를 원했다. 1953년 4월 11일 그는 '평화의 기회'에 대해 말했고, 동서 간의 긴장을 완화시키기를 제안했다. 비록 아이젠하워의 국무장관인 존 포스터 덜레스가 대통령이 말한 바를 협소하게 해석하는 것으로 뒤를 이었지만, 미국은 모스크바에 손을 내밀고 있었다. 아이젠하워는 독일 통일을 향한 전진을 자신의 목표 중 하나로 꼽았다.[31]

아이젠하워의 연설은 그가 생각한 반응을 불러일으키지는 못했다. 소련의 내부 문서들은 그 연설을 진지하게 응답할 가치가 없는, '거슬리고 도발적인' 것으로 묘사했다. 말렌코프와 베리야는 아이젠하워의 제안 중 몇 가지를 살펴보는 데 얼마간의 관심을 표명했으나, 몰로토프는 그것들을 모조리 일축했다. 덜레스의 연설은 훨씬 더 부정적인 반응을 끌어냈다. 새 소련 지도자들은 새로운 노선을 설정하는 데 서방만큼이나 곤란을 겪었다. 몰로토프는 새로운 구상을 탐구하는 데 확실히 가장 주저하는 것처럼 보였는데, 독일 문제에 합의하기 위한 몇 가지 제안을 기초했지만 그 제안들은 1년 전에 있었던 스탈린의 제안에도 미치지 못하는 것이었다.[32]

영국의 총리로 복귀한 윈스턴 처칠은 매우 희망적인 의제를 갖고 있었다. 처칠은 아이젠하워와의 오랜 우정을 이용해 통일 독일을 중심으로 하는 유럽의 대타협에 도달하기로 결심했다. 영국은 모스크바 및 워싱턴과 더불어 주요한 지구적 문제들을 해결하는 이전의 역할을 재개하려 했다. 처칠은 파리나 본을 대등한 파트너로 여기지 않았다.

아이젠하워의 연설이 있은 지 한 달이 지난 5월 11일, 처칠은 자신의 구상을 내놓았다. 그는 세계의 문제를 다루기 위해 의제를 정하지 말고 세 거두의 정상회담을 열 것을 제안했다. 처칠은 구체적인 계획을 전혀 제의하지 않고 서방이 소련의 안보 요구를 존중해야만 한다고 말했다.[33]

프랑스는 처칠의 3개국 정상회담을 지지하지 않았고, 대신 4개국 정상회담이나 혹은 적어도 모스크바와의 이후 회담을 준비하는 3개국 서방 회의를 제안했다. 또 처칠은 아데나워나 영국 외무장관 앤서니 이든의 지지도 전혀 받지 못했다. 이든은 처칠의 노력을 정권을 유지하려는 이기적인 계략으로 여겼다. 모스크바는 처칠의 구상 중 어떤 것도 받아들이지 않았다.[34]

모스크바는 특히 독일에 대해서 독자적인 새로운 구상을 내놓지 않았다. 최근에 공개된 문서들은 소련 지도자들이 아마도 유럽방위공동체로 상징되었을 것이고 스탈린이 두려워했던 독일 권력과 미국 권력의 결합을 여전히 막고 싶어 했음을 보여준다. 그러나 소련인들은 또한 통일독일이 그들 자신이 사용하는 단어의 의미에서 '중립화'될 수 없다면 통일 독일도 두려워했다. 모스크바는 통일 독일과 분단 독일 사이에서 결정할 수가 없었다.[35] 또한 모스크바는 자신이 용인하고 싶은 조건들에 관해서도 결정할 수 없었다.

동독의 경제 위기는 문제를 막다른 골목으로 몰아넣었다. 1953년 4월 초에 울브리히트는 모스크바에게 동독 경제와 아마도 동독 국가의 총체적인 붕괴를 막기 위해 대규모 원조를 요청해야 했다.

새 소련 지도자들은 울브리히트가 제공한 정보를 신뢰하지 않았고 자체 팀의 특별 보고를 요구했다. 이 보고는 울브리히트와 독일사회주의 통일당이 위기를 조장했다고 비난했다. 위기의 수치는 소련 지도부를 깜짝 놀라게 했다. 거의 500만 명의 사람들이 1951년 1월 초와 1953년 4월 말 사이에 독일민주공화국을 빠져나갔다. 게다가 12만 5,000명이 같은 기간 동안 대체로 '경제 범죄' 때문에 동독에서 유죄 판결을 받았다. 동독 경작지의 7퍼센트가 농부들이 도피하는 바람에 방치되어 있었다.[36] 소련 공산당 지도자들은 울브리히트의 정책들과 그 정책들이 독일민주공화국의 생존에 제기한 위험 때문에 그를 강력히 비난하는 비밀문서에 동의했다.[37]

울브리히트와 그의 정책들에 대한 소련의 불만은 광범위한 것이었다. 각료회의는 "독일사회주의통일당의 지도부가 수행하고 있는 정치적·이념적 작업은 독일민주공화국을 강화하는 과업에 적절하지 않다."고 비난했다. 소련인들은 다음과 같이 몇 가지 특별히 비난 받을 행위를 열거했다. 울브리히트는 노동자, 농민, 젊은이들 사이에서 공포를 조장하고 그 결과 기록적인 난민이 발생했다. 울브리히트는 '계급 갈등'을 악화시켰다. 울브리히트는 "과도하고 자의적인 형법"을 적용했고, "농업 생산 협동조합의 인위적인 설립"에 종사했으며, "조악한 행정적 방식과 억압"을 동원하여 "성직자들에 대해…심각한 오류를 저질렀다." 독일사회주의통일당은 당의 정책들을 누그러뜨리라는 소련의 제안에 귀를 기울이지 않았다.[38]

이러한 암울한 현실에 직면하여 소련 각료회의 간부회는 1953년 5월 27일 독일에 관해 격렬한 토론을 벌였다. 베리야와 몰로토프는 완전히 의견이 갈렸다. 베리야는 독일민주공화국이 참담하고 명백하게 실패했다고 주장했다. 베리야는 실패에 책임 있는 사람들, 즉 울브리히트와 그로테볼을 제거하기를 원했다. 소련은 너무 늦기 전에 독일 통일을 시도해야 했다. 그는 서방의 이익뿐만 아니라 소련의 이익도 인정하고, 모스크바에 대항하는 미국 기지기 되는 대신에 균형을 잡는 연립 정부가 통치하는 통일 독일을 선호했다.[39]

베리야의 주장에 따르면, 모스크바는 독일민주공화국의 포기를 정당화하기 위해 동독이 통일 독일에서 자치적인 주로 남고 새 독일 정부가 10년 동안 소련에게 대규모 배상금을 지불하라고 강력히 요구하게 될 것이었다. 독일은 중립화될 터였다. 독일은 유럽방위공동체에 가입할 수 없을 것이다. 독일은 전략적 위협이 아니라 경제적 자산이 될 것이었다. 대신 소련군은 독일민주공화국의 점령을 포기할 터였다.

베리야는 손에 잔뜩 피가 묻어 있었기 때문에 화해를 옹호할 사람 같지 않았다. 그는 스탈린의 비밀경찰과 숙청을 책임졌다. 베리야는 노예 노동수용소인 굴라그*를 감독했다. 그는 수백만 명의 러시아인 등을 구금하고 고문하고 종종 야만적으로 처형했다. 그는 소련의 첩보망을 건설했고 스탈린의 최우선 관심사였던 소련 핵무기 프로그램을 관리했다. 베리야의 동료들은 그를 증오하면서도 두려워했다.

그러나 베리야는 명료한 정신의 소유자였다. 국가보안위원회(KGB)의 자기 직책에서 베리야는 있는 그대로의 사실을 근거로 세상을 바라보았다. 그의 시대의 다른 어떤 소련 지도자보다도 더 베리야는 모스크바가 지고 있는 외국 부담 중 일부를 떨쳐버릴 필요가 있다고 믿었다. 베리

---

* Gualg. 러시아어 Glavnoe upravlenie ispravitelno-trudovykh lagerii i kolonii(교정 노동수용소 및 집단 거주지 총국)의 두문자에서 비롯된, 일반적으로 소련의 강제 노동수용소를 가리키는 고유명사. 러시아 혁명 직후인 1918년에 처음 설치된 뒤 1930년대 이후 스탈린 치하에서 크게 확대되어 1940년대 말~1950년대 초에 그 규모가 최고조에 올랐다. 하지만 1953년 스탈린의 죽음과 함께 본격적으로 해체되기 시작했다.

야는 독일에 관한 노선 변경을 원했고, 그것은 얼마간 말렌코프의 지지를 받았다. 그럼에도 불구하고, 오늘날 이용 가능한 기록들에 따르면, 베리야는 자신의 정확한 제안을 분명히 한 적이 결코 없었다. 또한 그 기록들은 그의 관심의 깊이를 보여주지도 않는다. 분단 독일을 원한 흐루쇼프가 베리야에 대한 자신의 반대를 정당화하고 독일 통일에 대한 기회마저 제거하기 위해 나중에 기록들을 변경했을 가능성도 있다.

몰로토프는 독일에서 뭔가 다른 일을 해야 한다고 인정했음에도 불구하고 독일에 관한 베리야의 제안을 거부했다. 몰로토프는 독일민주공화국에서 사회주의를 계속 건설해야 한다고 말했으나 울브리히트의 '강제적인 사회주의 건설' 방식은 받아들이지 않았다. 몰로토프는 이것이 불만을 누그러뜨리고 독일민주공화국의 생존을 가능하게 하리라고 주장했다. 몰로토프는 여전히 독일 통일에 반대했다. 흐루쇼프는 몰로토프를 지지했고, 불가닌이 나중에 그들에게 합류했다. 모두가 베리야를 비난했고, 좀 덜하지만 말렌코프도 질책했다. 베리야는 그런 저항을 물리칠 수 없었으므로 독일은 계속 분단된 채로 남아 있을 터였다.

간부회 위원들은 독일민주공화국을 계속 유지하기로 결정했지만 울브리히트에 대해서는 총체적인 경멸을 보여주었다. 그들은 동독이 노선을 변경해야 하며, 그것도 하루 빨리 변경해야 한다고 결정했다. 사실상 모든 간부회 위원들이 독일사회주의통일당을 비판했는데, 말렌코프와 베리야는 동독 정권이 정권을 뒷받침할 소련군 없이는 생존할 수 없다고 말하는 지경까지 이르렀다. 말렌코프는 독일사회주의통일당의 "심각하게 잘못된 정치 노선"과 "용납할 수 없을 정도로 단순하고 성급한 정책들"을 비난했다.[40]

소련 정부는 울브리히트로부터 거리를 두었고 점령 원칙 중 일부를 부활시켰다. 소련 정부는 소련통제위원회 수장이었던 블리디미르 세묘노프에게, 독일민주공화국 정부에게 포츠담 협정을 반드시 이행하게 하고, 서방 고등 판무관들과 관계를 계속 유지하라고 말했다. 만일 이 지시가 아이젠하워 및 특히 처칠과 함께 추진되었더라면, 새로운 4개국 논의가 조직되었을 수도 있었을 것이다. 그러나 몰로토프는 여전히 분단을 선호했다.[41]

6월 2일, 말렌코프는 독일민주공화국의 '신노선'을 상세히 설명한 간부회 법령에 서명했다. 같은 날 발터 울브리히트와 오토 그로테볼이 모스크바에 나타났다. 소련 지도자들은 그들에게 독일민주공화국이 즉각 노선을 바꿔야 한다고 말했다. 그들은 울브리히트에게 다른 정책을 권고하는 문서를 주었다. 울브리히트는 일부 지시를 누그러뜨리기 위해 이 소련 문서를 다시 작성하려 했지만, 베리야는 수정 문서가 '개악'이라고 비난하면서 그에게 도로 던져버렸다.

소련인들은 울브리히트와 그로테볼에게 "독일민주공화국의 상황을 바꾸라"고 말했다. 그들은 독일사회주의통일당이 행동하지 않는다면, 그것도 '신속하게' 행동하지 않는다면 '대재앙'을 맞을 것이라고 경고했다. 몰로토프는 울브리히트에게 모든 독일인들이 변화를 반드시 체감할 수 있게 하라고 말했다.[42] 울브리히트는 좋든 싫든 소련의 지시를 따라야 했다.

울브리히트와 그로테볼은 동베를린으로 돌아갔고 독일사회주의통일당 정치국은 나흘 동안 적개심에 불타는 토론을 벌였다. 세묘노프는 회의에 참석하여 솔직하게 발언했다. 독일사회주의통일당의 일간지인 《노이에스 도이칠란트》(Neues Deutschland)의 편집인인 루돌프 헤른슈타트*가 독일사회주의통일당이 여론을 대비하기 위해 14일의 여유를 갖지 못한다면 어떤 기본 정책의 변화도 혼란을 일으킬 것이라고 경고하자, 세묘노프는 "14일 뒤에는 당신에게는 국가가 더는 없을 거요."라고 퉁명스럽게 대답했다. 어떤 선택지도 남지 않자, 울브리히트는 6월 9일 사회주의 프로그램을 폐기하는 법령을 공표했다. 독일사회주의통일당 지도부 내의 논의는 너무나 혼란스러워서 독일민주공화국의 한 장관은 "이것은 정치국이 아니라 정신병원이다."라고 불만을 토로했다.[44]

소련인들은 울브리히트로 하여금 노선을 변경하게 했을 뿐만 아니라 동독에서 새로운 지도자를 찾기 시작했다. 세묘노프는 오랫동안 울브리히트의 정책에 도전해온 일단의 동독 독일사회주의통일당 지도자들에게 중요한 역할을 하도록 고무했다. 헤른슈타트와 국가안보장관(그리하여 베리야와 연결된) 빌헬름 차이서**가 이 그룹을 이끌었다. 그들은 울브리히트가 독일사회주의통일당과 동독 국민들 사이에 깊은 골을 만들었다고 비난했다.

동독은 혼란에 휩싸였다. 동독 정권은 자신의 잘못을 인정했지만 정책을 전부 취소하지는 않았다. 울브리히트는 인민들의 분노를 야기한 주된 이유였던 가혹한 노동 기준량을 철회하지 않았다. 화가 풀리지 않은 노동자들은 기준량을 폐기할 것을 요구했다. 새로운 소련 정책과 새로운 동독 지도자들에 대한 소문이 들불처럼 번져나갔다. 사기가 떨어지고 갈피를 잡을 수 없던 당 관리들은 무슨 말을 하고 무슨 일을 해야 할지 몰랐다. 6월 16일, 시위 행렬이 동베를린과 다른 동독 도시들의 거리에 등장

---

*   Rudolf Herrnstadt(1903-1966). 동독의 언론인이자 공산주의 정치가. 1950-1953년 독일사회주의통일당 중앙위원회 위원을 지냈다. 울브리히트에 반대하다 1954년에 당에서 축출당했다.

** Wilhelm Zaisser(1893-1958). 동독의 공산주의 정치가. 1950년부터 초대 국가안전부(슈타지) 장관을 지냈으나, 울브리히트에 의해 제거되면서 1953년 장관직을 그만두었다.

하기 시작했다. 베를린에서 어떤 문제가 일어나도 수습할 수 있다고 생각한 울브리히트는 주민들을 진정시키려고 독일사회주의통일당 선동가들을 다른 도시로 보내기로 결정했다.

1953년 6월 17일, 동베를린과 독일민주공화국 전역에서 가마솥이 폭발했다. 울브리히트의 요구와 누추한 생활 형편, 그리고 소련에게 계속 지불하는 배상금에 질린 동독 노동자들은 반란을 일으켰다. 50만 명의 노동자들이 자유선거와 부차적으로 독일 통일을 요구하며 동독 전역의 400여 개 도시에서 거리로 쏟아져 나왔다.

미국이 후원하는, RIAS로 더 잘 알려진 '미국구역의라디오'(Radio im Amerikanischen Sektor)로부터 자유와 민주주의를 지지하는 방송을 자주 들은 반란 노동자들은 서방으로부터 얼마간의 지지를 기대했을 수도 있을 것이다. 그러나 반란 노동자들은 아무것도 얻지 못했다. 서방 정부들과 마찬가지로 미국구역의라디오 직원들은 봉기를 예상하지도 대비하지도 못했다. 서베를린 신문들은, 미국구역의라디오 방송이 봉기에 관해 충분히 보도하지도 못했고 또 베를린 시민들과 동독인들에게 무슨 일이 벌어지고 있는지를 알려주기 위해 정규 방송을 바꾸는 일조차 하지 않았다고 비난했다.[45]

모스크바도 깜짝 놀랐다. 소련인들은 독일사회주의통일당에 대한 동독인들의 분노가 얼마나 강한지 잘못 판단했다. 어떤 소련 지도자도 독일인들이 반란을 일으킬 것이라고 생각하지 않았다. 스탈린은 독일인들은 파란불이 아니면 거리를 건너지 않을 것이라며 웃었고, 레닌은 독일인들은 먼저 승강장 출입권을 구입하지 않고서는 기차역을 공격하지 않을 것이라고 예견했다. 소련인들은 또 봉기의 규모를 잘못 판단했다. 6월 17일 아침까지 소련 관리들은 동독 경찰과 군대가 어떤 반대시위에도 대처할 수 있을 것이라고 생각했다. 그러나 소련인들은 그날 동안 마음을 바꿨다. 카를쇼르스트의 소련 본부로 대피한 울브리히트와 그의 고위 관리들은 행동할 의지와 힘을 상실한 것이 분명했다. 그때부터 소련 탱크들이 무자비하고 효과적으로 반란을 진압했다.[46]

폭동은 울브리히트 정권의 실패와 허울을 보여주었다. 폭동을 일으킨 사람들의 대다수는 독일사회주의통일당의 집권 근거였던 노동자들이었다. 폭동에 직면한 독일사회주의통일당은 얼어붙었고, 소련 탱크가 없었더라면 권좌에서 쫓겨났을 것이다. 물론 울브리히트가 높은 노동 기준량을 유지한 것이 실은 폭동과 그로 인한 소련의 행동을 유발하기 위한 것이라는 의구심이 여전히 남아 있긴 하다.

봉기를 진압한 뒤 모스크바는 독일사회주의통일당에게 자기비판 운동을 강요하고, 6월 말에는 당에 산업화와 사회화의 가속화를 중단할 것을 명령했다. 6월 24일 그로테볼이 불과 얼마 전인 5월 28일에 자신이 찬양했던 바로 그 가혹한 노동 기준량을 비판한 것은 그 한 예이다. 다른 동독 지도자들도 유사한 자기비판을 수행했다.[47]

역설적인 것은 노동자들이 울브리히트에 반대하여 궐기했음에도 사실상 그를 구원했다는 사실이다. 봉기는 독일사회주의통일당에 대한 분노가 너무나 거세기 때문에 만약 독일이 통일되면 중부 유럽에서 소련의 위상이 붕괴될 것임을 똑똑히 보여주었다. 봉기는 동독인들이 서독인들보다 훨씬 더 강하게 통일 독일을 모스크바에 적대적으로 몰아갈 것임을 보여주었다. 봉기는 또 독일민주공화국 내의 여러 실험에도 경고를 발했다.

다음 두 달 동안 새 소련공산당 지도부는 독일에 대해, 그리고 울브리히트에 대해 무엇을 해야 할지 결정할 수 없었다. 소련공산당은 울브리

히트를 지지하지 않았지만 어떤 좋은 대안도 없었다. 마침내 1953년 7월
과 8월에 울브리히트와의 토론과 그들 내부의 토론 끝에 소련공산당 지
도자들은 울브리히트가 무슨 큰 실책을 저질렀든 그의 지위를 유지하고
지지하며, 동독을 별개의 국가로 보존하기로 결정했다. 소련인들은 더는
혼란을 감수할 수가 없었다. 통일에 대한 이야기는 잦아들었다.

　　서방 연합국은 혼란에 빠졌다. 아이젠하워와 덜레스는 미국이 베를
린 전역에서 합법적으로 주권을 가지고 있었음에도 불구하고 동베를린
시민들을 돕기 위해 아무것도 하지 않았다. 이후 정책을 검토하면서 미
국 정부는 서독을 서유럽에 통합시키는 것이 자신들의 독일 정책에서 우
선 사항이고, 워싱턴은 독일민주공화국에 대한 모스크바의 장악력을 약
화시킬 수 있는 수용가능한 방법이 없다고 결정했다. 미국 정부는 "우리
는 동독인들을 장기적인 투쟁에 익숙하게 만들어야 한다."고 결론지었
다.[48]

　　아이젠하워는 전보다 훨씬 더 확고하게 어떤 소련 지도자도 만나지
않겠다고 결심했다. 그러나 처칠은 동-서 회담을 계속 추진했다. 심지어
처칠은 소련의 억압적 행동을 그런 상황에서는 이해할 만하고 적절한 것
이었다고 정당화하기까지 하려 했다. 덜레스는 처칠을 달래기 위해 영국
이 외무장관 회의를 제안하는 데 동의했다. 몰로토프는 이 제안을 받아
들였다.[49]

　　새 독일 정책에 대한 베리야의 희망은 베리야 자신과 마찬가지로 살
아남지 못했다. 보수파인 몰로토프가 다시 대외 정책에 대한 완전한 통
제권을 장악했다. 더군다나 서방에서 정상회담에 대한 반대가 점점 심
해지면서 독일에 관한 어떤 돌파구도 보이지 않았다. 6월 26일, 다른 소
련공산당 지도자들은 "독일 문제에 대해 항복"했다고 베리야를 비난했

고, 그 후 베리야는 처형당했다.《프라우다》가 그의 죽음을 보도한 것은 1953년 12월 24일이 되어서였다.[50]

베리야의 처형과 함께 통일을 제안하거나 거기에 찬성할 전후의 마지막 소련 측 인물이 사라졌다. 스탈린 각서의 실패와 울브리히트의 정책을 누그러뜨리려는 소련의 노력이 낳은 뒤틀린 결과로 인해 모스크바가 그런 제안을 할 기회는 더는 오지 않았다. 1953년 9월의 서독 선거에서 독일사회민주당을 상대로 아데나워가 엄청난 승리를 거둔 것은 모스크바가 통일 독일의 서쪽에서도 동쪽에서도 지지를 바랄 수 없음을 입증했다.

스탈린은 히틀러에게 승리를 거둔 직후 정치적·경제적으로 모스크바를 지지할 통일 독일을 희망했을 것이다. 그러나 8년 동안의 소련의 점령과 울브리히트의 정책은 공산주의가 한때 독일에서 가졌던 정치적 기반을 완전히 무너뜨려버렸다. 공산주의 체제에 반대하여 노동자들이 반란을 일으키고 명망 있는 동독 정치인들이 모조리 도피한 마당에 소련인들은 오직 붉은 군대만이 독일사회주의통일당의 집권을 가능하게 한다는 것을 깨달았다. 그런 상황에서 붉은 군대는 계속 주둔할 수밖에 없었다. 동베를린 시민들이 불평했듯이, "이반은 절대 떠나지 않을 것이었다."[51]

울브리히트와 몰로토프는 그들이 일찍이 스탈린의 계획을 좌절시켰던 것처럼 베리야의 계획도 저지했다. 그리고 울브리히트는 흐루쇼프와 몰로토프의 지지를 십분 이용했다. 울브리히트는 차이서와 헤른슈타트를 비롯해 남아 있는 독립적 인물들을 독일사회주의통일당에서 제거했다. 울브리히트는 자신을 지지했던 공산주의 청년 지도자 에리히 호네커를 후원했다. 울브리히트는 또 내핍생활을 한층 더 강제했다. 서독이 '경제 기적'을 구가하고 있던 바로 그 시점에 취해진 이 조치는 독일사회주의통일당 정권에 대한 혐오를 더욱 심화시켰다.

모스크바와 서방 연합국은 1953년의 남은 기간 동안 몇 장의 종잡을 수 없는 각서와 추가 회담 제안을 교환했지만, 아무런 결과도 얻지 못한다. 외무장관들의 회의에 대해서도 마찬가지였다. 서방은 통일된 중립국 독일이 머지않았다고 암시함으로써 프랑스 의회에서 유럽방위공동체에 대한 표결을 위태롭게 할 위험을 무릅쓰기를 원하지 않았다. 처칠이 소련인들과의 정상회담을 계속 추진했지만, 아이젠하워는 여전히 회의적이었고 아데나워와 이든은 반대를 점점 더 분명히 했다.[52]

소련 지도부는 몰로토프와 흐루쇼프가 원한 노선을 선택했으니 힘으로 독일의 분단을 계속 유지시키는 것이었다. 이 노선은 모스크바를 정치적으로 방어적인 위치로 고착화시켰다. 모스크바는 소련통제위원회를 폐쇄하고 서방 연합국들처럼 독일에 고등 판무관을 임명하면서 독일민주공화국이 '주권 국가'가 되었다고 선언했다. 심지어 모스크바는 무리하게 추진된 울브리히트의 사회화 정책이 초래한 최악의 결과를 극복하기 위해 원조 프로그램을 개시하기까지 했다. 더 나아가 모스크바는 배상금 요구를 낮췄고, 2년 내에 배상금 요구를 완전히 끝냈다. 소련공산당은 일단 독일민주공화국을 유지하기로 결정하자 이 나라를 착취하는 일을 그만두어야 했다.

하지만 이것이 모스크바가 통일된 사회주의 독일이라는 장기적인 희망을 포기했음을 의미하는 것은 아니었다. 울브리히트는 계속 독일민주공화국을 '독일의 사회주의 국가'로 언급함으로써 궁극적으로 독일을 사회주의 체제로 통일할 가능성을 열어두었다. 분단은 일시적인 것이며, 독일민주공화국에게 하나의 모델로서 진정한 가치를 보여줄 시간을 부여해 줄 터였다. 자본주의 체제에서 노동자들이 소외된다는 마르크스의 민음이 옳다면 결국은 사회주의 체제와 독일민주공화국이 승리할 것이다.

서독은 거대한 사회적 구성요소를 가진 민주적 자본주의 체제라는 그 자신의 모델을 갖고 있었다. 에르하르트는 이를 '사회적 시장경제'라 불렀다. 고품질의 산업 생산이란 오랜 독일 전통을 부활시킨 이 모델은 또 비스마르크가 19세기에 처음 도입했던 모델을 확대한, 비용이 많이 들지만 모든 것을 포괄하는 사회복지 시스템도 출현시켰다. 이 시스템은 자본주의 독일이 독일민주공화국보다 노동자와 궁핍한 사람들을 더 잘 돌볼 수 있음을 보여줄 것이었다.

그러나 6월 17일 이후 서독인들은 서방 모델이 얼마나 매력적인지에 상관없이 모스크바가 서방이나 자국민들에게 독일민주공화국을 넘겨주리라고 기대할 수 없게 되었다. 아데나워는 서독을 유럽에 통합시키는 작업을 계속 진행시켰다. 독일을 둘러싼 투쟁은 양측이 각자 자기 몫의 독일을 지키겠다는 최종적인 결정을 내린 가운데 계속될 터였다.

좌파 성향의 독일 시인이자 극작가로서 동베를린에서 살았던 베르톨트 브레히트*는 결정적인 발언을 했다. 6월 17일 폭동에 대해 브레히트는 다음과 같이 썼다. "인민들은 정부에 대한 신뢰를 잃어버렸다. 정부는 왜 인민들을 해산시키고 새로운 인민을 선출하지 않는가?"[53]

---

* Bertolt Brecht(1898-1956). 독일의 극작가, 시인, 연출가. 주로 사회주의적 성향의 작품을 연출했으며, '낯설게 하기'라는 개념을 연극 연출에 사용한 것으로 유명하다. 표현주의를 거친 신즉물주의적 스타일로 현실에 대한 가차 없는 비판과 풍자를 극화한 니힐리스트이기도 했다.

선들이 고착화되다

유럽방위공동체를 창설하고자 하는 서방의 노력은 프랑스의 머뭇거림 때문에 연이어 지연되었다. 덜레스는 프랑스 의회가 유럽방위공동체를 비준하지 않는다면 미국은 자신의 유럽 정책에 대해 '고통스런 재평가'를 할 것이라고 경고하면서 유럽인들, 특히 프랑스에게 집요한 압력을 가했다. 이 위협은 파리의 분위기를 더욱 격앙시켰을 뿐이었다. 유럽방위공동체가 실패할 것을 우려한 이든은 만일의 사태에 대비한 계획을 펼치기 시작했다.[1]

새 프랑스 총리 피에르 멘데스-프랑스*는 프랑스가 더는 결정을 연기할 수 없다고 판단했다. 그는 국민의회에 유럽방위공동체 문제를 제출했으나 1954년 8월 30일 의사진행 동의의 벽을 넘지 못했다. 유럽방위공동체 계획이 실패로 돌아가자 연합국은 서독을 서방의 방어망으로 끌어들일 또 하나의 방안을 찾지 않으면 안 되었다. 덜레스는 몹시 실망했지만, 그럼에도 불구하고 워싱턴이 동맹국들이 그런 방안을 찾는 것을 도와주겠다고 약속했다.[2]

---

* Pierre Mendès-France(1907~1982). 프랑스의 정치인. 1954~1955년 프랑스 총리를 지냈다. 그의 정부는 급진당을 대표했으며 공산당의 지지를 받았다.

이든이 서독을 나토로 끌어들이다

앤서니 이든이 핵심 인물로 부상했다. 이든은 서유럽연합 설립의 토대가 되었던 브뤼셀 조약*을 변형시켜 서독을 서방 군사 체제와 나토로 끌어들일 수 있다고 생각했다. 처칠이 승인하자 이든은 자신의 구상을 시험해보기로 했다.[3]

이든은 본에서 매우 우호적인 대접을 받았다. 아데나워는 서독이 정식으로 서유럽에 속하기를 계속 원했다. 아데나워는 유럽방위공동체 방안에서처럼 독일군이 유럽군으로 통합되는 것을 선호했지만, 나토하에서 별개의 독일군을 창설하고 프랑스의 두려움을 완화시키기 위해 일부 제한을 받아들이는 데 동의할 수 있었다. 아데나워는 영국의 참여를 절대적으로 원했다. 이든은 로마에서도 마찬가지로 우호적인 대접을 받았다.

하지만 파리에서는 이야기가 달랐다. 멘데스-프랑스는 프랑스의 일반인들은 특별한 보호 장치 없이는 나토 내에 별개의 독일군이 존재하는 것을 받아들이지 않을 것이라고 말했다. 프랑스 총리는 프랑스가 독일군을 홀로 대적하게 되지 않을 것이라고 말할 수 있어야 했다.

이든의 시도는 덜레스가 이든에게 유럽인들이 통합군을 창설하여 오랜 민족주의 게임을 그만둘 경우에만 미국 의회가 유럽에서 미군이 계속 주둔하는 데 동의할 것이라고 경고하면서 더욱 복잡해졌다. 덜레스는 이든을 지지했고 그의 노력이 성공을 거두기를 원했지만, 매우 회의적인 의회에 봉착했다.

9월 28일, 런던에서 열린 서유럽과 북아메리카 외무장관 회담에서

---

* 210쪽의 옮긴이 주를 참조.

이든은 트루먼이 한국 전쟁 이후 미군의 유럽 주둔을 공약했듯이 영국군의 유럽 주둔을 공약했다. 이든은 유럽 대륙에 영국군의 영구적인 주둔을 보증했다. 그는 영국이 서유럽연합 국가들의 대다수가 바라는 한 서유럽에 4개 사단과 1개 전술 공군을 유지하겠다고 약속했다.

영국군의 주둔은 제1차 세계대전이 종결된 이래 프랑스가 줄기차게 추구해왔던 것으로 이든의 공약은 회의의 분위기뿐만 아니라 유럽의 전략적 그림까지 바꿔놓았다. 그것은 독일인들과 균형을 맞추고, 프랑스인들을 안심시키고, 미국인들에게 그들이 대륙 방어를 도와줄 유일한 외부 세력이 아님을 알게 하는 강력한 영국의 존재를 약속했다.

멘데스-프랑스는 이 런던의 약속으로 새로운 조약에 대해 국민의회의 비준을 얻을 기회를 얻게 되리라고 확신했다. 또한 아데나워도 독일이 홀로 스스로를 방어해야 되는 일은 없을 것이라고 확신했다. 런던의 약속은 서독에게 유도 미사일, 대형 해군 함정 및 폭격기뿐 아니라 핵무기와 생화학무기를 제조할 권리를 포기하게 할 수 있었다.

그러나 독일인들에게 재무장을 설득하는 일은 여전히 힘든 싸움이었다. 본 주재 미국 대사인 제임스 B. 코넌트*는 자신이 어른이 된 이후 대부분의 기간 동안 독일 군부를 경멸했는데, 이제 서독의 군비를 촉구해야하는 역설적인 상황에 처해 있음을 알았다. 코넌트는 자신이 속으로는 독일인들이 재무장하기를 바라지 않는다고 씁쓸하게 말했다.[4]

1954년 10월 20일, 파리에서 연합국은 서유럽연합을 확대하고 그것을 나토의 일부로 만드는 조약에 서명했다. 조약은 또 독일을 나토로 초

---

* James Bryant Conant(1893-1978). 미국의 화학자이자 외교관. 하버드 대학교의 총장을 지냈고, 1955년부터 1957년까지 초대 서독 주재 미국 대사를 지냈다.

청했다. 아데나워의 관점에서 가장 중요한 것은 이 조약이 독일에서 점령 체제를 끝내기 위해 다시 한 번 독일조약을 개정한 사실이었다. 조약은 연합국의 남은 권한을 베를린과 평화 합의에 국한했다. 개정된 조약은 또 기본법 제23조 조항하에서 1957년 1월 1일 자로 자르 지방이 독일에 반환될 수 있는 틀을 제공했다.

프랑스 의회가 12월 29일 파리 조약을 승인하자 독일을 둘러싼 투쟁이 변했다. 서독은 서방에 군사적 자산이 되었고, 경제적으로뿐 아니라 군사적으로도 서유럽의 완전한 일부가 되었다. 서독은 약간의 제한만을 갖고 주권을 되찾았다. 서독은 대서양 체제에, 동독은 소련 안보 벨트에 속하면서 두 개의 독일은 세계의 새로운 전략적 분기의 받침점에 섰다.

덜레스는 새 합의를 환영했다. 미국인들은 독일을 포함하고 미군 주둔의 기반을 제공하는 서유럽 방위 체제라는 그들의 목표를 달성했다.[5]

갈라진 유럽

서방이 연방공화국을 나토에 묶었듯이 모스크바는 동독의 군대를 그 자신의 동맹 체제에 묶었다. 독일민주공화국은 1955년 5월 바르샤바 협정*에 가입했고, 소련은 9월에 독일민주공화국의 주권을 인정했다. 이 조

---

* Warsaw Pact. 바르샤바조약기구라고도 한다. 1955년 5월 14일 폴란드 바르샤바에 모인 동구권 국가 8개국이 니키타 흐루쇼프의 제안으로 결성한 군사동맹으로, 정식 명칭은 우호·협력·상호원조 조약이다. 바르샤바 협정이 창설되기 이전, 서유럽 국가와 미국, 캐나다가 북대서양조약기구(NATO)를 창설하자, 소련이 이에 대응하여 동구권 국가들과 집단 군사동맹 기구를 창설했다. 그러나 1990년 10월 독일이 통일되면서 동독이 탈퇴했고, 1991년에 소련의 해체로 조약이 유명무실해지면서 그해 7월 1일 프라하에서 열린 회의에서 공식 해체가 선언되었다.

치는 서독을 서유럽에 통합하는 서방의 조치를 뒤이은 것일 뿐만 아니라 독일 통일을 외면하는 흐루쇼프와 몰로토프의 1953년의 결정을 논리적으로 뒤따르는 것이었다.

독일 문제를 다루려는 헛된 노력이 계속되었다. 포츠담 회담 이후 서방의 정부 수반과 소련의 정부 수반 사이에 이루어진 첫 회담인 1955년 7월의 제네바 정상회담은 독일 문제를 처리하려고 애썼다. 1955년 5월의 오스트리아 국가 조약의 뒤를 따라 정상회담은 적어도 독일 통일의 진지한 논의를 위한 얼마간의 가능성을 약속하는 것 같았다. 정상회담에 참석한 드와이트 아이젠하워 대통령, 앤서니 이든 총리, 프랑스 총리 에드가르 포르,* 소련 지도자 니키타 흐루쇼프와 니콜라이 불가닌은 "정부 수반들은 독일 문제의 해결과 자유선거에 의한 독일의 재통일은 독일 인민들의 국민적 이해와 유럽 안보의 이해에 맞추어 수행될 것이라는 데 동의했다."라고 언급하는 문서를 공표했다.[6]

아이젠하워와 덜레스는 자유선거에 의한 독일의 통일을 허용하는 말이 사용되었다는 사실에 기분이 좋았다. 비록 그 말이 소련 대표단이 요청한 범유럽적 안보 요구의 맥락에 포함되었고, 또 모스크바가 그것을 불가닌이 제안한 26개국 유럽안보 조약과 연계시켰지만 말이다. 그러나 10월과 11월의 후속 외무장관 회담은 소련인들이 자유선거 안을 전혀 고려하지 않으려 했기 때문에 아무런 성공적인 결과를 낳지 못했다.

제네바에서 귀국하는 길에 흐루쇼프는 동베를린에 들렀다. 흐루쇼프는 지금부터 두 개의 독일 국가가 존재할 것이라고 선언하면서 독일 분단

---

* Edgar Faure(1908-1988). 프랑스의 정치인, 역사학자. 1952년 1-3월, 1955-1956년 프랑스 총리, 1973-1978년 국민 의회(프랑스 하원) 의장을 역임했다.

을 유지하겠다는 자신의 결의를 재확인했다. 흐루쇼프는 이제 독일민주 공화국을 희생시키는 독일 통일에 관한 이야기는 더는 있을 수 없다고 덧붙였다. 그는 유럽 집단안보 체제의 창설과 두 독일 사이의 직접적 접촉을 통해서만 통일은 이루어질 수 있다고 주장했다.[7]

아데나워는 공식 채널뿐만 아니라 사적 채널을 통해서도 통일에 대한 구상을 정기적으로 내놓았으나, 그는 비민주적인 통일 독일을 가져오는 어떤 합의에도 관여하지 않을 것이라고 역설했다. 1958년 3월 19일, 아데나워는 소련 대사에게 10년의 과도기 동안 동독에게 '오스트리아식' 중립국 지위를 부여하는 한편, 통일을 연기하자는 제안을 비밀리에 내놓기까지에 이르렀다. 하지만 모스크바는 통일 과정의 일부로서 아데나워의 자유선거 요구를 수용하지 않을 터였다.[8]

흐루쇼프와 마찬가지로 울브리히트도 통일은 오직 동독 당국과 서독 당국의 직접적인 대화를 통해서만 이루어질 수 있다고 주장했다. 울브리히트는 독일민주공화국과 연방공화국의 대등한 지위를 원했다. 오토 그로테볼은 1951년 1월 15일 아데나워에게 보낸 서한에서 독일민주공화국-독일연방공화국 회담을 제안했다. 이와 유사한 제안이 그후 수 년 동안 이어졌다. 1953년 동독 지도자들은 두 독일이 "한 테이블 위에서" 만나서 이야기를 하자고 제안했다. 1956년 12월 30일, 독일사회주의통일당 신문인《노이에스 도이칠란트》는 두 독일 국가 간 국가연합을 제의했다. 아데나워는 스탈린 각서에 대해 그랬던 것처럼 이 모든 제안을 거부했는데, 그것은 그 제안들이 독일민주공화국을 인정하고 자유선거를 준비하지 않았기 때문이었다.[9]

동과 서는 독일 통일에 대해 계속 각서를 교환했으나 그 각서들은 내용의 반복으로 김이 빠진 것들이었다. 모스크바는 자유선거를 요구하는 계획들을 거부했고, 서방은 독일의 중립을 통일의 조건으로 내건 제안뿐만 아니라 두 독일 사이의 직접적인 접촉을 위한 계획도 거부했다. 서방도 폴란드와 체코슬로바키아뿐 아니라 동독과 서독에서도 핵무기를 금지하는 1957년 10월의 폴란드 라파츠키* 계획도 거부했다. 다른 외교적 모험도 비틀거렸다. 또 다른 동-서 정상회담을 위한 1957-1958년의 소련 제안들은 서방이 원했음에도 불구하고 독일을 의제에 올리지도 못했다.[10]

동독과 서독은 그들이 공식적으로는 서로를 인정하지 않았음에도 불구하고 상호 이로운 무역을 계속 유지했다. 동독은 그것을 '해외 무역'이라고 부르기를 원했지만, 서독은 그렇지 않았다. 이 문제를 풀기 위해 두 정부는 서독이 '점령지 간 무역'(Interzonenhandel, IZT)이라고 일컬은 교역을 관리하기 위해 '베를린 협정'이라고 알려진 합의를 체결했다. 이 협정의 조건하에서 양측은 서로를 '통화권'으로 다루었는데, 서독과 서베를린은 상공업신탁청(Treuhandstelle für Industrie und Handel)이라고 불리는, 표면상으로는 사적인 베를린 사무소가 대표했고, 동독은 독일민주공화국의 해외무역부가 대표했다. 정치적 위기 때문에 이따금 중단된 경우를 제외하면 이 체제는 독일민주공화국이 붕괴될 때까지 독일간 무역을 관장했다.

세월이 흐르면서 이 무역은 점점 중요해졌다. 이 무역 덕분에 독일민주공화국은 동독 산업과 소련 산업용으로 고품질의 서독 공작기계를 매입하면서, 석탄과 전력 같은 상대적으로 기술 수준이 낮은 수출품으로

---

* Adam Rapacki(1909-1970). 폴란드의 정치인이자 외교관. 1956-1968년 폴란드 외무장관을 지냈다. 1957년 10월 2일 중부 유럽에서 핵 자유지대(체코슬로바키아, 폴란드, 동독과 서독)를 설정한 이른바 '라파츠키 계획'을 유엔에 제출했다.

그 대금을 지불할 수 있게 되었다. 서독은 독일민주공화국의 구매를 용이하게 하려고 회전신용제도('스윙'이라고 일컫는)*를 제공했다. 아데나워는 독일민주공화국을 지지하고 싶지는 않았지만, 동독 인민들이 괜찮은 생활수준에 이르도록 도움을 주기를 원했다. 아데나워는 소련이 비참한 생활 형편 때문에 봉기가 일어나면 다시 폭력적 진압에 나설 것임을 깨달았다.

독일민주공화국이 독일 인민은 물론이고 심지어 그 내부의 주민도 대표하지 않는다는 자신의 신념을 강조하기 위해서 아데나워와 그의 동맹자들은 연방공화국만이 독일 인민들을 국제적으로 대표할 권리를 갖고 있다고 주장했다. 1955년 12월, 독일민주공화국이 독자적으로 국제적인 접촉을 확대하려고 하자 아데나워는 할슈타인 독트린(독일 외무부의 외무차관 발터 할슈타인** 의 이름을 따서)으로 알려진 외교원칙을 선포했다. 이 독트린하에서 서독은 제2차 세계대전 4개 승전국을 제외한 어떤 다른 정부가 독일민주공화국과 관계를 수립하면 이를 비우호적인 행위로 간주할 것이었다. 이는 본이 그런 정부와 관계를 단절할 것임을 의미했다. 실제로 본은 유고슬라비아와 단교했다. 비록 이 독트린을 시행하는 것이 쉬운 일이 아닌 것으로 드러났고, 연방공화국은 독일민주공화국을 인정하지 않는 대가로 서독의 지원을 요구하는 나라들로부터 얼마간의 협박에 시달렸지만, 이 독트린은 약 20년 동안 동독을 효과적으로 봉쇄해 비

---

*   revolving credit system. 국제무역 협정에서 정해진 정도까지 무역 불균형을 허용하기 위해 신용이 제공되는 제도를 가리킨다.

** Walter Hallstein(1901-1982). 독일의 학자, 외교관, 정치인. 1950년부터 외교관이 되어 독일 외무부에서 근무하면서 서독이 동독을 외교적으로 고립시키는 '할슈타인 원칙'을 입안했다. 유럽석탄철강공동체의 설계자 중의 한 사람이었으며, 1958-1967년 유럽경제공동체의 유럽 위원회 초대 의장을 지냈다. 1969-1972년 서독 연방의회 의원이었다.

공산주의 세계와 공식적으로 거의 접촉하지 못하게 했다.

　미국인들과 독일인들은 또 상업 영역과 공공 영역에서도 좀 더 긴밀한 관계를 맺기 시작했다. 전 미국 고등 판무관 존 J. 맥클로이는 미국의 민간그룹인 미국독일협의회(American Council on Germany)가 접촉 확대를 꾀하자 이를 도와주었다. 독일에서는, 나치를 피해 도피했다가 전쟁이 끝나고 함부르크로 돌아왔던 은행가 에릭 바르부르크*가 상대 조직인 '대서양 다리'(Atlantik-Brücke)의 결성을 도왔다. 미 국무장관의 여동생으로 그 자신 정부 관리였던 엘리노어 덜레스** 부인은 서베를린에 대한 지원 확대를 도모하는 미국의 캠페인에 앞장섰다.

　아데나워는 독일민주공화국을 거들떠보지 않을 수도 있었지만, 소련을 무시할 수는 없었다. 1950년 모스크바가 포로송환을 중단한 이후 너무나 많은 독일 전쟁포로들이 소련에 그대로 남아 있었다. 너무나 많은 독일인들이 소련의 지배를 받고 있었던 것이다. 어떤 독일 총리도, 특히 자신이 직접 대외 정책을 통제하고 싶어 하는 총리라면, 다른 누군가를 통해서만 모스크바와 논의하는, 그런 방식을 원하지 않았을 것이다. 소련도 독일민주공화국이 1953년 반란의 충격으로 1950년대 중반까지도 휘청거리고 있는 사이에 유럽의 떠오르는 스타가 된 서독을 무시할 수 없었다.

　아데나워는 모스크바에 가고 싶지 않았다. 그러나 서독은 제네바 정상회담과 중립을 조건으로 오스트리아 통일을 허용했던 1955년 오스트

---

* 　Eric Warburg(1900-1990). 독일과 미국의 사업가. 저명한 유대계 독일인 은행가 가문인 바르부르크가의 일원이었다. 독일과 미국의 관계를 강화시키려고 무척 애를 쓴 것으로 잘 알려졌다.
** 　Eleanor Lansing Dulles(1895-1996). 미국의 작가, 교수, 정부 관리.

리아 국가 조약의 조인에 뒤이은 좀 더 이완된 국제적 분위기 속에서, '제네바 정신'과 평화공존을 포용하는 것처럼 보이지 않는 유일한 국가로 남아 있을 수가 없었다. 1955년 가을 불가닌과 흐루쇼프가 외교적·문화적·경제적 관계의 개시를 논의하려고 아데나워를 모스크바로 초청하자, 아데나워는 이전 초청은 거절했지만, 이번 초청은 받아들였다. 아데나워는 소련이 주로 무역에 관해 이야기하기를 원한다는 사실을 알았지만, 그는 포로들에 대해서 이야기하기를 원했다. 아데나워는 무역 말고 다른 것을 염두에 두고 있음을 보여주기 위해 경제부 장관 루트비히 에르하르트를 자신의 대표단에 포함하지 않았다.[11]

아데나워와 소련 지도자들은 우호적인 한담을 나누지 않았다. 신랄하게 논쟁적인 회담에서 흐루쇼프는 독일인들을 나치즘의 추종자라고 비난했다. 아데나워는 1939년 폴란드를 침공함으로써 제2차 세계대전을 야기한 히틀러와의 조약에 서명한 사람은 바로 몰로토프라고 대꾸했다. 아데나워는 독일에서 소련 병사들이 보인 행태를 고발했다. 흐루쇼프가 무역에 대해 이야기할 때마다 아데나워는 전쟁포로에 대해서 말했다. 협상이 완전히 교착 상태에 빠진 어느 시점에 아데나워는 그의 조종사에게 복귀 비행계획을 제출하라고 지시했다. 이것은 교착상태를 깨뜨렸지만 아데나워와 흐루쇼프는 외교관계를 수립하는 데 며칠이 더 필요했다.

토론의 모든 주제는 논쟁을 불러일으키는 것으로 드러났다. 그러나 아데나워는 비록 그 수는 실망스러웠으나 적어도 일부 전쟁포로들을 데리고 나온다는 목적을 달성했다. 행방불명된 150만 명이 넘는 독일 병사들 중에서 모스크바는 약 2만 명의 민간인들과 함께 9,626명의 병사들만 석방했다. 이에 대한 대가로 흐루쇼프는 무역을 늘리려는 자신의 목적을 달성했다. 그러나 두 사람 중 어느 누구도 '제네바 정신'에 대해 이야기하지 않았다. 그들은 자신들이 필요로 하는 것을 했지만 각자 불쾌한 상황을 감내해야 했다.

1956년까지 흐루쇼프는 독일민주공화국을 계속 통제하에 둔 데 대해 자랑스러워 할 이유가 있었다. 모스크바의 동유럽 위성국가들은 연이어 위기를 겪었다. 먼저 체코슬로바키아에서 학생들의 저항이 발생했다. 그 뒤 폴란드의 포즈난에서 일련의 폭동이 일어났고 폴란드 정부는 사회화 정책의 일부를 취소하고서야 질서를 회복할 수 있었다. 끝으로 1956년 가을에는 헝가리에서 전면적인 봉기가 일어났다. 소련군만이 헝가리를 소련 위성국으로 재건할 수 있었다. 수십 만 명의 헝가리인들이 중립국 오스트리아를 거쳐 서방으로 도피했다.

흐루쇼프는 어쩌면 서와 동 사이의 안전지대로서 독일민주공화국이 있어야 소련 블록이 이러한 위기들을 이겨낼 수 있으리라고 마음속으로 생각했을지도 모른다. 흐루쇼프가 당 수장일 뿐만 아니라 1958년에 총리가 되었을 때, 분단 독일에 대한 모스크바의 선호는 확고하게 굳어졌다.

전략적 대등

스탈린은 아마도 1955년에 독일에서 벌어진 일들을 마음에 들어 하지 않았을 것이다. 그러니 스탈린이 1950년대 전반에 유명을 달리 한 것은 그로서는 다행이었다. 모스크바는 자신의 오랜 점령지를 여전히 통제하면서 민간 행정부가 관리하는 독일민주공화국을 가졌으나, 소련은 독일이나 유럽 전체에서 내세울 만한 위상이 전혀 없었다. 독일공산당은 서독 선거 개표 결과 득표율이 5% 이하로 떨어졌고, 서독은 서방의 전략적 안보 체제의 일부가 되었다.

기본적으로 해양 강국이었던 미국은 세계 대양들의 맞은편 연안에 신뢰할 만한 기지가 필요했다. 미국은 서독에서 이상적인 파트너를 발견했다. 미국의 주요 재래식 무기와 핵무기를 배치해도 좋을 만큼 충분히 넓은 영토를 가진 서독은 유럽에서 미국 방위군에게 공간을 제공했고, 영국과 함께 미국과 서방의 전략 체제에서 가장 중요한 유럽의 연결 고리의 하나가 되었다. 독일과 미국의 연결을 두려워했던 스탈린조차 서독의 중요성을 상상할 수 없었을 것이다. 미국은 서독뿐만 아니라 서유럽 전체를 방어하면서 미국에게 중동, 아프리카 및 그 너머 세계에 접근하게 해줄 정도로 많은 지상군을 주둔시키고 또 대규모 공군 기지를 설치할 수 있었다.

연방공화국은 자신의 능력으로 하나의 군사적 요인이 되기 시작했다. 서독 여론이 50만 명의 독일군 창설 계획에 계속 반대했음에도 불구하고 아데나워는 1950년대 말까지 25만 병력을 육성하기 시작했다. 심지어 독일 핵무기 운반 체제에 대한 논의까지도 진행되었다. 국방장관 프란츠 요제프 슈트라우스*는 독일이 주요 동맹국들과 똑같은 무기를 가질 권리가 있다고 주장했다. 그 동맹국들이 핵탄두에 대한 독일의 단독 통제를 절대 허용할 것 같지는 않았지만, 모스크바는 이를 확신할 수가 없었다.

하지만 당장의 미래를 위해서 서독은 자국의 방어를 다른 이들, 특히 미국인들에게 주로 의존했다. 워싱턴은 소련과 동유럽의 재래식 전력,

---

* Franz Josef Strauss(1915-1988). 독일의 정치인. 1961-1988년 동안 바이에른 기독사회연합 총재를 지냈다. 1956-1962년 서독 국방장관, 1966-1969년 재무장관, 1978-1988년 바이에른 주지사를 역임했다.

특히 동독에 집중된 대규모 기갑부대와 수적으로 대응해야 하는 상황을 피하려고 서유럽과 주로 서독에 다양한 핵무기를 배치했다. 핵무기에는 핵폭탄, 핵대포, 그리고 나중에는 핵탄두를 장착한 중·단거리 미사일이 포함됐다. 이 무기들은 독일과 여타 나토 방어망을 돌파하는 데 필요한 소련군의 집결을 막을 수 있었기 때문에 소련의 전술을 복잡하게 만들었다.

미국의 핵병기가 배치되면서 본과 그 서방 동맹국들 사이에 거의 초현실적인 대화가 진행되었다. 본은 억지를 위해 나토의 핵무기를 원했다. 본은 모든 핵무기가 수만 명 아니 수십만 명의 독일인들을 죽일 수 있기 때문에 핵무기가 절대 사용되지 않기를 바랐다. 그러나 본은 소련을 억제하기 위해 핵무기 사용을 계획해야 했다. 그리고 소련이 진정으로 확실히 억제되도록 하기 위해 본은 전쟁의 첫 단계에서 핵무기의 사용을 계획해야 했다. 핵무기가 너무 늦게 사용된다면 소련군이 서독의 많은 부분을 유린할 기회를 갖게 될 터였다.

효과적인 억지를 위해 독일은 나토가 모스크바가 핵무기를 사용하기 전에 핵무기를 먼저 사용할 수 있도록 준비하기를 원했다. 이른바 이 '선제 사용' 교리는 모스크바에게 바르샤바 협정군이 무엇을 하든 상관없이 서방은 자신이 선택한 시간에 핵무기를 사용할 것임을 분명히 했다. 미국인들은 유럽에서의 핵무기 사용이 미국에 대한 소련의 핵 공격을 자극할 것을 우려했음에도 불구하고 이 선제 사용 원칙을 고수했다. 위험을 공유하는 독특한 동반자 관계를 맺은 서독과 미국은 소련의 핵 보복에 가장 직접적으로 노출되었다.

핵탄두를 폭발시킬 최적의 장소를 둘러싸고 똑같이 초현실적인 논의가 진행되었다. 나토와 바르샤바 협정 사이의 '전선'은 독일 한가운데를 관통했다. 만일 핵무기가 이 전선을 따라 사용된다면 동독과 서독 모두 파괴될 것이다. 나토 계획가들은 "미사일 사거리가 짧으면 짧을수록 독일인들이 더욱 더 많이 죽는다."라고 말하곤 했다. 그러므로 독일의 전략 계획가들은 나토가 가능한 한 동쪽으로 멀리 겨누어서 체코슬로바키아와 폴란드, 아마도 소련 영토를 타격하는 중거리 무기들을 가능한 한 많이 보유하기를 원했다. 이것은 독일인들의 목숨을 구할 뿐만 아니라, 소련인과 동유럽인들이 그런 계획을 알고 공격을 가하는 것을 신중히 재고하도록 만들 것이기 때문에 억지 효과도 커질 것이다.

그러므로 억지를 하려면 가능한 한 동쪽으로 멀리 핵무기를 조기에 사용하는 계획이 요구되었다. 하지만 방어 논리와 아마도 상식에 따른다면 조기 사용 계획이 아니라 지연 사용 계획을 짜야 할 것 같았다. 독일인들도 그들의 동맹국들도 이 딜레마를 완전히 해결하지는 못했다. 나토 계획가들은 국제전략문제연구소(International Institute for Strategic Studies)나 뮌헨의 독일 전략 잡지인 《베르쿤데》(Wehrkunde)가 개최한 전략 계획가들의 연례 학술회의에서 논의한 것을 제외하면 이 문제는 거의 공개적으로 논의되지 않았다. 그러나 그것은 나토 전략의 결정적인 딜레마로 남았다. 서방이 언제 어떤 무기를 사용할지를 선택할 수 있는 '확전 통제'에 대한 희망도 마찬가지였다. 나토 계획가들은 자신들이 핵무기를 어디에 비축했는지 밝히고 싶지 않았지만, 많은 독일인들뿐만 아니라 그들도 상당수의 탄두가 서독의 통제를 받지는 않지만 서독 내에 있다는 사실을 알고 있었다.

모스크바는 재래식 무기를 보완하기 위해 핵무기를 동독에 배치했다. 처음에 소련 전략 계획가들은 단거리 핵미사일에 집중했다. 이 미사일은 서독 도시들 이외의 유럽 대도시들을 직접 위협하지 않았다. 그러나 흐루쇼프는 서방이 핵무기로 교전하기 시작한다면 유럽 전역이 위험해질 것임을 상기시키고 싶어 했다.

이는 서독인들과 그들의 동맹국들이 1950년대 중반 이래 답변하고자 했던 지독하게 어려운 전략적·전술적 문제들이었다. 그 문제들은 서방이 봉착한 현실적인 딜레마를 나타냈다. 그러나 그것들은 동구권이 직면한 훨씬 더 큰 딜레마를 나타내는 것이었다. 분단된 독일과 분단된 유럽의 땅 위와 아래에는 유럽 전체를 몇 번이나 하늘로 날려버리기에 충분한 핵물질이 있었다. 역설적이게도 독일을 둘러싼 투쟁이 군사적 단계에 도달한다면, 독일 자체는 살아남을 수 없을 터였다. 그러나 공격을 개시한 사람들도 마찬가지일 것이었다.

나토 사무총장 이스메이 경*은 나토가 "미국인들을 붙잡아두고 러시아인들을 못 들어오게 하며 독일인들을 억제하는 데" 도움을 준다고 말했다. 그러나 독일인들은 억제될 수가 없었다. 독일의 동반자들, 특히 미국인들은 나토 방어와 미국의 지구적 이익에 서독이 결정적으로 중요하다는 사실을 인정해야 했다.

분열

1950년대 중반 이후 독일과 유럽은 정치적으로뿐만 아니라 군사적으로도 동과 서로 여전히 나뉘어져 있었다. 두 개의 대립하는 군사 동맹은 두 개의 대립하는 정치적·사회적·경제적 독트린처럼 서로를 마주보

---

* Lord Ismay(1887-1965). 영국의 군인. 제2차 세계대전 동안 윈스턴 처칠하에서 참모총장을 맡았고, 1945-1946년에는 클리멘트 애틀리 내각에서 국방장관을 지냈다. 그 후 1952-1957년 나토(NATO)의 초대 사무총장으로 일했다.

왔다. 서방은 서유럽과 북아메리카 대륙을 연결하는 북대서양조약기구
가 있었다. 동구권은 바르샤바 협정이 있었다. 서방은 또 서유럽 기구로
서 곧 유럽공동체*가 될 유럽석탄철강공동체와, 나토의 서유럽 구성요소
로서 서유럽연합을 갖고 있었다. 모스크바는 경제상호원조회의, 즉 코메
콘**이 있었다.

　스탈린은 실패했다. 스탈린은 힘으로든 외교로든 우호적인 통일 독
일을 획득할 수가 없었다. 러시아 프롤레타리아와 독일 프롤레타리아 사
이를 굳건하게 연계시킨다는 레닌의 꿈은 꿈으로 남았다. 심지어 1952년
각서에서도 스탈린은 통일 독일을 좋아하는지, 아니면 공산주의 동독을
좋아하는지 분명히 결정하지 않았다. 이는 다른 사람들, 즉 몰로토프나
울브리히트, 혹은 아데나워의 수중에 이 결정을 남겨놓았다. 그리고 그들
중 어느 누구도 통일을 우선 사항으로 간주하지 않았다. 실제로 아데나워
는 자신에게는 민주주의와 안정이 최우선임을 계속 분명히 했다.[12]

　하지만 울브리히트는 성공을 거두었다. 그는 역설적이게도 실패함으
로써 성공했다. 소련 점령지에서 울브리히트식 공산주의는 모든 독일인

---

* 　European Community(EC). 1992년 마스트리히트 조약으로 도입된 유럽연합(EU) 3개의
　기둥 가운데 첫 번째 기둥으로서 경제·사회·환경 분야 정책의 실현을 목표로 하는 국가 간
　의 공동체를 일컫는다. 두 번째 기둥과 세 번째 기둥은 각각 '공동외교안보정책'과 '범죄문
　제의 사법협력'이었다. 유럽공동체는 유럽연합의 전신인 유럽경제공동체에서 비롯되었다.
　2009년 리스본 조약이 발효되면서 3개의 기둥 구조는 폐지되었고, 유럽공동체와 나머지 2
　개의 기둥은 통합되어 소멸되었다.

** 　Council for Mutual Economic Assistance(COMECON, CMEA). 1949년 소련의 주도 아래
　동유럽 국가들을 중심으로 공산주의 국가의 경제협력기구로서 결성되었다. 이 기구는 제2
　차 세계대전 이후 미국이 실시한 마셜 계획에 대항하기 위해 설립되었다. 처음에 가맹국은
　소련, 폴란드, 체코슬로바키아, 헝가리, 루마니아, 불가리아 6개국이었으나 한 달 뒤 알바니
　아가 가입했다. 그 후 1950년 독일민주공화국(동독), 1962년 몽골, 1972년 쿠바, 1978년 베
　트남이 가입하고, 알바니아가 1962년에 탈퇴하면서 최종적으로 가맹국은 10개국이 되었
　다. 경제상호원조회의는 냉전의 종결과 함께 1991년 6월에 해체되었다.

들을 너무 소외시켜서 스탈린은 선택의 자유를 남겨놓은 조건으로 통일을 협상하는 일을 무릅쓸 수가 없었다. 스탈린은 과정이 아니라 결과를 협상해야 했다. 그리고 동독에서 울브리히트에 대한 저항을 지켜본 소련 지도자들은 울브리히트가 힘으로 권좌를 유지해야 한다고 확신했다. 울브리히트는 매우 어리석었거나 아니면 매우 똑똑했다. 모스크바는 울브리히트가 활동하고 있는 동안에는 통일을 시도할 수 없었으나, 울브리히트가 자신의 슈타지 국가를 얼마나 형편없이 운영하든 또 얼마나 많은 사람들이 도주하든 상관없이, 슈타지 국가와 함께 그에게 계속 자리를 보존하게 해주어야 했다. 울브리히트는 민주주의라는 면에서든 번영이라는 면에서든 정당성을 주장할 수 없었으나 다른 사람으로 대체될 수는 없었다.

서방도 동구권도 각자 자신들 몫의 독일을 필요로 했다. 서독은 대서양을 가로지르는 거대한 전략적 아치를 위한 유럽 대륙의 축받이를 제공하면서 서방 체제의 중요한 일부가 되었다. 서독은 유럽에서 가장 크고 가장 번창하는 경제가 되었다. 연방은행이 조심스럽게 관리하는 독일마르크화(D-Mark)는 미국 달러화 다음으로 가장 중요한 세계 통화가 되었다. 반면에 동독은 모스크바의 동유럽 전략 안보 벨트에 긴요한 외곽 성채가 되었다. 동독의 경제는 서독 경제에 미치지 못했으나, 모스크바와 코메콘에게 비스무트의 우라늄, 작센과 튀링겐의 공작 기계를 비롯해 일부 중요한 필수품을 제공했다.

1956년까지 울브리히트의 죽음의 띠는 동독과 서독을, 동유럽과 서유럽을, 그리고 스탈린 체제와 대서양 체제를 갈라놓았다. 거의 어느 누구도 죽음의 띠에 들어가지 못했다. 들어간 사람은 죽었다.

오직 문 하나만, 즉 베를린의 서방 구역과 소련 구역 사이의 구분선만 열린 채로 남아 있었다. 다음 시험대는 바로 여기였다.

베를린 최후통첩

1958년 10월 28일, 베를린의 미군 파견단에 고용된 한 독일인이 그녀의 미국인 관리자를 급하게 만날 수 있는지를 물었다. 매우 흥분한 그녀는 자신이 미국인들을 위해 일했기 때문에 자신과 가족이 위험에 빠지면 미국이 그들을 베를린에서 데려나갈 수 있는지 관리자에게 물었다.

왜 그러는지 설명을 요구 받자 이 직원은 발터 울브리히트가 그 전날 독일이 서베를린을 '중립화'할 것이라고 말했다고 대답했다. 그녀는 울브리히트가 그렇게 말하는 것을 이전에는 들은 적이 없었다.

그 직원은 울브리히트가 무엇을 의미했든 그의 말은 서베를린에 대한 좀 더 공격적인 정책을 보여준다고 덧붙였다. 울브리히트와 독일사회주의통일당이 그들이 해석하는 단어의 의미에서 서베를린을 '중립화'할 수 있다면, 그녀를 포함한 많은 다른 사람들이 위험에 빠질 것이었다. 직원의 두려움을 진정시킨 뒤, 그녀의 상사는 미국 국무부에 울브리히트가 불길한 함의를 가진 새로운 단어를 사용했다고 알렸다.[1]

이 관리자는 울브리히트가 서베를린으로 통하는 개방된 국경에 대해서 모스크바에 오랫동안 불평해왔다는 사실을 몰랐다. 1957년에 울브리히트는 바르샤바 협정 회의에서 국경을 닫게 해달라고 요청했다. 그러나 흐루쇼프와 다른 동유럽 지도자들은 그런 행동이 동구권이 서방을 곧 추월할 것이라는 흐루쇼프의 공언을 훼손할 수 있다는 이유로 울브리히트의 요청을 거부했다. 게다가 흐루쇼프는 베를린을 두고 핵 대결 위험을 감수하고 싶지 않았다.[2]

그러나 1957년과 1958년 사이에 많은 것이 변했다. 소련의 힘과 지위가 상승했다. 1957년 5월과 8월 사이에 모스크바는 대륙간 탄도미사일(ICBM)을 시험하기 시작했다. 10월에는 미국의 우주 프로그램이 발사대에서 말 그대로 털털거리고 있는 동안, 두 개의 스푸트니크 위성을 발사함으로써 세상을 떠들썩하게 했다. 흐루쇼프는 또 개발도상국에서 해방전쟁을 성공적으로 치른 지도자들과 굳건한 동맹관계도 형성했다.

그럼에도 사태는 독일민주공화국에게 유리한 쪽으로 바뀌지 않았다. 동독 노동자들이 계속 대거 도주했다. 1958년까지 400만 명으로 추정되는 동독인들이 서방으로 도피했고, 그중 절반 이상(약 230만 명)이 독일민주공화국이 수립된 후 도주했다.³ 소련 정보기관의 수장이자 모스크바 지배층의 가장 명석한 인사들 중의 한 명이었던 유리 안드로포프*는 소련 공산당 중앙위원회에게 독일민주공화국으로부터의 난민 도주가 임계점에 도달했다고 경고했다.⁴ 소련과 동유럽 관리들은 이 문제를 논의하기 위해 적어도 한 달에 한 번은 만났다. 사실상 모든 난민들이 베를린의 구역 경계선을 넘어갔다. 울브리히트는 자신의 경제적 실패를 개방된 국경 때문이라고 했고, 흐루쇼프에게 뭔가 바뀌어야 한다고 말했다.

---

* Yuri Andropov(1914-1984). 소련의 정치가로 1982-1984년 제5대 소련 공산당 총서기를 지냈다. 1953-1975년 헝가리 주재 참사관과 대사, 1957-1962년 당 중앙위원회 연락부장, 이어 공산당 중앙위원을 역임했다. 1967년부터 국가보안위원회(KGB) 위원장을 거쳐 정치국원이 되었고, 1982년 당 중앙위원회 서기로 선출되었으며, 같은 해 11월 레오니트 브레즈네프가 사망하자 그 후임으로 총서기가 되었다. 1983년 6월에는 최고회의 간부회 의장으로도 선출되었으나, 이듬해 병으로 사망했다.

흐루쇼프가 최종 기한을 정하다

다시 한 번 동아시아의 사건들이 독일에 영향을 미쳤다. 중화인민공화국 앞바다에 위치한 진먼(今文)섬과 마쭈(馬祖)섬을 둘러싼 베이징과 워싱턴 사이의 날카롭고 매우 위험한 대결은 워싱턴으로 하여금 중국의 분할을 받아들이게 했다. 덜레스는 위기를 종결시키는 거래의 일부로서 두 개의 중국이 존재하는 현실을 인정했다. 울브리히트는 아이젠하워와 덜레스가 두 개의 중국을 수용할 수 있다면, 두 개의 독일과 두 개의 베를린도 수용할 수 있을 것이라고 생각했다. 그는 즉시 소련 대사를 소환해 독일 문제가 다음 의제여야 한다고 말했다.[5] 서베를린의 중립화가 울브리히트의 희망사항 목록에서 제1 순위를 차지했다.

흐루쇼프는 그의 주변부에서 또 다른 위기가 조성되는 것을 원하지 않았다. 흐루쇼프는 중국에 자제를 촉구했다. 그러나 울브리히트의 압력을 받은 흐루쇼프는 독일의 완전한 분단과 서베를린의 영향으로부터 동독의 보호를 추진하는 데 동의했다. 흐루쇼프는 "제국주의자들은 독일 문제를 국제 긴장의 지속적인 원천으로 변질시켰다."고 불만을 토로하는 연설을 했다. 흐루쇼프는 포츠담 협정의 서명국들이 "베를린에서 점령 체제의 잔재들을 포기할" 때가 왔다고 말했다.[6]

11월 27일 흐루쇼프는 좀 더 단호한 언어로 최종기한을 정한 각서를 서방 점령국들에게 보냈다. 연방공화국이 히틀러의 독일 같다고 비난하면서 흐루쇼프는 6개월 내에 두 개의 독일 국가와 평화조약을 맺을 것을 요구했다.

흐루쇼프는 서베를린에 대한 가장 심각한 위협을 남겨두고 있었다. 그는 서방이 자신들의 권리를 정한 협정을 위반한 지 오래된 지금 베를린에서 계속 그 권리를 유지할 수는 없을 것이라고 단언했다. 그는 지금이 베를린에서 점령 체제를 종결시킬 때라고 썼다. 6개월 내에 두 독일 국가와의 평화조약이 체결되지 않는다면 소련은 베를린과 그 접근 루트에 대한 자신의 권한을 일방적으로 독일민주공화국으로 이양할 것이었다. 만일 서방이 독일민주공화국의 권한을 인정하지 않는다면, 소련은 독일민주공화국을 방어할 터였다. 서베를린에 대해서 말하자면 그것은 '자유도시'가 될 것이었다. 흐루쇼프는 서베를린은 독일민주공화국 영토에 자리 잡고 있고 당연히 독일민주공화국의 일부가 되어야 하므로 그것을 양보라고 묘사했다.[7]

흐루쇼프는 자신이 추구하는 조약의 정확한 조건들에 관해 아직 결정하지 않았다. 그로미코는 1958년 말까지 소련의 조약 안을 완성하지 않았다. 그 후 그로미코는 두 개의 초안을 준비했다. 하나는 두 독일을 위한 것이었고 4개 점령국이 서명할 터였다. 그것은 외국 군대의 부분적 철수를 규정했다. 그로미코는 이로써 "나토는 사실상 붕괴된 것이나 다름없을 것이다."라고 설명했다. "서방 열강과 독일연방공화국은 명백히 우리의 제안에 동의하지 않을 것"이라고 덧붙인 후 그로미코는 울브리히트와의 개별 조약을 위한 초안이라는 두 번째 선택지를 제안했다. 그러나 그로미코는 "독일 전체를 건 정치투쟁의 가능성이 완전히 소진된" 이후에야 이 선택지를 사용해야 한다고 덧붙였다. 이것은 그로미코와 흐루쇼프가 조약 자체만큼이나 서독과 서베를린에서 정치적 효과를 위해 새 캠페인을 이용할 계획이었음을 시사했다.[8]

울브리히트는 신속한 행동을 원했다. 그는 베를린을 둘러싼 힘의 균형을 살펴보았다. 자신과 흐루쇼프가 압도적인 우위에 있었다. 그들은 베를린으로의 접근 루트를 통제했고, 인근에 병력도 더 많았다. 소련과 동독의 군대는 하루 안에 서베를린의 서방 수비대를 괴멸시킬 수 있었다. 울브리히트는 서방 연합국에 도전하기 위해 직접적인 행동을 원했다. 그는 흐루쇼프와 다른 이들에게 서베를린이 동독 땅에 있으니 독일 민주공화국으로 통합되어야 한다고 거듭 말했다.[9]

흐루쇼프는 여전히 좀 더 신중해야 했다. 흐루쇼프는 베를린에서 서방이 지닌 약점을 간파했지만 수평선 너머도 바라봐야 했다. 흐루쇼프는 소련이 핵 우위를 갖고 있는 것처럼 말했으나 실상은 그렇지 않다는 점을 잘 알고 있었다. 그는 소련의 우주 개발 성공으로 획득한 입지를 이용해 서방을 위협하면서 협상하기를 원했다. 울브리히트는 자신이 야기할 위기에 신경 쓰지 않았겠지만, 흐루쇼프는 신경을 썼다.[10]

하지만 흐루쇼프는 베를린 문제를 좀 더 광범한 목적을 위해 이용하고 싶었다. 흐루쇼프는 베를린의 상황을 변화시킬 뿐만 아니라 서방 연합국을 분열시키며, 또 영국해협에서 나토를 분열시키고, 미국이 자국 군대를 독일과 유럽 대륙으로부터 철수할 수밖에 없도록 미국에게 굴욕감을 주기를 원했다. 그렇게 된다면 서독은 모스크바 쪽으로 돌아설 수밖에 없을 것이었다. 따라서 흐루쇼프는 명백하고도 신속하게 승리를 거두어야 했다. 그것은 러시아는 결코 누린 적이 없는 유럽에서의 패권을 소련에 선사할 것이다. 그것은 흐루쇼프에게 오래 전에 존재했던 러시아와 독일 사이의 연결을 다시 도모할 기회를 부여할 것이다. 그것은 우주에서 모스크바가 점한 우위를 충분히 활용함으로써 세계의 힘의 균형을 극적으로 바꿀 것이다. 흐루쇼프는 울브리히트가 직접 행동으로 얻고자 한 바를 압박과 협상으로 얻기를 원했다.

흐루쇼프는 중국에 대해서도 생각해야 했다. 1956년 이후 중소 분열이 공개적인 설전으로 비화하면서 흐루쇼프는 마오쩌둥보다 이념적으로 덜 철저하게 보일 여유가 없었다. 그러나 흐루쇼프는 또 핵무기의 위험을 각오해야 할 수도 있는 코너로 자신을 밀어 넣을 수도 없었다. 마오쩌둥이 미국을 '종이호랑이'라고 하자, 흐루쇼프는 종이호랑이가 핵 이빨을 갖고 있음을 그에게 상기시켰다.

흐루쇼프는 협상에 의해 베를린과 독일 문제를 해결하고 싶었을 테지만, 흐루쇼프의 요구는 너무 광범위한 것이어서 그가 압도적인 심리적 압박을 가하지 않는다면 서방은 결코 호락호락 양보하지 않을 것이었다. 흐루쇼프는 무적의 아우라를 만들어내 서방이 위압당한 나머지 양보할 수밖에 없기를 희망해야 했다.

흐루쇼프와 울브리히트의 의견 차가 무엇이었든, 1958년 말까지 그들은 움직이기로 결심했다. 그들은 독일을 둘러싼 투쟁을 새로운 수준의 긴장감으로 팽팽하게 만들 극적인 모험을 시작했다. 미군 파견단의 그 여성은 오직 첫 징조를 보았을 뿐이었다.

연합국의 토론

흐루쇼프의 연설과 각서는 서방을 혼란에 빠뜨렸다. 서방 지도자들은 각자 다르게 반응했다. 그들은 각자 세계와 소련, 유럽과 독일에 대해 자기 자신의 특수한 이해와 태도를 갖고 있었다. 각자는 다른 사람들에 대해 사적인, 때로는 그렇게 사적인지는 않은 의구심을 품고 있었다.[11]

흐루쇼프는 민감한 순간에 서방 지도자들에게 타격을 가했다. 퇴임이 가까웠던 아이젠하워는 베를린에서 우월한 위치를 원했으나, 또한 외교적 성공도 바랐을 것이다. 덜레스는 단호한 태도를 취하는 것이 옳다고 믿었으나 전쟁을 원하지는 않았다. 드골은 1958년에야 권좌에 복귀했고 알제리에서 프랑스 통치에 반대하는 반란을 종식시키는 데 집중해야 했다. 영국 총리 해럴드 맥밀런은 세 강대국의 하나로서 영국의 오랜 위상을 되찾고 싶어 했다. 아데나워는 서방이 유리한 위치에 있다고 믿었으나 그의 동맹국들이 양보할까봐 우려했다.

문제를 더욱 복잡하게 만든 것은 베를린에서의 도전이 거의 어떤 형태라도 띨 수 있었다는 사실이었다. 소련군이나 동독군이 베를린으로의 접근을 직접 막을 수도 있었는데, 서방 지도자들은 그럴 가능성이 없다고 여겼다. 동독 경찰이 이전에 소련 병사들이 수행하던 임무를 넘겨받아 철도나 도로 통제소에 갑자기 나타날 수도 있었다. 베를린항공안전센터(Berlin Air Safety Center, BASC)의 직원으로 일하던 소련 관리들이 업무를 중단하고 공중 회랑을 통과하는 연합국과 민간 항공기에 대한 안전 보장을 거부할 수도 있었다.

연합국은 그들의 권리가 직접적으로 도전을 받았을 때 무엇을 해야 할지에 대해 의견의 일치를 볼 수 있었다. 그러나 연합국은 그들이 '살라미 소시지 조각'이라고 표현한 도전, 즉 대대적인 대응을 정당화하기에는 애매한 도전을 어떻게 다루어야 할지에 대해서는 좀체 합의를 보기가 어렵다는 것을 깨달았다. 단지 절차만 바꾸거나 주변적으로만 서방의 권리에 영향을 미칠 것 같은 그런 '살라미 소시지 조각'은 시간이 흐르면 살라미 소시지 전부를, 즉 서방의 권리와 베를린의 생존에 필요한 요구 전체를 앗아갈 수도 있었다. 접근을 막지 않으면서 동독 경찰이 소련 병사를 대체하는 것은 이의를 제기하기에 애매한 '살라미 소시지 조각'에 해당하지만, 적절하게 대응하지 않으면 뒤따라올 더 많은 조각의 전조일수 있었다.

아이젠하워는 미국의 핵 우위 때문에 흐루쇼프가 베를린 문제를 극단으로 몰아가지는 못할 것이라고 믿었다. 아이젠하워는 베를린 봉쇄를 깨뜨리기 위해 무력을 사용하자고 주장한 루셔스 클레이 장군의 1948년 권고를 상기했고, 그때 이후로 지구적 균형에서 진정한 변화가 없다고 보았다.[12] 그러나 아이젠하워는 또 베를린 상황의 요소들이 시대착오적이었다고도 믿었다. 아이젠하워는 연합국이 그의 표현을 빌자면 '한물간' 협정에만 의존하기를 원하지 않았다.[13]

아이젠하워는 또 미국이 자신의 유럽 및 전지구적 전략을 뒷받침하기 위해 독일에 튼튼한 닻과 대규모 주둔이 필요하다고 믿었다. 그는 아데나워의 입지를 위태롭게 할 어떤 일도 하고 싶지 않았다. 또 아이젠하워는 독일민주공화국의 사기를 북돋아주고 싶지도 않았다. 그러나 아이젠하워는 '살라미 소시지 조각' 같은, 이해하지 못하는 어떤 것을 두고 미국민들이 전쟁의 위험을 무릅쓰도록 하고 싶지도 않았다.

덜레스는 미국이 베를린을 잃으면 다른 많은 지위들도 위태롭게 될 것이라고 느꼈다. 1959년 1월 흐루쇼프가 자신의 각서에 대한 미국의 반응을 파악해 보려고 아나스타스 미코얀을 워싱턴에 보냈을 때, 덜레스는 흐루쇼프가 연합국의 권리에 도전하는 쪽을 택한다면 상황은 극히 심각하게 될 것이라고 소련공산당 지도자에게 오해의 여지가 없는 말로 분명하게 경고했다.[14] 그러나 법률가였던 덜레스는 때때로 독일인들이 형식주의적이라고 간주한 방식으로 문제들에 접근했다. 덜레스는 서방 연합국이 독일민주공화국을 인정하지 않고서도 동독 인사가 소련의 '대리인'으로서 검문소를 담당하는 것을 받아들일 수 있다고 생각했다. 덜레스는 흐루쇼프의 연설 이후 열린 기자회견에서 이런 생각을 말했다가 독일, 특히 아데나워로부터 격렬한 항의를 받았다.

아데나워와 베를린 시장 빌리 브란트는 덜레스의 '대리인' 이론에 깊은 충격을 표명했다. 아데나워는 미국 대사 데이비드 브루스*에게 동맹국이 동독인들과 행하는 어떤 거래도 독일민주공화국을 인정한다는 것을 의미할 거라고 말했다. 아데나워 총리는 또 빌헬름 그레베** 대사를 덜레스에게 보내 자신의 우려를 표명했다.

맥밀런은 어떤 다른 서방 지도자보다도 더 베를린과 독일에 대한 합의를 타결 짓기를 원했다. 1959년 2-3월에 모스크바의 흐루쇼프를 방문한 맥밀런은 서방 국가들이 전쟁의 위험을 피하기 위해 양보를 해야 한다고 결론 내렸다.[15] 처칠이 1950년대에 그랬듯이, 맥밀런은 자신이 미국 정책을 이끌어가는 안내자 역할을 해야 하며, 독일에 관한 회담이 지구적 중재자로서 영국의 역할을 부활시켜줄 것이라고 믿었다. 맥밀런은 영국이 모스크바 및 워싱턴과 전시에 맺었던 직접적인 연계를 다시 활성화하는 일은 어니스트 베빈과 앤서니 이든이 세웠던 대서양과 유럽 구조들 이상으로 영국의 이익을 진전시킬 것이라고 생각했다.

맥밀런은 독일이 오랫동안 분단된 채로 남아 있어야 하며 연합국은 동독을 상대해야 한다고 생각했다. 그는 독일민주공화국이 난민 탈출을 중단시킬 권리가 있으며, 베를린에서 서방의 권리는 '보잘것없어서' 새로운 현실에 맞게 고쳐져야 한다고 생각했다.[16] 맥밀런은 영국이 누가 여권에 도장을 찍는지 같은 사소한 문제를 두고 벌어지는 전쟁을 지지하지는 않을 것이라고 경고했다.[17]

---

* David K. E. Bruce(1898-1977). 미국의 외교관, 정치인. 1949-1952년 프랑스 주재 미국 대사, 1957-1959년 독일 주재 대사, 1961-1969년 영국 주재 대사, 1974-1976년 나토 주재 대사 등을 역임했다.
** Wilhelm Grewe(1911-2000). 독일의 외교관이자 국제법 전문 교수. 할슈타인 독트린을 입안하는 데 주요한 역할을 했다. 1958-1962년 미국 주재 서독 대사, 1971-1976년 일본 주재 대사 등을 지냈다.

맥밀런은 아이젠하워가 무능하고 서투르다고 여겼다.[18] 아이젠하워와 덜레스는 맥밀런에게서 받은 대로 똑같이 되돌려주었다. 1959년 3월 20일에 있었던 한 회의에서 맥밀런은 핵폭탄 8발이면 2,000만 명에서 3,000만 명의 영국인들을 죽일 수 있다고 계속 되풀이했으며, 아이젠하워는 그런 맥밀런이 '매우 감정적'이라고 생각했다. 맥밀런은 더는 이 문제를 논의할 수가 없다고 느꼈기 때문에 회의를 중단했다.[19]

맥밀런은 그의 가장 날카로운 가시를 아데나워를 위해 남겨두었다. 맥밀런은 아데나워의 대륙적 성향을 싫어했다. 맥밀런은 회고록에서 아데나워가 프랑스인들에게 "자신의 영혼을 팔았다."고 불만을 토로했다. 맥밀런은 4개국 주요 서방 지도자들의 회의에서 아데나워가 프레젠테이션을 하는 동안 자신은 거의 졸았다고 거리낌 없이 인정했다.[20] 맥밀런은 회고록을 출간할 때까지 아이젠하워에 대한 자신의 신랄한 말을 묻어두었지만 아데나워에 대해서는 자주 공개적으로 비웃었다. 마찬가지로 독설을 서슴지 않았던 아데나워는 맥밀런이 사고가 무기력하며 영국의 이익을 증진시키려고 독일을 팔아먹으려 한다고 비난함으로써 이에 응수했다.

드골은 베를린 위기 내내 굽히지 않은 채 꿋꿋하게 남아 있었다. 그는 왜 서방이 흐루쇼프의 위협을 심각하게 취급해야 하는지 그 이유를 알지 못했다. 드골은 "흐루쇼프 씨가 그냥 호루라기를 불었기 때문에" 협상하는 것은 채신없는 일이라고 생각했고, "우리가 러시아의 일방적 명령을 받아들인다면 서방의 동맹은 끝장"이라고 말했다.[21] 드골에게 흐루쇼프 치하의 소련은 손닿을 수 있는 곳보다 더 먼 곳까지 팔을 뻗는 바람에 결국 퇴각할 수밖에 없는 또 하나의 강대국일 뿐이었다.

드골은 흐루쇼프가 그가 기대할 수 있는 것보다 더 많은 것을 요구하고 있다고 느꼈다. 흐루쇼프의 요구와 서방의 위상을 비교해본 드골은 양쪽이 서로 너무 멀리 동떨어져 있어서 어느 한 쪽이 항복하지 않고는 의견의 일치를 볼 수 없다고 생각했다. 드골은 서방이 항복할 이유도 전혀 보지 못했고, 흐루쇼프가 항복할 가능성도 전혀 보지 못했다. 그러므로 위기는 어느 날 흐지부지되고 말 것이었다. 드골은 협상은 서방에게 양보를 요구하는 강력한 압박을 발생시킬 것이기 때문에 교착 상태보다 더 위험하다고 생각했다. 그렇지만 드골은 미국 정책에 동의하지 않는다고 분명히 말하면서도 종종 그 정책을 따르곤 했다. 그는 미국이 핵 억지력을 갖고 있고 프랑스는 아직 그렇지 못하기 때문에 어떤 위기에서는 미국의 견해를 받아들여야 한다고 주장했다.[22]

드골은 아데나워를 지지했고, 베를린 위기 내내 독일의 미래에 대한 어떤 결정도 이전 점령자들이 아니라 독일인 자신들에 의해 이루어져야 한다고 역설했다. 드골은 독일의 주권을 빼앗으려는 어떤 움직임도 바이마르 공화국의 붕괴와 히틀러의 집권을 도왔던 독일의 배신감을 부활시킬 것이라고 경고했다. 드골은 연합국이 충분한 독일의 동의가 없더라도 협상할 수 있고 심지어 논의까지 할 수 있는 주제들을 엄격하게 제한했다. 유럽의 미래를 위해 강력한 프랑스-독일 관계를 수립하기를 원한 드골은 프랑스가 아데나워의 편이라는 것을 그에게 확신시키기 위해 매우 열성적으로 움직였다.

아데나워는 가장 어려운 문제에 봉착했다. 새 독일군을 창설하는 데 동의함으로써 1954-1955년에 독일의 주권을 반환받은 그는 이제 주권을 찾지 못한 독일의 한 부분, 즉 베를린에 대한 정치적·외교적 공세에 직면하게 되었다. 그보다 더 나쁜 일은, 흐루쇼프가 베를린을 독일 전체에 대한 협상의 지렛대로 이용하려 한다고 아데나워가 여긴다는 사실이었다. 그리고 회담은 표면상 베를린만 다룰 것이기 때문에 흐루쇼프는 서독 없이 서방 점령국들과만 회담을 열 수 있었다. 아데나워는 자신의 나라에 대한 협상에서 배제될 것이었다. 흐루쇼프의 전술은 아데나워로 하여금 방어적 태도를 취하게 만들었고, 그의 동맹국들에게는 독일이 더 이상 점령 상태에 있지 않으며 따라서 독일에 대해 흥정을 해야 한다는 압박을 받는 바로 그런 순간에도 독일을 흥정의 대상으로 삼을 수 없다는 사실을 상기시켰다. 아데나워는 이런 상황에 격노했다. 그는 독일의 미래가 베를린 위기 동안 위태로웠다고 믿었다. 아데나워는 또 적절하지 못한 합의는 독일 우익을 권좌로 복귀시킬 수 있는 보수주의 반동에 기름을 부을 것이기 때문에 독일 민주주의에 대해서도 우려했다. 아데나워는 독일의 민주주의가 살아남으려면 독일이 그 자신의 운명에서 발언권을 가져야 한다고 역설했다. 그러나 연합국 중에서 오직 드골만이 아데나워의 주장을 이해하고 지지할 역사의식을 갖고 있었다.

그리하여 서방 지도자들은 흐루쇼프와 울브리히트가 의견 차이를 드러내던 바로 그 순간에 자신들도 의견 차이를 보였다. 모든 당사자들은 베를린을 둘러싼 위기를 향해 나아가면서 자신들의 적뿐만 아니라 친구들과의 견해차도 관리하지 않으면 안 되었다.

아이젠하워가 정상회담을 시도하다

서방 연합국은 흐루쇼프의 연설과 각서 이후 여전히 단결을 유지할 수 있었다. 1958년 12월, 그들은 소련의 요구를 거절하고 "어떤 국가도 국제적 관여로부터 일방적으로 철수할 권리를 갖고 있지 않다."[23]고 역설하는 나토 선언에 참가했다. 미국과 서독은 흐루쇼프의 서한에 똑같이 강경한 답변을 보냈다. 흐루쇼프는 그로미코의 평화조약 첫 초안을 독일에 맞서 싸웠던 모든 국가들에게 보내 이에 대응했다.[24]

서방 외무장관들은 특히 맥밀런이 모스크바를 방문한 후 공동의 노선을 따르지는 않았지만, 그들은 그로미코를 1959년 5월 제네바에서 열린 4개 점령국 회담에 초청했다. 외무장관들은 이 회담이 흐루쇼프로 하여금 최후통첩을 해제하도록 설득할 것을 희망했다. 회담은 8월까지 계속되었고, 덜레스가 사망한 후 덜레스의 후임인 크리스천 허터*가 미국을 대표했다.

서방 열강은 서방 군대에 상한선을 두고, 특히 동독 청취자들을 겨냥한 라디오 방송국 같은 일부 베를린 활동을 줄이는 임시 베를린 협정을 제안함으로써 흐루쇼프의 요구를 얼마간 충족시키려 했다. 연합국의 제안은 모스크바와 독일민주공화국에게 서베를린에서 약간의 발언권을 부여하기 시작했을 것인데, 이는 많은 베를린 시민들이 중립화를 향한 매우 위험한 조치로 보았던 양보였다. 그러나 이에 대한 대가로 연합국은 모스크바가 베를린에서의 서방의 점령 권리를 계속 인정할 것을 요구했다. 그로미코는 서방의 권리를 폐기할 것을 고집하면서 이 제안을 거부했다.[25]

하지만 이 외무장관 회담은 독일의 참여를 허용했다는 점에서 이전의 회담들과 크게 달랐다. 중심인물 4명이 둥근 탁자에 앉았고 두 독일의 대표단들이 별도의 직사각형 탁자에 앉았는데, 이 탁자는 계획적으로 신중하게 주 탁자에서 5센티미터 떨어져 있었다. 독일 대표들은 이 중심인

---

* Christian Herter(1895-1966). 미국의 정치인. 1953-1957년 미국 매사추세츠 주 주지사, 1959-1961년 국무장관을 역임했다.

물 중 한 명의 요청을 받지 않고는 회의에서 발언할 수 없었다. 이 어색한 회의 방식은, 독일민주공화국이 대등한 지위를 갖고 있음을 은연중에 나타냈다는 이유로 아데나워의 격한 분노를 불러일으키긴 했지만, 승전국들 사이에 이제 독일의 동의와 참석 없이는 더 이상 독일에 관한 합의에 도달할 수 없다는 자각이 점점 확대되고 있는 현실을 반영했다.[26] 그러나 이 방식은 여전히 독일인들을 종속적 역할에 머무르게 했다. 서독인들은, 독일 동화에서 고양이들이 앉아 있는 탁자를 떠올리면서 경멸적으로 (그리고 화가 나서) '고양이의 탁자'(Katzentisch)라고 불렸던 그런 탁자에 앉혀졌던 것이다.

외무장관들의 회담이 계속 지루하게 진행되면서, 아이젠하워는 4개국 정상회담이 기반을 삼을 만한 어떤 진전도 이루어지지 않을 것임을 깨달았다. 여전히 소련 지도자를 만나기를 원하고 있던 아이젠하워는 흐루쇼프에게 미국을 방문해 달라는 개인적 초청장을 보냈다. 흐루쇼프는 이를 재빨리 수락했고, 1959년 9월 대통령의 휴양지인 캠프데이비드에서 아이젠하워와 만났다. 두 사람은 독일이나 베를린에 관해서 어떤 결론에도 도달하지 못했지만, 우호적 분위기를 조성할 수 있었다. 맥밀런은 처음에는 아이젠하워의 흐루쇼프 초청을 우둔하고 순진한 짓으로 비난했으나 그 후 그 일이 베를린 위기를 진성시키는 데 도움이 됐다고 결론 내렸다.[27]

외무장관들의 회담과 흐루쇼프의 미국 방문으로 흐루쇼프는 베를린 조약을 위한 6개월의 최종 시한을 무효화하라는 설득을 받아들였고 또 실제로 그렇게 했다. 흐루쇼프는 울브리히트와 여타 사람들에게 자신이 진전을 이루었다고 말했다. 최후통첩은 1년 이상의 훨씬 길고 좀 더 모호한 최종 시한으로 대체되었다. 울브리히트는 이러한 연기가 마음에 들지 않았으나 이 문제에서 선택의 여지는 없었다.

　미국 언론에 유출된 연합국의 긴급사태 대책의 어조도 흐루쇼프로 하여금 위기를 연기하도록 납득시키는 데 도움이 됐을 것이다. 소련이나 독일민주공화국이 베를린으로의 접근을 방해할 경우 이를 돌파할 군사적 행동을 포함하는 긴급사태 대책을 보고 흐루쇼프는 접근 루트에서 벌어지는 어떤 대결도 심각한 위험을 초래할 것이라는 사실을 깨달았음에 틀림없다.[28] 흐루쇼프는 또 울브리히트가 위험을 각오할 수도 있음을 알았기 때문에 울브리히트에게 접근로에 대한 통제권을 넘겨주는 것에 대해서도 주저했다.

　워싱턴 주재 전 소련 대사 아나톨리 도브리닌*이 최근에 밝힌 이야기는 흐루쇼프가 미국과 전쟁을 원하지 않았으며, 전쟁을 피하기 위해 할 수 있는 모든 일을 했을 것임을 보여준다. 대신 흐루쇼프는 서방으로부터 양보를 얻어내려고 가능한 한 오랫동안 엄포를 놓을 것이었지만 실제 전투에 대해서는 뒤꽁무니를 뺄 터였다. 흐루쇼프는 미국과의 전쟁은 승인할 수 없다고 도브리닌에게 말하기까지 했다.[29]

　1959년 12월 드골은 서방과의 사전 협의를 위해 아이젠하워와 맥밀런을 파리로 초청했고, 아데나워가 나중에 합류했다. 이것으로 드골은 흐루쇼프의 최후통첩 압박을 받아 행동하는 것처럼 보이지 않고서도 주도권을 쥘 수 있었다. 그 후 드골은 1960년 5월 16일 파리에서 열릴 정상회담에 연합국 지도자들과 흐루쇼프를 초청했다. 모두가 수락했다.

　흐루쇼프는 이 초청을 수락하는 것이 현명한 일인지 자문하기 시작

---

* Anatoly Dobrynin(1919-2010). 소련의 외교관이자 정치가. 1962-1986년 미국 주재 소련 대사, 1986-1988년 소련공산당 중앙위원회 국제부 부장, 그 후에는 소련 대통령 고르바초프의 고문을 역임했다.

했음에 틀림없다. 1959년 말까지 흐루쇼프는 서방이 베를린에 관한 기본 입장을 바꾸지 않고 단지 허울뿐인 양보만 할 것이라는 점을 깨달았다. 정보 보고서는 흐루쇼프에게 미국이 아데나워를 지지할 것이라고 경고했다. 아이젠하워는 1960년 2월의 한 기자회견에서 자신이 핵 비밀을 공유하는 문제에 대해 좀 더 자유주의적인 입법을 요청하겠다고 말하기까지 했는데, 이는 미국이 본에게 핵무기에 대해 얼마간의 접근을 허용할 준비를 하고 있다는 명확한 신호였다. 소련 지도자가 정상회담을 앞두고 파리를 방문했을 때 드골은 흐루쇼프에게 자신이 독일 평화조약에 서명할 이유를 보지 못했다고 말하자 흐루쇼프는 과도한 위험을 각오하지 않고서는 독일이나 베를린에 대한 돌파구를 마련하지 못할 것임을 깨달았다.[30]

1960년 초에 울브리히트는 흐루쇼프를 강하게 몰아붙였다. 그는 최후통첩 이후 18개월 동안 어떤 평화조약도 체결되지 않았고 난민들의 탈출이 늘어나고 있다고 불만을 터뜨렸다. 베이징 지도자들은 흐루쇼프가 먼저 조약을 요구했으면서도 기꺼이 그 조약을 연기시키려 한다고 조롱했다. 그들은 사적으로는 흐루쇼프에게 베를린에 관해 신중할 것을 촉구하고 있었지만, 다른 곳에서는 그가 너무 큰 소리로 떠벌였고 그런 후에는 물러설 도리밖에 없다고 비판했다.[31]

흐루쇼프는 파리에서, 자신이 베를린에서 원하는 바를 얻는 합의에 도달할 수 없다는 사실을 알았다. 그리하여 흐루쇼프는 계획된 정상회담이 열리기 불과 며칠 전에 미국의 U-2 첩보기가 소련 영토 상공에서 격추당하고 아이젠하워가 영공침범에 대해 사과하기를 거부하자 파리를 떠날 기회를 잡았다. 만일 흐루쇼프가 파리에 머물렀더라면 그는 새로운 4개국 합의를 이끌어낼 수 없다는 것을 인정하지 않으면 안 되었을 테고 동독과 개별 조약을 체결해야 했을 것이다. 그 결과 발생한 위기는 11월 대통령 선거에서 자신이 몹시 싫어했던 부통령 리처드 닉슨*이 존 케네디에 맞서 싸우는 데 도움을 주었을 것이다. 그리하여 파리 정상회담은 아이젠하워가 실망하고, 맥밀런이 좌절하고, 아데나워가 안심하게도 열리지 않았다.

하지만 정상회담 계획은 드골에게 아데나워의 지지를 얻으려고 애쓸 수 있는 또 다른 기회를 부여했다. 회의가 무산되기 직전 드골은 아데나워 총리에게 자신이 독일 이익을 방어할 것이며 그 결과를 알려주겠다고 약속했던 것이다.[32]

흐루쇼프는 모스크바로 귀국하는 길에 동베를린에 들렀을 때 자신의 독일 동맹자와 좀 더 힘든 시간을 보냈다. 울브리히트는 필요하다면 일방적으로 행동할 때가 왔으며, 독일 평화조약에 즉각 조인하고 베를린을 둘러싸고 서방과 대결함으로써 U-2기 굴욕에 대해 복수해야 한다고 씩씩대며 말했다. 한 소련 외교관은 '적어도 독일사회주의통일당의 70퍼센트'는 '전투 분위기'에 있고—비록 소련군이 앞장을 서겠지만—서베를린을 기습 공격하기를 원한다고 모스크바에 알려주었다. 독일사회주의통일당은 또 평화조약이 체결된 후 서베를린을 '정화'할 계획에 대해서도 소련 관리들에게 보고했다.[33]

흐루쇼프는 자신이 별개의 조약에 대해 포기하지는 않았지만, 정상

---

* Richard Nixon(1913-1994). 미국의 정치가. 1953년 1월 아이젠하워 정권의 부통령으로 취임, 1956년 재선되었다. 1960년의 대통령 선거에 공화당 후보로 출마했으나 근소한 표차로 케네디에게 패했지만 1968년 선거에서 제37대 대통령으로 당선되어 정계에 복귀했다. 그러나 3대 공약인 베트남전쟁 조기해결, 경제회복, 국내통합은 실현시키지 못했다. 중국 방문으로 실질적인 중국과의 국교회복을 이룩했고, 소련과의 데탕트를 추진했다. 1972년에 대통령에 재선되었으나 '워터게이트 사건'으로 1974년 8월 사임했다.

회담이 무산된 직후 이 조약에 서명하면 조약 체결을 위한 구실을 얻기 위해 정상회담을 일부러 못하게 방해했다는 비난을 받을 것이라고 울브리히트에게 확언했다. 흐루쇼프는 또 울브리히트에게 그들이 신임 미국 대통령과 베를린에 관해 진전을 볼 더 좋은 기회가 있을 것이라고 장담했다. 흐루쇼프는 독일사회주의통일당의 활동가들을 진정시키기 위해 그들에게 연설을 했으나 그 연설은 울브리히트의 기본 문제를 해결하지는 못했다.[34]

하지만 울브리히트가 경제적 지원을 확대해달라고 모스크바에 요청하고, 특히 서독이 서베를린에 맞선 동독의 움직임에 보복하기 위해 경제적 제재를 가할 경우 긴급 원조를 해달라고 흐루쇼프에게 요청하면서, 흐루쇼프와 그의 언쟁은 수그러들었다. 그때서야 비로소 흐루쇼프는 동독 경제가 얼마나 형편없는지, 그리고 동독 경제가 서방에 얼마나 크게 의존하고 있는지를 깨달았다. 흐루쇼프는 울브리히트에게 더는 지원을 할 수 없다고 말했다. 처음으로 흐루쇼프는 베를린 대결에 의해 군사적으로뿐만 아니라 경제적으로도 소련이 얼마나 큰 위험을 무릅쓰고 있는지를 보았다.[35]

한 달 뒤 울브리히트가 서베를린에 맞설 소련의 조치와 관련된 더 많은 제안을 갖고 모스크바로 갔을 때, 흐루쇼프는 그에게 어떤 상황에서도 소련군이 베를린에 들어가는 일은 없을 것이라고 말했다. 대신 흐루쇼프는 전쟁을 하지 않고 서방 열강을 "점진적으로 밀어내는 일"을 구상했다. 흐루쇼프는 울브리히트에게 일방적으로 행동하지 말라고 경고하면서 적절한 순간에 별개의 평화조약을 맺겠다는 약속을 되풀이했다.[36] 서베를린을 중립화하겠다는 흐루쇼프의 확언이 있은 지 2년이 지났건만 울브리히트도 흐루쇼프도 별달리 얻은 것이 없었다.

동독의 상황은 계속 악화되었다. 울브리히트가 최근 시행한 사회화 프로그램이 본격화되고 서베를린에 대한 호언장담이 사람들을 겁먹게 하면서 난민 행렬은 점점 더 빠르게 늘어났다. 흐루쇼프와 울브리히트는 신임 미국 대통령이 전임 대통령보다 거래에 좀 더 적극적이기를 바랄 수 있을 뿐이었다. 그들은 존 F. 케네디의 취임을 간절히 기다렸다.

9장

장
벽

1961년 1월 대통령에 취임한 존 F. 케네디는 베를린을 둘러싼 대결이 핵전쟁을 야기할 수도 있으므로 베를린에 대한 좀 더 일관된 전략을 고안하기를 원했다. 케네디는 아이젠하워가 흐루쇼프를 저지하기 위해 확고한 원칙적 주장과 일부러 조장한 모호함을 뒤섞어놓은 그런 방식을 좋아하지 않았다. 케네디는 세밀한 입장을 원했다.

케네디와 그의 자문관들은 어느 한 쪽이 다른 쪽을 압도하거나 다른 쪽보다 더욱 허세를 부릴 경우 사소한 우연적 사건이 큰 위기로 비화할 것을 우려하면서, 점점 더 사태가 악화될까봐 항상 노심초사했다. 케네디는 오직 신중함과 자제심만이 평화를 보존할 수 있다고 생각했다.[1] 케네디는 이러한 원칙들을 베를린에 적용하고 싶어 했다.

트루먼과 아이젠하워는 히틀러가 그의 적들이 나약하고 행동할 준비가 되어 있지 않다고 생각했기 때문에 제2차 세계대전을 개시했다고 믿었다. 그들은 모스크바가 히틀러의 실수를 되풀이하는 것을 막기 위해 서방을 강화하고 단결시켰다. 그러나 케네디와 그의 자문관들은 제1차 세계대전을 야기한 사건들을 좀 더 자세히 들여다보았다. 그들은 서로를 위협하는 동원 계획과 행동들이 연속적으로 일어나면서 통제를 벗어났고 결국 1914년에 전쟁으로 확대되었다고 믿었다.[2] 그들은 미국의 정책이 그와 같은 오해를 피하기 위해 애써야 한다고 생각했다.

하지만 케네디의 태도는 그 자체가 모순을 안고 있었다. 선거운동 기간 내내 케네디는 미국의 군사적 우위를 재확립하고 좀 더 적극적인 방위 정책과 대외 정책을 수행하겠다고 약속했다. 케네디의 자문관들은 이제 그가 너무 과감하고 위협적으로 말할까봐 우려했다. 케네디는 흐루쇼프가 자신이 정확히 무엇을 하고 무엇을 안 할 것인지를 이해하기를 원했다. 취임 연설에서 그는 "어떤 짐도 지는" 미국에 대해 대범하게 이야기했으나 이 '짐'이 베를린을 둘러싼 불필요한 위험을 포함하도록 의도하지는 않았다.

케네디는 위기를 기대하지 않았다. 그는 위기를 다루는 데 경험이 없었다. 케네디는 미국의 지도력을 재천명하겠다고 약속했지만, 그 약속으로부터 귀결될 수 있는 대결은 원하지 않았다. 케네디는 흐루쇼프 자신도 착오에 의한 전쟁 가능성을 두려워할 것이므로 이성적일 거라고 생각했다. 케네디는 베를린과 독일을 비롯해 다른 지역에 관해 타협하기를 원했다.

신임 대통령은 자신의 주위를 소련 전문가들로 둘러쌌다. 그들은 독일과 베를린을 별개의 미국 이해관계 지역이 아니라 소-미 관계의 문제들로 여겼다. 그리하여 가장 존경받는 소련 전문가 중 한 명이었던 찰스 볼렌이 베를린에 관한 주요 자문관이 되었다. 1948년에 볼렌은 봉쇄를 깨트리려고 하는 대신 베를린 전체를 소련인들에게 넘겨줄 것을 거듭 권고했다.[3] 국가안보 자문관인 맥조지 번디*는 유럽 대륙보다 영국을 더 잘 알았고, 자문을 위해 다른 서방 지도자들보다 해럴드 맥밀런에 더 의지했다.

케네디의 대외정책 팀에는 독일에 관한 고위 전문가가 없었다. 국무

---

* McGeorge Bundy(1919-1996). 미국의 대외·국방정책 전문가. 1961-1966년 케네디 대통령과 존슨 대통령의 국가안보 자문관으로 일했다. 미국의 베트남전 확전의 주요 설계자 중 한 명으로 알려져 있다.

장관 딘 러스크*는 자신의 회고록에서 베를린이 흐루쇼프의 목구멍에 박힌 가시만큼이나 자신의 목구멍에 박힌 가시였다고 썼다.[4] 러스크는 옥스퍼드대학에서 3년을 보냈고, '대륙 사람들'을 깊이 혐오했다. 그는 제2차 세계대전 동안 아시아에서 복무했고, 세계의 이 지역이 유럽보다 더 자기 마음에 맞는다는 것을 알았다. 유럽 문제 담당 국무차관보로 취임한 또 다른 소련 전문가 포이 콜러**는 대 소련 전략의 연장선상에서 베를린과 독일을 다루었다. 이들 중 어느 누구도 주권과 보호에 대한 대가로 나토 내에서 서독을 무장시킨 1954-1955년의 범대서양 협상에 참여한 적이 없었다.

케네디의 자문관들은 독일이나 갓 시작된 유럽 통합 운동, 혹은 프랑스에 대해서가 아니라 소련과 아시아에 대해서 케네디에게 보고할 수 있었다. 그들은 케네디를 모스크바의 회담으로 끌어들였다. 그들은 또 처음에는 라오스, 그 후에는 베트남 같은 아시아로 케네디를 거침없이 끌어들였다. 그러나 케네디의 자문관들은 베를린에 대해서는 어떤 책무도 느끼지 않았다.

케네디는 영국인들을 비공식적인 자문관으로 활용했다. 맥밀런은 이 젊은 대통령과 따뜻하고 거의 아버지와 아들 같은 관계를 발전시켰다. 케네디 취임 후 워싱턴 주재 영국 대사가 된 데이비드 옴스비-고어***는 케네디와 함께 런던의 한 학교를 다니던 시절부터 케네디를 알았다. 성실

---

* Dean Rusk(1909-1994). 미국의 정치인. 1961-1968년 케네디 대통령과 존슨 대통령 하에서 국무장관을 지냈다.
** Foy D. Kohler(1908-1990). 미국의 외교관. 1962-1967년 소련 주재 미국 대사를 지냈다. 퇴임 후 마이애미 대학의 국제학 교수로 근무했다.
*** David Ormsby-Gore(1918-1985). 영국의 외교관이자 보수당 정치인. 1950-1961년 영국 하원의원, 1961-1965년 미국 주재 영국 대사를 지냈다.

하지만 때로는 현학적이었던 독일 대사 빌헬름 그레베보다 케네디의 백악관에 훨씬 더 잘 맞은 인물로서 위트가 넘치고 매력적이며 박학다식했던 그는 자주 케네디 가족과 함께 소풍을 갔다. 행정부 직원들은 때때로 그를 '튜터'라고 불렀다.[6] 옴스비-고어는 맥밀런처럼 모스크바와의 관계를 개선하기 위해서 베를린 문제에 대해 협상에 의한 타협을 일관되게 추진했다. 베를린을 둘러싸고 핵전쟁이 일어날 가능성에 대한 맥밀런의 우려는 그 우려가 아이젠하워에 영향을 미친 것보다 훨씬 더 크게 케네디에 영향을 미쳤다.

케네디는 베를린과 독일에 대한 새로운 접근법을 고안하려고 애쓰면서, 특별히 어떤 미국의 이해가 전쟁의 위험을 무릅쓸 가치가 있는지를 알고 싶었다. '착오'와 '확전'이라는 단어는 기준이 되었다. 어떤 정책적 선택지도 이 두 위험요소를 피해야 했다.

케네디와 그의 자문관들은 베를린에서 오직 세 가지 미국의 이해만이 핵전쟁의 위험을 무릅쓸 가치가 있다고 결정했다. 연합국의 서베를린 주둔, 지상과 공중을 통한 연합국의 서베를린 접근, 서베를린 자체의 자유와 생존능력이 그것이었다. 케네디와 그의 자문관들은 이것들을 '세 가지 본질적 요소'라고 일컬었다. 대통령은 미국이 이 '본질적 요소'를 해치는 어떤 소련의 행동도 강력하게 저지하겠지만, 연합국 지위의 어떤 다른 요소를 해치는 소련의 행동은 저지하지 않기로 결정했다.

아데나워에 대한 케네디의 태도는 베를린과 독일에 대한 그의 태도를 형성시키는 데 일조했다. 대통령은 "아데나워의 시대는 끝났으며," 총리는 과거의 그림자라고 이미 썼다.[7] 케네디는 아데나워가 아이젠하워와 덜레스에게 너무 우호적이었으며, 또 미국 대통령 선거에서 닉슨을 지지했다고 믿었다. 케네디는 아데나워가 늙고 상상력이 빈약하며, 지나치게 자신의 전임자들과 이루었던 합의들을 상기하는 경향이 있음을 알았다. 대통령은 또 그레베가 "신경을 건드린다."고 불만을 터뜨렸다.[8]

그러나 케네디는 아데나워만 폄하한 것이 아니었다. 케네디와 러스크는 독일인 동맹자들의 민주적·평화적 본능을 자주 의문시했다. 1961년 11월 말 케네디는 인터뷰를 갖고 핵 방아쇠에 걸린 독일 손가락이라는 발상을 좋아하지 않는다고 말했다.[9] 이 말은 인터뷰가 있기 불과 수주 전에 대통령과 우호적이고 명백히 성공적이었던 회담을 가졌던 아데나워를 경악하게 만들었다. 흐루쇼프에게 보낸 서한에서 케네디는 자신이 독일에서 '민족주의 정신과 긴장'을 느꼈다고 썼는데, 이 언급은 아데나워와 직접 거래하려는 흐루쇼프의 희망을 북돋웠음이 틀림없다.[10]

케네디는 또 1940년대 이래 미국 정책의 일부였던 독일 통일에 대한 요구도 포기했다. 케네디는 독일 통일을 현실적인 것으로 여기지 않았다. 맥밀런은 케네디로 하여금 심지어 독일 통일이 바람직한 것인지 의문시하도록 만들기까지 했다. 그러나 케네디의 견해는 아데나워에게 엄청난 문제를 일으켰다. 아데나워 총리는 비록 가까운 시기에 통일이 불가능할 것임을 알고 있었지만 자신이 연합국과 동맹하여 독일의 이익을 포기했다는 우익의 비난으로부터 자신을 보호하기 위해 통일을 지지할 필요가 있었으며, 또한 통일에 대한 연합국의 지지도 필요했다. 아데나워는 케네디에게 이를 말했으나 대통령은 이해하지 못했다.

케네디는 베를린과 독일에 관한 연합국의 긴급사태 대책으로부터 서독을 제외함으로써 아데나워를 좌절시켰다. 1961년 4월 첫 번째 회담에서 아데나워는 케네디에게 그런 협의에 독일을 포함시켜 달라고 요청했다. 아데나워는 요청을 계속했다. 케네디는 이 요구를 무시했으나 공개적으로 거부하지는 않았다. 케네디는 베를린 장벽이 건설되고 난 이후에야 비로소 독일인들에게 참여를 부탁했다.

케네디의 호된 시련

대통령은 모스크바와의 관계에 대한 관심 때문에 흐루쇼프와 조기 회담을 원했다. 케네디는 이 회담이 자신이 원하는 광범위한 대화를 위한 좋은 시작을 제공할 것이라고 생각했다. 케네디는 흐루쇼프가 지지한다고 주장하고 케네디가 모색한 '평화 공존'을 향해 두 지도자가 나아갈 수 있는 폭넓은 의제를 설정하기를 원했다. 케네디의 자문관들은 흐루쇼프가 거칠기는 하나 거래할 준비가 되어 있을 것이라고 그에게 말했다.

케네디는 대통령 직무를 시작한 지 겨우 한 달 만인 2월 22일 흐루쇼프에게 정상회담을 제안하는 개인적 각서를 보냈다. 흐루쇼프는 이전에 (흐루쇼프가 열었던 비밀 소련 채널을 통해) 케네디의 동생이자 법무장관인 로버트 케네디*에게 신임 대통령을 가능한 한 빨리 만나고 싶다고 알렸음에도 불구하고, 두 달 넘게 케네디에게 응답하지 않았다. 1961년 4월에 쿠바의 피그스만 침공**이 실패로 돌아가고 케네디가 당혹해하자 흐루쇼프는 시간을 갖기로 한 것 같았다. 흐루쇼프는 5월에 마침내 답변했다. 그때까지 소련은 처음으로 인간을 우주로 보냈고, 라오스에서 친구

---

* Robert F. Kennedy(1925-1968). 미국의 정치인이자 법조인. 35대 대통령을 지낸 존 F. 케네디의 동생이다. 상원에서 법률고문으로 활동하다가 형이 대통령에 취임하자 법무장관에 기용되었다. 형이 암살된 후에도 장관직을 유지하다 상원의원 선거에 출마해 당선됐다. 차기 미국 대통령 유력 후보자로 평가받았지만, 경선 도중 암살당했다.

** 1961년 4월 피델 카스트로의 쿠바 정부를 전복하기 위해 미국이 훈련한 1,400명의 쿠바 망명자들이 미군의 도움을 받아 쿠바 남부를 공격하다가 실패한 사건을 가리킨다. 이 사건으로 쿠바와 미국 간의 관계가 급속히 냉각되면서, 마침내 1962년 10월 쿠바 미사일 위기가 일어나게 된다. 피그스만은 현지의 스페인어로는 코치노스만이라고 불린다.

들이 전진하는 것을 보았으며, 케네디가 쿠바에서 비틀거리는 것을 지켜볼 수 있었다. 흐루쇼프는 이 지연이 자신에 도움이 되었다고 믿었음에 틀림없다.

정상회담은 거의 즉시 6월 4일에 빈에서 갖기로 예정되었다. 짧은 통보를 감안하면 케네디도 흐루쇼프도 가능한 모든 의제에 대해 철저히 준비하거나 합의가 가능한 영역을 찾을 시간적 여유가 없었을 것이다.

또한 서방 연합국도 회담 전에 베를린과 독일에 관해 자신들의 견해를 조율할 수 없었을 것이다. 5월 8일에서 10일까지 열린 나토 외무장관 회담은 한편으로는 미국 및 영국의 견해와 다른 한편으로는 독일의 견해 사이의 차이 때문에 혼란 속에 실패했다. 영국 외무장관 흄 경*은 독일 외무장관 하인리히 폰 브렌타노**에게 독일이 어떤 양보를 할 준비가 되어 있는지 외무장관들에게 말해달라고 압박을 가했다. 딘 러스크는 서베를린 시민들이 단지 자유를 위해 또 다른 봉쇄를 감내할 준비가 진정으로 되어 있는지를 물었다. 이에 폰 브렌타노가 베를린 위기에 관한 미국의 긴급사태 대책을 요청하고 워싱턴 협의에 끼워달라는 아데나워의 요구를 되풀이하자, 러스크는 미국은 베를린 문제에 대해 정해진 견해가 없다고 말했다. 며칠 뒤 흐루쇼프가 베를린에 대한 위협을 되풀이했을 때 연합국은 어떻게 대응할지 의견 일치를 보지 못했다.[11]

흐루쇼프와의 빈 회담은 케네디에게 큰 충격을 주었다. 케네디의 전문가들은 흐루쇼프가 베를린에 관해 협상하고 싶어 할 것이며 흐루쇼프

---

* Alec Douglas-Home(1903-1995). 영국의 정치가. 보수당 소속으로 1963년부터 1964년까지 1년 간 총리를 지냈다. 두 차례 외무장관(1960-1963, 1970-1974)을 역임하기도 했다.

** Heinrich von Brentano(1904-1964). 독일의 정치인. 기독민주연합의 당수로 오래 활동했으며, 1955-1961년 외무장관을 지냈다.

의 입장에서 "아마도 상당한 유연성이 있을" 것이라고 그에게 말했다. 그러나 흐루쇼프는 타협에 어떤 관심도 보이지 않았다. 흐루쇼프는 회담 내내 대통령을 큰소리로 집요하게 괴롭히고 질타하는 등, 제네바나 캠프 데이비드에서 아이젠하워를 대할 때보다도 훨씬 더 난폭하게 케네디를 대했다. 전문가들의 예측과는 달리 흐루쇼프는 베를린과 관련해 특별히 더 위협적인 것 같았다.

흐루쇼프는 동독과 평화조약을 맺을 것이라고 거듭 말하면서 서방의 저항은 "전쟁이 있을 것"임을 의미할 거라고 경고했다. 흐루쇼프는 공산주의가 미래의 물결이라고 역설하며, 원초적인 힘을 물씬 풍겼고 경멸감을 내뿜었다. 소련 지도자가 이렇게 노골적으로 미국 대통령을 위협한 경우는 이전에는 결코 없었다. 앞으로도 다시는 그렇게 할 사람이 없을 터였다.

정상회담이 열리기 꽤 오래 전에 케네디는 미국이 미사일과 다른 핵 무기에서 압도적인 우위를 가지고 있다고 보고 받았다. 그러나 흐루쇼프가 그 사실을 알고 있는지 확신이 서지 않아 그 정보를 이용해 흐루쇼프를 코너로 몰지는 않기로 결정했다. 흐루쇼프의 전술이 대결이나 전쟁에 대한 어떤 우려도 보이지 않자 케네디와 그의 참모들은 착오에 의한 전쟁의 위험에 대해 훨씬 더 걱정하기 시작했다.[12]

그러나 '착오'에 대한 케네디의 경고는 이 러시아인을 겁먹게 만들지 않았고, 흐루쇼프는 바로 그 단어 때문에 비위가 상한다고 소리 질렀다. 케네디는 흐루쇼프를 위협하고 있었고, 흐루쇼프는 위협당하지 않을 것이었다. 흐루쇼프는 화가 나서 손가락을 흔들며 대통령 주위를 돌았다. 흐루쇼프는 독일민주공화국과 조약을 체결하고 서방의 권한을 종결시키는 등 베를린에서 행동에 들어가겠다는 위협으로 끝을 맺었다. 케네디는 자신이 어떻게 대응할 것인지 말하지 않았으며, 단지 "추운 겨울이 닥칠 거요."라고 언급하는 데 그쳤다.[13]

너무 도발적이라서 소련이나 미국의 공식 의사록에는 기록되지 않고 나중에 소련 참가자들이 보고한 발언에서 흐루쇼프는 미국이 전쟁을 일으키기를 원한다면 훨씬 더 끔찍한 무기가 개발되기 전인 지금 전쟁을 하자고 케네디에게 말했다.[14]

미국인들은 소련인들과 마찬가지로 회담 동안 그들의 독일인 동맹자들의 이해에 대한 조롱을 보여주었다. 미국 대사 르웰린 톰슨*은 미국인들이 중부 유럽에 대해 "독일인들에게 맡겨두기"보다는 소련인들을 상대할 것이라고 흐루쇼프에게 말했다. 대사는 "나는 당신의 독일인들이 우리 독일인들보다 훨씬 낫다고 믿고 싶지 않습니다."라고 덧붙였고, 이에 대해 흐루쇼프는 "그 말씀에 대해 합의합시다."라고 응수했다.[15]

미국 정치 지도자들과 기자들은 빈 정상회담이 대통령에게 재앙이었다고 결론지었다. 케네디는 흐루쇼프가 "그냥 나를 죽어라고 때립니다."라고 자문관들에게 말했다.[16] 케네디는 며칠 동안 거의 틀어박혀 골똘히 생각하면서 흐루쇼프가 자신에게 했던 말과 행동의 충격을 흡수하려고 애썼다. 케네디에게 적절히 준비되지 않은 정상회담에 참석하지 말라고 촉구했던 러스크는 케네디가 정신이 번쩍 들 정도로 충격을 받았다고 썼다.

케네디의 참모로 일하고 있던 조지 케넌을 비롯한 소련 전문가들은 대통령이 공산주의의 우월함에 대한 흐루쇼프의 이념적 발언을 반박해

---

* Llewellyn Thompson Jr.(1904-1972). 미국의 외교관. 1952-1957년 오스트리아 주재 미국 대사, 1957-1962년 소련 주재 대사, 1962-1966년 소련 문제 특사를 역임했다. 특히 쿠바 미사일 위기 동안 케네디 대통령의 핵심 자문관이었다.

야 했다고 말하면서, 그를 사적으로 비판했다. 그러나 바로 그 자문관들이야말로 이 만일의 사태에 대해 그를 준비시키지 못했다. 그들은 대통령을 그가 마주쳐야 했던 현실과 매우 다른 그림을 예상하도록 이끌었던 것이다.[17]

케네디는 빈에서 귀국하는 도중에 영국에 들렀을 때, 여전히 충격에서 벗어나지 못한 상태에서 원래 계획했던 맥밀런 및 외무부 직원들과의 회담을 취소하고 대신 총리와 매우 오랫동안 비공식적으로 이야기를 나누었다. 케네디가 소련 지도자의 "거의 인정사정없는 솔직함과 자신감" 때문에 "정신이 나갔던" 것으로 묘사한 맥밀런은 이 만남을 충격을 받은 대통령에게 자신의 견해를 밀어붙일 기회로 이용했다. 맥밀런은 일기에 "겁을 먹었다"거나 두려워한다고 비난 받는 것을 피하기 위해 사적으로 기꺼이 그렇게 하려 했다고 쓰면서, 자신이 베를린의 '근본적인 현실'이라고 부른 것을 제시했다. 맥밀런은 베를린을 둘러싼 핵전쟁의 위험에 대해 긴급하게 경고했다.[18] 흐루쇼프와의 힘든 만남 이후에 나왔던 이 말은 케네디에게 깊은 영향을 미쳤음에 틀림없다.

케네디가 정상회담을 재앙으로 보았다면, 흐루쇼프는 그것을 승리라고 주장했다. 그러나 흐루쇼프의 그런 주장은 이상하게도 케네디가 확실히 주의하지 않은 이른바 합의를 근거로 한 것이었다. 소련의 최고 지도자는 "논쟁을 불러일으키는 문제들을 협상에 의해 평화적으로 해결한다."는 결정을 들고 빈을 떠났다. 이는 흐루쇼프가 실제로 무엇을 성취하기를 원했는지에 대해 약간의 의문을 남겼다. 흐루쇼프가 모스크바로 먼저 돌아갔을 때, 소련 언론은 마치 어떤 진정한 합의를 이루기라도 한 것처럼, 정상회담을 '평화' 정책의 승리라고 자랑스럽게 떠벌렸다. 소련 언론은 새로운 '빈 정신'에 대해 이야기했고 이 회담을 '좋은 시작'이라고 일

컬었다.[19]

그러나 흐루쇼프는 처음에는 서독에 대해, 그 후에는 미국과 서방 전체에 대해 위협을 가하는 것으로 곧 되돌아갔다. 정상회담이 끝난 지 며칠 후였던 6월 9일 소련 통신사 타스(TASS)는 흐루쇼프가 빈에서 케네디에게 주었던 위협적인 각서 원문을 공개했다. 이것은 러스크에게 뜻밖의 일로 다가왔는데, 러스크는 소련이 협상을 좀 더 쉽게 하려고 그 각서를 비밀에 부칠 것이라고 생각하고 있었다.

흐루쇼프는 정상회담에 관해 라디오와 텔레비전을 통해 보고하는 자리에서 베를린의 상황을 변화시키겠다는 자신의 결심을 거침없이 말했다. 눈에 띄게 대담해진 흐루쇼프는 1959년 이래 처음으로 6개월 최종 시한을 거듭 언급했다. 흐루쇼프는 "시대가 변했고" 소련은 "자신의 이익을 방어할 수단을 갖고 있다."고 경고했다.

흐루쇼프의 참모 중 한 명인 표도르 부를라츠키*는 흐루쇼프의 눈에 케네디는 "너무 어리고" "너무 지적이어서" 힘든 결정을 할 능력이 없는 사람이었다고 한 서방 기자에게 말했다. 흐루쇼프는 케네디의 자제를 나약함의 표시로 보았다.[20] 모스크바의 누군가가 베를린을 둘러싼 충돌을 여전히 두려워한다면, 흐루쇼프는 이제 케네디가 위험하게 대응할 것 같지는 않다고 그들에게 장담할 수 있었다. 울브리히트나 흐루쇼프가 무엇을 하든 그것은 전쟁을 야기하지 않을 터였다.[21]

그러나 흐루쇼프는 빈에서 실제로는 스스로 알아서 잘하지 못했다. 그가 평화공존을 원하고 소련의 재원을 경제성장에 집중시키고 싶었다

---

* Fjodor Burlatski(1927-2014). 소련과 러시아의 정치학자. 1990-1991년 《문학 신문》 편집장, 1989-1991년 소련 인민 대의원을 지냈다. 소련 공산당의 개혁을 모색하고 미하일 고르바초프의 페레스트로이카를 옹호했다.

면 케네디를 괴롭힐 필요가 없었다. 흐루쇼프는 협상을 목적으로 빈에 온 케네디와 협상할 필요가 있었다. 대신 흐루쇼프의 막돼먹은 태도와 전술 때문에 케네디는 위기가 임박했다고 너무나 확신해서 국방 예산을 70억 달러 증액하고, 수천 명의 예비군을 소집했으며, 미군의 복무 기간을 연장했다. 유리 안드로포프는 흐루쇼프의 행동이 케네디를 소련이 감당할 수 없는 군비경쟁 속으로 몰아넣음으로써 주로 군산 복합체에 도움을 주었다고 불만을 토로했다.[22]

흐루쇼프는 자신이 감내하고 있는 위험을 알았지만 그것을 받아들이기로 했다. 정상회담 열흘 전 흐루쇼프는 소련공산당 정치국 특별 회기를 소집하여 케네디에게 가능한 한 많은 압박을 가할 계획의 윤곽을 보여주었다. 그런 전술에 반대하고 나선 유일한 정치국원은 이전에 아이젠하워와 덜레스를 만났고 그리하여 베를린에 대해 미국이 얼마나 깊숙이 빠져 있는지를 이해한 아나스타스 미코얀이었다. 미코얀은 우호적 태도를 취하면 소-미 관계를 개선할 건설적 대화를 시작할 수 있을 것이라고 생각했다. 그러나 흐루쇼프는 미코얀의 충고를 일축했다.[23]

울브리히트는 정상회담을 승리로 보았다. 오랫동안 협상보다 행동을 좋아해왔던 울브리히트는 이제 워싱턴이 베를린에 대한 조치를 막지 않을 것이라고 확고하게 믿었다. 회담이 있은 지 일주일 안에 울브리히트는 서방이 동베를린이든 서베를린이든 베를린의 어느 부분에서도 권리가 없다고 확실히 단언하는 연설을 했다. 그는 독일민주공화국의 변경이 엘베 강에 있으며 "서베를린의 영토는 독일민주공화국 영토의 일부를 이룬다."고 주장했다.

울브리히트는 자신이 중립화를 요구할 때 서베를린을 위해 상상했던 도시에 대해 자기 자신의 정의를 내렸다.

평화조약을 체결한 후 서베를린 자유도시는 점령군이든 스파이 사무소든, 혹은 냉전 조직가들의 라디오 방송국이든 전쟁 준비를 도울 다른 조치든 그런 것들에 의해 방해받지 않을 것이다. 다시 말해 서베를린은 독일민주공화국과 사회주의 국가들의 이익에 반하여…사용되지 않아야 한다… 서베를린은 진정으로 중립 도시이다.[24]

빈의 결과에 대한 울브리히트의 넘치는 기쁨은 정상회담 직후 6월 15일에 있었던 한 기자회견장에서 터져 나왔다. 난민들의 도피에 대한 질문에 답하면서 울브리히트는 "우리는 장벽을 세우지 않을 것입니다."라고 특별히 말하며, 자신이 동베를린과 서베를린 사이의 구역 경계에서 난민들을 저지하려고 할 것이라는 어떤 암시도 일축했다.

이 발언은 전해진 바에 따르면 울브리히트가 말하는 것과 계획하는 것이 다른 이중적 태도의 신호로 나중에 널리 해석되었다. 그러나 실제로는 정반대였다. 그 시점에 울브리히트는 서베를린을 자신이 원하는 종류의 중립 도시로 전환함으로써 난민들의 유출을 비롯한 베를린 문제를 해결할 수 있다고 믿었음에 틀림없다. 그와 같은 도시는 난민들이 서독으로 가는 길에 자신을 통과하도록 허용하지 않을 것이었다. 심지어 도시는 우선 그들을 받아들이는 일조차 하지 않을 것이다. 베를린은 도시 중앙을 가로지르는 장벽이 필요 없을 것이다. 울브리히트는 구역 경계선 사이의 장벽보다는 서베를린과 서독 사이의 장벽을 훨씬 더 지지했다.

흐루쇼프와 소련 군부는 울브리히트와 마찬가지로 서방과의 힘겨루기를 독자적으로 준비하는 것으로 정상회담의 뒤를 이었다. 히틀러가 소련을 공격한 날로 엄청난 상징성이 있는 6월 21일, 흐루쇼프는 제2차 세계대전 때 자신이 입었던 중장 복장을 한 채 모스크바의 한 집회에 등장했다. 집회에서 어느 소련 원수가 오직 소련군만이 당당하게 싸워 이겼기 때문에 베를린에 주둔하고 있다고 말했다. 소련군은 전쟁이 끝난 후 서방 연합국에게 그들의 점령 구역을 주었고, 그러므로 도시 전체에 대해 정당한 권리를 가졌다.

러스크가 독일인들이 "고양이처럼 안절부절못하며" "자신들의 손톱을 물어뜯고" 있다고 말한 것은 잔인하긴 했겠지만 정확한 언급이었다.[25]

울브리히트가 자신의 장벽을 확보하다

심지어 흐루쇼프와 케네디가 빈에서 만나기 전에도 발터 울브리히트는 흐루쇼프에게 난민들의 유출을 막는 일을 허용해줄 것을 다시 요구했다.[26] 1961년 3월 30일 울브리히트는 모스크바에서 열린 바르샤바 협정의 한 회의에서, 베를린 문제에 대한 다른 해결책이 없다면 모종의 장벽으로, 아마도 철조망으로, 구역 경계를 폐쇄해야 할 것이라고 말했다.

그러나 울브리히트는 1957년에 자신이 맞닥뜨렸던 것과 같은 광범위한 회의적인 태도에 봉착했다. 흐루쇼프는 이 제안을 설익은 것으로 비판했다. 그리고 헝가리 대표단은 그런 행동이 바르샤바 협정 전체의 명성을 더럽힐 것이라고 경고했다. 울브리히트는 난민의 유출을 막기 위해 무엇을 해야 할지 철저하고 은밀하게 연구할 준비를 하자는 데 동의를 얻을 수 있을 뿐이었다. 소련 대사관은 울브리히트가 너무 성급해서 구역 경계를 봉쇄하는 일이 독일 평화조약을 위한 협상을 복잡하게 할 것이라는 사실을 이해하지 못하는 것 같다고 흐루쇼프에게 경고하기까지 했다.[27]

여름이 본격화하면서 울브리히트는 흐루쇼프를 점점 더 불편한 상황으로 몰아넣었다. 울브리히트는 서베를린에서 나가는 항공 교통을 막아 난민 유출을 중지시키는 행동을 조속히 취할 것을 촉구했다. 연합국이 대응하지 않으리라는 것을 흐루쇼프에게 보여주려고 울브리히트는 여름 내내 베를린으로 가는 아우토반의 교통 흐름을 방해하기 시작했다. 그러나 울브리히트는 자신의 목적을 훼손시켰다. 연합국이 날카롭게 저항하자 흐루쇼프는 자신은 그런 종류의 대결을 감당할 준비가 되어 있지 않다는 사실을 깨닫게 되었다.

소련 최고 지도자는 접근 루트에 대한 통제를 울브리히트에게 믿고 맡길 수 있는지 점점 더 의문시하게 되었다. 울브리히트에게 그런 권한을 부여한다는 것은 그에게 서방과의 관계에 대한 지렛대를 쥐어주는 셈이 될 터였다. 안달이 난 독일사회주의통일당 지도자는 흐루쇼프에게 좋든 나쁘든 상관없이 그 자신의 선택에 따라 위기를 일으킬 수도 있었고, 그 경우 흐루쇼프는 그를 지지하거나 아니면 중국인 같은 사람들에게 약하게 보일 수밖에 없을 것이었다. 흐루쇼프는 울브리히트가 소련 제국 전체를 위험에 빠트릴 수 있다고 우려했다.[28]

드골의 분석은 결실을 맺고 있었다. 핵전쟁의 위험에 직면하여 흐루쇼프는 주저했다. 울브리히트가 더욱 확신에 차게 되었을 때, 흐루쇼프는 더욱 신중해졌다. 흐루쇼프는 소련이 이길 수 없는 전쟁의 위험과 가장 민감한 정치적 압박의 지렛대 중 하나를 자신이 점점 더 의문시하는 판단을 내리곤 하는 사람에게 이양해야 할 위험에 직면했다. 소련 군부도 울브리히트에 대해 걱정하게 되었다.

울브리히트의 압력은 흐루쇼프의 결정과 케네디의 결정 둘 다를 복잡하게 만드는 상황을 이미 조성했다. 6월 15일 울브리히트가 기자회견에서 보인 위협적인 태도는 독일인들이 마감시간 공포증(Torschlusspanik)이라고 이름 붙인 사태, 즉 출구가 영원히 닫히기 전에 서방에 도착하고

자 하는 동독인들의 광란적인 질주에 기름을 부으면서, 하룻밤 새에 난민 유출의 급증을 야기했다. 10만 명 이상의 동독인들이 1961년 첫 6개월 동안 도주했는데, 6월에만 2만 명이 도피했다. 7월에는 3만 명이 떠났다. 베를린에서 서독으로 통하는 공중 회랑을 날아가는 비행기들은 난민들로 꽉 차서 임시 항공편을 추가 편성해야 했다.

세 가지 미국 측의 발언들이 흐루쇼프가 딜레마의 출구를 찾는 데 도움을 주었다.

첫 번째 발언은 케네디가 서베를린의 자유, 서베를린에서의 연합국의 권리, 서베를린에 대한 서방의 접근이라는 자신의 '세 가지 본질적 요소'를 언론에 말한 7월 25일에 케네디 자신으로부터 나왔다. 케네디는 미국이 그 권리들을 방어할 것이며, 자신은 미국의 군사적 대비 태세를 강화하기 위한 조치를 취할 것임을 분명히 한다고 확고하고 단호한 어조로 말했다. 그러나 대통령은 연합국이 독일조약에서 보유했던 베를린 전체에 대한 좀 더 광범위한 점령 권한에 대해서는 일절 말하지 않았다.

두 번째 발언은 미국 상원 외교위원회 위원장인 윌리엄 풀브라이트*에게서 나왔다. 7월 30일 풀브라이트는 자신은 왜 동독인들이 난민 유출을 막기 위해 자신들의 경계선을 폐쇄하지 않는지 이해하지 못하겠다고 공개적으로 말했다. 풀브라이트는 그들이 "조약을 조금도 위반하지 않고" 언제라도 그렇게 할 권리를 갖고 있다고 덧붙였다.[29]

세 번째는 1주일 뒤 케네디가 풀브라이트의 발언에 대해 질문을 받은 기자회견장에서 그의 발언으로부터 거리를 두기를 거부했을 때 케네디

---

* J. William Fulbright(1905-1995). 미국의 정치인. 1942-1944년 미국 하원 의원, 1945-1974년 상원 의원을 지냈다. 특히 1959-1974년에 상원 외교위원회 위원장을 맡았다.

로부터 다시 나왔다.

울브리히트는 즉각적으로 반응했다. 그는 미국이 난민들을 도와주지 않을 것임을 보여주기 위해 풀브라이트의 발언을 언급하면서, 흐루쇼프에게 베를린과 서독 사이의 공중 회랑이 난민들을 실어 나르기 때문에 이 회랑을 폐쇄시킬 것을 요청했다. 흐루쇼프는 거부했다. 대신 흐루쇼프와 울브리히트는 울브리히트가 서베를린 주위에 장벽을 세울 수 있다는 데 동의했다. 흐루쇼프는 소련군은 베를린에 관한 합의를 위반했다는 비난을 받지 않도록 개입하지 않을 것이라고 말했다.

흐루쇼프는 또 울브리히트에게 바르샤바 협정 국가들의 승인을 얻으라고 말했다. 8월 3일에서 5일 사이에 열린 한 비밀 회기에서 울브리히트는 50쪽이 넘는 긴 호소문을 내놓았다. 그는 서독 정부가 독일을 위한 평화 합의를 협상하려는 케네디와 맥밀런의 노력을 방해하고 있다고 주장했다. 울브리히트는 연방공화국이 바르샤바 협정 국가들에게 사용할 핵무기를 획득하려 애쓰고 있다고 경고했다. 울브리히트는 이 정책의 일환으로 서독이 요원을 보내고 스파이를 고용하며 인민들의 저항을 야기하려고 함으로써 독일민주공화국의 존재를 훼손하려고 기도하고 있다고 역설했다. 그는 이 '공세적 조치'가 이미 독일민주공화국에 해를 끼쳤으며, 중지되어야 한다고 덧붙였다.

울브리히트는 구역 경계를 막는 것에 대해 이야기했음에도 불구하고, 해결될 필요가 있는 것은 서베를린 문제 전체라고 강조했다. 울브리히트는 장벽은 평화조약으로 가는 한 단계일 뿐이지 목적 자체가 아니며, 오직 조약만이 베를린 문제를 완전히 해결할 것이라고 덧붙였다.

울브리히트는 서베를린에 대한 원대한 야심을 드러냈다. 그는 독일민주공화국이 도시를 오가는 모든 교통에 대해 '완전한 통제권'을 가져야 한다고 바르샤바 협정 지도자들에게 말했다. 그것은 육상 교통뿐만 아니라 항공 교통까지, 또 연합국 군인들뿐만 아니라 독일 민간 여행객들까지 포괄하는 것이었다. 울브리히트는 모든 승객과 항공 화물이 독일민주공화국 영토를 반드시 지나가므로 동독 관리들의 검사를 받을 수(그래서 아마도 정지될 수) 있도록 모든 항공 교통이 베를린 바로 남쪽에 위치한 동독의 쇠네펠트 공항을 이용하게 해야 한다고 덧붙였다.

울브리히트는 또 바르샤바 협정에 얼마간의 혜택도 약속했다. 울브리히트는 서베를린의 존재 때문에 독일민주공화국 계획가들은 동독의 생활수준을 예상보다 더 높게 유지할 수밖에 없다고 말했다. 일단 베를린이 중립화되면 동독 경제는 그 자신보다는 바르샤바 협정과 코메콘의 요구에 더욱 집중할 수 있을 것이라고 했다.[30]

그렇게 해서 바르샤바 협정 국가들과 흐루쇼프는 장벽에 동의했다. 그러나 흐루쇼프는 울브리히트에게 먼저 접근을 막기 위해 철조망을 사용하는 등 점진적으로 진행해야 한다고 주장했다. 서방 열강이 며칠이 지나도 대응하지 않았을 경우에만 장벽을 세우기 시작해야 한다는 것이었다. 자신의 동맹자를 믿지 못하고 핵 결전을 어떻게든 피하고 싶었던 흐루쇼프는 울브리히트에게 신중하게 행동할 것과 회담이 승인했던 것 이상으로 '1밀리미터'도 더 나아가지 말 것을 경고했다.

흐루쇼프는 울브리히트에게서 한 가지 더 추가적인 보장을 원했다. 그 시점에 흐루쇼프는 미국이 대응하지 않을 것이라고 믿었지만, 동베를린 시민들의 반응을 여전히 걱정했다. 흐루쇼프는 동독 경찰이 혹시 발생할지도 모르는 봉기를 진압할 수 있는지를 물었다. 그는 1953년처럼 소련 탱크를 사용하기를 원하지 않았다. 울브리히트는 보안 관리들과 이 문제를 의논하려고 베를린으로 돌아갔다. 사흘 뒤 모스크바로 다시 온 울브리히트는 봉기를 억제시킬 수 있을 것이라고 말했다. 울브리히트는 풀브라이트와 케네디의 발언으로 보건대 동독 경찰이 경계를 폐쇄할 수 있을 거라는 점이 분명해졌다고 주장했다. 왜냐하면 서방은 동베를린에서 문제를 야기할 가능성을 우려해 경계의 폐쇄에 대한 어떤 대응도 자제할 것이기 때문이었다.[31]

그리하여 흐루쇼프는 울브리히트가 가장 원하는 것을 주지 않았다. 그는 울브리히트가 난민들이 접근 루트로 서베를린을 떠나는 것을 막는 일을 허용하지 않았던 것이다. 만약 그랬더라면 아마도 장벽을 세우지 않고 서베를린을 중립화하는 과정이 시작되었을 것이다. 대신 흐루쇼프는 울브리히트에게 동베를린을 봉쇄하도록 허용했다. 그러나 흐루쇼프는 그런 목적으로 소련군을 동원하기를 거부했다. 왜냐하면 연합국이 대응에 나서고 그로 인해 작전이 실패했을 때 소련의 체면을 손상시키고 싶지 않았기 때문이었다.

흐루쇼프는 올바른 길을 선택했다. 8월 5일, 영국, 프랑스, 미국 외무장관들이 베를린에 대한 혹시 있을지 모를 소련의 공세에 어떻게 대응할지를 결정하려고 파리에서 비밀리에 만났다. 그들은 동베를린에서 흐루쇼프와 울브리히트가 취하는 어떤 조치도 성격상 방어적일 것이며, 따라서 전쟁 발발의 위험—그들이 생각하기에—을 감수하면서까지 막을 가치는 없을 것이라는 데 동의했다. 3주 내에 흐루쇼프는 이 회의에 관해 상세한 보고를 받았다.[32]

울브리히트와 베를린 상황에 대한 통제를 유지하기 위해, 흐루쇼프는 이반 코네프* 원수를 동독에 보내 그곳에 주둔한 소련군을 지휘하게

---

* Ivan Konev(1897-1973). 소련의 군인. 제2차 세계대전에서 독일군에 맞서 소련군의 여러 반

했다. 거친 매너 때문에 '탱크'라는 별명을 얻은 코네프는 제2차 세계대전 동안 나치 군대를 연달아 격파한 인물로, 프라하 전투를 승리로 이끌었으며 베를린 점령에도 큰 기여를 했다. 코네프는 독일인들을 경멸하는 것으로 알려졌고, 베를린에서 자신을 맞이한 사람들에게 자기는 책임자로 일하러 왔다고 말했다.[33]

코네프와 그의 동료 소련 장교들은 그가 부임한 직후 초센-뷘스도르프의 소련군 본부가 연합국 점령 연락장교들을 위해 개최한 연회에서 동독인들에 대한 경멸을 보여주었다. 러시아어, 영어, 프랑스어로 축배가 자유롭게 진행되자 코네프는 자신에게 책무를 넘겨주고 이임할 지휘관인 소련 장군 이반 야쿱봅스키*를 향해 다음과 같이 물었다. "그런데 장군님, 이 나라에서는 어떻게 건배를 하나요?" 야쿱봅스키는 "왜요? 이게 여기서 건배하는 방식이랍니다."라고 대답하면서 누가 독일민주공화국을 책임지고 있는지를 보여주기 위해 러시아어로 또 한 번의 떠들썩한 건배를 했다. 코네프와 다른 소련 장교들은 폭소를 터뜨렸다.[34]

울브리히트는 이 모든 언행을 듣고도 개의치 않았다. 이제 그는 오랫동안 추구해왔던 권한을 갖게 되었다. 울브리히트는 서베를린을 봉쇄하는 데 필요한 무장 병력을 소집했다. 울브리히트는 철조망을 설치하는 데 동베를린 경찰이나 경계 경비대를 신뢰하지 않았고, 작센으로부터 특

격을 지휘하여 동유럽의 나라들을 해방시켰으며, 독일의 수도 베를린을 점령하는 데 공훈을 세웠다. 전후 동독 소련 점령군 수장, 1946-1950년, 1953-1956년 소련 국방 제1 차관을 지냈다. 1956년 바르샤바 협정군 총사령관이 되어 헝가리 봉기를 진압하고 1960년까지 총사령관직을 유지했다.

* Ivan Yakubovsky(1912-1976). 소련의 원수. 두 차례 소련 영웅 훈장을 받은 인물로 1960-1961년, 1962-1965년 독일 주둔 소련군 집단 사령관, 1967-1976년 바르샤바 협정 통합군 최고사령관을 역임했다.

수 부대를 보내달라고 지시해서 경찰이 그들의 명령을 수행하는 것을 확실히 하고자 했다. 작센 사람들은 베를린 시민들에게 어떤 유대감도 느끼지 않을 것이었고, 자신들이 정확히 어디에 있는지 혹은 정확히 무슨 일을 하는지도 분명히 알지 못할 터였다. 베를린 시민들은 작센인들을 '다섯 번째 점령국'이라고 불렀다. 울브리히트는 슈타지에게 작전을 관리하라고 지시했다. 작전을 비밀에 부치려고 울브리히트는 암호명을 부여했다.

암호명은 '장미'였다.

연합국이 울브리히트에게 감사하다

1961년 8월 13일 일요일 자정이 지난 직후 발터 울브리히트의 작센 경찰은 동베를린과 서베를린 사이의 구역 경계와 서베를린과 동독 사이의 경계를 따라 철조망을 설치하기 시작했다. 그들은 또 철도와 지하철 출입구를 폐쇄하고 봉쇄해 동베를린 시민과 동독인들이 서베를린 행 열차를 탈 수 없게 했다. 소련군은 경계 상태였고, 작전을 감시하기 위해 차량으로 도시 주위를 순찰하였지만 직접 작전에 참여하지는 않았다.

이와 동시에 독일민주공화국은 경계선 폐쇄를 선언하고 서베를린 시민과 서독인, 비독일인들에게 여전히 열려 있는 동베를린과 서베를린 사이의 구역 경계 검문소의 위치를 알려주는 법령을 공포했다. 법령은 연합국 관계자들은 여전히 동베를린에 들어갈 수 있기 때문에 경계를 폐쇄한다고 해서 연합국의 권리가 영향을 받지는 않을 것이라고 역설했다. 그들은 이 조치가 서독과 서베를린의 밀수꾼, 첩자, 불온분자들에 맞서 독일민주공화국을 보호할 것이라고 했다. 이를 지지하는 바르샤바 협정의 한 성명도 연합국의 접근을 규정한 합의사항은 변하지 않을 것임을 강조했다.

그날 도피를 위해 대기하고 있던 동베를린 시민과 동독인들은 검문소와 지하철역에서 망연자실하여 눈물을 흘렸다. 일부 사람들은 철조망을 뛰어 넘거나 구역 경계를 따라 늘어선 낡은 집들을 통해 길을 찾아서 여전히 도피할 수 있었지만, 경찰은 발견하는 대로 재빠르게 이 통로들도 봉쇄했다. 에리히 호네커는 작전을 직접 감독했다. 그날 늦게 울브리히트는 경찰을 찾아 "공화국을 방어한 데" 대해 그 노고를 치하했다.

그날 시간이 흐르면서 동베를린 시민과 서베를린 시민들이 경계를 사이에 두고 모여들기 시작했다. 동독 경찰들—일부는 물대포를 장착한 장갑차에 탑승해 있었다—이 동베를린 시민들을 뒤로 밀쳐냈다. 서베를린 경찰도 군중들이 철조망에 너무 가까이 다가가지 않도록 막으려 애썼다. 그들은 서베를린 시민들이 철조망 장벽에 반발하여 폭동을 일으키고 동독 경찰과 폭력적으로 대치하는 사태가 벌어져서 사상자가 발생하는 것을 우려했다.[35] 브란트는 서독에 갔다가 서베를린으로 돌아와 상황을 통제하려고 애썼다. 서베를린의 서방 군부 및 외교 파견단은 그들의 수도들에 긴급 전신문을 보내 사태의 진행 상황을 알리고 대응을 촉구했다.

베를린에서 이처럼 절망적인 광경이 전개되는 동안에도 본의 미국 대사관과 워싱턴의 행정부는 정신없이 쏟아져 들어오는 새로운 보고들과 메시지들을 얼음처럼 냉정한 태도로 대했다. 본 대사관의 당직 직원은 전신문들에 대해 굳이 월터 다울링* 대사에게 보고하는 수고도 하지

---

* Walter C. Dowling(1905-1977). 미국의 외교관. 1959-1963년 서독 주재 미국 대사, 1956-1959년 한국 주재 대사를 역임했다.

않았다. 다울링은 어린이 야구 시합에 시구를 하러 공관을 나선 뒤에야 베를린의 위기에 대해 알았다. 계획적으로 침착한 대응을 하고 있음을 보여주려고 대사는 공을 던졌고, 시합이 시작된 후 비로소 집무실로 돌아왔다.

워싱턴은 똑같이, 아니 아마도 의도적으로 훨씬 더 태연하게 반응했다. 콜러는 집에 있는 그에게 전화를 건 국무부의 당직 직원들에게 집무실에 가지 않겠다고 말했다. 대신 콜러는 그들에게 "냉정하게 대처하고 성명을 성급히 내놓아서는 안 됩니다."라고 말했다. 콜러는 "동독인들이 우리에게 부탁을 했어요."라고 덧붙였다.[36]

러스크는 어떤 행동도 할 수 없고 해서도 안 된다고 이미 결정했기 때문에 똑같이 대응했다. 러스크는 미국의 반응이 워싱턴에서 나올 것이라고 하면서 베를린의 연합국 파견단이 급히 작성한 항의 각서를 묵살했다. 겸연쩍은 얼굴을 한 베를린의 미국 관리들은 브란트는 물론이고 영국 동료와 프랑스 동료들에게도 미국은 이의 없이 울브리히트의 행동을 수용할 것이라고 말해야 했다.

러스크는 동독의 행동이 평화에 어떤 위협도 가하지 않는다고 생각했다. 러스크는 흐루쇼프가 울브리히트의 행동을 얼마나 신중하게 승인했는지, 그리고 연합국이 대응했더라면 동독인들이 상황을 더 악화시키지 않았을 것임을 몰랐다. 대신 러스크는 대응을 하면 사태가 확대될까봐 두려웠다. 그는 "당신이 군사적 수단으로 첫 조치를 취하면, 두 번째, 세 번째, 네 번째 조치도 생각해야 한다."고 경고했다. 그러므로 러스크는 아무 것도 하지 않고 아무 말도 하지 않는 쪽을 선호했다.[37]

러스크는 하이애니스에서 보트를 타며 주말을 보내고 있던 케네디에게 소련군은 움직이지 않았으며, 동독 사람들만이 경계 장벽을 설치하는 행동을 하고 있다고 말했다. 러스크는 연합국의 접근을 보장하는 바르샤바 협정 성명을 언급했다. 따라서 연합국의 어떤 대응도 자칫 도발적이 될 수 있다고 러스크는 말했다. 러스크는 동독의 행동이 연합국이 아니라 그들 자신의 주민들을 겨냥하고 있음을 지적하는 성명을 미국 정부가 발표하라고 촉구했다. 그는 서방이 공산주의 체제가 실패했음을 보여주는 이 사태를 선전에 잘 이용해야 할 것이라고 생각했다.

러스크와 케네디는 난민들을 막기 위해 국경을 폐쇄하는 흐루쇼프의 결정이 실제로는 베를린 위기를 완화시켰다고 결론지었다. 왜냐하면 모스크바가 연합국이 우려한 것처럼 접근 루트를 차단하려고 한 것이 아니라 베를린 내에서 가장 긴급한 문제를 해결했기 때문이었다. 케네디는 동독의 행동이 "아주 멋진 해결책은 아니지만…전쟁보다 완전히 훨씬 좋은 해결책"이라고 자신의 보좌관인 케네스 오도넬*에게 말했다.[38] 러스크와 그 밖의 케네디의 자문관들은 경계 봉쇄가 난민들의 유출을 막을 것이기 때문에 베를린 위기의 종결을 의미한다고 믿었다. 케네디도 같은 생각이었다.[39]

미국의 대응은 울브리히트의 손에 놀아났다. 울브리히트는 철조망 가설에 착수하자마자 미국인들이 사전에 구역 폐쇄에 대해 통보를 받았으며 거기에 동의했다고 주장하는 중상모략을 서베를린에서 퍼트리기 시작했다. 유순한 미국의 대응은 이 소문을 확인시켜주는 듯했고, 연합국이 그들의 친구와 난민들을 배반하고 울브리히트와 음모를 꾸미고 있

---

* Kenneth O'Donnell(1924-1977). 미국의 정치 자문관. 1961-1963년 케네디 대통령의 특별 보좌관, 1963-1965년 존슨 대통령의 보좌관으로 일했다. 케네디 대통령과 로버트 케네디의 가까운 친구였으며 '아일랜드 마피아'라고 불린 케네디의 측근 자문관 그룹의 일원으로 알려져 있다.

다는 인상을 주었다. 울브리히트가 서베를린의 신뢰를 깨트리려고 그런 식의 연합국 대응을 요청했을 리는 없었을 것이다.

케네디가 베를린과 베를린 시민들을 지지한다고 생각했던 브란트는 절망에 빠져 대통령에게 서한을 보냈다. 브란트는 뭔가 대응을 간청했고, 베를린을 3개국 도시로 개조하자고 제안하기까지 했다. 이 편지는 케네디를 화나게 했다. 케네디는 그것을 다가올 독일 선거를 겨냥한 정치적 술책으로 일축했고, 브란트가 자신을 '친구'라고 부른 일을 주제넘은 짓이라고 생각했다. 소원하고 냉담했던 케네디의 답변은 서베를린에서 3개국의 지위를 인정하지 않는 것이었다.[40]

그러나 다른 목소리들이 케네디에게 압박을 가하기 시작했다.《헤럴드 트리뷴》지의 선임 기자였던 마거리트 히긴스*는 뉴욕에서 루셔스 클레이 장군을 접촉했고, 그들은 케네디에게 난민 도주 이상의 문제가 걸려 있다고 말하는 데 의견이 일치했다. 그 뒤 히긴스는 하이애니스를 방문해 케네디에게 현 사태를 무시할 여유가 없다고 경고했다. 그녀는 신속하고 극적인 행동을 촉구했다.

국무부의 독일 국에서는 동독의 조치가 서베를린과 독일에 미칠 충격을 우려한 사람들이 격렬하고 극심하게 항의했다. 그들의 낭패감은 케네디에게 직접 영향을 미칠 수 있는 다른 사람들에게 도달했다. 클레이는 케네디의 군사 자문관인 맥스웰 D. 테일러** 장군에게 따로 편지를 써

---

* Marguerite Higgins(1920-1966). 미국의 기자. 제2차 세계대전, 한국전쟁, 베트남전쟁에서 종군기자로서 활동했다. 오랫동안(1942-1963) 뉴욕의《헤럴드 트리뷴》을 위해 일했으며, 1951년 여성 기자로서 해외통신 부문 퓰리처상을 처음 수상했다.
** Maxwell D. Taylor(1901-1987). 미국의 장군. 제2차 세계대전 때 노르망디 상륙 작전을 지휘했으며, 종전 후 한국전쟁에도 참여했다. 1955-1959년 육군참모총장, 1962-1964년 합동참모본부장, 1964-1965년 남베트남 대사, 1968-1970년 존슨 대통령 정보자문단장을 역

베를린 상황이 매우 심각하다고 경고하고 나름의 도움을 제공했다.

　케네디에 대한 가장 중요한 직접적 질책은 유명한 기자 출신으로 미국 문화정보국(United States Information Agency) 국장이 된 에드워드 R. 머로*에게서 나왔다. 머로는 8월 13일에 우연히 베를린에 있었다. 도시를 둘러보고 많은 베를린 관리 및 여타 사람들을 만나본 후 그는 울브리히트가 동독인들뿐만 아니라 서베를린 시민과 서독인들이 미국인들에 대해 가지고 있던 신뢰를 겨냥하고 있다고 말하는 개인적 전신문을 케네디에게 직접 보냈다. 머로는 베를린에서의 연합국의 지위뿐만 아니라 서유럽 전역에서 미국의 위상을 파괴할 수 있는 신뢰의 위기에 대해 경고했다. 머로는 "여기서 파괴될 위험에 있는 것은 희망이라고 불리는 저 깨지기 쉬운 특성입니다."라고 말하는 것으로 끝을 맺었다.[41]

　머로의 전신문은 케네디에게 깊은 영향을 미쳤다. 대통령과 그의 자문관들이 베를린의 미국 파견단의 태도를 "과도한 지역적 이해 우선"이니 "지나친 지역적 관심"이니 하면서 일축하고 있었던 반면, 케네디는 머로를 매우 존경했다. 게다가 미국 언론은 이 주제를 되풀이해서 보도했다. 서방 전역에 걸쳐 많은 사설들이 연합국과 특히 케네디를 비판했다. 리처드 닉슨은 케네디가 우유부단하다고 비난했다. 케네디는 베를린에서뿐만 아니라 국내와 유럽에서도 정치적 위기에 직면했다는 사실을 깨달았다.

　케네디는 구역 경계에서 무슨 일이 벌어졌든 상관없이 서베를린에

임했다.

* Edward R. Murrow(1908-1965). 미국의 방송 기자, 전쟁 특파원. 1961-1965년 '미국의 소리' 방송의 모체인 미국문화정보국(USIA) 국장으로 근무했다. 미국의 라디오와 텔레비전 뉴스 방송의 개척자로 평가된다.

대한 미국의 책임을 강조하는 쪽을 택했다. 케네디는 자신이 울브리히트와 흐루쇼프가 난민 유출을 중지시키는 것을 막을 수는 없었지만 서베를린의 자유를 보호할 만반의 준비가 되어 있음을 보여주기 위해 린든 존슨* 부통령과 클레이 장군을 보내기로 결정했다. 케네디는, 자신의 소련 전문가들이 너무 도발적이라고 격렬히 반대했음에도 불구하고, 서독으로부터 미국의 전투부대를 서베를린에 때맞춰 도착시키도록 명령을 내리라는 클레이의 제안까지도 받아들였다. 그때 클레이는 나중에도 여러 차례 확인할 수 있었듯이 케네디가 그의 자문관들이 반대할 때조차도 베를린에 대한 조처를 지지한다는 사실을 알았다.[42]

8월 20일 존슨의 방문은 엄청난 성공을 거둔 것으로 밝혀졌다. 존슨은 특히 베를린 공수작전의 주역이었던 클레이와 동반했기 때문에 엄청난 인파의 베를린 시민들을 끌어 모았다. 부통령이 직접 접견한 미군 전투부대의 등장은 케네디의 메시지를 더욱 분명히 했다. 울브리히트는 어떤 동독인도 피난처를 요청하거나 지지를 표시하기 위해 전투부대에 접근하지 못하도록 동독 부대와 경찰에게 아우토반을 봉쇄하라고 명령했다.

하지만 존슨의 방문은 콘라트 아데나워에게 쓴 맛을 남겼다. 부통령이 베를린으로 가기 전에 본에 들렀을 때 아데나워는 존슨과 클레이와 함께 베를린에 같이 가게 해달라고 부탁했다. 아데나워의 등장은 베를린이 연방공화국의 일부는 아니지만 정당한 이해 지역이라는 사실을 강조할 것이었다. 그러나 백악관 참모들의 권고로 존슨은 아데나워 총리가 함께

---

* Lyndon B. Johnson(1908-1973). 미국의 36대 대통령(재임 1963-1969). 민주당 대통령 후보 경선에서 케네디 후보에게 패배했으나 케네디 정부의 부통령이 되었다. 1963년 케네디가 피살되자 36대 대통령직을 승계했다. 1964년 선거에서 재선되었으나 월남전의 장기화에 따라 국내에서 반전 운동이 격화하면서 인기를 잃었고 임기 종료와 함께 퇴임했다.

가는 것을 허용하지 않았다. 공식적인 해명은 미국이 선거운동 과정에서 아데나워와 브란트 중 어느 한 쪽을 편들기를 원하지 않기 때문이라는 것이었지만, 아데나워와 많은 다른 독일인들은 백악관이 흐루쇼프의 기분을 상하게 할까봐 두려워하는 것이 아닐까 의심했다. 아데나워는 이 모욕을 결코 잊지 않았고, 이는 케네디와 그의 관계를 해치는 원인이 되었다.[43]

다른 연합국 정부들도 망설였다. 8월 13일 스코틀랜드에서 뇌조 사냥을 하고 있던 맥밀런은 그의 일기장에 "동독인들이 난민 유출을 중단시키는 데 불법적인 것은 전혀 없다."라고 썼다. 맥밀런은 독일민주공화국이 어쩔 수 없이 행동할 수밖에 없었다고 생각했고, 구역 경계를 봉쇄한다고 해서 "합의를 위반하는 것은 아니라고 (나는 믿는다.)" 덧붙였다.[44] 하지만 영국은 케네디가 맥밀런에게 했던 개인적 간청에 대한 응답으로 미국 전투부대와 함께 장갑차 3대와 약간의 병사들을 파견했다.

프랑스는 심지어 베를린에 증원부대를 보내는 시늉조차 하지 않는 등 어떤 종류의 군사적 제스처도 하지 않았다. 오히려 파리는 구역 경계에 부대를 출동시켰다는 이유로 프랑스 사령관을 질책했다. 많은 프랑스 관리들은 소련인과 동독인들이 연합국의 베를린 접근 권리를 건드리지 않고 단지 구역 경계만 폐쇄했다는 사실에 안도감을 느끼기까지 했다. 그리고 드골은 처음부터 미국이 군사행동에 대한 주된 책임이 있다고 주장했다. 워싱턴이 움직이지 않는다면 파리도 움직이지 않을 것이다. 더욱 중요한 사실은 울브리히트의 행동에 대한 케네디의 묵인이 동구권이 아니라 앵글로-색슨인들에 맞서 독일의 이해를 보호한다는 드골의 전략적 목표에 도움을 주었다는 것이다.

8월 13일의 사태는 연합국들 사이의 논쟁을 끝내지 않았다. 맥밀런은 훨씬 더 강하게 흐루쇼프와 협상할 것을 주장했다. 드골은 개인적으로 편지를 보내 케네디에게 다음 세 가지 구체적 사항에 관해 경고하면서 냉담한 반대를 유지했다. 첫째 압력을 받고 협상을 시작하는 것은 "베를린…포기의 전조이자 우리의 항복을 알리는 일종의 통지로" 여겨질 것이다. 둘째, 소련은 "오늘날의 몇몇 우리 동맹국들"과 협정을 맺는 길을 걸을 것이다(소련이 서독과 거래를 할 것이라는 드골의 끊임없는 두려움을 명백히 언급하는 것). 셋째 프랑스는 "사실상 모스크바가 요구하는" 회담에 참석하지 않을 것이다. 하지만 드골은 미국이 원한다면 물론 협상의 가능성을 자유롭게 탐색할 수 있다고 말하면서, 케네디에게 대통령이 바라는 기회를 부여했다.[45] 드골은 케네디에게 덫을 놓고 있었다. 그런 탐색이 벌어지면 미국에 대한 아데나워의 신뢰는 무너질 것이며, 아데나워는 어쩔 수 없이 파리에 의존할 수밖에 없을 터였다.

장벽이 구축된 후 자신의 대표단이 연합국 회담에 포함되기 시작한 아데나워는 협상에 반대했다. 아데나워는 서방이 전략적 목표가 없다는 것을 알았고, 케네디가 양보하도록 부추김을 당할까봐 우려했다. 아데나워는 또 흐루쇼프가 베를린에 관한 거래를 약속함으로써 케네디와 맥밀런으로 하여금 연방공화국의 이해를 무시하도록 만들 것이라고 믿었다.

아데나워는 러스크에게 케네디가 1954년의 파리 협정을 미국 정책의 기반으로 간주한다는 점을 확인해달라고 요청했다. 러스크는 단칼에 확인해주기를 거부했다. 이것은 아데나워를 당황하게 만들었으며, 아데나워는 워싱턴이 독일을 주권 동맹국이 아니라 패배한 속국으로 다루려는 런던 측에 합류하고 싶어 한다고 결론지었다.[46]

연합국의 견해를 들은 뒤 케네디는 흐루쇼프와 협상하기로 결정했다. 케네디는 전투부대를 파견함으로써 미국의 입장과 베를린의 사기를 충분히 강화시켰다고 믿었다. 케네디는 또 클레이 장군에게 자신의 개인 대리인으로서 베를린으로 돌아가라고 요청하기로 결정했다.

흐루쇼프는 그때쯤에는 미국 정책에 대해 분명한 생각이 있었다. 베오그라드에 있는 흐루쇼프의 대사는 케네디가 유고슬라비아에 미국 대사로 보냈던 조지 케넌에게 미국이 두 개의 독일 국가를 인정하는 데 동의할 것인지를 물었다. 백악관과 가까운 것으로 알려진 케넌은 그것이 '합리적'인 것으로 보인다고 말했다.[47] 이 대답은 흐루쇼프에게 케네디가 베를린의 평화를 위해 독일에 관해 양보를 하리라는 것을 보여주었다.

흐루쇼프는 울브리히트에게 경계를 폐쇄하게 함으로써 한숨을 돌릴 수 있었다. 그들은 난민 유출을 중단시켰다. 그들은 이제 압박과 외교를 적절히 구사하여 케네디로 하여금 '세 가지 본질적 요소'를 포기하게 할 필요가 있었다. 동베를린을 봉쇄한 흐루쇼프와 울브리히트는 서베를린에 대한 공격을 시작했다.

10장

서
베
를
린
을
위
한
전
투

1961년 9월 19일, 루셔스 클레이 장군이 케네디 대통령의 개인 대리인으로서 베를린에 도착했다. 브란트는 베를린 시민들에게 거리로 나와 친구를 맞이하라고 요청했다. 사람들은 그의 이름을 딴 넓은 대로와 인파로 북적대는 쿠르퓌르스텐담에 늘어서서 자신들을 한때 구해줬고 또다시 구해줄 것 같은 클레이를 환영했다. 사람들의 환호는 그들의 희망과 두려움을 반영했다.

베를린 시민들은 클레이가 또 한 번의 기적을 낳을 수 있을지 궁금해했다. 클레이는 베를린 시민들만큼은 아니지만 그들이 자신의 시도에 기대를 품고 있다는 것을 알았다. 클레이는 또 도착의 여세를 유지하기 위해서는 신속하게 움직여야 한다는 것도 알았다.[1]

클레이는 울브리히트가 동베를린을 봉쇄할 뿐만 아니라 서베를린을 중립화하기를 원한다고 여겼다. 워싱턴의 생각과는 달리 클레이는 8월 13일이 베를린을 위한 전투를 종결시킨 것이 아니라 개시한 것이라고 우려했다. 클레이는 케네디에게도 말했듯이 울브리히트가 압박을 지속시킬 것이라고 예상했다.[2] 서베를린 시민들의 사기는 변할 것이다. 외국에서 보는 도시의 전망도 그럴 것이다. 8월 13일 이후 몇 주 동안 젊은이들이 대거 서베를린을 떠나기 시작했고, 투자 수준도 크게 떨어졌다. 클레이는 이 사태를 역전시킬 필요가 있었다.

울브리히트는 연합국의 망설임을 이용했다. 울브리히트가 구역 경계를 폐쇄하는 포고령을 발표한 지 사흘도 지나지 않아, 바르샤바 협정이 연합국이 전혀 대응을 하지 않는 경우 울브리히트에게 철조망을 설치하는 것을 허락했듯이, 울브리히트의 군대가 장벽을 쌓기 시작했다. 1주일 뒤인 8월 23일, 울브리히트는 장벽을 통과하는 검문소의 수를 줄였다. 울브리히트는 브란덴부르크 문을 통과하는 모든 교통을 폐쇄하고, 외국 사람들과 차량은 단 한 군데 횡단 지점, 즉 프리드리히슈트라세가 장벽과 그리고 소련 구역과 미국 구역 사이의 경계를 가로지르는 횡단 지점을 통해서만 동베를린으로 들어가게 했다. 울브리히트는 자신의 힘과 연합국의 무기력을 보여주려고 이론적으로 최고 권력을 지닌 연합국이 이 유일한 출입구만을 이용하도록 강제했다. 그리하여 영국 차량과 프랑스 차량은 동베를린에 들어가기 위해서는 시 중심부를 거쳐 우회할 수밖에 없었다. 프리드리히슈트라세의 횡단 지점은 찰리 검문소(Checkpoint Charlie)로 불렸는데, 이 이름은 베를린으로 들어가는 2개의 아우토반 검문소를 알파와 브라보로 이름붙인 미군의 명명 체제에 따른 것이었다.

그 뒤 울브리히트는 서베를린 시민들에게 장벽에서 100미터 떨어지라고 지시하는 법령을 추가로 공포했다. 위반자에게는 총격을 가할 것이었다. 그리하여 울브리히트는 자신의 영장이 서베를린에까지 미치며, 경계 근처에 사는 사람들은 그들의 발걸음을 조심하는 편이 좋을 것임을 보여주기 시작했다.

장벽은 울브리히트의 난민 문제를 해결했다. 서방으로 가는 길을 찾아낼 수 있는 사람은 점점 더 적어졌다. 울브리히트는 서베를린을 중립화하는 방향으로 발걸음을 내디뎠으나 그가 바르샤바 협정에게 말한 대로 더 많은 것을 할 필요가 있었다. 울브리히트는 연합국과 특히 미국인들의 약속에 대해 점점 더 의혹을 제기할 필요가 있었다. 울브리히트의 경찰이 여전히 필사적으로 도주를 꾀하는 사람들을 총격을 가해 살해하고, 또 연합국이 거기에 대해 아무것도 하지 않음에 따라 서베를린 시민들은 누가 최종 책임자인지를 알아보기 시작했다.

9월 16일, 울브리히트는 "적이 예상보다 대응 조치를 거의 취하지 않았으며," "일반인들의 의식 속에서 독일민주공화국의 국가 권위가 성장했습니다."라고 흐루쇼프에게 썼다. 울브리히트는 흐루쇼프가 동독의 소련 점령 당국에게 독일민주공화국이나 모스크바가 베를린에서 취할 수 있는 행동에 대한 서방의 어떤 항의도 거부하거나, 더욱 좋게는 서방의 항의를 접수조차 하지 말 것을 지시하라고 구체적으로 제안했다. 울브리히트는 또 접근 루트를 규제하는 몇몇 조치도 제안했다.[3]

동베를린 주재 소련 대사는 프리드리히슈트라세를 유일한 외국인 횡단 지점으로 지정한 동독의 법령에 불같이 화를 냈다(아마도 이 조치에 대해 점령자에게 어떻게 대처해야 하는지 알려줘야 한다고 생각했는데, 어느 독일인도 알려주지 않아서 화가 났을 것이다.). 흐루쇼프는 9월 28일에 대사에게 답장을 썼다. 흐루쇼프는 8월 13일이 무사히 지나간 데 대해 기쁨을 표시했지만 가장 중요한 다음 조치는 평화조약이어야 하고, 울브리히트는 그것을 위태롭게 하는 일을 절대 하지 말아야 한다고 덧붙였다.[4]

클레이가 행동에 나서다

클레이는 울브리히트에게 반격을 가할 방법을 급히 모색했고, 그가 도착한 지 며칠 안 돼서 첫 번째 기회가 찾아왔다. 9월 21일, 흐루쇼프가 울브리히트에게 금지 명령을 내렸음에도 불구하고, 동독의 인민경찰(Volkspolizei, Vopos)은 아우토반을 따라 베를린으로 가던 미국 인사를 비롯한 연합국 인사들, 특히 제복을 입지는 않았으나 확실하게 마크가 있는 점령군 차량들에 탑승한 미군들을 괴롭히기 시작했다. 인민경찰은 차량을 세우고 미군들을 내리게 했으며, 그들을 위협하면서 진행을 방해하려 했다. 인민경찰은 때때로 미군들을 몇 시간 동안 심문하거나 붙잡아두기도 했다. 베를린 시민들을 비롯한 다른 여행자들이 인민경찰이 미군들을 괴롭히는 모습을 목격했다.

클레이는 즉시 무전기를 휴대한 '특별 순찰대'와 '깃발 시찰단'에게 명령을 내려 대략 1시간마다 아우토반을 오르내리며 인민경찰에게 저지당한 미군들을 돕도록 했다. 소련인들은 항의했지만 순찰대를 막지는 않았다. 그 후 소련인들이 순찰대를 막으려고 하자 클레이는 그들을 하루에 몇 번씩 임의의 시간에 왔다 갔다 하는 미군 차량 호위대로 대체했다.

특별 순찰대와 호위대는 동독의 괴롭힘을 더욱 불안정하게 만들었고, 며칠 내에 사실상 무력화했다. 어쩌면 순찰대는 암묵적으로 소련인들의 환영을 받았을지도 모른다. 왜냐하면 소련인들은 사적으로 울브리히트를 불안해했고, 점령국에 맞서는 독일의 어떤 움직임도 불편했기 때문이었다.[5]

클레이는 또 울브리히트가 서베를린 시민들에게 총격을 가하겠다는 위협을 실행할 수 없도록 베를린의 미군에게 장벽에 면한 미국 구역의 경계선을 순찰하라는 명령도 내렸다. 순찰대는 공공연히 그리고 빈번하게 모습을 드러낼 것이었다. 여기에 더해 클레이는 미군 병사들에게 동독 경비대가 동베를린에서 미국 차량을 괴롭힐 경우 서베를린에서 소련 차량을 묶어두라고 지시했다. 소련 병사들의 자유로운 이동을 원하고 독일민주공화국에 전혀 호의적인 감정이 없었던 코네프 원수는 울브리히트에게 동베를린에서 미군을 괴롭히는 짓을 그만두라고 말했다.

클레이의 다음 기회는 19세기에 베를린의 행정 경계선이 그어졌을 때 베를린에서 약 100미터쯤 떨어져 있는데도 베를린에 할당된 슈타인 스튀켄이라는 아주 작은 마을을 둘러싸고 찾아왔다. 슈타인스튀켄은 가옥 몇 채와 소수의 주민을 가진 몇 백 평방미터에 불과한 마을이었다.

슈타인스튀켄은 우연히 클레이와 울브리히트가 처음 공개적으로 대결한 장소가 되었다. 서베를린으로 도피할 의도가 있던 한 동독 난민이 새 국경 통제로 저지당하자 이 조그만 마을로 몸을 피했다. 인민경찰은 슈타인스튀켄이 엄연히 미국 점령지임에도 불구하고 그곳으로 들어가 이 난민을 데려나오겠다고 위협했다.

클레이는 미국 정부도 케네디도 미국의 보호를 요청한 난민을 독일민주공화국이 붙잡아가게 내버려두는 것은 씻을 수 없는 수치라고 생각했다. 사태가 확대되는 것을 우려해 미군이 난민 구출을 주저하자 클레이는 자신이 개인적으로 사용할 수 있도록 헬기를 요청한 뒤 조종사에게 민간인 보좌관만 대동한 채 슈타인스튀켄에 자신을 내려달라고 지시했다. 주민들이 텔레비전이 없다는 것을 알게 된 클레이는 선물로 텔레비전 한 대를 가져갔다, 클레이는 한 시간도 채 안 되는 시간 동안 슈타인스튀켄에 머물렀고, 그런 뒤 난민을 서베를린으로 실어 날랐다. 동독 경계경비대는 무력을 과시하기 위해 총을 조준했지만 감히 이 미국 군용기를 쏘지는 못했다.[6]

클레이는 케네디에게 전신문을 보내 자신이 한 일을 보고했다. 백악관 자문관들이 그의 행동을 도발적이라고 비판할 것을 알고, 클레이는 "저는 사태의 확대를 두려워하지 않습니다."라는 문장으로 전신문의 끝을 맺었다. 클레이는 케네디의 전술적 사고에 영향을 미치고 싶었다.

베를린 시민들은 클레이의 행동, 특히 슈타인스튀켄을 방문한 일에 대해 예상했던 반응을 보였고, 그 뒤 클레이가 공개적으로 모습을 드러냈을 때 열광적인 환호를 보냈다. 케네디도 자문관들이 클레이를 맹렬히 비판하고 맥밀런이 불만을 토로했음에도 불구하고 아마도 클레이를 이해했을 것이다. 드골은 아무 말도 하지 않았다.

클레이는 소련의 태도에 대해 그 자신의 결론을 내렸다. 클레이는 흐루쇼프가 베를린을 둘러싸고 사태를 확대시킬 것을 두려워하지 않았다. 케네디의 자문관들과는 달리 클레이는 소련 지도자가 전쟁을 원하지 않는다는 드골의 신념을 같이 했다. 대통령의 대외 정보자문단에 있던 클레이는 미국 군사력이 모스크바의 군사력을 충분히 앞서 있다는 사실을 알았다. 그는 또 흐루쇼프가 전쟁의 위험을 각오할 수 없다는 것도 알았다. 클레이는 미국이 흐루쇼프의 허풍을 두려워할 필요가 없다고 생각했다.

클레이는 어떤 연합국의 대응도 흐루쇼프를 불편하게 할 것이라고 믿었다. 그러므로 클레이는 연합국이 예측 불가능하게 될 것을 원했다. 클레이가 베를린에 도착하기 전에 흐루쇼프와 울브리히트는 연합국이 새로운 괴롭힘이나 그들의 권리에 대한 추가 침해에 대해서 기껏해야 항의 서한이나 보낼 것이라고 확신했다. 그들은 그만둘 이유가 없었다. 그러나 흐루쇼프는 예상치 못한 것을 예상해야 한다면, 머뭇거릴 것이다. 클레이는 흐루쇼프가 적어도 케네디만큼이나 사태의 확대를 두려워한다고 믿었다. 흐루쇼프는 그와 울브리히트가 베를린 위기의 온도를 통제할 수 있다고 믿는다면 위기가 계속 끓도록 할 것이다. 그러나 흐루쇼프는 위기가 끓어 넘치는 것을 두려워한다면 그 열기를 식혀버릴 것이다. 그리하여 두 사람은 확대 놀이를 할 수 있었다.

베를린 위기를 끝내기 위해 클레이는 흐루쇼프와 코네프가 울브리히트를 엄하게 단속할 만큼 위기를 매우 예측 불가능하고 잠재적 위험을 안고 있는 것으로 만들어야 했다. 흐루쇼프는 서베를린 시민들이 미국에 대한 신뢰를 잃고 도시를 빠져나가도록 조장하고, 연합국으로 하여금 군대의 철수를 협상하도록 만드는 등 최대한 불안정한 상황을 조성하기를 바랐다. 클레이는 연합국의 반응에 대한 불확실성이야말로 소련 지도자에게 재고를 강제하고 결국 이 도시에서 손을 떼는 쪽으로 결정하게 만들 것이라고 생각했다.

클레이는 탄탄한 지지만 받쳐주면 자신이 흐루쇼프와 울브리히트가 도발할지도 모르는 어떤 대결에도 대처할 수 있으며, 베를린에서도 당연히 그렇게 할 수 있다고 믿었다. 클레이는 베를린 대결이 최후의 핵 결전으로 발전하지 않을 것이며, 케네디가 양보할 것이라는 확신 없이는 흐루쇼프가 절대 그런 마지막 결전을 자극하지 않을 것이라고 생각했다.

케네디의 자문관들, 특히 소련 전문가들은 이러한 분석을 반박했다. 그들은 케네디에게 흐루쇼프의 발언을 액면 그대로 받아들여야 하며, 그는 서방이 무엇을 하든 전혀 신경 쓰지 않을 것이라고 말했다. 그들은 클레이의 전술은 핵 대결을 야기할 것이며, 흐루쇼프가 굽히지 않을 테니 케네디가 굽힐 수밖에 없다고 경고했다. 클레이는 그런 논의를 미리 알아서 무릎을 꿇고 항복하는 짓으로 여겼다.

클레이는 점령 시기 동안 베를린에서 소련군과 긴밀하게 함께 일한 경험이 있었기 때문에 아마도 어떤 다른 미국인보다도 그들을 잘 알았을 것이다. 클레이는 케네디의 전문가들보다도 더 많은 시간을 소련 관리들과 실제로 이야기하고 또 그들을 상대하면서 보냈다. 그는 소련인들이 무의미한 위험을 감수하고 싶어 하지 않는다는 것을 알았다. 클레이는 또 소련인들, 특히 군부가 울브리히트를 경멸하고 있다는 것도 알았다.

독일 통일 후 소련 정부가 공개한 문서들은 클레이의 분석을 확증해 준다. 문서들은 소련 군부가 동독 경비병의 품행과 독일민주공화국이 그 경비병들에게 내린 지시에 대해 독일민주공화국 고위 관리들에게 자주 항의했음을 보여준다. 코네프 원수는 인민경찰이 구역 경계선을 따라 일어난 우발적 사건에서 발포한 횟수에 대해 울브리히트에게 불만을 표명했다. 코네프는 '바람직하지 못한 심각한 결과'를 초래할 수도 있는 31건의 동독 경비병에 의한 '난폭한 발포' 사건을 주시했다고 말했다. 코네프는 자신이, 오직 자신만이 구역 경계선에서 명령을 내릴 것이라고 말했다.

소련인들은 걸핏하면 총질을 해대는 인민경찰이 성급하게 행동할까봐 항상 걱정했다. 소련 국방장관 로디온 말리놉스키* 원수는 10월 중순에 흐루쇼프가 울브리히트에게 모스크바와 상의 없이 더는 어떤 조치도 취하지 말라는 지침을 내려주기를 희망했다. 클레이의 행동을 지켜본 후 말리놉스키는 어떤 사고도 미국인들의 목적에 도움을 줄 뿐이라고 우려했다.

안드레이 그로미코는 여전히 연합국을 베를린에서 철수시키는 조약을 체결하기를 희망했다. 그로미코는 울브리히트의 행동이 서방 여론을 악화시켜 협상을 불가능하게 만들까봐 우려했다. 그로미코와 말리놉스키는 또 서베를린과 동베를린 사이를 연합국이 통행하는 것을 제한하려는 동독의 추가 계획이 초래할 수 있는 결과에 대해 흐루쇼프에게 경고했다. 그들은 서방 점령 당국의 인사가 연루된 어떤 사고의 경우에도 소련 장교가 즉각 개입할 절차를 울브리히트가 수립할 것을 원했다. 구체적으로 그들은 동독 장교들이 민간인 복장을 한 연합국 군관계자의 신분 확인을 요구하는 것을 원하지 않았고, 울브리히트가 먼저 소련 관리들과 상

---

* Rodion Malinovsky(1898-1967). 소련의 군인. 제2차 세계대전에 참전해 스탈린그라드 전투와 부다페스트 전투에서 크게 활약하고 1957-1967년 소련의 국방장관을 지냈다.

의하지 않고 위기를 시작하는 것을 바라지 않았다. 울브리히트는 "현재의 필요에 부합하지 않는 긴장을 조성하는 경찰과 독일민주공화국 당국의 그와 같은 행동을 중단시켜야" 할 것이었다. 흐루쇼프는 호네커에게 보낸 서한에서 그런 우려를 되풀이했고, 호네커는 독일민주공화국이 그런 조치를 고려하지 않을 것이라고 대답했다. 그러나 울브리히트는 독자적인 계획이 있었다.[7]

1961년 10월 18일, 클레이는 케네디에게 처음으로 보낸 상세한 보고에서 미국이 서베를린의 생존에 필수적인 독일의 신뢰를 유지하기를 원한다면 울브리히트의 공작에 기민하게 대응해야 한다고 타전했다. 클레이는 사태의 확대가 "좋은 효과도 낳고 나쁜 효과도 낳으며," 때로 소련인들을 앞으로 끌어내려고 무력을 사용함으로써 얼마간의 위험을 각오할 필요가 있을 것이라고 덧붙였지만, 그러면 미군은 그들의 목적을 달성했기 때문에 철수할 것이라고 대통령에게 확언했다. 그는 울브리히트의 접근법과 흐루쇼프의 접근법의 차이에 주목했다. 클레이는 일찍이 어떠한 사소한 사건에서도 미국의 입장을 밝히지 않는다면 동독인들이나 어쩌면 소련인들이 다음번에는 더 큰 사건을 시도할 위험이 있다고 경고했다.

클레이는 케네디가 자신을 지지하지 않는다면 사임할 수 있다고 암시했다. 클레이는 미국이 한결같이 행동하는 데 실패하면 신뢰가 너무 심하게 무너져 자신을 베를린에 보낸 일이 소용없게 될 것이라고 경고했다. 케네디가 클레이를 계속 베를린에 머물게 하는 한 서방의 무대응에 대한 책임은 케네디에게 돌아갈 것이었다. 클레이 장군은 "베를린에서 극도로 조심하는 것이 현명한 일로 간주된다면 저는 정말 쓸모가 없습니다."라고 끝을 맺었다.[8]

찰리 검문소의 탱크들

사태 확대 놀이를 혼자만 하는 게 아님을 보여주는 클레이의 가장 극적인 다음 기회는 모스크바가 인가하지 않았고, 또 거의 확실히 환영하지도 않았던 한 사건을 둘러싸고 찾아왔다. 그것은 흐루쇼프와 그로미코, 말리놉스키가 울브리히트에게 한 충고에 완전히 반하는 것이었다. 그 일은 베를린의 미국 파견단 수석 보좌관이었던 앨런 라이트너*가 동베를린의 오페라를 관람하기 위해 찰리 검문소를 통과하려 했던 10월 22일 일요일 저녁에 발생했다.

제22차 소련공산당 대회가 엿새 전인 10월 16일 모스크바에서 개최되었다. 10월 17일, 흐루쇼프는 베를린의 벼랑 끝에서 물러섰다는 연설을 했다. 흐루쇼프는 오래 전에 예고했던 독일 평화조약 서명을 10월 31일까지 하자는 말을 더 이상 하지 않았다. 흐루쇼프는 마오쩌둥의 외교 독트린에 맞서 자신만의 독자적인 독트린을 수립하고자 하면서 '평화공존'을 역설했다. 대회에 참석했던 울브리히트는 깜짝 놀랐고, 성난 반응을 보였다. 사흘 후 대회에서 연설하면서 울브리히트는 평화조약이 '극도로 긴급한 과제'라고 단호하게 주장했다.

울브리히트를 더욱 화나게 한 것은 대회가 중국과 더욱 긴밀하게 연계를 맺을 뿐만 아니라 미국과는 더욱 대결적인 정책이 필요하다고 역설한 소련공산당 중앙위원회 서기 프롤 코즐로프**에 반대하여 흐루쇼프를

---

* E. Allan Lightner(1907-1990). 미국의 외교관. 제2차 세계대전 후 베를린 주재 미국 파견단의 수석 보좌관과 1963-1965년 리비아 주재 미국 대사를 지냈다.
** Frol Kozlov(1908-1965). 소련의 정치인. 1957-1964년 소련공산당 중앙위원회 간부회 위원, 1957-1958년 러시아 소비에트연방사회주의공화국 각료회의 의장, 1958-1960년 소련 각료회의 제1부의장, 1960-1963년 소련공산당 제2서기를 역임했다.

지지했다는 사실이었다. 흐루쇼프는 대회에서 지지를 받음으로써 베를린 협정과 핵실험 금지 조약 체결을 천천히 모색할 수 있는 좀 더 많은 자유를 갖게 되었다.[10] 흐루쇼프는 계속 압박을 가할 수 있었으나 최종기한을 정하지 않았다.

울브리히트는 행동을 원했다. 울브리히트는 자신이 단독으로 움직일 수 있으며, 서방은 대응하지 않으리라고 생각했다. 흐루쇼프는 중립적인 서베를린을 협상 목표로 삼았으나 울브리히트는 중립적인 서베를린을 창설하기를 원했다. 울브리히트는 미국의 무기력함을 보여줌으로써 베를린 시민들에게 겁을 주기로 결정했고, 심지어 소련의 고위 관리들이 모스크바 대회에서 베를린으로 돌아오기 전에 행동하는 쪽을 택했다.

그리하여 동독 경찰은 라이트너가 찰리 검문소를 통과하려고 할 때, 그를 멈춰 세우고 신분 확인 서류를 요구했다. 오랜 전에 내려진 방침에 따라 라이트너는 그의 미국 파견단 차량 번호판에서 알 수 있듯이 자신은 미국 점령 당국의 일원이라고 밝혔다. 라이트너는 신분증을 보여주기를 거부했고, 보통 때의 관례에 따라 소련 관리의 면담을 요구했다. 동독 경비병들은 그의 요구를 거부했다. 그것은 미국 관리를 잠깐 지체시켰다가 통과시킬 때 통상적으로 하던 방식이었다. 소련인들은 동독 경비병들에게 연합국 인사를 장시간 멈춰 세우는 권한을 부여하지 않았다.

하지만 그날 저녁, 울브리히트는 다른 지시를 내렸다. 동독 경비병들은 라이트너를 통과시키지 않았다. 클레이와 베를린의 미국 사령관인 앨버트 왓슨* 소장은 서베를린의 미군 작전 센터로 갔다. 클레이는 여차하

---

* Albert Watson Jr.(1909-1993). 미국의 장군. 1961-1963년 베를린 사령관, 1964-1965년 류큐 제도 미국 민정청 판무관으로 근무했다.

면 라이트너를 호위하여 통과시킬 준비를 갖춘 미군 1개 분대를 찰리 검문소로 보냈다.

소련인들은 위기, 특히 그들의 동맹국이 시작한 위기를 예상하지 않았다. 소련 정치 자문관은 심지어 모스크바에서 돌아오지도 않았고, 그래서 그의 부관이 서둘러 현장에 갔다. 부관은 미국 정치 자문관인 하워드 트리버스*(그도 방금 도착한 상태였다.)에게 라이트너의 행동과 미국 병사들에 대해 항의했다. 트리버스는 차량이 미군의 호위를 받으며 앞으로 나아간다면 동독인들이 어떻게 할 것인지를 물었다. 소련 관리는 다음과 같이 말했다. "그들은 그들 자신의 명령을 받았죠."

그러자 클레이는 미국 병사들에게 라이트너의 차를 호위해 검문소를 통과하게 하라고 명령했다. 동독인들은 물러섰고 차는 앞으로 나아갔다. 라이트너의 차는 주장을 명확히 하기 위해 몇 번 들락날락거렸다. 그날 저녁에 미국 차량 몇 대가 더 검문소를 통과했고, 이들은 제지 받지 않았다.[11] 소련 관리는 검문소의 한 미국 장교에게 사건은 '실수'였다고 말했다.[12]

울브리히트는 대결을 확대해 흐루쇼프에게 그에 대한 지지를 강요하기로 결정했다. 월요일 아침 독일민주공화국은 지금부터 연합국 군복 차림을 한 사람들을 제외한 모든 외국인들은 동독 경찰에 신분증을 제시해야 한다고 언명하는 법령을 공포했다. 독일사회주의통일당 신문인《노이에스 도이칠란트》는 미국의 행동이 심각한 '경계 도발'이라는 비난과 나란히 이 법령을 실었는데, 이는 아마도 사건 전에 미리 준비된 것 같았

---

* Howard Trivers(1910~1987). 미국의 직업 외교관. 베를린 봉쇄, 헝가리 봉기, 쿠바 미사일 위기 동안 미국 정책의 개발에 일조했다.

다. 흐루쇼프는 이제 한 쪽으로 비켜 서있다가는 자기 자신이나 동맹자들의 체면을 잃을 판이었다.

워싱턴은 클레이의 행동을 비판했다. 케네디 자신은 라이트너가 오페라를 보러 가기 위해 베를린에 보내진 것은 아니라고 이의를 제기했다. 그러나 클레이는 워싱턴에 자신이 동독 행동에 확고하게 대처할 작정이며, 동베를린을 완전히 울브리히트에게 넘겨주는 일이 없도록 미국 인사들이 동베를린에 나타나야 한다고 워싱턴에 타전했다. 클레이는 또 그런 사건들은 확고하게 대처하지 않으면 서베를린에서 심각한 결과를 낳을 수 있다는 10월 18일 자 자신의 메시지를 되풀이했다.

그런 후 클레이는 시험을 시도했다. 10월 25일 아침, 미국 파견단은 민간인 복장을 한 병사 두 명을 태운 차를 찰리 검문소로 보냈다. 예상대로 동독 경찰이 그들을 멈춰 세웠다. 트리버스가 다시 소련 장교에게 강력히 요구하기 위해 나타나자, 신임 소련 정치 자문관은 직접 검문소에 가서 동독 경비병들은 적절하게 행동하고 있으며, 미국 차량은 동독 규정을 따라야 한다고 트리버스에게 말했다. 흐루쇼프가 울브리히트를 지지하기로 결정한 것이다.

그러자 클레이는 검문소 가까이에 탱크 10대를 배치하고 좀 더 강력하게 무력 과시에 나섰다. 다시 한 번 미군 병사 1개 분대가 미국 차량이 들고나는 것을 호위했다. 소련 장교는 미국 탱크들을 보려고 서베를린으로 걸어 넘어갔다. 그런 다음 그는 트리버스에게 "우리도 탱크가 있습니다."라고 경고했다.

일부가 불도저 삽을 장착한 미국 탱크들이 등장하자 소련 군부는 깜짝 놀랐다. 그들은 탱크가 동베를린에 들어가려 한다면 동독인은 탱크를 제지할 권한이 없다는 것을 알았다. 찰리 검문소의 바로 북쪽에 소련 구역의 일부였던 베를린 '미테' 공관 지구는 브란덴부르크 문 쪽으로 폭이 겨우 20블록밖에 되지 않은 돌출부로서 북쪽과 남쪽으로 서베를린 부분이 위치한 작은 지역이었다. 탱크들은 불도저 삽으로 어떤 장애물도 옆으로 밀어제치면서 쉽게 이곳을 직선으로 관통할 수 있었다. 그리하여 탱크들은 독일사회주의통일당과 슈타지 본부뿐만 아니라 모든 주요한 동독 부처 건물들을 동베를린의 나머지 지역들로부터 차단할 것이었다. 소련인들은 직접 탱크들을 제지하든지 아니면 동독인들에게 제지할 권한을 부여해야 했다. 그리고 그들은 울브리히트에게 미국 탱크들에 정면으로 부딪치게 하는 것이 이미 폭발하고 있는 상황을 더욱 예측 불가능하게 만들 것임을 알았다.

클레이는 모스크바를 공공연하게 드러낼 기회를 잡았다. 이튿날 오후 클레이는 미국 차량 한 대를 또 시험에 들게 했다. 다시 한 번 동독 경찰이 차를 제지했다. 다시 한 번 미군이 차를 호위하여 검문소를 통과시켰고, 미국 탱크들이 검문소로 가까이 다가갔다. 하지만 이제 소련인들은 자기 자신의 대비책을 강구하기 시작했다. 코네프는 울브리히트에게 미국 탱크들을 제지하는 권한을 부여하기보다는 소련 탱크 10대를 검문소에서 몇 블록 떨어진 동베를린의 공터에 보냈다. 탱크 승무원들이 탱크가 동독 탱크임을 넌지시 드러내려고 그들의 계급장을 진흙으로 덮었음에도 불구하고, 그들의 포탑 무전을 감시하던 미국 병사들은 그들이 소련인이라는 것을 알았다. 긴장이 격화되면서 모여든 미국 기자들도 마찬가지였다.

클레이는 소련 탱크들의 도착을 환영했으나 이 탱크들을 더욱 공공연하게 드러내고 싶었다. 클레이는 시험을 되풀이했다. 다시 한 번 동독인들은 미국 차량을 제지했다. 다시 한 번 미군이 도보로 차를 호위해 검문소를 통과하게 해주었다. 그러나 이와 동시에 클레이는 또 탱크들을 검문소 바로 앞까지 데려다놓았다. 이에 대응하여 소련 탱크들도 공터를 덜커덩거리며 벗어나 검문소 앞으로 왔다. 미국 탱크보다 소련 탱크의 숫자가 더 많자 클레이는 추가로 더 많은 탱크를 검문소에 배치하라고 명령했다. 그리고 오후 늦게부터 저녁때까지 양측에서 전등이 환하게 켜져 있고 카메라 플래시가 펑펑 터지는 가운데, 서로 마주보고 있는 소련 탱크와 미국 탱크가 냉전의 가장 극적인 장면 중 하나를 연출했다.

클레이는 자신이 원하는 바를 했다. 클레이는 소련 탱크의 도착을 소련인들이 최종적으로 그들의 책무를 떠맡았고 동독인들이 아니라 그들이 동베를린에서 진정으로 책임이 있다는 사실을 보여준 증표로서 환영하는 보도자료를 즉각 내놓았다. 클레이는 코네프가 소련 탱크들을 보낸 것에 마음이 놓였다. 소련 탱크들은 울브리히트가 진짜 위기를 야기할 수도 있는 어떤 기회도 없애버렸다.

그러나 워싱턴과 파리, 런던은 간담이 서늘할 정도로 우려스런 보고를 들었다. 언론의 보도는 베를린에서는 느껴지지 않는 임박한 전쟁에 대한 우려를 전달했다. 맥밀런은 케네디에게 충격의 감정을 숨기지 못했다. 그리고 사태의 확대나 착오로 인한 전쟁의 가능성을 다시 걱정하는 케네디의 자문관들은 케네디에게 대결을 중지시키라고 촉구했다.

케네디는 베를린의 미국 작전 센터에 있던 클레이에게 전화를 걸었다. 클레이가 "안녕하세요. 대통령님"이라고 했을 때, 센터는 조용해졌다. 케네디는 상황이 어떠냐고 물었다. 클레이는 소련인들이 탱크에는 탱크라는 식으로 미국 탱크에 맞섰다고 케네디에게 말했다. 이것은 코네프가 미국인들이 동원할 수 있는 탱크보다 훨씬 많은 탱크를 쉽게 가져다 놓을 수도 있었지만 그렇지 않았기에 모스크바가 분쟁을 원하지 않는다는 사실을 보여주었다.

클레이는 소련의 탱크 배치를 소련인들이 울브리히트를 신뢰하지 않고 위험이 너무 높아지면 직접 책임을 떠맡기를 원하는 신호로 간주한다고 덧붙였다. 케네디는 클레이와 그의 동료들에게 겁먹지 말라고 격려했다. 클레이는 그와 작전 센터의 직원들이 겁을 먹지는 않았지만 워싱턴 사람들이 겁을 내지는 않았는지 궁금하다고 답변했다. 그즈음 클레이의 10월 18일자 전신문을 받고 장군이 무엇을 하고 있는지를 이해한 케네디는 "여기 많은 사람들이 겁을 내고 있는데, 전 그렇지 않아요."라고 대꾸했다.[13]

대결은 오래 지속되지 않았다. 이튿날 아침 10시 반쯤 소련 탱크들이 철수하기 시작했다. 클레이는 미국 탱크들도 물러서라고 지시했다. 소련 탱크들은 기가 막힌 솜씨로 처음에 약 10미터쯤 후퇴했다. 미국 탱크들도 그만큼 후퇴하는 것으로 대응했다. 몇 번 더 후퇴가 이어졌다. 30분 만에 모든 탱크가 검문소를 떠났다. 탱크들은 16시간 동안 서로 마주보고 대치했던 것이다.

클레이는 자신이 전신문에서 케네디에게 말했던 것을 미국 탱크들이 했고, 소련의 행동은 자신의 주장이 정당함을 보여주었다고 느꼈다. 클레이는 대결상태가 지속되기를 기대하거나 지속시킬 의도가 없었다. 그러나 클레이는 소련인들에게 울브리히트 뒤에 숨어 있기를 그만두고 그들의 책무를 직접 떠맡도록 하게 하려고 소련인들을 검문소로 끌어내기를 원했다. 소련인들은 울브리히트를 구하기 위해 위험을 무릅썼으나 또한 독일민주공화국에 심대한 수치도 안겨주면서 그렇게 했다.

찰리 검문소 대치 사건은 독일을 둘러싼 투쟁에서 결정적 순간 중의 하나로 밝혀졌다. 그것은 연합국, 특히 미국이 동독의 압박에 계속 굴복하지는 않을 것임을 보여줌으로써 베를린 시민들의 사기를 북돋웠다. 또 이 사건은 서방 점령국들과 대등한 입장에서 거래할 수 있는 주권국으로서 독일민주공화국의 이미지도 무너뜨렸다. 소련 탱크들은 울브리히트의 집무실에서 불과 몇 블록 떨어진 곳으로 그를 구하러 와야 했다.

흐루쇼프와 코네프는 이 사건을 환영할 수 없었을 것이다. 그들은 동베를린의 소련 점령지에 대한 울브리히트의 주권 요구를 증대시키기 위해 전쟁을 무릅쓰고 싶지는 않았다. 그들은 동독이라는 요정을 병 속에 다시 집어넣기를 원하는 클레이의 바람에 동의했다. 울브리히트가 독자적으로 어떤 행동을 할지를 파악한 흐루쇼프는 그 후 그를 더욱 엄격한 통제하에 두었다. 동독 측의 괴롭힘의 수준과 빈도는 완화되었고, 새로운 통제를 강제하려는 동독의 노력은 더는 없었다.

클레이는 이 사건이 연합국이 서베를린을 버리지 않을 것임을 보여주었으므로 성공했다고 간주했다. 그해 겨울과 이듬해 봄 내내 서베를린으로 다시 투자가 유입되었고, 사람들은 더 이상 떠나지 않았다. 이것은 도시에 매우 중요한 활력소가 되었으며, 서베를린이 직접 행동에 의해 중립화될 수 있다는 울브리히트의 희망에 종지부를 찍었다. 클레이는 또 이 대치 시위가 케네디에게 그의 자문관들이 자신을 무력하게 만들게 할 필요가 없다는 점을 보여주었기를 바랐다.

다른 한편 울브리히트는 적어도 한 가지 목표는 달성했다. 또 다른 대치를 피하기 위해 케네디는 미국 민간인 관리들이 공식 차량을 타고 동베를린에 더 이상 들어가지 말라고 명령했다. 그의 몇몇 자문관들은 미국이 공식 차량을 탈 때에도 민간인 직원들은 인민경찰에 신분증을 제시하게 한 영국의 절차를 따를 것을 주장했다. 클레이는 그렇게 하면 동독인들이 아우토반에서 연합국 교통을 통제하는 선례가 될 것을 우려했기 때문에 이것에 강력하게 반대했다. 케네디는 이번에도 클레이를 지지했다.

케네디는 1961년 11월까지 몇 가지 중요한 결론을 끌어냈음에 틀림없다. 케네디는 소련인들이 항상 전쟁 직전까지 사태를 확대시킬 것이기 때문에 미국은 어떤 대결도 회피해야 한다는 말을 되풀이하여 들었다. 그러나 서베를린이나 그 주위의 다른 곳에서처럼 찰리 검문소에서 정반대 현상이 일어났다. 실제로는 케네디가 두려워한 그런 착오를 피하기 위해 소련 탱크들이 현장에 왔다. 모스크바를 어떻게 상대해야 하는지에 대해 그 자신의 생각을 발전시키기 시작한 케네디는 훗날 자신에게 도움이 될 사태를 보았을 것이다.[14]

케네디는 클레이에게 직접 감사의 마음을 표시했다. 클레이가 11월 말에 상의차 워싱턴에 돌아왔을 때, 대통령은 한 쪽으로 그를 데려가 그가 한 일과 일 처리 방식에 대해 감사하다고 말했다. 국무차관 체스터 보울스*는 대통령의 축하를 전달하는 전신문을 클레이에게 보냈다.[15] 러스크는 아무 말도 하지 않았다.

그러나 케네디의 자문관들은 클레이가 허가를 받지 않고 부적절하게 행동했다고 소련 관리들을 안심시키면서 다음 몇 주를 보냈다. 맥밀런은 클레이가 지휘권을 잃었고 곧 해임될 것이라고 모스크바에 알려주기 위해 서베를린의 최고위 관리를 동베를린의 소련 대사관에 보냈다.[16]

흐루쇼프는 나중에 평화를 향한 조치로서 탱크 철수를 명령했다고 썼다. 앞으로 나아가는 것은 전쟁을 의미했을 것이다. 상황을 지켜보고 관리하기 위해 자신은 코네프, 말리놉스키와 항상 접촉을 유지했다고 흐

---

* Chester Bowles(1901-1986). 미국의 외교관이자 정치인. 1949-1951년 코네티컷 주 주지사, 1959-1961년 하원 의원, 1961년 국무차관, 1951-1953년, 1963-1969년 인도 주재 대사를 역임했다.

루쇼프는 적었다. 그는 울브리히트를 언급하지 않았다.[17]

그러나 울브리히트는 흐루쇼프에게 연합국에 맞서 훨씬 더 많은 조치를 요청하는 서한을 보냈다. 10월 30일자(찰리 검문소 대결 이후)이지만 아마도 그 전에 썼을 울브리히트의 서한은 베를린에서의 연합국의 위상에 '좀 더 강력한 압박'을 가할 것을 요구했다. 울브리히트는 4개국 베를린 항공안전센터를 대체하기 위해 독일민주공화국 항공관제안전센터의 시급한 완공을 원했으며, 연합국 항공기들이 독일민주공화국 안전센터에 비행계획을 등록하도록 강제하려고 소련 항공 관제관들에게 연합국 센터에서 나오라고 지시할 것을 흐루쇼프에게 요청했다. 그렇게 되면 비행기들이 쇠네펠트로 향할 것이다. 울브리히트는 소련이 아우토반을 오르락내리락하는 미국의 '특별 순찰대'를 즉시 해체하라고 주장하기를 원했다. 그는 또 모든 동독 법률이 자동적으로 동베를린에서 적용되기를 바랐다.[18]

돌이켜보면, 울브리히트의 제안은 시기선택과 내용에서 비논리적인 것처럼 보인다. 그것은 서방의 이익보다 소련의 이익에 훨씬 더 불리했다. 모스크바는 그 자신의 항공안전센터보다는 동독 항공안전센터로부터 더 잘 도움을 받지는 않았을 것이며, 동베를린에서 모스크바의 점령 권한은 여전히 중요한 자산이었다. 실제로 흐루쇼프가 답장을 했다 하더라도 어떻게 했는지 기록이 없다. 그래서 서한은 제22차 소련공산당 대회와 찰리 검문소를 둘러싼 울브리히트의 실망을 입증하는 데 주로 도움이 되었다. 그러나 서한은 또 울브리히트 자신의 약점도 보여주었다. 왜냐하면 울브리히트는 자신이 취하고자 한 조치들 중 일부가 자신에게 피해를 초래할 서독의 경제 제재를 자극할 수도 있다는 사실을 인정하면서 베를린의 상황이 동독 경제 계획의 완수를 위태롭게 하고 있다는 서신을

다시 썼기 때문이었다.[19]

찰리 검문소 대치 사건은 비록 구역 경계선에서 일어나기는 했으나 서베를린을 위한 전투의 결정적 단계에 도달하는 데 일조했다. 일부 서방 외교관들이 클레이를 비판했지만, 클레이는 실제로는 울브리히트와 아마도 흐루쇼프가 무력으로 확보하고 싶어 했을 결과를 두고 협상의 문을 계속 열어놓았었다.

찰리 검문소는 또 흐루쇼프에게 베를린에서 가능한 일의 한계도 보여주었다. 찰리 검문소는 흐루쇼프에게 다른 사람들이 미국과의 대결을 관리하기보다는 직접 관리하는 게 더 낫고, 베를린이 그런 대결의 가장 좋은 장소가 아닐 수도 있음을 보여주었다. 런던의 반응과 워싱턴의 반응도 다른 장소가 더 좋을 수 있다고 아마도 그를 설득했을 것이다.

케네디가 탐색하다

1961년 12월이 되자 서베를린의 정세는 안정을 찾기 시작했다. 최악의 상황은 끝났다. 그러나 케네디와 그의 자문관들은 베를린을 둘러싼 전쟁 가능성을 여전히 우려했다. 그들은 또 동맹국인 독일에 대해 여전히 깊은 의구심을 품고 있었다. 맥조지 번디는 콘라트 아데나워의 방문 전에 독일 내에서 '점증하는 민족주의와 군국주의'의 위험에 대해 케네디에게 경고했다. 번디는 케네디에게 미국 정부가 베를린에 대한 소련 위협을 끝내기 위해 큰 양보를 제시할 것이라고 아데나워에게 말하라고 촉구했다. 그러나 케네디는 아데나워 총리에게 주의를 환기시키고 싶지 않았다. 케네디는 아데나워나 드골에게 자신의 행동을 알리기 전에 먼저 자신이 계획했던 의사타진이 모스크바에서 어떤 결과를 가져오는지 기다려보기로 결정했다.

케네디와 맥밀런은 흐루쇼프와 합의에 이르기를 원했지만, 베를린에 관해 협상할 여지는 남겨놓지 않았었다. 케네디는 자신의 '세 가지 본질적 요소'에 대해 양보하고 싶지 않았고, 울브리히트는 그 외의 것을 이미 몽땅 가져간 상태였다. 케네디는 독일에 관한 양보 말고는 제공할 것이 없었다. 케네디와 맥밀런은 독일민주공화국과 오데르-나이세 선을 인정하는 방안에 대해 대화를 나눴다.

케네디는 독일에 관해 협상할 계획이라는 사실을 아데나워에게 알리고 싶지 않았다. 케네디는 총리에게 미국이 계속 협상을 추구할 것이라고만 말했고, 자신이 서베를린에 대한 접근뿐만 아니라 서베를린의 자유를 확고하게 지지하겠다고 확언했다. 케네디는 아데나워에게 드골로 하여금 외교 회담에 참여하도록 설득하는 데 그의 영향력을 발휘해 달라고 요청했다. 아데나워는 드골에 대해 어떤 약속도 하지 않았다. 그러나 런던과 워싱턴의 외교 계획에 관한 소문을 듣고서 아데나워는 회담이 베를린 자체에 국한되어야 하며, 독일 문제나 유럽 안보 문제를 포함해서는 안 된다고 케네디에게 경고했다.[20]

같은 시간 맥밀런은 서섹스 주에서 드골과 회담하면서 끈질긴 설득 작업을 수행했다. 프랑스 대통령은 베를린이나 독일에 관한 어떤 협상에도 참여하기를 단호히 거부했다. 드골은 연합국이 독일인들에게 배신감을 느끼게 할 어떤 행동도 피해야 한다고 말했다. 드골은 또 소련의 제안을 수용할 수 없는 것으로 묘사했다. 맥밀런은 케네디에게, 드골이 미국인들과 영국인들이 독일인들의 분노의 예봉과 정면으로 맞닥뜨리도록 내버려둔 채 오로지 프랑스가 독일의 좋은 친구라는 평판만 얻으려고 애쓴다며 불만을 털어놓았다.[21]

케네디와 맥밀런은 분단 독일과 분단 베를린의 현 상태를 인정하면 유럽이 안정될 것이라고 믿었다. 아데나워와 드골은 그렇게 하면 유럽이 불안정해질 것이라고 우려했다. 그들은 흐루쇼프와 특히 울브리히트가 현 상태의 인정을 추가적인 요구의 지렛대로 삼을 것이라고 생각했다.

연합국 사이의 이견과 독일과 미국 사이의 긴장을 잘 알고 있던 흐루쇼프는 아데나워와 별도의 협정을 맺기 위해 이 상황을 이용할 수 있는지 알아보려고 했다. 흐루쇼프는 독일 국민과 러시아 국민의 화해를 자신의 대외 정책에서 최고의 업무로 여길 것이라고 하면서, 본과의 관계를 개선하기를 원한다고 모스크바의 독일 대사에게 말했다. 1961년 12월 22일, 흐루쇼프는 베를린에 관한 독일-소련 회담을 요청했다. 그러나 아데나워는 흐루쇼프의 제의를 거절했다.[22] 아데나워는 여전히 러시아와 서방 사이에서 교묘히 왔다 갔다 하던 비스마르크의 외교 정책을 되풀이하고 싶지 않았다.

케네디는 자신이 동맹국의 등 뒤에서 위험한 시도를 하고 있음을 잘 알고 있었다. 그는 아데나워에게 편지로 약속했던 것들을 어기는 상황을 모면하려고 흐루쇼프에게 하고자 했던 제안을 '탐색'으로 묘사했다.[23]

탐색이든 아니든 미국의 제안은 지금까지 어떤 서방 지도자가 모스크바에 제안했던 것보다도 파격적인 것이었다. 케네디는 두 개의 대등한 독일 정부들 사이의 논의를 통해 독일이 통일되어야 한다는 소련의 요구를 받아들일 뿐만 아니라 오데르-나이세 선과 독일민주공화국을 인정하자고 제의했다. 케네디는 또 중부 유럽에 핵무장 금지 지대를 설정하는 문제를 협의하자는 제안도 했는데, 만약 이 제안이 실현되었다면 서독을 방어하는 미국 무기들이 제거되었을 것이다.

드골은 미국의 구상에 대해 소문을 들었고 그것을 중단시키려 했다.

1962년 1월 14일, 드골은 그 제안들이 "서독의 중립화를 가져올 수 있다."고 케네디에게 경고하는 서한을 썼다. 드골은 프랑스, 영국, 미국 사이에 정례적으로 정상회담을 열 것을 제의했다. 서독의 중립화가 미국의 지구적 열강으로서의 지위에 어떤 영향을 줄 것인지를 아마도 이해하지 못했을 케네디는 드골의 제안을 거부했다.[24]

1962년 2월, 흐루쇼프가 자신의 첫 '탐색'에 응답하지 않았던 사실에 실망한 케네디는 더 많은 탐색을 제안했다. 케네디는 소련 지도자에게 서한을 보내 미국이 서베를린에 대한 접근을 통제하는 데 있어 독일민주 공화국의 역할을 수용하겠다고 했는데, 이것은 처음으로 자신의 세 가지 '본질적 요소' 중 하나에 관해 협상을 제안한 것이었다. 케네디는 동수의 동서 구성국들로 이루어지고 스웨덴, 오스트리아, 스위스를 중립국으로 포함시키는 국제적 접근 기관에 대한 제안도 덧붙였다. 케네디는 이 기관이 "독일민주공화국의 주권을 존중할" 것이라고 말했다. 협상을 부드럽게 하려고 케네디는 나토와 바르샤바 협정 사이에 불가침조약을 맺자는 소련의 오랜 제안을 받아들였다.[25]

흐루쇼프가 이 제안마저 무시하자 케네디는 새로운 접근을 시도했다. 3월 초, 케네디는 동독과 서독이 함께 참여하는 기술위원회와, 핵무기 비확산에 관한 새로운 협정을 제안한 '원칙 증서'를 제의했다. 케네디는 러스크에게 그로미코에게 이 제안을 내놓되, "사전 협의 없이 제시되면 우리 동맹국들에게 충격을 줄 수 있기" 때문에 문서로 만들지는 말 것을 요청했다. 케네디가 소련인들에게 새로운 구상을 제시한 1962년 3월 25일, 국무차관보 포이 콜러는 미국의 제안이 소련의 핵심적인 입장들과 심지어 소련식 어법까지 수용한 것임을 굳이 지적하기까지 했다. 케네디는 또 합의를 이룰 수 있다면 자신이 '아주 기꺼이' 모스크바로 가겠다고

흐루쇼프에게 썼다.[26]

케네디는 흐루쇼프가 무엇을 선택하는지 보려고 한 가지 제안을 탁자 위에 올려놓은 후 연달아 또 다른 제안을 탁자에 올려놓는, 뷔페식 외교를 실행하고 있었다. 케네디는 또 1945년과 1960년 사이에 유럽과 대서양에서 일어난 모든 일을 무시하고 전후 독일에 대한 합의와 베를린 접근에 대한 협정을 처음부터 협상하기 시작하는 점령 외교를 실행하고 있었다.

케네디는 자신이 무시하기로 한 현실의 대부분을 만드는 데 일조한 아데나워에게 이것에 대해 조금도 이야기하지 않았다. 케네디는 심지어 미국이 서유럽의 어떤 나라에게, '특히 연방공화국'에게 어떤 특별한 군사적 지위를 부여하는 것도 찬성하지 않는다고 아데나워에게 쓰기까지 했다. 이 문장은 중부 유럽에 핵무장 금지 지대를 설정하자는 러스크의 제안에 관한 언론 보도를 읽었음이 분명한 총리를 깜짝 놀라게 했음에 틀림없다.[27] 케네디의 '탐색'은 왜 러스크가 서독에 주권을 부여했던 1954년 합의를 존중하지 않는다고 말했는지를 분명히 해주었다.

그러나 흐루쇼프, 그로미코, 울브리히트는 자신들의 역량을 과신했다. 흐루쇼프가 케네디의 탐색'을 받아들였더라면 소련은 15년 동안의 북대서양과 서유럽 외교를 무효로 만들 수 있었을 것이다. 소련은 유럽에서 훨씬 더 취약해진 미국의 전략적 기반을 마주했을 것이다. 서베를린은 울브리히트가 누가 여행할 수 있는지를 사실상 결정할 수 있었을 것이기 때문에 '중립적' 도시가 되었을 것이다. 그러나 울브리히트는 그의 주권을 존중할 국제적 접근 기관을 만들기 위한 제안조차 거부했다. 그는 단독 통제를 원했다. 울브리히트는 심지어 협상하기도 전에 연합국에게 베를린에서 철수하라고 주장했다.[28]

케네디와 그의 자문관들은 미국과 소련의 협상가들이 서로 딴소리를 하게 만든, 흐루쇼프의 복잡한 입장을 깨닫지 못했다. 흐루쇼프는 독일민주공화국이 인정을 받기를 원했지만 울브리히트가 진짜 권력을 갖기를 원하지 않았다. 케네디는 울브리히트에게 양자를 모두 주었을 것이고, 시간이 흐르면서 엘베 강을 따라 명확히 독일을 분할시켰을 방안을 계속 제안했다. 그러나 케네디의 양보는 흐루쇼프가 원한 것보다 더 울브리히트에게 도움이 되었다. 흐루쇼프는 자신의 점령 권한을 높이 평가했고, 적어도 케네디가 아데나워를 불신하는 것만큼 울브리히트를 불신했다. 흐루쇼프와 울브리히트는 둘 다 미국이 베를린에서 나가기를 원했으나, 흐루쇼프는 울브리히트가 케네디가 그에게 부여할 준비가 되어 있는 만큼의 권력을 갖기를 원하지 않았다. 흐루쇼프는 직접 통제력을 발휘하고 싶었다. 케네디는 울브리히트는 자만심에 넘친 나머지 퇴짜를 놓았지만 엉뚱하게도 흐루쇼프에게 타격을 가할 수 있는 양보를 제안했던 것이다.

이유가 무엇이었던 흐루쇼프는, 자신이 1961년 초에 보여주었던 것과 같은, 케네디에 대한 경멸로 대응했다. 흐루쇼프는 응답하지 않거나, 응답할 때는 더 많은 것을 요구했다. 흐루쇼프는 케네디에게 그의 '본질적 요소' 중 한 가지, 어쩌면 두 가지를 즉각 포기할 것을 요구하면서, 서베를린으로부터의 미군 철수를 포함할 경우에만 국제적 접근 기관을 받아들일 것이라고 썼다. 유일한 논리적 설명은 흐루쇼프가 매우 심하게 케네디에게 창피를 주어서 유럽에서 미국의 위상을 훼손하고 아데나워로 하여금 결국 모스크바에 의지하도록 강제할 수 있기를 원했다는 것이다.

그리하여 흐루쇼프는 협상 대신 더 많은 압박을 가했다. 흐루쇼프 압박을 강화한 곳은 연합국의 공중 회랑이었다. 흐루쇼프가 이곳을 선택한 것은 아마도 가장 민감한 무대였겠지만 울브리히트가 아니라 자신이 직접 통제했기 때문이었을 것이다. 1962년 2월 7일부터 베를린 항공안전센터의 소련 관제관들은 공중 회랑에서 가장 빈번하게 이용되는 고도를 소련 항공기들의 몫으로 할당하기 시작했다.[29] 이 전술은 연합국 항공기가 이 고도를 이용하는 것을 막고 베를린 행 항공 교통을 심하게 방해할 가능성이 높은 것이었다.

소련인들은 계속해서 또 다른 시도로 항공 교통을 괴롭혔다. 그들은 연합국 항공기들의 안전 보장을 거부하는 한편 사고 발생시 파멸적인 보험 청구액을 각오하도록 만들었다. 그들은 레이더와 무선신호를 교란하고 연합국 항공기들이 공중 회랑에서 정해진 항로를 이탈하거나 충돌사고를 일으킬 위험성을 높이기 위해 정기적으로 회랑에 금속 파편들을 떨어뜨렸다.

그러나 연합국은 공중 회랑을 포기할 여유가 없었다. 항공기 비행은 그들이 내줄 수 없는 것이었다. 연합국은 소련이 방해하고자 한 고도로 계속 비행했다. 클레이 장군 자신이 소련 항공기에 배당하기로 지정된 회랑 중 하나를 이용해 브레멘에서 열린 행사에 참여했다. 소련 항공기가 그가 탄 비행기 옆으로 씽하고 귓전을 울리며 지나갔지만, 그의 비행기는 경로를 유지했다. 베를린 시민들은 소련의 '지정'과 위협을 또 다른 형태의 크렘린의 궤변으로 취급하면서, 모든 것이 정상적인 것처럼 회랑을 통해 비행했다. 그들은 자신들이 엄포에 떨지 않을 것임을 보여줄 기회를 즐겼다. 흐루쇼프는 연합국 항공기를 감히 격추할 수 없었기 때문에 비행 방해를 중단해야 했다.

4월까지 케네디는 공중 회랑과 베를린 전반에 대해 점점 더 우려하게 되었다. 케네디는 '탐색'에서 실제 협상으로 나아가기로 결정했다. 하지만 그렇게 하려면 모든 관련 당사자들, 특히 아데나워와 상의하거나, 적어도 그들에게 알려주어야 했다. 그러므로 4월 11일, 케네디는 '원칙 증서'를 그레베 대사에게 주어서 24시간 내에 아데나워의 승인을 얻으라고 말하기로 결정했다. 그레베가 최후통첩 같다고 항의하자 백악관은 최종 기한을 48시간으로 늘려주었다.

아데나워는 제안된 협상 조건뿐만 아니라 최후통첩에 격하게 반응했다. 아데나워는 케네디가 1950년대의 독일 중립에 대한 요구를 비롯하여 소련의 모든 요구를 사실상 선제적으로 받아들였다고 생각했다. 대통령은 모스크바가 중립의 대가로 종종 제안하곤 했던 독일 통일을 요구조차 하지 않았다. 아데나워는 케네디의 제안을 기반으로 합의를 하게 되면 서독 정부와 나토가 무너질 것이라고 믿었다.

아데나워 총리는 케네디가 그들의 11월 합의를 저버렸다고 느꼈다. 총리는 4월 14일 자신은 미국의 제안들에 강력하게 반대한다고 대통령에게 알렸다. 아데나워는 이 제안들이 미국이 여전히 점령 권한을 갖고 있는 베를린뿐만 아니라 워싱턴이 더 이상 협상 권한이 없는 독일 자체까지 다루고 있다는 점에 주의했다. 아데나워는 미국의 제안들이 워싱턴 정부가 지금까지 제기했던 어떠한 양보도 넘어서는 것이며, 자신은 그 제안을 함께 하거나 지지하지 않을 것이라고 비난했다.

아데나워는 미국이 주권을 가진 동맹국의 안보에 중요한 문제들에 관해 뭔가를 할 때는 이 국가를 무시해서는 안 된다고 주장했다. 아데나워는 케네디가 보상으로 어떤 것도 요구하지 않고 연이어 양보를 제안했다는 데 주의하고, 일시적으로 '탐색'을 중지할 것을 요청했다. 케네디와 아데나워는 완전한 교착상태에 빠졌다.

며칠 내에 이 교착상태는 신뢰의 위기로 발전했다. 미국의 '원칙 증서'가 독일 언론과《뉴욕 타임스》에 등장했다. 격분한 케네디와 러스크는 미국 협상가들을 약화시키려고 증서를 유출했다고 아데나워를 비난했다. 아데나워는 이 비난을 단호히 부인했다.

아데나워가 증서를 유출했든 안 했든, 케네디의 제의가 일반인들에게 공개된 일은 총리의 목적에 도움이 되었다. 독일민주공화국을 인정하고 미국의 권한을 중립적인 국제적 접근 기관으로 넘기자는 제안은 미국과 나토, 베를린에서 너무 큰 소란을 일으켜서 케네디는 그 제안을 철회해야만 했다. 많은 논평가들은 소련이 비행을 방해하고 있는 와중에 타협안을 제시한다는 생각 자체가 문제라고 비판했다. 베를린 시민들은 히틀러에게 저항하지 않았다고 독일인들을 비난한 바로 그 미국인들이 이제 자신들이 또 다른 독재자에게 머리를 숙일 것을 요구한다고 불만을 토로했다.

대낮의 밝은 불빛 속에서 인쇄물을 차분히 읽어보면, 케네디의 외교는 케네디가 떠올리기를 원했던 아서왕과 카멜롯의 기사들의 정신보다는 1938년에 네빌 체임벌린*이 구사한 대(對)히틀러 유화 정책을 더 닮아 보였다. '원칙 증서'는 언론에 보도되고 공개적인 정밀 검토를 받자마자 더 이상 가능하지 않게 되었다. 5월 16일, 케네디는 아데나워에게 편지를 보내 11월에 그들이 있던 곳으로 관계를 되돌리자고 제안했다. 자신의 주장을 관철시키고 협상을 무산시켰던 아데나워는 이에 동의했다.

공중 회랑에서의 비행 방해와 '탐색'이 끝나자 클레이는 베를린을 떠

---

* Neville Chamberlain(1869-1940). 영국의 정치가, 외교관. 41대 영국 총리를 지냈다. 1931년 맥도널드 내각의 재무장관에 올라 경제 위기를 극복하는 데 성공했다. 1937년 총리가 되자 독일에 유화 정책을 써서 전쟁을 막고자 했으며, 이듬해 뮌헨 회담에서 아돌프 히틀러의 요구를 받아들였다. 그러나 유화 정책이 실패하고 1939년 제2차 세계대전이 일어나자 외교 실패의 책임을 지고 이듬해 총리직에서 물러났다.

났다. 클레이는 케네디가 자신에게 부탁한 바를 다했다고 느꼈기 때문에 이미 1962년 2월경에는 자신의 유용성에 대해 의문을 품기 시작했다. 클레이는 베를린 시민들의 신뢰를 회복하는 데 도움을 주었고, 흐루쇼프로 하여금 울브리히트를 통제해야 한다는 것을 깨닫게 했다.

그런 뒤 클레이는 케네디에게 떠나기를 요청하는 내용의 편지를 직접 손으로 써 우체국을 통해 보냈다. 편지가 관료들을 통해 전달되는 것을 원하지 않았기 때문이었다. 케네디는 테일러 장군을 보내 클레이에게 공중 회랑에서의 방해가 종결되고 협상이 성공하거나 명백히 헛수고로 밝혀질 때까지 머물러 줄 것을 요청했다. 클레이는 이에 동의했다.

클레이는 '탐색'에 대해 자신이 알 수 있게 된 내용이 마음에 들지 않았고, 자신과 상의를 했어야 했다고 느꼈다. 클레이는 흐루쇼프가 케네디가 제의한 것보다 더 많은 것을 요구할 것이라고 예상했지만, 맥밀런을 포함한 많은 사람들이 케네디에게 가하고 있는 압박을 알았다. 클레이는 자신이 위험하다고 여기는 합의를 옹호하든지 혹은 합의를 비난하며 베를린에서 극심한 공포를 불러일으키든지 둘 중 하나를 택해야만 하는 상황을 우려했다.[30] 일단 항공 분쟁이 일단락되자 클레이는 더는 남아 있을 이유를 보지 못했다. 비슷한 시기에 베를린을 떠난 코네프도 마찬가지인 것 같았다.

자신의 마지막 공식 행동으로서 클레이는 브란트의 요청으로 메이데이 집회에서 75만 명의 베를린 시민들에게 연설했다. 그는 할 일을 다했기 때문에 다음날 떠날 것이라고 시민들에게 말했으나, 베를린이 다시 자신을 필요로 하게 되면 돌아오겠노라고 약속했다.

'탐색'과 그 내용이 신용을 잃으면서 연합국은 같은 조건으로 외교를 절대 재개하지 않았다. 흐루쇼프, 그로미코, 울브리히트는 유리한 베를린 협상을 체결할 주요한 기회를 잃어버렸다. 그들이 그렇게 한 것은 훨씬 더 크고 빠른 승리를 바랐기 때문임이 몇 달도 안돼 분명해졌다.

흐루쇼프의 목표가 쿠바로 옮겨가다

1962년 봄 흐루쇼프는 베를린에 대한 압박을 완화했는데, 그것은 그 자신이나 울브리히트가 베를린을 통제하려는 목적을 포기했기 때문이 아니라 소련 지도자가 대결의 무대를 멀리 떨어진 새로운 곳으로 옮기기로 결정했기 때문이었다. 흐루쇼프는 사태의 확대를 원한다면 좀 더 우월한 위치에 도달할 때까지 기다려야 했다.

억지로 꾸며진 여름의 평온함 속에서 베를린은 베를린 시민들의 눈에 거의 장벽 그 자체만큼이나 미국의 명예에 먹칠을 한 인간 비극을 겪었다. 8월 17일, 페터 페히터*라는 한 젊은 동독인이 찰리 검문소 동쪽으로 약 100미터 지점에서 장벽을 기어오르려 했다. 페히터가 장벽을 오르자 동독 경비들은 거듭 그에게 총을 쏘았다. 페히터는 심한 부상을 입고 동베를린 영토로 떨어졌는데, 몇몇 서베를린 아파트 건물에서 이 광경을 보았고 검문소의 미국 경비병들이 소리를 들을 수 있었다. 페히터는 일어서지 못했고 땅바닥에 쓰러져 도와 달라고 외쳤다.

페히터가 쓰러져 피를 흘리고 있을 때 미군 앰뷸런스가 응급처치를 위해 검문소에서 동베를린으로 들어가는 것은 어려운 문제가 아니었을 것이다. 점령 규정에 따라 그들은 그렇게 할 수 있었다. 그러나 미군 사령

---

* Peter Fechter(1944-1962). 독일의 벽돌공. 베를린 장벽에서 죽은 27번째 사람으로 알려져 있다. 1962년 8월, 베를린 장벽을 넘어 서베를린으로 탈출하다 동독 경비병의 총격으로 숨졌다.

관 왓슨은 사태의 확대를 우려하여 상부 본부에 지시를 요청했고, 페히터를 도울 앰뷸런스는 출동하지 않았다. 인민경찰이 그를 도와주기를 거부한 가운데 약 두 시간 후 페히터는 과다 출혈로 사망했다.

젊은이의 죽음은 서베를린과 서독 전역을 충격 속으로 몰아넣었다. 많은 사람들이 페히터의 죽음을 서방 세계가 그 자신과 자신의 품위를 침몰시킨 도덕적 늪의 상징으로 보았다. 페히터의 생명을 구할 수도 있었을 사람들을 마비시킨 두려움은 많은 베를린 시민들과 미국인들에게 장벽 못지않게 비인도적인 행위의 징표가 되었다.

분노하고 실망한 젊은 베를린 시민들은 미국 차량과 소련 차량 모두에 돌을 던지기 시작했다. 그들은 특히 브란덴부르크 문 서쪽으로 몇 백 미터 떨어진 티어가르텐의 붉은 군대 전쟁 기념관으로 소련 경비병들을 실어 나른 버스들을 겨냥했다. 소련인들은 경비병들을 장갑 병력 수송 차량에 태워 서베를린으로 실어나르는 것으로 이에 대응했는데, 이것은 수년 동안 점령자들이 요청 없이는 서로의 구역으로 전투 차량을 보내지 못하게 한 불문율을 깨뜨린 것이었다. 서방 사령관들은 소련 사령관에 항의했으나 장갑 차량을 제지하지는 않았다. 뉴욕에 살지만 베를린의 행동 규범을 잘 알던 클레이는 연합국이 구역 경계에서 장갑 차량을 즉각 멈춰 세워야 한다고 케네디에게 충고했으나, 대통령은 행동하지 않았다.

넌더리가 난 클레이는 자신의 속마음을 자유롭게 말하기를 원하므로 더는 공직자 신분을 보유하지 않겠다고 아데나워와 브란트뿐만 아니라 테일러 장군에게도 알렸다. 클레이는 또 케네디가 행동에 나서지 않으면 위신과 존중을 상실할 것이며, 이것은 "더욱 큰 위험을 내포한 새로운 결단에 의해서만 회복될 수 있을 것"이었다.[31]

위기는 발생하자마자 며칠 내에 곧 끝났다. 소련인들은 이전에 항공 교통 방해를 중단했듯이 장갑 차량을 서베를린에 보내는 일을 그만두었고, 경비병들을 버스로 기념관에 실어 나르는 일을 재개했다. 그들은 또 소련 사령관직을 폐지하여 더는 베를린 점령 체제에 집착하지 않는다는 것을 보여주었다.[32]

소련인들은 베를린 합의를 다시 한 번 협상하려고 외무차관들로 특별위원회를 구성하자는 서방의 제안을 거부하면서 외교적 교류도 중단했다. 그들은 확고하게 정해진 입장을 되풀이하는 것은 의미가 없을 것 같다고 말했는데, 이 언급을 듣고 오랫동안 소련 외교관들을 상대해왔던 사람들은 틀림없이 깜짝 놀랐거나 어쩌면 즐거워했을 것이다.

그 대신 소련 관리들은 봄에 진행된 논의로 대부분의 문제들이 해결되었음을 믿는다고 서방 외교관들에게 말하기 시작했다. 소련 관리들은 케네디가 '탐색'에서 제안했던 양보를 받아들이기로 결정했다고 말했지만, 여전히 그 대가로 아무것도 제공하지 않았다. 그들은 연합국 정부들에게 오직 서베를린 주둔 부대들의 국적만이 여전히 해결될 문제로 남아 있고, 이 부대들은 연합군보다는 유엔군이어야 한다고 말했다.

소련 관리들은 미국 의회 선거 후인 11월까지는 베를린 문제를 해결하기를 원하지 않는다고 덧붙였다. 그동안 그들은 케네디가 선거운동에 집중할 수 있게 해줄 것이라고 인심 쓰듯이 말했다. 백악관 자문 변호사인 시어도어 소렌슨*은 공화당을 도와주고 싶지 않다면 선거 전에는 자제해 줄 것을 도브리닌을 통해 흐루쇼프에게 요청했다.[33] 흐루쇼프는 자신이 케네디의 요구를 들어주고 있다고 말할 수 있었다.

---

* Theodore Sorensen(1928-2010). 미국의 법률가. 1961-1964년 케네디 대통령의 자문관이자 연설 비서관으로 일했다.

    흐루쇼프는 모스크바에서 "당신네 대통령을 존중해서" 11월까지는 베를린 문제를 동결시키겠다고 미국 내무장관 스튜어트 유달*에게 말했다. 그러나 흐루쇼프는 미군의 베를린 잔류를 허용하지 않을 것이며, 소련은 케네디에게 반드시 문제를 해결하게 할 것이라고 경고했다. "우리는 케네디 대통령을 반드시 이 문제를 해결할 수밖에 없는 상황에 처하게 만들 것입니다." 흐루쇼프는 또 "오늘날의 전쟁은 파리도 프랑스도 완전히 사라진다는 것을 의미"하니 아데나워뿐 아니라 드골도 "빠른 시간 안에 이 사실을 알아야" 할 것이라고 경고했다.[34]

    그로미코는 1962년 10월 18일 그가 쿠바에 소련의 공격무기가 배치되어 있음을 부인함으로써 악명을 얻게 될 회담에서 케네디를 만났을 때 베를린에 집중했다. 확고하고 단호한 언어로 그로미코는 서베를린이 "뽑아야 할 썩은 이빨"이라고 경고하면서 서방 군대가 떠나야 할 것이라고 강력하게 덧붙였지만, 케네디에게 베를린에 관한 어떤 양보도 제시하지 않았다.

    그로미코는 유엔이 서베를린 자유도시에서 일정 역할을 맡는 것을 제안했다. 그는 또 흐루쇼프가 11월에 유엔에 올 것이라고 케네디에게 말했고, 그때 베를린 문제를 해결하기 위해 대통령을 만나기를 희망했다. 미국 선거가 끝나면 곧 베를린 문제가 해결될 것이라고 확신하는 것 같았던 그로미코는 베를린에 서방 군대가 주둔하는 것이 미국의 입장과 소련의 입장 사이에 남아 있는 유일한 차이라고 말했다. 케네디는 자신은 흐루쇼프를 기꺼이 만나겠지만 다른 국가들도 베를린에 관련이 있다

---

* Stuart Udall(1920-2010). 미국의 정치가. 1955-1961년 미국 하원 의원, 1961-1969년 내무 장관을 지냈다.

고 응수했다.[35]

　흐루쇼프와 그로미코의 의향을 보여주는 다른 증거가 나타나기 시작했다. 5월에 미국 정보기관 관리들은 소련인들이 평소에 비해 위장 시도도 줄인 채 독일민주공화국을 가로질러 동쪽에서 서쪽으로 긴 파이프라인들을 부설하기 시작했음을 파악했다. 연료 운반용인 이러한 파이프라인들은 보통은 소련군의 대규모 기동훈련과 전개에 앞서 설치되었다. 그런데 이번에는 파이프라인이 동독과 서독의 국경에 접해 있는 두 개의 고도로 전략적인 지점, 즉 라인 강의 영국군 주둔지 맞은편에 있는 마그데부르크 시와, 미 제7군 맞은편에 있는 풀다 가프 근처에서 끝났다. 베를린의 어느 미국 정보기관 관리는 "저들의 목적이 자신들이 당장이라도 선을 훌쩍 뛰어넘을 준비가 되어 있음을 과시하려는 것이라면, 바로 저렇게 하지 않을까 싶다."라고 말했다. 10월 첫 주까지 이 지역들로 대대적인 소련 군 전개가 시작되었다. 붉은군대는 명백히 11월까지 서독 국경을 따라 확실히 눈에 띄게 병력을 집결시킬 계획이었다.

　봄과 여름 동안 파이프라인을 부설하고 소련이 언행을 자제해온 목적은 케네디가 소련이 쿠바에 공격 미사일을 배치하고 있는 중임을 공개적으로 밝히고, 흐루쇼프에게 그 미사일들을 제거할 것을 요구했던 10월 22일에 분명하게 드러났다. 흐루쇼프는 대결 장소를 유럽에서 미국 영토를 직접 위협할 수 있는 지점으로 옮김으로써 베를린 위기를 해결할 수 있다고 판단한 것 같았다.

　1962년 봄까지 흐루쇼프는 베를린과 관련해 깊은 좌절감을 느꼈음에 틀림없다. 클레이는 바로 베를린에서 직접 행동을 함으로써 울브리히트가 승리하는 것을 막았다. 그리고 아데나워는 케네디가 베를린에서의 미군 철수를 제안하기 전에 케네디의 '탐색'을 저지했다. 이 미군 철수는 서베를린을 '중립' 도시로 만드는 데 가장 중요한 부분이었다.

4월 말까지 흐루쇼프는 또한 자신이 베를린 공중 회랑에서 연합국과 민간 항공기를 격추시키지 않고서는 비행을 중지시킬 수 없다는 것도 깨달았음에 틀림없다. 그리고 흐루쇼프는 울브리히트에게 그를 신뢰하는 것보다 더 많은 권력을 부여하지 않고서는 독일민주공화국으로 하여금 육로에서 연합국 교통을 통제하게 할 수도 없고 아마도 저지하게 할 수도 없었을 것이다. 이 모든 조치는 미국의 전략적 우위를 고려할 때 매우 위험할 수 있었다. 베를린에서 진정한 지렛대를 확보하기 위해서 흐루쇼프는 전략적 균형을 자신에게 유리하도록 신속하고 단호하게 변화시킬 필요가 있었다.

흐루쇼프는 쿠바에 기지를 둔 미사일을 이용해 미국의 전략적 우위를 상쇄할 수 있었다. 그리고 서독 국경에 집결한 소련군은 독일군뿐만 아니라 영국군과 미군에도 매우 즉각적인 위협을 더할 것이었다.

쿠바 미사일 위기에 관한 문헌들이 일반적으로 섬 자체에 초점을 맞추고, 대부분의 필자들이 쿠바를 보호하기 위해 미사일을 배치했다는 흐루쇼프의 주장을 인정하고 있지만, 소련이 쿠바에 미사일을 전개한 것은 베를린의 맥락에서 바라보면 좀 더 논리적으로 타당하게 된다.

케네디와 마찬가지로 흐루쇼프 역시 쿠바에 배치된 미사일들이 워싱턴까지 도달할 수 있다는 사실을 알고 있었다. 미국이 방어망을 갖추지 못한 이 미사일들은 어떤 대통령도 미국의 미사일을 쏘거나 폭격기를 출격시키기 전에 머뭇거리게 만들었을 것이다. 미사일들은 또한 어떤 대통령도 베를린을 둘러싸고 대결을 자극하기 전에 다시 생각하게 만들었을 것이다. 1963년 1월 독일사회주의통일당 대회에서 흐루쇼프는 이 미사일 때문에 미국 지도자들은 "객관적 현실을 좀 더 냉엄하게 평가할" 수밖에 없을 것이라고 직접 말했다.

러스크 또한 베를린과 쿠바가 서로 연결되어 있다는 것을 알았다. 국무부는 10월 24일 미국 정부는 소련 미사일이 "아마도 기본적으로 베를린에 관한 최후의 결전에 맞춰져" 있고, 시기도 미사일 배치를 완료해 발사 태세를 갖추는 바로 그때 흐루쇼프가 뉴욕의 유엔에 도착하도록 조정된 것으로 믿는다고 몇몇 주요 미국 대사관들에 타전했다.[37] 케네디는 쿠바 위기 동안 "흐루쇼프의 주된 의도는 베를린에서 그의 기회를 늘리는 데 있을" 거라고 맥밀런에게 직접 알려주었다.[38] 그리고 러스크는 흐루쇼프가 미사일을 배치하는 주된 목적이 "서베를린에서 점령 체제를 청산하는 것"이었다고 나중에 말했다.[39]

쿠바 위기 동안 케네디의 국가안보회의집행위원회(National Security Council Executive Committee, Ex Comm)에서 많은 사람들은 흐루쇼프가 쿠바 대결에서 베를린을 인질로 잡을 수 있는 위험이 있다는 데 초점을 맞추어 발언했다. 몇몇 국가안보회의집행위원회 위원들은 흐루쇼프가 베를린에서 미국의 쿠바 봉쇄에 보복할지도 모른다는 우려를 표명했다. 누구나 이 상황에서 유사점들을 볼 수 있었다. 이론적으로는 소련과 미국 모두 상대방이 노출된 위치로 접근하는 것을 차단할 수 있었다. 미국은 이 점을 경계했다.[40]

그러나 베를린 역시 뭔가 책무를 부과했다. 케네디는 베를린에 대한 자신의 노력이 신뢰를 받으려면 쿠바의 소련 미사일에 대해 확고한 행동을 취해야 했다. 만약 케네디가 쿠바에 관해 양보한다면 흐루쇼프는 베를린에서 공세를 취할 것이다. 흐루쇼프는 케네디로 하여금 쿠바에 관해서 후퇴하게 만들면 베를린에 관해서도 후퇴하리라고 기대할 수 있다. 그리고 베를린에 대한 소련의 군사적 공세는 전면전을 촉발시킬 것이다.

몇몇 국가안보회의집행위원회 위원들은 케네디가 베를린에서 신뢰를 유지하려면 쿠바에 대해 강경하게 행동해야 한다고 말했다.

일부 국가안보회의집행위원회 위원들은 몇 가지 어려운 문제들이 제기될 것이라고 인식했음에도 불구하고, 베를린이나 그곳에 주둔한 미군들 중 하나와 쿠바의 미사일 혹은 다른 용도의 미사일을 놓고 거래를 할 수 있을지 깊이 생각한 듯하다. 맥조지 번디는 "우리가 베를린을 내주고, 그리고 그것을 우리의 실책이라고 할 수 없다면…"이라고 발언했다.[42] 그러나 케네디는 미국이 베를린을 상실한 것에 대한 책임을 피할 수 없을 것이라고 말했다.[43]

쿠바를 방어하는 것만이 목적이었다면 흐루쇼프는 소련군과 대공 미사일을 보낼 수도 있었다. 워싱턴을 겨냥한 탄도 미사일은 방어 목적에 도움이 되지 않는다. 그 대신 뒷날 도브리닌이 썼듯이, 흐루쇼프는 베를린에 관해 자신에게 도움이 되는 방식으로 지구적 힘의 균형을 변화시키기를 원했다. 그러나 흐루쇼프를 포함한 어떤 소련 관리들도 이것을 피델 카스트로*와 다른 쿠바 관리들에게 절대 밝히지 않았다.[44]

쿠바 미사일 위기에 관해 최근에 발간된 소련 문서들은 미코얀이 카스트로에게 미사일을 철수한 흐루쇼프의 결정을 받아들이도록 애쓰고 있는, 위기 이후 카스트로와 미코얀 사이에 진행된 회담을 기록하고 있다. 심지어 이 대화에서조차 미코얀은 미사일 배치에 관한 솔직한 설명

---

* Fidel Castro(1926-2016). 쿠바의 혁명가이자 정치가. 1953년 7월 바티스타 독재정권을 무너뜨리기 위해 쿠바의 몬카다 병영을 습격했다. 습격작전이 실패하면서 투옥되었지만 석방된 뒤 1956년 말 다시 쿠바를 침공하여 1959년 1월 마침내 바티스타정권을 타도하고 혁명을 성공시켰다. 그해 2월 총리에 취임하여 1976년까지 재임했으며, 1976년부터는 국가평의회 의장을 지내다가 2008년 2월에 동생 라울 카스트로에게 의장직을 승계하고 2선으로 물러났다.

을 원하는 카스트로의 고뇌에 찬 요구에 결코 즉답하지 않았다.[45] 그러나 이 쿠바 지도자는 흐루쇼프가 이전에 자신에게 미사일이 "국제적 규모에서 사회주의를 강화시킬" 것이라고 언급한 적이 있었다고 프랑스 통신원 클로드 줄리앙*에게 직접 말했다.[46]

빈에서 흐루쇼프는 케네디가 직접 대결의 틀 밖에서는 강경하게 대응하더라도 직접 대결에서는 겁을 먹을 수 있다는 인상을 받았던 것 같다. 흐루쇼프는 또 케네디의 '탐색'을 케네디가 베를린과 관련해 압력을 받으면 양보를 할 수도 있다는 증거로 해석했을 것이다. 베를린에서 진전을 볼 수 없었던 흐루쇼프는 베를린에서 미군을 나가게 하는 유일한 방법은 케네디에게 가장 직접적인 압박을 가하는 것뿐이라고 판단했을 것이다. 쿠바의 미사일은 그 대답이었다. 흐루쇼프가 유달에게 케네디를 베를린 문제를 "해결할 수밖에 없는 상황에" 처하게 만들 것이라고 말했을 때, 그는 미사일에 대한 자신의 계획과 목적을 염두에 두었음에 틀림없다.

흐루쇼프는 또 아데나워와 드골에게도 더 압박을 가해야 할 것이라는 점도 깨달았다. 동독을 가로질러 건설 중인 파이프라인들은 국경에서 처음 군대를 배치할 때와 마찬가지로 흐루쇼프의 의도가 무엇인지를 보여주는 실마리를 제공한다. 소련 지도자는 케네디와 맥밀런이 내놓기를 원하는 양보에 아데나워가 반대하는 것을 알았다. 그러나 대규모 소련군이 그의 국경에 있고 쿠바에 소련 미사일이 배치된다면 당연히 아데나워가 더 협조적인 태도를 취하는 것도 무리가 아니었다. 아데나워는 타협

---

* Claude Julien(1925~2005). 프랑스의 미국 전문 기자. 1951년부터 《르몽드》에서 일하기 시작했고 1973년에는 《르몽드 디플로마티크》의 편집장이 되었다.

에 찬성하기로 결정했을 것이다. 흐루쇼프가 유달에게 한 발언을 액면 그대로 받아들인다면, 흐루쇼프는 프랑스도 위협하기를 원했다. 드골은 아직 프랑스의 핵전력을 개발하기 전이었다.

그로미코 자신이 한 가지 중요한 증거를 제공하고 있다. 워싱턴에서 케네디를 만난 뒤 귀국길에 동베를린에 들른 그로미코는 매우 단호하게 미국에게 베를린을 떠나라고 요구하는 연설을 했다. 명백히 그는 케네디가 쿠바에서 소련 미사일의 압박을 받고 양보를 하리라고 기대하고 있었다. 40시간 전쯤 대통령이 쿠바에 미사일이 설치되고 있다고 밝혔음에도 불구하고, 그로미코는 아직 모스크바로 돌아가기 전이었고, 후퇴할 사람은 흐루쇼프일 것임을 아직 깨닫지 못했거나 아직 듣지 못했다. 그로미코는 그러한 비타협적 어조로 미국의 후퇴를 요구한 마지막 소련 관리가 되었다.[47]

동독에서 파이프라인을 건설한 시점은 흐루쇼프와 소련 군부가 1962년 봄에 전략적 준비를 개시했음을 가리킨다. 이 결정은 1962년 4월 22일과 25일 사이에 열린 소련공산당 간부회 회의에서 내려져 5월 5일 모스크바에서 쿠바 대사를 접견하는 자리에서 쿠바인들에게 통보되었을 것이다.[48] 그것은 봄 이후 베를린에 관한 어떤 대화도 거부한 일뿐만 아니라, 봄에 공중 회랑 방해 행동을 중지하고 장갑 차량으로 서베를린에 기념관 경비병들을 실어 나르는 일을 중단하기로 한 소련의 결정과도 시기적으로 일치했을 것이다. 흐루쇼프는 11월쯤에는 좀 더 나은 입지에 있을 것이라고 생각하여 그 전에 주의가 산만해지는 것을 조금도 원하지 않았다.

흐루쇼프가 자신의 미사일들을 충분히 작동하게 만들 수 있었더라면 무엇을 요구했을지에 대해 여전히 약간의 불확실함이 남아 있다. 흐루쇼프와 그로미코의 발언은 흐루쇼프가 1962년 11월에 적어도 유엔 총회에서 서베를린의 서방 군대를 대체하기 위해 유엔군을 보내라고 요청할 계획이었다는 것을 암시한다. 핵전쟁의 위험이 워싱턴과 전 세계의 머리 위에 드리워져 있을 때 이 요구는 합리적인 것처럼 보였을 것이다. 케네디는 자신의 '본질적 요소'를 주장하기가 매우 힘들어졌을 것이다. 흐루쇼프는 '중립적' 서베를린을 성취했을 것이다. 흐루쇼프는 또 서베를린뿐만 아니라 서독을 중립화하고, 독일과의 직접적인 연계라는 레닌의 꿈을 실현하는, 독일 전체에 관한 완전히 새로운 합의를 시도하기를 바랐을 것이다.

흐루쇼프는 역사적인 도박을 시작했다. 도박이 잘 진행되었더라면 흐루쇼프는 서방 동맹을 충분히 분열시킬 수 있었을 것이다. 흐루쇼프는 독일을 둘러싼 투쟁에서 주요한, 아마도 결정적인 전투에서 이겼을 것이고, 중국의 도전에 맞서 공산주의 세계 내에서 자신의 권위를 확고히 확립했을 것이다.

하지만 흐루쇼프는 미국을 직접 위협하려 함으로써 큰 실수를 저질렀다. 흐루쇼프는 자신이 지역적 이점이 있는 베를린에서 케네디가 이점이 있는 카리브 해로 위기를 옮겼다. 흐루쇼프는 또 상황의 정치학도 바꿨다. 케네디는 미국에서 너무 많은 대가를 치르지 않는다면 베를린과 독일에 관해 얼마간 양보를 할 수 있었다. 케네디는 특히 미국 의회 선거를 앞두고 쿠바에서 똑같이 할 수가 없었다.

베를린 시민들은 심지어 쿠바 위기가 해결되기도 전에 이 위기가 자신들에게 무엇을 의미하는지를 즉시 이해했다. 그들은 쿠바에 대한 미국의 공세에 균형을 잡기 위해 흐루쇼프가 베를린에 대해 공세를 가하는 것을 전혀 두려워하지 않았다. 베를린 시민들은 흐루쇼프가 두 개의 위기를 동시에 감당하지 못할 것이라고 믿었다. 1963년 1월 최고 소비에트에서 그로미코는 "중부 유럽에서 또 다른 위기가 발생해 임계선상의 쿠바사태에 더해졌더라면 문제 전체가 어떻게 전개되었을까" 하고 물었을때, 바로 똑같은 믿음을 표명했다.[49] 쿠바 위기가 시작되자마자 많은 베를린 시민들은 쿠바에 대한 케네디의 단호한 태도가 베를린 위기의 종결도 의미한다고 미국 친구들에게 예견했다. 위기가 진행되는 동안 클레이 장군을 고문으로 부른 것을 보면 케네디 자신도 그 연결고리를 이해하고 있었다.

쿠바 미사일 위기에서 케네디의 전술은 흐루쇼프의 패배를 훨씬 더 완벽하게 만들었고, 그리하여 베를린에 대한 소련의 위협을 종결시키는데 도움이 되었다. 왜냐하면 케네디는 은밀한 양보를 하면서도 흐루쇼프가 공개적으로 후퇴할 것을 요구했기 때문이다. 로버트 케네디는 미국은 흐루쇼프가 쿠바에서 미사일을 철수한 후에 터키에서 미국 미사일을 철수할 것이라고 도브리닌에게 말했지만 대통령이 비공개적일 것을 고집하고 있다고 덧붙였다. 도브리닌의 말에 따르면, 로버트 케네디는 터키의 미사일이 "합의로 가는 유일한 장애물"을 나타낸다면, "대통령은 극복할수 없는 어려움은 없다고 본다."라고 말했다.[50] 케네디는 미사일이 4-5개월 안에 터키를 떠날 수 있다(실제로 그랬다.)고 말했다.

대통령은 몇 가지 이유로 비밀 유지를 원했다. 대통령은 미국이 나토 이사회에서 먼저 논의하지 않고 미국이 그런 종류의 양보를 한다면 나토에서 끔찍한 토론이 벌어질 것을 우려했다. 그는 또 국내에서의 결과도 우려했다. 로버트 케네디조차 이것을 걱정했다. 그는 비밀을 고집한 한가지 이유가 그 자신이 장래에 대통령 선거에 나가기를 바라며 자신이 모스크바에 이런 종류의 양보를 했다는 사실이 알려지면 승리할 수 없기 때

문이라고 도브리닌에게 분명히 했다.[51]

케네디의 친구와 지인들은 케네디 형제보다 훨씬 더 철저히 비밀을 유지했다. 대통령 자문 변호사인 시어도어 소렌슨은 로버트 케네디가 사망한 뒤 쿠바 미사일 위기에 관한 그의 회고록인 《13일》(Thirteen Days)을 편집했는데, 편집 과정에서 터키 미사일에 관해 흥정이 이루어졌고 미국은 그 흥정의 대가로 비밀 유지를 요구했다는, 얇은 베일에 가린 사실을 시인한 대목을 삭제했다.[52]

비밀 유지에 대한 케네디의 고집은 불완전한 합의를 승리로 바꾸었다. 흐루쇼프는 쿠바로부터 미사일을 철수하고, 미국이 이에 대한 대응으로 터키로부터 미사일을 철수하는 데 동의했다고 자신이 발표할 수 있었다면, 완벽한 패배는 아니라고 묘사할 수 있었을 것이다. 그러나 대통령은 그렇게 하지 않으려 했다. 심지어 로버트 케네디는 거래에 관한 어떤 문서도 교환하지 않겠다고 도브리닌에게 말했다.

그리하여 케네디가 쿠바에서 주장할 수 있었던 완전한 승리는 베를린에서 극적인 효과를 발휘했다. 흐루쇼프의 위협과 울브리히트의 위협은 신뢰를 잃었고, 서베를린은 더는 중립화를 우려할 필요가 없었다.

쿠바의 결과는 베를린과 독일에 관한 대화의 기조와 조건을 바꿨다. 소련은 독일 평화조약을 위해 설정한 최종 기한을 모두 취소했다. 미코얀은 1962년 11월 30일 쿠바에서 귀국하는 길에 러스크와 만난 자리에서 이 점을 분명히 했다. 심지어 미코얀은 그 전날 대통령과 회담하면서 베를린을 언급조차 하지 않았다.

쿠바 위기는 또 미국과 소련의 협상 스타일에도 영향을 미쳤다. 케네디와 맥밀런은 1962년 여름에, 케네디가 아데나워에게 더는 베를린 합의를 위한 타협안을 제시하지 않겠다고 약속한 뒤에도, 계속 타협안을 내놓았다. 그러나 미국 협상가들은 쿠바 위기 이후 때때로 호소하는 듯한 어조를 더 이상 유지하지 않았다.

이와는 대조적으로 흐루쇼프는 덜 자신만만하게 행동했다. 그는 12월 11일, 단 한 가지 문제, 즉 베를린에 미군이 주둔해 있다는 사실만이 여전히 해결될 문제로 남아 있다고 케네디에게 썼으며, 베를린 합의는 소-미 관계의 개선을 가져올 것이라고 다소 온순하게 약속했다. 흐루쇼프는 어떤 위협도 가하지 않았다. 그러나 며칠도 지나지 않아 케네디는 소련 지도자들을 항상 "배려와 예의를 갖고" 대했던 것이 실수가 아니었는지 모르겠다고 맥밀런에게 말했다. 케네디는 소련인들에게 지난해에 베를린 문제를 해결할 충분한 기회가 주어졌으며, 더는 서방 군대의 철수를 요구해서는 안 된다고 언급했다.[53]

케네디는 또 흐루쇼프에게 큰 이해관계가 걸려 있는 문제, 즉 서베를린에 소련인들이 물리적으로 존재하는 상황에 반대했다. 소련인들은 미국 구역의 가장자리에 인접한 영국 구역 내 리첸부르거슈트라세에 큰 건물을 오래 전부터 소유해왔다. 이 건물에는 제2차 세계대전 전의 독일에서 소련 무역 사절단이 입주해 있었다. 베를린 위기가 끝나갈 무렵, 소련인들은 서베를린에서 영사관이자 문화 센터, 또 주요한 군사 시설로 사용하려고 이 건물을 새로 꾸미려 했다. 그들은 건축가를 고용했고, 상당한 크기의 강당을 지었으며, 건물에 입주하기 위해 대규모 공개 행사를 계획했다. 이 건물은 영향력의 성채가 될 것이며, 서베를린이 특히 군사 정부사령부가 해체된 후 4개국 도시가 되었다는 흐루쇼프의 주장에 신빙성을 부여할 것이었다. 맥밀런은 흐루쇼프가 그 일을 진행하도록 내버려두자고 했으나, 케네디는 소련의 계획을 알고 이를 막으려 했다. 케네디는 이 일을 저지함으로써 서베를린에서 모스크바의 존재를 보여주는

중요한 한 요소를 제거하자고 설득했다.[54]

그 후 있었던 한 백악관 참모회의에서 케네디는 심지어 소련인들이 의미 있는 제안을 하지 않는 한 모스크바와 대화를 지속하는 게 소용이 없다고까지 말했다. 케네디의 소련 전문가 르웰린 톰슨은 서방이 베를린 위기를 막기 위해 모스크바와 대화해야 한다는 자신의 이전 견해를 되풀이했지만, 케네디는 더 이상 들으려 하지 않았다.[55] 쿠바는 찰리 검문소의 교훈을 더욱 강화시켰다. 쿠바 위기는 흐루쇼프 또한 사태의 확대를 두려워했고, 케네디는 예전과는 달리 더는 그것을 겁내지 않았음을 보여주었다.

케네디의 강경한 태도를 보여주는 또 한 가지 징표로, 그는 베를린과 독일에 관한 협상 권한을 자신의 소련 전문가 참모들로부터 떼어내 러스크에게 완전히 넘겨주었다. 케네디로부터 더욱 경직된 지시를 받은 국무장관은 소련이 그 전에 경험했던 것보다도 훨씬 더 강경한 방식으로 그로미코, 도브리닌과 대화를 진행했다. 러스크는 그로미코가 작년 봄의 미국의 '탐색', 특히 '원칙 증서'에서 제안된 양보들이 사실상 동의가 된 것이라 주장하자, 이의를 제기했다. 그로미코가 모스크바가 서베를린에서 권리가 있다고 말하자 러스크는, 그의 표현을 그대로 빌면, '상호주의'를 제기했다. 그로미코는 불만스러운 반응을 보였지만 이 주제를 떠났고 다시는 그것을 제기하지 않았다.[56]

소련인들은 때때로 이전의 입장으로 되돌아가곤 했다. 예를 들어, 그들은 1963년 6월 케네디 대통령이 베를린을 방문했을 때 아데나워의 '도발적인' 베를린 참석에 이의를 제기했다. 케네디는 이 항의를 무시했는데, 이는 1961년 존슨이 베를린을 방문했을 때 아데나워를 함께 가지 못하게 한 그 자신의 결정을 뒤집는 것이었다. 아데나워는 베를린의 자동

차 퍼레이드 행사에서 케네디, 브란트와 함께 같은 차에 올라타기까지 했다.[57]

　흐루쇼프는 쿠바 미사일 배치가 베를린 위기를 결정할 것이라고 올바르게 예상했다. 그러나 흐루쇼프는 자신이 준비한 대결에서 질 것이라고 예상하지 않았다. 멀리 떨어진 카리브 해에서 서방은 독일을 둘러싼 투쟁에서 완벽한 승리를 거두었다.

11장

드골이 개입하다

베를린 위기는 유럽에 나타날 미래의 구조와 독일이 유럽과 전 세계에서 수행할 역할을 결정하는 데 도움을 주었다.

서유럽은 위기 동안 자신의 미래의 모습을 빚고 있었다. 특히 영국은 유럽경제공동체* 가입 문제를 협상하고 있었다. 해럴드 맥밀런은 급속히 발전하는 대륙의 경제로부터 소외되는 것을 피하기 위해 영국이 참여하기를 원했다. 존 케네디는 영국의 가입이 유럽경제공동체와 미국의 관계를 강화시킬 것이라고 생각했기 때문에 맥밀런의 노력을 지지했다.

샤를 드골은 영국의 의도에 대해 적대적인 의혹을 품었다. 드골은 자신이 '앵글로-색슨인들'이라고 이름붙인 영국인과 미국인들은 대륙의 유럽 국가들과 전통이나 태도, 이해관계를 공유하지 않는다고 생각했다. 유럽경제공동체에 맥밀런과의 협상을 까다롭게 하라고 압박을 가하면서, 드골은 영국이 유럽에 참여하기를 원한다면 영국은 전통적인 영연방들과의 관계를 포기해야 하리라는 점을 확실히 하고 싶었다. 많은 유럽경제공동체 국가들은 드골에 동의하지 않으면서, 영국의 가입이 유럽경

---

* European Economic Community(EEC). 1957년 3월 25일 벨기에, 프랑스, 독일(서독), 이탈리아, 룩셈부르크, 네덜란드 6개국이 경제통합을 실현하기 위한 목적으로 설립한 국제기구를 일컫는다. 1967년 이후 다른 6개국(영국, 아일랜드, 덴마크, 그리스, 스페인, 포르투갈)이 합류하면서 유럽석탄철강공동체, 유럽원자력공동체와 함께 통합되어 유럽공동체(EC)로 불리는 체제로 이행되었다. 1993년 유럽연합(EU)이 발족했을 때 유럽경제공동체는 유럽연합의 세 기둥 중 제1의 기둥인 유럽공동체로 여겨졌다. 2009년 12월 1일 리스본조약이 발효되면서 해체되었다.

제공동체와 유럽에게도 좋은 일이 될 수 있다고 믿었다.

콘라트 아데나워는 부동표였다. 만일 아데나워가 영국의 가입을 지지한다면, 드골을 고립시킬 것이고 영국은 가입할 수 있었다. 아데나워가 드골을 지지한다면, 맥밀런에게는 기회가 없었다.

드골과 아데나워는 유럽에 대해 같은 접근법을 갖고 있지 않았다. 드골은 근거 없는 믿음으로 말한 반면 아데나워는 근거 없는 믿음을 염려했다. 드골은 낭만적이었으나 아데나워는 실용적이었다. 드골은 국가를 숭배했으나 아데나워는 국가를 경멸했다. 드골은 주요 국가들이 지도하는 유럽을 원했지만 아데나워는 국가들을 초월하는 유럽을 원했다. 드골은 대서양과 영국 해협을 해자(垓子)로 본 반면, 아데나워는 다리로 보았다. 그들이 공통으로 갖고 있는 것은 과거와는 다른 유럽을 건설하려는, 그리고 그것을 함께 건설하려는 절대적인 결의였다.

베를린 위기를 거치면서 두 사람은 오직 서로에게만 의존할 수 있다고 확신했기 때문에, 무슨 차이가 있든 그 차이를 조화시켰다. 드골은 프랑스만이 유럽인들의 이익을 보호한다고 강조하면서 아데나워의 지지를 호소했다. 아데나워 총리는 특히 증거가 드골의 주장을 입증했기 때문에 저항할 수도 없었고 저항할 의지도 없는 것으로 드러났다.[1]

아데나워가 드골에게 감사하다

아데나워와 드골은 드골이 재집권한 직후, 그리고 흐루쇼프가 처음으로 최후통첩을 발하기 직전인 1958년 가을 콜롱베레되제글리즈에 있는 드골의 저택에서 처음으로 만났다. 드골은 아데나워를 편하게 해주면서 환영했다. 드골은 또 아데나워에게 수 세기만에 처음으로 프랑스가 독일을 약화시키려 하지 않을 것이라고 확신시켰다. 2년 후 파리 근처의 프랑스 랑부예 성에서 드골은 아데나워에게 유럽에 대한 자신의 개념을 말했고, 대륙의 토대로서 강력한 프랑스-독일 관계를 제안했다.

1962년 5월 드골은 '독일과 프랑스의 연대'에 대해 이야기했다. 7월, 아데나워가 프랑스를 방문한 동안 드골은 총리를 자유와 번영, 존중으로 독일을 이끈 사람으로 일컬었다. 프랑스군과 독일군은 드골만이 지휘할 수 있는 무르믈롱 기지에서 화해의 행동으로 나란히 행진했다. 9월에는 드골이 독일을 방문했는데, 프랑스인들은 이를 921년[*] 이후 천년 만에 프랑스 수반이 처음으로 독일을 방문한 사건이라고 불렀다. 드골은 일부 독일어로 연설했는데 이는 워싱턴 주재 프랑스 대사 에르베 알퐁[**]이 러스크에게 말했듯이 아주 성공적인 제스처였다.

드골은 자신의 주장을 더욱 돋보이기 위해 함부르크에서 연설하면서 독일인들을 '위대한 국민'이라고 불렀다.[2] 워싱턴과 런던의 일관된 난폭한 언사와 뚜렷이 대비되는 드골의 발언은 정치적 효과뿐만 아니라 강력한 인간적 효과도 발휘했다.

그런데 드골은 듣기 좋은 말을 늘어놓는 것 이상을 했다. 그는 아데나워가 베를린 장벽 위기와 케네디의 '탐색'의 미로를 헤쳐 나가도록 도와주었다. 드골은 워싱턴, 런던, 파리 사이에서 논의되는 새로운 제안들에 관해 아데나워에게 때때로 간략히 알려주곤 했다. 드골은 독일의 안보와 독일의 이해를 지키는 보호자를 자임했다. 흐루쇼프에게 훨씬 더 포괄적

***

[*] 921년 11월 7일 프랑스의 샤를 3세와 독일의 하인리히 1세 사이에 체결된, '우호 협정'(amicitia)이라고 불리는 본 조약을 일컫는다. 조약 의식은 본에서 그리 멀리 않은 라인 강 한복판에서 진행되었다.

[**] Hervé Alphand(1907-1994). 프랑스의 외교관. 1956-1965년 미국 주재 프랑스 대사를 지냈다.

인 양보를 제안하는 영국과 미국의 경향에 저항함으로써, 드골은 총리를 자신에게 빚지게 했다. 케네디와 러스크가 무척 불편하게도, 드골은 영국군과 미군이 제공한 것 같은 군사적 보호를 독일에 제공하지는 않았으나, 독일의 주권을 존중하고 그것에 감사한 지도자에게 경의를 표했다.

드골은 독일 문제에 대해 자신만의 해결책을 가지고 있었다. 파리와 본 사이의 탄탄하고 깨지지 않는 관계가 그것이었다. 이 관계는 미국과 소련 양국으로부터 독립된 새로운 대륙 유럽의 중심 요소를 이룰 터였다 (언젠가 최종적으로는 부활한 러시아를 포함시킬 의도를 가지고 있었지만). 이 관계가 확고히 자리를 잡으면 유럽은 자신을 재확립하고 위대함을 회복할 수 있을 것이었다.

케네디와 그의 자문관들이 아시아와 소련에 집중하고 있는 동안, 1962년 7월까지 대통령은 유럽에 대한 혹은 유럽을 위한 분명한 시각이 없었다. 1962년 7월에 케네디는 미국, 영국, 그리고 하나의 단일한 구조로서 대륙을 포함하는, 새로운 유럽-미국 동반자관계의 '그랜드 디자인'(Grand Design)이라고 부르는 정책의 개요를 내놓았다. 케네디는 맥밀런의 구상을 되풀이하고 드골의 구상을 거부하면서, 영국을 '그랜드 디자인'의 중심에 놓았다.

케네디는 드골이 제기한 위협을 보지 못했다. 또 드골 장군의 전술이 본에서 성공하기 시작했다는 사실도 깨닫지 못했다. 비록 아데나워의 각료들 중 상당수가 드골의 유럽 개념보다 케네디의 개념을 더 지지하고, 아데나워 자신도 1950년대 초에 영국과 유럽의 통합을 연관시키려고 애썼지만, 총리는 1962년까지 영국이 독일에 대해 점령 심리를 갖고 있고 케네디도 그런 심리에 물들어 있다고 판단했다.

케네디는 아데나워가 영국의 유럽경제공동체 가입을 지지하기를 바랐다. 몹시 위협적인 메시지들에서 러스크는 미국이 아데나워에게 영국을 지지하기를 기대하고 있으며, 서독이 프랑스를 도와 영국의 가입을 "비합리적일 정도로 어렵게" 만든다면 본에 '심각한 결과'를 초래할 것이라고 아데나워에게 경고했다.[3] 러스크는 어떤 다른 미국 동맹자(심지어 흐루쇼프)에게 사용할 때보다도 더 가혹한 언어를 아데나워에게 사용함으로써 앵글로-색슨인들이 대륙을 깔본다는 드골의 주장에 타당성을 부여하고 그 자신의 목적을 좌절시켰다.

케네디 자신의 각료들이 그의 정책을 방해했다. 우선, 러스크가 아데나워를 소외시켰다. 그런 다음, 국방장관 로버트 맥나마라*가 영국과 맥밀런의 장기적 핵 억지 계획이 의존하던 영-미 핵미사일 프로그램인 '스카이볼트'(Skybolt)를 일방적으로 폐기했다. 이 피해를 만회하기 위해 케네디는 1962년 크리스마스 직전에 버뮤다에서 맥밀런을 만났고, 영국에 폴라리스**형 핵미사일을 제공하는 데 동의했다. 하지만 그들은 나토나 드골, 아데나워에게 이 사실을 알리지 않았다. 어떤 것도 이보다 드골의 목적에 더 잘 맞을 수는 없었을 것이다. 1963년 1월 14일, 드골은 영국의 유럽경제공동체 가입을 거부할 것이라고 발표했다.

8일 뒤 드골과 아데나워는 프랑스-독일 협력을 위한 엘리제 조약***을 맺었다. 아데나워는 퇴임하기 전에 유럽 평화의 기초를 놓기 위해 이 조약에 동의했다. 자신들의 국민이 반세기 동안 두 번이나 서로를 파괴하

---

* Robert McNamara(1916-2009). 미국의 기업가였고 제8대 미국 국방장관(재임 1961-1968)을 지냈다. 베트남 전쟁과 관련하여 미국 정부에서 큰 역할을 했다. 국방장관을 그만둔 뒤에는 1968년부터 1981년까지 세계은행 총재를 지냈다.

** Polaris. 북극성이라는 뜻의 중거리 탄도 미사일. 잠항중인 잠수함에서 발사할 수 있다.

*** Élysée Treaty. 1963년 1월 22일 파리의 엘리제궁에서 샤를 드골 대통령과 콘라트 아데나워 총리 사이에 맺어진 프랑스와 독일의 우호 조약.

려고 하는 것을 직접 보았던 두 노인은 양 국민을 불변의 새 도정에 올려
놓고자 했다.

케네디와 워싱턴의 모든 이들은 마치 날벼락을 맞은 것처럼 반응했
다. 엘리제 조약 서명을 고작 1주일 앞두고 미국은 아데나워에게 독일을
새로운 핵 다국적군*에 가입시키라고 요청했다. 이 다국적군은 미국과
유럽 대륙의 핵 방위를 연결시키는 것이었다. 아데나워는 아마도 부분적
으로는 자신과 드골의 임박한 협정이 몰고 올 충격을 완화시키려고 이에
동의했을 것이다. 여하튼 지금 아데나워는 유럽에 대한 케네디의 계획을
방해하는 데 일조하고 있었다.

드골이 영국의 유럽경제공동체 가입을 거부하고 난 후 바로 뒤이어
진행된 프랑스-독일 조약은 드골이 독일에 관한 경쟁에서 승리하고 있
고 유럽의 모습을 결정하고 있음을 의미했다. 아데나워는 누가 독일을
동맹국으로서 또 주권 국가로서 취급했는지를 기억했고, 그는 맥밀런을
돕기 위해서 드골과 싸우지 않을 터였다.

하지만 연방의회는 아데나워와 의견을 달리 했다. 의원 대부분은 프
랑스와 긴밀한 관계를 맺는 것을 환영했지만, 미국이나 영국과의 관계를
위태롭게 만들고 싶지는 않았다. 연방의회는 엘리제 조약을 승인하면서
모든 독일 동맹, 특히 유럽과 미국 사이의 동맹이 중요하다는 것을 강조
하는 전문(前文)을 덧붙였다. 연방의회는 또 나토군의 통합과 영국의 유
럽경제공동체 가입에 대한 지지도 표명했다. 연방의회는 프랑스와의 조

---

* Multilateral Force(MLF). 미국이 창설할 것을 제안한, 탄도 미사일 잠수함과 전함으로 이루
   어진 함대를 가리킨다. 잠수함과 전함은 나토 사령부에 의해 운용되며 핵 폴라리스 탄도 미
   사일을 장착하기로 되어 있었다. 미국의 아이젠하워, 케네디, 존슨 행정부에 의해 지속적으
   로 제안되었다.

약을 비준하면서도 다른 나라, 특히 미국과의 유대도 재확인했다.

그러나 연방의회는 아데나워의 결정을 되돌릴 수 없었다. 총리는 특히 쿠바 미사일 위기 이후 케네디가 말했던 바를 용서해야 했다. 케네디는 위상이 높아졌고 서베를린을 보호했다. 더구나 미국은 서독의 주요한 전략적 동맹국으로 남았다. 그러나 아데나워는 맥밀런이 말하고 행했던 바를 용서하거나 잊지 말아야 했다.

케네디가 베를린 시민이 되다

케네디는 심각한 딜레마에 봉착한 채 1963년 6월 26일 베를린으로 갔다. 케네디는 드골이 아데나워와의 우호관계를 발전시켰고, 이 관계를 이용해 자신이 그렸던 유럽과는 매우 다른 유럽의 모습을 만들려 하고 있다는 것을 깨달았다. 케네디는 또 군비 통제와 다른 문제들에 관해 여전히 흐루쇼프와의 대화가 필요하다는 사실도 깨달았다. 케네디는 모스크바와 대화의 문을 계속 열어두면서도, 드골에 필적할 만큼 독일인과 베를린 시민들의 관심을 끌 필요가 있었다.

케네디는 베를린에서 두 차례 연설할 계획이었다. 쇠네베르크의 서베를린 시청에서 할 공개 연설과 베를린 자유대학교에서의 학술 강연이 그것이었다. 케네디는 이 연설들을 유럽과 지구적 맥락에서 미국의 정책을 개괄하는 데 이용할 생각이었다. 케네디는 베를린 시민들을 용감하게 저항하고 있다고 칭찬해주고 싶었지만, 흐루쇼프가 협조적이라고 여길 만한 용어로 연설하기를 원했다. 국무부의 독일제국에서 보낸 보고서는 두 목적의 균형을 잡는 신중한 중간 길을 제안했다. 보고서는 대통령에게 방문의 '정치적·정서적 요구'를 여전히 다루면서도, "공공연하게 도발적으로" 들리지 않도록 주의하라고 경고했다.

그러나 케네디와 그의 자문관들은 베를린 시민들에게 큰 기대를 품고 있지 않았다. 클레이가 엄청난 환영을 예상한다고 말했음에도 그들은 케네디 일행이 테겔 공항을 떠난 순간부터 대통령의 자동차 퍼레이드를 완전히 에워싸는 엄청난 열광적 인파를 생각하지 못했다.

베를린 시민들은 1961년 가을이나 1962년 봄이라면 맞았을 방식과는 전혀 다르게 케네디를 맞았다. 1963년 케네디는 쿠바 미사일 위기의 주역이자 서베를린을 구한 사람이 되어 있었다. 200만 명이 넘는 사람들이 50킬로미터쯤 되는 연도를 따라 그를 환영하러 나왔다. 75만 명이 넘는 사람들이 시청 앞 광장에 가득 모여 그의 연설을 듣고 갈채를 보냈다.

케네디와 그의 수행원들을 태운 승용차와 버스가 인파를 뚫고 천천히 나아가자 환호하는 베를린 시민들의 거대한 무리는 그들에게 충격을 주기 시작했다. 백악관 참모들은 공항 입구에 모인 베를린 시민들을 보고 처음에는 저런 군중이 나치도 환호했으며 독일인들은 퍼레이드를 위해 뭐든 할 것이라고 말하면서 키득키득 웃었지만, 엄청난 무리의 사람들이 보여주는 걷잡을 수 없는 갈채는 이 영접이 지금까지 경험한 것과는 차원이 다르다는 것을 점차 깨닫게 해주었다.

머리부터 발끝까지 정치인이었던 케네디는 군중의 힘에 반응했다. 케네디는 시청에서 자신의 연설용으로 작성되었던 다소 딱딱한 원문을 따를 수가 없다는 사실을 깨달았다. 대신 케네디는 정치적인 발언을 해야 했다. 케네디는 마음속에서 연설문을 다시 작성하기 시작했고 다른 사람들에게 도움을 요청했다. 장벽을 마주보고 있는 관측소에 선 케네디는 동베를린의 몇몇 여성들이 무장한 인민경찰의 눈에 띄지 않도록 조심하며 그를 보고 몰래 스카프를 흔들고 있는 것을 보고는 또 다시 연설문을 고쳤다. 처음으로 케네디는 인간적인 면에서 장벽과 울브리히트 체제를 보았다.

케네디의 시청 연설은 그가 내용을 바꾸면서 어조의 균형을 잃었다. 연설은 자유와, 자유를 지킨 용감한 사람들에 대한 찬사로 가득했다. 케네디는 드골의 본보기를 쫓아 연설에서 독일어 단어 몇 개를 사용하려고 출국 전에 미리 연습을 해 둔 터였다. 케네디가 "저는 베를린 시민입니다."(Ich bin ein Berliner)라고 소리치며 그들의 자존심을 한껏 치켜세웠을 때, 그는 베를린 시민들의 상상력은 물론 그들의 특별한 역할까지 포착함으로써 오히려 드골을 능가했다. 베를린 시민들의 정신과, 그들을 에워싼 폭압에 저항하고자 하는 그들의 결의를 찬양하면서, 케네디는 모든 사람들이 베를린에 와서 자유세계와 공산주의세계가 얼마나 대조적인지를 직접 볼 것을 요구했다.[4]

소렌슨과 번디는 불편한 심정으로 이를 지켜보았다. 그들은 케네디의 연설을 좋아하지 않았다.[5] 그들은 연설의 어조가 크렘린과의 협상을 촉진할 것으로 보지 않았다. 그러나 케네디는 기회를 포착했다고 느꼈다. 케네디는 소렌슨과 번디보다 그가 어떤 언어를 사용해야 하는지 더 잘 이해했다. 또 그 자리에서 케네디는 클레이가 보낸 서신들과 클레이와 나눈 대화들로부터 알게 되었던 것보다 훨씬 더 많이, 미국이 베를린 시민들의 태도를 자산으로 간주해야 한다는 사실을 이해했다.

케네디의 브리핑 문서들은 그가 독일 방문을, 모스크바에 계속 문호를 열어두고 점점 커지고 있는 드골의 영향력을 약화시키는 데 활용해야 한다고 경고했다. 케네디는 후자를 위해 그의 참모들이 계획하거나 옹호하지 않는 말들을 해야 했다.[6]

한 번의 짧은 방문과 한 번의 연설로 케네디는 독일과 베를린에 대한 정책의 방향을 바꾸었다. 한때 케네디와 그의 자문관들은 독일과 베를린을 스스로 움직이지 못하는 퍼즐 조각에 불과하며, 이 조각을 흐루쇼프와 협상하고 있는 새로운 지구적 구조 속에 끼워 맞춰야 할 것으로 생각했다. 그들은 그 구조를 구축하기 위해 열심히 시도했지만, 흐루쇼프는 '평화공존'이라는 자신의 말에도 불구하고 그들을 묵살했다. 서독이 드골의 진영으로 슬며시 편입되는 것을 보고 또 베를린 시민들의 정신을 보면서, 케네디는 자신의 새로운 정책을 극적인 용어로 선포했다. 케네디는 연설을 마쳤을 때 새로운 유대관계를 만들어냈다.

케네디는 그날 늦게 베를린 자유대학교에서 공식적인 정책 연설을 했다.[7] 연설 중 흐루쇼프에게 보내는 부분에서 케네디는 협상의 중요성을 강조했다. 케네디는 또 청중들에게 그들도 자신과 마찬가지로 모스크바와 거래를 해야 할 것이라고 경고했다.

하지만 자유대학교 연설에서조차 케네디는 이전에 사용하지 않았던 단어들을 사용했다. 케네디는 비록 통일이 "빠르지도 쉽지도" 않을 것이라고 경고했지만, 처음으로 독일 통일을 옹호했다. 그는 통일이 "우리의 희망이 아니라 실제 현실"을 다룰 준비와 인내심을 요구할 것이라고 말했다. 동독의 '경찰국가 체제'라는 현실에 맞서 케네디는 "서방의 힘이라는 현실, 서방의 헌신이라는 현실, 국가와 국민으로서의 독일이라는 현실"을 소환했다.

이 연설들은 문제인 동시에 자산이기도 한 베를린과 독일이라는 역설을 최종적으로 조화시켰음을 보여주었다. 쇠네베르크 시청에서 한 케네디의 연설은 그가 마침내 소련인들을 공격하는 것에 대해 가졌던 두려움으로부터 해방되었음을 보여준다. 처음으로 케네디는 독일과 베를린에서의 미국과 서방의 입장에 완전히 헌신했다. 연설에서 드러나는 호소력 있는 고음으로 케네디는 이 위상과 헌신 모두를 강화하고 확장시켰다.

케네디의 연설들은 또한 케네디가 더는 오직 미소 관계의 맥락에서만 베를린과 독일을 보고 있지 않음을 보여주었다. 케네디는 독일에 미군이 주둔해 있다는 사실이 위험 요소가 아니라 정치적·전략적 행운임을 이해하게 되었다. 케네디와 러스크가 베를린이 없어지기를 원했던 대통령직 초기 재임 시절과는 달리, 케네디는 독일을 유럽 내 미국 정책의 초석으로 간주하는 관점으로 되돌아갔다. 독일을 둘러싼 흐루쇼프와 드골의 투쟁을 지켜본 케네디는 처음으로 그 이해관계를 이해하게 되었다.

쇠네베르크 시청에서 행한 케네디의 연설은 베를린과 케네디의 전설이 될 터였다. 아마도 취임 연설 말고는 어떤 다른 케네디의 연설도 그만큼 빈번하게 인용되지 않았다. 이 연설이 있은 후부터 미국과 베를린은 심지어 봉쇄나 찰리 검문소 사건 이후보다도 더 단단하게 서로 묶였다. 케네디가 암살된 후 이 유대는 그의 후임자들이 무시할 수가 없고 감히 버리지 못하는 신화적인 특징을 띠게 되었다.

베를린에 대한 케네디의 완전한 헌신은 울브리히트나 흐루쇼프가 여전히 미군을 밀어내거나 협상으로 나오게 하고 싶은 희망에 종지부를 찍었다. 어떤 미국 대통령도 케네디가 했던 말로부터 물러설 수가 없었다. 케네디가 대통령직을 그러한 헌신으로 시작하지 않은 것은 중요하지 않았다. 케네디가 대통령직을 그렇게 끝냈다는 사실만이 중요했다.

케네디와 그의 들뜬 수행원들이 베를린을 떠날 때, 케네디는 소렌슨에게 다음과 같이 말했다. "우리가 살아 있는 한 이런 날이 다시는 없을 거요."[8]

승자, 패자, 두 번 분할된 유럽

베를린 장벽의 위기는 독일을 둘러싼 투쟁을 변화시켰다. 위기는 남아 있던 조기 독일 통일의 희망을 완전히 끝장냈다. 위기는 또 찰리 검문소와 쿠바에서 있었던 두 번의 고전적 대결을 통해 냉전의 주요 전환점 중 하나를 보여주었다.

위기는 불협화음으로 끝났다. 장벽은 독일 인민들의 분리를 완성했으나, 서방 주둔군을 가진 서베를린은 동독 내의 하나의 섬으로 남았다. 어떤 지도자도 자신이 원했던 것을 성취하지 못했다. 그럼에도 불구하고 승자와 패자가 드러났고, 베를린의 결과는 독일과 유럽뿐만 아니라 그들의 미래도 형성할 터였다.

샤를 드골은 가장 큰 승자로 등장했다. 드골은 흐루쇼프가 협상도 하지 않고 싸우지도 않을 것이라고 정확하게 예측했다. 독일은 드골이 개인적으로 바랐던 대로 분할되었지만, 그는 분할에 책임이 없었다. 영국은 드골이 바라고 독일이 동의한 대로 유럽으로부터 배제되었다. 아데나워는 미국에 대한 의존과 프랑스에 대한 의존 사이에서 균형을 잡았다. 드골은 아데나워를 지지함으로써 서독을 유럽공동체와 유럽연합*의 미래에 단단히 묶은 프랑스-독일 관계를 구축했다. 드골은 케네디가 모스크바와의 거래에 집중하는 동안, 유럽과 독일을 위한 경쟁에서 케네디를

---

* European Union(EU). 독일, 프랑스, 이탈리아, 영국 에스파냐 등 유럽의 주요 국가들을 망라하는 28개 회원국으로 이뤄진 연합이다. 유럽경제공동체(EEC)를 바탕으로 1993년 11월 1일 마스트리흐트 조약에 의해 설립되었다. 냉전 종결 이후, 특히 2000년대 들어서 라트비아, 리투아니아, 몰타, 슬로바키아, 슬로베니아, 에스토니아, 체코, 키프로스, 폴란드, 헝가리, 루마니아, 불가리아, 크로아티아가 새로운 회원국으로 가입했다. 2016년 6월, 영국이 국민투표를 거쳐 탈퇴 신청을 했다.

노련하게 압도했다. 그리고 세 거두가 유럽과 독일의 운명을 결정할 수 있다는 관념을 마침내 무너뜨렸다는 생각에 드골이 흐뭇해하지 않았다면 아마 인간이 아니었을 것이다.

영국과 미국을 배제한 하나의 대륙이라는 존재로 유럽을 바라본 드골의 시각은 중요한 진전을 보았고, 적어도 한동안은 독일의 지지를 얻었다. 그것은 유럽이 20세기 나머지 기간 동안 스스로를 재건하면서 거듭 되돌아갈 강력한 시각으로 남을 것이었다.

케네디는 베를린 위기 초기에 휘청거렸으나 위기 말기에 다시 일어섰다. 처음에 대결과 사태의 확대, 착오의 가능성에 겁을 먹은 케네디는 군소리 한 마디 없이 장벽 건설을 허용했다. 그러나 케네디는 이해가 빠른 사람으로 밝혀졌다. 그는 관리되고 통제되는 대결은 좋은 정책, 좋은 정치가 될 수 있다는 것을 알았다. 케네디는 베를린에서 지켜보았던 전술을 쿠바에서 구사했다.

케네디는 초강대국들이 1945년에 건설하는 데 실패했던 안정된 세계질서를 1961년에 수립할 수 있다는, 희망사항에 불과한 관념의 유혹을 스스로에게 허용했다. 1963년, 케네디는 특히 흐루쇼프가 그런 종류의 합의를 할 수 있는 신뢰할 만한 파트너가 아니므로 그렇게 할 수 없다는 것을 이해했다. 그리하여 결국 케네디는 베빈, 트루먼, 애치슨, 아이젠하워의 범대서양 구조로 복귀했다. 그리고 케네디는 그들과 마찬가지로 그와 같은 질서를 위해서는 주권을 가진 서독이 필요하다는 점을 이해했다. 그러나 케네디는 드골의 대륙 개념에게 다시는 포기하지 않을 강력한 발판을 획득하는 것을 허용했다.

울브리히트는 출발은 좋았으나 마무리를 나쁘게 함으로써 케네디와 정반대 방향으로 움직였다. 울브리히트는 난민들의 유출을 차단하는 것으로 자신의 당면 문제를 해결했다. 그러나 울브리히트는 자신의 체제를 안정시킬 수도, 자신이 원한 국경을 획득할 수도 없었다. 그리고 그는 모스크바에 불신의 씨앗을 남겨놓았다.

서베를린에 관한 울브리히트의 정책은 대참사임이 밝혀졌다. 1958년에 울브리히트가 선언한 대로 서베를린을 '중립화'하기는커녕 울브리히트는 어느 때보다도 더 단호하게 서베를린을 서방에 소속시켰다. 그리고 울브리히트는 서베를린이 그의 국가 한가운데서 독립적으로 남아 있는 한 결코 완전히 안심할 수 없다는 것을 어느 누구보다도 더 잘 알았다. 울브리히트는 완벽한 울타리를 건설했으나 뭔가 더 필요하리라는 것을 알았다.

흐루쇼프는 베를린 위기를 시작했지만 점차 자신이 원하는 바가 무엇인지 정말 모른다는 것을 보여주었다. 흐루쇼프는 울브리히트를 위해서 동베를린을 획득했으나 정작 자기 자신을 위해서는 아무것도 얻지 못했다. 흐루쇼프는 자신이 내세웠던 '평화공존'에 대한 희망을 훼손했다. 헨리 키신저*가 훗날 썼듯이, 흐루쇼프는 위기를 시작하는 법은 알았지만 위기를 끝내는 법은 몰랐다.[9]

흐루쇼프와 그로미코는 형편없는 협상가인 것으로 밝혀졌다. 몰로토프의 전술이 그랬듯이 그들의 전술도 다른 사람들을 수세에 몰리게는 했으나, 어떤 합의도 얻어내지는 못했다. 아이젠하워는 그들과 거래할 태세가 되어 있었지만, 그렇게 할 수가 없었다. 빈에서 케네디는 베를린에 관해 타협하기를 원했다. 1962년에 케네디는 대부분의 소련 견해를 수

---

* Henry Kissinger(1923-). 독일 태생의 미국 정치가이자 외교관. 1969년 닉슨 행정부가 출범하자 대통령 안보 고문으로 합류하여 1977년까지 현실정치의 주창자로서 미국 외교 정책에 뚜렷한 족적을 남겼다. 1973-1976년 미국의 56대 국무장관을 지냈다.

용하고 심지어 소련 언어를 사용한 조건을 받아들이라고 흐루쇼프에게 사실상 간청하다시피 했다. 그러나 흐루쇼프는 계속 케네디가 줄 수 있는 것 이상을 요구했다. 흐루쇼프는 쿠바 대결 이후에야 비로소 협상하기를 원했으나 그때는 이미 케네디가 베를린에 관해 거래를 해야 할 동기를 모두 잃어버린 상태였다. 흐루쇼프는 자신이 원한 분단 독일을 얻었으나, 스탈린이 그랬던 것처럼 결국 독일민주공화국 뒤에서 꼼짝할 수 없게 되었다. 평화공존은 공문구가 되었다.

흐루쇼프가 아데나워와 따로 대화하고자 주기적으로 애쓴 것을 보면, 흐루쇼프는 독일을 부추겨 동과 서 사이의 중립적 노선으로 돌아가게 하고 싶었던 것 같다. 점령 지도자들 중에서 드골만이 흐루쇼프가 놓은 덫을 이해했다. 그러나 아데나워 또한 그 덫을 이해했고 회피했다.

맥밀런은 가장 크게 패배한 사람으로 밝혀졌다. 맥밀런은 케네디에 대한 영향력을 통해 1961년과 1962년 대부분의 기간 동안 베를린과 독일에 관한 서방의 정책을 좌지우지했다. 그러나 맥밀런은 미래가 아니라 과거를 바라보았다. 맥밀런은 어니스트 베빈과 앤서니 이든이 해왔던 일들을 취소하고 처칠로 되돌아가려 했다.

1962년 베를린 장벽 위기가 끝났을 때 영국 정책은 독일과 유럽의 많은 국가들에서 신뢰를 잃었다. 맥밀런은 지난날 영국이 수행하던 지구적 역할을 꿈꿈으로써 독일로 하여금 대륙에 대한 드골의 정의를 받아들일 수밖에 없게 했다.

런던은 독일 문제에서 한때 강력했던 자신의 목소리를 결코 되찾지 못할 터였다. 영국군이 이든이 배치한 그대로 독일에 남아 있었으나, 맥밀런은 대륙에서 정치적 영향력을 상실했다. 1973년 영국은 유럽경제공동체에 가입하게 되지만 대륙이 여전히 유동적인 상태에 있던 초기 단계에 그렇게 할 수 있는 기회를 놓쳐버렸다.

그렇게 해서 베를린 장벽은 유럽을 동-서 경계뿐만 아니라 영국 해협을 따라서도 분할했다. 장벽은 두 개의 선을 그었다. 하나는 민주주의 체제와 공산주의 체제 사이를 지나갔고 또 하나는 대륙과 영국 사이를 지나갔다.

장벽은 또 서독 지도자들에게 모닝콜로 기능했다. 연합국의 반응은 서독인들에게 자신들의 친구들이 상당한 위험을 무릅쓰면서까지 서독과 서베를린을 보호하고 나토와 그들 자신의 이익을 옹호하겠지만, 그러한 이익을 넘어서서 독일에만 국한된 이익을 방어하지는 않을 것임을 보여주었다.

아데나워는 본의 활주로에 서서 존슨이 베를린으로 날아가는 것을 지켜보았을 때, 이 점을 이해했다. 브란트는 장벽에 대한 연합국의 대응을 지켜보고 자유대학에서 케네디의 연설을 들었을 때 이 점을 이해했다. 통일은 미국의 말에서는 돌아온 것 같은데, 미국의 정책에서는 돌아오지 않은 것 같았다. 독일인들은 자기 나라의 분단을 끝내거나 완화시킬 방법을 스스로 찾아야 할 것이었다.[10]

베를린 장벽과 '탐색' 논란은 독일 문제를 독일인들의 수중에 떨어트려주었다. 서독인들은 이것이 의미하는 바가 독일을 둘러싼 투쟁이 그들의 머리 위에서 혹은 그들 없이 더는 결정되지 않는다는 것이었기 때문에 크게 기뻐할 수 있었다. 점령은 진정으로 끝날 터였다. 그러나 그것은 또 서독인들이 이제 스스로 독일 문제를 제기하고 자기 나라의 미래의 모습을 만들어야 할 것임을 의미했다. 이렇게 하려면 그들은 1871년 비스마르크가 독일 제국을 창건한 이래 겪어온 자신들의 역사와 화해해야 할 터였다. 서독인들은 또 그들의 진정한 전략적·정치적·인간적 우선 사항을 결정해야 할 것이었고, 국내외에서 그 결정들에 대한 책임을 받아들여야 할 터였다.

12장

독
배

존 케네디 대통령의 베를린 연설들은 장벽 양편의 독일인들에게 미국이 무엇을 하고 무엇을 하지 않을지를 말해주었다. 미국은 서베를린의 자유와 생존 능력을 방어할 것이고, 서독을 방어할 것이었다. 그러나 더 이상 케네디는 베를린이나 독일 문제에 대해 소련의 최고 지도자인 흐루쇼프와 협상하지 않을 터였다. 그리고 케네디는 무리하게 독일을 통일시키려 하지 않을 것이었다.

콘라트 아데나워 총리는 느긋해질 수 있었다. 그는 받아들일 수 없는 최종 기한 안에 구미에 당기지도 않는 일괄 평화 프로그램을 승인하라는 요구를 받지 않을 터였다. 아데나워와 독일은 더 이상 간섭받지 않고 가만히 혼자 있을 수 있을 것이었다.

그러나 아데나워는 너무 대놓고 만족할 수도 없었다. 독일 문제는 점령국들이 유일한 책임을 졌기 때문에 오랫동안 독일 정치를 휘저었다. 이제 독일인들이 이 책임을 짊어져야 할 터였다. 독일인들은 자신들의 미래에 대해 어려운 결정을 내려야 할 것이고, 국내외에서 그 결과를 다루어야 할 것이었다.

케네디는 연방공화국에게, 보기에는 유혹적이지만 치명적일 수도 있는 선물, 즉 독배를 주었다. 아니, 아마도 독일인 자신들의 표현으로는 검은 페터[Der Schwarzer Peter. '올드 메이드'(Old Maid)라는 카드게임처럼]가 본에 왔다. 독일인들은 외무장관협의회를 비롯한 많은 이들을 당황하게 만들었던 문제를 이제 고심해야 할 판이었다. 독일인들은 다른 사람들이 고려하고 있다고 비난했던 양보를 제안해야 할 것이었다. 그리고 독일인들은 반드시 따라야 할 주장들을 마주해야 할 터였다.

게다가 독일은 장벽이 구축되기 전과는 달리 이제 완전히 분단되었다. 나라는 정치적·군사적인 면에서뿐만 아니라 인간적인 면에서도 갈라졌다. 그리고 장벽은 발터 울브리히트에게 그의 통치를 공고히 하고 독일을 앞으로 오랫동안 계속 분단된 채로 있게 할 시간을 줄 것이었다. 독일 민족이 계속 통일되어 있기를 원하는 사람들은 신속히 행동해야 할 터였다.

독일인들이 독일 문제를 마주하다

본의 동맹자들은 할 만큼 했다. 그들이나 소련인들이나 무력으로든 외교로든 독일을 둘러싼 투쟁에서 승리할 수가 없었다. 그들은 이제 물러설 것이었다. 그들은 불완전하나마 현 상태를 받아들일 수 있었다.

그러나 서독은 현 상태를 인정할 수 없었다. 통일에 대한 연방공화국의 헌신은 여전히 기본법과 그 정치에 남아 있었다. 서독 정치인들은 통일을 시도해야 하거나 적어도 시도하고 있는 것처럼 보여야 했다.

아데나워는 계속 독일민주공화국을 중립화하려고 애썼다. 1958년 이후 아데나워는 니키타 흐루쇼프에게 독일민주공화국에 대해 오스트리아식 해결을 협의해 달라는 요청을 주기적으로 재개했다. 그의 제안에 따르면 동독은 오스트리아처럼 중립화될 것이고 인민의 삶을 개선시킬 민주주의 체제를 갖게 될 터였다. 그 뒤 아마도 5년이나 10년 안에 자유 선거를 통해 독일의 운명은 결정될 것이다. 흐루쇼프는 이 제안을 수용하지도 거부하지도 않았다. 또한 그 제안을 울브리히트에게 언급조차 하지 않았던 것으로 보인다.[1] 흐루쇼프는 아마도 어느 날 독자적으로 협상에 들어가 서독을 그 동맹국들로부터 분리시키는 데 이용하기를 바라면서, 이 제안을 유보해두었다.

아데나워는 자신의 선택지들을 제한했다. 아데나워는 독일민주공화국과 거래하지 않을 것이었다. 아데나워는 울브리히트가 독일민주공화국과 연방공화국을 동등한 지위에 놓은 기반 위에서 두 독일 간 '국가연합'을 교섭하자는 제안을 종종 내놓곤 했지만 이를 거부했다. 또한 그는 독일민주공화국 관리들이 서독 관리들에게 보낸 메시지들에 대해 응답하는 것을 전혀 승인하지 않으려 했다. 아데나워는 비스마르크의 유산이 지닌 사악한 요소들에 종지부를 찍으면서, 서독에 민주주의와 존중을 확립했다. 독일 전역을 아우르는 통일을 확립하는 것은 다른 누군가의 몫이 될 터였다.

아데나워가 그의 후임자인 루트비히 에르하르트에게 물려준 독일 정책은 독일 문제를 미결인 채로 두었다. 아데나워는 계획을 물려주지 않았다. 그리고 끊임없이 자신의 견해를 되풀이함으로써 아데나워는 에르하르트가 할 수 있는 것에 엄격한 제한을 두었다.

워싱턴은 독일에 대해 협상을 하려 하지 않았지만, 여전히 독일의 노력에 대해 논평할 권리를 가지고 있었다. 1963년 9월에 미국 대사 조지 맥기*는 아데나워가 흐루쇼프에게 한 제안에 관해 자신에게 알려주지 않았다고 불만을 표명했다.[2] 그 후 맥기는 베를린 시장 빌리 브란트가 독일민주공화국과 열기를 원한 회담에 수반될 위험에 대해 경고했다(이 주제

---

* George C. McGhee(1912-2005). 미국의 외교관. 1952-1953년 터키 주재 미국 대사, 1961-1963년 정치문제 담당 국무차관, 1963-1968년 서독 주재 대사를 역임했다.

는 뒤에서 충분히 더 살펴볼 것이다.).[3] 역설적이게도 린든 존슨 대통령은 서독이 긴장 완화를 열심히 추구하지 않는다고 불평했다.[4]

이러한 제약에도 불구하고 서독 외무장관 게르하르트 슈뢰더*는 유럽에서 긴장을 완화시키고 서독의 영향력을 동구권까지 확장시키고 싶었다. 1963년에 슈뢰더는 무역조약들을 교섭하고, 동유럽 국가들과 무역 사절단을 체계적으로 교환하기 시작했다. 슈뢰더는 서독의 진출을 확대하고 더 나은 관계를 창출했지만 외교관계를 수립하지는 않았기 때문에 할슈타인 독트린을 위반하지는 않았다. 슈뢰더가 여전히 아데나워의 내각에 있던 1963년 3월과 에르하르트가 총리로 재임 중이던 1964년 3월 사이에 슈뢰더는 폴란드, 헝가리, 불가리아, 루마니아와 무역 사절단을 교환하는 데 합의했다. 체코슬로바키아만이 히틀러의 체코슬로바키아 침공과, 제2차 세계대전 후 체코슬로바키아로부터 독일인들을 추방한 문제를 둘러싸고 서로의 주장이 충돌하는 바람에 슈뢰더의 제안을 거부했다.

울브리히트는 슈뢰더의 정책을 위험하다고 보았다. 그는 서독이 독일민주공화국에 대한 동유럽의 지지를 약화시킬까봐 걱정했다. 울브리히트는 무역 사절단을 '트로이의 목마'라고 비난하면서 동맹국들에게 격렬하게 항의했다.

슈뢰더는 국내에서도 지지를 얻지 못했다. 기독사회연합 지도자 프란츠 요제프 슈트라우스는 무역 사절단이 할슈타인 독트린을 뒤엎을 위험이 있다고 말했다. 슈트라우스는 바이에른의 많은 난민들이 체코슬로

---

* Gerhard Schröder(1910-1989). 독일연방공화국(서독) 기독민주연합 소속의 정치가. 1949-1980년 서독 연방의회 의원, 1953-1961년 내무장관, 1961-1966년 외무장관, 1966-1969년 국방장관을 역임했다.

바키아에서 피난해온 사람들이며 이들이 자기 재산에 대한 보상을 원하고 있다는 이유로 체코슬로바키아와의 회담을 막았다. 에르하르트는 슈뢰더를 확고하게 지지하지 않았고, 외무장관은 사방에서 꼼짝도 못하게 둘러싸인 처지였다. 외무장관은 동유럽과의 접촉 노력을 그만둘 수밖에 없었다.

미국의 전략적 정책은 동구권과 거래하려는 슈뢰더의 시도를 더욱 제한했다. 케네디는 서독이 모스크바와의 관계를 개선하기를 원하면서도 한편으로는 나토의 핵무기가 소련 영토를 겨냥하는 것을 돕기 위해 서독에게 이론적 권한을 부여했을 전략적 계획을 진전시켰다. 케네디가 아데나워에게 제안했던 다국적군(MLF)은 서독인들을 포함한 여러 나라의 병사들이 나토의 잠수함과 수상함정에 배치되는 것을 허용했다. 이와 같은 군대는 동유럽과 소련 영토를 향해 200기의 폴라리스 및 여타 미사일을 발사함으로써 중부유럽에서 소련의 공격에 맞서 강력한 지역적 억지력을 나토에 제공할 수 있을 것이었다.

에르하르트는 많은 개인적인 우려에도 불구하고 아데나워를 좇아 미국의 계획을 받아들였다. 미국의 계획은 본에 핵무기를 발사할 권한은 부여하지 않지만 발언권은 부여할 것이었다. 다국적군은 나토가 공격하는 소련군을 괴멸시키기 위해 독일 내 국경을 따라 즉각적인 방어적 핵타격을 가함으로써 수많은 독일인들을 희생시킬 수 있는 위험을 줄여줄 것이므로 서독에 도움이 될 수 있었다. 그러나 슈트라우스와 독일 전략가들은 해상의 억지력은 보복에 시간이 걸릴 것이기 때문에 지상의 억지력보다 신뢰가 떨어질 수 있다는 점을 우려했다. 그것은 '선제 타격' 개념을 약화시킴으로써 대응을 하기도 전에 소련군이 서독을 유린해버릴 위험이 있었다. 그러나 서독의 국방 관계자들은 워싱턴에서 쏟아져 나오는 온갖 전략 방안들로 인해 혼란을 겪는 바람에 약간의 실체만 있으면 좀 불완전한 계획이라도 수용하려는 경향마저 있었다. 독일인들은 국방장관 맥나마라의 '유연 대응' 개념에 대해 걱정했다. 그들은 서독이 소련인들을 물러서게 만들 억지력으로서는 불충분한 재래식 무기만으로 방어될 것을 두려워했다. 다국적군은 적어도 얼마간의 억지력을 제공하는 것 같았다.

에르하르트는 국방 문제에 대해 워싱턴과 협력하기를 원했다. 에르하르트는 유럽의 핵 억지력이라는 프랑스의 제안을 버리고 케네디의 다국적군 제안을 수용함으로써 드골과의 관계에 손상을 입혔다.[5] 심각한 불화를 일으킨 내부 토론 끝에 독일사회민주당조차 다국적군을 받아들였다. 독일사회민주당의 주요 국방 전문가인 헬무트 슈미트*는 다국적군을 강력하게 찬성했다.

흐루쇼프는 격렬하게 반대했다. 해상의 나토 미사일은 독일에 배치된 단거리 미사일보다 훨씬 더 소련 내부 깊숙한 곳까지 도달할 수 있었다. 유럽에서 물리적 충돌이 일어나면 미국 영토와 달리 소련의 영토는 곧바로 위험에 처할 터였다. 또한 흐루쇼프는 독일인들이 핵무기 기술과 운용법을 배우기를 원하지 않았다. 소련인들에게 다국적군은 독일의 전략적 위협을 상징하는 것이었다. 흐루쇼프와 울브리히트는 본의 '실지회복주의자들'이 세계전쟁을 일으키려 계획하고 있다고 주장하며 다국적군에 대한 불만을 반복했다.

---

* Helmut Schmidt(1918-2015). 독일의 사회민주당 소속 정치인. 고향 함부르크에서 경제부와 교통부에 근무하고, 1969-1972년 독일연방공화국 국방장관, 1972-1974년 재무장관, 1974-1982년 제5대 총리를 지냈다. 사임 후 1987년 정계에서 은퇴할 때까지 연방의회 의원으로 계속 활동했으며 1983년부터는 《디 차이트》지의 공동 편집자를 역임했다.

1964년 말, 존슨과 맥나마라는 다국적군을 갑자기 취소했고, 당황한 에르하르트와 분노한 슈미트는 미국이 "일관성 없고 믿을 수 없는" 것으로 드러났다고 불만을 토로했다. 대부분의 독일 국방 전문가들도, 비록 워싱턴과 나토가 다국적군의 대안으로 제안했던 기구로서 새로 구성된 나토 핵기획단(NATO Nuclear Planning Group)에 독일이 영구적으로 가입하는 것을 환영했음에도 불구하고, 미국의 돌연한 번복에 분개했다.[6]

처음에 다국적군을 발의했다가 그 후 취소한 미국의 결정은 많은 독일인들이 가졌던 스스로 자신들을 돌보아야 한다는 믿음을 한층 더 강화시켰다. 그들은 점점 더 더욱 자율적인 대외 정책을 모색하기 시작했다.

이러한 배경하에서 흐루쇼프는 독일의 외교에 또 다른 개인적 모험을 감행했다. 1964년 3월 흐루쇼프는 자신이 독일연방공화국을 방문하고 싶어 한다는 사실을 밝혔다. 흐루쇼프는 자신의 사위로서 당시 모스크바 신문《이즈베스티야》의 편집인이었던 알렉세이 아주베이*를 독일에 보내 방문을 준비하게 했다. 아주베이는 흐루쇼프가 독일-소련 관계를 확실히 개선시키고 싶어 한다고 말했다. 심지어 아주베이는 자신의 장인이 독일 통일을 심사숙고할 준비가 되어 있을 것이라고 슬쩍 내비치기까지 했다.[7]

흐루쇼프는 왜 방문을 원하는지 결코 설명하지 않았다. 소련 경제가 장기적인 침체로 판명될 불황에 진입했기 때문에 흐루쇼프는 당연히 독일로부터 투자와 융자의 확대를 원했을 것이다. 흐루쇼프는 1963년 말에 소련이 화학제품들, 특히 비료와 농약의 생산과 수입을 증대시킬 필

---

* Alexei Adzhubei(1924-1992). 소련의 언론인. 1957-1959년《콤소몰스카야 프라우다》편집장, 1959-1964년《이즈베스티야》편집인을 지냈다. 1947년 흐루쇼프의 셋째 딸 라다와 결혼하여 그의 사위가 되었다.

요가 있다고 발표했다. 1964년 3월에는 독일의 크루프 사로부터 화학 제초제 생산 설비의 구입을 발표했다. 아주베이는 크루프, 티센, 회흐스트 사 같은 독일의 거대기업들의 지도자들을 만났다.

울브리히트는 흐루쇼프의 계획에 분노에 찬 반응을 보였다. 모스크바가 서독의 화학제품을 위해 영혼을 팔 필요가 없다는 것을 보여주기 위해 울브리히트는 동독의 화학제품 생산을 확대하는 대규모 프로그램을 발표했다. 울브리히트는 또 아주베이가 방문한 바로 그 기업들을 '파시스트'라고 지목하면서, 연방공화국에 반대하는 악의적인 선전 활동을 개시했다.

울브리히트는 흐루쇼프와 더욱 더 거리를 두고자 했다. 울브리히트는 동베를린에서 소련의 보수파 국방 관리들인 국방장관 로디온 말리놉스키, 안드레이 그레치코* 원수와 오랜 시간 회담을 가졌다. 그는 독일사회주의통일당 신문《노이에스 도이칠란트》로 하여금 서독과 거래를 하려 했다고 '반역자 베리야'를 비난하는 기사를 싣게 했다. 울브리히트는 또 신문을 통해 에르하르트가 독일민주공화국을 완전히 인정하는 협정을 맺을 때까지는 그와 어떤 거래도 하지 말아야 한다고 흐루쇼프에게 훈계했다. 울브리히트는 흐루쇼프가 평화조약을 따로 맺지 못한 것을 달래는 선물로서 그에게 제안했던 우호협력조약을 체결하기 위해 1964년 6월 모스크바를 방문했을 때, 몇몇 소련 지도자들의 발언들과 공개적으로 거리를 두었다.

---

* Andrei Grechko(1903-1976). 소련의 군인. 내전과 제2차 세계대전에 참전했다. 종전 이후, 1953년까지 키예프 군관구의 사령관으로 재임했고, 1953-1957년에는 동독 주재 소련군 총사령관을 지냈다. 1957-1960년 육군 총사령관, 1960-1967년 바르샤바 조약 기구 총사령관을 역임했으며, 1967년에는 국방장관에 임명되어 사망 때까지 재임했다.

1964년 중반, 울브리히트와 흐루쇼프는 사이가 완전히 틀어졌다. 울브리히트는 베를린에 대한 약속을 지키지 못했다는 이유로 이미 흐루쇼프를 경멸하고 있는 상황이었다. 그는 이제 불평거리가 더 많았다. 울브리히트는 또한 흐루쇼프의 적들이 움직일 계획이 있다는 사실도 알고 있었을 것이다. 아무리 화가 났더라도 아마 흐루쇼프의 날이 얼마 남지 않았다고 생각하지 않았다면 울브리히트가 소련의 최고 지도자에 그렇게 공개적으로 대들지는 못했을 것이다.

마찬가지로 흐루쇼프도 울브리히트를 극히 싫어했음에 틀림없다. 울브리히트는 흐루쇼프를 베를린 위기로 몰아넣었고, 그 후 찰리 검문소에서 구원의 손길을 받아야 했다. 장벽은 공산주의 체제 전체의 자존심을 상하게 했다. 장벽이 세워지고 3년 뒤 울브리히트의 독일민주공화국은 약간의 경제적 발전을 이루긴 했지만 여전히 흐루쇼프가 원하는 것을 생산해낼 능력이 없었다.

흐루쇼프가 울브리히트와 조약을 체결한 직후 서독 정부는 소련의 최고 지도자가 1965년에 서독을 방문할 것이라고 발표했다. 또 서독 정부는 의제에 제한이 없다고도 했는데, 이는 흐루쇼프가 독일 문제를 논의할 준비를 할 것임을 의미했다.

하지만 1964년 10월 14-15일 밤에 흐루쇼프는 물러났다. 그의 후임자인 레오니트 브레즈네프는 재빨리 흐루쇼프보다 더 확고하게 울브리히트를 지지하는 발언을 했다. 이 발언들은 흐루쇼프를 퇴임시킨 사람들이 적어도 부분적으로는 최근 독일을 둘러싼 그의 모험적 시도가 무엇이었든 그 시도를 저지하기 위해 그렇게 했다는 것을 암시했다. 그러나 브레즈네프가 울브리히트를 도왔다면 그것은 독일민주공화국에 개인적으로 확고한 공감을 품었다거나 독일에 관해 어떤 강력한 견해를 지녔기 때문이 아니었다. 한 소련 외교관은 브레즈네프가 선택된 것은 브레즈네프가 독자적인 견해를 갖고 있기 때문이 아니라 크렘린의 고위 공직자들의 희망을 실행할 준비가 가장 잘 되어 있는 소련공산당 지도자이기 때문이었다고 썼다.[8]

흐루쇼프는 한 바퀴를 빙 돌아 원점으로 되돌아갔다. 흐루쇼프는 독일 통일을 계획했다고 비난함으로써 베리야를 파멸시키는 데 도움을 주었다. 흐루쇼프는 장벽으로 독일의 분단을 심화시키는 쪽을 택했다. 종국에는 다시 독일 통일을 넌지시 비추었다. 그러나 흐루쇼프는 다시금 스탈린이 직면했던 딜레마와 똑같은 딜레마에 직면했다. 동부 독일에 소련의 보호국을 보존하면서 어떻게 독일 전역에 영향력을 발휘할 것인지가 그것이었다. 흐루쇼프는 스탈린보다 이 문제를 더 잘 해결할 수가 없었다.

흐루쇼프의 몰락은 에르하르트에게 굴욕감을 주었다. 10월 15일, 총리는 본에서 흐루쇼프에게 새로운 독일 통일 계획을 제안할 생각이었다고 연방의회에 말했다. 나중에 밝혀진 바에 따르면 에르하르트가 이 말을 했을 때는 흐루쇼프는 이미 실각 당한 상태였던 것이 분명하다.

설상가상으로 1965년 신임 소련 각료회의 의장(총리에 해당-옮긴이) 알렉세이 코시긴*은 본을 방문해달라는 에르하르트의 초청을 거절했다. 그 후 에르하르트의 독일 정책 및 대외 정책의 침체는 고름이 나오는 종기가 되었다. 어쩌면 에르하르트를 비난할 수는 없을 것이다. 아데나워는 에

---

* Alexei Kosygin(1904-1980). 소련의 정치가. 1943-1946년 러시아연방 인민위원회의 의장, 1953-1960년 소련 각료회의 부의장, 1960-1964년 소련 각료회의 제1부의장, 1964-1980년 소련 각료회의 의장을 역임했다. 각료회의 의장으로서 이윤방식의 도입에 의한 경제개혁과 소비물자 증산, 1966년 인도-파키스탄분쟁 조정, 1967년 미국 존슨대통령과의 회담, 1969년 저우언라이 중국 총리와의 회담 등에 의한 국제긴장 완화에 노력했다. 말년에는 소련의 경제성장률 저하, 미-소 관계의 악화, 브레즈네프의 권력 강화 등으로 빛을 잃었다.

르하르트를 막다른 골목에 내버려두었고, 그의 동맹자들은 상황을 더욱 악화시켰다. 그러나 에르하르트는 독일이 새로운 구상을 모색하고 있던 바로 그때, 적절한 구상을 내놓은 데 실패했다.

딱히 독일에 관한 어떤 해결책도 떠오르지 않는 상태에서 빌리 브란트는 적어도 장벽의 부담을 조금이나마 완화시켜 볼 목적으로 베를린에서 몇 가지 조치를 시도해 보기로 결정했다. 브란트는 과도한 정치적 비용만 들지 않는다면, 크리스마스와 새해를 계기로 서베를린과 동베를린의 이산가족들이 만나는 것을 도와주고 싶었다.

장벽이 구축된 후인 1961년 말에 브란트는 장벽을 사이에 두고 헤어진 가족들이 크리스마스 때 만날 수 있게 해달라고 동독 당국에 비공식적으로 요청했다. 브란트는 동베를린의 다양한 창구를 통해 일을 진행시키려 했으나 2년 동안 아무런 응답도 받지 못했다. 가족들의 만남을 성사시키려는 노력은 심지어 화급한 경우조차도 실패로 돌아갔다. 울브리히트는 전혀 관심을 보이지 않았다.[9]

1963년 12월 5일, 브란트는 독일민주공화국 각료회의로부터 다가올 크리스마스와 새해 때 서베를린 시민들이 동베를린의 친척들을 만날 수 있도록 통행증을 발행하는 문제에 대해 논의하자고 제안하는 메시지를 갑작스럽게 받았다. 연합국은 이를 승인했다. 에르하르트도 막판에야 동의했는데, 그것은 기독민주연합/기독사회연합 당원들의 반대 때문이었다.

일련의 협상이 서둘러 진행되었다. 브란트로서는 서베를린이 별개의 주권 국가라는 울브리히트의 주장을 뒷받침해주는 사태를 피해야 했기에 협상은 극히 복잡했다. 협상은 동베를린과 서베를린에서 수백 번의 회의를 거쳐야 했고, 소수의 사람들만이 이해할 수 있는, 법률적·절차적으로 복잡하고 에두른 표현들을 낳았다. 그러나 울브리히트는 결국은 합의를 국가 간 문서로 만들지 않는 방안을 수용했다. 가장 민감한 문제를 피하기 위해 협상가들은 "양측은 지역, 당국, 관직(Oerter, Behörden, und Amtsbezeichnungen)에 대한 공통의 정의에 관해 합의에 도달할 수 없다는 점을 확인했다."라는 체면을 살리는 방안을 고안했다. 양측은 각자 원하는 용어를 사용할 수 있었다.[10]

통행증을 원하는 서베를린 시민들의 수는 예상을 훨씬 뛰어넘는 것이었다. 그들은 통행증을 신청하기 위해 추위 속에서 6-8시간 동안 줄을 섰다. 동독 당국은 약 3만 명의 방문객을 맞을 준비를 했다. 그러나 실제로는 거의 80만 명이 동독을 찾았고, 일부 사람들이 여러 차례 방문함으로써 전체 방문 회수는 120만 회를 넘었다. 서베를린 시민들은 공식적으로는 동베를린의 직계 가족들만 만날 수 있었지만, 다른 친척들이 동독 전역에서 그들을 보러 왔다. 브란트는 400만 명 이상의 사람들이 크리스마스와 새해에 걸쳐 서로 만났다고 추산하면서, 이산가족 상봉을 인도주의의 승리라고 묘사했다. 울브리히트도 독일민주공화국이 통행증 발행 비용으로 받은 수수료와 서베를린 시민들이 동베를린에서 소비한 돈 때문에 기뻐할 이유가 있었다.

서베를린의 행정당국과 독일민주공화국은 1964년 크리스마스, 1965년 부활절과 성령강림절, 1965-1966년 크리스마스와 새해, 1966년 부활절과 성령강림절을 위해 다음 3년에 걸쳐 유사한 방문을 추진하는 합의에 도달했다. 그들은 또 화급한 가족 상황으로 인한 방문 문제를 다루는 합의도 맺었다. 하지만 1966년 중반 이후 울브리히트는 합의를 중단시켰다. 그는 아마도 완전한 인정을 즉각 원했거나 본에 등장할 새 정부와 더 잘 할 수 있을 거라고 생각했기 때문에, 용어를 둘러싼 타협할 수 없는 논쟁을 회피하는 체면치레용 조항을 더는 받아들이지 않았다.

동독의 문서들을 보면 독일사회주의통일당 지도자들이 통행증 합의 문제를 놓고 격렬하게 논쟁을 벌였음이 드러난다. 일부 지도자는 체면을 살려주는 방안이 동베를린에 대한 독일민주공화국의 주권을 인정하지 않은 사실에 항의했다. 울브리히트는 5년에 걸쳐 독일사회주의통일당 정치국 회의를 다섯 차례 소집했다. 어느 땐가 정치국은 이 방안을 거부 하기로 결정했고, 회담의 실패를 선언하는 보도 자료를 준비했다. 하지 만 마지막 순간에 울브리히트는 계속 진행하기로 결정했다. 비록 문서들 로는 소련의 입장을 알 수 없지만, 아마도 울브리히트가 소련의 동의 없 이 행동할 수는 없었을 것이다.[11]

서방에 국경을 개방하는 문제에 대해 울브리히트가 항상 소련의 지 지를 얻은 것은 아니었다. 1966년 2월 울브리히트는 독일사회주의통일 당과 독일사회민주당 지도자들 사이에 연사를 교환하여, 독일사회주의 통일당 지도자들은 서독에서 연설하고 독일사회민주당 지도자들은 동독 에서 연설하자고 제안했다. 브란트와 독일사회민주당은 이 제안을 기꺼 이 수용하고 자신들의 연사들을 지명했다. 협의된 사항을 세세히 열거하 는 일련의 서한들이 뒤를 이었다. 하지만 모든 것이 합의된 것처럼 보이던 6월 말에 독일사회주의통일당이 갑자기 발을 빼고 합의를 취소했다.

울브리히트는 서독 연방의회가 장벽에서 난민들을 살해하는 데 일정 한 역할을 했다는 혐의로 고발당한 독일사회주의통일당 관리들에게 완전 한 면책을 부여하기 위해 필요한 법안을 통과시키지 않았다고 비난했다.

그러나 훗날 동베를린 주재 소련 대사인 표트르 아브라시모프*가 교

---

* Pyotr Abrasimov(1912-2009). 소련의 전쟁 영웅이자 정치인. 1956년부터 1971년까지 중국,

환을 막았다는 사실이 밝혀졌다. 아브라시모프는 동베를린의 다른 외교관들에게 "회의는 열리지 않을 것입니다."라고 무뚝뚝하게 알려주었다. 소련인들은 여전히 동독인들을 포함하여 독일인들을 불신하는 것 같았다. 아브라시모프는 나중에 소련인들은 독일사회주의통일당 지도자들과 독일사회민주당 지도자들 사이의 직접적인 회담을 싫어한다고 사적인 대화에서 브란트에게 말했다. "닫힌 문 뒤에서 무슨 말을 할지 누가 알겠습니까?"[12]

세 남자와 의미심장한 구절

에르하르트가 허둥대자 사회민주당원들은 기회를 보았다. 연합국과 기독교사회민주연합이 독일 문제를 포기한 반면 그들은 시도해 보기를 원했다. 크리스마스 통행증 같이 강대국의 주의를 끌 만한 것이 아닌 아주 작은 조치들조차 뭔가를 의미했다.

특히 빌리 브란트, 에곤 바르, 헤르베르트 베너* 세 사람은 자신들이 무엇을 하고자 하는지를 알았다.

브란트는 독일의 새로운 세대가 새로운 구상을 내놓는 것을 그들 자신과 역사에 대한 의무라고 믿었다. 브란트는 케네디 대통령의 메시지를 심각하고 개인적으로 받아들였다. 냉전의 빙하시대가 끝날 수 있다면, 독일인들은 다음 단계를 규정하는 데 도움이 되어야 했다.

프랑스 폴란드, 동독 주재 소련 대사를 역임했다. 1983-1985년에는 외국관광 소련국가위원회 위원장을 지냈다.

* Herbert Wehner(1906-1990). 독일의 정치인. 공산당원이었으나 제2차 세계대전 후 사회민주당에 가입했다. 1966-1969년 전독일문제부 장관을 지냈으며, 그 후 1983년까지 사회민주당 원내총무를 맡았다.

브란트는 다른 사람들이 정책을 만드는 곳에서 비전을 빚었다. 브란트는 오랜 문제들에 대해 새로운 해결책을 생각해내고, 그것을 지지를 이끌어낼 수 있는 용어로 제기할 줄 알았다. 브란트의 명백한 진정성은 그의 청중들, 심지어 지친 외교관들에게까지 영향력을 발휘함으로써 그는 오로지 신념과 이상의 힘으로 그들을 이끌고 갈 수 있었다.

브란트의 우선 사항은 비스마르크나 아데나워의 우선 사항과 달랐다. 비스마르크는 민주주의 없는 독일 통일을 선택했다. 아데나워는 민주주의를 선택했고 통일을 연기할 태세가 되어 있었다. 브란트는 둘 다를 시도해보기를 원했다. 브란트는 올바른 정책을 찾을 수 있다고 생각했다.

아데나워와 마찬가지로 브란트는 주로 이상이 아니라 냉소적인 국가이성(Staatsraison)을 추구했다고 비스마르크를 비난했다. 브란트는 이익, 목표, 양보와 대응 양보, 전술과 대응 전술, 책략과 대응 책략을 꼼꼼하게 따지는 것을 혐오했다. 브란트가 보기에 이것들은 전통적인 외교 담론의 뼈대였다. 브란트는 자신의 공개적인 행동이 다른 이들의 신중하게 계산된 책략보다 더 많은 것을 성취할 수 있다고 확신하면서, 신념과 직관으로 외교를 추구했다.

브란트는 물리적 분단이 너무 오랫동안 지속된다면 독일인들이 하나의 민족이라는 의식을 잃어버릴 수 있다고 우려했다. 브란트는 독일의 민족의식이 감퇴하는 것을 원하지 않았다. 아데나워는 통일을 확실하고 안정된 협상에서만 모색할 수 있는 먼 책무로 보았던 반면, 브란트는 통일을 시급한 인간적 욕구로 보았다. 브란트는 또 아데나워에게 제시되었던 것보다 더 좋은 조건을 얻어낼 수 있다고 생각했다.[13]

브란트는 비전을 구체화하고 자신의 이상과 개념을 구현해 가는 과정을 정확히 드러낼 수 있는 말을 찾기 위해 에곤 바르를 선택했다. 라디오 기자 출신인 바르는 적절한 때 내놓는 적절한 말의 가치를 이해했다. 바르는 다른 사람들은 상상할 수 없는 외교적 방안과 순서를 창안함으로써 일이 성사되게 할 수 있었다. 전략적으로는 집요하지만 전술적으로는 창의적이었던 바르는 브란트가 그에게 건너가기를 원했던 외교의 지뢰밭을 상하좌우 지그재그로 움직이며 통과할 수 있었다.

바르는 브란트와 기본적인 목표를 공유했으나, 브란트와는 달리 자신에 대한 충성심을 불러일으킬 수는 없었다. 많은 사람들, 특히 외국인들은 바르가 너무 조급하고 지나치게 정연하다는 점 때문에 그를 신뢰하지 않았다. 그들은 바르가 알려주기보다는 설득하려고 언어를 교묘히 조작한다고 생각했다. 하지만 브란트의 신뢰를 받으며 바르는 정치적 책무는 결코 질 수 없었지만 브란트의 목표는 달성할 수 있었다.

바르는 브란트의 기본적인 의도를 지지하면서 항상 브란트의 권위 외곽에서 움직였다. 바르는 때로 기대되지 않았을 행동을 정당화하기 위해 브란트를 떠나기도 했다. 대부분의 지도자들은 여러 번 바르를 해임했겠지만, 그러나 브란트는 바르의 가치를 이해하고 그를 보호했다.

헤르베르트 베너는 일이 작동되게 한, 실제적이고 종종 인정사정없던 정치인으로서 활동했다. 베너는 오래 전에 현실을 위해 비전을 포기했다. 그는 브란트가 지닌 매력과 카리스마, 재능을 결여했다. 베너는 또 바르가 갖고 있는 언어의 마술을 부리는 능력도 없었다. 그러나 베너는 두 사람보다 독일사회민주당을 더 잘 관리하고 당의 방향을 통제할 수 있었다. 비록 두 사람만큼 신문의 1면을 장식하지는 못했지만 베너는 많은 점에서 세 사람 중 가장 중요한 사람이었다. 베너는 브란트, 바르, 아데나워와 함께 독일의 민주주의를 어느 때보다 더 강하고 더 지속 가능하게 만들기 위해 맹렬하게 헌신했다. 베너는 또 사회민주당이 연방공화국을 통치하는 책무를 수행할 수 있음을 보여주기를 원했다.

베너는 자기 안에 독일 좌파의 고뇌에 찬 좌절과 모순을 품고 있었다. 베너는 히틀러를 여전히 막을 수 있었을 때 막기 위해 협력하지 못한 데 대해 독일 공산주의자와 사회주의자들에게 분노했다. 그는 동독의 독일 사회민주당이 또 하나의 독일 경찰국가를 운영하는 데 합류하라는 울브리히트와 스탈린의 명령을 받아들였다는 사실을 견디지 못했다. 또 독일을 제1차 세계대전에 끌어들이고 나치 독재에 저항하지 않았던, 으스대며 거들먹거리는 프로이센 귀족들에 대한 강한 증오심을 가지고 있었다. 베너는 때때로 깊은 분노에 화산처럼 폭발하곤 했는데, 그럴 때면 다른 이들은 그의 격노에 기절할 지경이었다.

베너의 격분으로부터, 좌파가 다시는 누군가의 공작이나 순수에 대한 열정에 의해 조종당해서는 안 된다는 굳은 신념이 자라났다. 프라하, 스웨덴 등지의 망명지로부터 코민테른을 대표해 나치에 맞서 싸우고, 친구와 동지, 가족이 히틀러에 의해 투옥되고 학살되는 것을 지켜보면서, 베너는 한담이나 나누는 하찮은 사람들을 두고 보지 못했다.

아마도 콘라트 아데나워를 제외한다면, 베너는 전후 독일에서 가장 날카로운 정치적 두뇌의 소유자였을 것이다. 한때 독일공산당원이자 스탈린의 요원으로서, 스스로 마르크스주의자였음을 인정했던 베너는 정치를 이해했고, 권력을 이해했다. 베너는 독일의 유권자들이 더는 극단주의를 용납하지 않을 것이며, 다시는 급진적 실험을 위해 중도를 버리지 않을 것임을 깨달았다. 베너는 또 독일 노동자는 서유럽의 번영과 안전, 나토 동맹을 버리지 않기를 원한다는 것도 인정했다. 그러므로 베너는 브란트나 바르보다도 더 독일사회민주당에게 현학적인 좌파 구호를 버리고 정치적 스펙트럼의 중앙을 향해 나아가도록 요구했다.

다른 코민테른 전사들처럼, 베너는 말 못할 일이 많았다. 어느 누구도 베너가 전후 시기 대부분의 기간 동안 직접적인 접촉을 유지하고 있었던 소련인들에게 무슨 말을 했는지 알지 못했다. 많은 사람들이 베너가 이중 거래를 하고 있다고 의심했다. 베너는 친구가 많지 않았다. 거의 누구도 베너에게 감히 말할 엄두도 내지 못했다. 감히 그에게 저항한 사람은 더더욱 없었다.

세 사람은 홀로 행동하지 않았다. 헬무트 슈미트 같은 다른 독일사회민주당 인사들은 당을 황야에 계속 둘 수는 없다는 사실을 깨달았다. 그러나 베너는 브란트의 지지 속에 당에 새로운 정책을 몰아붙였다. 우선, 베너는 새 강령을 채택하기 위해 1959년 독일사회민주당 대회를 조직했다. 고데스베르크 강령으로 알려지게 된 이 강령은 당의 국내 정책의 이념적 토대로서 마르크스주의를 공식적으로 포기했다. 이듬해 베너는 연방의회에 독일사회민주당이 아데나워의 친서방적 대외정책의 기본 원리들을 수용한다고 말했다. 베를린에서 흐루쇼프와 울브리히트를 겨냥한 브란트의 저항과 이 베너의 연설 덕분에 독일사회민주당은 아데나워를 '연합국의 총리'라며 비난했던 쿠르트 슈마허와 결별하고 독일 여론의 주류 속에 참여할 수 있었다. 에르하르트가 흔들렸을 때 그들은 책무를 떠맡을 준비가 되어 있었다.

브란트는 1963년 7월 바이에른 주의 투칭에 있는 복음주의 신학교에서 행한 한 연설에서 자신의 비전을 분명히 표현할 기회를 찾았다. 브란트는 독일 분단의 고통과 장벽으로 헤어진 가족, 죽음의 띠에 대해 이야기하면서, 매우 인간적인 용어로 자신의 제안을 진술했다. 브란트는 무력과 긴장으로는 다시는 독일을 화합시키지 못할 것이라고 덧붙였다. 그런 정책은 경계를 더욱 공고히 하고 사람들을 더욱 아프게 할 뿐이었다. 독일인들은 친구들뿐만 아니라 적들을 대할 때도 새로운 발상과 새로운 접근법을 시도해야 했다.

이런 정신으로 브란트는 독일사회민주당과 그 후에는 서독 정책의 토대가 될 몇 가지 결론을 이끌어냈다.

- 재통일은 소련 없이, 소련에 맞서서가 아니라 오직 소련과 함께 할 때에만 해결될 수 있는 대외정책 과제이다.
- 재통일은 많은 단계와 많은 정거장이 있는 길이다.
- 동독의 비열한 체제는 괴멸될 수 없다. 동독 체제와도 함께 일해야 한다.
- 불만과 대결로 이 체제를 파괴하지 못하지만, 몇 가지 조치는 동독의 상황을 개선시킬 것이다.
- 이러한 사고방식은 불편하고 우리의 아주 깊은 감정에 역행하지만 회피할 수가 없다.[14]

브란트는 또 청중들에게 1953년 6월에 소련이 어떻게 자국의 이익을 지켜내는지를 보여준 바 있음을 상기시켰다. 뭔가 유익한 결과를 얻기 위해 동독에서 폭력적인 봉기가 일어나기를 기대하는 것은 적절하지 않다. 하지만 모스크바는 변화 속에서 이익을 찾아내야 했다.

다른 상황이었더라면 브란트의 연설은 그가 바라던 바, 즉 독일의 분단과 통일의 희망에 관한 광범위한 토론과 건전한 논의를 낳았을 것이다. 그러나 아마 자신도 의도하지 않았겠지만 투칭에서 진짜 스타가 된 사람은 바르였다. 바르는 자신이 작성을 도운 브란트의 연설을 자기 자신의 구절로 압도해버렸기 때문이었다.

바르는 '접근을 통한 변화'(Wandel durch Annäherung)라는 구절을 브란트의 연설문에 집어넣었는데, 한 친구가 그 구절을 기사 제목으로 올렸다. 브란트는 아마 별 생각 없이 바르가 그 구절을 집어넣는 것을 승인했을 것이다. 브란트는 연설을 하고 난 뒤에도 그 구절이 지닌 완전한 의미와 매력을 파악하지 못했다.

많은 독일어 구절과 마찬가지로, 접근을 통한 변화는 구절이 가진 미묘한 뉘앙스를 희생시키지 않고서는 영어로 번역될 수 없다. 보통 그러듯이 직역을 하면 '상호 접근을 통한 변화'(change through mutual approach), 혹은 관례적인 프랑스어 '접근을 통한 변화'(change through rapprochement)를 뜻한다. 그러나 내용은 훨씬 깊어서 '상호 화해를 통한 탈바꿈'(transformation through mutual accommodation)으로 더 잘 표현될 수 있다. 그것은 화해에 참여한 정당이나 국가가 그 과정에서 부지불식간에 심오하게 바뀔 수 있음을 암시한다. 그것은 더 높은 수준의 화해는 더 높은 수준의 탈바꿈을 산출하리라는 것을 시사한다.

접근을 통한 변화라는 구절은 독일의 정치 토론에서 계속 등장하게 될 터였다. 그것은 서방과의 접촉을 통해 독일사회주의통일당이 변화될 수 있음을 시사했다. 그것은 또 서방도 변화될 것임을 시사했다. 그러므로 그 구절은 긍정적 혹은 부정적, 공격적 혹은 화해적, 이상주의적 혹은 현실주의적으로 해석될 수 있었다. 누가 그리고 무엇이 변화되고 탈바꿈될 것인가? 바르는 구체적으로 무엇을 의미했는가? 울브리히트의 독재체제가 만일 재조직된다면 좀 더 인간적으로 될 것인가? 독일사회주의통일당은 반대 의견을 용납할 것인가?

그리고 동구권이 아니라 서방에서 변화가 일어난다면 어떻게 될까?

서방은 단결, 결의, 어쩌면 정당성 의식까지 잃어버릴 것인가? 그리고 독일 문제의 맥락에서 '화해'는 무엇을 뜻할 것인가? 대부분의 서독인들이 절대 반대하는 공식적인 상호 인정? 아니면 그보다 덜한 뭔가에 대한 동독의 묵인?

바르의 말은 설명이 필요하지만 설명이 불가능한 채로 허공에서 반짝이면서 찬란한 가능성과 참담한 가능성 가운데 하나를 떠올리게 만들었다. 나중에 브란트는 이 말을 몹시 싫어하게 되었다고 말했다. 민주주의 체제가 자신이 믿거나 원하지 않던 소련 전체주의 체제 쪽으로 바뀔 수도 있음을 시사했다는 이유였다. 그러나 브란트도 바르도 이 말이 소멸되기를 바랄 수가 없었다.

가장 중요한 것은 바르의 그 구절이 화해라는 단순한 사실이 화해의 조건보다 더 중요할 수 있음을 암시했다는 점이다. 왜냐하면 어떤 화해의 노력도 예측할 수는 없지만 아마도 바람직한 방향으로 이끌 수 있는 변화의 과정을 시작할 것이었기 때문이었다. 본은 다소 결함이 있는 협정이라도 서명을 하는 편이 나을 수 있었다. 왜냐하면 그러한 협정조차 울브리히트의 체제를 탈바꿈시킴으로써 애초에 생각했던 것보다 더 나은 결과를 가져올 수 있을 것이기 때문이었다.

바르는 동독 지도부가 그와 브란트가 말하려는 바를 알기를 원했다. 투칭 연설 이틀 전에 바르가 보낸 어느 관리가 연설문을 보여주려고 동베를린으로 갔다. 독일사회주의통일당 언론과 선전 관리들은 무척 신중하고 얼마간 의심스런 눈초리로 연설문을 분석했다. 그들은 독일사회민주당이 독일민주공화국에 대한 독일의 정책을 재검토하겠다는 생각을 환영했지만, 연설이 완전한 인정을 약속하지 않았다는 사실을 눈치 챘다. 그들은 연설이 독일민주공화국의 필요와 희망을 진정으로 충족시키지

않는다고 말했다.[15]

동독의 외무장관 오토 빈처[*]는 바르의 구절에서 위험성을 보았다. 빈처는 그것을 '펠트 슬리퍼를 신은 공격'(Aggression auf Filzlatschen)이라고 비난했다. 독일민주공화국은 존재 자체의 위험을 무릅쓰지 않고서는 어떤 종류의 변화도 받아들일 수가 없었다. 접근을 통한 변화는 독일민주공화국이 단기적으로 얻을 이익보다 장기적으로 더 많은 손실을 보리라는 것을 의미할 수 있었다.

토론이 맹렬히 진행되면서 바르는 분석, 비판, 신중한 승인의 불기둥에 빠져 있는 처지가 되었다. 항상 너그러운 브란트는 바르를 지지했고, 그 구절이 자신의 목소리를 집어삼켜 버렸음에도 불구하고 받아들였다. 그러나 브란트는 연설에 의미심장한 제목을 붙여서 통신사로 내보낸 것에 대해서는 바르를 질책했다. 브란트는 또 바르가 너무 일찍 토론을 시작했다고 경고했다. 베너는 바르가 너무 많이 말했다고 투덜댔다.

여름이 다가오면서 독일사회민주당 지도자들은 여러 방향으로 흩어져 휴가를 떠났다. 그러나 그들은 빌리 브란트가 분명하게 표현한 정책과 에곤 바르가 모호하게 표현한 설명을 뒤에 남겨놓았다. 그들은 또 독일사회민주당이 독일 문제를 새로운 방식으로 바라볼 것이라는 느낌을 서독 유권자들과 그 동맹국들에게 남겨주었다.

---

[*] Otto Winzer(1902-1975). 동독의 외교관. 1945년 독일사회주의통일당에 입당하고 이듬해 당 중앙위원회 위원이 되었다. 1956-1965년 외무차관을 거쳐 1965-1975년 외무장관으로 일했다.

키징거가 이행을 관리하다

서독 유권자들은 사실 에르하르트가 싫증났지만, 그것을 1965년 10월에 보여주지는 않았다. 그들은 연립 파트너인 자유민주당뿐만 아니라 에르하르트와 그의 기독민주연합/기독사회연합도 권좌에 복귀시켰다. 오랫동안 아데나워의 그늘에 가려 있던 에르하르트는 독자적으로 총선에서 승리했다.

그러나 에르하르트의 승리는 공허하게 들렸다. 그의 연립은 아데나워의 연립이 절정에 올랐을 때에 비해 몇 석이 줄었다. 그리고 정부는 아이디어가 고갈되었다. 더구나 독일 경제 기적의 입안자로서 에르하르트의 명성에도 불구하고 경제는 침체하기 시작했다.

1966년 3월 25일, 에르하르트와 슈뢰더는 친구와 적 모두에게(독일민주공화국 제외) '평화 각서'를 보내면서 새로운 외교 공세를 개시하려고 했다. 평화 각서는 서독에게 획기적인 새 방침을 나타내는 것이었다. 다국적군 문제가 일단락되면서, 본은 동서 긴장을 완화시키기 위해 핵무기를 단념할 수 있었다. 그러나 평화 각서에는 새로운 것이 별로 없었고, 본의 동맹국들만이 관심을 표명했다. 브레즈네프와 울브리히트는 기다리면 더 나은 조건을 얻어낼 수 있을 거라고 생각했다.[16]

에르하르트는 어느 쪽을 보더라도 해결보다 문제가 더 많다는 것을 알았다. 에르하르트가 텍사스와 워싱턴에서 수차례 만났던 린든 존슨은 서독이 베트남에서 도움을 주거나 적어도 미군의 독일 주둔 비용을 지불해야 한다고 주장하며 그를 곤혹스럽게 했다. 존슨과 맥나마라는 미군이 서독을 지키고 있으며, 독일인들이 그 비용을 지불해야 한다고 생각했다. 그들은 독일 주둔 미군을 미국의 지구적인 전략적 구조의 일부로 보지 않았다.

　1966년 9월 말 에르하르트는 그의 마지막 워싱턴 방문을 이용해 비용 지불에 대해 시간을 더 달라고 요청했다. 존슨의 개인적 친구로서 본 주재 미국 대사였던 조지 맥기는 그 시간을 주라고 대통령에게 간청했다. 맥기는 에르하르트가 아데나워가 추구했던 프랑스와의 커넥션에서 떨어져 나왔고 유럽에서 가장 신뢰할 만한 미국의 친구임을 존슨에게 환기시켰다. 그러나 존슨과 맥나마라는 자신들의 요구를 그대로 따를 것을 고집하면서 에르하르트에게 전혀 양보하지 않았다.[17] 심지어 존슨은 독일 문제의 해결에 앞서 전반적인 동서 데탕트가 선행되어야 한다고 공개적으로 강력하게 말함으로써 에르하르트의 독일 정책에 타격을 가하기까지 했다. 깊은 충격을 받은 에르하르트는 의지할 데가 없었다.

　에르하르트는 자유민주당의 지지도 잃어버렸다. 자유민주당의 떠오르는 스타였던 발터 셸,* 당의 주요 지식인이었던 랄프 다렌도르프,** 그리고 한스-디트리히 겐셔*** 모두 더 적극적인 동방정책과 특히 새로운 독일 내부 정책을 원했다. 에르하르트가 존슨의 요구를 들어주기 위해 세금을 올려야 할 것이라고 말하자 자유민주당 지도자 에리히 멘데****도 그를 버렸다.

---

* 　Walter Scheel(1919-2016). 자유민주당 소속의 독일 정치인. 1961-1966년 경제협력개발장관, 1969-1974년 외무장관, 1974-1979년 독일 대통령을 역임했다.

** 　Ralph Dahrendorf(1929-2009). 독일계 영국 사회학자, 정치학자, 자유당 정치인. 1969-1970년 자유민주당 소속 독일 연방의회 의원과 독일 통일 후인 1993-2009년 영국 상원 의원을 지냈다.

*** Hans-Dietrich Genscher(1927-2016). 독일의 자유민주당 정치가. 1974-1992년 독일의 외무장관 겸 부총리를 지냈다.

**** Erich Mende(1916-1998). 독일 정치인. 자유민주당과 기독민주연합에서 활동했다. 1963-1966년 전독일문제부 장관과 부총리를 겸임했다.

자신이 에르하르트 대신 총리직을 맡을 잠재력이 있다고 생각하는 사람들로 가득 찬 기독민주연합/기독사회연합은 신임 기독민주연합 총리하에서 독일사회민주당과 대연정을 구성하는 데 동의했다. 이 총리는 수도의 하찮은 정치공작에 넌더리가 나 몇 년 전 본을 떠났던 바덴-뷔르템베르크 주 주지사 쿠르트 게오르크 키징거*인 것으로 드러났다.

1966년 12월 1일, 키징거는 총리가 되었다. 독일사회민주당을 대연정으로 이끈 브란트는 외무장관이 되었다. 베너는 전독일문제부 장관이 되었고, 바르는 외무부에서 기획 수석이 되었다.

키징거는 자신의 에너지를 대외 정책보다는 경제 정책에 더 집중했다. 그러나 키징거는 소련 및 동유럽 국가들과의 관계를 개선하기 위해 할 수 있는 일을 다 하기로 다짐했다. 그 시작은 1967년 1월에 루마니아와 그리고 1년 뒤에는 유고슬라비아와 외교관계를 수립한 것이었다. 이두 국가 모두 독일민주공화국과 이미 관계를 맺고 있었기 때문에 키징거는 사실상 할슈타인 독트린을 폐기한 셈이었다.

키징거는 모스크바와의 관계를 개선하는 데는 별다른 성공을 거두지 못했다. 약간의 화해 제스처를 시도했지만 1968년 8월 소련이 체코슬로바키아를 침공하자 대다수 기독민주연합/기독사회연합 당원들의 소련에 대한 혐오가 더욱 심해졌다. 키징거는 더는 개방을 추진하지 않았다.

신임 총리는 독일민주공화국을 상대로 어조와 용어를 모두 바꾸는 등 독일 내부 관계에 대해 좀 더 융통성 있게 대처하고자 했다. 키징거는 독일민주공화국을 경멸적인 '소련 점령지'와 공식 호칭인 '독일민주공화

---

* Kurt Georg Kiesinger(1904-1988). 독일의 보수 정치인으로 1966년 12월부터 1969년 10월까지 독일 연방 총리를 지냈다.

국'을 모두 피하고 비교적 중립적인 표현인 '독일의 다른 부분'이라고 부르기 시작했다. 그는 동독과 서독 사이의 간극이 더 이상 심화되지 않도록 최선을 다하겠다고 약속하고, 구체적으로는 경제적·인적 교류를 개선하기 위해 노력하겠노라고 다짐했다. 키징거는 이것이 동독 관리들과의 회담으로 이어질 수 있지만, 그렇다고 해서 그러한 회담이 '제2의 독일 국가'를 인정하는 것을 의미하지는 않을 것이라고 말했다.[18]

취임 5개월 후 키징거는 연방의회에서 동독과 서독 사이의 관계를 개선하기 위한 구체적인 아이디어들을 발표했다. 키징거는 여행, 베를린 통행증, 돈과 의료품 보내기, 이산가족 상봉, 무역, 우편 및 전화 교환, 스포츠 경기, 문화 교류 등에 필요한 절차를 간소화할 것을 제안했다.

키징거는 동독 각료회의 의장(총리에 해당─옮긴이) 슈토프*와 서신을 교환하기도 했다. 1967년 5월 슈토프는 양 독일 국가의 관계를 정상화하기 위한 공식적인 조약을 제안하고, 이른바 서독에 의한 동독 경제 방해 행위에 대해 독일민주공화국에게 보상금을 지불할 것을 요구하는 서신으로 대화를 시작했다. 키징거는 그의 표현을 빌자면 슈토프의 '전부 아니면 전무 방식의 접근법'을 거부하고 대신 양측 독일인들을 편안하게 해줄 다양한 조치들을 제안하는 것으로 서신에 응답했다. 이에 슈토프는 조약의 초안을 내놓았다. 브란트와 베너가 협상에 얼마간의 관심을 보였지만 키징거는 그 초안을 거부했다.

키징거-슈토프 서한들은 아무것도 바꾸지 못했다. 하지만 그것들은

---

* Willi Stoph(1914-1999). 독일민주공화국의 정치가. 1952-1955년 내무장관, 1956-1960년 국방장관, 1964-1973년, 1976-1989년 각료회의 의장(총리)을 역임했다. 1989년 10월 호네커의 축출에 이어 총리직을 사임했으며, 12월 부패 혐의로 구속되었으나 후에 건강 악화로 구금을 면했다.

어느 정도 독일민주공화국의 실체를 인정하는 결과를 가져왔다. 키징거는 슈토프의 공식 직함에서 '독일민주공화국의'라는 구절은 뺐지만 그를 '각료회의 의장'으로 지칭했다. 하지만 이 반쪽 직함조차도 기독민주연합/기독사회연합 내부에서 격렬한 논쟁을 불러일으켰다.[19]

키징거는 자신이 독일 문제를 얼마나 중요시하고 있는지를 보여주기 위해 1968년 3월 베너의 부처에서 작성되고 그 후 연차 보고서로 발전하게 되는 '분단 독일의 국가상태'에 관한 보고서를 처음 발표했다. 키징거는 새로운 제안과 새로운 구상의 틀을 잡고자 했다. 심지어 키징거는 슈토프와의 직접 대면이 성공적인 협상을 가져올 수 있다면 그렇게 하겠다고 말하기까지 했다.[20] 그러나 슈토프와 울브리히트는 연방공화국이 독일민주공화국을 공식적으로 인정하지 않는다면, 말하자면 인정할 때까지는, 어떤 진전도 없을 것이라며 응하지 않았다.

브란트는 연립 정부를 새로운 정책 쪽으로 견인하며 키징거보다 더 멀리 더 빠르게 움직이기를 원했다. 브란트는 당장 그것이 불가능하다면 적어도 1969년으로 예정된 선거에서 유권자들에게 제시할 하나의 사례라도 만들고 싶어 했다. 그러므로 브란트는 기독민주연합/기독사회연합/독일사회민주당 연립 정책 내에서 자신이 할 수 있는 한 최대한 앞으로 나아갔다.

브란트는 독일의 소련 대사들, 즉 본의 세묜 차랍킨*과 동베를린의 표트르 아브라시모프와 이야기를 나누기 시작했다. 두 사람은 브란트가 총리가 된다면 무엇을 할 것인지를 알고 싶었으므로 그에게 만남을 요청했

---

* Semyon K. Tsarapkin(1906-1984). 소련의 외교관. 1966-1971년 독일연방공화국 주재 소련 대사를 지냈다.

다. 전반적으로 애매한 태도를 취하긴 했지만 그들은 브레즈네프가 모스크바와 서독의 관계를 개선하기를 원한다고 말했다. 그들은 또 만약 브란트가 총리가 된다면 모스크바를 향해 획기적인 조치를 취하게 될 것이라고 브레즈네프에게 알려준 것이 틀림없었다. 이에 브레즈네프는 그로미코와 브란트가 동시에 뉴욕에 있을 때 그로미코에게 브란트를 만나 모스크바가 서독인들을 '영원한 적'으로 보지 않는다고 말하라고 지시했다.

브란트는 동구권과의 관계 개선에 대한 자신의 사적인 약속을 공개적으로 더욱 확고히 하려고 노력하는 한편 1968년 3월 독일사회민주당 전당 대회에서 서독이 오데르-나이세 선을 폴란드와의 국경으로 인정할 때가 왔다고 말했다. 키징거가 그런 발언은 연립정부의 정책을 넘어서는 것이라고 반대하자 브란트는 자신이 외무장관일 뿐만 아니라 당 지도자이기도 하고 자신의 생각을 당 대회에서 말할 권리가 있다고 대꾸했다.[21]

그럼에도 불구하고 브란트는 서방 측 정책의 큰 틀 속에 남아 있고자 했다. 브란트는 독일이 혼자만의 데탕트를 가질 수는 없다고 생각했으나 독일 없이는 지구적 차원에서의 데탕트가 성공할 수 없다고 믿었다.

브란트에게는 다행스럽게도 다른 정부들도 당시 새로운 아이디어와 모종의 데탕트를 모색 중이었다. 1967년 브란트가 모스크바에 대한 나토의 새로운 접근법을 옹호했을 때, 그는 사실상 문호 개방을 추진했다. 벨기에의 외무장관 피에르 하멜*은 활기찬 동서 외교와 지속적인 군사적 대비를 동시에 진행할 것을 촉구하는 나토 보고서를 준비했다.

---

* Pierre Harmel(1911-2009). 벨기에의 법률가, 기독교사회당 정치인이자 외교관. 1950-1954년 교육부 장관, 1958-1960년 문화부 장관, 1960-1961년 공무원부 장관, 1965-1966년 벨기에 총리, 1966-1968년 외무부 장관, 1973-1977년 상원 의장 등을 역임했다.

브란트는 또 1969년 신임 미국 대통령인 리처드 닉슨에게 브리핑하는 자리에서 얼마간의 격려를 받기도 했다. 그러나 닉슨이 '선별적' 데탕트에 대해 경고하자 브란트는 걱정이 되었다. 브란트는 워싱턴이 독일의 데탕트 정책이 미국의 생각을 너무 앞지르지 않기를 바란다는 사실을 깨달았다.[22]

키징거와 브란트의 차이에도 불구하고 본의 대(對)모스크바 정책이 바뀌기 시작했다. 키징거는 핵확산방지조약을 승인했고 핵무기를 포기한다고 약속했다. 키징거는 모스크바가 원하는 대로 무력 사용 포기를 선언하겠다고 말했다. 그리하여 키징거는 몇 가지 점에서 독일 정책을 변경했다.

그러나 키징거는 브란트의 구상을 완전히 받아들일 수는 없었다. 비록 당파적 본능이 별로 없고 전반적으로 자신의 연정 파트너에게 인내심을 보여줬지만, 키징거는 브란트를 점점 더 질책하게 되었다. 오데르-나이세 선에 관한 발언을 두고 브란트에게 불만을 표명했을 때처럼 키징거는 때때로 사적으로 그를 나무라곤 했다. 또 어떤 때에는 기독민주연합 회의에서 행한 연설에서처럼 공개적으로 그를 비판하기도 했다.

바르는 특히 키징거를 화나게 했다. 바르는 언론과의 접촉을 이용해 만약 허용되었더라면 자신과 브란트가 가고 싶었던 방향을 슬쩍 보여주었다. 예를 들어, 바르는 만약 키징거가 독일민주공화국 각료회의 의장을 완전한 직함으로 불렀더라면 슈토프를 상대로 좀 더 성공을 거둘 수 있었을 것이라고 자신의 생각을 흘렸다. 키징거는 이런 발언에 분개하며 사적으로 바르를 '진짜 위험한 사람'이라고 비난했다. 그러나 브란트는 여느 때처럼 바르를 보호했다.[23]

기독민주연합/기독사회연합의 많은 사람들이 그랬듯이 키징거 역시 많은 독일인들이 독일 분단의 가장 비인도적인 결과에 종지부를 찍기를 원하고 있다는 사실을 알고 있었다. 키징거는 변화의 희망 같은 것을 제공하고 싶어 했다. 그러나 키징거는 혼자 협상할 수 없었다. 그는 자신이 제시할 조건을 놓고 대화를 나눌 동독 파트너를 찾아야 했다. 그런데 울브리히트는 먼저 완전하고 공식적인 인정을 받지 않고서는 대화를 원하지 않았다.

레오니트 브레즈네프와 알렉세이 코시긴이 모스크바에서 처음 권좌에 올랐을 때, 울브리히트는 그들에게 자신의 정책을 충분히 정당화할 수 있었다. 울브리히트는 장벽 덕분에 유용한 노동자들의 탈주가 중단됨으로써 동독 경제가 살아났다고 보고할 수 있었다. 1961년과 1963년 사이에 동독은 성장률이 증가했다. 그러나 울브리히트는 그러한 추세를 유지하지 못했다. 독일민주공화국은 1965년과 1966년경에 다시 침체하기 시작했다. 성장률이 하락했고, 국제수지가 악화되었으며, 자체 투자 계획을 감당하지 못했다. 울브리히트의 경제계획 책임자인 에리히 아펠*은 동독의 성장이 소련의 경제적 요구와 동독 자신의 요구를 충족시키는 데 필요한 속도를 맞출 수가 없자 스스로 목숨을 끊었다.[24] 브레즈네프는 울브리히트가 경제 지원을 늘려 달라고 요청했을 때 도와주지 않았다. 슈토프가 소련인들에게 "사실상 창고가 텅 비었어요."라고 말했지만 소용없었다.[25]

그러나 브레즈네프는 국제 정치와 관련해서는 울브리히트를 계속 지지했다. 울브리히트는 루마니아가 본과 외교관계를 수립하자 부쿠레슈

---

* Erich Apel(1917-1965). 독일민주공화국의 관리. 나치 독일에서 로켓 엔지니어로 일하다 제2차 세계대전 후 독일사회주의통일당의 관리가 되었다. 1950년대부터 경제정책에 관여하기 시작해 1963-1965년 국가계획위원회 위원장으로 활동했다.

티에서 격렬하게 항의했다. 브레즈네프는 동유럽 정부들의 특별 회의를 소집해 루마니아 정부(루마니아는 중소 분쟁에서 중국 편을 들기도 했다.)를 질책함으로써 울브리히트를 도왔다. 이 회의에서 울브리히트의 압력을 받은 동유럽 국가들은 본이 독일민주공화국을 완전히 인정하지 않으면 연방공화국과 관계를 개선하지 않기로 약속했다. 1967년 4월에 브레즈네프는 자신의 지지를 보여주려고 직접 독일사회주의통일당 대회에 참석했다. 브레즈네프는 다음과 같이 말했다. "본은 유럽의 사회주의 국가들에 손을 내밀었습니다. 그러나 그 손안에 돌을 움켜쥐고 있습니다."[26]

울브리히트는 점차 서독을 향한 창문을 닫았다. 1966년에 울브리히트는 키징거가 먼저 독일민주공화국을 완전히 인정하지 않는 한 휴일 통과이용증 협정을 갱신하지 않겠다며 거부했을 뿐만 아니라,[27] 보수적인 당들을 대연정에 참여시켰다며 독일사회민주당을 비판했다. 울브리히트는 서독과 열차 운행시간표 같은 기술적 조정을 논의하기 위해 동독 관리들을 보냈을 때, 다른 접촉은 허용하지 않았다.[28]

나아가 울브리히트는 독일민주공화국을 별도의 국가로서 좀 더 굳건하게 확립하고 동구권과 서방을 향해 그 권위를 제고시키기 위한 몇 가지 조치를 취했다. 울브리히트는 1967년 새로운 시민권법을 공포했는데, 이에 따라 동독인들은 더는 '독일'의 시민이 아니라 '독일민주공화국'의 시민이 되었다. 울브리히트는 새 형법을 제정해 옛 독일 형법과도 관계없고 서독 형법과도 관계없는 사법제도를 만들었다. 1968년 초에 울브리히트는 동독을 방문하거나 베를린으로 가는 길에 동독 영토를 통과하는 서독인들은 여권을 소지하고 비자를 받아야 한다고 주장했다.

이 조치의 마지막을 장식하기 위해 울브리히트는 1968년 4월 6일 독일민주공화국의 새 헌법을 공포했다. 이 헌법은 독일민주공화국을, 독일이나 세계에 존재했던 이전의 어떤 국가와도 구분되는 새로운 정치적·사회적 실체인 '독일 민족의 사회주의 국가'로 규정했다. 헌법은 사회주의적 조건으로 여전히 통일의 문을 열어놓으면서 독일 민족에 대해 이야기했지만, 독일민주공화국이 독자적인 사회체제를 보호하고 전진시킬 것이라고 힘주어 말했다.[29]

울브리히트는 독창적인 마르크스-레닌주의 사상가로서 자신을 돋보이게 하는 방식으로 새로운 동독 국가, 공동체, 사회를 규정했다. 울브리히트는 동독 사회주의가 소련 사회주의와는 다른 새로운 모델을 수립했다고 선언하면서, 독일민주공화국을 위한 새로운 이념적 교리를 발표했다.

새 이념과 새 모델을 정교하게 고안함으로써 울브리히트는 독일 통일이 이루어지더라도 사회주의를 기반으로 달성되어야 한다는 사실을 보여주고 싶어 했다. 그는 또 독일민주공화국을 소련과 이념적으로 동등한 국가로 제시하기를 원했다. 울브리히트는 독일민주공화국의 둘도 없는 성과로서 '새로운 사회질서'를 자랑스럽게 이야기했다. 그의 국가는 팔아치울 수 있거나 어떤 사소한 습득물처럼 취급될 수가 없었다.

그러나 울브리히트의 새로운 사회 모델은 동독 주민의 지지를 받는 데 실패했다. 울브리히트가 아마도 독일사회주의통일당 후보들이 그의 선거제도하에서 보통 예상할 수 있던 99퍼센트의 지지를 기대하면서 새 헌법에 대한 국민투표를 실시했을 때, 헌법은 94.5퍼센트의 찬성을 얻었을 뿐이고, 특히 동베를린에서는 90퍼센트의 찬성을 받았을 뿐이었다. 울브리히트의 경찰국가에서 그 정도의 이탈은 반대에 해당했다. 이러한 결과는 장벽에도 불구하고, 어쩌면 장벽 때문에, 독일민주공화국이 정당성을 얻지 못했음을 보여주었다.

또한 울브리히트는 소련의 동맹자들을 충분히 통제할 수도 없었다. 울브리히트는 아브라시모프가 1968년 6월 18일에 있었던 브란트와의 회동에 대해 자신에게 말했을 때 분통을 터뜨렸다. 울브리히트가 이런 종류의 접촉에 항의한 것은 아브라시모프가 명목상 서독이 아니라 독일민주공화국 주재 대사로 근무했기 때문이었다. 그러나 아브라시모프는 동베를린의 소련 대사가 독일에 대한, 여전히 남아 있는 소련의 고등 판무관으로서의 권한을 보유하고 있기 때문에 독일 내부 문제를 다룰 수 있다는 점을 울브리히트에게 상기시켰다.

이 같은 해명은 울브리히트를 안심시키지 못했다. 왜냐하면 그것은 소련인들이 여전히 독일의 장래를 브란트 및 독일사회민주당과 협상하려고 한다는 것을 보여주었기 때문이었다. 아브라시모프가 울브리히트에게 자신이 울브리히트-브란트 회담의 가능성을 브란트와 함께 모색했다고 말하자, 울브리히트는 대사에게 그런 일은 대사의 권한 밖이라고 분명하게 말했다. 그러자 아브라시모프는 그 회담을 더 이상 추진하지 않았다.[30]

울브리히트는 또 동유럽을 통제하는 것을 도와주기 위해 열심히 일해야 했다. 프라하에서 알렉산데르 둡체크*가 권력을 잡고 '인간의 얼굴을 한 사회주의'를 설파하기 시작하자, 울브리히트는 어떤 다른 모스크

---

* Alexander Dubček(1921-1992). 체코슬로바키아의 정치가. 1963년 슬로바키아 공산당 제1서기, 1968년 체코슬로바키아 공산당 제1서기를 역임했다. 인사의 일신과 검열제 폐지 등 이른바 '프라하의 봄'의 개혁을 추진했으며, 스탈린주의 시대의 교조주의를 청산하고 '인간의 얼굴을 한 사회주의'를 표방하는 자유화와 민주화의 기수로 민주사회주의 노선으로의 방향 전환을 시도했다. 1969년의 '프라하의 봄'이 좌절된 후 1970년 터키 대사로 좌천되었으며, 당적을 박탈당했다. 그러나 1989년 하반기에 일어난 민주화 시위로 공산당 정부가 붕괴되면서 신임 연방의회 의장으로 선출되었다.

바 동맹자보다 더 빠르고 강력하게 소련과 바르샤바 협정국들이 질서를 회복하기 위해 개입해야 한다고 주장했다.[31] 1968년 8월, 그는 비교적 사소한 역할에 그치긴 했지만, 바르샤바 협정국의 체코슬로바키아 침공에 참여하기 위해 동독군을 파병했다. 어떤 체코슬로바키아 정권도, 사회주의든 아니든, 독일군에 생존을 빚지고 싶어 하지는 않았다.

바르샤바 협정국의 체코슬로바키아 침공 이후인 9월 26일《프라우다》는 '브레즈네프 독트린'이라고 알려지게 된 외교 방침을 발표했다. '사회주의 국가들의 국제적 의무'를 제기하는 사설에서《프라우다》는 "계급사회에서…법률의 규정과 규범은 계급투쟁에 종속되어 있다.…" 고 단언했다.《프라우다》는 사회주의 국가들은 '반혁명'의 수출도 수입도 받아들이지 않을 것이며, 그래서 모스크바는 어떤 체제도 그 성격이 위협 받을 때마다 개입할 권리와 의무를 보유한다고 덧붙였다. 울브리히트는 브레즈네프 독트린이 자신이 독일민주공화국의 동부와 남부에 소련 위성국들을 갖게 될 것임을 뜻했기 때문에 이를 지지했다.

그러나 울브리히트는 독일사회주의통일당의 집안 단속을 제대로 하지 못했던 것 같다. 후임자로 지명된 에리히 호네커는 모스크바와 이념적으로 동등하다는 울브리히트의 선언에 충분히 동참하지 않았다. 호네커는 독일민주공화국이 모스크바에 은혜를 입고 있고 소련 국가와 소련 이념에 의존하고 있음을 의도적으로 계속 강조했다. 호네커는 독일민주공화국이 따라야 할 경로를 취할 때 소련의 '진보적 사례'로부터 혜택을 봐야 하므로 반드시 모스크바와 '굳건한 동맹'을 유지하는 가운데 그 경로를 취해야 한다고 말했다.[32]

울브리히트는 자신보다 훨씬 강한 조류를 거슬러 헤엄치는 중이었다. 브레즈네프와 코시긴은 독일과의 서부 국경보다 중국과의 동부 국경 문제에 훨씬 더 집중해야 했다. 마오쩌둥은 흐루쇼프와 심하게 다퉜고, 1964년 10월에 가장 유능한 협상가인 저우언라이* 총리를 모스크바에 보냈음에도 불구하고 브레즈네프 및 코시긴과 의견의 일치를 볼 수가 없었다. 1965년에 중소 논쟁이 재개되었다. 중소 갈등이 1950년대의 경쟁으로부터 점차 격심한 대결로 발전하면서 양국의 관계가 악화되기 시작했다.

브레즈네프는 동부 국경에서 갈등을 보았다면 서부 국경에서는 기회를 보았다. 닉슨은 1969년 1월 20일 자신의 취임 연설을 이용해 '대결 시대'의 종언과 '협상 시대'의 시작을 선포했다. 닉슨의 국가 안보 보좌관이었던 헨리 키신저는 소련 대사 아나톨리 도브리닌에게 신임 대통령이 소련과 새로운 유형의 관계를 맺기를 원하며 주요한 협정들을 체결하고 싶어 한다고 말했다. 그러나 닉슨과 키신저는 '연계'라는 개념을 도입해, 모스크바가 베를린 문제를 비롯해 서방이 논의하기를 원하는 주제를 대화에서 배제시킨다면, 워싱턴은 군비통제를 비롯해 모스크바가 논의하기를 원하는 문제에 대해서도 협상하지 않을 것임을 내비쳤다.

닉슨 취임 몇 주 뒤 소련의 연해주와 중국의 만주 사이에 있는 우수리 강변의 분쟁 지역 중 한 곳에서 중소 대결이 총격전으로 확대되었다. 3월 2일과 15일에 수천 명의 소련 병사와 중국 병사들이 국경에서 벌어진 두 번의 사건에서 충돌했고, 그 결과 수백 명의 사상자가 발생했다. 비록 소련도 중국도 사건 확대를 피하려고 물러섰지만, 소련 군부뿐만 아니라

---

* 周恩來(1898-1976). 중국의 혁명가이자 정치가. 1922년 중국공산당에 입당한 이래 중국의 공산주의 혁명에 참여했으며, 공산당 정권이 수립된 1949년부터 1976년 초까지 중화인민공화국의 초대 총리를 지냈다. 1949-1958년에는 중화인민공화국의 외교부장을 지냈고 1954년 9월부터는 마오쩌둥으로부터 중국공산당 주석직을 넘겨받아 1976년 1월 사망할 때까지 재임했다.

브레즈네프와 코시긴도 자신들이 독일 국경과 중국 국경에서 동시에 위기가 발생하는 사태를 감당할 수 없다는 것을 인정했음에 틀림없다.

닉슨과 브란트, 키신저의 정책과 발언들은 우수리 강에서의 충돌과 결합하면서 독일 문제에 관한 소련 외교에 새로운 기회와 충동을 제공했다. 브레즈네프와 코시긴이 이 기회를 추구한다면, 모스크바는 유럽의 정세를 안정시킬 호기를 갖게 될 것이다. 독일과 유럽에서 소련의 영향력은 성장할 것이다. 필요하다면 소련군은 유럽에서 아시아로 배치될 수 있다. 베이징은 고립될 것이다.

이런 맥락에서 브레즈네프와 코시긴은, 완전한 인정에 대한 자신의 요구를 막 재개했고 새 연방 대통령을 선출하기 위해 제국 의회 의사당에서 서독 의회가 소집되었을 때 베를린에 대한 민간인의 접근을 다시 방해하며 일시적으로 막았던 발터 울브리히트의 고삐를 죄야 했다. 키신저는 울브리히트의 변덕스런 행동에 대해 불만을 토로했다. 새 소련 지도자들은 흐루쇼프에 비해 훨씬 더 강력하게, 울브리히트가 독일 내부 관계를 통제하거나 동서 위기를 마음대로 도발하게 내버려둘 수 없다고 결정했다. 본의 소련 외교관들은 관계개선을 위해 일할 준비가 되어 있음을 알리기 위해 서독의 주요 정당들에 접근했다.

1969년 4월에 모스크바를 방문한 동안 울브리히트는 소련 지도자들과 격렬한 언쟁을 벌였다. 울브리히트가 소련의 수도로부터 돌아온 뒤에도 몇 주 동안 소련 언론과 동독 언론에서 논쟁이 계속되었는데, 주로 독일의 공산당과 사회당 사이의 관계에 대한 것이었다. 소련 언론은 브레즈네프가 의심할 여지없이 울브리히트에게 주장했듯이, 독일 공산주의자들이 바이마르 시대 동안 히틀러에 맞서 사회주의자들과 협력하는 데 실패함으로써 오류를 범했다고 단언했다. 이 말은 울브리히트와 독일사회주의통일당이 이제 독일사회민주당 및 빌리 브란트와 협력할 준비를 해야 한다는 것을 의미했다. 울브리히트의 언론은 소련의 주장에 공개적으로 반대했다.

소련의 베테랑 독일 전문가인 블라디미르 세묘노프는 소련 외무차관이 된 뒤 7월에 동베를린으로 가서 울브리히트에게 브레즈네프와 코시긴은 독일사회민주당과 관계를 개선하고 다가올 서독 선거에서 이 당을 지원하기 위해 할 수 있는 바를 할 것이라고 말했다. 세묘노프는 울브리히트에게 대(對)독일사회민주당 정책을 바꾸라고 말했다. 그 사이에 자유민주당 지도자들도 모스크바를 방문하여 소련의 지지를 얻었다.

하지만 세묘노프는 모스크바가 베를린과 그 주변 정세의 개선 문제를 논의하는 것에 닉슨 및 다른 연합국 지도자들과 합의를 보았다고 말함으로써 울브리히트를 훨씬 더 격분시켰다. 세묘노프는 이 논의가 진행되는 동안 베를린을 둘러싸고 평화와 평정을 유지하는 것이 좋겠다고 말했다. 울브리히트는 접근 루트를 막거나 서베를린에 별다른 압력을 가하지는 않았다.[33]

울브리히트는 세묘노프와 격렬하게 다투었다. 울브리히트는 서방이 자신을 완전히 인정하고 베를린 접근에 대한 자신의 통제권을 수용할 때까지 독일사회민주당이나 어떤 서독의 정당도 상대하기를 원하지 않았다. 울브리히트는 소련인들로부터 이제부터 자신들의 베를린 권리를 직접 행사하겠다는 말을 듣고 싶어 하지 않았지만, 어쩔 도리가 없었다.[34]

폴란드 정부도 소련의 새로운 시각에 보조를 맞추었다. 5월 동베를린 방문 직후 브와디스와프 고무우카[*] 총서기는 본이 오데르-나이세 국경

---

* Władysław Gomułka(1905-1982). 폴란드의 공산주의 지도자. 1956년 공산당 총서기가 되

을 인정하는 대로 폴란드가 서독과 정상적 관계를 수립하는 것을 환영할 것이라고 발표했다. 그리하여 크렘린 지도자들은 브란트에게 동구권에 대한 독일의 새로운 개방 정책인 동방정책(Ostpolitik)을 위한 길을 닦을 것이라는 신호를 보냈다.

1969년 9월의 서독 선거는 동방정책을 중심으로 진행되었다. 키징거는 브란트가 집권할 경우 브레즈네프와 울브리히트에게 너무 많은 것을 양보할 것이라고 비난했다. 이에 대해 브란트는 기독민주연합/기독사회연합이 현실을 무시하고 어떤 진보의 가능성도 잃어버리고 있다고 비판했다.[35]

키징거는 언뜻 보기에는 기독민주연합/기독사회연합의 승리를 이끌었다. 기독민주연합/기독사회연합은 연방의회에서 가장 큰 그룹으로 남아 있기에 충분한 의석을 확보했다. 그러나 독일사회민주당은 202석에서 224석으로 의석수를 늘렸다. 의석수가 많이 줄긴 했지만 여전히 연방의회에 남아 있던 자유민주당을 끌어들인다면 독일사회민주당은 가까스로 다수파가 될 수 있었다. 브란트는 자유민주당 지도자 발터 셸에게 연립 정부를 구성하자고 제안했다. 셸은 동방정책과 독일 내부 정책에 관해 브란트와 같은 견해를 가지고 있었기 때문에 이에 동의했다.

키징거는 하나의 독일 정책에서 다른 독일 정책으로의 이행을 훌륭하게 관리했다. 비록 브란트의 구상과 행동 중 많은 것을 탐탁찮아 했지만 키징거는 서독이나 서방 동맹 내에서 위기를 조성하지 않고 서독 정책에서 주요한 변화를 개시했다. 키징거는 아데나워의 정책 중 일부를 바

어 소련을 배경으로 하는 당 수뇌들을 추방하고 민족주의적인 독자적 사회주의를 지향했다. 자유주의적 개혁을 단행했으며 농업 집단화를 철폐하고, 문화적 자유와 언론의 자유를 허용했다. 1970년 경제정책 등의 실패로 사임했다.

꿨으나 민주주의와 신뢰성의 원칙은 유지했다. 그는 갈 수 있는 한 멀리 갔다. 이제 브란트의 차례였다.

브란트는 한계를 알았다. 그는 독일 국가의 분단을 종결시킬 수는 없었다. 그러나 그는 독일 민족의 분열을 완화시킬 수는 있을 것이었다. 적어도 브란트는 그렇게 해보려고 시도할 것이다. 모든 눈이 본의 새로운 팀에 쏠려 있을 때 브란트는 새 구상을 시험하고자 하는 자신의 바람을 숨기지 않았다. 그리고 다른 사람들도 브란트의 말에 기꺼이 귀 기울이고자 하는 마음을 숨기지 않았다.

13장

모스크바에서의 데탕트

협상을 하고자 하는 빌리 브란트의 갈망은 광범한 지지와 관심을 끌었다. 워싱턴에서 리처드 닉슨은 독일에 관한 협상에 찬성하여 헨리 키신저에게 이 메시지를 아나톨리 도브리닌뿐만 아니라 소련 정보기관 연락원에게도 전달하라고 지시했다. 그리고 이 연락원은 그것을 국가보안위원회(KGB) 소련 정보기관의 수장이자 그 자신 데탕트에 관심 있던 유리 안드로포프에게 보고할 것이었다. 이는 이 메시지가 안드레이 그로미코의 외무부에서 행방불명되거나 왜곡되지 않고 레오니트 브레즈네프에게 바로 전달되리라는 것을 의미했다.[1]

모스크바에서 브레즈네프와 그의 많은 동료들도 확실히 새로운 접근법에 찬성했다. 키신저가 발터 울브리히트가 베를린 접근 루트를 방해하는 것에 대해 불평하자 도브리닌은 모스크바가 상황을 진정시키기 위해 온힘을 다하겠다고 답변했다.[2] 울브리히트는 기분이 좋지 않았겠지만 모스크바와 워싱턴을 말릴 수가 없었다.

닉슨과 브란트가 문호를 개방하다

외교적 연계에 대한 닉슨의 고집은 워싱턴, 모스크바, 본에게 데탕트 외교에서 핵심 요소가 되었다. 그것은 모스크바가 워싱턴과 진전을 이루고 싶으면 본과 진전을 이루어야 했기 때문에 브란트에게도 도움이 되었다. 그러나 연계는 또한 문제점도 야기할 수 있었는데, 왜냐하면 본은 이

세 당사자 중에서 다른 두 파트너들보다 그다지 더 빨리 움직일 수가 없었기 때문이었다.

닉슨은 초강대국 관계의 핵심이 군비 통제에 있다고 믿었다. 어떤 미국 지도자나 소련 지도자도 양측이 제어되지 않는 군비경쟁에 매달리는 한 진정한 긴장 완화를 기대할 수 없었다. 그리고 어떤 의미 있는 군비통제의 열쇠는 전략무기제한회담(Strategic Arms Limitation Talks, SALT)을 통해 가장 파괴적인 무기, 즉 핵탄두가 장착된 대륙간탄도미사일(ICBM)에 관한 협정을 맺는 데 있었다.

소련인들은 1969년 11월 17일 헬싱키에서 전략무기제한회담을 여는 데 동의했다. 개막 회기는 건설적 협상에 대한 전망을 드러냈지만, 또한 그 협상이 오랜 기간, 아마도 수년이 걸릴 것이며, 양측에서 신중한 관리를 필요로 할 것임을 보여주었다.[3]

닉슨은 베를린을 기억했다. 베를린을 공식적으로든 비공식적으로든 여러 번 방문하고 또 장벽을 넘나들며 서베를린 시민뿐만 아니라 동베를린 시민들과도 대화를 나눴던 닉슨은 도시의 긴장을 이해했다. 닉슨은 장벽에서 총격이 발생한다든지 동독이 접근 루트를 방해한다든지 함으로써 언제라도 곤란한 사태가 벌어질 수 있음을 잘 알고 있었다. 닉슨은 또 베를린이 강력한 감정을 불러일으켜, 어떤 베를린 위기도 데탕트에 긴요한 정치적 분위기를 파괴할 수 있다는 것을 이해했다. 닉슨은 취임한 지 겨우 한 달밖에 지나지 않은 1969년 2월 27일 실무 방문을 위해 베를린에 갔을 때 베를린에 관한 4개국 회담을 제안했다. 베를린 문제를 풀겠다는 미국의 약속을 재확인한 뒤 닉슨은 베를린이 강압이 아니라 "협상…과 화해"의 장소가 되어야 한다고 말했다.

닉슨은 소련 각료회의 의장 알렉세이 코시긴에게 보낸 1926년 3월

26일자 서한에서 베를린에 대해 협상할 것을 공식 제안했다. 닉슨의 제안으로 미국, 영국, 프랑스, 독일 정부는 그 후 협상을 준비하기 위해 본에서 치열한 협의를 시작했다. 닉슨은 어느 누구의 등 뒤에서도 '탐색'하는 일을 전혀 원하지 않았다. 협의 포럼은 '본 그룹'으로 알려졌다.

베를린과 독일에 관한 소련의 견해는 여전히 신중했다. 닉슨처럼 브레즈네프도 베를린 안에서나 베를린을 둘러싸고 위기가 발생하는 것을 원하지 않았다.[4] 브레즈네프는 특히 중국과의 충돌을 염두에 두고 있는 동안에는 자신의 대외 정책이 접근 루트에서 벌어지는 사건들에 의해 지장을 받지 않기를 원했다. 그러나 브레즈네프는 1969년 동안 내내 브란트가 총리가 되고 그가 무엇을 할지를 알 수 있을 때까지 베를린에 관한 협상을 미루었다.

브란트가 취임하기도 전에, 아브라시모프는 브란트의 지인 중 한 명에게 모스크바가 서독의 핵확산방지조약 고수, 무력 포기와 독일 내부 관계의 개선 등과 같은 몇몇 주제들에 대해 논의하고 싶다고 말했다. 아브라시모프는 또 브란트가 도발을 자제하고 진진한 논의에 참여한다면 소련은 베를린 주변과 접근 루트 상에서 사고가 일어나는 것을 막을 것이라고 약속했다.[5]

대사의 발언은 브란트가 취임하자 그와 그의 정부에게 즉각적인 과제를 제기했다. 브란트는 새 독일 정부가 진지하다는 것을 모스크바에게 보여줄 필요가 있었다. 그러나 브란트는 특히 많은 주제에 관해 그의 동맹자들이 그들 나름의 견해를 갖고 있었기 때문에 협상이 시작되기 전에는 어떤 것도 내주기를 원하지 않았다.

브란트는 상대적으로 배타적인 영역인 독일 내부 관계 문제를 제기하기로 결정했다. 브란트는 이 관계를 개선하고 싶었다. 그러나 브란트는 울브리히트가 독일민주공화국을 인정하라는 전 세계적인 물결을 촉발시키는 데 이용할 수 있는 어떤 발언도 피해야 했다. 만약 그렇게 하지 않았다면 브란트는 아마 총리직을 맡은 지 첫 몇 주 만에 큰 패배를 당했을 것이다.[6]

10월 28일 정부 선언에서 브란트는 다음과 같이 말함으로써 아브라시모프가 윤곽을 그린 패턴을 따랐다.

- 정부는 핵확산방지조약에 서명할 것이다(11월 28일에 서명했다.).
- 정부는 무력 포기 조약을 위한 회담을 재개할 것이다(곧 그런 회담이 재개되었다.).
- 독일 땅에 '두 개의 국가'가 존재한다. 이는 독일연방공화국이 독일민주공화국을 사실상 인정한 것과 마찬가지이다. 그러나 브란트는 자신의 정부가 완전한 인정은 하지 않을 것이라고 덧붙였다.
- 독일인들은 다른 이들처럼 자결권이 있다.[7]

브란트는 이와 같은 구체적인 항목들을 뛰어넘어 새로운 영감을 불러일으키고 자신이 오랜 문제들을 새로운 방식으로 바라보고 싶어 한다는 것을 보여주고자 했다. 브란트는 폴란드 및 체코슬로바키아와 관계 개선을 바란다고 말하면서 폴란드와 모든 것에 대해 협상하겠다고 덧붙였다. 그리하여 브란트는 오데르-나이세 국경을 수용하겠다는 의향을 내비쳤다.

독일민주공화국에 관한 브란트의 발언은 그의 딜레마를 반영했다. 브란트는 동독 체제에 의해 소련의 안보 벨트가 유럽에 안착되었기 때문에 서독이 동독 체제를 전복시키려 하지 않을 것임을 브레즈네프에게 보장할 필요가 있었다. 브란트는 유럽의 현 상태와 브레즈네프 독트린에 이의를 제기하지 않을 것이었다. 그러나 브란트는 필요에 따라 울브리히트와 거래를 하겠지만 독일민주공화국을 법률적으로 완전히 인정하지는 않을 터였다. 법률적으로 독일민주공화국을 인정하는 것은 기본법을 위반하는 것이며, 서독에서 거센 비판을 야기할 것이었다. 브란트는 모스크바가 울브리히트를 인정하는 것보다 자국의 안보를 원하기를 바라야 했다.

브란트의 연설은 또한 그가 정책으로서는 독일 통일을 포기했으나 목표로서는 갖고 있다는 사실도 보여주었다. 브란트는 조기 통일을 추진하지 않겠다는 뜻을 표명했다. 그러나 브란트는 또 독일 민족을 한 지붕 밑에 모으는 장기적인 꿈을 포기하지 않았다는 것도 보여주었다. 브란트는 울브리히트가 이러한 흥정을 수용하지 않으리라는 것을 알았지만 브레즈네프와 그의 동료들은 받아들이기를 희망했다.

브란트는 코시긴에게 서신을 보냈는데, 거기에는 연설보다 더 세부적인 제안들이 담겨 있었다. 브란트는 자신의 정부가 소련, 폴란드, 독일민주공화국과 무력 포기 조약에 서명할 준비가 되어 있다고 적었다. 그는 또 소련 정부와 곧 회담을 개시할 것을 희망하며, 적정한 시간 내에 상호 이익이 되는 협정을 체결하고 싶다고 썼다.[8]

브란트는 닉슨보다도 훨씬 더 강력하게 연계를 원했다. 독일의 데탕트에는 4가지 구성요소가 필요했다. 모스크바, 바르샤바, 독일민주공화국과 서독이 따로따로 세 개의 조약을 맺는 것과, 브란트가 협상할 수는 없으나 주요한 이해관계를 갖고 있던 베를린에 관한 협정을 체결하는 것이 그것들이었다. 브란트는 동서 관계에서 새로운 환경 없이는 그런 협정들을 확보할 수가 없었다. 그가 연방의회에서 가까스로 다수파를 유지하고 있는 것을 감안하면 브란트는 동서 위기에서는 살아남을 수가 없었다.

울브리히트는 브란트만큼이나 생존이 위태로웠다. 울브리히트는 자신의 주권을 보여주고 다른 이들이 그것을 받아들이도록 할 필요가 있었다. 울브리히트는 연합국과 베를린에 관해 협상하는 주된 사람이기를 원했고, 브란트로부터 완전한 인정을 받고 싶었다. 모스크바가 베를린 회담을 주도한다면 울브리히트는 원하는 결과를 얻지 못할 것이었다. 그러나 브란트는 울브리히트가 아니라 브레즈네프와 코시긴에게 주요한 신호를 보냈다. 울브리히트는 본과 모스크바, 워싱턴이 불쾌한 뭔가를 자기 목구멍으로 밀어 넣을까봐 걱정하지 않을 수 없었다.

울브리히트는 자신이 여전히 중심에 있음을 분명히 하려고 12월 17일, 서독 대통령 구스타프 하이네만*에게 직접 서한을 보내 독일연방공화국과 독일민주공화국 사이에 상호 외교관계뿐만 아니라 즉각적인 국가 대 국가 협상을 시작할 것을 제안했다.

울브리히트의 집무실은 서독 대통령에게 편지를 보냈음을 알렸다. 그러나 브란트는 그 편지가 총리실에 배달되도록 했다. 브란트는 편지를 읽고 편지에 새로운 제안이 전혀 없다고 결론 내렸다. 브란트는 또 울브리히트가 브레즈네프에게 임박한 외교전에서 주도적인 역할을 원한다는 신호를 보내기를 명백히 열망하고 있다고도 결론지었다.

브란트는 서독의 국가수반이 보내는 서한이라는 정치적 덫을 피하면서 직접 답신을 보냈다. 브란트는 명목상 자신과 대등한 지위에 있는 독

---

* Gustav Heinemann(1899-1976). 독일의 정치인. 1949-1950년 독일연방공화국 내무장관, 1966-1969년 법무장관, 1969-1974년 대통령을 역임했다.

일민주공화국 총리인 빌리 슈토프에게 답장했다. 키징거와는 달리 브란트는 슈토프의 완전한 직함을 사용함으로써 자신이 어느 정도 인정을 해줄 의사가 있음을 비쳤다. 브란트는 '우리 두 국가' 사이에 회담을 열 준비가 되어 있다고 썼다. 그러나 브란트는 "분단 독일에서 생활하는 사람들의 삶을 편안하게 하는 실질적인 조치"를 비롯하여 모든 주제가 논의의 대상이 되어야 한다고 덧붙였다. 브란트의 서한은 동독의 눈만 아니라 소련의 눈도 겨냥한 것이었다. 브란트는 자신이 독일민주공화국을 공식적으로 인정하지 않더라도 독일민주공화국과 대화하겠다는 의향을 모스크바에게 보여주기를 원했다.

브레즈네프는 최고위층 수준의 직접 채널을 소련-독일 외교에 도입함으로써 브란트에게 자신의 개인적 관심을 분명히 했다.

12월 21일 금요일, 에곤 바르가 긴 크리스마스 주말 동안 집무실을 떠날 준비를 할 때 모스크바에서 온 방문객이 그와의 면담을 요청했다. 퇴근이 늦어지는 데 짜증이 약간 났지만 언제나 러시아인을 만날 준비가 되어 있던 바르는 이에 동의했다.

바르는 방문객이 다소 소심하게 작은 플라스틱 크리스마스트리를 선물하면서 좋은 관계의 중요성에 대해 몇 마디 의례적인 말을 중얼거리자 더욱 짜증이 났다. 바르는 방문객에게 감사하고 그에게 떠나달라고 막 요청하려던 참에 이 러시아인이 브란트가 코시긴에게 보낸 편지를 언급했다. 그것은 본에서는 오직 네 사람만 알고 있었고 아마도 모스크바에서도 그리 많지 않은 사람만 알고 있었을 편지였다. 방문객은 모스크바가 브란트와 진지하게 협상할 준비가 되어 있다고 덧붙였다. 그는 자신이 브란트와 바르가 소련 정부의 최고위층과 직접 개인적으로 연결하는 채널 역할을 하도록 유리 안드로포프가 보낸 사람이며, 다시 연락하겠다고 말했다.

바르는 매우 기뻤다. 바르는 소련인들이 독일의 새 정부를 매우 진지하게 여기고 있다는 것을 이제 이해했다. 바르는 또 브란트와 자신이 울브리히트의 편지들에 지나치게 주의를 기울이지 말아야 한다는 사실도 이해했다.[9]

울브리히트는 공식적 인정 없이 두 독일 정부의 수반들이 서로 방문하자는 브란트의 제안을 수용했는데, 아마도 브레즈네프의 압력을 받았을 것이다. 브란트는 1970년 3월 19일 동독의 도시인 에르푸르트에서 슈토프를 만났고, 슈토프는 5월 21일 서독으로 가서 카셀에서 브란트를 만났다.

브란트와 슈토프 사이의 회담들, 특히 동독에서의 회담은 울브리히트가 품은 최악의 우려를 확인시켰음에 틀림없다. 브란트의 출현은 독일민주공화국에서 전례 없이 진정한 인민들의 열광을 분출시켰다. 브란트는 에르푸르트 기차역에서 그와 슈토프가 만나기로 되어 있는 호텔까지 거의 길을 갈 수가 없을 지경이었다. 도착 순간부터 수천 명의 동독 시민들이 거리에 늘어서서 목이 터져라 '빌리! 빌리!'(Willy! Willy!)라고 외쳐댔다. 어느 누구도 그들이 빌리 슈토프(Willi Stoph)를 위해 고함 치고 있다고 생각하지 않도록 많은 사람들이 중앙에 대문자 'Y'를 적은 푯말을 들고 있었다. 동독의 군중은 브란트에 가까이 다가가려고 경찰 저지선을 밀고 들어갔다.

브란트는 시위자들을 진정시키고 혼란을 피하기 위해 비상한 노력을 기울이지 않으면 안 되었다. 브란트는 가까스로 호텔에 도착하자 창문으로 가서 시위자들에게 인사하고 그들에게 자제할 것을 촉구했다. 브란트자신의 말을 빌리면,

450

나는 지금이 자유가 없는 독일을 방문한 처음이 아니라는 것을 기억했다.… 나는 감동했지만 이 사람들의 운명을 고려해야 했다. 나는 이튿날 본으로 돌아올 것이지만 이들은 그렇지 않을 것이다.… 나는 자제를 촉구하는 몸짓을 했고, 내 의견은 받아들여졌다. 군중은 조용해졌다. 무거운 마음을 갖고 한숨을 돌린 나는 많은 보좌관들이 눈물을 흘리고 있는 것을 알았다.[10]

회담은 아무런 결과도 낳지 못했다. 슈토프는 완전하고 즉각적인 인정과 유엔 동시 가입을 요구했다. 슈토프는 또 장벽이 세워지기 전의 서독 정책 때문에 동독 시민들이 그 비용을 물었다고 주장하면서 1,000억 독일마르크에 대한 완전한 보상도 요구했다. 브란트는 두 요구를 모두 거부했다.

카셀에서의 회담도 마찬가지로 성과가 없는 것으로 드러났다. 20개 항목으로 이루어진 문서에서 브란트는 완전한 인정이 빠진 다양한 방안을 제시했다. 브란트는 미래의 관계를 결정할 동독-서독 조약을 제안하고, 동독과 서독 사이에 상설 대표부를 설치하자고 제의했다. 브란트는 베를린에서의 4개국의 지위와 서베를린과 서독 사이에 맺어진 관계를 존중할 것을 촉구했다. 그는 이동의 자유를 확대할 것을 제안했다. 슈토프는 독일민주공화국이 완전한 외교적 인정을 위한 조약이라는 단 하나만 협상할 것이라고 응답했고, 브란트에게 초안을 주었다. 브란트는 그것에 대해 협상하지 않으려 했고 두 사람은 헤어졌다.

상호 방문은 두 독일의 관계에서 어떤 진전도 이끌어내지 못했다. 두 독일의 관리들은 1970년 10월까지 다시 만나지 않을 것이었다.

그러나 상호 방문은 소련인들과 브란트가 데탕트를 원할 경우 그들에게 복잡한 의무를 지웠다. 에르푸르트의 시위는 본과 모스크바가 쉽지어 동독에 관한 문제들도 서로 직접 거래를 해야 한다는 것을 보여주었다. 확실히 장벽은 울브리히트의 체제를 안정시키지 못했다. 소련이 브란트와 거래를 원한다면 모스크바는 울브리히트가 어떤 것도 양보할 여유가 없었기 때문에 독일민주공화국 대신 협상해야 할 터였다. 그리고 브란트가 울브리히트에게 직접 하는 어떤 양보도 브란트 정부의 신뢰를 떨어뜨리고, 그를 위해 시위를 감행한 동독인들을 불쾌하게 만들 것이다.

모스크바와 본은 데탕트에서 역설에 직면했다. 그들은 유럽의 안정과 소련의 안보를 위해 독일민주공화국이 정치적 정당성이 없고 어떤 유연성도 보여줄 수 없는데도 독일민주공화국을 보존하기 위해 함께 일해야 할 터였다. 그들은 울브리히트를 같이 데리고 가야 했다. 그리고 독일민주공화국에게는 울브리히트가 원하는 것은 아닐지라도 뭔가가 주어져야 할 터였다. 그러나 독일민주공화국에게 너무 많은 것이 주어질 필요는 없었다.

하지만 우선, 브란트는 브레즈네프, 코시긴, 그리고 폴란드 총리 브와디스와프 고무우카가 울브리히트에게 그들의 속도를 늦추는 것을 허용할 것인지 알아내야 했다.

에곤, 레오, 슬라바

브란트와 슈토프가 만나고 있는 동안에도 진짜 외교는 다른 곳에서 진행되었다. 자신의 정부가 한 선언과 코시긴에게 보낸 자신의 편지에 충실하게, 브란트는 소련 정부와 회담을 시작하려고 재빨리 움직였다. 신임 외무장관 발터 셸은 소련 대사 세묜 차랍킨에게 독일인들은 기존의 의견 차이를 해소하고 유럽 평화에 기여하고 싶다고 말했다. 독일 정부는 형편이 되는 대로 모스크바에서 회담을 시작하자고 제안하는 각서로 이 바람을 실현하고자 했다.

그러나 이 모스크바 회담은 시작이 좋지 않았다. 독일 대사 헬무트 알라르트[*]와의 세 번의 대화에서 안드레이 그로미코는 조금도 유연성을 보이지 않고 긴 목록의 전제조건과 수용할 수 없는 요구를 제시하는 전통적인 전술을 따랐다. 그로미코는 잘 알려진 소련의 입장을 단호하게 되풀이했다. 그는 브란트 정부의 선언에서 제시했던 구상을 비현실적이고 비생산적이라고 비난했다. 그로미코는 서독이 즉각 독일민주공화국을 완전하게 인정해야 한다고 말했다. 또 본은 무력을 철저하게 무조건 포기하고 재통일에 대한 어떤 기대도 단념한다고 공식적으로 선언해야 한다고 했다. 그로미코는 독일이 새로운 정책을 마련한다면 자신은 그 소식에 기쁠 것이라고 했다. 그렇지 않다면, 자신은 시간을 낭비하고 싶지 않다고 말했다.

그로미코는 모스크바가 독일 대사와 이례적으로 긴 시간을 보냄으로써 독일인들을 진지하게 상대한다는 신호를 보냈다. 이것은 모스크바에서 외국 외교관들 사이에 센세이션을 일으켰으나, 일각에서는 그로미코가 서방 대사들에게 전혀 신경을 쓰지 않았기 때문에 의혹의 눈길도 보냈다. 모스크바 외교계는 왜 그로미코가 새로운 장을 열지도 않으면서 알라르트와 세 차례나 회담을 하려 했는지 알 수가 없었다. 독일의 동맹자들은 자신들이 무엇을 듣지 못하고 있는지를 궁금해 했다.

브란트로서는 알라르트가 귀국하여 회담에 관해 보고하면서 아무 것

---

[*] Helmut Allardt(1907-1987). 독일의 외교관. 1949-1950년 독일연방공화국 경제부 장관, 1954-1958년 인도네시아 주재 대사, 1963-1968년 스페인 주재 대사, 1968-1972년 소련 주재 대사를 역임했다.

도 이룰 수가 없었다는 결론을 제시하자 믿을 수가 없었다. 브란트와 셸은 모스크바가 지난 수년 동안 거짓 신호를 보냈다고 결론 내리기를 거부했다. 또 그들은 소련 정부가 그로미코의 권투선수 같은 저돌성을 감안하더라도 그렇게 빨리 그리고 그토록 전면적으로 관계 개선의 기회를 거부할 것이라는 생각도 받아들일 수가 없었다.[11]

브란트는 바르를 모스크바에 보내기로 결정했다. 독일 정부는 셸을 보내 그의 첫 번째 외국 여행에서 외무장관이 창피를 당할 위험을 무릅쓸 수가 없었다. 누군가 희생되어야 한다면 서열이 낮은 바르가 희생되는 것이 나았다. 마찬가지로 중요한 점은 안드로포프가 굳이 바르와 접촉했다는 사실이었다. 소련인들은 그에게 말할 준비가 되어 있었을 것이다. 그들은 바르가 자신들로 하여금 브란트에게 좀 더 잘 접근할 수 있도록 해주리라고 생각했을 것이다.

바르는 브란트와 슈토프가 에르푸르트에서 만나기 전인 1970년 1월 30일에 모스크바로 날아갔다. 그리하여 바르는 베를린 장벽이 세워지면서 독일인들 스스로가 자기 나라에 대한 협상을 시작해야 한다고 확신한 이래 스스로 준비해왔던 과업을 수행했다. 모스크바에서 바르는 그로미코와 총 55시간 동안 계속될 일련의 회담을 시작했다. 그는 또 '레오'(Leo)와 '슬라바'(Slava)라는 암호명으로 통하던 안드로포프의 개인 전령들과 자주 회담을 가졌다. 이들은 혹시 그로미코가 브레즈네프와 안드로포프에게 이야기를 충분히 들려주지 않을 경우에는 회담에서 바르가 취한 입장에 대해 두 사람에게 직접 보고하라는 지시를 받았다. 그들은 또 혹시 있을지도 모르는 일체의 문제를 해결하기 위해 그곳에 있었다.[12]

바르가 모스크바에 도착했을 때 레오는 그에게 다가와 인내심을 가지라고 말했다. 소련인들이 바르의 방문을 연기시키고 싶지는 않은데 본격적으로 일을 추진할 준비가 되어 있지 못한 상태였기 때문일 것이다. 소련인들은 자신들의 입장을 다듬기 위해 좀 더 시간이 필요했다. 그러나 소련인들은 또 독일의 구상을 들을 필요도 있었다. 그로미코는 귀를 기울일 것이지만, 새롭게 말할 것은 없을 터였다.

레오의 메시지는 올바른 것으로 드러났다. 그로미코는 알라르트를 대했듯이 바르를 대함으로써 시간을 벌려고 했다. 그로미코는 자기가 생각하기에도 절대 수용되지 않을 그런 언어로 작성된 완전히 비타협적인 18개 요구사항 목록을 만들었다. 예를 들어 그로미코는 본이 무력 포기 조약에 서명하고, 유럽의 현 상태와 기존의 모든 유럽 국경을 인정해야 한다고 힘주어 말했다. 또한 핵확산방지조약에 즉시 서명해야 하고, 독일민주공화국을 공식적으로 인정해야 하며, 서베를린에서 모든 활동을 중단하고 서베를린을 별개의 정치적 실체로 인정해야 한다고 했다. 심지어 그로미코는 본이 협상을 시작하기 전에 이 모든 조치들을 취해야 한다고 덧붙이기까지 했다.

바르는 그로미코의 요구가 브란트에게 큰 정치적 위험을 제기할 것을 우려했다. 이미 정부 선언에서 화해적인 어조를 보인 마당에 혹시라도 그로미코의 태도가 알려지면 브란트로서는 완전히 신뢰를 잃어버리게 될 것이었다. 그로미코의 게임은 오직 데탕트의 적들에게만 도움이 될 수 있었다.

그러나 대사와 달리 바르는 지침을 기다릴 필요 없이 자유롭게 얘기를 나눌 수 있었다. 브란트에게 계속 자신의 대화에 대해 보고하거나 협의하기 위해 몇 차례 본으로 왔다가야 했지만, 바르는 대체로 이 대화를 스스로 꾸려나갈 수 있었다. 바르는 또한 필요하다면 그로미코를 우회하여 바로 안드로포프와 아마도 브레즈네프에게까지 갈 수 있다는 사실도 알았다.

그리하여 바르는 그로미코에게 구호가 아니라 현실을 다루자고 제안하는 것으로 응수했다. 본은 무력 사용을 포기할 것이다. 브란트는 이것이 유럽의 현 상태를 받아들인다는 것을 의미함을 인정했다. 말을 가지고 언쟁을 벌일 필요는 없었다. 바르는 그로미코의 주장을 한 바퀴 비틀어 독일이 무력 포기 조약에 서명하는 것 자체가 독일이 모든 국경을 인정한다는 것을 뜻한다고 말했다. 결국 국경은 무력에 의해서만 변경될 수 있지 않은가? 무력을 포기한다는 것이 국경을 수용한다는 것을 의미하지 않는다면 무엇을 의미하겠는가? 더 이상 무슨 의문을 품을 수 있겠는가?

바르는 브란트가 법적으로 독일민주공화국을 인정할 수는 없다고 덧붙였다. 브란트가 그렇게 하기를 바라든 말든 상관없이 말이다. 독일민주공화국을 법적으로 인정하려면 독일 기본법의 수정이 필요하며, 그러기 위해서는 브란트가 장악하지 못한 연방의회 의원의 3분의 2가 찬성해야 했다. 더구나 폴란드와 마주하고 있는 독일의 국경을 인정하는 것은 독일민주공화국을 인정하는 것과 마찬가지로 평화조약의 일부가 되어야 할 터였다. 그리하여 그 문제는 서방 연합국의 동의가 필요했고, 서방 연합국은 그 대가로 뭔가 양보를 받지 않고서는 동의하지 않을 것이었다.

대신 바르는 그로미코와 자신이 다른 사람들을 연루시키지 않고 자신들이 함께 할 수 있는 일과 또 현실적으로 가능한 일에 노력을 집중한다면 가장 좋을 것이라고 주장했다.

바르는 또 베를린에 관한 그로미코의 주장도 비틀었다. 바르는 유럽의 현 상태가 변경되어서는 안 된다는 그로미코의 제안을 받아들인다고 말하면서, 베를린과 그 주변의 현 상태도 변경되어서는 안 된다고 주장했다. 이것은 서독이 서베를린과 연결되어 있는 현실을 비롯해 지금의 현실을 서로 받아들이는 것을 의미할 터였다. 본은 현실을 받아들일 것이지만 모스크바도 똑같이 해야 할 터였다. 연합국도 연방의회도 현 상황을 악화시키는 어떤 합의도 받아들이지 않을 것이었다. 특히 바르는 연합국이 모스크바와 본 사이에 체결된 베를린에 관한 어떤 협정도 받아들이지 않을 것이라고 경고했다.

바르의 이 마지막 의견은 곧바로 올바른 것으로 판명되었다. 그로미코와 바르의 회담에 관한 보고가 연합국에 전해지자마자 연합국은 제2차 세계대전의 승전국들만이 베를린에 대한 논의를 해야 한다고 결정했다. 그들은 이 결정을 아브라시모프에게 말했고, 아브라시모프는 즉시 동의했다. 베를린은 그로미코-바르의 의제에서 사라졌다.

바르의 주장에 대한 반응으로 또 브레즈네프의 재촉을 받아 그로미코는 소련-독일 의제의 핵심 항목에 대해 진지한 논의를 시작했다. 그러나 바르는 그로미코의 체계적이고도 일관된 대결적 태도를 적절하게 감안하지 못했다. 또 그는 모스크바가 오케스트라를 지휘하듯이 워싱턴, 본, 동베를린과의 회담을 동시에 치밀하게 이끌어가려 한다는 점도 감안하지 못했다. 회담은 종종 무의미하게 질질 끄는 것처럼 보였다.

레오와 슬라바는 바르에게 그대로 계속 나아가라고 격려했다. 때때로 그들은 바르-그로미코 회담이 정치국에서 지난 수년 이래 독일에 관한 매우 진지한 논의를 촉발시켰다는 등 소련의 생각에 관해 바르에게 알려주기도 했다. 그들은 바르에게 소련 지도부 내의 '상대들'도 함께 가야 하며 재촉해서는 안 된다는 점을 기억하라고 촉구했다. 국가보안위원회(KGB)에서 오랫동안 독일 관련 업무를 해왔던 레오는 바르의 고문 역할을 했을 뿐만 아니라 전문 가이드 역할도 해준 것으로 드러났다.

레오와 슬라바는 매우 유용했을 것이다. 한번은 회담이 며칠 동안 교착상태에 빠졌을 때 레오가 바르에게 무엇이 진전을 가로막고 있는지 물었다. 바르가 레오에게 그것은 모호하고 거의 현학적인 언어 문제와 관련 있다고 하자, 안드로포프는 브레즈네프에게 전화를 해 문제가 어디에 있는지를 말했다. 브레즈네프는 그로미코에게 전화를 걸어 문제를 해결하고 더 빨리 진행하라고 독촉했다.[13]

모스크바가 독일을 진지하게 상대하고 있다는 사실을 확인시켜 주기 위해 코시긴이 직접 바르를 초청해 대화를 나누었다. 회담은 새로운 것을 내놓지는 못했지만, 아마 소련의 내부적인 이유 때문에 필요했는지도 모른다. 하지만 회담은 192명의 인종적 독일인들을 서독으로 석방시켜 주는 성과를 낳았다. 이는 코시긴이 바르에게 무엇을 해주면 좋겠느냐고 물은 뒤 바르가 급하게 인도주의적 케이스로 작성한 명단에 따른 것이었다.

코시긴과의 만남은 또 모스크바와 울브리히트 사이의 긴장을 보여주었다. 레오는 바르에게 '턱수염이 있는 사람'(울브리히트)이 성질을 부려 바르의 코시긴과의 약속을 막으려고 하는 바람에 약간의 곡절이 있었지만, 여하튼 코시긴이 계속 추진했다고 말해주었다. 레오의 말에 따르면, 울브리히트는 서독인들에게 보낸 자신의 편지와 다른 독일민주공화국 편지들에 대해 모스크바에 알리지 않았다. 레오는 또 모스크바가 울브리히트의 요구를 존중하지 않은 다른 사례에 대해서도 바르에게 이야기했다. 심지어 한 번은 울브리히트, 슈토프, 에리히 호네커가 브레즈네프를 직접 찾아가 서독과 협정을 맺지 말라고 요청했으나, 브레즈네프는 여전히 협정에 서명하기를 원했다고 했다.[14]

울브리히트는 서독-소련 회담이 열리기 한참 전에 반대를 분명히 했다. 1970년 2월 24일 그로미코와의 긴 만남에서 울브리히트는 소련이 서독에게 독일민주공화국과 모든 독일민주공화국 국경들(베를린의 구역 경계와 장벽도 포함하는 것을 염두에 두었을 것이다.)을 공식적으로 인정하라고 강력히 요구할 것을 원한다고 말했다. 울브리히트는 모스크바가 이것을 충분히 요구하지 않고 있다고 불평하면서 데탕트 실패 시 브란트의 정부의 안정성에 대한 크렘린의 걱정을 묵살했다. 울브리히트는 모스크바가 본과의 거래를 위해 독일민주공화국의 이해를 무시할까봐 우려했다.[15]

바르가 그로미코와 가졌던 회담은 길긴 했지만 독일의 전후 역사에서 거의 즉각적인 결과만큼이나 가치가 있는, 중요하고 유례없는 뭔가를 성취했다. 그것은 바르와 그로미코가 대등한 자격으로 만났다는 사실이었다. 브레즈네프, 코시긴, 그로미코는 흐루쇼프가 서독의 머리 위에서 미국인들을 비롯한 연합국과 협상하며 서독을 무시하려고 했던 것과는 달리, 더는 서독을 무시할 수 있는 척하지 않았다. 그리고 레오가 말한 대로 모스크바는 몇 십 년은 아니지만 지난 몇 년 동안의 자신의 독일 정책을 아주 진지하게 재검토했다.

그로미코가 가능한 한 자주 그리고 오랫동안 기꺼이 바르를 만나고자 한 태도는 관행의 중요한 변화를 보여주었다. 모스크바의 서방 대사들은 그것이 무엇을 의미할 수 있는지 궁금해 했다. 프랑스 대사 로저 세이두 드 클로존*은 바르에게 유럽의 정치적 경관이 변했다고 말했다.[16]

그러나 브란트는 바르의 회담뿐만 아니라 모스크바와 워싱턴 사이에 진행되고 있는 회담에 대해서도 생각해야 했다. 바르와 그로미코가 합의

---

* Roger Seydoux de Clausonne(1908-19856). 프랑스의 학자이자 외교관. 1960-1962년 모로코 주재 프랑스 대사, 1968-1972년 소련 주재 대사를 역임하고 1962년부터 1968년 사이에는 유엔과 나토의 프랑스 대사를 지냈다.

에 실패한다면, 브레즈네프와 그로미코는 당연히 서방과의 협상에서 미국에 온전히 집중할 것이었다. 이는 다시 독일인들을 무시하는 처사일 것이다. 브란트는 브레즈네프와 안드로포프가 소련과 본의 관계를 개선하고 싶어 한다는 것을 알았지만, 그 두 사람이 전략무기제한회담과 독일 문제에 관해 소련공산당의 보수파에게 양보를 하도록 설득시킬 수 있다고 확신할 수가 없었다. 브란트는 바르의 회담이 너무 질질 끌거나 소련의 국내 토론이 너무 팽팽하게 진행되도록 내버려둘 수가 없었다.

그로미코와 바르는 브란트와 슈토프가 카셀에서 만나기 전인 1970년 5월 결정적인 돌파구를 마련했다. 바르는 세 번째로 본으로 돌아왔던 5월 22일까지 독일-소련 조약이 기반으로 삼을 수 있는 기본 원리를 요약한 20개 항목의 문서를 작성할 수 있었다.

바르의 20개 항목 중에서 첫 네 항목이 가장 중요했다.

• 연방공화국과 소련은 국제적인 데탕트를 중요한 대외정책 목표로 간주한다. 양국은 유럽에서 정세의 정상화를 이루기로 결정했다. 이 목적을 위해 양국은 현 정세와 그리고 모든 유럽 국가들과의 평화적 관계의 발전을 기반으로 행동할 것이다.
• 양국은 평화적인 수단으로 분쟁을 해결할 것이다. 유엔 헌장 제2조에 따라 양국은 유럽의 안보나 양국의 쌍방 관계에 영향을 미치는 문제에서 어떤 위협이나 무력 사용도 피할 것이다.
• 양국은 현재의 국경이 도전 받지 않는 한에서만 유럽의 평화가 유지될 수 있다는 데 동의하며, 현재의 국경 안에서 모든 유럽 국가들의 영토적 통합을 존중하기로 약속한다. 양국은 어느 당사자에 대해서도 영토적 요구를 하지 않으며 앞으로도 그 요구를 제기하지

않을 것이다. 양국은 폴란드 서부 국경을 이루는 오데르-나이세 선과 독일연방공화국과 독일민주공화국 사이의 국경을 비롯하여 모든 유럽의 국경들을 불가침적인 것으로 간주한다.

• 연방공화국과 소련 사이의 조약은 두 당사자 중 어느 편이든 그 편이 부담하고 있던 이전의 쌍방간 혹은 다자간 의무에 영향을 미치지 않는다.[17]

이 네 항목은 대충 읽어봐도 공식적으로든 유출에 의해서든 대중에게 알려지면 곧 바로 서독에서 논란을 일으킬 것이 분명했다. 그것들은 서독이 변화시킬 수 없는데도 이전의 모든 서독 정부들이 변화시키겠다고 약속했던 현실을 인정하는 것이었다. 유럽의 국경들, 특히 오데르-나이세 선을 존중하겠다는 서독의 약속은 곧 연방공화국이 슐레지엔, 프로이센, 쾨니히스베르크를 비롯해 폴란드와 소련의 일부가 된 독일 땅에 대해 어떤 요구도 포기한다는 것을 의미했다. 그것은 또 서독이 독일민주공화국의 존재를 현실로서 승인한다는 것도 의미했다. 그러나 그때까지 어떤 서독 정부도 공식적으로 오데르-나이세 선을 수용한 적이 없었다. 그리고 기본법에 따르면 연방공화국은 통일 독일을 위해 헌신하게 되어 있었다.

비록 첫 번째 대화에서 바르가 그로미코에게 독일 정부는 독일 영토였던 땅을 공식적으로 포기할 수는 없다고 말했음에도 불구하고, 20개 항목은 아주 위험하게도 거의 영토를 포기하는 수준까지 간 것이었다. 그것들은 당연히 그렇게 해석될 여지가 있었다.

브란트는 20개 항목이 문제를 야기할 것임을 알았다. 기독민주연합/기독사회연합은 바르가 기본법과 양립할 수 없고 역사적으로 유구한 독일 땅을 넘겨버렸으며, 독일의 중대한 민족적 이익을 위험에 빠뜨린 협정을 도모했다고 주장할 터였다. 브란트는 문서가 공개되기 전에 이러한 문제가 제기되는 것을 막기 위해 각료들 다음으로 고위직 관료인 차관(Staatssekretär)들로 이루어진 위원회에 바르의 항목들이 합헌인지를 평가해달라고 요청했다.

외무부 차관과 법무부 차관을 포함한 이 위원회는 조약이 통일과 베를린에 대한 서독의 지속적인 관심을 재언명한 문서가 수반된다면 기본법과 양립 불가능하지 않을 것이라고 결론 내렸다. 이 결정은 적어도 브란트와 바르가 위헌적으로 행동했다고 비난하지는 않았기 때문에 그들에게 도움이 되었다. 그러나 이 같은 결정은 브란트가 그로미코에게 설명 서한을 접수해 줄 것을 요청해야 하리라는 것을 의미했는데, 그로미코는 바르가 자신에게 그 가능성을 통고했을 때 이미 반대한 상태였다.

바르의 20개 항목은 훨씬 더 심각한 두 가지 문제를 제기했다. 이 문제들은 서독뿐만 아니라 서독의 서방 동맹국들, 특히 독일과 베를린에 대해 지속적인 책임이 있던 서방 3개국과 관련되었다.

첫째, 그와 같은 포괄적인 협정은 제2차 세계대전의 3개 서방 승전국들이 협상을 돕지 않은 상태에서도 효력을 가질 수 있을 것인가? 바르의 항목들에 기반을 둔 조약은 독일에 관한 최종적인 평화조약에 적절하게 포함될 몇 가지 문제를 제기할 것이었다. 그러나 바르의 조약은 4개 승전국 중 한 나라, 즉 소련만 서명할 것이었다. 서독의 주요한 동맹국들은 서독의 주요한 적국과 맺는 중요한 협정에서 배제될 터였다.

둘째, 이 항목들은 서독이 받아들인 현실 중 하나가 동베를린에 대한 동독의 통제라는 현실을 의미한다고 해석될 수 있을 것인가? 독일민주공화국은 자신의 국경이 장벽을 따라 이루어진다고 주장했고, 서독은 모든 국경을 존중하겠다고 약속하고 있었다.

이 두 문제는 연합국의 권리와 책임을 직접 건드렸다. 서독은 평화조약을 협상할 권한이 없었다. 그리고 서독은 비록 연합국이 장벽을 받아들였을 때 동베를린을 인도하는 쪽으로 오랜 길을 이미 갔음에도 불구하고, 동베를린을 인도할 권한도 확실히 없었다.

다른 사람들뿐 아니라 바르 자신도 자신의 20개 항목이 서독의 우방국들을 불안하게 만들 것임을 알았다. 바르는 그로미코에게 소련이 연방공화국과의 협상이 한계가 있음을 인정해야 한다고 말함으로써 그 불안을 처리하려 했다. 브란트의 신중한 지침을 받고 움직이면서 바르는 5월 12일 그로미코에게 독일-소련 협정은 독자적으로 존재할 수 없고 협상 전체의 일부이어야 할 것이라고 말했다. 이 협상 중에 베를린의 정세를 규정하는 협정이 있어야 할 터였다. 그러나 그로미코는 바르가 그런 유의 주장을 하기에는 너무 늦었다고 대꾸했다. 바르는 협정을 원한다면 마지막 순간에 자신의 조건을 변경시킬 수가 없었다.

바르의 20개 항목은 서독의 새로운 상황이 가진 강점과 약점을 모두 보여주었다. 바르는 빈손으로 모스크바에서 돌아오지 않았다. 그로미코는 긴장을 완화하고 많은 독일인들의 삶을 더 편안하게 만들 수 있는 새로운 관계와 새로운 정책을 약속했다. 더욱 중요한 것은 그로미코가 자신이 알라르트에게 단호하게 열거했던 몇몇 요구들을 비롯해 일부 전통적인 소련 요구들을 버렸다는 것이었다. 바르처럼 그로미코도 현실을 받아들였다. 그러나 바르는 이전 독일 정부들이 보호했던 항목들을 포기했다. 본은 여전히 제2차 세계대전 승전국들과 진정으로 대등한 입장에서 거래할 수가 없었다. 서독은 점점 더 중요해질 것이지만 아직 완전히 독립적이지는 않았다.

차관들이 내렸던 결론처럼 바르가 그로미코와 맺었던 협정은 독자적으로 존재할 수 없었다. 협정은 기본법 및 본 동맹국들의 이익과 양립가능한 해석이 필요했다. 브란트는 1970년 7월 그로미코와 최종 협상을 진행하기 위해 셸을 보내야 했다.[18]

셸은 그로미코와 협상을 마무리 짓기 위해 모스크바로 가기를 원했다. 셸은 비단 바르뿐만 아니라 독일 정부 전체가 모스크바와 협상했다는 것을 보여줌으로써 브란트를 도울 수 있다고 생각했다. 모사가 또는 배후조종자라는 바르에 대한 평판은 조약에 대한 연방의회의 승인을 위태롭게 할 수 있었다. 셸은 더 많은 권위와 신뢰를 부여할 터였다.

브란트의 상황을 더 복잡하게 만든 것은 독일의 타블로이드판 주간지《퀵》(Quick)이 7월 1일에 바르의 20개 항목 문서를 게재했다는 사실이었다. 문서는 격렬한 논쟁과 반대를 불러일으켰다. 그로미코가 회담을 꼬이게 만들기로 작심한다면 브란트는 총리직을 잃을 수도 있었다. 게다가 셸이 대화를 좀 더 진척시키고 싶어 하는 것은 곧 브란트가 바르가 협상한 조건보다 나은 조건을 원한다는 것을 의미했기 때문에 그로미코로서는 화를 내도 하나도 이상할 것이 없었다.

그러나 그로미코는 셸을 무시하고 제쳐놓을 수 없었다. 브란트의 정부가 그의 데탕트 정책의 실패 때문에 무너진다면, 어떤 서독 정부도 적어도 10년 동안은 감히 모스크바와 협상하려 들지 않을 것이었다. 유럽의 정세는 여전히 긴장되고 비용이 많이 들 것이었다. 워싱턴과의 데탕트도 곤란해질 것이다. 모스크바는 독일이나 유럽, 중국 혹은 미국과 통하는 제대로 된 창구 없이 지내게 될 것이다. 그로미코는 좋든 싫든 셸과 거래해야 했다.

더구나 모스크바는 서독과 경제적·기술적 연결이 필요했다. 그리고 조약은 또 모든 점에서 모스크바의 희망을 따르는 것은 아니었지만, 모스크바가 오랫동안 추구해왔던 유럽 질서를 정당화시켜 주는 의미도 있었다.[19] 셸만큼이나 브레즈네프도 긍정적인 결과가 필요했다.

그로미코는 셸을 편하게 해주지 않았다. 그로미코는 바르 협정의 조건들보다 더 나은 조건을 제시하라는 셸의 요구에 대해 격렬하고 장황하게 불만을 표시했다. 셸과 그로미코의 회담은 한 주간에 걸쳐 12시간 이상 계속되었다. 셸은 심지어 아데나워의 1955년 선례를 따라 자신의 비행기에 올라 본으로 돌아가자고 명령하기까지 했다. 마지막으로 그로미코는 명백히 결과를 산출할 의도로 긴 비공식적 회담을 위해 셸을 그의 다차(dacha, 별장을 뜻하는 러시아어 ― 옮긴이)로 초청했다. 회담이 진행되는 동안 그로미코는 셸 자신이 일찍이 제의했고 독일의 요구와 소련의 요구를 모두 감안한, 소련의 '제안'을 담은 문서 한 장을 셸에게 주었다.

안드로포프와 함께 무대 뒤에서 일하고 있던 레오와 슬라바가 이 공작을 준비했다. 그들은 셸에게도 그 일을 비밀로 했는데, 그것은 브란트가 외무부가 안드로포프 채널을 이용하거나 심지어 그것을 입에 올리는 것조차 원하지 않았기 때문이었다.[20] 안드로포프 자신은 "서독이 없다면 우리는 현 상황에서 빠져나올 수가 없소."라고 레오에게 말했다. 안드로포프는 또 "우리는 유럽에 우리의 집을 지어야 하는데, 그것은 독일이 없으면 불가능합니다."라고 얘기했다.[21]

셸은 1970년 8월 7일 그로미코와 조약을 체결했다. 모스크바는 서독의 베를린 진출과 나토 가입은 받아들이고, 서독이 독일민주공화국과 유럽 국경들을 공식적으로 인정하라는 요구는 철회하는 등 큰 양보를 했다. 그에 대한 보답으로 본은 역사적으로 유구한 독일 영토의 영구적인 상실을 인정했는데, 이것은 언어상으로는 바르의 원래 초안에 비해 브란트가 연방의회에서 방어하기가 좀 더 수월했을 것이다. 8월 12일, 브란트와 코시긴은 독일 데탕트 정책의 4가지 주요 요소 중 첫 번째 요소인 모스크바 조약에 서명했다.

모스크바 조약이 조인되었을 때 셸은 그로미코를 설득해 독일 대표단으로 하여금 설명 서한을 제출할 것을 요구하게 했다. '독일 통일에 관한 편지'(Brief über die deutsche Einheit)라고 불리게 되는 이 편지는 차관 위원회의 권고에 따라 독일의 재통일에 대한 희망을 재확인했다. 편지를 수용하는 데 동의함으로써 그로미코는 다시 한 번 모스크바가 본과의 협정에 도달하기 위해 상당한 타협을 할 것임을 보여주었다.

그로미코는 편지의 수령을 공식적으로 인정하지는 않을 것이라고 말했다. 대신 세 원숭이처럼 그로미코는 "사악한 것은 보지도 듣지도 말하지도 않을" 것이었다. 그러나 훗날 미하일 고르바초프는 1990년의 독일 통일 협상 때, 편지를 수용함으로써 소련 정부는 독일 통일에 헌신하게 되었다고 말했다.[22]

조약 조인 후 열린 비공식적 축하연에서 그로미코는 모스크바의 지도적인 독일 전문가인 발렌틴 팔린*에게 브란트가 독일의 분단을 인정했기 때문에 독일사회민주당(Sozialdemokratische Partei Deutschlands)은 서독 사회민주당(Sozialdemokratische Partei West-deutschlands)으로 이름을 바꾸어야 한다고 브란트에게 얘기하라고 말했다. 팔린은 고개를 끄덕였으나 브란트에게 말하지는 않았다. 팔린은 그의 메시지를 전달하지 못한 사실에 발끈한 그로미코가 직접 브란트에게 말하러 갔다는 사실을 알아차렸다.

---

* Valentin Falin(1926-2018). 소련의 외교관이자 정치인. 1951-1958년 소련 외무부에서 일했으며, 1971-1978년 독일연방공화국 주재 소련 대사를 지냈다. 1988-1991년에는 소년 공산당 중앙위원회 국제부 부장을 맡았다.

브란트의 얼굴에 나타난 망연자실한 표정을 보고 팔린은 그로미코가 실제로 자신의 제안을 말했다고 추정했다.[23] 그로미코는 브란트가 독일 통일을 포기한 것이 아니라 단지 다른 경로를 찾고 있을 뿐이라는 점을 여전히 이해하지 못했다.

빌리 브란트는 독일 통일을 향한 첫 번째 조치는 통일을 가능성으로서는 계속 열어두지만 정책으로서는 포기하는 것이라고 믿었다. 서독의 외교는 더는 통일에 대한 집착과 연계되지 않을 것이었다. 그러나 통일의 희망은 독일민주공화국의 정당성을 약화시킬 터였다. 브란트의 의도를 충분히 인식했던 울브리히트는 소련의 편지 수용을 큰 실수이자 배신 행위로 보았다.[24]

울브리히트는 브레즈네프가 브란트와 맺은 조약을 보고하기 위해 모든 동유럽 정부와 공산당 지도자들을 초청했던 다음 주에 자신의 혐오를 보여주었다. 브레즈네프는 모든 국경의 인정을 비롯해 몇 가지 중요한 서독의 양보들을 얻었다고 진술했다. 브레즈네프는 조약이 나토 동맹 내에서 긴장을 더할 것이며, 자신이 브란트 총리에게 "미국인들이 당신의 목에 걸어놓은 멍에"에 대해 기분이 어떠냐고 구체적으로 물었다고 말했다. 브레즈네프는 공산주의와 사회주의 사이에 여전히 존재하는 "돌이킬 수 없는 차이들"에도 불구하고 자신은 사회민주당들과 함께 일하는 것이 유용하다고 생각한다고 덧붙였다.[25]

독일민주공화국 관리들과 가진 별도의 만남에서 브레즈네프는 독일민주공화국이 서독에 너무 가까이 다가가는 것에 대해 경고했다. 브레즈네프는 동독이 서독 융자에 대한 의존을 늘리기보다는 바르샤바 협정 내에서 경제적 접촉을 확대하는 것이 중요하다고 생각한다고 말했다. 그는 폴란드가 브란트와 협상할 다음 국가이어야 한다고 말했고, 울브리히트가 제안했던 세 번째 브란트-슈토프 회담을 거부했다. 브레즈네프는 확실히 자신의 손으로 본과의 접촉을 계속 유지하기를 원했다.[26] 흐루쇼프처럼 브레즈네프는 독일민주공화국에 대한 얼마간의 인정을 받으려고 했지만 울브리히트에게 진정한 권위를 부여하지는 않을 것이었다.

브란트는 자신의 데탕트 회담이 진척되자 추가로 모스크바와 동유럽에서 영향력을 획득하는 새로운 길을 확보하려 했다. 함부르크의 산업가로서 브란트의 친구였던 쿠르트 쾨르버*는 자신의 재단이 창설했던 '베르게도르프 라운드테이블'(Bergedorfer Gesprächskreis) 포럼을 이용해 서독과 소련, 동유럽의 지식인, 언론인, 정치인들 간의 비공식적 회담을 개최했다. 회담은 서독과 동구권의 관계가 가진 모든 측면들에 관해 광범위하지만 두루뭉술한 토론을 허용했다. 회담은 또 개인적 접촉과 더 나은 상호 이해를 발전시키기 시작했다. 브란트는 회담을 이용해 서독인들과, 회담을 통해 새로운 관계를 맺고 있는 사람들 사이에 협력적인 분위기를 만들고 싶어 했다. 브란트는 또 회담이 정책에 영향을 미치기를 희망했다.[27]

브란트는 미국의 언론인과 지식인들 사이에서도 지지를 확대하고 싶었다. 국무장관 조지 마셜이 연설을 통해 마셜 계획을 발표한 지 25주년이 되던 1972년에 브란트는 미국 '조지 마셜 기금'을 설립해 기부했다. 브란트는 또 저명한 독일인 교수인 카를 카이저**와, 당시《디 차이트》(Die

---

* Kurt A. Körber(1909-1992). 독일의 실업가. 1946년 담배 산업 기계를 생산하는 일류 국제 기업인 '하우니 마쉐넨바우AG'를 비롯해 일단의 기업들을 창설했다.

** Karl Kaiser(1934-). 독일의 정치학자. 존스홉킨스 대학, 볼로냐 대학, 피렌체 대학, 본 대학, 히브루 대학 등지에서 교수 생활을 했다. 빌리 브란트와 헬무트 슈미트 내각에서 총리를 지내고, 한스-디트리히 겐셔 외무장관의 정치 자문관으로 일하기도 했다.

Zeit)의 편집인이었던 테오 좀머*를 이용해 워싱턴의 관료 사회와 미국 전역에서 그들과 광범하게 연결되어 있는 사람들에게 자신의 정책을 설명했다.

연합국은 모스크바가 연합국의 권리는 더는 동독과 동베를린까지 확장되지 않음을 보여주기 위해 독일-소련 조약을 이용할까봐 우려했다. 연합국은 셸에게 조약 때문에 연합국의 권리와 책임이 바뀌지 않을 거라는 취지의 소련의 언명을 확보하기를 촉구했다. 모스크바 주재 영국 대사는 예정된 조인식이 열리기 전 날 밤 늦게 셸에게 독일인들로 하여금 조약에 서명하지 말게 하라고 요청했다.

브란트는 영국의 요청을 거부했다. 브란트는 영국인들이 1966년에 연합국 자신들이 포기했던 문제에 관해 1970년에 독일 정부를 이용해 소련의 양보를 얻어내려 한다고 생각했다. 연합국이 베를린 장벽을 묵인한 것에 대해 여전히 감정이 맺혀 있던 브란트는 런던이 독일의 인권보다 연합국의 법적 권리를 보호하는 데 더 열심인 같다고 느꼈다. 브란트는 합법성이 아니라 현실을 창출하기를 원했다.

그러나 본은 연계에 관한 연합국의 견해를 지지했다. 셸은 그로미코에게 그가 듣고 싶어 하지 않는 이야기를 거듭거듭 얘기했다. 그것은 점령국들이 베를린에 관해 만족할 만한 합의에 도달하기 전에는 본에서 독일-소련 조약을 공식적으로 비준할 수 없다는 것이었다.

그로미코는 서베를린을 둘러싼 상황의 정상화가 두 나라 모두에게 이익이 된다는 것을 알았고, 또 이를 셸에게 말했다. 3개월 후 프랑크푸

---

* Theo Sommer(1930-). 독일의 언론인. 1958년부터 《디 차이트》에서 편집인으로 일하기 시작해 편집장 및 발행인이 되었다. 독일에서 국제관계 및 전략 문제에서 가장 권위 있는 지식인 중 한 명으로 평가된다.

르트 근처 크론베르크 성의 골프 코스 14번 홀에서 그로미코는 베를린 협정이 조인되기 전에는 연방의회에서 독일-소련 조약 비준을 기대할 수 없을 것이라고 셸에게 인정했다. 그로미코는 연계를 좋아하지 않았지만 그것을 받아들이기로 결심했다.

물론 그로미코는 최종적인 결정을 내리지는 않았다. 모스크바의 독일 외교 전문가 중의 한 명인 율리 크비친스키*는 나중에 그로미코가 그 자신이 협상했던 조약에 동의하지 않았다고 보고했다. 크비친스키는 브레즈네프와 안드로포프가 조약을 원해서 그로미코에게 마무리 지으라고 말했다고 썼다. 바르도 훗날 레오와 슬라바의 도움이 없었더라면 조약을 결코 체결할 수 없었을 것이라고 말하면서 똑같이 보고했다. 그러나 일단 조약이 조인되자 그로미코는 그것을 소련 외교의 큰 성취로 묘사했다.[28]

모스크바는 독일-소련 회담의 전 과정에 걸쳐 독일과의 경제협력을 모색했다. 브레즈네프와 코시긴은 브란트와 다른 서독인들에게 과거와 미래의 경제협력이 양국에게 엄청나게 중요하다고 거듭 얘기했다. 그들은 소련의 초기 독일 전문가들이 어떻게 러시아의 원료와 독일의 천재적인 제조업 능력을 결합하는 꿈을 꾸었는지를 회상했다.[29]

모스크바와 본은 모스크바 조약 이후 일련의 무역협정들을 체결했다. 본은 대구경 파이프에서부터 공작기계에 이르기까지 소련이 생산할 수 없고 미국이 판매하지 않을 첨단기술과 고품질 완제품들을 공급하기

---

* Yuli Aleksandrovich Kvitsinsky(1936-2010). 소련과 러시아의 외교관이자 정치가. 1958-1962년 동베를린 소련 영사관에서 근무했고, 저명한 핵 군비 협상가였다. 1986-1990년 서독 주재 대사, 1991년 소련 외무부 제1차관, 2003-2010년 러시아연방 연방회의 국가두마 의원을 지냈다.

로 약속했다. 그 보답으로 독일은 경쟁력이 있고, 때로는 매우 유리한 가격으로 원료를 획득했다.[30] 서독과 소련 간의 무역은 1969년과 1975년 사이에 4배 이상 증가하여 40억 달러 수준까지 늘어났고, 독일의 대 소련 수출은 거의 이 비율의 2배로 증가하여 총 28억 달러에 이르렀다.[31]

독일-소련의 경제 관계는 정치 관계보다 더 심하게 워싱턴과 본 사이의 불화를 조장했다. 본이 핵확산방지조약에 서명하는 것을 돕기 위해 모스크바는 독일에 평화적인 목적으로 사용되는 농축 우라늄을 최하 가격으로 제공했다. 서독에 핵분열 물질을 독점적으로 공급해온 미국은 소련의 가격을 감당할 수가 없었다. 독일인들은 비록 모두가 그것이 갖는 정치적 의미를 알고 있었지만, 경제적인 이유로 이 거래를 정당화했다.[32]

브란트가 바르샤바에서 무릎을 꿇다

브란트는 1970년 2월에 폴란드와 협상에 들어갔다. 소련인들 자신의 연계의 일환으로서 코시긴은 서독이 폴란드와 관계 개선에 나서지 않는다면 모스크바 조약에 서명하지 않을 것이었다. 그러나 브란트는 그 자신의 이유로도 폴란드와 화해를 원했다.

브란트는 폴란드와 협상하는 동안 생애에서 가장 고통스런 순간 중 몇몇 순간에 맞닥뜨렸다. 수세기에 걸쳐 독일, 러시아, 오스트리아, 프랑스, 스웨덴 등의 침략 제물이 되었던 폴란드인들은 역사적으로 엄청난 정신적 상처에 시달리고 있었다. 그들의 국경은 처칠이 테헤란에서 폴란드가 서쪽으로 이동되는 것을 보여주려고 사용했던 성냥개비만큼이나 종종 냉담하게 취급되곤 했다. 그들은 특히 독일로부터 확고한 안보 보장책이 필요했고 또 마땅히 그 보장을 받을 자격이 있었다.

히틀러의 폴란드 침략과 점령은 나치 역사의 가장 음울하게 사악한 장들 중 하나를 써내려갔다. 홀로코스트는 폴란드에서 가장 잔인한 모습을 보여주었다. 집단 수용소, 야만적인 노예화, 무고하고 무력한 사람들에 대한 고문과 학살, 바르샤바 게토에서의 파괴행위는 지울 수 없는 고통의 유산을 남겨놓았다. 브란트는 폴란드가 새로운 독일에 대한 신뢰를 가지려면 이 고통을 인정하고, 자신이 그것을 인정하는 모습을 보여주어야 했다.

일부 독일인들은 폴란드에 대해 반론을 펼칠 수도 있었다. 얄타 협정이 폴란드를 서쪽으로 이동시켰을 때 수백 만 명의 독일인들이 인정사정 없이 쫓겨났고, 또 수백 만 명이 그 과정에서 살해당했다. 많은 난민들은 자신들의 가족이 수세대 동안 소유해왔던 집을 돌려받지 않고 적어도 폴란드의 보상에 대한 얼마간의 희망이라도 제공받지 않는 한 바르샤바와의 어떤 협정에도 반대했다. 스탈린이 폴란드의 국경을 옮긴 것은 실수인 것 같지만, 어쨌든 그는 폴란드-독일의 화해를 거의 불가능하게 만들었다. 그런 점에서 어쩌면 그것은 계획적으로 의도된 것인지도 모른다. 브란트는 폴란드의 고통뿐만 아니라 독일의 정치도 고려해야 했다.

그러므로 브란트는 극히 세심하게 바르샤바 협상을 다루어야 했다. 브란트는 오데르-나이세 선을 인정한다는 의사를 즉각 전달하는 등 모스크바와 바르샤바에 적절한 보장책을 부여함으로써 협상을 시작하기로 결정했다. "독일연방공화국과 폴란드인민공화국은 포츠담 회담 결의문 제9장에 규정된 선인 기존 경계가…폴란드의 서부 국경을 구성할 것이라고…언명한다."[33]

그렇지만 브란트는, 독일의 모든 국경에 관한 최종 결정은 일반적인 평화 협정을 기다려야 하며, 자신의 결정이 평화조약을 위한 협상에서 미래의 어떤 독일 정부도 구속하지 않을 것이라는, 오랫동안 유지되어 온 서독 견해를 되풀이했다. 그러나 브란트는 실제로는 스탈린이 테헤란과 얄타에서 폴란드를 위해 요구했던 영토를 양보했다.

브란트는 본으로 돌아왔을 때, 자신은 히틀러가 이전에 상실하지 않았던 어떤 영토도 이양하지 않았다고 주장하며, 자신의 결정을 당당하게 정당화했다. 브란트는 독일은, 독일이 국경에 이의를 제기한 국가들과 좋은 관계를 맺을 수 없다고 덧붙였다. 자신의 회고록과 대담에서 브란트는 "우리는 폴란드인들이 나라를 순순히 받아들이리라고 기대할 수 없다."고 한 에른스트 로이터의 말을 잊은 적이 결코 없다고 말했다.[34]

브란트의 바르샤바 방문은 데탕트 시기의 가장 기억에 남는 순간을 낳았다. 독일연방공화국 총리가 바르샤바 게토의 희생자를 기리는 추모비 앞에서 무릎을 꿇은 장면을 찍은 사진이 그것이다. 브란트는 그 후 자신이 무릎을 꿇은 것은 자발적이었다고 말했다. 왜냐하면 추모비 앞에 섰을 때 어떤 말도, 심지어 기도조차도, 그토록 크나큰 고통에 대한 비탄과 슬픔을 적절하게 전달할 수 없었기 때문이었다. 브란트는 훗날 바르에게 헌화하는 것만으로는 불충분하다고 생각한다고 말했다. 이 행동은 화해에 대한 브란트의 의지가 얼마나 확고한지를 잘 전달했다. 그것은 브란트의 시대와 그의 인물 됨됨이의 특징을 잘 드러낸 이미지 중의 하나가 되었다.

모스크바 조약이 체결된 지 4개월 후인 1970년 12월 7일, 브란트와 폴란드 총리 유제프 치란키에비치*는 바르샤바 조약에 서명했다. 그것은

---

* Josef Cyrankiewicz(1911-1989). 폴란드의 공산주의 정치인. 1947-1952년, 1954-1970년 폴란드인민공화국 총리, 1970-1972년 각료회의 의장을 역임했다.

독일을 둘러싼 데탕트에서 4개의 주요 조치 중 두 번째 조치였다.

그날부터 독일 문제와 독일을 둘러싼 투쟁은 두 가지 근본적인 점에서 다른 양상을 띠었다. 첫째, 오데르-나이세의 동쪽에 있는 이전 영토를 포기함으로써 본은 동구권에 대해 좀 더 적극적인 정책을 개시할 수 있었다. 둘째, 연방공화국은 그 공식 문서들이 서독에서만 배포되었음에도 불구하고 독일의 진정한 정부라는 역할을 맡았다. 모스크바도 바르샤바도 본에게, 서독을 전혀 건드리지도 않으면서 폴란드와 독일민주공화국 사이를 가로질러 흐르는 경계에 대해 입장을 분명히 할 것을 요구했다. 이 요구는 독일민주공화국을 인정하고 지지하는 국가들에서조차 연방공화국이 독일인들의 진정한 목소리를 대변한다는 광범한 인식을 반영하는 것이었다.

대(對) 소련 조약 및 대(對) 폴란드 조약과 함께 브란트 정부는 동방 정책의 최초 국면을 완성했다. 이제 베를린과 독일민주공화국을 다루어야 할 때가 왔다.

다시 한 번, 핵심은 베를린

결국 뭐니 뭐니 해도 독일과, 그리고 냉전 전체를 아우르는 투쟁은 베를린을 둘러싸고 전개되었다. 때때로 베를린에서 일어난 사건들은 동-서 관계 전체의 모습을 빚었다. 또 다른 때에는 외부의 사건들이 베를린에서 일어날 일의 모습을 빚었다.

브란트, 브레즈네프, 닉슨은 진정한 데탕트는 베를린을 포함해야 한다는 것을 알았다. 독일 내부 관계뿐만 아니라 동-서 관계는 서베를린이 포위 상태에 있는 한 개선될 수가 없었다. 도시와 그 접근 루트가 데탕트

속으로 들어와야 했다.

장벽 위기 이후 좀 완화되긴 했지만, 이 도시의 상황은 진정으로 안정되지는 않았다. 모든 관계자들이 거기에 너무 많은 것을 걸고 있었다. 서독 정부와 서독 정치 지도자들은 연방공화국과 베를린의 연결을 이용하고 확대하기 위해 전력을 다했다. 그들은 베를린에 점점 더 많은 관공서와 정부 부처들을 설치했다. 그들은 정기적인 연방의회 회의와 갖가지 연방의회 위원회들의 회기들을 비롯하여 서독 정부 회의들을 그곳에서 열었다. 그들은 독일 연방 대통령을 선출하는 연방총회(Bundesversammlung)를 베를린에서 개최했다. 연합국은 가끔 그런 관행을 의문시했으나, 서베를린의 생존 능력과 서베를린과 서방의 연결을 강화시켰기 때문에 이를 허용했다.

울브리히트와 독일사회주의통일당은 서베를린을 집요하게 계속 압박하고 서베를린 시민들과 그곳에서 일하는 사람들의 삶을 힘겹게 하려고 애썼다. 울브리히트는 경제와 주민을 말라 죽게 하거나 동독에 더욱 의존시키기 위해 서방의 투자를 차단하고자 했다. 그는 또 베를린의 미래가 독일민주공화국에 달려 있음을 보여주고 싶었다.

동독의 관료들은 특히 서독의 정부기구들이 서베를린에서 회의를 열고 있을 때에 서베를린을 방문하는 여행자들을 괴롭히기 위해 점점 더 기발한 수단을 고안하려고 온갖 상상력을 동원했다. 그들은 사전 예고 없이 통행료를 극적으로(10배까지) 올렸고, 경계의 신호등을 몇 시간 동안 빨간색으로 고정시켰다. 인민경찰은 운전자들에게 베를린을 여행하려면 동독 번호판을 구매하라고 강요하거나, 차량, 사람, 화물을 끝도 없이 샅샅이 수색하곤 했다. 인민경찰은 또 글로 작성된 자료들을 불온 선전이나 정보 문서라며 압수했다.[35] 이와 같은 조치들 때문에 서베를린으로 향하는 도로와 철도 여행은 방해를 받았으며, 사람들은 이래도 서베를린에서 살면서 가정을 꾸리고 싶은지 자문해야 했다.

연합국, 특히 미국은 서베를린 및 베를린 시민들과의 연대를 보여주기 위해 할 수 있는 바를 다했다. 그들은 자신들의 이해와 헌신을 재천명함으로써 울브리히트의 노력에 대응했고, 동베를린을 방문할 수 있는 자신들의 권리를 계속 실행했다. 서독은 서독인들이 서베를린에서 살고 투자할 유인동기를 법제화하는 한편, 다른 한편으로는 그 경제와 문화에 장려금을 지급하는 등 서베를린에 자금을 쏟아 부었다. 게다가 서베를린에서는 징병을 하지 않았기 때문에 서독의 많은 젊은 양심적 병역 거부자들이 서베를린으로 이주했다.

모든 당사자들은 항의 글쓰기와 반론 펴기의 기술을 완벽히 연마했다. 그들은 베를린의 용어를 외워 즉각 성명을 내놓을 수 있었다. 장벽에서 가해진 발포에 항의하는 글 같은 일부 성명은 그것을 작성한 사람들에게 진정한 의미가 있었다. 어느 성명도 상황을 변화시키지는 못했지만 그것들은 목적을 갖고 있었다. 서베를린이 자유로운 한, 서방이 베를린에 대한 울브리히트의 요구를 거부하고 그의 압력에 저항하는 한, 독일은 완전히 분단된 것이 아니었다.

베를린 문제는 제1차 세계대전의 전장과 닮았다. 오랜 시간에 걸쳐 그것을 둘러싸고 싸움이 벌어졌다. 모두가 격렬한 반격을 자극할 수 있는 전략적으로 민감한 지점들을 알았다. 모두가 상대편의 긴급사태 계획을 알거나 혹은 안다고 생각했다. 모두가 수용할 수 없는 비용을 들이지 않고서는 승리할 수 없다는 것을 알았다. 그러나 그들은 패배할 엄두가 나지 않았다. 모든 당사자들의 위신이 완전히 거기에 걸려 있고, 모든 당사자들의 감정이 20년 이상 고조되어 온 상황에서, 베를린 문제는 하루

만에, 아니 어쩌면 1년이 지나도 해결될 수가 없었다. 외교관들은 제1차 세계대전의 전장에서처럼 돌파구를 찾기 위해 진격하기보다 참호에 머무르는 것이 더 안전할 수 있다는 사실을 알았다.

베를린과 베를린을 둘러싸고 일어난 사건들은 유럽을 뒤흔들 수 있었다. 베를린을 둘러싼 모든 위기가 동서 화해라는 개념 자체에 대한 도전을 자극했다. 이것은 발터 울브리히트에게 진정한 힘을 부여했다. 울브리히트가 베를린의 아우토반에서 교통을 막거나 어떤 다른 문제를 일으키기로 할 때마다 모든 당사자들은 냉전 수사, 냉전 정책, 냉전 정치로 복귀해야 했다. 아무리 사소해도 어떤 사건이 발생하면 모두가 그 사건의 인질이 될 판이었다. 울브리히트는 데탕트를 자기 마음먹은 대로 시작할 수도 있었고 그만둘 수도 있었다.

연합국은 3개 서방 점령국과 연방공화국이 참여한 '본 그룹'이라는 포럼을 통해 오랫동안 울브리히트에 대한 대응을 조율해왔다. 데탕트의 분위기가 감도는 가운데 연합국은 이제 동-서 회담을 위한 견해와 문서들을 조율하기 위해 본 그룹이 필요했다. 본 그룹을 이용함으로써 연합국은, 베를린에서 어떤 주권도 없고 베를린에 관한 4개국 회담에 참여할 수 없었음에도 불구하고 베를린에 주요한 정치적·심리적 이해관계가 있던 서독을 참가시킬 수 있었다.

브란트 정부가 출범하기 전인 1969년 8월 7일, 서방 3개국은 코시긴에게 보낸 닉슨의 편지에 대한 후속 조치로 베를린 정세와 접근 루트에 관한 회담을 요청했다. 그들은 본이 베를린에서 서독의 활동에 대해 타협할 준비가 되어 있을 것이라는 알림을 받았다고 덧붙였다.

소련의 응답에는 관심 표명과 의례적인 전제조건 목록이 들어 있었다. 서독 정부에 거의 동시에 보낸 소련의 메시지 역시 모스크바는 대화할 준비가 되어 있다고 하면서도 그보다 훨씬 많은 전제조건들을 나열하고 있었다.

회담에 참가한 서방 열강과 소련은 다음 세 가지 주요 문제를 다루어야 했다.

- **4개국 점령 권리의 지역과 정도.** 연합국은 베를린 전체가 여전히 포츠담에서 수립된 연합국 점령 체제 아래에 있으며, 서독이든 동독이든 도시의 어떤 부분에 대해서도 권리가 전혀 없다고 주장했다. 소련은 동베를린에 대한 주권을 독일민주공화국에 양도했다고 주장했다. 연합국은 모스크바가 주권을 일방적으로 독일민주공화국에 넘길 권한이 없다고 말했다. 모스크바는 서베를린만이 점령 체제하에 있으며, 지금은 서방 3개국만이 아니라 4개국 모두의 통제를 받고 있다고 덧붙였다. 그리하여 네 나라는 4자 회담에서 협상될 지역조차 합의를 볼 수 없었는데, 연합국은 그것을 '베를린'이라고 규정하고 소련인들은 그것을 '웨스트베를린' 혹은 '베를린(웨스트)'라고 규정했다.

- **서방으로부터 서베를린으로 접근하는 권리.** 연합국은 베를린의 모든 부분들에 대한 모든 접근이 암묵적으로 원래 점령 협정의 일부이며, 제2차 세계대전 연합국들이 행사하는 통제 말고는 어떤 통제로부터도 자유롭게 남아 있을 것이라고 말했다. 세 점령국의 구성원들이 서독에서 서베를린으로 여행하거나 서베를린에서 동베를린으로 여행하면서 장애물을 만나면, 모스크바는 그 장애물을 제거해야 한다. 민간 교통도 자유로워야 한다. 소련인들은 서방의 군사 교통에 어떤 통과 특권을 부여할 준비가 되어 있었으나, 베를린

(웨스트)으로 가는 민간 교통은 독일민주공화국의 통제를 받고 있으며 동독의 동의를 얻을 때에만 진행할 수 있다고 말했다. 소련인들은 때때로 연합국 민간 교통도 독일민주공화국의 통제를 받고 있다고 덧붙이곤 했지만, 이 주장을 진심으로 밀어붙이지는 않았다. 모스크바는 또한 접근 권리와 접근의 모든 조건들이 독일민주공화국과 협상되어야 한다고 말했다. 연합국은 접근 권리, 특히 자신들의 군대와 인사들의 접근 권리가 독일 제국에 대한 승리로부터 발생했으며, 그에 대한 이의 제기는 불가능하다고 말했다. 그들은 또 다른 승전국인 소련하고만 세부원칙을 논의할 것이다.

- **서베를린과 서독 사이의 관계.** 소련은 동베를린이 독일민주공화국의 일부라고 주장하면서도, 똑같이 단호하게 서베를린이 서독의 일부일 수 없으며 서독과 어떤 종류의 관계도 있을 수 없다고 주장했다. 모스크바는 나아가 베를린에서의 서독의 모든 활동이 중단되어야 하며 모든 서독 관청도 문을 닫아야 한다고 역설했다. 연합국은 자신들이 서독 관청과 기능들을 서베를린에 도입하는 것을 허용할 권리가 있다고 주장했다.

베를린을 둘러싼 논쟁과 협상 뒤에는 중심적인 문제가 한 가지 놓여 있었다. 누가 무엇을 할 권한을 가졌고 또 가질 것인가? 연합국과 연방공화국이 서베를린과 그곳으로의 접근에 대한 자신들의 권한 전체를 수긍하는 합의를 획득할 수 있었다면, 그들은 서베를린의 장기적인 안정과 생존 능력을 장담했을 것이다. 독일민주공화국이 이 권한을 갖고 등장했다면, 울브리히트는 자신이 선택한 어떤 속도로도 도시의 목을 조를 권리를 획득했을 것이다.

동-서 협상가들은 아마도 구체적인 항목에 관해서는 타협할 수 있었 겠지만 권한을 나눌 수는 없었다. 이 딜레마는 베를린 협정을 협상하고 자 하는 이전의 모든 노력들을 좌절시켰다. 이제 데탕트를 시행하려는 협상가들이 이 딜레마에 직면했다.

베를린 갈등에 관련된 모든 당사자들은 이 문제의 중요성을 이해했 고, 그 문제를 대할 때는 마음을 굳게 먹었다. 각자는 가장 유리한 틀 안에 서 문제를 다루기를 원했다. 브란트는 전반적인 독일-소련 관계를 지렛 대로 삼아 모스크바로 하여금 서방의 권한을 인정하도록 밀어붙이기를 원했다. 키신저는 미국 및 서방 전체와 소련의 관계라는 좀 더 폭넓은 맥 락에서 이 문제를 다루고 싶어 했다. 울브리히트는 외부의 압력을 받고 싶지 않았으므로 그 문제가 다른 주제와 연계되는 것을 원하지 않았다. 소련인들은 또 그것을 다른 문제와 분리하기를 원했지만 그럴 수가 없을 것임을 알았다. 4자 협상가들은 베를린 문제를 울브리히트가 원하는 대 로 지역적으로 다룰 것인지, 아니면 서방이 더 강점을 보이는 지구적 차 원에서 다룰 것인지를 결정해야 할 터였다.

베를린 회담과 관련된 주요 당사자들은 협상이 관료적 지연에 절대 사로잡히지 않도록 곧 사적인 채널을 발전시켰다. 닉슨과 키신저는 닉슨 의 개인적 친구이자 법률가 겸 산업가로 본 주재 미국 대사가 된 케네스 러시*를 선택했다. 미국의 역할은 베를린에 너무 중요해서 강력한 미국 인사가 중심적 역할을 해야 했다.

브레즈네프는 본 주재 소련 대사가 된 발렌틴 팔린을 선택했다. 동베

---

* Kenneth Rush(1910-1994). 미국의 관리. 1969-1972년 독일연방공화국 주재 미국 대사, 1974-1977년 프랑스 주재 대사 등을 역임했다.

를린 주재 소련 대사인 아브라시모프가 여전히 공식 협상을 맡았지만, 팔린은 베를린에 관해 그로미코 및 브레즈네프와 특별한 연결이 있었다.

브란트는 이번에도 바르를 선택했다. 본이 베를린 회담에 공식적으로 참여하지는 않았지만 브란트는 절친한 친구가 회담의 추이를 지켜보면서 본의 입장을 표명하기를 원했다. 바르는 자신을 안드로포프에게 바로 연결시켜 줄 레오와 슬라바의 방문을 받았다. 국가보안위원회(KGB)의 수장은 다른 문제에 관해서보다도 베를린에 관해서 훨씬 심하게 그로미코를 신뢰하지 않았다.[36] 바르는 또 키신저와 바로 연결되는 채널도 열었다.

러시, 팔린, 키신저, 바르는 공식 회담의 장막 뒤에서 결정적인 외교 네트워크를 형성했다. 영국, 프랑스, 그리고 대부분의 미국 관리들을 비롯하여 다른 행위자들은 장막 앞에서 만나 이야기했다. 그러나 사적인 네트워크가 사건을 이끌었다.

더군다나 바르는 동독 총리실의 차관이었던 미하엘 콜*과도 접촉했다. 바르는 콜과 동독과 서독 사이의 쌍무조약 준비를 논의했고, 이 조약은 비공식적으로 베를린에 관한 진전과 연결되었다. 브란트는 독일민주공화국 및 모스크바와 데탕트 속도를 높일 수 있기 위해 바르와 콜 사이의 대화에 대한 연합국의 반대를 기각했다. 콜이 어찌나 똥고집인지 바르는 친구들에게 콜에 비하면 그로미코는 플레이보이라고 말했다고 한다. 그러니 어쩌면 바르는 여기에 대해 별로 감사하고 싶은 마음이 아니었을지도 모르겠다. 아무튼 이 이야기를 전해들은 콜은 아주 좋아했다고

---

* Michael Kohl(1929-1981). 독일민주공화국의 외교관. 1974-1978년 독일연방공화국에서 독일민주공화국의 상설 대표부 수장을 지냈다.

한다.[37]

베를린 회담의 역학은 때로 거의 기괴할 정도로 복잡해지곤 했다. 공식 협상가들이 입장을 바꾸라는 지시를 받았는데 장막 뒤의 협상가들에 의해 어떤 논의가 이루어졌는지 모를 때 그런 양상이 더욱 심했다. 이런 상황은 특히 몇 가지 타협안에 극력 반대했던 미국의 직업외교관들을 매우 짜증나게 만들었다. 닉슨은 때때로 협상이 순조롭게 진행되도록 직접 개입하지 않으면 안 되었다.

소련 점령자도 서방 점령자도 베를린에 관한 합의에 도달하는 일이 급하다고 생각하지 않았다. 그들은 1969년 가을과 1970년 봄 사이에 여섯 차례 만났을 뿐이었고, 1970년 여름에는 완전히 휴회했다. 그 후 그들은 비교적 느긋한 속도로 3-4주마다 한 번씩 모임을 가지는 것으로 회담을 재개했다. 브란트는 24시간 내내 회기를 가질 것을 원했으나 연합국도 소련인들도 그런 속도로 협상하려 하지 않았다.[38] 브란트와 그의 데탕트는 기다려야 할 것이었다.

그럼에도 불구하고, 모스크바 조약이 조인됨으로써 베를린 회담은 더욱 활기를 띠게 되었다. 1970년 9월 30일 다음 회기에서 베를린 협상가들은 첫 문서를 교환했다. 문서들은 그들의 의견 차이를 보여주었지만 처음으로 그 차이를 돋보이게 하려 하지는 않았다.

서방의 문서는 서베를린에 대한 좀 더 용이한 접근과 서독의 베를린 진출 확대를 제안했다. 문서는 독일민주공화국의 검사를 피하기 위해 서베를린으로 가는 화물을 봉인하고, 지연을 피하기 위해 일괄 총액으로 통행료를 지불하며, 접근 루트를 관리하는 대신 불만을 중재할 국제적인 기관을 설립하자고 제안했다. 문서는 또 한편으로는 서독과 다른 한편으로는 소련 및 그 동유럽 동맹국들 사이에 벌어지는 상거래에서 서베를린을 연방공화국의 일부로 취급하는 '베를린 조항'을 포함시킬 것도 제안했다.

그로미코의 평상시 스타일에서 벗어난 베를린에 관한 소련 문서는 잠재적으로 유망한 접근법을 제공했다. 서방 문서와 마찬가지로 소련 문서는 "아무 제약을 받지 않는 접근"에 대해 이야기했다. 전통적인 소련 문서들과 달리 그것은 서베를린과 서독 사이의 경제적·사회적·문화적 연결을 단칼에 거부하지 않았다. 그러나 소련의 초안은 여전히 별개의 독립적인 실체로서의 서베를린을 요구했고, 서베를린이 연방공화국과 정치적 관계를 맺는 것도 금지했다. 소련인들은 또 서베를린에서 서방의 모든 첩보 활동과 방송 활동을 중단할 것을 원했다. 더욱 골치 아픈 것은 소련인들이 베를린 전체를 위한 4개국의 지위가 이제 서베를린에만 적용되어야 한다고 주장했다는 점이었다.

이 첫 문서 교환으로부터 베를린 협상가들은 이슈들을 분리해내고 해결책을 찾기 시작했다. 이 주제의 중요성과 급속한 진전을 바라는 서독의 압력으로 인해 논의는 재빨리 정치적 수준에 도달했다. 닉슨은 그로미코와 베를린에 대해 논의했는데, 소련의 외무장관이 평소보다 훨씬 유화적임을 알아차렸다. 그로미코는 베를린의 법적 지위를 둘러싼 동-서 사이의 의견차이 때문에 이 도시의 미래에 관한 실질적 문제들에 대해 합의를 못해서는 안 된다고 말했다. 영국과 프랑스 외무장관들과의 별도 회담에서도 그로미코는 똑같이 고무적인 메시지를 전달했다. 소련인들은 본에서 모스크바 조약이 비준되도록 하기 위해 원만하게 베를린에 관한 타협을 향해 나아가고 있는 것 같았다.

이를 걱정한 발터 울브리히트는 당장 개입하기로 했다. 1970년 11월 중순, 점차 텔레비전 출연이 뜸해졌음에도 울브리히트는 텔레비전에 직접 등장해 서베를린 접근 문제에 관한 회담을 독일민주공화국이 이끌어가야 하며, 자신은 오직 서베를린 당국하고만 회담을 할 것이라고 주장했다. 또 울브리히트는 도시에서 서독의 **모든** 활동이 중단되어야 한다고 덧붙였다.

울브리히트는 크렘린에도 자신의 주장을 역설했는데, 이는 얼마간 성공을 거둔 것 같았다. 다음 베를린 4개국 회담에서 아브라시모프는 모스크바 대신 독일민주공화국이 서베를린 접근에 대해 협상하고, 서독은 서베를린에 진출하는 일을 그만두어야 한다는 울브리히트의 요구를 받아들임으로써 부분적으로 울브리히트를 지지했다. 며칠 뒤 미하엘 콜은 바르에게 '상호 통과 문제'에 관해 회담을 열자고 요청했다.

이 사안은 서방에게 버거운 것이었다. 브란트도 연합국도 베를린 접근, 특히 서방 군대의 베를린 접근을 울브리히트의 통제를 받게 하거나 심지어 그의 외교 의제에 올리는 것도 용납하지 않을 터였다. 브란트는 바르에게 접근에 대한 어떤 논의도 거부하라고 말했다. 그러나 울브리히트는 쉽게 포기하지 않았다. 울브리히트는 베를린 행 교통을 방해하고 지연시킴으로써 자신의 주장을 강화시켰다.

그것은 모스크바에게도 버거운 일이었다. 그로미코는 울브리히트에게 압박을 가하려고 동베를린으로 갔다. 이것이 성과를 내지 못하자 소련과 모든 동유럽 국가의 고위 관리들이 전례 없는 압력을 넣기 위해 베를린으로 가서 울브리히트에게 지구적 데탕트의 기회를 위태롭게 하지 말아야 한다고 말했다. 브레즈네프 자신도 코시긴과 안드레이 그레치코 원수를 대동하고 동베를린을 방문했다. 독일민주공화국을 버리지는 않겠지만 동-서 대화를 통제할 권리는 여전히 모스크바가 갖고 있다는 것을 강조하려는 듯이, 브레즈네프는 11월 30일 연설에서 모스크바는 "독일민주공화국의 **적법한** 이익과 주권"(강조는 저자의 것)을 고려할 것이라고 말했다. 이 발언은 독일민주공화국에 대한 소련의 지지가 무제한적이지 않다는 것을 보여준 것으로, 왜냐하면 모스크바가 담담하게 어떤 독일민주공화국의 이익이 '적법'하고 어떤 것이 적법하지 않은지를 판별하면 그만이었기 때문이다.

울브리히트가 마냥 혼자인 것만은 아니었다. 브레즈네프, 코시긴, 안드로포프는 베를린에 대해 울브리히트가 양보하기를 원했을 것이지만, 울브리히트는 소련공산당 내에서 브레즈네프의 정책을 완전히 지지하지는 않는 고위 인사를 찾을 수 있었다. 우크라이나 공산당 수장인 페트로 셸레스트*는 크렘린이 데탕트를 다루는 방식에 반대했다. 아마도 일부 고급 소련 군 장교들도 그랬을 것이다.[39] 울브리히트는 브레즈네프가 데탕트 실행을 위해 다가올 소련공산당 대회의 인가를 얻어야 한다는 것을 알았고, 그는 브레즈네프가 대회를 절대적으로 통제하지 못한다고 추론했음에 틀림없다. 아무리 못해도 울브리히트는 대회에서 충분한 토론의 기회가 있기 전에 독일민주공화국과 베를린에 대해 기본적인 결정이 내려지는 일이 없기를 바랐다. 그 사이에 브란트와 연합국이 독일민주공화국의 견해를 수용하지 않으면 베를린 협상은 기다리면 된다.

연합국은 울브리히트를 무시하고 모스크바에 직접 모든 문제를 제기했다. 1971년 2월 5일, 그들은 '실질적인 개선'에 대한 자신들의 희망을 강조하면서, 베를린에 관한 초안을 제출했다. 연합국은 특히 두 가지를 원했다.

---

* Petro Shelest(1908-1996). 우크라이나 출신의 소련 정치가. 1954-1962년 우크라이나 공화국 공산당 서기이자 키예프 시장, 1963-1972년 우크라이나 공화국 공산당 제1서기, 1972-1973년 소련 각료회의 부의장을 역임했다.

첫째, 연합국은 서베를린을 드나드는 모든 접근이 방해 받지 않을 것임을 보장하는 문서화된 소련의 약속을 원했다. 그들은 소련인들과 특히 동독인들이 지난날 교통을 저지하거나 방해하도록 허용해준 비논리적인 '해석'에 종말을 고하기 위해 접근을 규정하는 세세한 규칙을 원했다.

둘째, 연합국은 예를 들어 동베를린을 방문할 수 있는 통행증 발급의 간소화, 장벽 검문소의 추가 설치, 경계를 개선하기 위해 서베를린 주위의 약간의 사소한 영토 교환 같은, 서베를린 시민들의 삶을 개선할 세부적인 협정을 원했다. 연합국은 또 동베를린 당국과 서베를린 당국이 서베를린 시민들이 동베를린에 들어갈 수 있게 해줄 통행증에 대해 협상할 것을 제안했다.

그 보답으로 연합국은 서베를린에서 서독의 역할을 제한하겠다는 확고한 약속을 제의했다. 연합국은 서베를린이 독일연방공화국의 "구성 부분이 계속 아닐" 것이며, 서독은 특히 '과시적 진출'을 축소해 서베를린에서 자신의 존재감을 낮추겠다고 언약했다. 그러나 서독은 외국에서 서베를린을 계속 대표할 것이었고, 서베를린과 서독의 경제적·사회적·문화적 연결은 계속 유지될 터였다.

베를린 회담은 제24차 소련공산당 대회가 열릴 때까지 제자리걸음을 했다. 연합국은 자신들의 제안이 자신들이 합리적인 해결책을 찾기를 원한다는 것을 당 대회에 보여주기를 희망했다. 그러나 소련 정부는 대회 전에는 새로운 것을 아무것도 말할 수 없었다. 그리고 동독인들은 접근 루트에서 교통을 계속 방해하면서 서방과 모스크바 둘 다를 압박했다.

1971년 3월 30일과 4월 5일 사이에 개최된 소련공산당대회는 마침내 데탕트와 베를린에 관한 4자 회담에 새 동력을 부여하는 데 필수적인 결정을 내렸다. 브레즈네프는 개막일 대회에서 연설하면서 세계적 규모의 '평화를 위한 투쟁'을 진전시키기로 되어 있는 프로그램을 발표했다. 대회는 모스크바 조약과 베를린 협상뿐만 아니라 미국과의 전략무기제한회담과 유럽에서의 상호균형전력감축(Mutual and Balanced Force Reductions, MBFR)을 위한 임박한 협상도 승인하는 등 브레즈네프를 전폭적으로 지지했다. 대회는 브레즈네프의 대 서방 개방정책을 지지했고, 미국 및 서독과 대결 대신에 협력을 요구했다. 그리하여 대회는 브레즈네프가 노선을 변경해야 할 것이라는 울브리히트의 바람에 종지부를 찍었다. 그러나 브레즈네프는 여전히 머뭇대는 자신의 위성국을 상대해야 했다.

14장

독일에서의 데탕트

발터 울브리히트는 빌리 브란트와 레오니트 브레즈네프가 협상을 시작했을 때 77번 째 생일을 맞았다. 동베를린에서의 25년을 포함하여 평생을 마르크스-레닌주의에 복무하면서 지낸 울브리히트는 헌신과 성취의 긴 기록을 뒤돌아볼 수 있었다. 울브리히트는 레닌을 알았고, 스탈린, 흐루쇼프, 마지막으로는 브레즈네프를 위해 봉사했다. 그는 독일사회주의통일당을 조직하고 집단화와 사회화를 밀어붙이는 등 모스크바를 위해 동독을 통제하고 소비에트화했다. 울브리히트는 고위급 공산주의 인물에 마땅한 지위와 숭배를 요구할 만했다.

울브리히트는 마르크스-레닌주의에 대한 자신만의 뚜렷한 기여를 주장하기까지 했다. 울브리히트는 여러 차례 독일민주공화국이 모범적인 노동자·농민국가(Arbeiter- und Bauern- Staat)라고 주장하면서, 동독에서 자신이 '새로운 사회주의 체제'라고 부르는 체제를 창출했다. 울브리히트는 유럽에서 공산주의의 팽창은 자신이 건설한 독일민주공화국과 같은 강력하고 이념적으로 순수한 체제에 달려 있다고 믿었다.

그러나 마침내 울브리히트가 종언을 고할 때가 왔다. 울브리히트는 아무리 충직하게 봉사해왔다고 하더라도 동독을 브레즈네프가 원하는 대로 경영할 수가 없었다.

외톨이

울브리히트는 모스크바가 기대하고 필요로 했던 경제적 성과를 내는 데 실패했다. 울브리히트의 무자비한 사회주의 변혁은 혼란과 저항, 생산 부족을 야기했다. 울브리히트는 자신이 대변하기로 자처했던 노동자와 농민뿐만 아니라 엔지니어, 의사, 기술자들을 포함하여 중요한 사람들의 탈주를 자극했다. 장벽은 독일민주공화국이 다시 성장세로 돌아서는 데 도움이 되었지만, 그 성장은 잠깐 동안에 불과했다. 1970년에는 이미 동독은 서독뿐만 아니라 몇몇 동유럽 국가와 소련에게 많은 부채를 지게 되었다. 소련 관리들은 울브리히트의 경제 정책을 가혹하게 비판했으며,[1] 1970년에는 브레즈네프도 이 비판에 동참했다.[2] 모스크바는 서독의 파괴 활동이 문제를 일으킨다는 울브리히트의 식상한 설명을 더는 받아들이지 않았다.

1969년과 1970년 동안 울브리히트는 1970년대가 끝나기 전에 서방을 추월해 새로운 '발달된 사회주의 사회 체제'를 이루어내겠다는 약속을 내세운 또 하나의 야심적인 경제 프로그램을 개시함으로써 급성장하는 모스크바의 대(對) 서독 무역에 대응하려 했다. 그러나 분명히 서방과의 관계를 불필요하게 만들 목적을 가지고 있었던 이 프로그램은 1971년 초가 되자 참담한 실패를 드러냈다. 소련 당 대회에 참가한 울브리히트는 추가적인 원조를 요청할 수밖에 없었다. 그의 실패는 필요하다면 울브리히트를 희생시키고 서독과의 경제적 관계를 확대하겠다는 브레즈네프의 결심을 더욱 굳게 했다.[3]

울브리히트는 데탕트를 두고 브레즈네프와 싸웠다. 1945년 베를린에 도착한 순간부터, 심지어 스탈린의 희망을 거스르면서까지, 울브리히트는 동독을 서독으로부터 분리시키기 위해 할 수 있는 모든 일을 했다. 울브리히트는 서독이 독일민주공화국을 법적으로 인정하기 전에 슈토프와 브란트 사이에 회담이 열리는 것에 반대했다. 브레즈네프는 그의 반대를 묵살했다.[4] 울브리히트는 카셀에서 브란트가 바르와 그로미코의 회담 결과를 들을 때까지 슈토프의 질문에 대답할 수 없다고 슈토프에게 말했을 때 이를 괘씸하게 여겼다.[5]

무엇보다도 울브리히트는 베를린 전체에 대한 4개국 협상에 반대했다. 어쨌든 동베를린은 장벽으로 서방의 개입으로부터 보호되는 울브리히트의 수도였고, 다른 이들에 의해, 더 정확히 말하면 모스크바와 본 사이에서 논의될 도시가 아니었다. 누군가가 베를린의 어느 부분에 대해 서독이나 연합국에 이야기를 한다면, 그 사람은 울브리히트 자신이어야 했다.

그러나 브레즈네프는 더는 선택의 여지가 없었다. 브레즈네프는 서독에서 접촉면을 넓히고 영향력을 발휘할 기회를 모색하면서, 스탈린의 옛 구상 가운데 일부를 변용하고자 했다. 브레즈네프는 연방공화국을 '진정한' 독일로 간주했다.[6] 그는 유럽과 소련의 미래를 본과 협상해야 한다고 생각했다. 브레즈네프는 독일민주공화국을 포기하지 않을 것이지만, 울브리히트가 협조하기를 바랐다. 울브리히트는 자신의 의구심을 명확히 했다.[7] 울브리히트는 브레즈네프가 의도하든 의도하지 않든, 독일민주공화국의 권위에 대한 소련의 지지를 약화시키면 그것은 사실상 독일민주공화국을 포기하는 것과 마찬가지라고 느꼈다.

울브리히트는 많은 독일사회주의통일당 고위 동료들의 원한을 샀다. 독일사회주의통일당 정치국의 다수가 그를 싫어했다. 그들은 브레즈네프가 울브리히트를 면직시키기를 바랐고, 아브라시모프에게 그렇게 해달라고 간청했다. 울브리히트의 '힘든 성격'과 '비합리적 아이디어'를 거론하면서,[8] 그들은 그의 실책과 그의 스탈린주의, 인민들을 대하는 그의 파렴치한 태도에 대해 불만을 터트렸다.[9] 아브라시모프는 모스크바에 보낸 보고에서 울브리히트를 비판했고, 울브리히트가 아니라 에리히 호네커에게 바르와 그로미코의 협상에 대해 알려줬다.[10]

호네커는 울브리트에 대한 반대를 주도했다. 울브리히트가 호네커의 출세를 돕고 그를 후계자로 지명했음에도 호네커는 1960년대 후반에 울브리히트를 계획적으로 약화시키기 시작했다. 호네커는 브레즈네프를 비롯한 소련 지도자들과 독자적으로 관계를 맺었고, 브레즈네프가 싫어하는 것으로 알고 있던 울브리히트의 정책들—독일사회주의통일당이 마르크스-레닌주의에 대해 독특하게 기여했다는 울브리히트의 주장 같은—과 거리를 뒀다. 호네커는 서독의 완전한 인정에 관한 울브리히트의 집착을 충분히 지지하지 않았고, 울브리히트가 그와 같은 견해를 소련 관리들에게 설명했을 때 침묵을 지키려 했다. 호네커는 장벽을 세웠으나 일부 경계선을 서독에 계속 열어두고 싶어 했다. 호네커는 서독과의 접촉을 신중하게 관리할 필요는 있지만 그 접촉이 없다면 독일민주공화국이 위축될 것이라고 우려했다.

1970년 중반에 호네커는 브레즈네프에게 울브리히트를 사임시키라고 압박했다. 브레즈네프는 동의하면서도 울브리히트를 간단히 '밀쳐놓을' 수가 없다고 말했다. 브레즈네프는 울브리히트가 계속 지배할 것임을 분명히 했다.[11] 하지만 브레즈네프는 울브리히트가 소련의 승인을 받지 않고 통치하겠다는 기대는 버려야 할 것이라고 덧붙였다. "어쨌든 우린 당신 나라에 군대가 있어요."[12]

호네커의 요구를 놓고 소련 지도부는 의견이 갈렸다. 소수의 지도자들은 여전히 울브리히트에게 신뢰를 보냈으나 일부 중요한 인물들은 그를 축출하기를 원했다. 예를 들어, 안드로포프는 동독이 본에 개방할 것을 원했고, 특히 울브리히트가 독일사회주의통일당에서 점점 고립되고 있다는 자체 정보에 따라 울브리히트를 기꺼이 희생시키려 했다.[13] 그러나 브레즈네프는 울브리히트가 교만하다는 것도 알고 또 몇 번의 불쾌한 만남을 겪은 뒤 그를 싫어했음에도 불구하고, 울브리히트를 제거하는 데는 주저했다.[14] 워낙 조심성이 많은 브레즈네프는 소련공산당이 독일사회주의통일당 내에서 진정으로 그가 물러나기를 원한다는 반박의 여지가 없는 증거를 갖고 있지 않은 한, 그를 대체하고 싶지 않았거나 혹은 거기에 동의하고 싶지 않았다.[15] 그러자 곧 독일사회주의통일당 정치국원 다수파가 1971년 1월에 울브리히트를 제거해 달라는 편지를 브레즈네프에게 썼다.[16]

브레즈네프와 그의 동료들은 1971년 4월 초쯤 제24차 당 대회 동안 울브리히트를 호네커로 대체하는 결정을 내렸음에 틀림없다. 대회가 끝나고 며칠 뒤에 소련 언론은 서열이 높아진 호네커의 지위를 보도했다.

그러자 호네커는 울브리히트에게 무엇을 해야 하는지를 확실히 이해시켰다. 호네커는 독일민주공화국 고위 관리들을 호위하는 개인 경호 부대를 동반하고 될른의 휴양지에 있던 울브리히트를 방문했다. 경기관총을 휘두르면서 경호원들은 울브리히트의 거처를 포위하고 출입구를 모두 막았다. 경호원들이 각자 경계에 들어가자, 호네커는 안으로 들어갔고 한 시간 반에 걸친 대화 끝에 울브리히트로부터 사임 동의를 얻어냈다.[17]

울브리히트는 1971년 5월 3일 "세월을 이길 장사가 없습니다."라고 발표하면서, 독일사회주의통일당 중앙위원회 회의에서 사임했다. 중앙위원회는 호네커를 독일사회주의통일당 제1서기로 지명했다.

호네커는 울브리히트의 위상을 축소하기 위해 추가로 무거운 조치들을 몇 가지 더 내놓았다. 호네커는 마치 울브리히트가 대수롭지 않은 반체제 지식인이라도 되는 것처럼, 1971년 10월 독일사회주의통일당 정치국 회의에서 울브리히트에게 치욕적인 '오류의 교정'에 들어갈 것을 강요했다. 울브리히트가 심장마비를 겪고 정치적 책임에서 더욱 더 배제된 후, 호네커는 정보원들에게 그의 활동을 보고하라고 지시했다. 1973년 8월 1일 울브리히트가 사망하자 호네커의 내무장관이자 가장 가까운 정치적 동맹자였던 에리히 밀케*는 보안 장교들을 보내 울브리히트의 집에서 개인 파일 상자 255개를 들고 나오게 했다.[18]

울브리히트의 뒤를 이은 지 2주가 지난 1971년 5월 18일, 호네커와 독일민주공화국 고위 관리들로 이루어진 대표단이 모스크바로 순례를 떠났다. 놀랄 것도 없이 호네커는 브레즈네프의 데탕트 정책의 기본 방향을 수용했다. 그는 4자 베를린 협상이 얼른 마무리되기를 원한다고 구체적으로 말했다. 독일사회주의통일당은 서베를린이 독일민주공화국의 영토라는 주장을 포기했다. 대신에 독일사회주의통일당은 서베를린을 '특수한 정치적 지위'를 가진 도시로 일컬었다. 이 입장은 비록 같은 언어를 쓰지는 않았지만 소련, 연합국, 서독의 견해와 부합했다.

호네커의 모스크바 회담 이후 발표된 공식 성명은 독일민주공화국이 "제24차 당 대회에서 채택된 평화 프로그램"을 승인했고 그것을 "양국의 공동 목표와 이익의 표현"으로 간주한다고 말했다. 공식 성명은 양 당사

---

* Erich Mielke(1907-2000). 동독의 공산주의 정치가. 1957-1989년 국가안전부(슈타지) 장관을 지냈다. 1990년 독일 재통일 후 체포되어 6년 형을 선고받았다.

자가 베를린 4자 협상에 대한 그들의 견해를 표명했고, "이 문제에 대한 이해"가 논쟁의 근거를 제거할 것이라는 데 동의했다고 덧붙였다. 이 말은 모스크바와 동베를린이 베를린에 관해 아직 완전히 동의하지는 않았지만 적어도 공통의 장에 서 있음을 보여주었다. 공식 성명은 또 호네커가 4자 협상과 데탕트에 긍정적인 기여를 하리라는 것도 보여주었다.[19] 호네커는 브레즈네프의 정책을 약화시키지 않을 터였다.

이행을 완결하고, 자신이 어떤 문제도 일으키지 않을 것임을 보여주기 위해 호네커는 브레즈네프에게 다음과 같이 말했다. "독일민주공화국은 우리의 공통 자식입니다. 그것은 히틀러의 파시즘에 맞선 대조국전쟁에서 소련이 승리한 결과입니다. 우리는 결코 그 사실을 잊지 않을 것입니다."[20]

이러한 좋은 말이 모든 소련 관리들에게 깊은 인상을 준 것은 아니었다. 당시 동베를린의 소련 대사관 공사였던 율리 크비친스키는 호네커와 그의 최측근 동료들이 울브리히트보다 훨씬 더 우려되는 배경을 갖고 있음을 알아차렸다. 그들은 울브리히트와는 달리 모스크바에서 전쟁 시절을 보내지 않았다. 또 그들은 전후 계획을 몰로토프의 외무부에서 짠 것도 아니었다. 대부분은 전쟁 시기를 히틀러의 집단수용소에서 보냈다. 그들은 얼마간 더 민족주의적인 관점과 사물을 독일 시각에서 바라보는 좀 더 큰 경향, 모스크바에 대한 좀 덜한 충성 의식을 가지고 있었을 것이다.[21]

그러나 이 모든 것은 먼 미래의 일이었다. 그동안 협상가들은 해야 할 일과 그것을 할 수 있는 새로운 자유를 갖게 되었다.

베를린 협정을 마무리 짓기

울브리히트의 제거는 실제로 교착상태를 깨트렸다. 호네커가 모스크바를 방문한 지 1주일 만에 아브라시모프는 베를린 4자 회담을 위한 서방의 기본 방안을 받아들였다. 아브라시모프는 베를린의 지위에 관한 문제는 회피하면서도 베를린에서 '실질적인 개선'에 집중하는 초안을 작성하는 일을 도와주겠다고 연합국 대표들에게 말했다. 이 방안은 합의에 이르는 유일한 길을 제공했고, 울브리히트의 영향력과 독일민주공화국의 베를린 통제 요구에 종언을 고했다. 때때로 험악했던 울브리히트와 아브라시모프의 관계를 고려해볼 때 대사는 기뻐할 충분한 이유가 있었다. 아브라시모프는 더는 접근 루트에 대한 동독의 통제를 이야기하지 않고 "이해 당사자들과의 계약 합의"를 이야기했다.[22]

4개국은 6월에 사흘 동안의 집중적인 협상 끝에 최초의 초안을 마무리 지었다. 그러나 문제는 남았다. 아브라시모프는 비록 연합국 인사들뿐만 아니라 서독인과 서베를린 시민들이 서베를린과 서독 사이를 계속 통과할 수 있도록 하는 소련의 책임은 받아들였지만, 일반적인 이동의 자유 원리는 받아들이지 않았다. 그리고 아브라시모프는 서베를린의 서독 기구들이 제거되어야 한다고 더는 주장하지 않았으나, 서독과 서베를린 사이의 기존 관계를 전혀 수용하지 않았다. 더구나 많은 세부사항들이 여전히 미해결인 채로 남았다.

독일사회주의통일당은 6월 중순에 열린 8차 당 대회에서 새로운 소련 입장과 보조를 맞추었다. 호네커는 베를린에 관한 회담을 기꺼이 반겼고, 울브리히트와는 달리 회담이 성공하기를 바랐다. 대회는 독일민주공화국에 대한 공식적 인정이라는 오랫동안 견지해온 울브리히트의 주장을 포기했다. 호네커는 또 당에서 서방과의 접촉 확대에 대한 지지도 발견했다. 울브리히트 자신은 병을 이유로 참석하지 않았다.

그 후 아마도 닉슨 대통령이 7월에 키신저가 베이징을 방문하고 그 자신이 1972년에 중국을 방문하겠다고 발표했기 때문에, 협상은 속도가 붙었다. 협상가들은 회담을 성공적으로 끝내기 위해 8월 10일부터 시작하는 마라톤 회기를 계획했다. 서방 대표들은 나중에 그로미코가 소련의 최종 입장을 직접 감독하려고 비밀리에 동베를린으로 갔다는 사실을 알았다. 그들은 아브라시모프가 정기적으로 회담장을 떠나는 것을 알아차렸고 그 이유가 궁금했다.[23]

8월 23일, 네 명의 대사들은 서베를린에 있는 러시의 관저에서 '최종' 회기를 갖기로 했다. 그곳에서 그들은 흐루쇼프가 1963년에 사용하기를 원했던 오래 된 리첸부르거슈트라세 건물에 서베를린 소련 총영사관을 설치하는 문제를 비롯해 일부 세부사항을 마무리 지은 후 초안에 가조인했다. 많은 서베를린 시민들과 일부 미국 관리들은 총영사관이 서베를린이 4개국 도시가 되었다는 소련의 주장을 강화시킬 것을 우려해 소련의 계획에 반대했다. 닉슨이 직접 최종 결정을 내렸다. 이 결정은 브란트의 요청과, 건물을 정치적·외교적 본부로 사용하지 않겠다는 소련의 약속을 바탕으로 한 것이었다.[24] 이 협정으로 서방 전체는 독일에 관한 브란트 데탕트의 세 번째 요소를 확고히 했다.

베를린의 4자 협정은 해결될 수 없는 문제를 교묘히 처리하고 가능하면 타협책을 찾으면서, 베를린 문제의 세 가지 주요 요소들을 다루었다.

• **4개국 점령 권리의 지역과 정도.** 당사자들은 협정이 서베를린에만 적용되는지 아니면 베를린 전역에 적용되는지를 규정하는 것을 피

하려고 '관련 지역'과 같은 유연한 용어를 사용함으로써 의견이 불일치한다는 데 동의했다.

- **서방으로부터 베를린에 접근하는 권리.** 서방은 통과 교통이 "지연되지 않을" 것이라는 구체적인 약속을 비롯해 중요한 양보를 얻었다. 이것은 울브리히트가 서베를린에 대한 통제권을 확보하려고 오랫동안 접근에 대한 권한을 원해왔기 때문에 아마도 울브리히트가 가장 걱정한 항목이었을 것이다.

- **서베를린과 연방공화국 사이의 관계.** 서독은 협정이 기존 관계가 "유지되고 발전되는" 것을 허용했기 때문에 중요한 기본적 양보를 얻었다. 그 보답으로 본은 베를린에서 연방 대통령을 선출하는 일과 같은 과시적 활동으로 그 관계를 남용하지 않도록 신중하게 행동하기로 약속해야 했다. 본은 또 서베를린이 계속 '연방공화국의 구성 부분'이 아님을 인정해야 했다. 모스크바는 여전히 연합국의 권한으로 남아 있는 안보 문제를 제외하고는 서독이 서베를린을 대표하는 것을 허용하고 또 서베를린 시민들에게 서독 여권을 인정하는, 중요한 양보를 했다. 바르는 소련의 이 양보에 특히 기분이 좋았는데, 그것은 미국인들이 도저히 안 되니 아마도 포기해야 할 것이라고 말한 뒤 얻어낸 것이기 때문이었다. 다시 한 번 레오, 슬라바, 안드로포프가 바르를 도왔다. 그 보답으로 모스크바는 서베를린에 총영사관을 설치할 수 있었다.[25]

아브라시모프는 서베를린 행정당국과 독일민주공화국 간에 협상될 협정 아래에서 서베를린 시민들의 동베를린과 독일민주공화국 방문을 허용하는 데 동의함으로써 추가적인 양보 조치를 취했다. 브란트는 이것을 서베를린 시민들을 위한 근본적인 목표이자 중요한 승리로 간주했다. 모스크바는 4자 협정에서도 이와 같은 권리를 승인함으로써 모스크바는 그것을 막을 독일민주공화국의 자격을 제한했다.

서독이 서베를린에서 상당한 역할을 계속 수행할 수 있게 되었다는 점에서 정치적으로 서방이 이 협상에서 동구권보다 더 많은 것을 얻었다. 그러나 브란트는 주로 장벽을 넘나드는 독일 민족 내 접촉을 더 확대할 것을 원했다. 서방 열강뿐 아니라 브란트와 브레즈네프도 불편한 순간에도 베를린 문제가 더 이상 동-서 관계를 망치지 못하도록 확실히 해두는 데 공통의 관심이 있었다.

서방 점령국들은 쟁점 사항이었던 관할 지역 문제에서 가장 큰 이득을 보았다. 소련이 동독 영토를 가로지르는 접근 루트의 교통을 책임지게 되었다. 여전히 동독 요원들이 검문소에 남아 있었지만, 교통을 방해할 수 있는 재량권이 별로 없었다. 연합국은 베를린에서 서독의 진출과 활동을 축소해야 했지만, 시간이 흐르면서 서독의 진출이 애초에 의도했던 것을 이미 초과했다고 생각하기 때문에 그다지 개의치 않았다. 4개 점령국은 기본적으로 베를린 상황을 자신들이 직접 관리하기를 원하는 것으로 결론 내렸다.

브란트는 이틀 만에 협정을 승인했다. 브란트의 대변인은 협정이 유럽 중심부의 긴장 완화에 크게 기여하면서 "서독과 베를린의 이익을 보존한다."고 말했다.

그런데 협정문의 독일어 텍스트에서 곤란한 문제가 발생했다. 베를린 협정의 명목상 협상가들은 제2차 세계대전 승전국들이었기 때문에 독일어는 협상이나 협정의 공식 언어가 아니었다. 그러나 독일어 용어들은 동방정책 전체에 대한 연방의회 토론에 영향을 줄 것이고, 또 두 독일이 협상해야 하는 협정을 시행할 때마다 최종적인 해석의 틀을 제공할 것이다. 그러므로 독일어 텍스트는 기술적인 번역 이상의 중요성을 띠고 있었다. 이 단어를 선택할지 저 단어를 선택할지에 따라서 베를린의 지위와 어쩌면 독일 전체에 대해 이 해석 혹은 저 해석이 가능할 것이다. 주요 논쟁은 서베를린과 서독 사이의 관계를 규정하기 위해 '결합'(Bindungen)이라고 할지 '연결'(Verbindungen)이라고 할지를 놓고 벌어졌는데, 서독인들은 '결합'을 선호했고, 동독인들은 그보다 조금 약한 '연결'이라는 단어를 좋아했다.

용어의 차이를 조정하는 데는 시간이 걸렸다. 나중에 동베를린 주재 서독 대표가 될 외교관인 한스-오토 브로이티감*이 이 문제에 관해 독일민주공화국과 주요 회담을 진행했는데, 브란트는 바르에게도 비교적 민감한 일부 문제에 대해서는 관여할 것을 요청했다.[26]

번역 문제 역시 베를린 협상에서 독일인들이 수행한 모호한 역할을 잘 보여준다. 서독은 공식적으로는 회담에 참여하지 않았지만 브란트는 서독의 일반 여론과 정치계의 여론이 반드시 그 텍스트를 수용하도록 해야 했다. 브란트는 텍스트의 조항 중 많은 조항을 시행해야 할 터였고, 독일민주공화국과 대화해야 할 것이었다. 브란트는 필요한 경우 서방 친구들이 도움을 줄 수 있는 동안에 용어 차이 문제를 해소하고 싶어 했다.

협정문에서 연합국을 가장 기분 좋게 한 구절은 서베를린과 서독 사이의 관계에 대한 방안이었다. 몇 개월 동안 서방은 소련의 구상을 받아들이려 하지 않았고, 거꾸로 소련은 서방의 구상을 받아들이려 하지 않

---

* Hans-Otto Bräutigam(1931-). 독일의 외교관이자 정치인. 1962년부터 독일연방공화국 외무부에서 일했다. 1982-1989년 동베를린에 위치한 독일민주공화국 주재 연방공화국 상설 대표부 수장을 지냈다.

왔다. 바르는 최종적으로 독일 외무부에 방안을 찾아달라고 요청했고 독일 외무부는, 브란트와 러시에 의해 약간 변경되기는 했지만, 방안을 마련했다. 베를린이 연방공화국의 "구성부분이 아닌 것으로 남는다."라는 구절은 베를린이 서독의 일부였던 적이 결코 없었기 때문에 기술적으로 맞는 말이었다. 그러나 그로미코와 팔린이 받아들인 '남는다'라는 단어는 연방공화국이 1949년 이래 서베를린에 설치했던 기구들을 소련이 수용한다는 것을 암시했다.[27]

4자 협정과 울브리히트의 은퇴는 서베를린에 활력소가 되었다. 서베를린은 더는 도시를 크게 괴롭히는 사람과, 그곳에 살기를 원했을 사람들을 낙담시켰던 궤변에 대해 걱정할 필요가 없었다.

서방이 조율하다

브레즈네프와 울브리히트의 관계를 특징지었던 진영 내 대립은 전혀 없었지만 서방 국가들 간에도 의견차는 있었다. 워싱턴은 연방의회에 모스크바 조약을 제출하기 전에 협정을 완결하고 싶어 하는 브란트의 희망에 동의했다. 워싱턴이 보기에, 그렇게 되면 브레즈네프는 베를린 협정을 체결해야 한다는 압박에 시달릴 터였다. 그러나 늘 폴란드를 지지하는 데 관심이 있었던 미국 정부는 베를린이 해결될 때까지 폴란드 조약의 승인을 미루고자 하는 브란트의 결정을 환영하지 않았다.[28] 닉슨과 키신저는 또 브란트가 때때로 너무 조급하게 움직이기를 원하면서, 그로미코가 그런 그를 이용하게 만든다고 생각했다. 반면에 브란트는 연합국, 특히 미국인들이 충분히 빨리 일을 진행시키지 않는다고 느꼈다. 그는 데탕트를 위한 진정한 추진력을 원했다.

브란트는 어쩔 수 없이 연합국이 항상 자신이 바라는 대로 일을 하지는 않는다는 것을 인정할 수밖에 없었다. 브란트는 또 일찌감치 커리어를 시작했을 때부터 서방 열강은 베를린에 관해 마지막 한 단어는 늘 자신들의 몫으로 남겨둔다는 사실도 잘 알았다. 그러나 브란트는 가끔 이에 대해 불만을 토로하곤 했지만, 그것을 환영하기도 했다. 워싱턴은 특히 베이징에 문호를 개방한 후 본보다 소련의 압력에 더 잘 대처할 수 있었다. 브란트는 독일 문제 전 범위에 걸쳐 모스크바와 맞대결할 준비가 되었다고 생각하지 않았다. 1971년 초에 브란트는 "4개국은 독일 전체와 베를린에 대해 권한을 갖고 있으며, 또 보유할 것입니다."라고 공개적으로 말했다.[29] 그러나 브란트는 또 베를린 협정이 동구권을 향한 독일 외교의 새로운 창을 열 것이기 때문에 독일이 베를린에 그 자신만의 특별한 이해관계를 갖고 있다고도 생각했다.[30]

브란트는 미국과의 긴밀한 협력과 우정이라는 면에서 어느 누구에게도 밀리지 않았다.[31] 브란트는 울브리히트가 브레즈네프와 가졌던 형태의 의견 불일치를 닉슨과 결코 갖지 않았다. 브란트는 자신의 정책이 미국에 도움이 되었으며, 실제로 자신이 유럽에서 미국의 입지를 약화시켰다기보다는 강화시켰다고 믿었다.[32] 그러나 처음에는 협력이 원활하게 이루어지지 않았다. 1971년까지도 브란트에게 워싱턴은 하나의 숙제였는데, 그때에서야 브란트는 미국 정부가 자신이 동맹을 위해 이루어낸 결과를 수용하고 평가하기 시작했다고 느꼈다.[33]

브란트는 데탕트가 소련 제국을 약화시키는 데 도움이 될 것이라고 기대했다. 브란트는 사람들이 자유롭게 왕래할 수 있는 한 독일민주공화국과 그 밖의 동유럽 체제들은 결코 안정을 누리지 못할 것이라고 믿었다. 기묘하게도 브란트와 울브리히트는 바로 이 점에서 같은 의견을 갖

고 있었다. 훗날 브란트는 역사가 자신이 옳다는 것을 입증했다고 생각했다.[34]

키신저와 바르는 어느 정도 조심스럽긴 했지만 베를린과 관련해 긴밀한 실무 관계를 발전시켰다. 두 사람은 둘 다 중요한 직책을 맡기 전에 오랫동안 알고 지내던 사이였다. 그들은 동-서 문제에 관해 종종 의견이 달랐지만, 베를린 협정을 맺기 위해 함께 일할 필요가 있었다. 그들은 1971년 초 베를린 협상이 교착상태에 빠졌을 때 빌더버그 회의*에서 만났고 교착상태를 타개하기 위한 가장 좋은 방법에 대해 아이디어를 교환했다.

바르는 소련인과 다른 이들에게도 말했듯이 키신저에게 베를린 회담을 법적 기반으로 접근하는 것은 실수라고 말했다. 대신 미국인들은 지위나 그 밖의 법적인 문제들에 매달려 불가능한 의견 일치에 도달하려고 애쓰지 말고 실질적인 해결책을 찾아야 한다는 것이었다.

키신저는 바르의 접근법을 받아들였고, 그 자신과 바르, 러시가 백악관에서 회담을 열 것을 제안했다. 이 회담에서 세 사람은 사실상 정규적인 연합국 본 그룹 협의를 건너뛰면서 그들 사이에 별도의 채널을 마련하는 데 동의했다. 바르-키신저 접촉은 바르가 연합국에게 베를린에 소련 총영사관을 설치하는 것을 수용해달라고 특별히 간청하러 워싱턴에 갔

---

* Bilderberg Conference. 빌더버그 그룹 또는 빌더버그 클럽(Bilderberg Club)이라고도 한다. 미국, 유럽 국가들에서 정계, 재계, 왕실 관계자 약 100-150명이 모여 다양한 국제 정치·경제 문제를 토의하고 비밀리에 정책을 결정하는 모임을 말한다. 네덜란드 빌데르베르크 호텔에서 제1차 회의가 개최되었기 때문에 빌더버그 회의라고 부른다. 국제연합(UN), 대외관계협의회(CFR: Council on Foreign Relations), 삼자위원회(Trilateral Commission)보다 더 강력하고 중요한 국제회의로 알려져 있다. 참가자 출신국은 미국, 캐나다, 영국, 프랑스, 독일, 이스라엘, 팔레스타인, 기타 유럽 연합이다. 회의 내용은 알려지지 않으며 어떤 언론에게도 취재활동이 허락되지 않는다. 1954년부터 시작해 연 1회 개최된다.

던 1971년 4월 이후(아마도 우연의 일치가 아니게도, 모스크바가 레닌그라드에 서독 총영사관을 설치하는 것을 받아들인 직후) 매우 긴밀해졌다.

키신저는 여전히 독일인들이 너무 멀리 너무 빨리 갈까봐 우려했다. 키신저는 독일인들이 소련-미국의 우선 사항들을 위태롭게 할 수 있다고 생각하지는 않았으나, 독일인들이 서방 동맹의 폭넓은 이해관계를 방해하고자 하는 동구권의 오랜 열망에 문을 열어줄지도 모른다고 걱정했다.[35] 키신저는 또 사소한 전술적 공작에 열중하는 그로미코의 태도가 그로 하여금 본과 워싱턴 사이의 가벼운 분열마저 이용하도록 유혹할 수 있다고 우려했다. (바르가 그랬듯이) 키신저도 브레즈네프와의 직통 라인을 갖게 된 것을 기뻐했다.[36]

키신저는 베를린을 미국의 지구적 전략에서 중요하지만 한 부분에 불과한 것으로 보았다. 베를린은 키신저의 우선 사항 목록에서는 브란트의 우선 사항 목록에서만큼 높은 순위에 위치하지 않았다. 키신저는 또 다른 주제에 관해 협상하는 것이 더 중요하다고 여기는 뭔가가 있을 때는 모스크바에게 베를린에 관해 양보하라고 요청하는 일을 피하려고 베를린 회담을 미루곤 했다. 바르는 때때로 이 지연의 의미를 이해했기 때문에 키신저의 행동에 화를 내곤 했다. 그러나 바르는 나중에 베를린 협정의 앞날에 위험한 어떤 지연도 기억하지 못한다고 말했고, 그 자신의 회고록도 키신저와 함께 일한 일에 대해 따뜻하게 언급한다.[37]

키신저, 바르, 러시 사이의 회담으로 통일에 관한 1990년의 회담 이전에 독일-미국의 외교적 조정이 집중적으로 이루어지는 시기가 시작되었다. 바르는 키신저에게 메시지를 보내면 마치 둘 다 각자 텔렉스기 앞에 앉아 있기라도 한 것처럼 몇 시간도 안 돼 답장을 받은 일을 기억한다. 바르는 자신과 키신저가 매우 긴밀하게 연락하며 지냈다고 느꼈다.

키신저는 미국인들이 독일의 제안이 진짜 어리석지 않으면 그 제안을 방해하지 말아야 한다고 믿었기 때문에 종종 바르의 제의를 받아들이곤 했다. 미국인과 독일인들, 특히 키신저와 바르는 그리하여 데탕트에서 친밀한 파트너가 되었다.

팔린이 소련 측에 합류했으나, 바르는 레오와 슬라바를 통해 안드로포프와 연결된 특별 국가보안위원회(KGB) 채널을 여전히 유지하며 이용했다. 바르는 훗날 이 채널이 그에게 수도 없이 많은 문제를 해결해줬다고 썼다.[38]

이 3자 이면 채널은 필수적인 유연성을 제공했지만, 혼란과 오해의 위험을 무릅썼다. 주역들은 무엇이 정면 채널에 있고 무엇이 이면 채널에 있는지, 누구에게 무엇을 말해야 하는지를 끊임없이 기억해야 했다. 다행인 것은 프랑스 대사와 영국 대사가 몇몇 '해결책'이 어떻게 마술처럼 자신들 앞에 떡하니 나타났는지에 대한 질문을 제기하는 만용을 부리지는 않았다는 점이었다.

프랑스는 일차적으로 4개국 책임을 보증하기 위해 베를린에 관한 회담을 이용하기를 원했다. 과거에 그랬던 것처럼, 파리는 또 독일을 유럽 공동체에 더 가까이 끌어들이기 위해서도 베를린을 이용하고 싶었다. 1973년에 유럽공동체에 가입하게 되는 런던은 프랑스의 접근법을 대체로 공유했고, 미국과 독일이 폭넓은 베를린 협정 내에 계속 남아 있다면 그들의 노력을 지지할 것이었다. 비록 영국과 프랑스의 본 그룹 참가자들이 가끔 문제를 제기했음에도 불구하고, 그들은 미국과 독일의 제안이 4개국 권리에 대한 자신들의 생각에 위배되는 것이 아니라면 그 제안에 동의할 터였다.

서방 내의 조율은 동구권 내의 조율과 마찬가지로 끊임없는 과제를 안겨주었다. 그러나 본과 연합국 모두 데탕트를 원했고, 발생한 어떤 문제도 해결할 수 있었다. 서방에는 제거해야 할 발터 울브리히트가 없었다.

두 독일

소련공산당 대회가 끝나고 발터 울브리히트가 사임한 지 몇 주 내에 레오니트 브레즈네프는 빌리 브란트를 크림반도의 오레안다에 있는 자신의 휴양지로 초청했다. 이 방문은 4개국이 베를린 협정에 서명한 지 채 2주도 안 된 9월 중순에 있었다.[39]

브란트가 오레안다를 방문하기 전에 키신저는 베이징을 다시 방문했다. 브레즈네프도 브란트도 이 재방문에 대해 언급하지는 않았지만, 키신저의 베이징 방문은 그들의 관계에 변화를 가져왔다. 베이징과 워싱턴이 일단 대화를 시작하자, 모스크바는 소련 체제의 서부 국경을 따라 주요 파트너가 필요했다. 오레안다 회담은 서독에게 그 역할을 부여했다.

브레즈네프는 브란트를 주요 인물로 여긴다는 점을 분명히 했다. 브레즈네프는 이전에 했던 양보로 얻은 신뢰를 바탕으로 브란트에게 유럽안보협력회의*를 개최하자는 자신의 제안을 지지해달라고 요청했다. 브란트는 이에 동의했고, 그 후 워싱턴에서 유럽안보협력회의를 강력히 옹호했다. 브란트는 또 일부 도발적인 전술 때문에 금지되었던 독일공산당(German Communist Party, DKP)을 서독 정치에 다시 참여시키는 데도 동의

---

* Conference on Security and Cooperation in Europe(CSCE). 1975년 8월 1일 헬싱키 협정에 의해 설립되었다. 1995년 1월 1일, 유럽안보협력기구(Organization for Security and Cooperation in Europe, OSCE)로 이름을 변경했으며, 안보와 협력을 위해 유럽과 중앙아시아, 북아메리카 등의 57개 국가가 가입되어 있는 세계에서 가장 큰 정부 간 기구이다.

했다.

브레즈네프는 브란트와 독일 대표단이 독일공군(Luftwaffe) 항공기를 이용해 방문할 수 있도록 해주었는데, 이는 서독의 군용기가 소련 비행장에 착륙한 최초의 사건이었다. 브레즈네프는 혼자 활주로에 서 있었다. 브레즈네프는 브란트와 그의 동료들에게 비행장 라운지에서 몇 번이나 건배를 했는데, 그 때문에 브란트는 이 소련 지도자가 회담이 열리기 전에 자신과 자신의 대표단을 만취하게 만들려고 하는 건가 하는 의심을 품기도 했다.[40]

브레즈네프와 브란트는 까다로운 문제는 회피하면서 전체적으로 긍정적인 분위기를 조성하려고 노력했고, 회담이 진행되는 동안 내내 우호적인 태도를 유지했다. 브레즈네프는 서독과 소련 사이의 무역과 미래의 협력에 대해 열을 올리며 이야기했다. 브레즈네프는 세계 평화와 양국의 안녕을 위해 독일-소련 사이의 친선이 중요하다고 언급했다.

하지만 브레즈네프는 브란트에게 만약 연방의회가 독일-소련 관계를 '수십 년' 후퇴시키고 싶지 않다면 반드시 모스크바 조약과 바르샤바 조약을 통과시켜야 할 것이라고 엄중히 경고했다. 브레즈네프는 또 모스크바 협정이 승인되지 않으면, 베를린 협정과 관련 시행 협약이 아무 실효성 없는 껍데기가 되고 말 것이라고 경고했다. 이에 대해 브란트는 소련과 특히 독일민주공화국의 행동이 연방의회 표결에, 그리하여 조약들의 미래에 영향을 줄 것임을 브레즈네프에게 이해시키려 했다.

훗날 브란트는 자신의 회고록에서 오레안다에서 브레즈네프가 군사 문제에 애매한 입장을 보인 것에 대해 약간의 우려를 표명했다. 브레즈네프는 소련군 배치에 관해 이야기할 때 유럽의 군사적 균형에 대한 감각이 없는 것 같았다. 브레즈네프는 또 이러한 배치가 데탕트에 제기할 위험을 제대로 인식하고 있는 것 같지도 않았다. 마치 예전에 흐루쇼프가 모스크바가 미사일을 '소시지처럼' 생산하고 있다고 떠벌렸듯이, 브레즈네프는 이제 모스크바가 핵잠수함을 '소시지처럼' 생산하고 있다고 자랑했다.[41]

브레즈네프의 발언은 소련공산당 대회의 결과를 반영한 것일 가능성이 크다. 브레즈네프는 당 대회에서 데탕트를 지지해달라고 설득할 수 있었지만, 불가피하게 군 장성들과 타협을 해야 했다. 당 대회에서 군부의 대변자들은 대륙에서 소련군의 지속적인 군비 증강을 주장하며, 유럽에서 핵무기의 중요성이 점점 커져가고 있다고 강조했다. 그리고 소련의 군사 예산은 브레즈네프가 집권한 이래 6년 연속 증가했다. 모스크바의 데탕트 정책은 군사 분야가 아니라 외교와 무역에서 작동할 것이었다.[42] 브란트는 브레즈네프의 발언 중 일부가 독일 내의 데탕트에 대한 정치적 지지를 위태롭게 할 수 있다고 우려하며 그러한 태도를 걱정했지만, 몇 년 뒤까지 그것의 충분한 의미를 인식하지는 못했다.[43]

이 불길한 함의에도 불구하고 오레안다 회담은 새로운 소련-독일 관계를 좀 더 탄탄한 발판 위에 올려놓았다. 브란트도 브레즈네프도 1961년과 1971년 사이에 유럽이 변했다는 것을 세계가 알아차리기를 바랐다.

이러한 긍정적인 배경 위에서 이제 독일을 둘러싼 데탕트라는 모자이크에 네 번째이자 마지막 조각을 끼워 맞출 때가 왔다. 그것은 동독과 서독이 상호 관계를 규정할 협정을 마무리 짓는 것이었다.

동독과 서독 간의 협상은 한때는 동-서 데탕트의 발걸음을 더디게 만드는 주된 난제 같았다. 하지만 1971년까지 모스크바 조약과 바르샤바 조약이 체결되고, 울브리히트가 물러나고, 베를린 문제가 해결되자 모스크바와 본은 이 까다롭기 짝이 없는 독일 내부 문제를 새로운 맥락에서 다루기 시작했다.

하지만 독일-독일 협상은 여전히 지루하고 힘든 것이었다. 호네커는 울브리히트보다는 융통성이 있었지만, 여전히 독일민주공화국의 권위를 최대한 강화시킬 필요가 있었다. 그리고 브란트로서는 서독 헌법재판소와 연방의회의 야당에게 설명을 하지 않고서는 서독의 어떤 기본적인 입장도 버릴 수가 없었다.[44]

브란트는 회담을 활용해 동독 인민과 서독 인민 사이의 접촉을 확대하되, 독일 문제 자체는 미해결인 채로 놔두고 싶었다. 호네커는 좀 더 신중해야 했다. 호네커 역시 접촉을 원했지만, 자신이 통제하는 한에서만 그랬다. 호네커는 공식 인정에 집착하진 않았지만, 여전히 독일민주공화국을 개선하고 보호해야 했다. 그리고 브란트와 호네커 둘 다 상호 간의 외교적 접촉의 형식 같은 기본 문제와 여행 법규를 포함한 일상적 마찰 같은 실제적 문제들을 동시에 다루어야 한다는 것을 알게 되었다. 게다가 한 가지 문제의 해법은 다른 모든 문제들의 해법에 영향을 미칠 수밖에 없었다.

브란트와 호네커는 결국 최종 결정권자는 브레즈네프가 될 것임을 알았다. 브레즈네프가 독일민주공화국이 무엇을 양보하고 무엇을 받아야 할지를 결정할 것이다. 그들은 또 브레즈네프가 타협을 원한다는 것도 알았다. 브란트와 마찬가지로 브레즈네프 역시 독일 문제는 모스크바에게 매우 큰 영향을 미치는 사안이므로 미해결인 채로 놔두고 싶었다. 또 호네커와 마찬가지로 브레즈네프 역시 독일민주공화국이 반드시 계속 안정을 유지하기를 원했다.

다른 회담에서와 마찬가지로 이 회담에서도 연계는 브레즈네프의 주

된 관심사였다. 모스크바 조약, 베를린 협정, 심지어 바르샤바 조약조차
브란트-호네커의 성공에 달려 있었다. 그리하여 바르와 미하엘 콜이 독
일 내부 관계에 관한 기본 합의를 이끌어내기 위한 매우 집중적인 회담을
시작했을 때, 사실상 그들은 자신들뿐만 아니라 그들의 주요 동맹자들이
건설하고자 했던 아치의 마지막 돌을 놓는 작업을 하고 있었다. 그들은
두 달 동안 거의 계속해서 만났다. 전독일문제부 장관인 헤르베르트 베
너는 독일 내부 문제에 관해 서독에서 가장 상상력이 풍부하고 유능한 전
문가인 위르겐 바이헤르트(Jürgen Weichert)를 보내 바르를 지원하게 했다.

　브레즈네프는 호네커에게 양보를 압박했다. 브레즈네프는 여행 협정
을 수용하도록 호네커에게 압력을 가했는데, 호네커는 서독이 정치적 양
보의 대가로 상당한 금액의 돈을 지불할 것이며, 이 사안과 관련해 본으
로부터 최대 30억 독일마르크를 받을 것이라고 생각했다. 그러나 호네커
는 여행 협정이 "우리 국가의 국경을 서베를린 시민들에게 사실상 완전
히 개방하는 것"을 의미하며, "상당한 이념적 부담"을 지울 것이라고 불
평했으나, 브레즈네프는 굽히지 않았다. 호네커는 통일에 대한 브란트의
발언에 강력히 반발하면서도 모스크바 조약 비준을 위해 베를린 협정과
두 독일 사이의 조약이 진전되어야 한다는 브레즈네프의 결정을 받아들
여야 했다.[45]

　브레즈네프는 서독이 독일민주공화국을 법적으로 인정할 필요가 없
다는 점, 두 국가는 대사관 대신 '상설 대표부'를 교환할 것이라는 점을 확
실히 했다. 브레즈네프는 또 동독을 통과하여 베를린으로 접근하는 문제
를 위해 협상할 권리는 본이 갖고 있으며, 서베를린은 서베를린 시민들
의 동베를린 접근과 관련해서만 협상할 수 있다고 결정했다. 브레즈네프
는 더할 수 없이 최선을 다했다.

브란트도 몇 가지 중요한 양보를 했다. 가장 중요한 것은 브란트가 두 독일 국가의 실체를 인정하는 연설을 했다는 사실이었다. 이것은 할슈타인 독트린에 공식적으로 종지부를 찍고, 그럼으로써 세계 전역에 걸쳐 독일민주공화국이 광범한 외교적 접촉을 할 수 있도록 허용하는 이전의 결정을 따른 것이었다. 브란트는 또 두 독일 국가가 유엔에 가입해야 한다는 데도 동의했는데, 이 조치는 독일민주공화국의 지구적 위상을 강화했다. 브란트는 다른 서독인들이 폐쇄했던 문을 열어젖혔다.

협상가들은 다시 한 번 자신들이 해소할 수 없는 난처한 법적 문제를 제쳐두는 데 합의했다. 하지만 브란트는 합의가 "민족 문제를 포함해" 근본적인 문제에 해를 끼치지는 않을 것임을 역설하는 전문(前文)을 여전히 고집했다. 4개국의 권리 문제는 이 조약이 독일민주공화국과 연방공화국 "에 의해 체결되었거나…관련된 양자간·다자간 국제 조약과 협정"에 영향을 주지 않을 것이라는 조항을 넣는 것으로 해결되었다. 각 조항은 근본적인 양보를 제시하고 있었지만, 1972년이 되자 주사위는 던져졌고, 협상가들은 다투기보다 합의를 해야 할 이유를 찾고 싶었다.

바르와 콜은 1972년 11월 8일 '기본조약'에 가서명했다. 조약은 1972년 12월 21일 조인되었다. 그것은 십년 이상 헤어져 살아왔던 사람들에게 주는 크리스마스 선물이었다. 모스크바 조약 때와 마찬가지로 서독 대표단은 이 조약이 통일에 대한 서독의 노력에 종지부를 찍는 것이 아님을 분명히 하기 위해 조인식에서 '독일 통일에 관한 편지'를 내놓았다.

동독과 서독 사이의 기본조약과 그에 부수된 협정은 베를린 여행과 독일 내부 관계에 대한 수많은 세부사항들에 적용되었기 때문에 다른 어떤 데탕트 협정보다 독일 자체에 더 큰 실질적 효력을 발휘했다. 비록 장벽은 그 자리에 엄존하지만, 엄청난 숫자의 합의와 그에 부수된 문서들은 두 독일과 두 독일의 주민들 사이에 광범한 접촉의 그물망을 건설했다.

협정에는 서베를린 시민의 동베를린 방문에 대한 서베를린과 독일민주공화국 사이의 상당한 양의 합의뿐만 아니라, 서베를린과 서독 사이의 통과 교통에 관한 주제도 포함되었다. 한편으로는 본 및 서베를린과 다른 한편으로는 독일민주공화국의 사이에 맺어진 다양한 협정들은 독일의 동부와 서부 사이의 여행을 크게 촉진시켰다. 불과 몇 달 만에 수백만 명의 사람들이 새로운 규정을 이용했고, 이후 그 수는 더욱 증가했다. 협정은 또한 우편물을 보내고 전화를 거는 일을 더욱 쉽게 해주었다.[46] 빌리 브란트는 장벽을 무너트릴 수는 없었지만 장벽에 추가로 구멍을 뚫었다.

호네커는, 물론 브란트의 태도와도 다르지만, 울브리히트의 태도와는 거의 정반대의 태도를 보였다. 울브리히트는 두 독일 사이에 장벽이라는 튼튼한 경계설정(Abgrenzung)을 유지하기를 원했지만, 시기가 무르익었을 때 자신의 사회주의 개념을 바탕으로 독일이 통일될 것이라는 장기적인 전망을 계속 가지고 있었다. 호네커는 두 독일 사이의 분리를 완화했지만, 미래의 통일 독일을 기대하거나 원하지 않았다. 그는 독일민주공화국을 영구적인 실체로 보았다. 호네커는 자신이 감히 할 수 있고 브레즈네프가 고집하는 만큼 경계를 개방했지만, 그런 개방이 독일 통일을 가져올 것이라고 생각하지 않았다. 다른 한편 브란트는 언젠가 개방이 통일을 가져올 것이며, 그래서 그 동안은 독일 민족이라는 개념을 계속 살아 있게 만들고자 했다. 훗날 연합국은 브란트의 전술이 어디로 향하게 될지를 놓고 의견이 분분했던 것으로 밝혀졌지만, 일단 그의 전술에 동의했다.

15장

브란트의 짧은 승리

빌리 브란트의 가장 불안한 순간은 아직 오지 않았다. 라이너 바르첼[*]
이 이끄는 기독민주연합/기독사회연합 야당은 브란트의 동방정책을 비
난하고, 그의 조약들이 승인을 위해 연방의회로 회부될 때 그를 실각시
키기 위해 노력하기로 했다. 바르첼은 박빙이긴 하지만 브란트에 맞서
다수를 확보할 만큼 브란트의 연립정부 내에서도 충분한 이탈표가 있을
것으로 생각했다.[1]

기독민주연합/기독사회연합의 의회 지도자이자 총리 후보였던 바
르첼은 동방정책을 직접 공격할 정도로 어리석지는 않았다. 독일인 5명
중 4명 이상이 동방정책을 지지했다. 게다가 브레즈네프의 연계 방식은
동방정책이 실패할 경우 베를린 시민들이 대가를 치를 것임을 의미했다.
바르첼은 자신이 동방정책 자체에 반대하는 것이 아니라 좀 더 나은 조
건을 원한다고 주장함으로써 이 딜레마를 극복하려 했다. 바르첼은 연방
의회 표결 다음날 기독민주연합/기독사회연합 관리 몇 명을 모스크바로
보내 브레즈네프와 새로운 협정을 맺을 참이었다. 바르첼은 소련이 독일
의 자결권과, 경제적·정치적 관계에서 유럽경제공동체의 역할을 특정
해서 인정하지 않았다고 지적했다.

모스크바 조약과 바르샤바 조약을 뭉뚱그려 일컫는 동구 조약들에

---

[*] Rainer Barzel(1924-2006). 독일의 정치인. 1971-1973년 독일 기독민주연합 총재, 1983-
1984년 독일 연방의회 의장을 역임했다.

관한 토론이 1972년 2월 25일 시작됐다. 브란트를 지원하기 위해 브레즈네프는 독일의 자결권과 유럽경제공동체의 역할을 개인적으로 인정하는 성의를 보였다. 그러나 소련 정부는 또 바르첼이 승리를 거두고 모스크바가 그를 상대해야 할 가능성을 염두에 두고 바르첼과의 개인적 접촉을 시작했다.

연방의회의 미스터리

양측은 표결을 위해 공작을 벌였다. 바르첼은 브란트의 연립 정부로부터 이탈자들을 몇 명 확보했다. 브란트도 야당으로부터 몇 표를 얻었다. 4월 24일 바르첼은 연방의회에 '건설적인 불신임 표결' 동의안을 제출했다. 서독의 기본법하에서 그와 같은 동의안은 현 정부에서 불신임 표결을 허용할 뿐만 아니라 그 정부를 새로운 정부(바르첼의 동의안에서는 그 자신의 정부)로 즉각 대체해야 했다. 이 조항은 바이마르 공화국에서 종종 그랬듯이 나라를 정부 없이 내버려둘 불신임 표결을 막기 위해 기본법에 들어가 있었다.

브란트는 이 동의안을 비도덕적인 술책, 바르첼이 국민투표를 통해서는 획득할 희망이 없는 공직을 손에 넣으려는 추잡한 술책이라고 비난했다. 브란트는 여론조사는 자신의 정책, 특히 동구 조약들에 대한 지지가 광범하다는 사실을 보여준다고 지적했다.

브란트의 주장이 지닌 가치와 상관없이 대부분의 정치 분석가들은 그를 패배자로 보았다. 추정에 따르면 바르첼은 절대 다수표를 얻는 데 딱 필요한 만큼의 투표수(249표)를 확보하고 있었다. 브란트의 패배를 예상한 독일 노동조합은 총파업을 계획했다. 리하르트 폰 바이츠제커* 같은 연방의회의 기독민주연합 온건파들이 바르첼의 전술에 반대했지만 표결을 막을 수가 없었다. 동방정책은 운이 다한 것 같았다.

그러나 바르첼의 동의안은 실패했다. 동의안은 필요한 249표에 2표 모자란 247표만을 얻었을 뿐이었다. 일부 기독민주연합/기독사회연합 의원들이 브란트에게 찬성 투표한 것이 분명했지만 비밀투표였으므로 아무도 그들이 누군지 몰랐다. 일부는 데탕트를 믿었기 때문에 그에게 찬성 투표했을 것이다. 다른 일부는 매수되었을 수도 있다. 많은 돈이 지불되었다는 소문이 본 주위에 떠돌았는데, 기독민주연합/기독사회연합의 일부 이탈 의원들은 브란트에게 찬성 투표하는 대가로 5만 독일마르크 이상을 받은 것으로 전해졌다. 거리와 의회에서 수많은 전투를 치러 본 반백의 베테랑 베너는 "사람들이 돈을 받았다."고 말했다. 1980년에 베너는 오직 두 사람만이 모든 일이 어떻게 관리되는지를 알았다고 말했다. "나도 그 한 사람이고 다른 사람은 더 이상 의회에 없다."[2]

추측의 많은 부분은 소련의 역할에 집중되었다. 표결 직전에 소련 정부는 데탕트를 똑똑히 보여주기 위해 많은 인종적 독일인들의 석방을 포함해 추가적인 조치를 취했다. 소련의 자금이 흘러들어왔다고 전해졌다. 레오와 슬라바는 연방의회의 4표를 매수하고자 했고, 그 4표를 매수하기에 충분한 금액인 20만 독일마르크를 담은 서류가방을 들고 바르의 사무실에 나타났다. 동독의 스파이 우두머리였던 마르쿠스 볼프[**]는 통일 후 독일민주공화국이 기독민주연합 연방의회 의원들에게 1표 당 5만 독일

---

[*] Richard von Weizsäcker(1920-2015). 독일의 정치인. 1981-1984년 서베를린 시장, 1984-1994년 독일연방공화국 대통령을 지냈다.

[**] Markus Wolf(1923-2006). 동독의 국가안전부(슈타지) 대외정보국 국장을 지냈다. 34년 동안 슈타지의 2인자로 알려져 있으며, 냉전 시대 동안 가장 유명한 스파이 우두머리 중의 한 명으로 언급되곤 한다.

마르크를 지불했다고 주장했다.[3] 무슨 일이 벌어졌든 브란트는 승리를 거두었고 의기양양하게 다시 나타났다. 바르첼은 파멸한 인물로 끝났고, 다시는 지도적인 역할을 맡지 못했다.

부정에 대한 확신 없이 '건설적인 불신임 표결'이 끝난 뒤 연방의회는 1972년 5월 17일, 동구 조약들을 비준했다. 브란트는 동방정책에 대한 국민들의 지지를 이용해 11월에 조기 선거를 실시했다. 브란트는 모스크바 조약과 바르샤바 조약뿐만 아니라 독일민주공화국과의 협정을, 자신이 독일 문제를 성공적으로 다시 제기하고 분단에서 비롯된 인류의 짐을 경감시킨 증거로 활용했다. 서독 유권자들은 더 크고 더 안정된 다수로 브란트를 다시 뽑았는데, 그것은 명백히 데탕트 정책과 동구권에 대한 개방 정책을 지지한 것이었다. 이 승리로 브란트와 서독 정책의 노선은 확고하게 자리를 잡은 듯이 보였다.

데탕트는 계속되었다. 독일민주공화국과 기본조약을 체결한 후 서독은 1973년 12월 11일 체코슬로바키아와 프라하 조약을 맺었다. 프라하 조약은 체코슬로바키아의 주데텐란트를 비롯한 인종적 독일 지역을 히틀러에게 양도했던 1938년의 뮌헨 협정*을 무효화시켰다. 프라하 조약은 양국이 자신들의 국경을 침범할 수 없는 것으로 선언하고, 기존의 무역대표부를 대사관 지위로 격상한다고 덧붙였다. 모스크바와 서독은 경

---

* Munich Agreement. 주데텐란트 영토 분쟁에 관련된 협정으로, 1938년 9월 30일 독일 뮌헨에서 영국, 프랑스, 독일, 이탈리아가 체결했다. 제1차 세계대전 종전 이후 국제연맹은 오스트리아-헝가리 제국을 민족자결주의에 따라 다수의 국민국가로 분할하여 중부 유럽 문제를 해결하고자 했으나, 히틀러는 이를 역이용해 독일민족의 자결과 독일인의 '생활공간'(Lebensraum) 확보를 요구했다. 이에 따라 1938년 3월 독일계 국가인 오스트리아를 합병한 독일은 이어 체코슬로바키아에서 독일인 거주자 다수 지역인 주데텐란트 할양을 요구했다. 이에 양국 사이에 군사적 긴장이 커지자, 또 다른 세계대전의 발발을 피하고자 했던 영국과 프랑스는 뮌헨 회담을 열어 히틀러의 요구대로 독일이 주데텐란트를 합병하도록 승인했다.

제적·산업적·문화적 협력에 관한 광범위한 협정을 맺었다. 1973년 7월에 미국 및 캐나다를 완전한 회원국으로 포함시킨 유럽안보협력회의가 개최되었는데, 적어도 독일의 고집이 거기에 일정 부분 기여했다. 3개월 뒤에는 빈에서 상호균형전력감축 회담이 열렸다. 1973년 7월에는 서독 헌법재판소가 두 독일 사이의 기본 조약이 본의 기본법을 위반하지 않았다고 결론 내렸다.

브란트는 승리를 맛볼 수 있었으나 승리가 오래가지는 못했다. 브란트는 예상치 못한 사람들로부터 타격을 입을 것이었다.

호네커와 브란트의 실각

브란트의 성취는 단순히 총리라는 직책이 아니라 역사에서 영구적인 자리를 그에게 보장해주었다. 브란트는 최측근 중의 한 명인 귄터 기욤*이 체포되는 사태로 인해 1974년 5월 6일 사임해야 했다. 기욤은 자신이 독일민주공화국 정보부 대령이며, 브란트가 총리 직책에 오른 거의 그날부터 브란트를 염탐했다고 자백했다.

브란트는 크게 당황했고, 사임 외에는 다른 길이 없었다. 헬무트 슈미트 국방장관이 그의 뒤를 이었다. 슈미트는 내용이 아니라 방식을 바꾸면서 브란트의 데탕트 정책을 계속했다.

브란트가 기욤 때문에 총리직에서 물러나는 일은 일어나지 않았을

---

* Günter Guillaume(1927~1995). 독일민주공화국의 첩보원. 1956년 서독으로 이주한 뒤 독일연방공화국 총리 빌리 브란트의 비서로 일하다 1974년 동독의 스파이라는 사실이 밝혀졌으며, 이 '기욤 사건'으로 브란트는 총리직을 사임했다. 1975년 13년 형의 선고를 받고 복역 중 동·서독 사이의 간첩 교환으로 풀려나 1981년 동독으로 돌아갔다.

수도 있었다. 서독 보안기관은 그를 체포하기 전에 한동안 기욤을 그림자처럼 따라다녔다. 그들은 브란트에게 총리실에서 기욤을 제거하라고 경고했을 수도 있다. 그러나 아무래도 보안기관을 책임진 내무장관 한스-디트리히 겐셔가 온힘을 다해 경고를 한 것 같지는 않다.

호네커가 기욤을 사전에 브란트의 집무실에서 철수시켰을 수도 있었을 것이다. 기욤은 체포되기 상당히 오래 전에 독일민주공화국의 스파이 우두머리 볼프에게 서독 보안기관이 그와 그의 부인을 미행하기 시작했다고 경고를 보냈다. 이 말을 듣고 볼프는 서독인들이 기욤의 활동을 이미 알고 있다고 독일민주공화국 내무장관 에리히 밀케에게 알려주었다. 호네커의 최측근 자문관이었던 밀케는 즉각 호네커에게 이 사실을 말한 것이 확실하다. 아니, 어쩌면 아예 밀케가 말을 해줄 필요조차 없었다고 보는 것이 맞을 것이다. 동유럽 공산당 지도자들은 그들의 최고 스파이들이 누구인지, 또 어디에 있는지 알고 있었다. 총리실에 침투한 요원은 정보 수집 기회와 더불어 정치적 리스크를 가지고 있었다. 기욤은 미행을 당하기 시작한 즉시 마땅히 손을 떼었어야 했다. 그러나 호네커는 충분히 시간이 있었음에도 기욤을 소환하지 않았다.[4]

동독과 서독을 불문하고 독일의 많은 정치가들에게는 브란트의 사임을 도모할 이유가 있었다. 브란트의 뒤를 이을 가능성이 있는 사람인 헬무트 슈미트와, 슈미트 치하에서 중요한 외무장관 역할을 할 수 있었던 겐셔, 그리고 동방정책이 아슬아슬하게 승리한 후 브란트가 일상적인 기반 위에서 성공적으로 정부를 관리할 인내심을 갖고 있지 못하다고 믿었으며, 브란트가 계속 총리직에 있으면 독일사회민주당이 다음 선거에서 패배할 것을 우려했을 것 같은 베너가 바로 그러했다. 베너는 기욤이 자백한 후 사임하라고 브란트를 설득했다.

하지만 브란트를 축출하는 데 가장 중요한 역할을 한 사람은 바로 호네커였음이 거의 틀림없다. 만일 호네커가 기욤이 처음 의심을 받기 시작했을 때 즉시 소환했더라면 기욤은 체포당하지 않았을 것이다. 기욤은 쉽게 동독으로 사라질 수 있었을 것이다. 기욤이 떠났더라면 얼마간의 주목과 논쟁이 야기되었겠지만, 큰 스캔들로 이어지지는 않았을 것이다. 브란트는 자신을 사임시킬 수 있는 정도의 난처한 상황을 모면할 수 있었을 것이다.

호네커는 브란트의 사임을 큰 손실로 간주한다고 주장했지만, 또한 그는 어떤 다른 서독 지도자보다도 브란트가 자신과 독일민주공화국에게 더 큰 위험을 제기한다는 점을 인식하고 있었음에 틀림없다. 브란트는 동독인들 사이에서 호네커를 포함한 어떤 동독 관리보다도 훨씬 큰 신뢰를 받으며 거의 숭배의 대상이 되는 위치에까지 올랐다. 브란트는 마음만 먹었다면 얼마든지 그런 관리를 위협할 수 있는 언행을 할 수 있었다. 브란트는 동독 인민들을 위해 그들의 정부와 대립하며 협상할 수 있었고 또 협상했다. 브란트가 통일을 단념하지 않았다는 사실 또한 널리 알려져 있었다. 브란트는 또 브레즈네프와 가까운 개인적 관계를 맺고 있으면서, 모스크바에서 호네커보다 더 큰 영향력을 가지고 있는 것이 거의 확실했다.

따라서 호네커의 입장에서 브란트는 커다란 위협이었다. 브란트의 사임은 호네커 자신의 인민들과 모스크바에게 호네커가 갖고 있던 일부 문제를 해결해주었다. 어떤 다른 서독인도 동독에서 브란트와 같은 감정을 불러일으킬 수 없었고, 호네커로서는 도무지 이해할 수 없었지만, 브레즈네프에게 브란트만큼 매력을 불러일으킬 수 없었다.

자신의 회고록에서 볼프는 서독의 방첩기관들에 의한 기욤의 적발

과정에 대해 표면적으로 그럴 듯한 설명(관행적으로 발송된 생일카드 같은)을 내놓고 있다. 그러나 볼프는 다른 최고위 동독 스파이들이 어떤 이유로 통일 이후까지 적발을 피할 수 있었는지에 대해서는 설명하지 않았다. 심지어 그중 일부는 서독의 정보기관이나 나토 본부 같은 지극히 민감하고 철저한 감시를 받는 환경에서 일했는데도 말이다.

어쩌면 호네커가 밀케를 통해서 독일민주공화국 정보기관에게 서독인들이 기욤을 '적발'할 수 있게 단서를 남기라고 지시했을 가능성도 있다. 최소한 호네커가 독자적으로 요원을 그 자리에 둬 체포당하도록 하고 그 뒤 '자백'할 수 있게 해서 브란트에게 치명적인 정치적 타격을 입히고자 작정했던 것이 틀림없다.

기욤의 신속하고 충분한 고백 자체가 확실히 의구심을 들게 한다. 노련한 스파이라면 지시를 받지 않고서는 절대 그런 식으로 자백을 하지 않았을 것이다. 여하튼 기욤은 가장 고급스런 서독 보안 시설에 그리 불쾌하지 않은 상태로 짧게 머무른 후 흥정을 통해 독일민주공화국으로 돌아갈 것이라고 기대할 수 있었다. 왜 기욤은 자백했어야 하는가?

호네커는 10년 뒤 동베를린에서 열린 회담에서 브란트에게 자신은 신문에서 스파이 사건에 대한 기사를 읽을 때까지 기욤에 대해 아무것도 몰랐다고 말했다. 호네커는 자신이 사전에 그에 대해 알았더라면, '우리 사람들'을 질책하고 "그 자를 내쫓으시오!"라고 했을 것이라고 말했다. 브란트는 자신의 회고록에서 호네커가 공모 혐의를 부인했다고 쓰고, "그 일에 대해 어떻게 생각하든지"라고 덧붙이면서 여전히 의심하는 태도를 취했다.[6]

호네커가 울브리히트를 제거한 것은 그가 자신의 앞을 가로막는 사람들을 무자비하게 다룰 수 있음을 보여주었다. 브란트의 실각을 초래했다고 해서 호네커가 조금이라도 양심의 가책을 느꼈을 것 같지는 않다. 일단 브란트의 실각이 이루어지자 호네커는 독일 내부 데탕트의 속도와 방향을 더 잘 통제할 수 있었다.

호네커가 브란트의 실각을 획책했거나 적어도 묵인한 반면 브레즈네프는 그렇게 하지 않았던 것이 확실하다. 브란트의 사임으로 브레즈네프는 충격에 빠졌다. 브레즈네프는 사임의 이유도 이해할 수 없었고, 호네커가 총리실에 요원을 심은 것에도 분노했다. 브레즈네프는 왜 호네커가 소련의 이해관계를 고려하지 않았는지에 대해 큰소리로 물었다. 호네커가 기욤을 통해 브란트와 소련의 접촉을 감시한 것도 브레즈네프를 신경 쓰이게 만들었음에 틀림없다. 브레즈네프는 자신이 직접 브란트와 거래를 시작한다면 브란트의 집무실에 절대 동독 스파이들이 있어서는 안 된다고 생각했다.

브레즈네프가 호네커의 공모 혐의에 대해 어떻게 생각했든 간에, 기욤 사건은 두 사람 사이에 깊은 개인적 적대감을 남겨놓았다.[7] 브레즈네프는 이에 대해 독일사회주의통일당 고위 관리인 호르스트 진더만*에게 불만을 털어놓았다. 호네커는 아마도 답변으로 1974년 5월 20일 소련공산당 지도부 전체 앞으로 편지를 썼다. 거기서 호네커는 독일민주공화국을 비롯한 사회주의 국가들을 염탐하기 위해 2억 2,000만 독일마르크를 쓴 서독 정보기관에 맞서 독일민주공화국이 물러서지 말아야 했다고 주장하면서, 총리실에 기욤이 있었던 사실을 정당화했다. 호네커는 서독인들이 "나비의 생활습관을 연구하기 위해" 그 돈을 쓴 것은 아니라고 꼬집

---

* Horst Sindermann(1915-1990). 독일민주공화국의 정치인. 1973-1976년 독일민주공화국 각료회의 의장, 1976-1989년 인민의회 의장을 지냈다.

었다.[8]

호네커는 독일사회민주당/자유민주당 연립정부 지도자들이 브란트가 효과적으로 통치할 수 없다고 믿었기 때문에 기욤 사건 이전에라도 그를 제거하기로 결정했다고 덧붙였다. 호네커는 브란트의 후임자인 슈미트가 데탕트를 성공적으로 수행할 것이라고 말하면서, 그에 대해서는 우호적으로 이야기했다. 호네커는 슈미트가 첫 정책 연설에서 서방 동맹과 나토를 지지한 것에 대해 어느 정도 우려를 표명했으나, 데탕트를 위해 유럽에서 군사적 균형을 유지하는 것이 중요하다는 신임 총리의 발언은 대수롭지 않게 생각했다. 호네커가 슈미트 정부나 브란트 정부로부터 '특별한 애정'을 기대할 수 없다고 썼지만, 호네커의 편지는 호네커가 본의 변화에 편안함을 느끼고 있음을 분명히 보여주었다.[9]

브레즈네프는 6월 17일 호네커와의 개인적 대화에서 이 주제를 다시 언급했다. 브레즈네프는 사회주의 국가들이 30년 동안 모색해왔던 원리들(국경의 불가침과 독일민주공화국의 인정 같은)의 인정을 성취할 수 있게 해준 동방정책을 "위험을 무릅쓰고" 수행한 데 대해 브란트에게 "경의를 표해야" 한다고 말하면서, 그의 업적을 칭송했다. 브레즈네프는 "독일민주공화국을 포함하여 우리 모두 그 정책으로부터 이익을 봤습니다."라고 덧붙였다. 동독의 회담록은 브레즈네프의 불만은 반영하고 있지만, 거기에 대한 호네커의 답변은 기록하지 않았다.[10]

고비를 넘기기

짧았던 빌리 브란트의 승리는 그러나 지속적인 영향을 미쳤다. 브란트의 데탕트 정책은 완전히 분단된 독일을 지향했던 1950년대와 특히

1960년대의 흐름을 뒤집으면서, 독일을 둘러싼 투쟁을 변화시켰다. 데탕트 정책은 봉인된 독일 문제를 다시 개봉할 수밖에 없도록 만들었다.

브란트는 케네디와 존슨이 더는 독일 문제에 관해 협상하지 않겠다고 결정했을 때 그들에 의해 제기된 도전에 데탕트 정책으로 대답했다. 브란트는 독일인들이 스스로 데탕트 정책을 수행할 수 있다는 사실을 보여주었다. 그들은 도움이 필요했지만 스스로 행동할 수 있었다.

브란트가 혼자 행동할 수 없었기 때문에 데탕트 협상은 워싱턴과 모스크바, 그리고 영국과 프랑스에게 독일 문제와 그들 자신의 역할을 다시 한 번 들여다보게 하면서, 그들을 유럽의 외교무대로 다시 불러들였다. 닉슨과 키신저는 파리와 주기적으로 다퉜음에도 케네디와 존슨이 약화시켰던 대서양을 가로지르는 아치를 강화시켰다. 그리고 브레즈네프는 유럽안보협력회의와 독일과 자신의 거래를 통해, 스탈린이 때때로 분명히 표현했지만 결코 추구하지 않았고 흐루쇼프가 무시했던 범유럽적 범위의 이해(利害)를 발전시키기 시작했다.

브란트가 생각해낸 '실질적 해결책'은 정치적 문제를 해결할 수 없었다. 사실, 이 해결책은 정확히 이 문제를 다룬다고 주장조차 하지 않았기 때문에 받아들여졌다. 그 해결책은 확실히 독일 문제 같이 복잡한 문제의 핵심을 해결할 수 없었다. 그러나 그것은 시간이 흐르면서 강력한 영향을 미치게 될 것이었다.

또 브란트는 독일을 통일시킬 수도 없었다. 브란트는 재임 중에 그렇게 하기를 원한다는 명시적인 신호를 주지 않았다. 브란트는 자신이 계획한 대로, 단기적으로 통일을 포기함으로써 장기적으로 통일을 가능하게 할 수 있을 터였다. 브레즈네프는 즉각적인 변화의 위험을 보지 못했기 때문에 미래의 변화라는 위험을 받아들일 수 있었다. 데탕트가 독일 문제를 새로운 방향으로 향하게 할 수 있었던 것은 단지 이 새로운 방향이 어디로 이끌지 아무도 몰랐기 때문일 뿐이었다.

브란트는 또 독일 데탕트를 구성하는 각각의 조각들을 적재적소에 끼워 맞춤으로써 미묘한 외교적 퍼즐을 완성했다. 모스크바 조약이 없다면 독일 내부 조약도 없을 것이다. 바르샤바 조약이 없다면 모스크바 조약도 없을 것이다. 베를린 협정이 없다면 아무것도 유지되지 못할 것이다. 그리고 그것은 모스크바 협정을 국내에서 수용하게 만들었다.

브란트는 비용을 지불하지 않고서는 성공할 수 없었다. 브란트는 큰 양보를 해야 했고, 이 양보는 자신의 정부를 하마터면 무너트릴 뻔했다. 브란트는 독일민주공화국과 거래했는데, 그것은 그의 전임자들은 하지 않았던 일이었다. 브란트는 옛 독일 땅을 포기했다. 브란트는 소련 탱크가 프라하의 민주주의적 각성을 짓밟고 브레즈네프가 브레즈네프 독트린을 발표한 지 1년도 채 안 돼 그와 협상에 들어갔다.

그러나 이 양보들은 중요하긴 하지만 브란트의 성취 앞에서는 사소한 것이었다. 독일 민주주의를 향한 중요한 발걸음으로서 브란트는 제2차 세계대전에서 독일이 입은 손실을 다른 사람들이 그것을 강요했다고 비난하는 대신 그대로 받아들였다. 브란트는 오랫동안 닫혀 있던 문을 개방했고, 이는 분단으로 인한 인간적 고통을 완화시켰다. 브란트는 완전히는 아니었지만 바퀴를 돌려 다른 사람들이 설정해 놓은 경로에서 벗어났다. 현재 브란트가 양보한 것은 미래에 그가 얻기를 바라는 것만큼 중요하지 않았다.

브란트는 동독 인민들에게 그들이 잊힌 존재가 아님을 보여주었다. 브란트의 에르푸르트 방문은 깊고 지속적인 인상을 남겼다. 동독인들은 브란트 자신이 잘 인식하고 있던 것만큼이나 그의 권력이 지닌 한계를 인식하고 있었다. 그러나 동독인들은 브란트가 그들 자신의 정부보다도 그들을 더 잘 이해한다고 보았다. 동독인들은 브란트가 최대한 현명하게 멀리 진행한 것을 알았기에 그가 한 일을 고마워했다. 브란트는 그들의 대변자가 되었다.

그리하여 브란트는 적어도 부분적으로는 모든 독일인들을 위해 발언했기 때문에 정치적으로 중요한 무엇, 즉 영향력을 지닌 새로운 독일의 역할을 가져왔다. 제2차 세계대전이 종결된 이래 처음으로 서독 총리는 히틀러를 무찔렀던 소련, 미국 및 여타 국가들의 최고 지도자들과 거의 대등하게 자리를 잡고 앉았다. 위협과 궁극적으로는 전쟁을 통해 베르사유 조약*을 개정하려 했던 히틀러와는 달리, 브란트는 얄타를 개정하기 위해 자신의 수단으로서 설득과 외교, 새로운 독일의 전력(前歷)을 이용했다.

브란트는 밤이 낮을 따라가야만 하듯이 아데나워를 따라갔다. 아데나워는 서방에서 연방공화국의 유대에 집중했다. 브란트는 그것을 바탕으로 일하면서 동구권에서 연방공화국의 유대에 집중했다. 브란트는 동유럽과 소련의 정부와 인민들에게 독일의 미래 정책에 대해 얼마간의 신뢰를 가질 수 있으리라고 확신시켰다. 브란트는 전체주의 체제를 파트너로 받아들였으나 데탕트가 모든 독재자들이 자신들의 억압을 정당화하기 위해 들고 나왔던 외부 위협을 제거함으로써 시간이 그들을 약화시킬 것이라고 믿었다.

---

* Versailles Treaty. 제1차 세계대전 후 독일 제국과 연합국 사이에 맺어진 평화협정을 가리킨다. 파리 강화회의 중에 완료되었고 협정은 1919년 6월 28일에 베르사유 궁전 거울의 방에서 서명되어 1920년 1월 10일 공포되었다. 조약은 국제 연맹의 설립과 패전국 독일에 대한 제재를 규정하는 내용을 포함한다.

독일이 고위급 외교로 복귀하고 연합국과 소련이 동의하면서 얄타의 유럽을 서서히 무너뜨리는 과정이 시작되었다. 브란트는 베르사유의 치욕과 히틀러의 공포, 랭스에서의 항복 이후 독일의 재건으로 가는 역참에 도착했다. 그러나 그곳은 브란트에게도 연합국에게도 최종 기착지가 아니었다.

16장

브레즈네프가 합의를 변경하다

1974년 중반까지 헬무트 슈미트와 에리히 호네커는 서독과 동독의 지도자가 되어 있었다. 그들은 완전히 다른 정치적 신조를 갖고 있었으나 많은 점에서 닮았다. 비록 슈미트가 유럽과 대서양에 대해 좀 더 폭넓은 비전을 갖고 있었지만, 둘 다 세계를 실용적으로 바라보았다. 자신들의 경영 기술을 자랑하면서, 둘 다 힘든 과제를 수행했다. 그리고 둘 다 독일 내부 관계가 계속 더 좋아지기를 원했다. 각자는 자신이 전임자보다 국가를 더 잘 경영할 수 있다고 생각했다. 호네커는 레오니트 브레즈네프 덕분에 그 자리에 올랐다. 슈미트는 아마도 호네커 덕분에 그 자리에 올랐을 것이다.

두 사람은 전례 없는 환경에서 일해야 했을 것이다. 데탕트는 독일을 둘러싼 투쟁을 끝낸 것이 아니라 그것을 덜 대립적이긴 하지만 더 미묘하게 만들었다. 데탕트는 독일 문제의 흥분을 어느 정도 식혔으나 그것을 해결하지는 못했다. 두 독일은 상호 경쟁과 협력이 모호하게 뒤섞인 상태에서 공존해야 할 터였다.

독일인들이 독일 문제의 일상적 관리를 맡게 되면서 슈미트와 호네커는 독일 내부 관계를 진전시킬 좋은 기회를 보았다. 그러나 동독과 서독은 근본적으로 다른 철학을 갖고 있었고 서로 대립하는 동맹 체제에 속해 있었다. 다른 이들은 여전히 그들을 유심히 지켜보았다. 그들은 그들이 할 수 있는 일에 대한 한계를 존중해야 할 것이었다.

슈미트와 호네커는 독일 내부 관계에서 서로 다른 것을 원했다. 슈미트는 빌리 브란트가 그랬듯이 인적 수준의 접촉을 더 용이하게 만들어 장벽으로 헤어진 독일 가족들의 삶을 덜 힘들게 하고 싶었다. 슈미트는 베를린을 번영하게 할 뿐만 아니라 안정되게 유지하기를 원했다. 호네커는 국가 수준에서 더 나은 관계를 맺고 싶었고, 서독의 무역과 융자를 원했다. 두 사람 모두 너무 많은 것을 포기하지 않으면서 그들 각자의 이익에 도움이 되는 길을 찾아야 할 터였다.

슈미트와 호네커는 서로 다른 장기적인 목적도 있었다. 슈미트는 동독과 서독 사이의 틈을 좁히고 독일 문제를 미해결인 채로 유지하기 위해 두 국가 사이의 관계를 원했다. 호네커는 자신의 체제를 공고히 하고 두 독일을 분단된 채로 놔두기를 원했다. 그러나 호네커는 또 돈도 필요했다.

슈미트와 호네커가 인계를 받다

동독과 서독 사이의 기본 조약은 슈미트와 호네커의 업무에 청사진으로 기능했다. 기본 조약은 상호 용인할 수 있는 정치적 틀 내에서, 몇 가지 실제적인 분야에서 두 국가 사이에 관계 개선을 할 수 있게 해주었고, 의견이 다른 구체적인 문제에 관해 추가 합의를 가능하게 해주었다. 그러나 기본 조약은 또 정치적 타협에 대한 얼마간의 한계도 설정했다.[1]

이 한계를 엄밀히 규정하기 위해 호네커는 독일민주공화국을 재규정하는 새 헌법을 제정하기로 결정했다. 울브리히트의 1968년 헌법은 독일민주공화국을 '독일 민족의 사회주의 국가'라고 부르며 동독 모델을 바탕으로 할 때에만 가능한 통일일지언정 통일을 미해결 과제로 남겨두었던 반면, 호네커는 통일 가능성을 배제했다. 1974년 10월 7일에 공포된 호네커의 헌법은 독일 민족 전체에 대한 어떤 언급도 없이 독일민주공화국을 '노동자와 농민의 사회주의 국가'라고 불렀다.[2] 호네커는 독일민주공화국이 독립적으로 기능하며, 어떤 바탕 위에서도 통일을 기대하지 않는다는 점을 분명히 하기를 원했다.

그럼에도 불구하고 동독과 서독은 기본 조약의 후속 조치로서 상호 관계의 세부적인 조건에 관해 추가적인 합의를 맺었다. 두 국가는 합동위원회를 설치하거나 이런 저런 부서들을 선정해서 이 합의를 체결하고 또 실행했다. 하나씩 하나씩 그들은 무역, 지불, 여행, 경계 설정, 보건, 환경, 스포츠 및 문화 교류, 에너지 운송 등 구체적인 주제들에 관해 협정을 맺으면서, 두 국가 사이의 차이를 좁히는 것처럼 보이지 않으면서 무수한 방식으로 그들을 연결시켰다.

동독과 서독은 또 상호 대표부도 설치했다. 1974년 6월 6일, 그들은 본과 동베를린에 각각 상설대표부(Ständige Vertretungen)라고 부르는 기구를 개설했다. 두 대표부 모두 유엔에 가입했다. 프랑스와 영국은 1973년에 동베를린에 영사관을 설치했다. 미국도 1974년 9월에 그렇게 했다.

비록 두 독일은 외교적 용어로 공식 인정을 교환하지는 않았지만, 일반적인 동-서 관계와 상관없이 독자적으로 존재하는, 한 관찰자의 표현을 빌리면 '광범위한 이해의 일치'라는 것을 발전시켰다.[3]

슈미트는 서독의 정책이 인적 측면에서 성공을 거두었다고 말할 수 있었다. 서독의 통계는 1970년대에 접촉이 크게 확대되었음을 보여주었다.

- 서독과 서베를린에서 동독과 동베를린으로 여행한 방문자들의 수는 두 배 이상 늘어나 800만 명이 되었다.
- 서독에서 동독으로 건 전화의 수는 100만 건에서 1,700만 건으로

증가했다.

- 서독에서 동독과 동베를린으로 여행한 차량은 1970년에 8만 3,000대에서 1979년에 86만 대로 증가했다.
- 서베를린에서 동독과 동베를린으로 여행한 차량은 1970년에 40만 8,000대에서 1979년에 84만 대로 증가했다.
- 서독과 서베를린에서 동독과 동베를린으로 수송된 화물은 1970년에 110만 7,500톤에서 1979년에는 319만 1,000톤으로 증가했다.
- 매년 수십 만 명의 동독인들이 특별한 인도주의적 요구를 충족시키기 위해 서독과 서베를린으로 여행하고, 심지어 이주할 수도 있었다. 그들 중 대부분은 독일민주공화국이 연금을 아낄 수 있다고 기뻐한 노인들이었지만, 일부는 그렇지 않았다. 독일 내부 관계의 관점에서 볼 때, 각각의 방문자와 각각의 전화 통화는 독일 민족의 통합을 유지하는 데 도움이 되었다.[4]
- 독일민주공화국은 또 1년에 1,000명에서 1,500명의 정치범을 서독으로 풀어주었고, 본은 1970년대 동안 1명 당 평균 5만 독일마르크를 지불했다.[5]

서독과 서베를린 사이의 교통은 비교적 원활하게 이루어졌다. 소련인들은 연합국의 군사 교통에 대한 통제권을 유지하면서 동독 관리들이 더는 관여하는 것을 허용하지 않았다. 비록 독일민주공화국 경찰이 서베를린에서 열리는 이런저런 서독의 공식회의에 항의하는 차원으로 가끔 교통을 지체시키기도 했지만, 민간 교통에 대한 동독의 통제는 느슨해졌다. 변덕스런 동독의 교통 방해는 접근 루트에 대한 자의적인 체포와 마찬가지로 수그러들었다. 그 결과 서독과 서베를린 사이의 육로 여행자의 수는 1968년 800만 명에서 1979년에 1,800만 명으로 꾸준히 증가했다. 항공 여행은 1968년에 400만 명에서 1979년에 300만 명으로 어느 정도 줄었는데, 이는 육로의 안전에 대한 신뢰의 표시였다.[6]

서독의 자금은 독일 내부 관계에 꾸준한 윤활유 역할을 했다. 1973년 과 1974년에 오랜 회담 끝에 두 독일은 '스윙' 신용*을 늘리는 데 동의했 는데, 이는 독일민주공화국이 서독과의 무역에서 적자를 메우는 데 큰 도움이 되었다. 독일민주공화국은 또 서독과 서베를린 방문자들이 동독 을 방문할 때마다 적어도 20독일마르크, 동베를린을 방문할 때 10독일 마르크를 환전할 것을 주장함으로써, 방문자 한 명 한 명이 독일민주공 화국의 경화 보유고에 기여하게 만들었다.

연방공화국은 1974년과 1978년 사이에 베를린 주위의 아우토반 순 환도로와 동-서 대운하의 주요 부분들뿐 아니라 서독과 베를린 사이의 동독 도로들을 다시 건설하고 유지하는 데 20억 독일마르크 이상을 쓰는 것에 동의하는 등 독일민주공화국에 자금을 쏟아 부었다. 서독은 함부르 크와 베를린을 잇는 새 고속도로의 비용을 댔다. 서독은 또 동독 당국이 동독과 동베를린에 들어가는 개별 서방 사람들에게 물리고 싶은 통과비 를 대기 위해 수억 독일마르크를 지불하는 데도 동의했다.

슈미트는 연방의회에서 연설하면서 이 지출을 '인적·정치적 개선'으 로 나아가는 조치라고 정당화했다.[7] 독일민주공화국의 경제성장이 계속 지체되면서 슈미트는 서독 경제가 1973년 '오일 쇼크'** 때문에 자체 문제

---

* swing credit. 266쪽의 옮긴이 주를 볼 것.
** oil shocks. 원유 값이 급등하여 세계 각국에 경제적 타격을 준 경제 위기를 말한다. 1973년 10월 제4차 중동전쟁 발발 이후 페르시아 만의 6개의 산유국들이 가격인상과 감산에 돌입, 배럴당 2.9달러였던 원유(두바이유) 고시 가격이 4달러를 돌파했다. 1974년 1월에는 11.6달 러까지 올라 2-3개월 만에 무려 4배나 폭등했다. 이 파동으로 1974년 주요 선진국들은 두

에 직면했음에도 불구하고 서독이 동독 인민들을 위해 동독에게 보조금을 줘야 한다고 믿었다. 서독으로부터 자금이 흘러들어오면서 호네커는 1970년대 동안 휴가 시간을 늘리고 최저 임금을 인상함으로써 울브리히트의 긴축정책 중 일부를 완화할 수 있었다.

상호 간의 선의에도 불구하고 두 체제 사이의 차이는 여전히 무수한 마찰을 일으켰다. 1975년과 1976년에 독일민주공화국은 서독 기자 두 명을 추방했다. 《슈피겔》지의 통신원이었던 외르크 메트케(Jörg Mettke)와 서독 텔레비전 기자였던 로타르 뢰베(Lothar Loewe)가 그들로서 이들은 동독에서 존경받고 자주 감시를 받는 인물이 되어 있었다. 둘 다 보도가 부정확하다고 비난받았는데, 뢰베는 국경 지역의 상황에 대한 보도 때문에 "독일민주공화국의 인민과 정부를 심각하게 모독"한 혐의를 받았다. 서독 관리들이 일부 무역협정의 서명을 지연시키는 보복 조치를 취한 끝에 호네커는 새 통신원들을 몇 명 받아들이기로 결정했다.

1975년 이후 호네커의 체제는 점점 더 작가, 지식인, 교회 지도자들과 충돌했다. 1976년에는 작곡가이자 카바레 가수인 롤프 비어만*을 추방했고, 그 후 이 추방에 항의한 12명의 작가와 예술가들에게 집중적인 정치적 압력을 가했다. 100명 이상의 예술가들이 항의에 동참하자 호네커의 체제는 일부는 투옥하고 일부는 서독으로 추방함으로써 이들을 엄중 단속했다. 울브리히트처럼 호네커도 표현의 자유를 용납할 수가 없었다.[8]

자릿수 물가상승과 마이너스 성장이 겹치는 전형적인 스태그플레이션을 겪어야 했다.

* Rolf Biermann(1936-). 독일의 가수이자 작사가 겸 작곡가. 1960년대부터 서독에서 공연하면서 동독의 반체제 인사가 되었고 슈타지의 감시를 받았다. 1976년 서독 여행 중에 동독에서 추방되어 서독으로 이주했다.

동독 국경의 통제는 여전히 끊임없는 골칫거리였다. 슈미트는 다른 동독인과 서독인들처럼 장벽과 죽음의 띠를 혐오스런 것으로 간주했다. 연방공화국은 국경을 따라 일어나는 총격과 체포에 항의했다. 도주하려던 동독 병사와 서독 방문자, 그리고 이탈리아 트럭 운전사가 사망한 후, 외무장관 겐셔는 1976년 유엔총회에서 이런 학살을 끝낼 것을 요구했다. 슈미트가 호네커에게 국경 지역에서 경찰이 덜 잔인하게 행동하게 하라고 설득했지만 총격은 완전히 중단되지 않았다.

동독의 국제적 야심도 골칫거리로 드러났다. 자신의 경제적·재정적 고민에도 불구하고 동독은 아프리카에서 원조와 훈련 프로그램을 계속 유지했는데, 이는 독일민주공화국이 외국에서 독일을 대표한다고 주장할 수 있는가라는 오랜 질문을 다시 제기했다. 호네커는 알제리, 앙골라, 에티오피아, 리비아, 모잠비크에서 대대적인 원조 프로그램을 개시했다. 총 3,000명의 동독 기술자들이 이 국가들에 파견되었다. 일부는 경제 원조 프로그램뿐 아니라 군사 원조 프로그램에도 참여했다. 호네커와 다른 동독 지도자들이 몇몇 아프리카 국가들을 방문하기도 했다.[9]

슈미트와 호네커는 그들의 개인적 관계를 안정된 상태로 유지했다. 두 사람은 1975년 7월 30일과 8월 1일에 헬싱키에서 열린 유럽안보협력회의의 마지막 회기에서 그들의 대표단들이 알파벳 순서대로 서로 옆자리에 앉으면서 다정하게 만났다. 그들은 가족 상봉과 여행 협정의 개선에 대해 대화하는 긴 비공식적 회담을 가졌다. 두 사람은 그들의 양자 데탕트를 성공이라고 간주할 수 있었다.

브레즈네프는 호네커가 슈미트가 지나친 성공을 거둘 수 있도록 방조하는 것은 아닌지 의심하기 시작했다. 니키타 흐루쇼프처럼 그도 독일민주공화국과, 독일민주공화국과 서방의 접촉에 대해 모호한 태도를 취했다. 브레즈네프는 독일민주공화국 체제의 안정을 지원하기 위해 독일민주공화국에 대한 인정을 원했으나, 독일민주공화국이 너무 자율적이거나 독자적인 권한을 행사하거나, 특히 서독과 너무 밀착되어 서독에 종속되는 것은 원하지 않았다. 브레즈네프는 독일 내부의 접촉이 가져다주는 이익 때문에 독일 내부의 친밀한 접촉을 원했지만, 두 독일이 너무 밀착되는 것을 우려했고, 자신이 통제권을 잃지 않도록 확실히 하고자 했다.

그리하여 소련 지도자는 동독을 서독과의 긴밀한 관계 속으로 밀어넣고서는 또 그 관계의 함의에 대해 조바심을 내기 시작한 것이다. 브레즈네프는 특히 독일민주공화국의 대(對) 서독 부채가 늘어나는 것에 대해 걱정했다. 브레즈네프는 부채 총액이 1974년까지 100억 독일마르크로 증가했다는 보고를 들었다. 브레즈네프는 호네커에게 "우리는 부채가 우리 목을 조르게 해서는 안 됩니다. 우리는 자유롭게 숨을 쉴 수 있어야 합니다."라고 경고했다. 호네커는 부채가 그 액수의 약 절반밖에 안 된다고 말하며, 브레즈네프가 거론한 수치에 이의를 제기했다. 호네커는 또 서독으로부터의 기계 수입이 독일민주공화국에서 소련의 수요를 충당하기 위한 물품들을 생산하는 데 도움이 되었다고 지적했다. 호네커는 또 서독에 큰 부채를 지고 있긴 하지만 독일민주공화국은 20억 독일마르크의 순 보유고를 갖고 있다고 브레즈네프에게 알려주었다.[10]

브레즈네프의 모호한 태도가 지속되었다. 1975년 10월에 브레즈네프는 자신과 소련공산당이 서독이 독일민주공화국의 도로와 철도 건설 비용을 지불하는 제안뿐만 아니라 독일 내부 협정을 계속 승인하면서도 독일민주공화국을 찾는 서독 방문자의 수에 우려를 표명했다. 브레즈네프는 4만 대의 서독 차량이 몇몇 작은 동독 도시들에 가하는 충격에 대해 경고했다. "이념이 자동차와 함께 갑니다."[11] 브레즈네프는 호네커보다 '접근을 통한 변화'에 대해 더 걱정한 것 같다.

브레즈네프가 회색 지대에 들어서다

슈미트는 자신의 스타일로 동방정책을 계속하기를 원했다. 슈미트는 권력을 자신의 수중과 겐셔의 외무부에 집중하려고 에곤 바르를 퇴진시켰다. 슈미트는 레오와 슬라브를 통한 특별 채널을 유지했으나, 자신이 그로미코에게 막히지 않고 브레즈네프와 직접 통할 수 있다고 생각했기 때문에 그들을 많이 이용하지는 않았다.[12] 겐셔는 '현실주의적 데탕트 정책'(realistische Entspannungespolitik)을 언급하면서, 새 정부는 좀 더 실용적인 정책을 옹호하며 브란트의 공상적인 접근을 폐기할 것임을 보여주었다.[13]

브레즈네프와 슈미트는 슈미트가 총리로 재직하는 동안 다섯 차례 만났다. 1974년 10월 28일부터 31일까지 모스크바에서, 1975년 8월 1일 헬싱키에서, 1978년 5월 4일부터 7일까지 본에서, 1980년 6월 30일부터 7월 1일까지 모스크바에서, 그리고 1981년 11월 22일부터 24일까지 본에서 만난 것이 그것들이다. 그러나 브레즈네프는 브란트에 대해서만큼 슈미트에 대해 따뜻한 감정을 느끼지 못했다. 슈미트는 국방군(Wehrmacht)에 있었던 반면, 브란트는 히틀러에 맞서 저항운동에 가담해 싸웠다. 브레즈네프는 브란트를 가끔 '동지'라고 불렀는데, 그는 이 용어를 슈미트에게 사용한 적이 없었다. 그럼에도 브레즈네프와 슈미트는 좋은 실무 관계를 발전시켰다. 그들 외에도 수백 명의 소련 관리들이 모든 수준에서 서독 관리 및 기업 지도자들을 빈번하게 만났다. 그들은 또 '베르게도르프 라운드테이블'에서도 만남을 지속했는데, 슈미트 자신도 때 때로 이 모임에 참가하기도 했다.

브레즈네프와 슈미트는 독일-소련 무역을 계속 확대했다. 서독은 소 련이 생산할 수 없던 9,000대의 대형트럭뿐만 아니라 소련의 천연가스 산업을 위한 전문 장비를 판매하는 데도 동의했다. 독일과 소련은 모스 크바에게 추가 융자뿐만 아니라 독일의 기술 지원도 제공하는 10년 동안 의 경제협력 협정을 맺었다. 제2차 세계대전 전 이래 처음으로 모스크바 는 양질의 서방 자본재와 노하우에 접근하게 되었다. 데탕트는 성공하고 있었다.

슈미트는 또 소련 정책에 대한 영향력도 얼마간 획득했다. 1974년 10 월 브레즈네프와 정상회담을 갖기 사흘 전에 독일민주공화국은 서독 방 문자들에게 필수적인 환전 액수를 줄여달라는 서독의 요구를 수용했다. 그것은 명백히 슈미트의 환심을 사려는 소련이 독일민주공화국을 압박 한 결과로 보였다.

슈미트의 데탕트 정책은 브란트의 데탕트 정책이 그랬듯이 모스크바 뿐만 아니라 동유럽 국가들과의 관계도 포함했다. 슈미트는 독일이 유럽 에서 동-서 사이의 가교로 행동해야 한다고 믿었고, 이 역할을 수행하기 위해 전력을 기울였다. 1974년과 1975년 동안 슈미트의 정부는 알바니 아를 제외한 모든 동유럽 국가들과 무역협정을 비롯한 경제협정을 맺었 다. 이러한 협정을 통해 서독의 공산품과 동유럽의 원재료 및 농축산물 의 교환이 이루어졌는데, 서독의 공산품에 대해서는 서독의 은행이 융자 를 해주고 서독 정부가 지불을 보증했다. 협정은 또 발생할지도 모를 어 떠한 문제도 해결하기 위해 합동위원회를 설치했다. 헝가리와 특히 폴란 드는 매우 유리한 무역과 신용 협정을 체결했다. 1970년대 말까지 슈미트는 거의 모든 동유럽 국가들과 좋은 실무 관계를 수립했다.

슈미트는 동유럽에서 슈뢰더가 시작했고 브란트가 발전시켰던 개방을 공고히 하는 것 이상으로 많은 일을 했다. 슈미트는 제1차 세계대전 전 이래로 중단되었던 서독인들과 동유럽인들 사이의 개인적 접촉 수준을 발전시켰다. 많은 동유럽인들이 독일민주공화국보다 서독을 훨씬 더 마음에 들어 했다. 그들은 또 서독에 대한 더 많은 믿음도 갖기 시작했다.

하지만, 데탕트에 대한 슈미트의 긍정적인 평가는 1976년과 1977년에 브레즈네프가 그가 브란트 사이에 맺었던 것으로 보이는 합의를 변경시킨 것을 기점으로 불확실성과 걱정에 자리를 양보하기 시작했다. 외교와 화해를 통해 서방, 특히 서독에 대해 개방을 획득한 브레즈네프는 마치 소련이 서독과 심지어 서유럽 전체에 대해 군사적 우위를 도모하는 것처럼 행동하기 시작했다.

1970년대 중반에 모스크바는 유럽에 서방에서 SS-20으로 알려진(소련인들은 RSD-10이라고 이름 붙였다.) 잠재적으로 불길한 신형 핵미사일 운반체제를 배치하기 시작했다. 핵탄투를 장착한 미사일 3기를 최장 5,500킬로미터까지 발사할 수 있는 SS-20 발사대는 비교적 안정된 유럽의 전력 균형에 급격한 변화를 초래했다. 그것은 서유럽의 모든 국가를 위협할 수 있었다. SS-20 발사대는 특히 연방공화국에 위협을 가했는데, 이는 서독이 가장 가까운 표적이었기 때문만이 아니라, 본의 억지와 방어 전략이 서방 핵무기로 소련군의 병력 수와 균형을 잡을 수 있는 나토의 능력에 의존했기 때문이기도 했다.[14]

유럽의 데탕트는 양측이 유럽의 군사적 균형의 바탕을 존중할 것이라는 무언의 가정하에서 작동했다. 양측은 때때로 제각기 새로운 무기 체제를 도입하긴 했지만 이 새로운 무기 체제가 근본적인 대등함을 훼손시키지는 않았다. 동구권과 서방은 슈미트가 무척 중요하다고 여기고 진전시키려 했던 상호균형전력감축 회담을 통해 전력 감축을 협상하려고까지 했다.

유럽 균형에 대한 슈미트의 판단대로, 바르샤바 협정의 지상군(58개 사단과 1만 9,000대의 주전투용 탱크)은 나토의 지상군(28개 사단과 6,500대의 탱크)을 수적으로 압도했다. 유럽에서 나토의 핵 억지력이 없다면 1950년 대와 마찬가지로 1970년대에도 소련군과 바르샤바 협정군은 이론적으로 서독은 물론이고 서독을 넘어 깊숙이 진격할 수 있을 것이었다.

미국의 전략 무기는 한때 나토에 보호막을 제공했으나, 이 보호막은 모스크바가 독자적인 대륙간 미사일 무기를 확충하면서 오랜 세월에 걸쳐 점점 낡은 것이 되었다. 미국의 우월한 지위는 흐루쇼프가 쿠바와 베를린에서 퇴각할 수밖에 없었던 1962년보다도 덜 압도적이었고, 모스크바는 어떤 분야에서는 우위를 갖고 있었다. 서독은 중부 유럽에서 소련의 공격을 억제하기 위해 더는 미국의 전략적 우위에 의존할 수 없었다.

재래식 전력에서 나토가 밀리고 미국의 전략적 우위가 쇠퇴한 상황에서 서독은 억지를 위해 유럽의 핵 균형에 의존할 수밖에 없었다. 이 균형은 나토의 재래식 전력의 부족을 메우면서 1950년대 이래 서방에 얼마간 유리했다. 소련은 약 500기의 구형 중거리 SS-4와 SS-5 핵미사일을 보유했으나 서방 군사전문가들은 이 미사일들이 너무 부정확해서 유럽에 배치된 미국 미사일(랜스와 퍼싱 I) 82기면 대적하는 데 충분할 것이라고 생각했다. 양측은 또 소련의 새 '백파이어' 폭격기들이 종종 '전진기지 체제'(forward-based systems, FBS)라고 불리곤 했던 미국의 F-111 전투기들과 맞서면서, 유럽에 배치된 핵폭격기들에서 대략적인 대등함을 이루었다.

SS-20 발사대의 배치는 모스크바가 압도적인 유럽 핵 우위로 유럽 병력과 탱크에서의 우위를 뒷받침할 수 있다는 것을 의미했다. 대륙간 균형이 워싱턴에서 모스크바로 기울자 슈미트는 서독과 서유럽이 공격에 노출되었다고 우려했다.

SS-20 발사대는 이동식이어서 동유럽의 숲 속에 쉽게 숨길 수 있었기 때문에 공격당할 수가 없었다. 그리하여 서유럽의 수도들과 주요 군사기지들을 향해 SS-20을 발사하겠다는 위협은 동맹을 마비시키고, 나토가 소련군이 서독을 유린하기 전에 그들을 저지하기 위해 핵무기를 사용하는 것을 방해할 수 있었다.[15] 나토는 슈미트가 대륙간 군비 수준과 재래식 군비 수준 사이의 '회색지대'라고 명명한 분야에서 바르샤바 협정보다도 훨씬 취약할 터였다. 나토가 억지 효과를 가질 만큼 충분히 강력한 무기를 배치할 수 없을 경우, 모스크바는 원한다면 사실상 마음대로 서독을 침공하고 파괴할 계획을 짤 수 있었다. 소련 침공이 있을 것 같지는 않았음에도 불구하고, 소련인들은 서유럽 일반과 특히 연방공화국에 대해 훨씬 더 큰 정치적 압력을 넣을 기회를 노리고 있는 듯이 보였다.

브레즈네프가 SS-20 발사대 체제를 배치한 이유는 오늘날까지 미스터리로 남아 있다. 모스크바는 실제로 슈미트가 우려한 대로 군사적 우위를 통해 정치적 우위를 원했을 수도 있다. 또는 소련의 군부가 단순히 무기 개량을 의도했을 수도 있다. SS-20 미사일은 애초에 모스크바가 한 번도 배치한 적이 없는 대륙간 미사일의 한 단계로 설계된 것이어서 쉽게 손댈 수 있는 것이었다. 브레즈네프가 공격적인 면에서보다 방어적인 면에서 브레즈네프 독트린을 강화시키기 위해 신형 미사일을 원했을 수도 있다. 브레즈네프가 소련 국방회의에서 소련 군부의 압력 때문에 썩 좋은 판단이 아님에도 배치를 받아들일 수밖에 없었을 수도 있다.[16] 심지어 소련 군부가 일차적으로 서유럽이 아니라 중국을 겨냥해 SS-20을 의도했을 수도 있다.

브레즈네프와 소련 군부는 유럽만이 아니라 지구적 증강이라는 면에서 생각했던 것 같다. 왜냐하면 SS-20은 훨씬 더 적극적이고 목적의식적인 지구적 진출을 시작한 일련의 소련의 전략적 움직임 중의 일부로 등장했기 때문이다. 1974년의 한 격렬한 연설에서 국방장관 안드레이 그레치코 원수는 다음과 같이 말했다. "현 단계에서 소련군의 역사적인 기능은 우리 모국과 우리 사회주의 국가들을 방어하는 기능에만 국한되지 않습니다." 그레치코에 따르면, 그 대신 소련 군부는 '민족해방투쟁'을 지지하고 "우리 지구의 아무리 먼 지역일지라도 그곳에서" 제국주의 침략에 저항할 것이었다.[17]

소련의 야망은 1970년대 동안 유럽을 크게 넘어선 곳까지 도달했다. 모스크바는 10여 개의 아프리카 국가들과 몇몇 중앙아메리카 나라들에 무기와 고문들을 보냈다. 소련은 또 해군 증강도 시작했는데, 이는 미국의 지구적인 전략적 지위를 직접 위협했다. 소련의 생각이 무엇이었든, 그것은 소련 세력의 범위로서 1940년대 동안 스탈린이 상정한 바를 크게 뛰어넘었다. 브레즈네프는 확실히 데탕트를 이용해 서독으로부터의 경제적 지원을 개선하기를 원했으나 소련 경제에 대한 국방의 부담을 가볍게 하는 좀 더 광범한 경제적 목적을 위해 데탕트를 이용할 의도는 없었다. SS-20은 모스크바가 다른 지역뿐만 아니라 유럽에서도 군사적 우위를 모색했으리라는 사실을 보여주었다.

그리하여 SS-20은 유럽과 특히 독일의 전략가들 사이에 경종을 울렸다. SS-20의 배치는 슈미트의 주의를 끌 수밖에 없었다. 브레즈네프의 목적이 무엇이었든, 소련의 배치는 독일 데탕트가 근거해 있던 군사적 균형에 도전장을 내민 셈이었다. 그리고 슈미트는 비록 외교적·경제적 교류를 통해 얼마간 소련의 영향력을 수용할 준비가 되어 있었으나, 서독이 소련의 군사적 압력의 제물이 되는 것은 원하지 않았다.

슈미트는 또 독일사회민주당 내에서 자신의 입지를 생각해야 했다. 빌리 브란트는 동방정책을 통해 엄청난 인기를 얻었다. 서독인들은 베를린 주위의 긴장 완화뿐만 아니라 안정감의 증대에도 감사했다. 그러나 슈미트는 새로운 군비경쟁이나 새로운 지구적 대결이 데탕트를 죽이고 독일사회민주당을 손상시킬 것을 우려했다. 슈미트는 브레즈네프에게 SS-20의 배치를 중단할 것을, 그것도 얼른 설득해야 했다.

1970년대 중반 슈미트는 본의 소련 대사관에 모스크바가 SS-20의 배치를 중단해야 한다고 경고했다. 이후 슈미트는 1978년 5월 본에서 브레즈네프와 회담을 하면서 이 주제를 논의하고자 애썼다. 슈미트는 소련 지도자와 그로미코에게 SS-20 배치를 중지할 것을 직접 요구했다. 그러나 브레즈네프는 행동할 의지도 힘도 없는 것 같았다. 브레즈네프는 총리에게 응답하지 않았다. 정상회담이 진행되는 대부분의 시간 동안 브레즈네프는 나약하고 노쇠한 듯이 보였으며, 때때로 도움을 받지 않고서는 일어설 수도 서 있을 수도 없었다. 브레즈네프는 종종 뒤에서 부축을 받아야 했다. 슈미트는 브레즈네프가 자신의 정부에 대한 통제권을 군부에 빼긴 것은 아닌지 궁금했다. 브레즈네프는 그 자신과 슈미트가 군사적 우위를 얻으려고 애쓰지 않겠다고 약속하는 선언에 서명하는 데 동의했지만, SS-20을 계속 배치함으로써 이 약속을 웃음거리로 만들었다.

브레즈네프는 독일을 위협할 의도나 데탕트에 타격을 가하려는 마음 없이 SS-20을 유럽에 도입했을지라도, 1970년대 중반, 확실하게는 1978년까지는 그러한 체제가 서독과의 관계를 위험에 빠트린다는 사실을 알았음에 틀림없다. 브레즈네프가 여전히 추가 배치를 허용했다면 그 것은 그가 군부에 대한 통제권을 상실했든지 아니면 미사일의 전략적 가 치가 미사일의 정치적 비용보다 크다고 판단했기 때문일 것이다.

그로미코는 1978년 모스크바로 돌아오는 길에 참모들에게 SS-20 문 제가 해결되었다고 말했다. 그로미코와 소련 참모들은 SS-20 발사대를 우 랄산맥 뒤로 철수해야 한다는 슈미트의 주장을 그 자리에서 거부했다. 이 전보다 입장이 더 강경해진 듯이 보였던 그로미코는 미사일에 대해 너무 법석을 떨지 말라고 슈미트에게 개인적으로 경고했다. 그로미코는 타협할 채비가 되어 있음을 보여주지 않았다. 슈미트는 심지어 그로미코가 정상회 담 내내 브레즈네프의 입장을 경직되게 했다고 생각하기까지 했다.[18]

슈미트는 그로미코의 의중을 정확하게 읽었다. 외무장관은 미사일에 대해 협상하기를 원하는 슈미트의 바람을 '무례'하다고 일축했다. 소련 대사 팔린이 SS-20에 대한 슈미트의 걱정을 보고하자 그로미코는 이 문 제를 과장한다고 팔린을 비난하면서, 그런 보고가 대사의 경력을 위태롭 게 할 것이라고 경고했다. 그로미코는 팔린의 보고를 브레즈네프에게 전 달하지 않았고, 소련 지도자는 슈미트의 우려가 얼마나 큰지 전혀 알지 못했다. 그로미코는 독일 문제나 베를린에 관해 양보하지 않으면서 본을 나토에서 밀어내기 위해 SS-20을 이용하려 했던 것으로 전해진다.[19] 슈 미트는 그로부터 어떤 도움도 기대할 수 없었다.

SS-20의 배치와 함께, 독일을 둘러싼 투쟁의 성격은 1960년대 중반 으로 되돌아갔다. 브레즈네프는 의도적이었든 의도적이 아니었든 독일 문제를 독일의 손에서 떼어내 다시 강대국들의 손아귀에 쥐어주었다. 서 독은 그런 커다란 유럽 균형의 변화를 감당할 수가 없었다. 그것은 미국 인들이 감당해야 할 것이었다. 그리고 슈미트는 소련인들이 대처할 수 없는 우위를 갖기 전에, 그리고 데탕트가 새로운 미사일의 무게 밑에서 깨지기 전에, 미국인들이 행동하기를 바랐다.

그러나 미국인들은 슈미트에게 그들 자신의 문제를 제기했다.

몽상가와 제작자

슈미트와 미국 대통령 지미 카터*는 냉전 시기 동안 서독 총리와 미국 대통령의 관계 중에서 가장 지속적으로 힘들었던 관계를 맺었다. 슈미트는 카터가 혼란스럽고 예측불가능하다는 것을 알았고, 카터를 몽상가(Schwärmer)라고 불렀다. 슈미트는 일을 만들고 완수하는 사람, 즉 제작자(Macher)로서 자신의 명성을 자랑스러워했다. 카터는 총리가 자신을 교만하고 무례하게 대한다고 생각하며, 슈미트를 좋아하지 않았다.

슈미트는 특히 상당한 수준의 군비감축을 바탕으로 모스크바와 우호적 관계를 유지하기를 원했던 사이러스 밴스** 국무장관과, 소련을 불신하고 종종 마치 독일에서 데탕트가 존재한 적이 없거나 또는 존재하지 말았어야 하는 무엇인 것처럼 행동한 국가안보 자문관인 즈비그뉴 브레진

---

* James Earl 'Jimmy' Carter, Jr.(1924-). 민주당 출신의 제39대 미국 대통령(재임 1977-1981). 이집트와 이스라엘을 중재하여 중동 평화를 위한 캠프데이비드 협정을 체결하고, 또 소련과 제2차 전략무기제한 협상에도 조인했다. 국제적으로 인권을 지키기 위해 노력했으며, 취임 이후 계속해서 도덕정치를 내세웠다. 그러나 이란의 미국 대사관 인질 사건이 터지면서 1980년 대통령 선거에서 공화당의 레이건 후보에게 패배해 결국 재선에 실패했다.

** Cyrus Vance(1917-2002). 미국의 정치인. 1961년 존 F. 케네디 대통령에 의하여 국방부의 최고 자문관으로 임명되었고, 1962년 육군장관이 되었다. 1964년에는 린든 존슨 대통령하에서 국방 부장관으로 임명되어 1967년 그리스와 터키 사이의 키프로스 분쟁을 안정시켰다. 1977-1980년에는 지미 카터 대통령 아래에서 국무장관을 맡아 미국과 중국 간의 외교관계를 수립하고, 이집트와 이스라엘 간의 평화 조약을 협상하는 데 도움을 주었다.

스키*의 말 사이에서 오락가락하는 카터의 습관을 싫어했다. 슈미트 자신은 모스크바와 우호적 관계를 원했으나, 동시에 강력한 국방도 원했다. 그리하여 슈미트는 그런 정책들이 양립불가능하다고 생각한 카터를 당황하게 만들었으며, 또 적어도 이런저런 카터의 고위 자문관들이 언제라도 독일의 정책에 동의하지 않을 수 있음을 확인했다.[20]

밴스는 슈미트와 자신의 차이에 대해 침묵을 지켰다. 그러나 자신의 회고록에서 밴스는 슈미트를 자신이 깊이 존경한 '걸출한 정치인'으로 묘사했다. 밴스는 소련-미국 데탕트가 지체되고 있을 때에도 호네커 및 브레즈네프와 같이 일하고자 하는 슈미트의 노력을 이해했다.[21]

반면에 브레진스키는 슈미트와 자신의 차이를 강조하면서 총리의 입지를 불안정하게 만들었다. 서독은 1970년대에 예전에 비해 더욱 큰 힘을 갖게 되었지만 소련 권력으로부터 독립성을 유지하기 위해서는 나토에서 여전히 미국의 보호를 필요로 했다. 슈미트는 미국과 공개적으로 거리를 두고 싶지는 않았으나 그와 브레진스키는 거의 끊임없이 전투를 벌였다.

브레진스키와 슈미트는 두 사람 모두 상대방이 모욕적이라고 생각한 1977년 런던 경제 정상회담에서 힘든 만남을 가졌다. 브레진스키는 슈미트를 '헬무트'라고 불렀고, 슈미트가 화를 낸다고 생각했다. 브레진스키는 슈미트가 국가안보 자문관을 성이 아닌 이름을 부를 수 있는 대등한 사이라고 여기지 않는다고 결론지었다. 문제는 그 후에도 진전이 없

---

* Zbigniew Brzezinski(1928-2017). 폴란드계 미국인 정치학자. 1953년 하버드 대학교에서 철학박사 학위를 받고 1959년까지 하버드 대학교에서 정치학을 강의했으며, 그 후 컬럼비아 대학교로 옮겼다. 카터 행정부에서 1977년부터 1981년까지 백악관 국가안보 자문관을 지내며 미국과 중국 간의 외교 관계 성립 등 미국의 대외정책에서 큰 역할을 했다.

었다.

슈미트는 카터와도 거의 똑같이 불쾌하기 짝이 없는 관계를 가졌다. 슈미트의 학교 선생 같은 스타일, 지적 우월감을 드러내는 그의 분위기, 그리고 거의 신랄한 말버릇은 그와 대통령의 관계를 망치게 했다. 카터는 재임 초기에 참모들에게 슈미트가 자신을 몹시 기분 나쁘게 한다고 말했다. 두 사람 사이의 관계는 그때부터 계속 악화되었다.

슈미트는 때를 가리지 않고 자신과 완전히 맞지 않은 모든 외국 정치인이나 독일 정치인에 대해 화를 내고 독설을 날리는 경향 때문에 문제를 더욱 악화시켰다. 슈미트는 다른 사람과의 회담에서 카터를 자주 웃음거리로 만들었다. 겐셔와 슈미트의 몇몇 전속 참모들이 이러한 습관을 중단시키려 애를 썼으나 실패했다. 본의 일부 미국인들은 브레진스키에게 그런 발언들에 관한 잘못되었거나 과장된 보고서를 보내는 것을 자신들의 업무로 삼았고, 브레진스키는 그것을 대통령에게 전달했다.

카터는 이러한 발언들이나 슈미트의 따분의 강의를 어느 정도 용인해주기도 했지만, 그것들이 끊임없이 계속되자 더 이상 참지 못했다. 슈미트는 자신과 카터가 사사건건 불화한 것은 브레진스키 때문이라고 믿었다. 브레진스키가 폴란드 출신이어서 독일과 소련에 대한 의심이 많고, 더구나 독일과 소련이 손을 잡는 것처럼 보이면 그러한 의심이 더욱 심해졌다는 것이다. 그러나 가장 큰 책임은 슈미트 자신에게 있었다.

그러나 슈미트가 카터와 브레진스키를 싫어한 것만은 아니었다. 슈미트는 그들을 두려워하기도 했다. 독일과 독일사회민주당은 카터와 브레진스키가 데탕트를 망치면 대가를 치러야 할 것이었다. 슈미트는 워싱턴뿐만 아니라 모스크바와도 좋은 관계가 필요했다.[22] 슈미트의 친구 중 일부는 워싱턴이 본의 '균형 잡기'를 이해하고 받아들일 것이라는 희망을 표명했다.[23] 밴스는 그랬으나 브레진스키는 그렇지 않았다.

슈미트는 미소 간의 이해증진에 기여하려고 애썼다. 슈미트는 오랫동안 그로미코가 데탕트에 반대한다고 믿어왔으며, 그 때문에 카터가 그로미코와 도브리닌 대사를 우회해야 한다고 주장했다. 독일인들은 브레즈네프와 직접 거래하는 이점을 알았고, 슈미트는 자신이 카터에게 유용한 충고를 할 수 있다고 느꼈다. 브레즈네프의 요청으로 슈미트는 소련-미국 문제의 중재자로 나섰다. 그러나 카터와 특히 브레진스키는 이러한 행동을 주제넘은 짓으로 여겼다. 워싱턴의 많은 사람들이 그랬듯이 그들은 도브리닌에게 익숙해져 있었고 그를 신뢰하게 되었다. 1977년에 카터는 소련인들이 왜 자신의 정책을 이해하지 못하느냐고 슈미트에게 큰소리로 묻긴 했지만, 자신이 가진 모스크바 채널이 나쁠 수도 있다는 사실은 깨닫지 못했다. 카터는 도브리닌과 그로미코에 대한 독일의 회의론을 공유하지는 않았다.[24]

유럽안보협력회의에 대한 슈미트와 카터의 평가는 거의 정반대였다. 슈미트는 조약을 중재하는 역할을 수행하고 모스크바가 미국과 캐나다의 참가를 수용하도록 애쓰면서, 유럽안보협력회의의 성공에 어느 정도 이해관계를 갖게 되었고, 때때로 그 원리를 진척시키는 데 책임이 있다고 느끼곤 했다. 그러나 슈미트는 인권을 진전시키는 조약 조항을 적용하는 데 세심한 주의를 기울이기를 원했다. 이것은 소련에서 인권 캠페인을 대대적으로 개시하기를 원했던 브레진스키와 카터로부터 지속적인 비판을 불러일으켰다. 슈미트는 카터에게 소련 반체제인사들을 만나지 말라고 경고했다. 슈미트는 카터가 중국을 공식적으로 인정한 것(브레진스키는 이 돌파구를 키신저의 베이징 비밀 방문에 버금가는 개인적 승리라고 간주했다.)이 과연 현명한 판단이었는지 의심했다. 왜냐하면 슈미트는 그것이 모스크바와 미국의 관계를 위태롭게 할 것이라고 우려했기 때문이었다. 카터와 특히 브레진스키는 슈미트의 충고를 일축했다.

　브레진스키는 특히 슈미트가 '라디오자유유럽'(Radio Free Europe)을 뮌헨 본부에서 내보내야 한다고 주장했을 때 총리가 모스크바와 화해하는 데 도가 지나쳤다고 생각했다. 브레진스키는 종종 독일을 '핀란드화'되었다고 묘사했는데, 이 치욕적인 용어는 '중립화'보다는 더 세련된 듯이 들렸지만, 같은 것을 의미했다.

　슈미트의 카터에 대한 가장 큰 분노는 중성자탄이라고 알려진 '강화방사선무기'(Enhanced Radiation Weapon, ERW)라는 발전 가능성이 있는 미국 무기에 의해 야기되었다. 소련의 탱크 공격을 저지하기 위한 이 무기는 그 에너지의 대부분을 방사선으로 발산하므로 차량 자체를 파괴하는 데는 에너지를 소모하지 않으면서 탱크와 병력 수송 장갑차 내부의 승무원과 병사들을 죽일 수 있었다. 지상 고도에서 폭발한 작은 중성자탄은 통상적인 핵탄두에 비해 폭발로 인한 2차 피해를 줄이면서도 더 많은 소련 탱크들을 저지할 수 있었다. 그러나 1977년 6월에(미국 의회가 기밀 브리핑을 공개한 후) 일반인들에게 이 무기를 처음 폭로한 미국 신문들은 재산은 파괴하지 않고 사람만 죽일 수 있다는 점에서 이 중성자탄을 '이상적인 자본주의적 무기'라고 부르며 비난했다. 민주당의 자유주의자 그룹은 처음부터 이 무기에 반대했다.

　중성자탄은 이론적으로 소련의 기갑 기계화 보병의 공격을 저지하기 위한 것이므로 만약 배치된다면 서독에 배치되어야 했다. 그러나 미국의 민주당과 마찬가지로 독일사회민주당 당원들도 이 무기에 반대했다. 중성자탄의 군사적 장점으로 알려진 바로 거기에 큰 정치적 대가가 탑재되어 있었다. 바르는 그것을 사고의 전도(Perversion des Denkens)라고 비난했다. 슈미트의 연립정부에 참여한 자유민주당원들도 독일에 중성자탄을 배치하는 것에 반대했다.

카터는 폭탄에 대한 책임을 슈미트를 비롯한 유럽인들에게 떠넘김으로써 민주당의 반대를 극복하려고 했다. 카터는 유럽인들이 이 무기를 배치할 경우에만 미국은 그것을 생산할 것이라고 말했다. 슈미트는 핵무기에 대한 책임을 지고 싶지 않았다. 왜냐하면 독일은 공식적으로 그런 무기들을 포기한다고 이미 선언했으므로 그것들을 통제할 수가 없었기 때문이었다. 소련의 선전 기관들은 중성자탄을 데탕트에 대한 위험이라고 불렀다. 슈미트는 유럽의 다른 나토 국가들이 동의할 경우에만 이 무기를 배치하는 데 동의할 것이라고 말했다. 그러자 브레진스키는 카터에게 이 발언은 슈미트에 대한 소련의 영향력을 보여주는 또 하나의 증거라고 말했다.

다른 나토 국가들이 동의하자 마침내 슈미트 역시 중성자탄을 배치하는 데 동의했다. 그러나 슈미트는 독일사회민주당 내에서 값비싼 대가를 치렀다. 베너와 브란트를 비롯한 독일사회민주당 당원들은 새 무기가 모스크바와의 관계에 제기하는 위협을 우려했다. 슈미트는 자신의 신망을 전부 걸고서야 독일사민당이 무기를 받아들이도록 설득할 수 있었다. 슈미트는 유럽에서 소련의 탱크 우위에 맞서 나토가 균형을 맞추는 것을 도와주기 위해 중성자탄이 필요하다고 주장하면서 연방의회와 그의 당에 직접 강하게 호소했다.[25]

1978년 3월, 슈미트의 노력에도 불구하고 카터는 마음을 바꿔 생산을 취소하겠다고 결정했다. 카터 자신은 폭탄에 대해 도덕적으로 거리낌을 갖고 있었다. 슈미트는 자신이 많은 노력을 기울였다고 생각했지만, 카터와 브레진스키는 슈미트를 비롯한 유럽인들이 이 무기의 배치를 위해 충분한 노력을 기울이지 않았다며 총리를 비난했다. 밴스는 자신과 브레젠스키가 대통령이 마음을 바꿀 수도 있다는 사실을 이해하지 못했고, 그래서 유럽인들에게 미처 경고하지 못했다고 자인하며 비난의 일부를 나누어지는 우아한 모습을 보였다.

슈미트는 카터에게 너무 큰 배신감을 느낀 나머지 분노를 억제할 수가 없었다. 슈미트는 대통령이 자신을 정치적 덫에 걸리게 만든 뒤 도망쳐 버리는 바람에 당 내에 혼란이 야기되고 모스크바와의 관계가 엉망이 되어 버리는 바람에 곤욕을 치렀다고 생각했다. 슈미트와 독일사회민주당에 가까운 주간지 《디 차이트》(Die Zeit)는 카터의 결정을 '뒤죽박죽의 학습극'(Ein Lehrstück der Verworrenheit)이라고 불렀다.[26]

카터와 슈미트는 중성자탄 토론을 벌이는 와중에 SS-20에 대한 대응을 조율해야 했다.

슈미트는 1976년과 1977년 초에 자신이 '유럽-전략' 균형이라고 불렀던 것에 대해 SS-20이 갖는 전략적·정치적 함의를 나토 핵기획단*에 환기시키려 했다. 그의 국방 기획 책임자인 발터 슈튀츨레**는 본의 미국 대사관을 통해 미국 정부에 직접 경보를 발했다. 슈튀츨레는 상상할 수 있는 유일한 SS-20 배치 이유는 독일과 미국에 대한 '협박'이라고 말했다. 슈튀츨레는 소련이 이 문제에 대한 어떤 경고에도 무관심한 듯이 보

---

* NATO Nuclear Planning Group. 핵정책에 관련된 문제를 계획, 논의, 결정하는 나토의 주요 기구이다. 1966년에 창설되어 이듬해 워싱턴에서 국방장관들이 첫 회의를 가진 이래, 그 후 2년 마다 회의가 열렸다. 회원은 나토의 통합군에 참여하는 국가들로 국한된다.
** Walter Stützle(1941-2016). 독일의 정치학자이자 언론인. 1969년부터 독일연방공화국 국방부에서 다양한 직책을 갖고 일했으며, 특히 1977-1982년 게오르크 레버 장관 및 한스 아펠 장관 밑에서 국방부 기획 참모진을 통솔했다. 그 후 언론사에 일하다 1998-2002년 루돌프 샤르핑 장관 밑에서 국방차관으로 근무하기도 했다.

인다고 덧붙임으로써 슈미트를 더욱 걱정시켰다.[27]

워싱턴은 전혀 주의를 기울이지 않았다. 슈미트는 SS-20의 유럽 배치를 제한하기 위해 1977년 중반에 열린 런던 경제 정상회담에서 카터와 브레진스키에게 모스크바와 대화하라고 요청하기까지 했다. 그러나 카터는 특히 당시 유럽에서 나토 핵무기에 대해 협상하고 싶지 않았기 때문에 새로운 부류의 무기를 제기함으로써 힘든 전략무기제한회담(SALT) II 협상을 더욱 복잡하게 만들고 싶어 하지 않았다. 슈미트는 카터가 독일과 유럽을 파괴할 수 있는 미사일은 내버려둔 채 오직 미국을 타격할 수 있는 미사일에만 주의를 기울인다고 생각했다.[28]

완전히 실망한 슈미트는 새로운 위협에 대해 서방에 경보를 울리려고 1977년 10월 28일 국제전략문제연구소에서 행한 연설을 이용해 문제를 일반인들에게 공개했다. 슈미트는 전략무기제한회담하에서 타결된 대륙간 핵탄도미사일의 대등함이 유럽에서의 불균형을 매우 위험스럽게 만든다고 경고했다. 슈미트는 나토가 "여전히 올바른 전략인 현재의 전략을 지지하고 이 전략의 기반을 훼손할 어떤 사태도 막을 수 있는 수단을 이용 가능하게 해야 한다."고 결론지었다.[29]

슈미트의 연설은 워싱턴 주위에서 반향을 불러일으켰다. 그 시점에 카터는 SS-20 문제를 정면으로 대면하고 싶지 않았다. 펜타곤(미국 국방부—옮긴이)은 유럽을 위해 몇 가지 새로운 미사일들을 개발했지만, 카터는 이 미사일을 배치하는 데 동의하지 않았다. 하지만 의회가 관심을 보이기 시작했다. 명백히 대통령을 겨냥한 것 같은 슈미트의 질책은 카터를 곤혹스럽게 만들었다. 카터와 미국 정부는 새로운 미국 체제를 통해서든 아니면 슈미트가 선호한 대로 협상을 통해서든 유럽의 균형을 재창조할 방법을 찾아야 했다.

미국에 대한 신뢰를 잃어버린 슈미트는 아데나워의 선례를 따라 프랑스로 방향을 틀었다. 슈미트의 친프랑스적 태도는 전략적 문제보다 경제적 문제에서 훨씬 더 심했다. 슈미트는 특히 카터를 업신여겼던 프랑스 대통령 발레리 지스카르 데스탱*과 우호적인 관계를 발전시켰다. 파리와 본은 카터의 경제정책, 특히 카터가 추구했던 미국 달러화에 대한 '선의의 방관'** 정책에 맞서 공통의 유대를 형성했다. 아데나워처럼 슈미트는 더 이상 범대서양 체제에 의존할 수 없게 되자 대륙 체제로 기울어졌다.

슈미트는 지스카르와 경제적·정치적 정책을 긴밀하게 조정했다. 1975년에 두 사람은 그룹 오브 세븐***(G7)이 될 공업 선진국들 간의 비공식적 정상회담을 생각해냈다. 그들은 유럽공동체의 다른 지도자들과 마찬가지로 워싱턴이 더는 지구적 경제체제의 안정을 유지할 수 없다고 결론지었다. 1978-1979년에 슈미트와 지스카르는 그들이 우려한 지구적

---

* Valéry Giscard d'Estaing(1926-). 프랑스의 중도 우파 정치가. 1974-1981년 프랑스 대통령을 지냈다. 1956년 하원의원 선거에서 당선되어 정계에 입문했다. 1962-1966년, 1969-1974년 재무장관을 역임하고, 1974년 대통령에 당선되었다. 재임 중 유럽경제공동체(EEC)를 강화하여 유럽연합(EU)으로 발전시키는 초석을 닦았으며, 서방 7개국 정상회담(G7) 창설에도 주도적 구실을 맡았다.
** benign neglect. 1973년 말부터 1977년 봄까지 미국이 취했던 달러화 정책을 가리킨다. 이 시기 동안 미국은 국제 통화시장에 대한 개입을 삼가며 그곳에서 정해진 달러화의 환율을 의식적으로 방치했다. 그 결과 달러화의 가치는 독일 마르크화와 일본 엔화에 비해서는 약간, 그리고 다른 통화들에 비해서는 훨씬 크게 상승했다. 1977년 여름 카터 행정부는 미국 무역수지 악화의 주범으로 달러화의 과대평가를 지목하고 '선의의 방관' 정책을 폐기했다. 한편 일반적으로 이 용어는 어떤 문제에 대해 저절로 해결되기를 바라면서 아무 것도 하지 않는 태도나 정책을 일컫는다.
*** Group of Seven. 보통 약자로 G7이라고 한다. 국제 통화 기금이 보고하는 7대 주요 선진 경제국인 프랑스, 미국, 영국, 독일, 캐나다, 이탈리아, 일본으로 이루어진다. G7 국가들은 전 세계 순 국부 중 60% 이상을 차지하는 것으로 알려져 있다.

규모의 경제 혼란의 와중에 유럽을 안정 지대로 지켜내기 위해 새로운 유럽통화 체제를 창설하기로 결정했다. 에르하르트에 대한 드골의 과도한 요구와 영국의 유럽공동체 가입에 대한 그의 두 번째 거부 때문에 1960년대 말에 독일에서 급락했던 프랑스의 영향력이 새롭게 급등했다. '파리-본' 축에 대한 이야기가 다시 활발하게 표면에 떠올랐다.[30]

슈미트는 또 1979년 5월 4일에 취임한 영국 총리 마거릿 대처*와도 우호적 관계를 발전시켰다. 대처는 나토의 새 미사일을 영국과 유럽에 배치함으로써 SS-20 미사일에 대응하는 결정을 확고하게 찬성했다. 슈미트의 요청으로 대처는 슈미트 총리의 국내 문제를 덜어주기 위해 영국 땅에 원래 계획된 미사일보다 더 많은 미사일을 배치하는 데 동의했다. 대처는 슈미트가 '핀란드화'되었다고 생각했다 하더라도 실제로 그것을 보여주지는 않았다.[31]

브레즈네프와 그로미코는 데탕트를 활용해 워싱턴의 범대서양 개념에 맞서 범유럽 개념을 강화시키지 못했다. 1970년대 동안 브레즈네프는 스탈린 이래 어떤 소련 지도자보다도 아마도 독일 전역에 대한 영향력을 확보할 수 있는 가장 좋은 기회를 가졌을 것이다. SS-20을 배치하지 않았거나 혹은 1978년 본 정상회담에서 슈미트에게 이 미사일의 생산과 배치를 연기하겠다고 약속했더라면 아마도 브레즈네프는 어떤 무기 체제가 그에게 가져다줄 수 있는 승리보다도 훨씬 더 중요한 승리를 거두었을 것이다. 그와 반대로 브레즈네프와 특히 그로미코는 슈미트에게 더

---

* Margaret Thatcher(1925-2013). 영국의 보수당 정치가. 1959년 하원의원에 당선되어 정계에 입문했다. 이후 1961-1964년 연금·국가보험 정무담당 차관, 1970-1974년 교육부 장관, 과학부 장관, 1979-1990년 영국의 총리를 역임했다. 집권 후 긴축재정, 누진세 폐지, 소비세와 간접세 증가, 은행 금리와 이자율 증가, 정부 규모 축소, 실력 성과제도 도입, 국영기업의 민영화 등을 추진했다. 보수적이며 강경한 성격으로 '철의 여인'이라는 별명으로 불렸다.

높은 수준의 핵 억지력을 강요함으로써 그가 다시 카터에게 돌아갈 수밖에 없도록 만들었다. 그렇게 해서 데탕트 이후에도 미국은 서독의 군사적 안보의 최후 수호자로 남았다. 슈미트는 그 자신과 카터 사이에 극도의 반감이 존재했음에도 불구하고 대안이 없었다. 그리고 카터는 미국의 전략적 지위를 유지하기 위해서는 행동에 나서야 했다.

카터는 또 국내에서 점점 큰 압박을 받고 있었다. 전략 문제에 대한 관심을 유지하고 있던 폴 니츠는 모스크바의 지구적 규모의 군사적 증강과 외국에서의 모험적 행동에 대해 경고하려고 '현재의 위험에 관한 위원회'를 설치했다. 이 위원회는 워싱턴이 전략적인 힘의 균형을 뒤집기 위한 모스크바의 노력에 대응해야 한다고 말했다. 니츠는 30년 전 그의 NSC 68 문서에서처럼 매우 구체적으로 유럽 지배를 지향하는 소련의 위험한 경향에 대해 경고했다. 또 소련의 집중적인 해군력 구축과 아프리카 및 중앙아메리카로의 진출 증가는 많은 미국인들에게 경각심을 불러일으켰으며, 국방비를 증액하고 모스크바에 좀 더 확고한 태도를 취하자는 분위기가 조성되었다. 그 자신 소련의 정책에 점점 더 곤란을 겪던 카터는 이러한 분위기를 따랐다.[32]

카터와 슈미트가 앞장을 서면서 나토 이사회는 1979년 12월 12일, 총 572기의 새 중거리핵전력(intermediate-range nuclear force, INF) 미사일을 유럽에 배치할 것을 결정했다. 이 572기 중 108기는 서독의 발사 장소에서 모스크바에 가까운 목표물에 도달할 수 있는, 사거리가 약 1,500킬로미터에 이르는 퍼싱 II(Pershing II, P-2) 탄도 미사일이 될 것이었다. 나머지 464기는 비행속도는 그보다 느리지만 소련 레이더 방어 체제 아래로 저공비행할 수 있는 지상발사 크루저 미사일(ground-launched cruise missiles, GLCMs)이 될 터였다. 나토는 '이중' 트랙이라고 불렀던 정책을 덧붙이면서, SS-20과 자신의 새 중거리핵전력 체제를 놓고 모스크바와 협상할 것을 제안했다. 또한 슈미트의 제안으로, 나토는 1,000기의 핵탄두를 독일 땅에서 철수시키는 데 동의했다.

나토의 결정은 모스크바를 전례 없는 위협에 노출시켰다. 소련 관리들은 퍼싱 II가 공식적으로는 서독에서 모스크바까지 완벽하게 도달하지 못하는 것으로 되어 있지만, 실제로는 도달할 수 있다고 믿었다. 퍼싱 II는 1979년까지 이 사거리를 갖지 못했음에도 불구하고 그들은 1985년까지는 확실히 가질 것이라고 생각했다. 모스크바 주위의 대(對)탄도탄 방어 체제는 독일 영토로부터의 공격에 대비해 설계된 것이 아니었다. 물론 슈미트의 주장대로 미국의 통제를 받게 될 것이지만, 어쨌든 독일은 그 탄두들을 배치하는 데 동의했다.

연방공화국은 새 중거리핵전력 배치에서 주요 역할을 할 것이었다. 독일과 함께 영국, 이탈리아, 벨기에, 네덜란드 등 다른 4개 나토 회원국도 지상발사 크루저 미사일을 배치하는 데 동의했지만, 퍼싱 II는 독일만이 갖게 될 터였다. 데탕트에서 모스크바의 파트너였던 서독은 이제 단 몇 분 안에 소련의 수도에 도달할 수 있는 무기를 전개할 것이었다. 훗날 그로미코는, 슈미트에게 중거리핵전력 무기가 도달할 수 있는 지역을 지도로 보여주었더니 슈미트가 그 무기가 진짜 그렇게 긴 사거리를 가지고 있느냐 묻더라고 호네커에게 말했다.[33]

독일 땅에 머지않아 모스크바를 파괴할 수 있는 무기를 배치한 일은 전략적 상황을 극적으로 변화시킬 것이었다. 서독은 폐기된 '다국적군'(MLF) 제안에서 상정된 것보다도 갑자기 훨씬 더 위험한 핵 위협이 되었다. 나토 안에서 협력하고 있던 미국과 독일은 모스크바 자체를 위험에 처하게 한 것 같았다. 스탈린의 최악의 우려가 훨씬 더 심각해진 모습으로 브레즈네프와 그로미코를 계속 따라다니며 괴롭혔다.

슈미트는 여전히 데탕트가 살아남을 수 있기를 희망했다. 슈미트는 중거리핵전력 배치가 필수적인 균형을 재구성할 것이고 그럼으로써 안정을 유지할 것이라고 생각했기 때문에 그것을 데탕트의 일환으로 보았다. 그러나 나토의 결정 2주 뒤인 1979년 12월 27일, 소련군은 1978년 4월에 카불에서 권력을 장악했던 공산주의 정권의 전복을 막기 위해 아프가니스탄으로 진격했다. 이 공격은 1968년 체코슬로바키아 이래 붉은 군대가 처음으로 외국을 침공한 사건이었으며, 1940년대 이래 처음으로 소련 군부가 비공산주의 국가를 점령한 사건이었다. 그것은 데탕트의 종결을 의미했다.

아프가니스탄 침공은 워싱턴과 다른 서방 수도들을 뒤흔들었다. 어느 누구도 그것을 예상하지 못했다. 카터는 이 사건은 자신이 예전에 알던 것보다 공산주의에 대해 더 많이 가르쳐주었다고 말했다.[34] 서방의 여론이 바뀜에 따라 카터와 슈미트, 그리고 여타 서방 지도자들은 새로운 경각심에 부합하는 입장들을 분명히 밝혀야 했다.

슈미트의 최후

데탕트는 1969년부터 1979년까지 거의 정확히 10년 동안 지속되었다. 그것은 유럽과 독일에 크게 도움이 되었다. 그러나 SS-20과 나토의 이중 트랙 결정에 이어 저 멀리서 일어난 아프가니스탄 침공은 데탕트를 파괴했다. 다시 한 번 아시아에서 발생한 사건이 독일에 충격을 주었다.

나토의 중거리핵전력 결정은 모스크바의 지도부를 망연자실케 했다. 그들은 어떻게 대응할지에 대해 의견 일치를 보지 못했다. 브레즈네프 자신은 협상하기를 원했다. 그러나 그로미코는 모스크바가 어떤 양보를 하지 않더라도 대중의 압력으로 인해 나토가 배치를 중단할 것이라고 믿었다. 그로미코는 아마도 중성자탄을 둘러싸고 벌어졌던 일들 때문에 오판을 했을 가능성이 크다. 그로미코는 1979년 11월 25일 본을 방문한 자리에서 미사일을 배치하겠다는 서방의 결정은 SS-20과 관련한 협상의 기반을 완전히 무너뜨릴 것이라고 선언했다. 두 달 뒤 바르샤바 협정 국가들에게 소련의 입장에 관해 간단한 보고를 준비하면서 그로미코는 레오(자신이 알고 있던)에게 자신의 강경한 태도가 슈미트의 견해에 어떻게 영향을 미쳤는지 파악해 달라고 요청했다.

레오는 좋지 않은 소식을 가져왔다. 슈미트는 마음을 바꿀 수도 없었고 바꾸려고 하지도 않았다. 모스크바가 SS-20을 계속 배치한다면, 나토는 퍼싱 Ⅱ와 지상발사 크루저 미사일을 배치할 것이었다. 바르는 개인적으로는 나토의 결정에 반대했음에도 불구하고 레오와의 대화에서 슈미트를 지지했다. 바르는 협상 시간이 고갈되어 가고 있다고 덧붙였다. 그러나 레오가 이 소식을 전한 후에도 그로미코는 모스크바가 배치를 무산시키기 위해 독일사회민주당에 의존할 수 있기를 여전히 희망했다. 서방이 미사일 한 기를 제작할 때마다 모스크바는 미사일 두 기를 제작하겠다고 다짐하면서 그로미코는 브레즈네프에게 모든 데탕트 관계를 단절함으로써 서독을 응징하기를 바란다고 말했다. 브레즈네프는 그로미코에게 소련은 서독과의 무역과 융자가 필요하다는 사실을 상기시키며 이를 거부했다.[35]

그럼에도 불구하고 브레즈네프는 독일 내부 데탕트의 속도를 늦춰야 한다고 결론 내렸다. 동독이 서독과의 무역과 융자에 의존하는 것을 이미 우려해왔던 브레즈네프는 카셀에서 슈미트를 방문하기로 한 호네커의 합의에 제동을 걸었다. 호네커의 방문은 나토의 중거리핵전력 결정이 내려지기 직전으로 예정되어 있었다. 브레즈네프와 그로미코는 호네커에게 카셀에 가지 말라고 말했는데, 그로미코는 서독이 데탕트 정책을 이용해 "부드럽고, 완만하고, 최대한 유연하게 독일민주공화국의 기반을 무너뜨리고" 있다고 설명했다.[36] 1980년에 브레즈네프는 호네커의 서독 방문을 다시 막았다.

유리 안드로포프는 독일과의 데탕트를 위험에 빠뜨린 소련의 정책에 실망해 사적으로 그로미코를 비난했다. 안드로포프는 소련의 외교가 모스크바를 유럽과 미국 모두에 동시에 충돌시키는 노선 위에 올려놓는 바람에 소련 외교가 어떻게 되었느냐고 비아냥대며 물었다. 안드로포프는 얼마 전부터 소련 체제가 비효율적이고 부패했다고 브레즈네프에게 경고해왔지만, 소련 지도자는 그의 말을 들으려 하지 않았다. 안드로포프는 미래의 개혁에 대한 희망과, 그리고 그가 신중하게 지지한 떠오르는 소련 공산당 인물인 미하일 고르바초프와 나눈 조용한 대화로 스스로를 위로했다. 안드로포프는 소련 체제가 이 개혁 때까지 버틸 수 있기를 바랐다.

안드로포프는 아프가니스탄 침공 결정이 내려진 정치국 회의를 마치고 나오자마자 슈미트에게 경고를 해 줘야 한다고 생각했다. 안드로포프는 슈미트 총리가 먼저 언론보도를 통해 침공 사실을 알게 된다면 그가 소련 지도부에게 갖고 있던 마지막 신뢰를 완전히 잃어버릴 것임을 알았다. 안드로포프는 침공이 있기 겨우 며칠 전인 1979년 크리스마스 무렵 슈미트와 바르에게 이 사실을 알려주기 위해 레오와 슬라바를 독일에 보냈다. 소련 침공 계획에 대한 레오의 말을 도저히 믿을 수가 없었던 바르는 모스크바가 완전히 미친 것이 아닌가라고 물었다. 슈미트와 마찬가지로 바르 역시 아프가니스탄 침공은 동-서 대화의 어떤 추가 진행도 무의

미하게 만들 것이라고 덧붙였다.

그럼에도 불구하고 안드로포프가 희망했던 대로 슈미트와 바르는 미리 침공 계획을 알려준 것에 대해 고맙게 생각했다. 그들은 이것이 독일에 대한 소련의 신뢰와 동방정책의 완전한 붕괴를 막고자 하는 바람을 보여준다고 느꼈다. 바르는 또 모스크바와 마찬가지로 워싱턴이 슈미트에게 알려주지 않은 데 대해 자신과 슈미트가 실망했다고 언급했다. 바르는 그 후에 있었던 워싱턴 방문에서 미국 정보기관이 침공 몇 주 전에 소련군 전개를 꼼꼼히 추적했지만 미국인들은 슈미트에게 알려주지 않기로 결정했거나 아니면 그것을 생각조차 하지 않았다는 것을 알았다.[37]

미국의 대외 정책은 1980년 새 대통령이 선출되기도 전에 변했다. "공산주의에 대한 과도한 두려움"을 비난하는 것으로 대통령직을 시작했던 카터는 국방 예산을 증액하기 시작했다. 브레진스키는 미국 대외 정책을 지휘했고, 이름만 빼고 사실상 국무장관 역할까지 도맡았다. 밴스는 사임했다. 카터는 1979년 6월 16일 빈에서 자신과 브레즈네프가 서명했던 SALT II 조약을 미국 상원의 심의 단계에서 철회했다. 카터는 소련군을 아프가니스탄에서 밀어내거나 적어도 모스크바를 응징하기 위해 자신과 미국의 동맹국들이 취할 수 있는 조치를 찾기 시작했다.

카터의 새 정책 때문에 카터는 다시 한 번 슈미트와 갈등 관계에 들어가게 되었다. 슈미트는 카터가 원하는 정도로까지 모스크바를 고립시키고 응징하기를 원하지는 않았다. 슈미트는 유럽에서 어느 정도 데탕트를 보존하고, 데탕트가 가져온 여러 인간적 혜택을 유지할 수 있기를 바랐다. 슈미트는 또 매우 다른 종류의 국내적 딜레마에도 직면했다. 슈미트는 새 연방의회 의원들과 그 결과에 따라 다음 총리가 결정될 선거에서 기독민주연합/기독사회연합 후보인 프란츠 요제프 슈트라우스를 꺾을 수 있다고 믿었다. 그러나 자신이 데탕트를 포기한다면 독일사회민주당에 대한 장악력을 잃어버릴까봐 두려워했다.

이렇게 해서 1980년 대부분의 시간 동안 카터와 슈미트는 서로 다른 방향으로 갔다. 슈미트는 소련에 대한 카터의 경제 제재에 부응하지 않았다. 슈미트는 서독 올림픽위원회에게 미국의 모스크바 올림픽 보이콧에 동참하라고 설득했으나 카터는 슈미트가 충분히 단호하게 밀어붙이지 않았다고 불평했다. 슈미트는 자신이 보기에 오로지 카터의 재선 운동을 도와주는 음모에 불과한 일을 위해 독일 선수들이 모스크바에서 메달을 딸 기회를 놓치는 것에 적의를 느꼈다.[38]

처음에 슈미트는 여전히 브레즈네프와의 거래 가능성에 대해 일말의 희망을 품었다. 슈미트는 1980년 6-7월에 모스크바를 방문한 동안 돌파구를 찾으려 애썼다. 브레진스키는 카터에게 슈미트가 독일을 중립화시킬 것이라고 말했고, 그 때문에 카터는 이 방문에 반대했다. 카터는 심지어 슈미트에게 나토의 결정을 버리지 말라고 경고하는 편지를 쓰기까지 했다. 그럼에도 슈미트는 모스크바로 갔다.

슈미트는 자신이 모스크바에서 실제로 돌파구를 만들었다고 믿었다. 며칠에 걸쳐 슈미트는 브레즈네프뿐 아니라 정치국 전체와 니콜라이 오가르코프* 원수 및 드미트리 우스티노프** 원수를 비롯해 몇몇 소련군 최고 지도자들도 만났다. 슈미트는 SS-20이 독일을 위협하고(이 발언에 대해 우스티노프는 "맞습니다!"라고 맞장구를 쳤다.), 오직 외교적 해결만이 서방의 배

---

* Nikolai Ogarkov(1917-1994). 소련의 군인. 1968-1974년 참모 제1차장, 1974-1977년 소련 국방차관, 1977-1984년 소련군 참모총장 및 국방 제1차관을 역임했다.

** Dmitry Ustinov(1908-1984). 소련군 원수이자 소련의 정치가. 1963-1965년 각료회의 제1부의장, 1976-1984년 국방장관을 지냈다.

치를 미연에 방지할 수 있다고 그들 모두에게 경고했다. 다른 사람들보다도 더 적극적으로 동의하는 것처럼 보였던 브레즈네프는 슈미트에게 자신들이 협상할 준비가 되어 있다고 말했다. 슈미트는 카터에게 이를 즉각 알렸는데, 카터는 당시 모스크바와 대화할 이유를 찾을 수 없었기 때문에 총리의 도움을 환영하지 않았다. 슈미트는 동맹자들이 자신에 대해 화를 내는 만큼이나 동맹자들에게 성이 난 채로 본으로 돌아왔다.[39] 슈미트는 그 자신이 워싱턴과 모스크바 사이에 끼어 꼼짝달싹도 못하는 등 데탕트가 위험에 빠졌다고 보았다. 그리고 1980년 11월 로널드 레이건이 대통령 선거에서 승리함에 따라 카터의 정책은 카터 자신에게도 도움이 되지 않았던 것으로 판명되었다.

카터와 슈미트의 관계는 종종 케네디와 아데나워의 관계와 엇비슷했다. 케네디와 마찬가지로 카터는 모스크바와 거래하기를 원했고, 독일 문제 때문에 주의가 산만해지는 것을 원하지 않았다. 이러한 태도는 대체로 독일인들이 대부분의 문제를 스스로 알아서 처리했기 때문에 처음에는 케네디보다 카터에게 더 잘 작동했다. 그러나 브레즈네프가 SS-20이라는 숙제를 던지며 흐루쇼프가 그랬듯이 독일에 대한 우위를 도모하자 그러한 자세는 더는 먹혀들지 않았다. 그 후 카터는 독일과 유럽에서 미국의 입지를 보호해야 했다. 케네디와 달리 카터는 제때 방향을 바꾸지 못했다. 카터는 대통령직을 끝내면서 SS-20 문제와 중거리핵전력 배치 계획을 슈미트와 레이건의 손에 고스란히 남겨 놓았다.

1981년 11월 본에서 열린 슈미트와 브레즈네프의 마지막 회담은 소련 지도자가 신체적으로 노쇠하고, 또 그만큼이나 총리가 정치적으로 취약한 상태였기 때문에 거의 소용이 없었다. 슈미트는 브레즈네프에게 협상이 실패하면 '평화' 운동이 나토의 중거리핵전력 무기 배치를 막아줄 것이라고 기대해서는 안 된다고 경고했다. 그러나 슈미트는 소련의 대외 정책에 대한 통제권이 브레즈네프에서 그로미코로 넘어갔고 외무장관은 협정을 교섭하지 않을 것임을 알 수 있었다.[40]

독일 지도자와 소련 지도자는 데탕트의 붕괴에도 불구하고 상호 경제 관계는 적어도 계속 개선할 수 있었다. 슈미트가 1978년에 제안했던 25년간의 경제협력을 위한 '틀의 합의'는 약간의 성과를 낳았다. 그러나 데탕트는 신념이 아니라 관성에 의해 지속되었다. 슈미트도 브레즈네프도 감히 데탕트를 버리지는 않았으나 어느 누구도 브란트와 브레즈네프가 1971년에 만났을 때 상상했던 그런 종류의 관계를 계속할 수 있다는 환상을 전혀 갖고 있지 않았다.

경직된 지구적 환경 속에서 슈미트는 특히 1980년 브레즈네프가 자신의 독일민주공화국 방문, 1979년과 1980년의 호네커의 서독 방문을 거부한 후 독일 내부 데탕트마저 지속하기가 힘들다는 사실을 알았다. 호네커는 고위급 접촉을 계속 유지하기 위해 독일사회주의통일당 정치국원이자 경제 수장인 귄터 미타크*를 본으로 보냈다. 독일사회주의통일당은 최고위급 서독 관리들과 미타크의 회담에 관해 신중하게 편집된 보고서만 소련인들에게 주었는데, 이는 독일인들이 크렘린의 등 뒤에서 서로 거래를 한다는 소련의 의심을 더욱 깊게 했다.[41]

슈미트는 베르벨린제 호수에 있는 호네커의 사냥용 산장을 방문했던 1981년 12월 11일과 12일에 마침내 독일민주공화국에 닿았다. 어느 누구도 회담에서 많은 성과가 나오기를 기대하지 않았고, 실제로도 거의

---

* Günter Mittag(1926-1994). 독일사회주의통일당 중앙위원회 경제 담당 서기로 활동하는 등 독일민주공화국(동독) 계획 경제의 중심인물이었다. 1963-1971년, 1979-1989년 동독 인민의회 의원을 지냈다.

성과가 없었다. 또 한 번 소련에 보내기 위해 편집되었을 동독의 대화 기록은 어떤 돌파구도 보여주지 않았다. 슈미트와 호네커는 새로운 것이나 깜짝 놀라게 할 만한 것은 전혀 말하지 않으면서 세계에 대해 개괄적이고 애매한 용어로 이야기를 나눴다. 그들은 최소한의 환전 의무, 통행증, 아우토반 건설 등과 같은 독일 내부 관계의 다양한 문제들을 논의했다. 슈미트와 호네커는 이 주제들 중 일부에 대해 얼마간의 진전을 이루었다. 둘 다 구체적인 조치를 많이 취하진 않았지만 적절한 관계를 계속하기를 원했다.[42]

슈미트는 베르벨린제 근처의 작은 도시 귀스트로를 방문함으로써, 자신의 여행을 이용해 브란트가 에르푸르트에서 그랬듯이 동독 주민들과 어울리려고 했다. 그러나 슈미트는 평범한 시민들보다 더 많은 경찰을 만났다. 호네커가 지난 1974년에 이미 추정했듯이, 슈미트는 브란트의 카리스마도 갖고 있지 못했고, 동독 주민들과 정서적인 친밀감도 없었다. 그럼에도 독일사회주의통일당 지도자는 위험한 일을 운에 맡길 수 없었다. 경찰은 사람들이 모습을 보이는 것을 막았다. 호네커는 또 다른 에르푸르트가 없도록 만전을 기했다.

호네커와 슈미트는 냉전이 진입하고 있던 새로운 빙하시대로부터 독일 내부 관계를 성공적으로 격리할 수 없었다. 그들이 만나는 순간에도 '연대' 노조를 진압하기 위해 폴란드에서 계엄령이 선포되었다. 슈미트는 회담을 중단하고 즉각 본으로 돌아갈 것을 진지하게 고려했으나 그렇게 하지는 못했는데, 이는 그가 폴란드의 인권을 동독의 인권만큼 중요하다고 간주하는지 의문을 품게 만들었다.

동독 문서는 나중에 호네커가 폴란드 사태에서 일정한 역할을 했음을 보여주었다. 호네커는 연대에 반대했고, 브레즈네프에게 연대에 맞서 행동할 것을 촉구했다. 동독군은 폴란드에 개입하기 위해 만반의 준비를 갖추었다. 슈미트는 보이치에흐 야루젤스키* 장군이 계엄령을 선포한 바로 그날 동독에 있었다. 폴란드의 군부독재에 대한 항의의 표시로 슈미트가 동독을 떠나지 못한 일은 그에 대한 브레진스키의 견해를 더욱 더 확증시켜 주었다. 그 일은 또 많은 독일인들로 하여금 자신들이 데탕트에 대한 대가를 너무 비싸게 치르고 있는 것은 아닌지 의문을 갖게 만들었다.[43]

세계는 슈미트에게 등을 돌렸다. 슈미트는 로널드 레이건이 카터보다도 훨씬 더 세게 자신을 데탕트에 맞서는 쪽으로 밀어붙일까봐 우려했지만, 레이건의 1980년 선거에 태연한 척했다. 슈미트는 선거가 끝나자 즉시 개인적 관계를 맺으려고 레이건을 만나러 갔고 레이건이 독일에 우호적임을 알고 기뻐했으나, 신임 대통령의 정책이 독일사회민주당의 마음에 들지 않을까봐 여전히 걱정했다. 슈미트는 비록 레이건과 모스크바 사이에 회담이 즉각 열리는 것을 환영했을 테지만, 레이건이 어느 시점에 모스크바와 SS-20에 대해 협상을 시작하겠다는 확언에 고마워했다. 슈미트는 레이건을 '매우 많이' 좋아한다고 발표했다.[44]

본은 독일에 관심을 가진 모든 나라의 정책과 다른 정책을 가진 지도자를 가질 수가 없었다. 브레즈네프는 1970년대 중반 동안 보수적인 정

---

* Wojciech Jaruzelski(1923-2014). 폴란드의 군인이자 정치가. 1965년 참모총장, 1968년 국방장관을 맡았다. 1980년 이후 정치위기가 계속되는 가운데 1981년 2월 총리에 취임(국방장관 겸임), 10월에는 당의 제1서기를 겸임했으며, 12월에는 계엄령을 선포하여 구국군사평의회 의장이 되었다. 1985년 11월 국가평의회 의장이 되었고, 1989년 7월 상·하 양원 합동회의에서 신임 대통령에 당선되었다. 그러나 1989년 6월 총선거에서 연대 노조가 압승하고, 8월에 연대가 주도하는 연립내각인 국민책임정부가 탄생되자 대통령직 사임을 표명하고, 1991년 대통령선거에는 출마하지 않았다.

책을 채택했다. 영국은 1979년 5월에, 미국은 1980년 11월에, 그리고 프랑스는 적어도 외교 문제에서는 1981년 5월에 보수주의로 방향을 틀었다. 브란트가 시작한 정책은 계속될 수가 없었다. 슈미트는 혼자만 걷도는 사람이 되었다. 서독은 보조가 맞지 않을 위험을 각오했다.

에르하르트가 그랬듯이 슈미트도 동구권이나 서방 혹은 자신의 당에서 신뢰할 만한 친구도 없이 최후를 맞이했다. 에르하르트처럼 슈미트는 1980년 9월 전국 선거에서 슈트라우스를 꺾고 승리한 일에 크게 기뻐할 수 있었다. 그러나 그 결과의 저변에는 슈미트에 대한 경고가 깔려 있었는데, 왜냐하면 독일사회민주당 좌파가 자신의 연방의회 의원 수를 16명에서 60명으로 늘렸기 때문이었다. 그들은 국내 경제정책뿐만 아니라 동방정책과 서독에 새 미사일을 배치하는 결정에 관해 총리와 의견을 달리했다. 그때부터 슈미트는 덤의 삶을 보냈다.

2년 뒤, 독일사회민주당 당 대회는 겐셔와 자유민주당이 수용하지 않을 경제정책을 고집함으로써 슈미트에게 심각한 패배를 안겨주었다. 슈미트는 연방의회에 자신의 권한을 강화하거나 혹은 얼마간 품위 있게 철수할 수 있게 해줄 건설적인 불신임 표결을 요청했다.

예상대로 슈미트는 표결에서 졌다. 1982년 10월 1일, 연방의회는 그의 총리 자리를 이을 인물로 기독민주연합/기독사회연합의 지도자 헬무트 콜*을 선택했다. 7주 뒤, 콜은 레이건과 한담을 나누려고 워싱턴으로 갔다. 독일 언론과 독일 정치 집단은 슈미트-카터 시대의 긴장 상태가 끝

---

* Helmut Kohl(1930-2017). 독일의 정치인. 1973년부터 1998년까지 독일 기독민주연합의 총재를 맡았고, 그 사이 1982-1998년 독일연방공화국 총리를 지냈다. 냉전 시대의 종언과 독일 통일을 이끌었으며, 또한 프랑스 대통령 프랑수아 미테랑과 함께 마스트리흐트 조약의 초석을 다져 유럽연합을 만든 인물로 평가된다.

나고, 미국과 서독의 지도자들이 서로 통하는 정치적 견해를 갖고 따뜻한 관계를 즐기는 듯하는 모습에 반색했다. 1983년 3월 콜은 깊이 분열된 독일사회민주당에 맞서 자신의 파트너로 자유민주당과 함께 선거에서 승리했다.

브란트의 사례를 따라 콜은 미국 학자 및 지식인들과 비공식적 접촉을 갖기를 원했다. 콜은 독일인들이 유럽공동체를 통해 프랑스 및 미국과 함께 발전시켰던 접촉을 보완하기 위해서 그들과 독자적인 관계를 맺었다. 콜은 미국의 3개 일류 대학(하버드, 조지타운, 캘리포니아 대학교 버클리 분교)의 독일 및 유럽 연구 '최우수 센터' 세 곳에 기금을 기부했다. 콜은 다작의 작가이자 존경받는 교수인 베르너 바이덴펠트*를 활용해 독일-미국 조율을 위한 특별 기관의 수장으로서 이 센터들을 골라 자주 미국을 찾게 했다.

당장 가장 비싼 정치적 대가를 지불한 것은 슈미트지만, 슈미트 때문에 데탕트가 실패한 것은 아니었다. 데탕트는 브레즈네프와 SS-20 때문에 실패했다. 소련 지도자와 그의 동료들은 데탕트가 이득만 주는 것이 아니라 상호 의존과 서로에 대한 의무도 부여한다고 생각하지 않았다. 브레즈네프와 특히 그로미코는 독일 여론이나 군사적 증강에 대한 정치적 반발, 그리고 슈미트 자신을 충분히 생각하지 않았다. 그들은 슈미트의 예견이 아니라 브레진스키의 예견이 정당하다는 것을 입증했다. 그들은 이제 그 결과들을 상대해야 할 터였다.

그러나 데탕트는 발자취를 남겼다. 그것이 독일 문제에 대한 해결책

---

* Werner Weidenfeld(1947-). 독일의 정치학자이자 정치 자문관. 1987년부터 1999년까지 독일-미국 협력을 위한 독일연방 정부의 조정자였다.

을 제공하지는 못했겠지만, 독일을 둘러싼 투쟁의 모든 당사자들은 대결 이외의 다른 가능성을 보았다. 무슨 일이 벌어지든 상관없이 미래는 과거와 같지 않을 터였다. 아프가니스탄 침공에 대한 안드로포프의 성난 반응은 일부 크렘린 지도자들이 SS-20 말고 다른 선택지를 찾기를 원했으리라는 점을 보여주었다.

독일을 둘러싼 투쟁은 다시 격화될 터였다. 그러나 그 투쟁은 과거와는 다른 형태와 다른 맥락을 갖게 될 것이었다. 그리고 모든 주인공들은 자신들이 선택한다면 다른 문을 열 수 있음을 알게 될 터였다.

17장

압박받는 모스크바

로널드 레이건은 대통령이 되었을 때 두 가지 안보 목표를 갖고 있었다. 첫 번째는 전반적으로 미국의 핵무기와 재래식 무기를 강화하는 것이었고, 두 번째는 다소 역설적이지만 핵무기를 무력화하고 종국에는 제거하는 것이었다. 레이건은 두 번째 목표를 공개적으로 거의 발언하지 않았고, 레이건이 이 목표를 말했을 때도 그를 믿었던 사람은 별로 없었다.

취임한 지 몇 달도 되지 않아 레이건은 국방 예산을 획기적으로 증액했다. 레이건은 중성자탄과 B-1 폭격기 등 지미 카터가 취소한 몇몇 무기 프로그램을 되살렸다. 레이건은 해군장관으로 열정적이고 젊은 존 레만*을 임명했는데, 그는 600척으로 이루어진 함대를 건설해 대양을 장악하려는 소련의 시도를 압도하겠다고 약속했다. 레이건은 전 세계의 반공 정부와 반공 운동에 대한 지지를 강화해, 소련의 아프리카와 아시아 지역 혁명 운동과 혁명 정부 지원에 대항했다. 레이건은 아프간 반군들에게 소련 탱크와 헬리콥터를 파괴할 미사일을 보냄으로써 그들이 소련군과 싸우는 것을 도와주었다.

지구적 규모에서 소련의 위협을 보고 지구적 규모에서 그 위협에 대항할 계획을 짜면서, 레이건은 트루먼 독트린에서 해리 트루먼이 그랬던

---

* John Lehman(1942-1987). 미국의 투자 은행가이자 작가. 1981-1987년 레이건 행정부에서 해군장관을 지냈다.

이래로 모든 서방의 지도자가 분명히 표명했던 소련 체제에 대한 도전 중에서 가장 광범위한 도전을 선언했다.[1] 레이건은 외교를 포기하지 않고, 그것을 다른 행동에 대한 부속물로 이용하기를 원했다.

레이건과 콜이 유로-미사일*을 배치하다

레이건은 특히 유럽에서 모스크바의 도전에 대항할 계획을 짰다. 레이건은 퍼싱 II와 크루저 미사일을 배치하겠다는 나토의 1979년 약속을 물려받았다. 레이건은 또 배치를 불필요하게 할 군비통제 협정을 위해 노력하겠다는 약속도 물려받았다. 레이건은 비록 모스크바가 진지하게 협상에 임할 것이라고 기대하지 않았지만, 1981년 11월이 끝나기 전에 제네바에서 회담을 시작하는 데 동의했다.

레이건과의 거래를 간절히 바랐던 유리 안드로포프는 1981년에 백악관과 국가보안위원회(KGB)의 직통 라인을 설치하려고 몇 번 시도했다. 그러나 닉슨과 키신저가 당시의 국무장관을 우회하는 것을 똑똑히 보았던(그리고 피해가도록 돕기도 했던) 국무장관 알 헤이그**는 그 연결을 막았다. 안드로포프는 유럽안보협력회의의 미국 협상가인 맥스 캠펠만***을 통해 직접 채널을 구축했으나 캠펠만은 도브리닌에게 이를 알려주었고, 그로미코는 즉각 이 채널을 폐쇄했다. 이것은 중거리핵전력의 배치를 막

---

* euro-missile. 소련의 탄도 미사일 배치에 대항해 미국이 나토 국가들에 배치한 핵미사일의 총칭.
** Alexander Meigs Haig, Jr.(1924-2010). 미국의 군인, 관료, 정치인. 1970-1973년 국가안보 부보좌관, 1973-1974년 백악관 참모 수석, 1981-1982년 국무장관 등을 역임했다.
*** Max Kampelman(1920-2013). 미국의 외교관. 1980-1983년 유럽안보협력회의 미국 특사를 지냈다.

고 광범위한 소련-미국 대화의 발전에 도움이 되었을 아이디어의 비공식적 교환을 방해했다.[2]

폴 니츠와 율리 크비친스키가 미국 협상가와 소련 협상가로 나선 중거리핵전력 협상이 합의된 대로 제네바에서 시작되었다. 니츠는 '현재의 위험에 관한 위원회'에서 수행한 역할 때문에 레이건의 주의를 끌게 되었다. 서독과 동독 양쪽 모두에서 근무한 크비친스키는 소련 외교계의 떠오르는 스타 중의 한 명이었다. 크비친스키는 군비 통제 회담 경험이 없었으므로 주로 독일에 대한 그의 지식 때문에 발탁되었을 것이다. 크비친스키는 미국인들은 "유럽에 있을 권리가 전혀 없다."고 회담 초에 니츠에게 말함으로써 자신이 타협하라는 지시를 받지 않았다는 것을 암시했다.[3]

레이건과 다른 나토 지도자들은 군비경쟁의 중단을 요구했던 평화 그룹, 반핵 그룹, 일부 교회 및 다른 많은 사람들의 강력한 저항에 직면했다. 이 저항에 적절히 대처할 수 있도록 레이건과 그의 동맹자들은 '제로 옵션'으로 알려진 정책을 제안했다. 이 제로 옵션하에서 나토는 만일 소련이 이미 배치된 SS-20 발사대를 파괴하고 앞으로 유럽에 새로운 전역 핵무기의 배치를 포기하는 데 동의한다면, 예외 없이 모든 새로운 미사일의 배치를 포기할 터였다. 이 제안은 일부 비판가들이 그것을 달성 불가능하고 솔직하지 않은 것으로 보았음에도 불구하고 적어도 유럽에서 저항을 가라앉히는 데 부분적으로나마 도움을 주었다. 그로미코는 제안에 어떤 관심도 보이지 않았다.

국제 안보문제 담당 국방차관보였던 리처드 페를*은 전략적 이유로

---

* Richard Perle(1941-). 미국의 정치인. 1981-1987년 지구적 전략문제 담당 국방차관보,

제로 옵션을 제안했다. 페를은 나토가 자신이 원하는 미사일을 갖든지 아니면 소련이 강력한 새 무기를 포기해야 할 것이라고 생각했다. 페를은 '제로' 목표 때문에 이 제안이 일반인들에게 얼마간 호소력을 가질 것이라고 희망했다. 슈미트도 제로 옵션에 찬성했다. 페를과 레이건은 소련인들이 SS-20의 포기에 저항하고 제로 옵션을 받아들이더라도 매우 주저하며 수용하리라고 예상했다.

니츠는 시간 압박을 받고 있다고 느꼈다. 슈미트는 독일에서 항의와 시위의 혼란을 피하기 위해서는 1982년이 가기 전에 실질적인 진전을 이루어내야 한다고 니츠에게 말했다. 니츠의 제안으로 니츠와 크비친스키가 비공식적 협의를 가졌다. 1982년 7월 중순 경 제네바 근처의 쥐라 산맥에서 오래 산책을 하면서 두 사람은 '숲 속의 산책' 방안으로 알려진 대책을 생각해 냈다.

이 방안은 양측에 각자 가장 원하는 것을 주는 것처럼 보였다. 나토는 퍼싱 II 탄도 미사일을 포기할 것이지만, 각기 핵탄두 1발씩을 장착한 225기의 미사일을 실어 나를 크루저 미사일 발사대 75기를 배치할 터였다. 소련은 SS-20 발사대의 수를 225발의 탄두를 가진 75기로 줄일 것이었다. 서독으로부터 모스크바에 제기된 탄도 미사일 위협은 사라질 테지만, 서방은 일부 현대적 억지 무기를 간직할 것이었다. 모스크바는 나토에 대한 위협을 줄일 터였다. 니츠는 그것을 명예롭고 달성할 수 있는 타협으로 보았고, 그것이 독일에서 벌어지고 있는 시위의 위협을 완화시키리라고 믿었다.

'숲 속의 산책' 계획은 레이건도 페를도 승인하지 않음에 따라 1982

2001-2003년 국방정책 자문위원회 위원장을 지냈다.

년 9월까지 워싱턴에서 실패했다. 이 계획은 또 그로미코가 저항운동이 독일에서 어떤 미사일 배치도 막을 것이라는 기대를 버리지 않음으로써 모스크바에서도 실패했다. 크비친스키가 참석한 정치국 회의에서 브레즈네프는 그로미코가 준비한, 이 제안을 거부하는 성명서를 읽었다.[4]

9월 말, 신임 국무장관 조지 슐츠[*]는 뉴욕에서 그로미코에게 제로 옵션을 되풀이했다. 이튿날 니츠는 제네바에서 이를 되풀이했다. 그때서야 비로소 크비친스키는 모스크바도 '숲 속의 산책' 방안을 수용하지 않았다고 그에게 말했다. 크비친스키는 나토가 유럽에 새 무기를 배치해서는 안 된다는 소련의 주장을 거듭 말하면서, 만약 나토가 새 무기를 배치한다면 회담을 중단시키겠다고 위협했다. 크비친스키는 그로미코가 자신에게 더는 비공식적 회담이나 산책을 하지 말라고 단호하게 지시했다고 추가로 덧붙였다.[5]

1982년 11월 브레즈네프가 사망했다. 안드로포프는 소련공산당 총서기가 되었으나 이미 너무 병약해서 자신이 일찍이 생각했던 변화 중 일부를 실행할 수가 없었다. 안드로포프는 외무장관으로 그로미코를 유임시켰다.

중거리핵전력 회담이 지지부진하게 진행되는 동안 레이건은 모스크바에 대한 압박을 계속했다. 레이건은 예를 들어 1983년 3월 8일 소련을 "현대 세계에서 악의 초점"이라고 언급하는 등 소련을 매우 비판적인 용어로 묘사했다. 바로 이 연설에서 그는 소련을 '악의 제국'이라고 칭했다.

---

[*] George Shultz(1920-). 미국의 교수, 정치인. 1949년 매사추세츠 공과대학에서 경제학 박사 학위를 취득하고 같은 대학에서 1948-1957년 동안 경제학을 강의했으며, 1957년 시카고 대학교 교수가 되었다. 1969-1970년 미국 노동장관, 1972-1974년 재무장관, 1982-1989년 국무장관을 역임했다.

레이건은 또 공산주의를 "그 마지막 페이지가 지금도 쓰이고 있는 인류 역사의 슬프고 기괴한 장"으로 딱지를 붙이면서, 공산주의를 위한 묘비명을 썼다.[6]

2주 뒤인 3월 23일 레이건은 자신의 가장 극적이고 가장 논쟁적인 방어 프로그램인 '전략방위구상'(Strategic Defense Initiative, SDI)을 개시했다. 새로운 우주시대 기술에 대한 큰 희망을 갖고 레이건은 전략방위구상 프로그램이 탄도 미사일에 맞서 미국 영토를 보호할 체제를 설계하고 배치하기를 바랐다. 이 프로그램은 1960년대 이래 미국의 억지 이론에 영향을 끼치고 닉슨-브레즈네프 군비제한 협정 문서에 소중히 모셔진 상호확증파괴*(MAD) 원리와 정반대였다.

상호확증파괴하에서 소련-미국의 핵 억지는 상대방의 핵 공격에 대처하고 선제 타격을 개시한 상대방을 여전히 파괴할 수 있는 능력에 달려 있었다. 상호확증파괴는 각 측의 공격 미사일(SALT 조약)과 각 측의 방어체제[ABM(antiballistic missile, 탄도탄 요격 미사일) 조약]의 수를 각각 제한하는 두 가지 조약의 결합에 의존했다. 워싱턴은 모스크바가 모스크바 주위에 방어체제를 배치했음에도 불구하고 어떤 방어체제도 배치한 적이 없었다.

미국의 일부 비판가들은 전략방위구상 개념을 비현실적 몽상을 위해 운용 가능한 균형을 흔들 위험을 무릅쓰고 있다고 주장하며 '스타워즈'

---

* mutual assured destruction(MAD). 핵전략의 개념이자 이론을 가리킨다. 핵무기를 보유하고 대립하는 2개국이 있을 때, 둘 중 어느 한쪽이 상대방에게 선제핵공격을 받아도 상대방이 핵전력을 보존시켜 보복 핵공격을 할 수 있는 경우 핵무기의 선제적 사용이 쌍방 모두가 파괴되는 상호파괴를 확증하는 상황이 되므로 이론적으로 상호확증파괴가 성립된 2개국 사이에는 핵전쟁이 발생하지 않게 된다. 실제로 역사적으로는 냉전기 미국과 소련 사이에 상호확증파괴가 성립되었다.

라고 조롱했지만, 그것은 중요한 전략적 효과를 지녔다. 전략방위구상은 도저히 그 프로그램이 상정하고 있는 기술 수준을 감당할 자신이 없었던 소련의 방어 계획가들에게 매우 큰 걱정거리를 안겨주었다. 전략방위구상은 또 쿠바 위기 이후 증강시켜 온 소련의 군사력을 조롱거리로 만들고, 모스크바가 엄청난 자금을 투입했던 소련의 전략 개념에 크나큰 도전을 제기하는 것이었다.

레이건의 프로그램, 특히 중거리핵전력과 전략방위구상은 소련 체제에 존재론적 위협을 가했다. 많은 소련 지도자들은 경제 위축과 낡은 사업 기반, 아프간 전쟁의 값비싼 부담을 안고 있는 상태에서 완전히 새로운 전략적 구조에 재정을 쏟아 붓겠다는 발상에 반발했다.[7]

그리하여 레이건의 전략방위구상 계획은, 레이건의 국가안보 문제 담당 보좌관인 로버트 맥팔레인*에 따르면, 소련의 행태에 '극적인 변형'을 가져왔다. 맥팔레인은 1983년 4월과 10월 사이에 국가보안위원회(KGB)가 백악관으로 바로 연결되는 직접 채널을 구축하려는—아마도 안드로포프의 지시였을 것이다—노력을 재개했다고 회고했다. 그러나 그로미코가 그것을 계속 막았다.[8]

그러한 채널이 도움이 되었을지 되지 않았을지는 여전히 의문으로 남아 있다. 레이건은 모스크바와 회담을 갖기 전에 확실히 군사적 증강을 진척시키기를 원했기 때문에 브레즈네프와 만날 기회가 될 수 있는 일은 추구하지 않았다. 게다가 레이건은 1983년 9월 1일 소련 제트 전투기가 실수로 항로를 벗어나 소련 영공을 침범한 대한항공 747 민간 제트 여

---

* Robert McFarlane(1937-). 미국의 정치가. 1983-1985년 미국 레이건 대통령의 국가안보 자문관을 지냈다. 그 뒤 레이건 행정부의 일원이 되어 전략방위구상(SDI)을 주도적으로 설계했다.

객기를 격추시켰을 때 소련에 대한 자신의 견해가 확증되었다고 생각했다. 미국 의원 한 명과 다른 미국인 60명이 사망했다. 미국 정보기관은 소련 전투기 조종사와 지상의 감독관이 조종사가 민간 여객기에 발포하리라는 것을 알았음을 입증하는 무선통신을 들었다. 소련 정부는 심지어 유감 표명조차 하지 않았는데, 이 때문에 레이건은 더욱 강력히 이 사건과 관련해 모스크바를 맹비난했다.

제네바 회담이 교착상태에 빠지고 동-서 관계가 제 기능을 못하는 상황에서 나토는 중거리핵전력 배치 계획을 계속 진행했다. 프랑스의 새 대통령인 프랑수아 미테랑*은 1983년 1월 연방의회에서 프랑스가 이 일을 충실히 추진할 것을 약속했다. 마거릿 대처도 11월 본을 방문한 자리에서 똑같은 견해를 표명했다. 데탕트 이전에 종종 그랬듯이, 서방과 소련은 독일에서 정면으로 대치했다.

안드로포프는 워싱턴을 향해 새로운 창을 낼 수 없다면 본을 향해 새로 창을 내기를 바랐다. 안드로포프는 모스크바에서 있었던 브레즈네프 장례식에서 콜을 만나 따뜻한 관계를 맺으려고 애썼다. 1982년 12월 안드로포프는 약간의 퍼싱 II 배치를 허용하나 양측의 미사일 수를 줄이는 새 중거리핵전력 제안을 내놓으려 했다. 이 제안은 잠정 협정의 전망을 밝게 했다. 그러나 그로미코도 소련 군부도 이 조건을 좋아하지 않았다. 추가 논의 끝에 안드로포프는 모스크바가 나토가 배치한 미사일 한 기 당 미사일 두 기를 배치한다는 그로미코의 방안으로 되돌아가야 했다.[9]

안드로포프는 콜을 좋아했다. 안드로포프는 콜이 열정적이며 지성적

---

* François Mitterrand(1916-1996). 프랑스의 정치인. 1971년 프랑스 사회당 제1서기가 되었고, 1981-1995년 프랑스 제21대 대통령을 지냈다.

이라는 것을 알았고, 브레즈네프가 브란트와 시작했던 대화를 콜과 하기를 바랐다고 레오에게 말했다. 하지만 그 직후 안드로포프는 병원에 입원했다. 본으로 통하는 채널이 닫힘에 따라 레오와 슬라바는 절망했다. 바르는 자신의 두 친구가, 그들 뒤의 영웅적 순간들이, 얼굴 없는 소련 관료층의 늪 속으로 가라앉는 것을 슬프게 지켜보았다.[10]

새로운 정책에 관해 결정을 내릴 수가 없었던 모스크바는 미사일에 대해 독일 일반인들을 겁주기로 했다. 소련의 선전기관들은 "전후 역사상 처음으로 소련 인민들을 겨냥한 군사적 위협이 독일 땅으로부터 생겨나고 있다."고 떠들었다.[11] 소련 정부는 소련 핵미사일을 서독을 겨냥하게 하겠다고 위협했는데, 서독인들은 이미 오래전부터 자신들이 목표물이라는 사실을 알고 있었기 때문에 이러한 위협은 공허했다.[12]

독일의 평화운동은 중거리핵전력 배치를 저지하는 데 전력을 기울이며 '뜨거운 여름과 뜨거운 가을'(heisser Sommer and heisser Herbst)을 약속했다. 평화운동은 미국의 군사시설에 대한 폭력적 공격으로 이 약속을 지켰다. 시위자들은 프랑크푸르트의 미군 본부를 공격했고, 베를린의 미국 기지에 파이프 폭탄을 터뜨렸으며, 많은 미국 시설에서 시위를 벌였다. 람슈타인의 미국 공군기지 바깥에서 발생한 차량 폭발로 거의 600개의 창문이 날아가고 22명의 미국인들이 다쳤다. 항의자들은 비스바덴에서 미국 차량을 전복시키고 불태웠다.

1983년 10월 15-22일 일주일 동안, 계획된 시위가 절정에 올랐을 때 30만 명 이상의 항의자들이 본을 비롯한 서독 전역의 도시들과 서베를린에 모였다. 빌리 브란트는 본에서 군중들에게 연설했다.[13] 모스크바가 먼저 SS-20을 전개하지 않았더라면 나토는 독일에 새로운 미사일 체제를 배치할 수 없었을 것임이 분명해졌다.

독일사회민주당은 모스크바로부터 얻을 수 있는 어떤 신호도 미사일에 대한 반대 주장으로 이용했다. 11월 중순, 독일사회민주당은 특별 당대회가 '대안 전략'으로서 모든 핵무기를 버리기로 표결하며 새로운 유럽 방어 전략을 제안했다. 오직 슈미트만 중거리핵전력 배치에 찬성 발언했다. 당은 베르너와 브란트가 고데스베르크 강령을 준비하기 전에 그랬던 만큼이나 왼쪽으로 멀리 방향을 틀었다.[14] 그러나 며칠 뒤인 1983년 11월 22일, 연방의회는 표결로 중거리핵전력 미사일의 배치를 수용하기로 했다.

이튿날 크비친스키는 제네바 중거리핵전력 협상을 중단했다. 저항운동을 통해 중거리핵전력 배치를 막겠다는 그로미코의 희망은 실패로 끝났다. 며칠 뒤 퍼싱 II와 크루저 미사일이 연방공화국에 도착하기 시작했다. 항의가 계속되었으나 배치를 저지할 정도로 강력하지는 않았다.

연방의회 표결 직후 제네바 회담을 끝내겠다는 크비친스키의 행동은 퍼싱 II에 대한 모스크바의 두려움을 보여주었다. 크비친스키는 처음에 중거리핵전력 무기가 유럽에 도착했을 때 회담을 중단하겠다고 위협했지만, 몇몇 크루저 미사일이 영국의 기지에 도착한 후 그렇게 하지 않았다. 크비친스키는 퍼싱 II가 독일에 도착하기 시작했을 때 비로소 회담을 그만뒀다.

모스크바 측의 배치도 반대에 봉착했다. 호네커는 더 많은 SS-20 발사대를 원하지 않았고, 서독의 미사일 1기마다 동독에 미사일 2기를 배치하는 것을 바라지 않았다. 그로미코는 호네커에게 '대응 조치'를 수용하라고 설득했지만, 체코슬로바키아가 동의한 후에야 그랬다. 슈미트와 마찬가지로 호네커는 더 많은 미사일을 가진 유일한 사람이고 싶지 않았다. 호네커는 독일민주공화국에 추가 압력을 넣기 위해 바르샤바 협정

회담이 동베를린에서 열린 후에야 마침내 미사일을 받아들이는 데 동의
했다.[15]

그 뒤 모스크바가 실제로 동독에 추가 미사일을 배치하자 호네커는
이 '불가피한' 배치가 "우리나라에서 어떤 축하 인사도 받지 못했다."고
말했는데, 이는 소련 동맹자가 한 놀라운 발언이었다. 《노이에스 도이칠
란트》는 "악을 악으로 대응하는" 데 대해 공포를 표명하는 동독의 루터
파 성직자의 편지를 게재하기까지 했다. 독일사회주의통일당이 서독의
미사일에 항의하기 위해 조직한 동독 그룹들도 동독의 미사일에 대한 반
대를 보여주기 시작했다. 동독의 교회들도 마찬가지였는데, 이들은 수년
만에 처음으로 반대 그룹들을 공공연하게 지지하고 앞으로 점점 더 중요
해지는 관계를 형성했다.

일찍이 핵시대의 전쟁은 다른 수단에 의한 정치의 계속으로 여겨질
수 없다고 말했던 호네커는, 동-서 관계가 두 독일을 둘러싸고 틀어지자
양 국가 사이의 '이성의 연합'을 요청했다. 콜은 이에 동의하면서 호네커
와 '독일 책임 공동체'에 대해 이야기했다.[16] 《노이에스 도이칠란트》는 서
독의 정책에 대한 《프라우다》의 공격을 보도하지 않았고, 대신 독일사회
주의통일당 정치국 회의 이후 본과의 대화와 협력이 어느 때보다도 더 중
요하다고 선언했다.[17] 독일사회민주당의 '접근을 통한 변화'는 동독에서
든 서독에서든 미사일 배치를 중지시키지는 못했으나 예견된 '화해를 통
한 탈바꿈'을 얼마간 달성할 수 있을 것이었다.

레이건은 콜보다 더 나은 독일 파트너를 바랄 수 없었을 것이다. 콜 총
리는 오래 전부터 미국이 전쟁 후 독일에게 준 도움에 고마워했다. 총리
는 부인과 첫 데이트를 하는 날 '미국 대(對)유럽송금협회'(Cooperative for
American Remittances to Europe, CARE)의 원조 꾸러미에서 나온 바지를 입었

다고 미국 친구들에게 말하기를 좋아했다. 콜은 미국 관리들과 따뜻하고 긴밀한 접촉을 유지했고, 미국에 대해 진심으로 고마움을 느꼈다. 콜은 아들들을 미국 대학에 보냈고, 그의 오랜 총리 재임 기간 동안 워싱턴과 특히 긴밀한 협력을 추구했다.

콜은 슈미트와 스타일이 달랐다. 콜은 슈미트가 찬양받기도 하고 비난받기도 한 특유의 차가운 교만을 내비치지 않았다. 콜은 논쟁보다는 합의를 모색하며 막후에서 효과적으로 일했다. 슈미트가 모든 문제를 지적으로 보았던 반면 콜은 그것들을 정치적으로 보았다. 콜은 지역적 수준에서 정치적 진동을 듣는 법을 배웠다. 콜은 출구를 보고, 그런 다음 그의 느릿느릿한 매너와 절제된 스타일에 어울리지 않는 민첩성을 갖고 와락 덤벼들 때까지 신중하고 천천히 발을 내딛곤 했다. 콜은 독일인들이 점령국들, 특히 소련인들로부터 잔소리를 듣기 위해 주권을 되찾은 것이 아니라고 믿으며, 아데나워처럼 라인란트의 쾌활한 기분과 라인란트의 자부심을 갖고 있었다. 이것은 그를 모스크바에게는 다정하지만 때로 어려운 파트너로, 서방에게는 좋은 파트너로 만들었다.

퍼싱 Ⅱ를 용납함으로써 콜은 아데나워가 1955년에 처음으로 수립했던 미국과의 범대서양 동반자관계를 재확인했다. 그러나 콜은 유럽의 전략적 균형과 단계적 확대의 역학, 그리고 독일의 역할을 총체적으로 변화시킨 무기로 그것을 재확인했다. 처음으로 유럽의 비핵 국가에서 발사된 미사일이 초강대국의 수도를 파괴할 수 있었다.[18]

콜은 또 슈미트가 카터와 이루었던 개인적 관계보다 훨씬 더 느긋한 개인적 관계를 레이건과 맺었다. 콜은 1982년 11월 워싱턴을 처음 방문했던 동안 레이건과의 돈독한 관계를 과시했다. 콜과 레이건은 의제로 올라와 있는 어떤 문제도 무시하고 긍정적인 것을 강조하는 쪽을 택했다. 콜은 레이건이 안드로포프를 만나야 한다고 주장했으나 중재자 역할을 맡으려 하지는 않았다. 콜은 독일이 유럽 대륙에서 미국의 가장 친한 친구로 남아 있기를 원한다고 강조했다. 만약 그로미코가 시위자들이 콜과 워싱턴 사이를 갈라놓기를 기대했다면, 그는 상대를 완전히 잘못 판단한 것이다.[19]

그러나 콜은 1944년 6월 21일에 있었던 연합국의 노르망디 상륙 40주년 기념식에서 배제된 데 분개했다. 콜은 히틀러 치하에서 고생하고 나치에 저항했던 독일인들을 위해 화해의 몸짓으로 초청받기를 원했다. 콜의 분노를 누그러뜨리려고 미테랑은 몇 달 뒤 제1차 세계대전 때 큰 전투가 벌어졌던 베르됭을 합동 방문하는 행사에 그를 초청했다. 1984년 9월 22일, 그곳에서 콜과 미테랑은 100만 명의 독일인과 프랑스인이 서로를 도륙하던 들판에서 손을 맞잡고 섰다.

콜은 독일인과 미국인 사이에 화해 분위기를 조성하기 위해 레이건과의 사이에서도 비슷한 제스처를 원했다. 레이건은 1984년 11월 라인란트-팔츠의 콜의 집 근처에 있는 비트부르크의 독일군 묘지를 방문해 달라는 콜의 초청에 동의하고 이를 수용했다.

그러나 비트부르크 방문은 홍보상의 대참사가 되고 말았다. 이 묘지에는 자원 또는 특별 충원으로 나치 엘리트 전투부대의 일원이 되었던 무장친위대(Waffen SS) 퇴역 군인들의 무덤들도 많았기 때문이었다. 독일 정부는 미리 기록을 재검토하거나 현장을 방문하지 않았다. 백악관의 사전 점검 방문이 이루어지고 있는 동안 미국 언론은 친위대 무덤들이 눈에 덮여 있는 것을 알아차렸다. 유대인 그룹들은 이 방문을 모욕적으로 받아들였다. 콜은 만약 레이건이 자신과 함께 묘지를 찾지 않는다면 자신의 정부가 붕괴될 것이라고 경고하면서 방문을 밀어붙일 것을 고집했다.

일부 독일인들은 무장 친위대가 전투부대였으며 힘러*-친위대(Himmler-SS) 수용소 같은 집단수용소를 감독하지 않았다고 지적했지만, 미국인들은 이것이 쓸데없는 구별임을 알았다. 레이건은 자신의 묘지 방문 계획을 고수했고, 나아가 자신이 홀로코스트를 잊지 않았다는 것을 보여주려고 베르겐-벨젠의 집단수용소도 방문했다.[20]

콜은 또 소련이 거듭 강력하게 반대했음에도 불구하고 전략방위구상에 관해 레이건을 지지했다.[21] 소련인들은 전략방위구상 프로젝트에 대해 협력할 경우 야기될 수 있는 '위험'에 대해 본에게 경고하는 외교 각서를 발표했다.[22] 모스크바는 독일이나 여타 나라들에서 그럴 만한 일이 생길 때마다 유사한 경고를 발했다.

콜의 국방장관으로 미국과의 긴밀한 협력에 찬성하는 전략 전문가 만프레트 뵈르너**는 전략방위구상을 지지했다. 모스크바의 기분을 더는 상하게 하고 싶지 않았던 겐셔는 사적으로 전략방위구상에 반대했다. 콜은 총리실 외교 담당 자문관인자 친밀한 협력자였던 호르스트 텔치크***에게 독일의 입장을 확립할 것을 지시했다. 텔치크는 워싱턴을 방문하여 전략방위구상의 전략적·정치적·기술적 함의를 재검토했다.

신중한 연구 이후 그리고 독일사회민주당의 저항 속에서 콜은 1985

---

* Heinrich Himmler(1900-1945). SS로 약칭되는 친위대(Schutzstaffel) 지도자로서 SS와 게슈타포를 지휘했다. 독일 내 최초의 나치 강제수용소인 다하우 강제수용소를 설립하고, 그 후 수백만 명의 희생자를 낳은 홀로코스트의 주 설계자 중 한 명이 되었다. 연합군에 의해 주요 전범으로 체포되자 자살했다.
** Manfred Wörner(1934-1994). 독일의 정치인이자 외교관. 1965년부터 1988년까지 연방의회 의원을 지냈다. 1982-1988년 독일연방공화국 국방장관, 1988-1994년 나토 사무총장을 역임했다.
*** Horst Teltschik(1940-). 독일의 정치학자. 헬무트 콜 총리의 친구였으며, 총리실에서 관리로 근무했다. 1999-2008년 뮌헨안보회의(MSC)를 이끌었다.

년 3월 27일, 전략방위구상을 조심스럽게 승인하는 정부 성명을 발표했다.[23] 성명은 일정한 조건하에서는 전략방위구상이 전략적 안정을 강화할 수 있다고 결론지었다. 성명은 또 전략방위구상의 전략적 함의뿐만 아니라 독일 기업 및 여타 기업들을 위한 잠재적인 평화적 이용을 위해서도 전략방위구상의 기술적 연구가 가진 잠재적 중요성도 강조했다. 서독 실업계는 전략방위구상에서 자금이 지원되는 어떤 연구에도 관여하기를 원했다.

겐셔 때문에 콜은 정부 공식 문서에서 자신이 바랐던 만큼 충분히 전략방위구상을 지지할 수 없었다. 그러나 텔치크는 레이건이 전략방위구상에 부여했던 중요성에 대해 콜에게 말했고, 콜은 독자적으로 더 긍정적으로 발언했다. 콜은 몇몇 공개 발언과 연방의회, 그리고 1985년 2월 뮌헨에서 열린 국방학(Wehrkunde) 회의에서 서독이 미국과 미국 대통령에게 그토록 중요한 프로젝트에 반대할 수 없기 때문에 자신과 자신의 정부가 전략방위구상을 지지한다고 말했다. 콜은 두 초강대국이 전략적 방어에 대한 연구를 수행했고, 미국은 그렇게 할 완전한 권리를 가진다고 덧붙였다. 콜은 독일이 전략방위구상 연구에 참여하는 것에 관심을 표명했고, 전략방위구상이 공격 체제와 방어 체제의 배합에 기반을 둔 새롭고 좀 더 안정된 전략적 질서를 가져올 수 있다고 어림짐작하기까지 했다.[24] 이렇게 하여 소련의 경고에도 불구하고 콜은 다시 서독을 완전히 레이건의 편에 놓았다.

그로미코는 연방의회 토의 직후인 1985년 3월 겐셔가 모스크바를 방문한 동안 다시 한 번 시도를 했다. 그로미코는 독일이 전략방위구상 프로젝트에 참여하면 서독은 "탄도탄 요격 미사일 방어에 관한 조약을 위반하는 공범"이 될 것이라고 경고했다.[25] 그러나 콜은 서독 기업들에게 프로그램 참여를 촉구하면서 계속 진행했다. 기업들은 참여했고, 전략방위구상 연구 계약으로 1억 독일마르크 이상을 벌었다.[26] 콜은 또 전략방위구상의 기술적 도약에 대항하기 위한 프랑스 주도의 유럽 연구 프로그램인 EUREKA*에 서독의 참여를 약속함으로써 프랑스인들의 기분을 맞추려고도 했다.

나토가 중거리핵전력 배치를 성공적으로 수행했음에도 불구하고 레이건 자신은 여전히 핵무기를 줄이기 위한 구상을 포기하지 않았다. 1984년 1월 16일, 레이건은 군비 통제 및 다른 문제들에 관한 광범위한 동-서 회담을 제안함으로써 모스크바와의 대결을 완화하려고 했다. 소련 관료층의 압력을 받은 안드로포프는 12일 후 편지로 이 제안을 공식적으로 거부했지만, 모스크바가 "심지어 유럽에서 완전히 준중거리 및 전술 핵무기를 제거하는 정도까지" 대륙간 미사일과 유럽 미사일을 크게 감축할 것이라고 덧붙였다. 레이건은 맥팔레인에게 "그의 제안을 받아들입시다."라고 말하는 각서를 썼다.[27]

몇 주 후인 2월 9일, 안드로포프가 사망했다. 그러나 안드로포프는 중요한 유산을 남겼다. 안드로포프는 레오와 슬라바의 국가보안위원회(KGB) 채널을 통해 빌리 브란트와 데탕트를 실행하는 데 도움을 주었고, 중거리핵전력 배치 동안 관계가 완전히 무너지는 것을 막았다. 생애 끝무렵에는 미하일 고르바초프가 자신의 즉각적인 후계자는 아니지만 적어도 그 다음 차례가 반드시 될 수 있도록 가능한 모든 일을 다 했다.[28]

---

* 범유럽 연구·개발 협력을 위한 정부간 조직을 일컫는다. 1985년 7월 7일 '파리 선언'으로 설립되었으며, 그해 11월 6일 각국 장관들이 하노버 선언에 서명함으로써 조직의 원리에 합의했다. 정부와 기업과의 더 나은 관계 구축을 위해 노력하지만, 군사 연구에는 참여하지 않는다. 창립에는 프랑수아 미테랑 프랑스 대통령과 헬무트 콜 서독 총리가 주된 역할을 했다. 2018년 현재 정회원으로 유럽연합과 40개 유럽 국가들이 참여하고 있다.

안드로포프의 실제 후임자인 콘스탄틴 체르넨코*는 너무 병약해서 취임 연설을 가까스로 마칠 수 있을 정도였다. 13개월 후 그도 사망했다. 레이건은 체르넨코와 편지를 교환하려 했으나, 관료적 답장만 받았을 뿐이었다. 레이건은 다음과 같이 불평했다. "나는 소련 지도자들과 일을 시작할 수가 없어요. 그들은 내 눈 앞에서 계속 죽어나갑니다."[29]

딕슨에서 온 사나이와 스타브로폴에서 온 사나이

소련공산당의 신임 총서기인 미하일 고르바초프는 몇 가지 점에서 로널드 레이건을 닮았다. 레이건처럼 고르바초프도 중앙 정부의 역할을 축소하기를 원했다. 레이건처럼 그리고 이전 소련 지도자들과는 달리, 고르바초프는 주로 수도 바깥과 중앙 관료층의 무대 바깥에서 경력을 쌓았다. 고르바초프는 고향인 캅카스의 스타브로폴 시에서 근무하며, 소련 공산당 지역 지도자로서 지역의 경제적·사회적 체제를 돌아가게 하기 위해 애를 썼다. 고르바초프는 모스크바의 새로운 아이디어 부족과, 그리고 지역의 창의성을 질식시키고 모든 것을 관료적 요식행위 속에 가두어 버리는 엄격한 중앙 계획에 대해 불만을 가졌다. 외국 여행을 하며 고르바초프는 자신이 일하고 있는 스타브로폴 지역 사람들이 겪고 있는 비참한 생활에 비해 다른 사람들이 얼마나 잘 사는지를 보았고, 이는 소련 체제에 대한 그의 신념을 뒤흔들었다. 심지어 모스크바로 이주한 이후에

---

* Konstantin Chernenko(1911-1985). 소련의 정치가. 1984년 2월, 안드로포프가 사망한 후 총서기로 선출되었다. 재임 중 노동조합을 지원하고, 교육제도를 개편했으며, 관료정치를 개선했다. 또한 중화인민공화국과 무역협정을 위해 교섭했지만 에리히 호네커가 서독을 방문하는 것을 방해하는 등 냉전의 완화에는 크게 기여하지 못했다. 1985년 3월 건강이 악화되어 사망했다.

도 고르바초프는 정치국에서 농업에 대한 책임을 맡으면서 관료들이 아니라 농부들에게 더욱 공감하게 되었다.[30]

고르바초프는 브레즈네프의 안일함이 소련 체제의 정체를 더욱 심화시켰다고 믿었다. 고르바초프는 브레즈네프가 크렘린 관료층을 구성하는 모든 요소들의 비위 맞추기에 열중한 결과가 어떻게 소련을 파산시켰는지를 보았다. 고르바초프는 군사 예산이 소련 국내 총생산의 속도보다 2배나 빠르게 늘어나는 상황을 씁쓸하게 지켜보았으며, 소련 공장들이 탱크는 좋은 탱크를 생산하지만 트랙터는 쓰레기 트랙터를 생산한다고 불평했다.

고르바초프는 아프가니스탄에 대한 그로미코와 우스티노프의 낙관적 브리핑을 역겨워하며 들었다. 고르바초프는 안드로포프가 점점 절망적으로 되어 가는 상황을 역전시키려 애쓰는 것을 높이 평가했다. 고르바초프는 때때로 스타브로폴 등지에서 이 나이든 사람과 생각을 교환하곤 했다, 안드로포프는 그런 만남이 잦아지면 크렘린의 파벌들 사이에서 의심을 사게 될 것이라고 경고했다. 고르바초프는 이제 안드로포프가 할 수 없었던 것을 해야 할 것이었다.

고르바초프는 브레즈네프를 맞이했던 세계와는 매우 다른 세계를 마주했다. 덩샤오핑* 치하의 중국은 농업을 사유화·근대화하고 있었고, 생산성을 고취시키고 있었다. 세계의 대부분은 소련이 대항할 수 없는 새로운 기술을 도입하고 있었다. 1982년 이스라엘 공군과 방공 체제가 소련의 훈련과 장비에 의존한 시리아인들을 압도했을 때, 소련 군부는 대

---

* 鄧小平(1904-1997). 중화인민공화국의 정치가. 1978-1983년 중국인민정치협상회의 전국위원회 주석, 1981-1989년 중국공산당 중앙군사위원회 주석을 역임했다. 중국 공산당 2세대의 가장 중요한 지도자이다.

리 전쟁에서 치욕적인 패배를 겪었다.[31] 미테랑은 소련 농업이 1917년 이래 제대로 기능하지 않았다고 고르바초프가 말하는 것을 듣고 깜짝 놀랐으며, 총서기로서 자신의 일이 "쓰레기를 치우는 것"이 되리라고 말하는 것을 듣고는 훨씬 더 크게 놀랐다.[32]

레이건이 미국을 변화시키고 싶어 했듯이, 고르바초프는 소련을 바꾸고 싶었다. 그러나 레이건이 기본적으로 미국이 누렸던 국제적 위신의 붕괴를 극복하기를 원했던 반면 고르바초프는 소련의 국내적 요구에 집중하기를 원했다.

고르바초프는 소련 인민들의 참을성은 바닥나지 않았지만, 그 힘은 바닥에 이르렀다고 생각했다. 고르바초프는 소련의 대외 정책을 바꾸고 군사 예산을 삭감하지 않고서는 소련의 국내 문제가 해결될 수 없다고 보았다. 고르바초프는 안보 정책이 국내적 요구를 결정하는 것이 아니라 국내적 요구가 안보 정책을 결정하기를 원했고, 진정 인민을 도울 생각이라면 빨리 행동해야 한다고 느꼈다. 레이건처럼 고르바초프는 서두르는 사람이었다.

외교 문제에서 고르바초프가 취한 최초의 행동은 신속한 행동에 대한 그의 바람을 반영했다. 고르바초프는 그로미코를 외무장관직에서 해임해 소련 대통령으로 승진시켰으며, 외무장관으로 그로미코 대신 오랜 친구인 예두아르트 셰바르드나제*를 임명했다. 고르바초프는 그로미코가 소련이 필요로 한다고 생각되는 고속·고충격 외교를 수행할 수도 없

---

* Eduard Shevardnadze(1918-2014). 소련과 조지아(소련 시절에는 그루지야로 불림)의 정치가. 1985-1990년 소련의 외무장관직을 수행하고 후에 독립국가연합(CIS)의 일원인 조지아 공화국에서 1995년부터 2003년 장미혁명으로 물러날 때까지 대통령을 지냈다. 고르바초프에 의해 외무장관으로 발탁되어 그와 함께 냉전의 종식에 큰 역할을 했다.

고 수행하지도 않을 것임을 알았다.

소련 지도자는 셰바르드나제보다 그로미코와 더 다른 외무장관을 거의 찾을 수 없었을 것이다. 그루지야인인 셰바르드나제는 당 내에서 성장하여 내무장관과 나중에는 그루지야 공산당 서기가 되었는데, 서기로서 그는 그루지야에서 부패를 일소하는 데 성공했다. 그루지야가 스타브로폴에 인접해 있었기에 고르바초프는 셰바르드나제를 지켜보았고, 문제에 대한 그의 현실적이고 창의적인 접근에 깊은 인상을 받게 되었다. 셰바르드나제는 외교에 대해서는 아무것도 몰랐을 테지만, 무엇이 소련의 우선 사항이 되어야 하는지는 알았다. 제2차 세계대전 이래 처음으로 소련은 누가 더 굳센 의지를 갖고 있는지를 시험하지 않고, 문제를 발명하기보다는 문제를 해결하기를 원하는 외무장관을 갖게 되었다.

고르바초프는 오직 미국과 합의를 봄으로써 국방 예산을 줄일 수 있다고 생각했다. 그 목적을 달성하기 위해 고르바초프와 레이건은 정기적인 서신을 주고받기 시작했고 결국 3년에 걸쳐 다섯 번의 정상회담을 가졌다. 비록 그들은 이 정상회담들 중 어느 회담에서도 독일 문제를 구체적으로 논의하지는 않았지만 회담은 데탕트를 부활시키고 유로-미사일을 비롯한 몇 가지 군비 통제 문제를 해결함으로써 독일 문제에 깊은 흔적을 남겼다.[33]

고르바초프는 전략방위구상과 중거리핵전력 무기 체제가 그 자신을 비롯한 소련 지도자들을 가장 크게 불안하게 만들었기 때문에, 레이건과의 회담을 이용해 전략방위구상을 저지하고 중거리핵전력 미사일을 유럽에서 제거하기를 원했다.

레이건을 만나기 전에 고르바초프는 마거릿 대처와 프랑수아 미테랑을 만났다. 고르바초프는 '유럽 공동의 집'에 대해 그들 두 사람에게 이야기했고, 그들은 그 함의를 전부 알지는 못했지만 이 방안이 매우 흥미롭고 매력적임을 알았다. 고르바초프는 그들에게 자신이 새로운 형태의 계급투쟁만이 아니라 진정한 '평화공존'을 원한다고 말했고, 군사 물자와 무기의 진정한 감축에 대해 협상하고 싶다고 암시했다. 대처는 고르바초프가 마음에 들며, 누구든 그와 함께 일을 할 수 있다고 레이건에게 말했다.

레이건도 스스로 고르바초프가 좋은 파트너임을 알게 되었다. 1985년 11월 19일부터 21일까지 제네바에서 벌어졌던 그들의 첫 공식 협상이 있기 전에, 레이건은 좋은 개인적 공감대를 발전시키기를 바라면서, 사적인 노변환담을 위해 고르바초프를 초청했다. 레이건은 고르바초프에게 그들 둘 다 조그만 도시 출신(레이건 자신은 일리노이 주의 딕슨 출신)으로서 결코 큰 인물이 될 것이라고 기대되지 않았지만, 지금 함께 역사를 바꿀 기회를 잡았다고 말했다. 그들은 자신들이 시도해야 한다는 데 동의했다. 레이건은 고르바초프를 워싱턴에 초청했고, 고르바초프는 레이건을 모스크바에 초청했다. 레이건과 고르바초프의 첫 회담은 서로에 대한 믿음을 갖게 했는데, 그것은 이따금 불쑥불쑥 튀어나온 의견 차이에도 불구하고 유지되었다. 닉슨과 브레즈네프와는 달리 레이건과 고르바초프는 그들의 참모들이 충분히 준비하지 않은 상태에서 정상회담을 가지곤 했다. 만약 그들이 합의를 찾기를 원하지 않았더라면, 그들이 서로 신뢰하지 않았더라면, 이러한 습관은 빈에서 케네디와 흐루쇼프에게 닥쳤던 것과 같은 대참사로 이어졌을지도 모른다.

심지어 제네바 정상회담 전에도 고르바초프는 조지 슐츠에게 자신은 레이건이 전략방위구상 프로그램을 중단하거나 적어도 연구를 실험실에 국한하기를 원한다고 말했다. 그러나 레이건은 제네바에서 전략방위구상에 대한 자신의 고집을 거듭 확인했다. 레이건은 다른 군비 통제 아이디어를 제안하면서, 고르바초프에게 전략 무기의 50% 감축과 중거리 핵전력 미사일의 잠정적 감축을 제의한, 폴 니츠가 준비한 문서를 주었다. 고르바초프는 전략방위구상과 같은 강력한 잠재력을 지닌 방어 체제가 목전에 있는 한, 어떤 공격 무기 감축도 수용할 수 없다고 응수했다. 그리하여 제네바 정상회담은 무기를 줄이지는 못했으나 시도를 계속하게 해주는 상호 이해를 낳았다.

고르바초프는 국내의 우선 사항을 염두에 두었다. 제네바 정상회담이 있은 지 3개월 후인 1986년 2월 25일부터 3월 6일 사이에 고르바초프는 자신의 페레스트로이카* 프로그램에 대해 제27차 소련공산당 대회의 지지를 얻었다. 고르바초프는 소련의 대외 정책이 "나라의 국내 발전에 기여해야 한다."라고 대회에 알렸고, 소련이 군사력으로써만 아니라 외교를 통해서도 안보를 모색하기 시작해야 한다고 주장했다. 대회의 다수파는 이에 동의했다.

고르바초프는 레이건을 자신이 '예비회담'이라고 부른 회담에 초청했다. 회담은 1986년 10월 10일부터 12일 사이에 아이슬란드의 레이캬비크에서 열렸다. 그들은 독일인들을 포함한 많은 유럽인들을 불안하게 할 정도로 핵무기에 대한 논의를 진행했다.

---

* perestroika. '재건', '재편'의 뜻을 가진 러시아어로, 미하일 고르바초프가 1985년 3월 소련 공산당 총서기에 취임한 후 실시한 개혁정책을 가리킨다. 글라스노스트와 문화면에서의 자유화, 복수정당제, 공산당과 소비에트의 기능 분리 및 복수입후보제 선거 등 정치체제의 민주화, 공산당으로부터 소비에트로의 권력 이양과 대통령 권력의 강화, 시장화에 의한 경제 재건, 군축 및 동서의 긴장 완화와 상호의존 체제 확립 등을 특징으로 한다. 고르바초프는 이 정책을 수행하면서 국내 정치면에서는 급격한 정치개혁을 실시했고, 대외정책면에서는 긴장 완화와 군축정책을 실시하여 동구권의 체제 변혁과 냉전의 종식을 이끌어냈다. 그러나 국내경제면에서는 기업의 자립화나 시장경제화가 진전을 보지 못해, 인플레이션과 함께 국민생활이 어려워졌으며 민족문제가 발생하는 계기가 되었다.

레이캬비크에서 이틀 동안 치열하고 매우 개인적인 논의를 거친 후 고르바초프와 레이건은 지속적으로 그들의 모든 핵미사일과 핵무기를 제거하기를 원한다는 데 잠정적으로 동의했다. 그러나 고르바초프는 논의 내내, 특히 논의가 끝날 무렵에, 레이건이 전략방위구상 연구를 실험실에 국한해야 한다는 점을 명확히 했다. 대통령은 자신의 생각으로는 전략방위구상 프로그램을 죽여버릴 이 조건을 수용하지 않으려 했다. 사실상 중거리핵전력 미사일의 전면적 제거를 포함하는 다른 제안들은 전략방위구상 때문에 진전을 보지 못했다. 레이건은 또 전략 무기를 신속하게 폐기하고자 한 고르바초프의 노력도, 그렇게 할 경우 비전략 무기에서 모스크바가 너무 앞서게 될 것이라는 이유로 거절했다.[34]

그럼에도 불구하고 잠정적인 중거리핵전력 합의가 돌파구를 열었다. 이 합의하에서라면 나토와 소련은 유럽에서 준중거리 핵미사일을 포기했을 것이다. 나토는 모든 퍼싱 Ⅱ 미사일과 크루저 미사일을 파괴했을 것이고, 소련은 유럽에서 모든 SS-20 발사대를 파괴했을 것이다. 합의는 서유럽에 대한 SS-20의 위협과 모스크바에 대한 퍼싱 Ⅱ의 위협을 끝냈을 것이지만, 소련인들이 더 많은 병력과 더 많은 탱크, 더 많은 단거리 미사일을 갖고 있었기 때문에, 나토를 매우 불리하게 만들었을 것이다.

독일인을 비롯한 서유럽 정부들과 군 참모들은 레이건과 고르바초프가 핵무기에 관한 거래를 마무리 짓지 않은 사실에 큰 안도감을 느꼈다. 헬무트 콜은 레이건이 단거리 억지력이나 재래식 무기의 불균형에 대해서는 아무 것도 하지 않으면서 서독의 방어망에서 그들의 준중거리 억지력을 없애버리는 등 도를 넘었다고 사적으로 말했다. 먼저 레이건이 군비 통제에 관해 유연성을 충분히 보여주지 못했다고 불만을 토로한 후, 많은 유럽인들은 대통령이 자신들과 상의하지 않고 너무 빨리 나아갔다

고 생각했다.[35]

고르바초프와 레이건은 단념하지 않았다. 고르바초프는 다음 단계는 중거리핵전력 무기를 전략방위구상 장애물로부터 분리시켜 중거리핵전력 무기의 감축을 시도하는 것이라고 결정했다. 슐츠가 대처와 콜을 비롯한 나토 지도자들과 긴밀히 상의하는 가운데, 셰바르드나제와 슐츠 사이에 일련의 협상이 진행되었고, 그 결과 남아 있던 모든 장애물이 제거되고 중거리핵전력 협정이 맺어졌다.

중거리핵전력 협정은 하나가 아니라 두 개의 제로 옵션을 가졌다. 첫 번째 제로 옵션은 모든 소련 SS-20과 모든 나토 퍼싱 Ⅱ 및 크루저 미사일들을 제거했다. 두 번째 제로 옵션은 500에서 1,000킬로미터 사거리를 가진 모든 핵미사일을 제거했다. 소련은 SRINF [Shorter-Range Intermediate Nuclear Forces, 단(短)사정중거리핵전력]라는 머리글자로 알려진, 이런 무기들을 수백 기를 가지고 있었다. 나토는 아무 것도 없었지만, 소련 수준으로까지 증강할 권리는 갖고 있었다. 각자가 얼마나 많은 무기들을 보유해야 하느냐에 대해 토론을 벌이기보다는 고르바초프와 레이건은 무기 전체를 제거하기로 결정했다. 이것은 양측에 전술 핵무기를 여전히 남겨두었는데, 이 사실은 이 전술 핵무기가 재래식 전력에서 소련의 우위에 대항할 수 있기 때문에 나토에게 특히 중요했다. 독일인들은 탄두가 독일 영토나 그 주위에 떨어질 수 있다는 점 때문에 단거리 무기에 의존하는 것에 대해 불편함을 느꼈지만, 동구권도 서방도 모두 이러한 결정에 안도감을 느꼈다.

1987년 12월 8일 고르바초프와 레이건은 워싱턴에서 중거리핵전력 조약에 서명했다. 조약의 결과, 3년 내에 1,846기의 소련 미사일과 846기의 나토 미사일이 파괴되었다. 조약으로 두 초강대국은 처음으로 핵무기의 상한을 정했을 뿐만 아니라 실제로 핵무기의 숫자도 줄였고, 또한 처음으로 무기 전체를 제거하는 데 공동으로 동의했다.

중거리핵전력 조약은 헬무트 슈미트가 세계를 향해 SS-20의 위협에 대해 경보를 울린 지 10년 2개월 만에 유럽과 독일을 군사적으로 위압하고자 하는 소련의 운동을 종결시켰다. 중거리핵전력 조약은 소련 정책에서, 브레즈네프 말기로부터 브레즈네프가 초기에 원했던 범유럽적 타협으로 거슬러 올라가는 변화를 암시했다. 이제부터 소련은 미사일보다는 외교를 이용해 영향력을 발휘할 터였다. 붉은군대는 여전히 재래식 무기의 우위를 갖고 있었으나, SS-20을 철수시키자 소련군은 훨씬 덜 우세하게 되었다. 그리고 독일을 둘러싼 투쟁은 협상 테이블과 외교적·정치적·경제적 영향력의 영역으로 복귀했다.

고르바초프는 또 어느 젊은 독일인 덕분에 뜻하지 않게 권력을 공고히 할 수 있었다. 마티아스 루스트(Mathias Rust)라는 함부르크 출신의 19세 학생이 고르바초프에게 지구적 핵군축을 위한 20쪽짜리 계획서를 전달하려고 헬싱키에서 모스크바로 단발 엔진 항공기를 몰고 날아왔다. 온갖 종류의 대공 무기로 가득 차 있는 소련의 거대한 레이더 및 항공 방어 체제는 그를 추적하는 데 실패했다. 루스트는 붉은 광장에 경쾌하게 착륙했고 자신의 메시지를 전달하기 위해서 크렘린에 어떻게 들어갈 수 있는지 묻기 시작했다. 루스트는 자신이 체포당했다는 것을 알고 무척 놀랐다.

소련 군부가 프로펠러 비행기를 전혀 탐지하지 못하고 곧 바로 소련 수도로 날아오게 했다고 망신을 당하며 크게 동요하자, 고르바초프는 번개 같은 속도로 움직였다. 고르바초프는 소련 국방장관을 해임하고 페레스트로이카를 지지한 드미트리 야조프* 장군으로 대체했다. 다른 군 고위 장교들도 사임해야 했다. 아프가니스탄 침공에 반대했던 세르게이 아흐로메예프[**] 원수가 여전히 소련군 참모총장으로 자리를 지키는 가운데, 고르바초프는 처음으로 소련 국방 기관의 최정상에 자신의 동맹자들을 앉힐 수 있었다. 고르바초프는 루스트를 1년 이상 감옥에 가두었으나, 많은 서방 사람들은 그 대신 소련 지도자가 루스트에게 실제로는 감사 메달을 줬어야 한다고 생각했다.

고르바초프는 갈 길이 여전히 멀었다. 1988년 중반 소련군을 아프가니스탄에서 철수시키기 시작한 고르바초프는 유럽에서도 소련군의 철수를 개시하기로 결정했다. 1988년 12월 7일, 유엔총회에서 고르바초프는 소련이 1991년까지 독일민주공화국, 체코슬로바키아, 헝가리에서 6개의 탱크 사단을 일방적으로 철수해서 해체하겠다고 발표했다. 모스크바는 강습상륙부대와 가교장비 같은 공격 병력과 장비를 철수시키고 순전히 방어 부대와 장비만을 남겨놓을 것이었다. 모스크바는 모든 바르샤바 협정 국가들과 소련의 인접 지역으로부터 총, 병력 5만 명, 탱크 1만 대, 포병 시스템 8,500기, 전투기 800대를 제거할 터였다. 중거리핵전력조약이 소련군으로 하여금 유럽을 유린할 수 있게 해줄 것이라고 걱정한 사람들은 자신들의 눈앞에서 소련의 군사적 우위가 무너져 내리는 것을 볼 수 있었다.

고르바초프의 새로운 감축은 고르바초프, 셰바르드나제, 군부 사이

* Dmitri Yazov(1924-). 소련의 군인. 1987년부터 1990년까지 소련 국방장관을 지냈다. 1991년 8월 쿠데타 당시 개혁 노선에 반대하는 국가비상사태위원회에 가담했지만, 쿠데타가 실패하면서 체포되었고 1994년 사면 받았다.

** Sergei Akhromeyev(1923-1991). 소련의 군인. 1972년 극동 군관구 참모장과 제1 부사령관이 되었으며, 1974년 소련군 참모차장, 1979년 참모 제1차장을 지냈다. 1983년 당 중앙위원회 위원이 되었고, 같은 해 소련 원수에 임명되었다. 1984-1988년 참모총장, 1988년 당 중앙위원회 국제정책 위원을 역임했으며, 1989년 퇴역 후에는 소련 최고회의 간부회 의장 고문, 1990년 소련 대통령 고문을 지냈다.

에 진정한 토론을 불러일으켰다. 아흐로메예프는 고르바초프의 발표가 있던 날 사임했다. 군부는 고르바초프와 마찬가지로 이 명령대로 감축을 하면 모스크바는 더는 동유럽을 통제하지 못할 것임을 인정했다. 군부는 모스크바의 지원으로 출범하고 권력을 유지해온 정부들에게 이 조치가 무엇을 의미할 것인지를 알았다. 그러나 고르바초프는 국가가 그냥 재원이 고갈되었을 뿐이라는 사실을 보여주기 위해 악화되는 소련 경제를 가리키기만 하면 되었다.

고르바초프는 뉴욕 방문을 계기로 유엔에서 연설하면서, 프랭클린 루스벨트의 '뉴딜'이 자본주의를 구했듯이 페레스트로이카가 공산주의를 구할 것이라고 말했다. 레이건과 대통령 당선자인 조지 부시와 함께 오찬을 하며, 고르바초프는 구체적으로 부시를 향한 발언에서 다음과 같이 자신의 정책을 요약했다.

당신은 제가 쇼를 하려고 이 일을 하는 것이 아니며, 당신을 해치거나 당신을 놀라게 하거나 당신을 이용하려고 이 일을 하는 게 아님을 곧 보게 될 것입니다. 저는 할 필요가 있기 때문에 이걸 하고 있는 겁니다. 우리나라에 혁명이 일어나고 있기 때문에 이걸 하는 겁니다. 제가 그 혁명을 시작했습니다. 그리고 사람들은 모두 제가 1986년에 혁명을 시작했을 때 박수를 쳤는데, 지금은 사람들이 혁명을 썩 좋아하지 않지만 그럼에도 불구하고 혁명은 있을 겁니다.[36]

부시는 처음에는 약간 주저했지만, 오랫동안 교착상태에 빠져 있던 유럽에서의 병력 감축 협상에서 돌파구를 찾기 위해 고르바초프의 병력 감축을 이용하기로 결심했다. 1989년 5월 29-30일의 나토 정상회담에서 부시는 동맹국들에게 병력과 탱크, 항공기 감축을 위한 일련의 새로운 제안들을 수용해서 발표하라고 설득했다.

중거리핵전력 조약과 고르바초프 및 부시의 제안들이 결합되면서 독일 문제의 역학 관계가 바뀌었다. SS-20과 1979년의 나토 결정이 야기한 힘든 시절이 지나간 후, 동-서 관계는 근본적으로 변했다. 이 새로운 분위기는 어느 누구도 정확히 어떻게 영향을 미칠지 예측할 수 없었지만, 다른 모든 것에도 그랬듯이 독일 문제에도 영향을 미칠 것이었다.

대통령직에서 물러나기 전에 레이건은 자신이 독일에서 보기를 원하는 변화들 가운데 하나를 직접 언급했다. 1987년 6월 12일 두 번째로 베를린 장벽을 방문했을 때 레이건은 브란덴부르크 문에서 말했다. "고르바초프 씨, 이 문을 여세요. 고르바초프 씨, 이 장벽을 허물어뜨리세요." 많은 평론가들이 이 연설을 공허한 선전용 제스처로 일축했지만 레이건은 그 말을 진지하게 의도했고, 고르바초프가 그렇게 할 수 있으리라 생각했다. 레이건은 미국으로 돌아온 후 연설과 방송에서 자신의 발언을 상기했다. 레이건은 또 1988년 5월 말에 모스크바에서 고르바초프를 만났을 때 사적으로 거의 같은 말을 그에게 되풀이했다. 베를린 장벽을 제거하는 것은 '더욱 광범한 국가들의 공동체'로 돌아가고자 하는 소련의 결단을 상징할 것이라고 레이건은 말했다.[37]

이 발언으로 레이건은 장벽을 비난하면서도 받아들였던 케네디의 정책을 번복했다. 케네디와 그의 자문관들은 장벽이 소련 지배권의 안정화를 약속했기 때문에 그것을 환영하기까지 했다. 그러나 레이건은 이 지배권을 끝내기를 원했고, 고르바초프가 같은 일을 하기를 바랐다.

고르바초프가 자신의 동맹국들을 완전히 바꾸다

처음에 미하일 고르바초프는 헬무트 콜을 상대하고 싶지 않았다. 많은 다른 소련 관리들과 마찬가지로 고르바초프는 빌리 브란트를 찬양했고, 독일사회민주당 쪽으로 기울어졌다. 콜은 독일에 중거리핵전력 미사일을 배치했고, 전략방위구상을 지지했으며, 로널드 레이건과 나토를 뒷받침하기 위해 할 수 있는 바를 다했다. 1970년대 동안 콜은 동방정책에 반대하지는 않았지만, 브란트만큼 충분히 동방정책에 헌신하지는 않았다. 1987년에 독일사회민주당이 당연히 권좌로 복귀할 것이라는 몇몇 여론조사를 접한 마당에 고르바초프는 굳이 콜에게 우호적일 이유가 없었다. 소련의 선전기관들은 특히 콜이 독일 통일이 여전히 외교 의제에 올라와 있다고 말했던 1985년과 1986년에 콜을 집요하게 공격했다.[38]

체르넨코의 장례식 참석을 위해 외국 지도자들이 모스크바에 모였을 때, 고르바초프는 신임 소련공산당 총서기의 자격으로 대처, 미테랑, 부시와 오랫동안 만났다. 고르바초프는 마지막에 가서야 대체로 냉랭한 분위기 속에서 콜을 만났으며, 소련의 언론은 《프라우다》가 다른 지도자들에게 할애했던 분량에 비교해볼 때 거의 이 만남을 다루지 않은 것이나 마찬가지였다. 크렘린은 콜에게는 모스크바 중심지에서 벗어난 곳에 있는 주택을 배당했던 반면, 다른 외국 인사들은 도시 중심부에서 좀 더 편안하게 머물렀다. 고르바초프는 콜이 서독 방문을 요청했을 때 대답하는 수고조차 하지 않았다. 1985년 말, 고르바초프는 모스크바에서 빌리 브란트와 우호적인 회담을 가졌고, 이 회담은 소련 언론에 널리 보도되었다. 독일사회민주당은 콜보다 더 나은 파트너가 되기를 약속하면서, 소련 지도자에게 콜을 모스크바로 초청하거나 본을 방문함으로써 콜을 지원하지 말라고 촉구했다.[39] 고르바초프는 호네커가 1985년과 1986년에 본을 방문하는 것도 막았는데, 이는 이 방문이 콜의 선거 승리를 도와줄 것이었기 때문이었다.[40]

고르바초프는 겐셔 외무장관이 모스크바를 방문했을 때 그를 만났다. 그것은 아마도 독일사회민주당이 선거에서 이기더라도 겐셔가 당연히 외무장관직을 그대로 유지할 것이라고 생각했기 때문이었다. 그러나 고르바초프는 기독민주연합 당원이 이끄는 독일 연방의회 대표단은 만나려고 하지 않았다. 그리고 소련 언론은 1985년 10월 뉴욕의 유엔에서 있었던 콜과 셰바르드나제의 회담도 보도하지 않았다. 고르바초프는 크비친스키를 본에 보내 고압적인 태도 때문에 많은 독일인들이 기분 나빠했던 세묘노프 대사를 대체했지만, 그는 독일사회민주당이 선거에서 승리하기를 기다리는 동안 독일에 잘 보이려는 어떤 다른 제스처도 취하지 않았다.

콜도 고르바초프에게 잘 보이려고 애쓰지 않았다. 1986년 10월 26일, 《뉴스위크》 인터뷰에서 콜은 고르바초프의 홍보기술을 나치 선전 기관 수장인 요제프 괴벨스*의 홍보기술에 비유했다. 콜은 자신의 발언이 맥락이 고려되지 않고 인용되었다고 나중에 말했다. 그러나 콜은 사건에 대해 유감 표명은 했지만 고르바초프에게 직접 사과하는 것은 거부했다. 콜은 고르바초프의 코를 비틀면 자신이 일부 독일의 보수적 유권자들을 다루는 데 도움이 조금 될 것이라고 믿었던 것 같다.

나중에 밝혀진 대로, 콜은 1987년 1월 상당한 표차로 선거에서 승리

---

* Paul Joseph Goebbels(1897-1945). 나치 독일의 정치인으로 히틀러의 최측근 인물. 선전부 장관으로서 나치 선전 및 미화를 책임졌다.

했고, 똑같은 기독민주연합/기독사회연합/자유민주당 연립으로 권좌에
복귀했다. 거의 같은 시기에 소련의 경제 통계는 일찍이 우려한 것보다
훨씬 더 큰 실패를 보여주었다. 고르바초프는 소련에서 '위기 현상'에 대
해 이야기하면서, 페레스트로이카를 위해 많은 도움이 필요할 것임을 깨
달았다.

고르바초프와 콜은 둘 다 오직 연방공화국만이 모스크바가 필요로
하는 경제 지원을 할 수 있다는 사실을 알았다. 그리고 고르바초프는 자
신이 서독으로부터 자금 지원을 받기를 원한다면 콜을 상대해야 한다는
것도 알았다. 그러므로 콜이 다시 선출된 지 몇 주도 안 돼 고르바초프는
크비친스키에게 모스크바가 서독과의 관계에서 '소강상태'를 끝내기를
바란다고 인터뷰를 통해 언급하라고 지시했다.[41]

먼저 고르바초프는 원래 독일에 대한 소련의 냉전 정책을 검토하기
위해 안드로포프가 구성했던 실무 그룹을 다시 활성화시켰다. 그 다음
고르바초프는 1987년 첫 몇 달 동안 고위 독일 전문가 몇 명을 본으로 보
냈다. 1969년 브레즈네프가 브란트를 상대로 구사한 전술을 모방하여
그들은 고르바초프가 콜의 동방정책을 큰 관심을 갖고 기다린다고 말했
다. 일부는 심지어 모스크바가 통일에 반대하지 않을 것이라고 넌지시
비치기까지 했다. 독일에 관한 소련의 고위 외교 전문가인 니콜라이 포
르투갈로프*는 동독과 서독이 모두 하나의 독일 민족에 속해 있다고 말했
다. 이 발언은 재빨리 '수정'되었지만, 그러나 그것은 본이 적절하게 반응
한다면 일부 문을 열어 둘 의도가 있음을 뜻하는 것 같았다.[42]

---

* Nikolai S. Portugalov(1928-2008). 러시아의 언론인이자 정치인. 본에서 언론인으로 활동했
  으며, 1979-1990년 소련공산당 중앙위원회 국제부의 고위 자문관이었다.

겐셔는 고르바초프의 제안에 콜보다 더 빠르게 흥미를 보였다. 1987년 1월 스위스의 다보스에서 열린 '세계경제포럼'에서 연설하면서 겐셔는 서방이 고르바초프의 좀 더 적극적인 태도를 이용하지 않는다면 '역사에 길이 남을' 실수를 하는 것이라고 말했다. 겐셔는 서방은 고르바초프가 약속을 '지키기'를 기다려서는 안 되고 "그의 말을 그대로 믿어야" 한다고 말했다.[43] 이와는 대조적으로 콜은 멋진 말을 듣는 것은 좋으나 '행동'도 보고 싶다고 말했다.[44] 콜은 희망사항이 아니라 '현실적인' 데탕트를 원했다. 텔치크는 콜의 생각을 되풀이하면서도 총리에게 모든 선택지를 계속 유지할 수 있게 해주었다. 텔치크는 "새로운 기회들이 눈앞에 있으며," 이 때문에 총리가 더 난처해질 일은 없을 것이라고 다보스에서 말했다.[45]

고르바초프는 콜을 모스크바로 즉각 초청하지 않고 연방공화국과 대화를 시작하기 위해 서독 대통령 리하르트 폰 바이츠제커에게 1987년 7월에 소련을 방문해줄 것을 요청하기로 결정했다. 고르바초프는 페레스트로이카 계획의 개요를 설명했고, 서방과의 관계 개선에 대해 이야기를 했다. 고르바초프는 폰 바이츠제커에게 소련을 개혁하고 싶은 자신의 바람 때문에 독일을 새롭게 보게 되었다고 분명히 밝혔다. 폰 바이츠제커는 고르바초프의 욕구와 관점이 새롭고 폭넓은 기회를 열었음을 보았다.

크비친스키는 고르바초프에게 폰 바이츠제커의 초청은 본에 충격을 줄 것이라고 말했는데, 실제로 충격을 가했다. 1984년 5월 23일에 취임한 신임 독일 대통령은 전직 사업가이자 평신도 교회 지도자, 베를린 시장으로서의 중요한 개인적 권위를 집무실로 가져왔다. 그는 대통령의 위상을 제고시켰을 뿐만 아니라 독일과 독일인들에 대한 이미지를 바꾸는 데 도움을 줬다.

독일 항복 40주년인 1985년 5월 8일 전후 시기에 독일인의 연설 중 가장 널리 회자되는 연설에서 폰 바이츠제커는 "기억, 슬픔, 화해"에 대해 침울하게 이야기했다. 폰 바이츠제커는 집단수용소의 유대인들과 피정복민들(러시아인들을 비롯해), 독일인 자신들, 병사와 민간인들이 목숨을 잃은 사실을 개탄하면서 히틀러 시기를 비통하게 회상했다. 히틀러 독재 체제의 공포를 비난하면서 폰 바이츠제커는 그 공포를 절대 잊을 수 없고 잊어서도 안 된다고 말했다. 폰 바이츠제커는 국민을 단합시키고 민족을 재건하는 데 도움을 준 여성들의 조용한 영웅적 행동을 찬양했다. 그는 독일에게 전쟁 후 새롭게 시작할 기회를 준 데 대해 다른 나라의 국민들에게 감사했고, 소련 인민과의 우애를 촉구했다.[46] 많은 이전의 적들에게 폰 바이츠제커는 러시아인과 동유럽인들이 믿을 수 있는 새로운 독일을 대표했다. 고르바초프는 이런 분위기 속에서 폰 바이츠제커를 환영하면서 독일사회민주당이 패배한 후에도 자신이 본을 상대할 수 있다고 생각했다.

그러나 고르바초프는 독일 문제에 관해 별로 양보하지 않았다. 고르바초프는 독일의 통일 희망에 대한 폰 바이츠제커의 첫 언급을 무시했다. 폰 바이츠제커가 이 주제로 돌아왔을 때 고르바초프는 오직 역사만이 이 문제를 결정할 수 있으며, "100년 뒤에 무슨 일이 벌어질지 아무도 모릅니다."라고 말했다. 고르바초프는 폰 바이츠제커가 당신은 50년 뒤에 무슨 일이 벌어질지를 아느냐고 물었을 때 빙그레 미소를 지었다.[47]

소련-독일 관계 개선을 계속 추진하기 위해 고르바초프는 1987년 말에 프란츠 요제프 슈트라우스를 모스크바로 초청했다. 1978년 본에서 브레즈네프와 만났던 슈트라우스는 직접 모스크바로 날아감으로써 마티아스 루스트를 뒤따랐다. 비행 계획을 제출한 뒤 슈트라우스는 감옥에 간히는 대신 고르바초프와 3시간 동안 사적인 대화를 나누었다. 그들은 소련 기업과 바이에른 기업 사이의 몇몇 사업 계약을 주선했으나 고르바 초프는 주로 관계 개선에 대한 보수파 독일인들의 지지를 확실히 하고 싶었다. 고르바초프는 나중에 바덴-뷔르템베르크의 기독민주연합 총재인 로타르 슈페트*를 초청했다.[48]

고르바초프는 또 소련 관리들에게 소련의 새로운 대(對)독일 정책에 관한 아이디어도 요구했다. 그러나 이것은 분노의 반응을 불러일으켰다. 소련공산당 국제부가 후원하는 1989년 초의 한 회담에서 '모스크바 동유럽·대외정책연구소'의 독일 전문가인 뱌체슬라프 다시체프**가 모스크바가 유럽 분할을 계속 유지하는 짐을 내려놓아야 한다고 말했을 때, 발렌틴 팔린은 격분했다.[49] 고르바초프는 자신이 지뢰가 흩뿌려진 길을 따라 목적지가 불확실한 여행을 개시했다는 사실을 그 이전에 깨닫지 못했다면, 이제 깨닫기 시작했음에 틀림없었다.

고르바초프가 일반적으로 새로운 대외 정책과 특별하게는 새로운 독일 정책에 대한 소련공산당의 지지를 얻고자 한다면 사전에 국내에서 준비할 것들이 조금 있었다. 따라서 고르바초프는 국내 정책과 대외 정책의 연계를 논의하기 위해 1988년 7월에 전국적 규모의 제19차 소련공산당 협의회를 열기로 했다. 고르바초프는 소련공산당 당원들에게 소련이 경제적 재편을 위해서는 외국의 도움이 필요하다는 점을 인정할 것을 촉구했다. 고르바초프는 페레스트로이카의 맥락에서 독일에 부여하기 시

---

* Lothar Späth(1937-2016). 기독민주연합 소속 독일 정치인. 1978-1991년 바덴-뷔르템베르크 주 주지사이자 기독민주연합 바덴-뷔르템베르크 의장을 지냈다.
** Vyacheslav I. Dashichev(1925-2016). 러시아의 역사학자이자 정치학자. 1970년 이래 '세계경제와국제관계연구소'에서 고위 연구원으로 활동하면서 국제정치 문제를 담당했으며, 1998년부터는 '국제경제정치연구센터'의 수석 연구원으로 일했다.

작한 중요성을 강조하기 위해 크비친스키에게 회의에서 연설할 것을 요청했다. 대사는 자신의 연설을 이용해 대외 정책에 대한 개혁주의적 접근의 중요성을 역설했다.

고르바초프의 정책에 반대할 수 있는 보수주의자들로부터 지지를 얻기 위해 크비친스키는 소련이 서유럽과 특히 유럽경제공동체(EEC)의 성립에 의해 제기된 경쟁에 대항하지 않는다면 세계에서 차지하는 지위를 잃어버릴 위험이 있다고 경고했다.[50] 만약 소련이 국내 문제를 해결하고자 한다면, 자원 동원과 관련해 새로운 대외 정책이 필요할 것이다. 또한 나토와 유럽경제공동체를 비롯한 기존의 유럽 기구들과 손을 잡을 필요가 있을 것이고, 거기서 상당한 이익을 볼 터였다.[51]

일찍이 크비친스키는 독일의 한 신문에 "연방공화국이 서방 동맹에 단단히 결속될수록 오히려 유럽의 접경 지역은 안정될 것"이므로 소련은 서독의 나토 가입에 반대하지 않는다고 말한 적이 있었다.[52] 이와 같은 논란을 불러일으키는 아이디어들로 인해 고르바초프가 본과 함께 무엇을 이루기를 원하는지를 둘러싸고 토론이 계속되었다.

제19차 소련공산당 협의회가 발표한 결의안은 대외 정책이 "점차 나라의 자원을 평화적 건설을 위해 쏟는 데 기여해야" 하고, '사회의 민주화'와 긴밀히 연결되어야 하며, "세계의 나머지 지역과 상호 호혜적인 협력과 다양한 민주적 관계를 위한 폭넓은 기회"를 열어야 한다고 구체적으로 말했다. 국방은 '질적 기준'에 부합해야 하고, 당의 교리를 엄격하게 고수해야 했다.[53] 결의안은 소련의 오래된 우선 사항들을 폐기하면서 자원을 국내적 요구에 우선적으로 투입하기로 했다. 결의안은 과거의 수많은 소련공산당 문서들과 달리 서독을 심하게 비판하지 않았다.

콜은 여전히 고르바초프가 본을 방문하겠다는 확고한 약속이 없는 상태에서는 모스크바를 방문하는 것을 거절했다. 콜은 자신이 하인처럼 소환되고, 그런 다음 코시긴이 에르하르트의 초청을 거절했을 때 그랬던 것처럼 고르바초프가 자신의 초청을 거절함으로써 창피를 당하는 그런 일은 하지 않을 것이라고 말했다. 셰바르드나제는 고르바초프가 관계 개선을 진정으로 바란다는 것을 콜에게 말하러 본으로 가야 했다. 그 후 그들은 콜이 먼저 모스크바를 방문하고, 그 뒤 고르바초프가 본을 방문하는 쌍둥이 방문을 주선했다.

고르바초프가 취임한 지 3년 이상이 지난 후 헬무트 콜이 1988년 10월 24일 공식 방문을 위해 모스크바에 도착했다. 그는 전후 어느 독일 총리들이 해외를 방문했을 때보다도 더 큰, 역대 최대 규모의 대표단을 대동하고 옛날 국왕처럼 여행했다. 다섯 명의 장관이 콜을 수행했다. 독일은행(Deutsche Bank) 은행장과, 70여 명의 독일 실업계 주요 인사들, 수백 명의 기자들도 따라갔다. 어떤 것도 두 지도자가 새로운 다른 관계에 강력한 추동력을 부여하고 싶은 마음을 이보다 더 잘 보여줄 수는 없었을 것이다. 그리고 어떤 것도 연방공화국이 정치적 이득을 위해 자신의 경제력을 이용할 것임을 이보다 더 잘 보여줄 수 없었을 것이다. 콜은 "얼음이 깨졌습니다."라고 말했는데, 참으로 적절한 말이었다. 고르바초프는 '노선의 일대 변경'에 대해 이야기했다.[54]

고르바초프와 콜은 정상회담을 이용해 소련-독일 관계에 진정한 새 출발을 부여했다. 그들 혹은 그들의 장관들은 많은 경제적·문화적 협정에 서명했고, 독일의 사기업들과 소련 부서들 혹은 양측 기업들 사이에 무수히 맺어진 계약을 직접 승인했다. 고르바초프와 콜은 합의되거나 진행 중인 50여 건의 합작사업뿐만 아니라 독일-소련 무역의 급격한 성장을 자랑스럽게 언급했다.[55]

콜과 고르바초프는 다자간 문제에 관해 서로 협조하는 데 동의했다. 이 약속은 콜에게 더 큰 부담으로 다가왔다. 모스크바와의 무역에 대한 제재를 완화하도록 미국을 설득해야 하고, 또 유럽에서의 재래식 무기 감축 회담의 속도를 올리라고 나토를 설득해야 했기 때문이었다. 반면에 콜은 또 소련의 병력 수에서의 우위가 대표적인 '유럽 안보의 걸림돌'이라고 말하며 고르바초프에게 협조를 요청했다. 이 발언은 아마도 고르바초프가 1988년 12월에 유엔에서 발표한 병력 감축안을 실행에 옮기는 데 촉매제가 되었을 것이다. 모스크바의 평론가들은 고르바초프가 이 병력 감축을 구체적으로는 독일에 대한 양보로 여긴다고 강조했다. 그리고 그들은 이 감축을 콜이 페레스트로이카에 제공했던 재정 지원에 대해 고르바초프가 표한 감사의 제스처로 간주할 수도 있을 것이라고 했다.

콜과 고르바초프는 회담이 진행되는 동안 마음을 터놓고 이야기했다. 콜은 자신을 초대한 주인에게 모든 독일인들이 하나의 땅에 살기를 원한다고 말하면서, 독일 통일을 거론했다. 콜은 지난 협정들에 대해 감사를 표했으나 자신은 훨씬 더 많은 진전을 원한다고 말했다. 고르바초프는 더 많은 독일과의 협정, 더 많은 독일에 관한 협정이 뒤따를 것이라고 시사함으로써 콜을 고무시켰다. 그러나 고르바초프는 또한 소련이 독일민주공화국과 '공통의 사회체제와 공통의 사회주의적 열망'을 공유하고 있다고 언급하는 일도 빠뜨리지 않았다.

1989년 6월, 고르바초프는 서독을 방문했다. 고르바초프는 고르비 열광자 무리들이 비명을 지르고, 나폴레옹이 패배한 후 차르 알렉산드르가 의기양양하게 파리에 입성한 이래 러시아 통치자를 향해 가장 큰 과찬이 쏟아지는 것을 목격했다. 심지어 고르바초프 자신조차 때때로 '고르비, 고르비'라고 외치는 소리에 깜짝 놀라는 것 같았다. 고르바초프는 손닿는 곳에 있는 모든 아기들에게 뽀뽀를 해서 그 외침을 유도하기도 했다.[56] 고르바초프는 나라의 분단을 끝내고 싶어 하는 독일의 희망뿐 아니라, 냉전과 유럽의 군사화를 끝내달라는 광범한 독일의 소원도 확실히 느낄 수 있었다.

결국 고르바초프는 약속의 정치를 세계에서 제일 잘 구사하는 위대한 거장으로 판명되었다. 고르바초프와 콜은 공동선언을 통해 모든 인민들이 스스로 결정할 수 있고, 민족들이 자기 자신의 정치 체제를 선택할 수 있는 권리를 인정했다. 독일인들은 이 선언이 통일로 향하는 문을 열었다고 결론 내렸는데, 그것은 옳았다. 고르바초프는 또 콜의 집요한 주장으로 '유럽 공동의 집'에 미국과 캐나다를 위한 자리도 받아들였다. 고르바초프는 서독과 소련이 유럽의 집을 함께 건설해야 한다고 말했고, "서로 통하는 문들이 많은 두 채의 독일 아파트"의 가능성에 대해서 이야기했다. 고르바초프는 본뿐만 아니라 슈투트가르트 같은 첨단기술 중심지들과 도르트문트 같은 공업 도시들을 방문하는 등 독일의 여러 곳을 여행했다. 가는 곳마다 고르바초프는 앞으로 있을 소련-독일 사이의 경제적·정치적 협력에 대해 큰 찬사를 보냈고, 독일인들에게 소련에 투자할 것을 요청했다.

기자회견에서 베를린 장벽에 대해 질문을 받았을 때, 고르바초프는 많은 말을 하지는 않았지만 청중들이 듣고 싶어 하는 말을 거의 다 말했다.

어떤 것도 영원하지 않습니다.… 베를린 장벽은 특수한 상황에서 생겨났습니다.… 독일민주공화국은 자신의 주권을 사용하기로 결심했으며, 장벽은 장벽을 생기게 한 조건이 더 이상 적용되지 않으면 사라질 것입니다. 저는 여기에 큰 문제가 있다고 보지 않습니다.[57]

독일 통일에 관해 질문을 받자 고르바초프는 "저는 모든 것이 가능하다고 생각하지만" "시간이 스스로 그 문제를 처리할 것이 틀림없습니다." 라고 말했다.[58]

본에서 공동 정치 선언을 발표한 것 말고도 콜과 고르바초프는 페레스트로이카를 지원할 수 있는 무역, 투자 및 다른 문제들에 대한 합의에도 도달했다. 고르바초프는 30만 대의 지멘스 컴퓨터를 구입하는 데 동의했다. 그는 서독 기업들이 소련-독일 합작 사업을 이미 이끌고 있는데도, 이런 사업 분야를 더 확대하기로 약속했다. 독일 기업들과 소련 기업들이 1988년 말에 독일의 은행들이 마련했던 30억 독일마르크의 융자를 이미 절반가량 소진했기 때문에 콜은 추가 융자를 준비하겠다고 약속했다. 그리고 독일 실업계는 소련의 경영자들이 독일의 사업 기법을 배울 수 있도록 85개의 자리를 마련했다. 콜과 고르바초프는 또 무엇보다도 군사적 비상사태에서 정치적 오해를 피하기 위해 본과 모스크바 사이에 '핫라인'을 제공하는 10여 개의 추가 합의에도 서명했다.[59] 고르바초프는 콜이 포괄적인 유럽 병력 감축의 일환으로 서독에 배치된 나토 핵미사일을 제한하는 것에 동의할 것이라는 점에 주목했다.[60]

회담을 끝냈을 때 콜과 고르바초프는 브란트가 데탕트로 했던 것만큼이나 서독-소련 관계를 깊이 변화시켰다. 콜과 고르바초프는 서독-소련 관계를 그들이 스스로 '새로운 질'의 진정한 협력이라고 불렀던 관계로 격상시켰다. 고르바초프는 셰바르드나제를 동베를린에 보내 자신이 하고 있는 일을 호네커에게 설명했다.

1987년과 1988년 동안 독일 문제, 나토와 미국의 역할을 비롯한 유럽 문제를 바라보는 고르바초프의 시각이 빠르게 발전했다. 두 차례의 비공식 소련-독일 회담이 이 발전을 보여주었다. 콜이 모스크바를 방문하기 전인 1988년 초에, 베르게도르프 라운드테이블이 후원한 첫 번째 회담에서 몇몇 소련 관리들은 미국이 고르바초프가 제안한 '유럽 공동의 집'의 정당한 회원일 수가 없다고 말했다. 폴커 뤼에*와 에곤 바르를 비롯한 독일 참석자들은 미국과 캐나다의 회원 자격을 고집했다. 팔린은 유럽에서 '미국'이 그런 '특별한 역할'을 갖는 것을 분명하게 거부했다. 팔린은 고르바초프의 범유럽 개념이 범대서양 안보체제와 나토에서의 서독의 역할과 양립할 수 없다고 주장하면서, 독일인들이 고르바초프의 새로운 유럽 집과 그들의 낡은 집 사이에서 선택해야 한다고 말했다. 한 러시아인은 독일인들에게 나토로부터 철수하라고 요구하면서 별도의 유럽 방어 체제를 제안했다.[61]

그 후 1988년 12월에 다시 열린 베르게도르프 라운드테이블 회의에서 소련 관리들은 유럽에서 미국의 역할은 가능할 뿐만 아니라 필수적이라고 말했다. 중앙위원회 위원인 바딤 자글라딘 및 다른 이들이 했던 소련의 발언들은 '유럽의 집'에 미국이 들어오는 문제에 관해 모스크바의 가장 강력한 승인을 표명하는 것이었다. 사적으로 소련 관리들은 독일인들에게 고르바초프가 직접 유럽에서의 미국과 캐나다의 자리를 승인했다고 말했다. 독일인들은 자신들과 그리고 콜 총리가 직접 소련의 입장 변화를 도와주었으며, 이것은 고르바초프가 독일과 독일의 범대서양 체제에 대한 충심을 진지하게 여긴다는 것을 의미한다고 생각했다.[62]

1987년과 1989년 사이에 고르바초프는 동맹의 전환을 꾀했다. 이 전환이 얼마나 중요했는지는 서서히 밝혀졌다. 소련은 독일사회주의통일

---

* Volker Rühe(1942-). 기독민주연합 소속의 독일 정치인. 1976-2005년 연방의회 의원으로 활동했으며, 독일 통일 후인 1992-1998년 콜 내각에서 국방장관을 지냈다.

당의 기구를 독일 내 모스크바의 주된 도구로 활용하는 것을 포기했다. 대신 고르바초프는 입 밖에 내지는 않았으나 헬무트 콜 및 서독과 중요한 새로운 동맹을 맺었다.

소련의 요구가 변했고, 그러자 고르바초프가 행동에 나섰다. 독일민주공화국과의 긴밀한 군사 동맹은 소련공산당이 군사적인 면에서 안보 문제를 바라보는 한 모스크바에 도움이 될 수 있었다. 그러나 이제 고르바초프는 동독 영토와 병력을 필요로 하는 것 이상으로 서독 경제를 필요로 했다. 모스크바는 동유럽 국가들의 요새를 원한다면 독일민주공화국이 필요했다. 그러나 모스크바가 그 경제를 개선하는 데 집중하기를 원한다면 독일민주공화국은 도움이 될 수 없다는 것을 오래 전부터 보여주었다. 울브리히트와 호네커는 기대에 부응하지 못했다. 고르바초프는 다른 곳을 쳐다볼 것이었다.

'이성의 연합'

독일을 둘러싼 투쟁이 동과 서 사이에 계속될 때에도 좀 더 조용하지만 똑같이 중요한 다툼이 두 독일 사이에 진행되었다. 첫 단계는 서독이 유일한 독일 국가라는 주장을 포기하고, 동독이 완전한 별개의 실체로서 법적 인정을 받으려는 운동을 포기했을 때, 데탕트와 함께 끝났다. 그 후 두 독일은 독일이 한동안 분단되어 있을 것임을 알았고, 상호 협력과 경쟁의 단계에 들어섰다. 본과 동베를린은 관계가 점점 가까워졌지만, 그 기저에는 어느 체제가 정치적 정당성과 경제적 번영을 가장 잘 결합할 수 있는지를 알아보는 상호 시험이 깔려 있었다. 두 독일은 독자적 투쟁의 이 단계에서, 물론 경계태세를 유지하긴 하지만 동과 서 사이에 무슨 일이 벌어지든 상관없이 서로를 상대해야 했다.

그리하여 양 독일 사이의 관계는 소련이나 서방의 정책 및 태도와는 거의 관계없이 스스로 매우 크고 중요해져서 통제하기 힘들게 되었다. 1981년 이후 양국은 그들 주위에서 진행되는 동-서 관계의 긴장으로부터 자신들의 직접적인 관계를 보호했다. 한때 독일 내부 데탕트의 반대자로 보였던 콜 총리의 등장은 협력을 방해하지 않았다. 오히려 콜은 추가적인 개선을 바랐다. 콜은 브란트와 슈미트보다도 더 독일 통일에 대해 이야기했지만, 독일 통일을 즉각적인 목표라기보다는 먼 미래의 목표라고 생각한다는 점을 분명히 했다. 당분간 콜은 장벽 저편 사람들의 삶을 개선하는 데 집중했다.

1980년대까지 독일 내부 무역은 서독 무역의 2퍼센트 이하에 불과했지만, 모든 동독 무역의 거의 10퍼센트로 증가했다. 동독은 재정에 도움을 주는 융자뿐만 아니라 이 무역도 필요했다. 서독도 이 무역과 특히 융자를 이용해 장벽을 넘나드는 접촉을 증진시키기를 원했다.[63]

독일 내부 관계가 확실히 원활하게 진행되도록 하기 위해 콜과 호네커는 그들의 집무실을 직접 연결하는 비밀 채널을 개설하는 데 동의했다. 호네커는 고위 정보 장교이자 최측근 자문관이었던 알렉산더 샬크-골로드코브스키*를 이용했다. 콜은 잇달아 총리실 수장이 될 필립 예닝거**와 볼프강 쇼이블레***를 차례로 이용했다. 동독과 서독 관리들은 동

---

* Alexander Schalck-Golodkowski(1932-2015). 독일민주공화국의 정치인이자 외환관리 책임자. 1956-1962년 대외무역과내독무역부 책임자, 1967-1975년 대외무역부 차관, 1966-1986년 상업조정국(KoKo) 국장을 지냈다.

** Philipp Jenninger(1932-2018). 기독민주연합 소속 독일 정치인. 1982-1984년 독일 총리실 장관, 1984-1988년 연방의회 의장, 1991-1995년 오스트리아 주재 독일 대사를 지냈다.

*** Wolfgang Schäuble(1942-). 독일 기독민주연합 정치인으로, 현재 제19대 독일연방의회 의

베를린(일반적으로 샬크-골로드코브스키의 집)과 본(대부분 쇼이블레의 집이나 사무실)을 왔다 갔다 하면서 1980년대 동안 30차례 이상 만났다.[64]

콜과 긴밀하게 일하면서 호네커는 우호적인 독일 내부 관계를 유지하기 위해 여러 다른 조치들을 취했다. 심지어 중거리핵전력 배치 전에 서독 전역에서 항의의 물결이 분출하던 와중에도 독일민주공화국은 독일 내부 우편 전화 서비스를 개선하고 동독인이 서방으로부터 받을 수 있는 소포의 수량 제한을 철폐하는 데 동의했다. 독일민주공화국은 또 본이 서독과 서베를린 사이의 전신 연결을 개선하는 데도 동의했다. 이에 대한 보답으로 서독은 매년 '서비스 보상금'으로 2억 독일마르크를 지불하는 데 동의했다. 내부적으로 독일민주공화국은 서독의 도움을 이용해 보통의 서방 방송으로는 닿을 수 없는, 드레스덴 같은 도시들에 대한 케이블 텔레비전 서비스를 개선하고자 했다. 소문에 따르면 이는 독일사회주의통일당 관리들이 서방 텔레비전이 없는 도시에 배치되는 것을 싫어했기 때문이었다. 그로미코는 임박한 미사일 배치를 구실로 호네커의 서독 방문을 저지할 수 있었으나, 다른 접촉은 막을 수가 없었다.[65]

서독은 호네커의 경제를 지원했다. 1983년 6월에 본은 독일민주공화국을 위해 10억 독일마르크에 이르는 은행 융자에 대한 보증을 섰다. 프란츠 요제프 슈트라우스가 이 일을 주선한 것은 부분적으로는 이 융자가 바이에른 주를 위한 사업을 의미했기 때문이기도 했지만, 또한 동독과 서독 사이에 접촉이 더 많아지면 궁극적으로 독일민주공화국에서 변

장이다. 1984-1991년 헬무트 콜 내각에서, 연방특임장관, 총리실장관, 내무장관을 맡았으며, 1991-2000년 독일 기독민주연합/바이에른 기독사회연합 연방의회 의원단장, 1998-2000년 독일 기독민주연합의 총재를 지냈다. 2005년부터 2009년까지 제1차 메르켈 행정부에서 다시 내무장관과, 2009년부터 2017년까지 제2, 3차 메르켈 내각에서 재무장관을 역임했다.

화가 일어날 수밖에 없을 것이라고 생각했기 때문이었다. 샬크(샬크-골로드코브스키를 보통 이렇게 불렀다.)는 슈트라우스에게 독일민주공화국의 절망적인 재정 상황에 관한 극비 수치를 직접 보여줌―그러나 간직하지는 못하게 함―으로써 슈트라우스를 설득하는 데 도움을 주었다.[66] 훗날 호네커의 경제 전문가 귄터 미타크는 그 시점에 독일민주공화국의 생존이 "칼날 위에 서 있었다."고 말했다.[67] 그 후 베르벨린제에서 슈트라우스를 만난 호네커는 그에게 감사를 표하기 위해 독일민주공화국이 6만 대의 자동 산탄총 발사기를 해체하겠다고 약속했다. 이 발사기는 동독과 서독 사이의 국경에 뭔가가 접근하는 것을 센서가 감지하는 순간 사방으로 총알을 뿌리는 장치였다.[68]

호네커는 서독의 중거리핵전력 미사일 배치가 독일 내부 관계의 '빙하시대'를 가져올 것이라고 했던 자신의 협박을 실행에 옮기지 않았다. 대신 호네커는 배치 이후 일이 이전처럼 진행되도록 애쓰리라는 점을 아주 분명히 했다. 소련 관리들과 달리 호네커는 "우리는 가능한 한 손상을 제한하는 데 찬성한다."고 말했다.[69] 중거리핵전력 배치 동안 호네커는 서방 세계와의 접촉이 중요하다는 점을 옹호하기까지 했다. 《노이에스 도이칠란트》는 사회주의 국가들이 서방 국가들과 '정상적인 경제관계'를 유지해야 한다고 주장하는 사설을 실었다.[70]

중거리핵전력 배치 후 몇 달 만에 호네커와 콜은 모스크바에서 열린 안드로포프 장례식에서 두 시간 동안 우호적인 회담을 가졌다. 그들은 민감한 문제들을 성공적으로 다루었는데, 호네커는 동베를린의 서독 파견단에 머물던 몇몇 동독인들이 서독으로 떠나는 것을 허용했다.[71] 그 후 호네커와 콜은 호네커가 1984년 9월에 서독을 방문해달라는 콜의 초청을 수락했다고 발표했다.

1984년 여름과 가을의 몇 달 내내 본과 독일민주공화국은 본과 그 밖의 지역에서 호네커를 위한 상세한 프로그램을 계획했다. 폭넓은 관계 개선의 일환으로 그들은 독일민주공화국에 9억 5,000만 독일마르크에 이르는 또 다른 은행 융자를 제공하는 것에 대해 서독이 보증을 선다고 발표했다.

그러나 모스크바는 서독에 대한 호네커의 부채가 늘어나는 것을 계속 걱정했고, 1984년이 되자 진심으로 불안해졌다. 훗날 한 소련공산당 정치국원은 "호네커를 만날 때마다 브레즈네프, 안드로포프, 체르넨코, 고르바초프 등 소련 당 지도자들은 서방에 진 채무의 위험이 얼마나 큰지를 경고했다."고 밝혔다. 브레즈네프는 독일민주공화국 창설 13주년 기념식에 참석했던 1979년에 이미 주먹으로 테이블을 치면서 호네커가 독일을 파산상태로 몰아넣었다고 비난했다. 호네커는 이 발언을 진지하게 여기는 척했고 부채를 줄이겠다고 약속했지만, 그렇게 하지 않았다.[72]

그러므로 모스크바는 9억 5,000만 독일마르크에 이르는 추가 융자를 달갑지 않게 여겼다. 차관 발표가 있은 지 열흘 후인 1984년 8월 2일, 《프라우다》 사설은 본이 그런 융자로 사회주의 체제의 토대를 무너뜨리려 한다고 비판했다. 그러나 《프라우다》는 실제로는 호네커에게 차관을 구하거나 받아서는 안 된다고 말하고 있었다.

그러므로 모스크바가 다시 한 번 호네커의 서독 방문 계획에 단호히 반대한 것은 그리 놀라운 일이 아니었다. 안드로포프 사망 후 소련의 대외 정책을 완전히 책임지게 된 그로미코는 호네커에게 방문을 취소하라고 촉구했다. 그러나 호네커는 쉽게 포기하지 않았다. 체르넨코와 그로미코는 호네커를 모스크바의 특별 회담에 초청해, 가지 말라고 압력을 넣지 않으면 안 되었다.

1984년 8월 17일에 열린 매우 솔직한 크렘린 회담에서 호네커는 자신의 방문을 정당화하기 위해 전통적인 동독의 위신 논거를 사용했다. 호네커는 독일민주공화국의 위상이 개선되었다고 지적했다. 그는 또 그 위상 덕분에 독일민주공화국이 서독에서 발휘하는 영향력도 지적했다. 그러나 옛 논거는 새로운 상황에서 더 이상 먹혀들지 않았다. 소련 지도자들은 동독에 대한 서독의 영향력이 커져 가는 것에 너무 많이 걱정했다.

그로미코는 호네커가 말을 듣게 만들려고 우스트노프와 고르바초프를 비롯한 최고위 소련 인사들을 모았다. 당시 소련공산당 차기 총서기로 확실시되던 고르바초프는 소련 지도자들 중에서 가장 합리적인 것 같았다. 고르바초프는 호네커가 왜 본에 가지 말아야 하는지 상세한 논거를 제공했고, 모스크바와 독일민주공화국 사이의 관계를 바로잡아 완전히 조화되도록 할 필요가 있다고 덧붙였다.

체르넨코는 호네커에게 "우리 소련 공산주의자들은 지금 조성된 상황에서 당신이 방문을 취소하게 된다면 긍정적으로 반응할" 것이라고 말하면서 마무리 지었다. 호네커는 굴복할 수밖에 없었다.《노이에스 도이칠란트》는 서독이 '실지회복주의적 발언'을 해왔다고 평계를 댔지만, 샬크는 예닝거에게 소련의 압박이 방문을 막았다고 말했다.[73] 한 서방 외교관은 다음과 같이 논평했다. "동유럽에서 모든 사람들은 제한된 주권을 갖고 있으나 일부 사람들은 다른 사람들보다 더 제한된 주권을 갖고 있다."[74]

호네커는 가만히 당하고만 있지 않았다. 호네커는 그의 본 방문에 대한 체르넨코와 그로미코의 거부를 수용해야 했지만, 모스크바가 원하는 것을 모조리 할 필요는 없었다. 1984년 말까지 호네커는 수십 만 발의 지뢰가 죽음의 띠 약 3분의 1에 여전히 산재해 있었지만, 독일 내부 국경을 따라 배치된 자동 발사기를 해체했다. 호네커는 1984년에 4,000명이 넘는 동독인들에게 이주를 허용했는데, 이 숫자는 기록적인 것이었다. 그리고 240만 명의 서독인과 서베를린 시민들이 동독과 동베를린을 방문했다. 이 조치의 뒤를 이어 호네커는 자기 대신에 미타크를 본에 보내 콜에게 독일민주공화국이 추가로 필요로 하는 요구 목록을 전달했다.[75]

서독은 동·서독간 무역을 위한 '스윙' 신용을 6억 5,000만 독일마르크에서 8억 독일마르크로 늘림으로써 동독이 자금을 계속 이용할 수 있게 해주었다. 콜을 포함한 서독 관리들은 독일민주공화국에 대한 덜 직접적인 형태의 지원책을 마련하기 위해 미타크와 계속 대화를 나눴다. 이에 대한 보답으로 동독은 국경 지역에 묻혀 있는 지뢰를 전부 제거했고, 추가 이주를 허용했다. 호네커는 또 독일민주공화국이 연방공화국과 체결했던 기술·과학 협정에 서베를린을 포함시키는 데도 동의했다. 지난 18년 동안 서베를린을 이와 같은 독일 내부 협정에 포함시키려는 서독 노력의 정점을 이루었던 이 혁명적 조처는 1960년대의 발터 울브리히트의 정책을 폐기하는 것이었고, 서독의 융자가 어떻게 정치적 결실을 맺었는지를 보여주었다.

독일민주공화국은 또 전략방위구상을 지지하겠다는 콜의 결정에도 매우 침착하게 대응했다. 모스크바가 레이건이 전략방위구상을 추구한다고, 그리고 콜이 그를 지지한다고 맹비난할 때에도 독일민주공화국은 거의 대꾸를 하지 않았다. 《노이에스 도이칠란트》는 "명백히 이 불길한 조치는 서독과 사회주의국가들 사이의 관계를 더욱 어렵게 만들 위험을 무릅쓰고 있다."고 엄중하게 말했다.[76] 이 말은 비난하는 것이 아니었으며, 전쟁 준비를 요구하는 것이 아님도 확실했다.

20개 이상의 동독과 서독 도시들이 도시 간 협력관계를 형성했다. 브레멘 항과 로스토크 항 같은 비슷한 성향의 도시들, 트리어와 바이마르

같은 유서 깊은 중심지들, 혹은 함부르크와 드레스덴 같은 엘베 강 대도시들이 파트너가 되었다. 이 협력관계 협정은 도시의 관리들과 일부 다른 사람들로 하여금 만나서 공동의 문제들을 논의할 계기를 만들었고, 이는 동독을 서독의 아이디어와 영향력에 점점 더 개방시키는 것이었다.[77]

1980년대 초 동안 수만 명의 동독인과 동베를린 시민들이 시급한 가족사를 이유로 매년 서독과 서베를린을 방문하는 것이 허용되었다. 1987년에 이러한 방문의 수는 120만 건으로 증가했고, 1988년에는 300만 건에 이르렀다. 또한 서방으로 여행하는 연금생활자를 비롯해 동독인의 서독 방문이 1988년에 500만 건 이상 있었다. 이 속도는 1989년에도 계속되었다. 콜은 이 수치를 만족스럽게 언급했다.

하지만 독일 내부 관계의 모든 측면이 원활하게 진행된 것은 아니었다. 콜은 1987년 1월에 동독의 인권 침해에 불만을 터뜨렸다. 콜은 독일민주공화국이 감옥과 집단수용소에 2,000명의 정치범이 수용되어 있다고 말했다. 독일민주공화국은 특히 히틀러를 연상시키는 '집단수용소'라는 용어에 대해 항의했다.[78] 호네커는 서독 관리들이 참석 예정이라는 이유로 베를린 750주년을 기념하는 서베를린 측 행사에 참석해 달라는 초청을 거부했다. 비록 독일민주공화국이 국경 체제를 '인간화'하기로 약속했음에도 불구하고, 서독과 일반적인 서방 여론을 불쾌하게 만드는 사건들이 계속 일어났다. 베를린 장벽을 비롯해 국경을 따라 발생하는 동독의 체포와 총격은 여전히 그때마다 서독으로부터 분노의 항의를 불러일으켰고, 한번은 콜로 하여금 미타크의 방문을 취소하게 만들기도 했다.[80] 그러나 동독 관리뿐만 아니라 서독 관리들도 그런 분쟁을 심각하게 생각하지 않았으며, 독일 내부 관계를 흔들림 없이 계속 유지해야 한다고 역설했다.

에리히 호네커는 모스크바의 방해로 여러 차례 취소된 끝에 1987년 9월 마침내 서독을 방문할 기회를 가졌다. 이 방문은 '공식'이라는 명찰을 달았을 뿐이었지만, 콜은 그를 거의 국빈 방문 급으로 대우했다. 콜은 폰 바이츠제커와 많은 다른 서독의 고위 정치인 및 정부 인사들처럼 호네커와 몇 차례 회동했다. 동독 국기와 서독 국기가 나란히 나부꼈으며, 양국 국가가 연주되었다. 호네커는 본은 물론이고 루르와 바이에른 같은 서독 산업 중심지도 방문했다. 호네커는 또 자못 감상적인 느낌으로 자신의 고향 자를란트도 방문했는데, 거기서 부모의 묘소를 찾아보고 1935년 12월 자신이 나치에 체포된 후 보지 못했던 한 자매도 만났다.[81]

호네커의 방문은 그에게 개인적으로 자신의 오명이 벗겨졌다는 의식을 부여했고, 독일민주공화국의 위상을 얼마간 제고시켰으나, 별다른 비상한 계기를 만들어내지는 못했다. 호네커의 회담은 친숙한 독일 내부 의제를 다루었다. 콜은, 호네커로부터 분노의 반응이 터져 나올 위험을 각오해야 한다는 것을 알면서도, 이 의제를 벗어나 독일 통일을 원한다고 공개적으로 말했다. 그러나 호네커는 '현실'에 대해 이야기함으로써 침착하게 대응했다. 호네커는 일찍이 1987년에 "불과 물을 결합하는 것이 불가능하듯이, 사회주의와 자본주의를 결합하는 것은 불가능합니다."라고 말했었다.[82]

호네커와 그의 서독 초청자들은 광범위한 문제들에 관해 협력을 지속하기로 약속했다. 방문이 끝날 때 발표된 공동 성명에서 그들은 각자의 동맹들 내에서 "긴장을 완화하고 평화를 보장하는" 쪽으로 자신들의 영향력을 사용하기로 약속했다.

호네커의 방문은 세상을 놀라게 할 만한 것은 아무 것도 내놓지 못했지만, 독일 내부 관계에서 새 출발을 나타냈다. 연방공화국은 독일민주공화국에게 이전에는 준 적이 없던 실제적 수준의 인정을 부여했다. 그러나 어느 누구도 근본적인 것이 바뀌었다는 환상을 갖고 있지 않았다. 그리고 방문에 대해 열성적이지는 않았으나 그것을 중요하다고 여겼던 콜은 호네커가 그를 직접 초청했음에도 불구하고 답방 일정을 잡기 위한 노력을 전혀 하지 않았다.

호네커의 기반은 호네커가 승리한 듯이 보였을 때에도 그의 발밑에서 무너지기 시작하고 있었다. 1970년대 동안 동독 경제는 성장률 하락을 보여주는 공식 통계에서 그 문제점을 인정하기 시작했다. 1980년대까지 동독 경제는 심각하지만 공식적으로 인정되지 않는, 식량과 기본 생필품 부족에 시달렸다. 동독 경제는 소련 계획가들이 언제나 더 많은 동독 공작 기계를 요구했기 때문에 전통적으로 기계 생산에 역점을 두고 있었음에도 서방을 향한 공산품 수출이 줄어들었다. 동독 경제는 유럽공동체, 일본, 미국의 기술적 진보를 따라잡을 수가 없었다. 동독 경제는 판매할 물품이 더 없었기 때문에 원하는 만큼 서독과의 무역을 확대할 수조차 없었다.[83]

1980년대 첫 몇 해 동안 독일 내부 무역에서 독일민주공화국이 본 작은 적자는 '스윙' 신용과 일부 특별 융자로 메울 수 있었다. 그러나 1984년에 독일민주공화국은 독일 내부 무역이 70억 독일마르크 이상으로 정점에 올랐을 때 13억 독일마르크의 적자를 겪었다. 미타크는 값비싼 서독 기계 수입을 줄이는 조치를 취했지만 적자를 끝내기는커녕 억제조차 할 수 없었다.[84]

1980년대가 지나가면서 동독 경제는 모스크바나 서독으로 수출할 물건을 충분히 생산해 낼 수 없었다. 자국의 경제도 잘 돌아가지 않던 소련은 석유나 가스, 원자재 수출품에 더는 장려금을 지불할 수 없었다. 그리하여 독일민주공화국은 자국의 비효율적이고 유해한 갈탄에 의존하지 않으면 안 되었다. 그리고 독일민주공화국은 점점 더 필사적으로 추가적인 서독 융자를 필요로 했다. 자랑으로 가득 찬 통계자료는 외국 학자들로 하여금 독일민주공화국을 세계에서 11번째로 큰 산업 경제를 가진 나라로 평가하게 했으나 통계는 동독에서 살고 일하는 어느 누구도 속이지 못했다.[85]

1990년의 독일은행 조사는 동독의 생산성이 부문 기준으로 평균적으로 서독의 절반에도 이르지 못함을 보여주었다. 그러나 이 조사 보고서를 쓴 경제학자들은 다시 검토해보니 동독 생산성이 아마도 평균 서독의 3분의 1에 불과한 것 같다고 나중에 말했다.[86]

독일민주공화국은 감당할 수 없는 비용을 물게 되었다. 연방공화국에서 온 돈이나 융자의 많은 부분은 서독과 그 밖의 지역에서 값비싼 독일민주공화국의 정보와 정치 활동을 지원하는 데 썼다. 1983년 독일사회주의통일당은 서방과의 거래를 관리하기 위해 정보기관 수장 에리히 밀케의 후원하에 상업조정국(Bereich Kommerzielle Koordinierung, KoKo)이라는 특별한 기구를 설립했다. 상업조정국을 이끌고 이 기구가 경제적 고려보다는 정보기관과 독일사회주의통일당의 지시를 반드시 따르도록 하기 위해 호네커는 샬크-골로드코브스키를 책임자로 임명했다.[87]

샬크는 일차적으로 독일사회주의통일당과 정보 목적을 위해 계좌를 운영했다. 매년 서독에서 독일민주공화국의 간첩 활동과 독일공산당에 수천 만 독일마르크를 지원했다. 샬크는 비록 독일민주공화국이 서방 돈을 얼마나 필요로 하는지를 알았지만 서독과 외국에 있는 동독 무역 대표들에게 무역이 아니라 주로 슈타지를 위한 정보활동에 최고 우선순위를 두라고 지시했다.

샬크는 또 서독으로 사람들을 풀어주는 대가로 서독이 독일민주공화국에 지불한 대금도 관리했다. 동독은 몸값을 가장 수익성 좋은 거래로 이용하면서, 인간을 어떤 다른 품목보다도 더 성공적으로 판매했다. 샬크는 이런 저런 이유로 투옥된 동독인들, 서방에 친구와 친척이 있는 사람들과 얼마간의 주목과 관심을 끄는 사람들을 석방하는 대가로 돈을 받았다. 사적인 서독인들이든 서독 정부든 둘 중의 하나가 대금을 지불했다. 밀케의 지휘를 받으면서 동베를린 법률가 볼프강 포겔*을 서방과의 중개자로 이용하여 샬크는 석방을 주선하고 이름과 자금을 지속적으로 추적했다.

몸값 사업은 동독에서 석방되는 비용으로 치르는 평균 대금이 수천 독일마르크에서 수만 독일마르크, 때로는 그 이상으로 해가 갈수록 점점 더 늘어났기 때문에 매우 수익성이 있는 것으로 판명되었다. 샬크는 이상적인 판매자 시장을 갖고 있었다. 오직 슈타지만이 다른 사람들이 석방되기를 원하는 사람들을 자유롭게 해줄 수 있었다. 독일민주공화국에 지불하는 몸값은 1964년 3,800만 독일마르크에서 1984년에 3억 8,700만 독일마르크로 늘어났는데, 샬크는 빈, 제네바, 취리히, 코펜하겐, 룩셈부르크, 루가노에 있는 몇몇 외국 은행에 그 돈을 예치해두었다.[88]

샬크는 독일이 통일되면서 계좌를 해지했을 때, 1963년과 1989년 사이에, 즉 콘라트 아데나워가 대금을 지불하기 시작했을 때부터 독일민주공화국이 붕괴한 때까지 서독이 총 35억 독일마르크를 몸값으로 지불했다고 계산했다. 그 대가로 동독은 3만 3,755명의 죄수들을 석방시켰고,

---

* Wolfgang Vogel(1925-2008). 독일민주공화국에서 활동했던 독일의 법률가. 냉전 시대 동안 소련 블록과 서방 사이에 간첩이나 정치범 교환을 중개하는 일에 오랫동안 종사했다.

약 25만 명의 이산가족 상봉을 허용했다. 동독은 국제적인 정치적 활동과 정보활동을 벌이고, 서방 리무진 같은 사치품을 구매하며 독일사회주의통일당 고위 관리들이 사적으로 쓰는 데 이 몸값을 사용했다.[89] 동독은 소련인들이 걱정했던 부채를 갚는 데는 이 기금을 사용하지 않았다.

서독의 돈은 독일민주공화국에 영향력을 발휘했다. 독일사회주의통일당은 서독이 대가로 보조금을 제공하지 않았다면 결코 동독인들의 여행을 허용하지 않았을 것이다. 독일사회주의통일당은 본이 그런 특권에 대해 비용을 지불하지 않았더라면 서방 차량이 독일민주공화국에 들어오는 것을 허용하지 않았을 것이다. 브란트, 슈미트, 콜이 무엇을 원했든, 호네커는 청구서를 내밀었을 것이다. 그리고 서독은 통상적으로 여행 규제 완화, 여행비 삭감, 일부 특정인의 석방 등과 같은 표면적으로 순진하기 짝이 없는 양보를 요구하면서 대금을 지불하곤 했다.

서독이 동독에 얼마나 많은 보조금을 지불했는지, 신뢰할 만한 총액을 계산해본 적은 없다. 동·서독간 무역협정 틀 바깥에서 이루어진 공식 지불은 1988년까지 250억 독일마르크에서 300억 독일마르크에 이르렀는데, 이는 1975년부터 1988년까지 1년에 평균 20억 독일마르크에 이르는 것이었다. 서독인들이 동독에 보낸 사적인 자금도 최소한 그 수치에 필적했을 것인데, 한 추산에 따르면 그 기간 동안 서독에서 동독으로 운반된 소포와 선물은 200억 독일마르크의 가치가 있었고, 사적인 자금 이전은 100억 독일마르크에 이르렀다고 한다. 40년 동안 공공 보조금과 사적 보조금은 총 750억 독일마르크에서 1,000억 독일마르크 사이였다. 경제 분석가와 정치 분석가들은 이 자금들이 독일민주공화국의 경제가 그 비효율성에도 불구하고 계속 기능하게 함으로써 독일민주공화국을 도와주었는지, 아니면 독일민주공화국으로 하여금 스스로의 힘으로 성공을 거두는 데 필요한 개혁을 회피하게 함으로써 독일민주공화국에 해를 끼쳤는지 질문해왔다. 그들은 또 서독이 동독인들의 상황을 얼마간 개선 하는 것을 보조함으로써 올바른 일을 한 것인지, 아니면 서독이 그 체제 가 붕괴할 것이라는 희망에서 독일민주공화국을 지원하는 것을 거부해 야 했는지도 물었다. 지금까지 분명한 답은 없다.[90]

독일사회주의통일당은 슈타지에 재원을 투입함으로써 동독 경제를 더욱 곤란하게 만들었다. 1980년대 말까지 슈타지의 상근 직원은 8만 5,000명으로 증가했고, 또 다른 20만 명의 유급 스파이와 아마도 100만 명에서 200만 명에 이를 정보원들이 존재했다. 슈타지는 모든 동독 우편 물의 약 5%를 개봉했고, 모든 전화 통화 및 다른 모든 통신수단을 일상적 으로 감시했다. 슈타지는 6,000만 서독인들 중 200만 명과 무수한 외국 방문자들뿐만 아니라 1,600만 명의 동독인들 중에서 동독 성인 인구의 거의 절반에 해당하는 600만 명에 관한 파일을 간수했다. 슈타지는 히틀 러의 게슈타포 비밀경찰의 2배 규모로 성장했지만, 감시하는 주민의 수 는 5분의 1에 불과했다. 슈타지는 또 보편적인 증오도 불러일으켰다. 모 든 동독인들은 자신들이 참석할 수 있는 어떤 모임이나 행사에도 상상할 수 있는 정치적 목적이 전혀 없더라도 상당수의 슈타지 정보원들이 있을 것임을 알았다. 동독인들은 자신들이 알지 못하거나 신뢰하지 않는 어떤 사람에게도 의미 있는 것을 절대 말하지 않았다.[91]

슈타지 파일의 길이에 관한 비공식적 추산에 따르면, 신중하게 수집 되고 선별된 자료가 총 160킬로미터에 이르렀다.[92] 어느 누구도 경찰과 정보활동에 사용된 동독 국내 총생산의 비율이 어느 정도인지에 대해서 는 확실하게 계산하지 않았다.

브란트하에서 동방정책을 고안했던 서독 독일사회민주당은 심지어 그가 권좌에서 물러나 있을 때에도 그 정책을 계속하려 했다. 1980년대 대부분의 기간 동안 독일사회민주당은 콜의 정책과는 별도로 자체 독일 내부 정책을 시행했다. 바르가 앞장을 선 독일사회민주당의 정책은 독일사회민주당의 바트 고데스베르크 강령과 근본적으로 단절하고 대체로 유럽과 독일 문제에 대한 독일사회주의통일당의 견해를 수용했다. 독일사회민주당의 정책은 또 독일사회민주당이 어떤 서독의 대안 정부나 차기 정부라도 되는 것처럼 반(半) 공식적으로 독일사회주의통일당의 여러 제안들도 수용했다.[93]

바르와 많은 젊은 독일사회민주당 당원들은 그들이 일컫는 동독과 서독 사이의 '공동 안보'와 '유럽 평화질서'를 위해 동독이 내놓은 방안을 승인했다. 당의 국방 전문가 중의 한 사람인 안드레아스 폰 뷜로*는 독일사회민주당과 함께 2000년까지 초강대국들이 중부유럽에서 손을 떼게 하는 데 전념했다. 새로운 독일사회민주당 세대는 서방 동맹에 대한 전통적으로 확고한 헌신이라는 브란트의 정책을 버리고 서독을 나토로부터 분리시키는 것을 적극적으로 고려하고 때때로 옹호하곤 했다.

1985년과 1986년에 독일사회민주당과 독일사회주의통일당은 '유럽에서 화학무기 자유지역'과 '핵무기 자유회랑'을 위한 조약의 제안과 같은, 보통 정부들이 협상하는 문서들을 생산했다. 그 후 1987년 선거에서 독일사회민주당이 패배한 뒤 독일사회민주당과 독일사회주의통일당은 유럽에서 '신뢰와 안보 지대'를 위한 공동 제안을 생산했다. 호네커가 본을 방문하기 직전에 그들은 안보 협력뿐만 아니라 환경보호와 인권

---

* Andreas von Bülow(1937-). 독일사회민주당 소속 독일 정치인. 헬무트 슈미트 총리 행정부에서 1976-1980년 국방차관, 1980-1982년 연구기술부 장관을 지냈다.

증진을 옹호한 '공동 안보'에 관한 공동 문서도 생산했다. 환경보호와 인권 증진 사항은 환경과 인권이 독일사회주의통일당 자신들에 의해 체계적으로 파괴되었던 동독 주민들에게 기괴한 것으로 보였음에 틀림없다.

훗날 소련과 동독의 문서들에서 밝혀졌듯이, 독일사회주의통일당은 독일사회민주당과의 논의에 대해 소련공산당 및 소련 정부와 종종 상의하곤 하면서, 그 입장이 소련 정책과 일치하는지 확인했다. 고르바초프가 1987년 선거에서 콜이 승리를 거두기 전까지 콜을 외면했던 것에 대해 고르바초프를 비난할 수는 없다. 왜냐하면 만약 그 선거에서 독일사회민주당이 승리했다면 대외 및 안보 문제와 관련해 기꺼이 소련의 견해를 수용할 것처럼 보이는 당이 권좌에 올랐을 것이기 때문이다.

독일 사회민주주의 정치 철학자 리하르트 뢰벤탈*은 이러한 경향과 거리를 두었다. 뢰벤탈은 대부분의 젊은 세대들에게는 "소련과의 갈등은 두 강대국 및 그 제휴 국가들 간의 갈등일 뿐만 아니라 자유와 폭정 사이의 갈등이기도 하다는 인식이 결여되어" 있었다고 썼다.[94] 그러나 바르와 독일사회민주당은 끈질겼다.

바르의 변화를 통한 접근은 두 가지 방식으로 작동하면서 독일사회민주당 내에서 화해를 통한 탈바꿈을 이끌어냈다. 그것은 동독을 서독의 영향력에 더욱 민감하게 만들었을지 모르지만, 독일사회민주당의 정책을 변화시켰고, 서독 사회민주당 기구를 데탕트가 정점에 올랐을 때보다도 더 독일사회주의통일당에 가깝게 당겨놓았다. 1990년 3월의 동독 선

---

* Richard Löwenthal(1908-1991). 독일의 언론인이자 교수. 민주주의, 공산주의, 세계정치 문제에 관해 주로 글을 썼다. 1950년부터 베를린대학 정치학 교수로 근무했으며, 1974년에 같은 대학의 명예 교수가 되었다. 독일사회민주당의 주요 지식인으로서 특히 빌리 브란트와 에른스트 로이터에게 종종 자문했다.

거에서야 독일사회민주당은 동독 인민들이 이 모든 것에 대해 어떻게 느꼈는지를 알게 될 터였다.

독일사회민주당-독일사회주의통일당의 문서 작업은 독일 내부 관계의 주요한 사업이 아니었다. 서독 정부와 동독 정부가 직접 주요한 사업들을 진행하고 있었는데, 그 사업들은 독일사회주의통일당이 여전히 수행하고 있던 선전 활동과는 전혀 다른 원리를 바탕으로 이루어졌다. 그들은 상호 현실 수용을 바탕으로 그 일을 진행했다. 고르바초프와 콜 역시 같은 바탕 위에서 거래를 했다, 그러나 콜과 그의 정부는, 레이건이 그랬던 것처럼, 여전히 그 현실을 바꾸기 위해 노력했다.

18장

장벽을 돌파하기

초강대국들 사이에서 그리고 두 독일 국가 사이에서 얼음이 깨지기 시작하자 동유럽에서도 얼음이 갈라지기 시작했다. 미하일 고르바초프는 구멍을 제공했으나 주요한 추동력은 인민들 자신으로부터 왔다.

1979년 6월 교황 요한 바오로 2세*가 자신의 고국인 폴란드를 방문했다. 교황은 폴란드 도시들을 잇달아 방문해 연설하고 미사를 집전하면서, 공산주의 국가에 대한 충성보다 더 오래되고 더 고귀한 충성을 불러일으켰다. 공산주의 국가에게 공공연하게 도전하지 않고서도 그의 연설은 공산주의 국가의 정당성을 뒤흔들었다. 한 학자는 교황의 폴란드 방문이 장벽과 철의 장막 뒤에 갇힌 사람들에 대한 공산주의 지배의 "종언이 시작"된 것을 웅변한다고 썼다.[1]

폴란드 자유노조인 '연대'가 교황 방문이 있은 지 1년 후에 활기를 띠게 되었다. 연대는 계엄령하에서 탄압 받긴 했지만, 마치 나치즘에 대한 저항운동이 제2차 세계대전 동안 독일 점령하의 많은 나라들에서 지하정부가 되었듯이, 일종의 지하정부가 되었다.

고르바초프는 소련 위성국 체제에서 일어난 변화를 수용하겠다는 뜻을 분명히 했다. 1986년 9월에 소련은 그 국가의 정치체제와 상관없이

---

* John Paul II (1920-2005). 폴란드 출신의 제264대 교황으로 27년간 로마가톨릭을 이끌었다 (재위 1978-2005). 재위에 있는 동안 동유럽의 민주화 운동을 지원했고, 세계 평화와 반전을 호소했으며, 생명윤리 등의 분야에서는 그리스도교의 전통적인 도덕관을 제시하는 등 종교의 범위를 넘어 세계 전체에 큰 영향을 끼쳤다.

어떤 국가에 대해서도 위협이나 무력 사용을 하지 않겠다고 약속하는 스톡홀름 협정에 서명했다.

고르바초프는 1989년 7월 '유럽평의회'*에서 행한 연설에서 유럽 국가들의 사회적·정치적 질서가 "완전히 인민들 자신의 문제이자 그들의 선택의 문제"가 되었다고 말했을 때 훨씬 더 분명하게 자신의 생각을 밝혔다. 고르바초프는 '유럽 공동의 집' 안에서는 "한 동맹에 맞서 다른 동맹에 의해, 동맹 내에서 혹은 어떤 다른 곳에서도" 무력 사용의 가능성을 배제했다.[2] 실제로 고르바초프는 위성국 정권의 지도자들에게 붉은군대는 그들이 권좌에 있는 것을 지켜주지 않을 것이니 스스로 인민들과 화해하라고 말했다.

고르바초프는 브레즈네프 독트린을 유지하고 싶지 않았다. 크렘린의 대변인 겐나디 게라시모프**는 고르바초프의 철학을 프랭크 시내트라***의 "내 뜻대로 했네"(I Did It My Way)를 따라 '시내트라 독트린'이라고 불렀다. 고르바초프는 붉은군대가 당을 장악할 수는 있으나 인민은 장악할 수 없다는 것을 알았다. 그리고 땅을 장악하는 일은 엄두도 못 낼 정도로

---

* Council of Europe. 1949년에 설립된 유럽의 국제기구이다. 유럽의 경제·사회적 발전을 촉진하기 위해 가맹국의 긴밀한 협조에 의한 공동의 이상과 원칙을 지지하고 있으며 국방(군사) 분야를 제외한 모든 분야에서 점진적인 유럽 통합을 지향한다. 산하 조직으로는 회원국 외무장관으로 구성된 각료 위원회와 자문 위원회, 회원국 의원으로 구성된 의원 회의, 유럽 인권 위원회, 유럽 인권 재판소, 사무국 등의 기구를 두고 있다. 사무국은 프랑스 스트라스부르에 있다.

** Gennady Gerasimov(1930-2010). 소련 및 러시아의 정치가. 1990-1995년 포르투갈 주재 러시아 대사를 지냈다. 그 전에는 미하일 고르바초프의 대외 문제 대변인이었고, 예두아르트 셰바르드나제의 언론 담당 비서였다.

*** Francis Albert 'Frank' Sinatra(1915-1998). 미국의 가수, 영화배우. 1940년대부터 부드러운 크루닝 창법을 내세운 스탠더드 팝 음악을 구현했고, 20세기 미국 대중음악을 대표하는 아티스트 중 한 명으로 꼽힌다.

비용이 비싸졌다.

헝가리 문

　민주주의를 향하는 길을 선도하는 데 헝가리인들이 폴란드인들에 합류했다. 그들은 임레 너지[*]를 추모함으로써 민주주의로 가는 길을 이끌었다. 임레 너지는 1956년 헝가리 혁명을 이끌었고 부다페스트의 유고슬라비아 대사관에서 석방된 후 면소의 약속에도 불구하고 소련인들과 그들의 헝가리 총독들에 의해 처형되었다. 임레 너지는 묘비 없는 무덤에 묻혔다. 1989년 6월 16일, 20만 명의 군중이 부다페스트에서 추념식을 열고, 너지 가족의 요구로 소련인들이 묻었던 같은 장소에 재매장함으로써 그를 추모했다.[3] 매장은 헝가리 정부와 야당의 대화를 가져왔고, 이 대화는 1989년 10월 23일 헝가리공화국의 선포로 절정에 이르렀다.

　자유화 과정의 일환으로 헝가리는 유엔 난민 협약 및 의정서에 서명했는데, 이는 1956년 붉은 군대의 헝가리 침공을 피해 탈출한 난민들이 지구적 난민 제도의 발전에 강력한 추동력을 제공했기 때문에 중요한 상징적 제스처였다.

　헝가리와 폴란드가 자유화되면서 서방으로 탈출하기를 원하는 동독

---

* Imre Nagy(1896-1958). 헝가리의 정치가. 제1차 세계대전 때 러시아군의 포로가 되어 공산 당에 입당하고 혁명군으로 활동했다. 1921년 귀국하여 노동운동을 지도하다가, 1928년 국 외로 망명했다. 제2차 세계대전 중에는 모스크바에서 국내 항전운동을 지도하고, 1944년 귀국하여 임시 인민정부의 농무장관, 1945년 내무장관, 1947년 국회의장, 1952년 부총리, 1953년 총리가 되었으나, 사회주의 건설의 문제로 경공업의 우선적 발전을 주장하고, 우익 유화주의적인 오류를 범했다는 이유로 1955년 총리에서 추방되었다. 1956년 1월 23일 헝 가리혁명 후 총리로 추대되었으나, 소련군 침공 때 붙잡혀 루마니아로 이송되었으며 1958 년 처형되었다.

인들은 이 나라들을 잠재적인 중간 기착지로 보기 시작했다. 그들은 서유럽으로 가는 독일민주공화국의 출국 비자를 받을 수 없을 때에도 동유럽으로 가는 출국 비자는 받을 수 있었다. 일단 자유화된 동유럽 국가에 도착하면 그들은 그 나라 수도의 서독 대사관으로 가서 연방공화국으로 가는 여행을 허가해달라고 요청할 수 있었다. 1989년 8월 말까지 거의 200명에 이르는 동독인들이 부다페스트의 서독 대사관으로 들어갔다. 본은 동독 주민과 서독 주민을 모두 독일 시민이라고 간주했기 때문에 서독 대사관은 그들에게 여권을 발급해주었다. 그런 후 헝가리는 국제적십자의 보호하에 그들이 서독으로 떠날 수 있도록 해줌으로써 난민 협약에 대한 헝가리의 새로운 의무를 준수했다.

헝가리는 서독 대사관의 동독인들보다 훨씬 더 많은 동독인들에게 서독으로 가는 루트를 제공했다. 1989년 5월 2일 헝가리 정부는 1956년 이래 오스트리아로의 도피를 막았던 국경의 철조망을 걷어내기 시작했다. 정부는 뒤이은 동독인들의 대규모 탈주를 예상하지도 못했고 대비하지도 못했다. 그러나 헝가리 정부는 독일민주공화국이 1969년에 양 정부가 상호 여행 규제를 시행하는 데 합의했다는 사실을 부다페스트에게 상기시킨 이후에도 그들을 막기 위한 어떤 조치도 취하지 않았다.

동독의 난민 시도자들은 시간을 지체하지 않고 수만 명 씩 헝가리로 차를 몰고 갔다. 헝가리 정부가 처음에 정규 국경 횡단 지점을 통해 오스트리아로 입국하는 것을 허용하지 않자 난민들은 국경 근처의 편리한 숲속에 자신들의 상자 모양 트라반트* 차를 버리고 걷기 시작했다. 일단 오스트리아에 도착하면 그들은 서독 여권을 발급받으려고 빈의 서독 대사

---

* Trabant. 1957년부터 1990년까지 동독에서 생산된 자동차를 가리킨다.

관을 찾았다.

탈출 행렬이 계속되자 서독 정부는 헝가리에게 동독인들이 기존 국경 검문소를 통해 떠날 수 있도록 허락해줄 것을 요청했다. 헝가리 숲이 트라반트 자동차의 폐차장이 되는 것을 막고 싶었던 헝가리 정부는 이에 동의했다. 헝가리 정부는 또 본으로부터 감사의 표시로 무제한 융자, 소문에 따르면 대략 10억 독일마르크도 받았다. 그리고 오스트리아 정부는 국경 검문소에 나타나는 동독인들 누구에게나 입국 비자를 발행함으로써 도움을 주었다.

독일민주공화국은 헝가리가 "사회주의를 배반하고" 있다고 항의했다. 독일민주공화국은 헝가리인들에게 탈출을 막아달라고 압력을 가하기 위해 바르샤바 협정 외무장관 회의를 소집하려고 했지만, 고르바초프와 셰바르드나제는 사회주의 국가들 사이에 공개적 논쟁이 벌어지는 것을 반대했기 때문에 이 회의를 저지했다. 독일민주공화국은 불만을 털어놓았으나 자신들이 스스로 독일마르크화를 벌려고 출국 허가증을 판매했다는 사실을 부인할 수 없었다. 헝가리는 아마도 샬크-골로드코브스키가 받았던 것보다는 난민 1인 당 더 적은 돈을 받았을 것이다.

많은 동독인들은 프라하의 서독 대사관으로 갔다. 프라하의 전성기에 세워지고 큰 울타리가 있는 정원으로 둘러싸인 궁전 같은 저택인 이 대사관은 수천 명의 난민들에게 안식처가 되었다. 난민들은 대서관 담벼락을 따라 돌다가 경비가 없고 들어가기 수월한 지점을 찾아 서로 도와가며 대사관 구내로 들어갔다. 많은 사람들이 어린이들을 동반했다. 그들은 대사관의 식당이나 위생시설을 가득 채운 채 서독으로의 안전한 출국을 약속받기 전에는 그곳을 떠나려 하지 않았다. 대사관 구내의 상황은 곧 견딜 수 없게 되었다.

1989년 9월 말이 되자 프라하 대사관의 위기는 심화되었고, 서독 외무장관 한스-디트리히 겐셔와 동독 외무장관 오스카어 피셔*는 유엔에서 회동을 갖고 동독 불법 점거자들이 서독으로 갈 수 있는 계획을 마련했다. 그러나 피셔는 그들이 봉인된 열차를 타고 드레스덴 역을 통해 동독으로 일단 돌아갔다가 서독으로 갈 것을 요구했다. 호네커는 독일민주공화국이 그 자신의 주권 의지로 난민들을 추방했다고 주장할 수 있기를 원했다. 난민들의 출국을 허용하겠다는 호네커의 결정은 일부 정치국원들이 난민들의 출국을 허용해서는 안 된다고 반대하는 등 독일사회주의통일당 정치국 내에 위기를 촉발했으나, 호네커는 임박한 독일민주공화국 창건 40주년 기념일이 다가오기 전에 곤란한 상황을 해결하고 싶었다.

이 합의를 승리로 간주한 겐셔는 9월 30일 프라하로 가서 대사관 구내에 가득 들어찬 군중에게 그 사실을 직접 발표했다. 겐셔는 스스로 자기 경력에서 가장 감동적인 순간이라고 일컫는 이 사건에서 열광적인 환호를 받았다. 겐셔는 그 자신이 동독의 할레에서 온 난민이었다. 그는 원래 전진하는 붉은군대를 눈앞에 두고 엘베 강을 건너 서쪽으로 향한 마지막 독일 국방군 병사 중 한 명이었다. 난민들이 감사를 표하기 위해 자신의 주위로 몰려들었을 때, 겐셔는 아마도 과거의 기억을 떠올리며 격렬한 아픔을 느꼈을 것이다.

일부 프라하 시민들은 난민들에게 경의를 표하여 버려진 트라반트 차를 금색으로 칠해 옛 도시의 광장들 중 하나로 통하는 구역들에 두었

---

* Oskar Fischer(1923-). 독일민주공화국의 정치인. 불가리아 주재 대사로 근무하고 1975-1990년 외무장관을 지냈다.

다. '황금 트라비'는 동독 탈출과 그것을 기꺼이 돕고자 한 체코슬로바키아인들의 의지를 보여주는 상징이 되었다.

그러나 호네커와 독일사회주의통일당은 여전히 분노했다. 기차가 만원이 되자마자 호네커는 체코슬로바키아와의 국경을 폐쇄하라고 명령했다. 동독인들은 더는 인접한 사회주의 국가들로도 여행할 수가 없었다.

독일사회주의통일당은 불쾌한 현실을 인정할 수밖에 없었다. 독일민주공화국 기념일까지 약 1만 명의 동독인들이 부다페스트의 서독 대사관을 통해, 5,000명이 바르샤바의 서독 대사관을 통해, 그리고 1만 5,000명이 프라하의 서독 대사관을 통해 서방으로 탈출했다.[4] 10만 명 이상이 헝가리 숲을 통하거나 헝가리 도로를 따라 오스트리아로 도주했다. 동독은 그들이 도주해도 무방한 상황이 아니었다. 그들은 젊고 어디에 정착하든 전도유망한 인재들이었다.

콜은 호네커에게 서독이 모든 난민들을 수용할 것이라고 경고하면서, 사람들이 동독에 머물도록 설득하기 위한 개혁에 착수할 것을 촉구했다.[5] 그러나 독일사회주의통일당은 결정을 내릴 수가 없었다. 호네커는 깊은 병에 걸려 8-9월 6주 동안 거동할 수가 없었고, 그 후에는 그를 눈에 띄게 쇠약하게 만든 큰 수술을 받았다. 미타크는 이미 수술을 몇 차례 받은 상태였다. 독일사회주의통일당은 독일민주공화국을 겨냥한 서방의 음모라고 주장함으로써 모든 난민 탈출에 대응했다. 심지어 극비 회의에서도 정치국은 탈출의 근본적 원인을 과감히 논의하지 않았다.[6]

하지만 호네커와 독일사회주의통일당이 곧 알게 되었듯이, 독일민주공화국에 남기로 한 동독인들은 떠나기로 한 사람들보다 훨씬 더 골치 아픈 것으로 밝혀질 것이었다.

라이프치히의 지휘자, 쿠르트 마주어[*]

　동독에서 문제가 발생할 최초의 뚜렷한 조짐은 전혀 불온해 보이지도 않았고, 시점 상으로도 동유럽을 통한 대규모 탈출이 있기 오래 전에 일어났다. 1987년 6월 7일, 수백 명의 십대 청소년들이 서베를린의 제국의회 건물 근처에서 있었던 록 콘서트를 귀동냥하려고 장벽의 동쪽 면 가까이로 모여들었다. 록 팬들이 음악을 들으며 환호성을 지르고 춤을 추자 슈타지와 국경 경찰이 밀고 들어와서 그들을 해산하고 서방 음악을 들었다는 혐의로 일부를 체포했다.

　콘서트가 계속되면서 다음 이틀 저녁 동안 똑같은 광경이 되풀이되었다. 그러나 장벽 근처에 모인 팬들의 수가 더 많아졌고, 경찰은 더욱 단호하게 그들을 처벌했다. 팬들은 경찰을 향해 돌을 던지면서 "장벽을 없애라!" "우리는 고르바초프를 원한다!"라고 소리쳤다. 경찰은 수십 명을 구타하고 체포했다. 장벽 반대편에서 이 광경을 지켜본 서방 기자들은 체포 소식을 보도했고, 동독 사람들은 거의 모두가 서베를린이나 서독 뉴스를 보고 있었기 때문에 체포 소식을 알게 되었다. 정권에 대한 분노가 치솟았지만, 그러나 당장은 아무 일도 일어나지 않았다.

　다음 사건은 다섯 달 후 슈타지가 동베를린의 '시온 교회'(Zionskirche)에 설립된 생태 도서관을 샅샅이 뒤졌을 때 일어났다. 슈타지는 동독의 환경 개선을 위한 제안들이 포함된 모든 문서들과, 동독의 산업 현장 주위의 유해 환경에 관해 보고하는 모든 자료들을 압수하고 파괴했다. 슈

---

[*]　Kurt Masur(1927-2015). 독일의 지휘자. 라이프치히 게반트하우스 오케스트라의 지휘자로 오랫동안 일했으며, 뉴욕 필하모닉의 음악 감독으로도 활동했다.

타지는 도서관이나 교회와 관련 있는 몇몇 생태학자들을 현장에서 체포하여 바로 연행했다. 다시 한 번 동독 경찰은 우연히 도서관을 방문 중이던 서독 기자들의 눈앞에서 거리낌 없는 장면을 연출했다. 그들은 서독 언론에서 분노에 찬 기사를 촉발시켰다. 더 중요한 것은 사실상 동독의 교회 지도자들을 건드려 정권에 저항하게 만들었다는 점이었다.

두 달 후 1988년 1월에 동독의 몇몇 소규모 인권 그룹들이 1919년 1월 17일 독일 반동 폭력그룹에 의해 암살당한 공산주의 순교자 로자 룩셈부르크*와 카를 리프크네히트**의 동베를린 연례 추도식에 참석하겠다고 청원했다. 인권 그룹들은 룩셈부르크의 두 가지 유명한 말, 즉 "자유는 언제나 다르게 생각하는 사람들의 자유이다."와 "당신이 움직이지 않으면 당신의 쇠사슬을 느끼지 못한다."를 적은 현수막을 들어도 좋은지 물었다.[7]

슈타지는 또 다시 아주 잔인하게 대응했다. 경찰은 청원자들을 협박하여 그들 중 약 150명에게 시위에 나가지 말라고 강요했다. 1월 17일 그들은 그중 일부를 미리 집에서 체포했고, 나머지 사람들은 시위에 참여하러 가는 도중에 체포했다. 경찰은 이들이 현수막을 펼치려고 하자 체

---

* Rosa Luxemburg(1870-1919). 독일의 사회주의자. 1894년 폴란드왕국 사회민주당을 결성했고, 1897년 독일국적을 취득한 뒤 이듬해 베를린으로 이주해 독일사회민주당에 가입했다. 제1차 세계대전 중에는 대부분을 옥중에서 보냈으나, 1918년 11월 독일혁명이 일어난 후 석방되자 인민대표평의회 정부에 반대하여 독일공산당을 결성했다. 1919년 1월 혁명파가 베를린에서 봉기했을 때 K. 리프크네히트와 함께 참가하여 정부군에게 학살당했다.

** Karl Liebknecht(1871-1919). 독일의 사회주의자이자 혁명가. 독일사회민주당의 지도자. 1908년 프로이센의 하원의원, 1912년에는 제국의회 의원이 되었으며, 사회민주당 소속으로 제1차 세계대전이 일어나자 반전운동을 전개했다. 1916년 사회민주당에서 제명되었으며 룩셈부르크와 함께 비합법적 스파르타쿠스단을 조직하여 1918년 11월 베를린에서 일어난 혁명에 참여했다. 독일공산당을 결성하고 1919년 혁명파의 봉기에 참가했다가 룩셈부르크와 같이 체포되어 반혁명군에 의해 피살되었다.

포하고 구타했다. 슈타지와 경찰은 도합 100명 이상을 체포했고, 그중 일부에게 6개월 징역형으로 위협했으며, 마지막으로 많은 시위 참여 가능자들은 물론이고 그 지지자들까지 서독으로 추방했다.

슈타지는 강경한 대응이 문제를 해결해 줄 것이라고 희망했을 테지만, 그러나 문제는 해결되지 않았다. 1988년까지 소련의 새 메시지를 들은 동독인들은 독일민주공화국의 전형적인 대처방식이 되어버린 그런 유의 억압을 더는 받아들이지 않으려 했다. 특히, 정권과 화해하려고 했던 동독의 교회 지도자들은 사람들이 대단히 잔혹하고 야만적인 경찰의 행동에 고통 받는 동안 침묵하고 있었다는 사실에 죄책감을 느꼈다.

베를린 복음교회 총회 의장인 만프레트 슈톨페*는 슈타지에게 불만을 터뜨리면서 교회가 활동가들을 돕겠다고 경고했다. 목사들은 교회가 더 이상 굴복해서는 안 된다고 공개적으로 말했다.[8] 라이너 에펠만**이라는 목사는 특별히 인권활동가들을 보호하기 위해 '사마리아 교회'를 설립했다. 그 후 동베를린의 교회들은 교회 시설들을 이주 신청자들과, 점점 확산되고 있지만 여전히 조심스럽게 행동하고 있는 저항 그룹들이 이용할 수 있도록 해줌으로써 반체제 인사들의 안식처가 되었다.

저항운동은 드레스덴으로 확산되었다. 1988년 2월 13일, 드레스덴의 몇몇 교회에 수천 명의 사람들이 동베를린에서 체포된 사람들을 지지하기 위해 모였다. 그들은 예배를 마친 후 촛불과 현수막을 들고 도심의 거리를 따라 조용히 행진했다. 경찰은 시위대를 향해 나아갔으나 교회

---

* Manfred Stolpe(1936-). 독일의 정치인. 1990-2002년 브란덴부르크 주 주지사, 2002-2005년 독일연방공화국 교통·건설·주택장관을 역임했다.

** Rainer Eppelmann(1943-). 독일의 정치인. 독일민주공화국의 마지막 내각에서 군축·국방장관을 지냈으며, 1990-2005년 기독민주연합 소속 연방의회 의원으로 활동했다.

당국의 요청에 대응하여 동베를린만큼 야만적으로 행동하지는 않았다. 개혁 성향의 독일사회주의통일당 드레스덴 서기였던 한스 모드로*는 경찰에게 중용을 지키라고 지시했다. 드레스덴 독일사회주의통일당은 시위자들 가운데 이주를 신청한 사람들은 조용히 서독으로 보내고, 나머지 사람들은 추가 조치 없이 석방했다. 이 절제된 대처 덕분에 자칫 큰 위기로 이어질 수도 있는 상황은 피했지만 점점 확대되어 가는 반체제의 근본 문제는 해결되지 못했다.[9]

1988년의 나머지 기간과 1989년의 대부분 기간 내내 저항운동이 독일민주공화국 정치의 수면 아래에서 부글부글 끓어오르며 확산되고 있었다. 교회는 인권을 진작시키기 위한 비밀 기도 모임의 장소가 되었다. 활동가들은 인권을 증진시키고 독일사회주의통일당이 훼손시킨 생태계를 회복시키는 것을 목적으로 한 새로운 정치 그룹을 구성하기 위한 논의를 시작했다. 동독의 많은 반체제 인사들이 이주를 신청했으나, 일부 인사들은 동독에 남아 내부에서 변화를 도모하기로 결심했다. 그들은 독일민주공화국이 외국이 아니라 국내에서 존립의 정당성을 찾아야 할 때가 왔다고 주장했다.[10]

고르바초프의 두 가지 지침 원리는 독일사회주의통일당 체제와 호네커에게 심각한 문제를 제기했다. 페레스트로이카는 효율적이고 효과적인 경제 운영을 요구했다. 페레스트로이카를 독일민주공화국에 적용한다면, 경제 방향과 실행에서 획기적인 변화가 필요할 것이었다.

고르바초프의 두 번째 원리인 글라스노스트**는 훨씬 더 큰 피해를 입

---

* Hans Modrow(1928-). 독일의 정치인. 1989-1990년 독일민주공화국 각료회의 의장(총리), 1990-1994년 연방의회 의원, 1999-2004년 유럽 의회 의원을 역임했다.
** glasnost. '개방'이라는 뜻의 러시아어. 좀더 원어에 가까운 표기는 '글라스노스치'이다. 소련

힐 수 있었다. 보통 '개방'으로 번역되는 글라스노스트를 통해 고르바초 프는 솔직한 토론을 요구했다. 글라스노스트는 '정직'으로 번역되었어 야 했다. 왜냐하면 그것은 모든 사람이 알고 있지만 어느 누구도 감히 언 급하지 않는 진실을 말하기를 요구했기 때문이다. 러시아의 작가 알렉 산드르 솔제니친*은 공산주의가 진실을 이기고 살아남을 수 없으며, 이 격언은 어떤 다른 국가보다도 독일민주공화국에서 더 잘 적용된다고 썼다.

글라스노스트는 동독의 반체제 인사들에게 모든 사람들이 경험했으 나 공개적으로 이야기하지 않는 감시와 억압에 대해 솔직히 말하는 것을 의미할 터였다. 글라스노스트는 장벽과, 그리고 그렇게 많은 사람들이 왜 그토록 죽어라고 동독을 떠나려고 하는지에 대해 정직한 토론을 할 것 을 요구하면서, 독일사회주의통일당과 그 당이 통치하는 사람들 사이에 진정한 대화를 의미할 터였다. 글라스노스트는 독일민주공화국이 딛고 서 있는 불문의 행동규칙들에 대한 총체적인 수정을 수반할 터였다.

호네커는 자신이 고르바초프의 구상에 저항할 충분한 이유가 있다고 믿었다. 호네커는 독일민주공화국에 대해 부끄러움을 느끼지 않았다. 동 독의 생활수준은 소련 수준을 크게 앞섰다. 동독의 일반적인 하부 구조 도 그랬다. 독일민주공화국은 소련의 우주 프로그램을 위해 광학기기뿐

의 지도자였던 미하일 고르바초프가 1985년에 실시한 개방 정책을 가리킨다. 이 정책에 따라 이전에 반소련적이라고 금지된 문학 작품이나 영화, 연극 등이 일반인들에게 공개되었고, 그 결과 보수적인 관료사회의 부패가 전면적으로 비판을 받는 등 소련의 민주화가 크게 앞당겨졌다.

* Alexander Solzhenitsyn(1918-2008). 러시아의 작가. 소련 시절에 반체제 문필가이자 사상 가로 이름을 떨쳤다. 대표작으로《이반 데니소비치의 하루》,《암병동》,《수용소 군도》등이 있다.

만 아니라 소련 블록에서 입수할 수 있는 가장 현대적인 제품과 신뢰할 만한 공작기계의 일부를 공급했다. 동독 제품은 아시아와 서유럽에서는 경쟁력이 없었지만 고르바초프가 나타나기 전까지 소련 체제에 적절한 도움을 주었다.

고르바초프는 소련을 빠르게 변화시키고 싶었지만, 호네커는 독일민주공화국을 서둘러 변화시킬 필요가 있다고 느끼지 않았다. 그리고 호네커는 소련에게 자신의 견해를 분명히 했다. 호네커의 주요 이념가인 쿠르트 하거*는 1987년 4월에 다음과 같은 다소 수사적인 질문을 던졌다. "당신의 이웃이 자기 집 방을 새로 도배하기로 했다면, 당신도 벽지를 새로 갈아야겠다고 생각하실 겁니까?"[11] 고르바초프는 새로운 구호와 새로운 구상을 실행하고자 한다면 거리낌 없이 그렇게 할 것이었다. 그러나 호네커는 고르바초프를 따르지 않을 터였다. 호네커는 페레스트로이카의 필요를 보지 못했고, 심지어 글라스노스트라는 관념도 용납할 수 없었다.

그러나 동독의 작가 슈테판 하임**은 서방 텔레비전에서 다음과 같이 언급함으로써 하거에게 응답했다. "이건 벽지에 관한 게 아닙니다. 그것은 지하실의 유령, 벽장 속의 해골, 그리고 백일하에 드러나야만 하는 더러운 분뇨에 관한 겁니다."[12]

---

* Kurt Hager(1912-1998). 독일민주공화국의 정치인. 동독에서 독일사회주의통일당의 수석 이념가였으며, 많은 교육·문화 정책을 결정한 것으로 알려져 있다.
** Stefan Heym(1913-2001). 독일의 작가이자 언론인. 젊은 시절부터 사회주의적 성향을 보이며 나치에 비판적이었고, 나치 집권 후 미국으로 망명했다. 1953년 고국으로 돌아가 동독에 정착한 뒤에는 억압적 동독 체제에 끊임없이 비판적인 태도를 취해 당국의 탄압을 받았다, 통일 후 독일 연방의회 의원으로 활동했고 은퇴 뒤에도 작품 활동이나 반핵평화 운동 등을 통해 활발하게 사회주의 운동을 계속했다. 작품으로 《6월의 닷새 간》, 《콜린》, 《유랑의 유대인》, 《불만의 겨울》 등이 있다.

호네커는 고르바초프의 구상을 거부할 수 있었으나 억압할 수는 없었다. 때때로 소련의 신문기사들은 독일민주공화국의 민감성을 무시했다. 모스크바의 잡지《리테르투르나야 가제타》(Literturnaia Gazeta)는 1988년 7월에 '독일민주공화국'이나 '독일연방공화국', '서베를린' 국민 같은 것은 없으며, 오직 '독일' 국민만이 있을 뿐이라고 썼다. 이 기사는 호네커는 물론 동베를린의 소련 대사로부터 격렬한 항의를 불러일으켰다.

독일민주공화국에 대한 글라스노스트의 최악의 공격은 1988년 11월에 독일의 공산당이 바이마르공화국 시기 동안 독일사회민주당에 적대적이었다고 비난하는 기사를 실은 소련의 잡지《스푸트니크》(Sputnik)에 등장했다. 기사는 스탈린의 명령으로 독일 공산주의자들이 사회주의자들과 싸우고, 그리하여 히틀러가 권좌에 오르는 것을 막을 수 있었을 좌파 연합을 결성하기 위해 필요했던 협력을 거부했음을 상기시켰다. 호네커는 기사가 사실일 뿐만 아니라 독일사회주의통일당이 치유하거나 숨기려고 했던 오랜 상처를 헤집었기 때문에 이 기사에 격분했다. 호네커는《스푸트니크》기사를 "정신 나간 횡설수설"이라고 비난했다. 독일민주공화국은 날카로운 단어들을 동원한 항의문을 소련 대사관에 보냈고,《노이에스 도이칠란트》는 "역사적 현실의 왜곡"을 규탄하는 사설을 게재했다.[13] 그런 후 호네커는 독일민주공화국에서《스푸트니크》를 금지했다.

호네커는 내키는 대로 불만을 늘어놓을 수 있었지만, 고르바초프는 대부분의 동독 지도자들보다도 더 잘 독일민주공화국의 현실을 이해하기 시작했다. 고르바초프는 한때 독일민주공화국이 동과 서를 잇는 경제적 가교 역할을 할 수 있다고 생각했지만, 호네커가 자신에게 동독 경제의 실상을 말하지 않았고, 심지어 그 자신도 실상을 모를 수 있다는 점을 서서히 깨닫게 되었다. 고르바초프는 호네커가 개혁가 모드로를 독일사회주의통일당 정치국으로 끌어들일 것을 제안했다. 고르바초프는 개인적인 친구인 모드로를 호네커의 잠재적인 후계자로 보았다. 그러나 호네커는 고르바초프의 제안을 단칼에 거부했다.[14]

소련인들은 동독의 전직 스파이 우두머리 마르쿠스 볼프가 독일민주공화국에서 실제로 무슨 일이 벌어지고 있는지를 알 것이라고 희망하면서 그를 모스크바로 초청했다. 모스크바의 가장 뛰어난 독일 전문가들 중 몇 명이 볼프에게 경제 상황에 대해 물었다. 스파이 게임을 그만두고 독자적인 정치적 야심을 품고 있던 볼프는 고르바초프와 솔직하게 터놓고 말하고 싶었다. 볼프는 소련인들에게 독일민주공화국이 적어도 400억 독일마르크의 외채를 지고 있고, 동독의 생활수준을 25-30퍼센트 낮추지 않고서는 빚을 갚을 수가 없다고 말했다. 고르바초프는 볼프의 언급에 관한 보도를 보았을 때, 호네커와 파산한 독일민주공화국은 어디로도 가교가 될 수 없다고 결론 내렸다. 고르바초프는 콜을 대신할 사람이 없다고 생각했다.[15]

다음에는 1989년 1월 17일의 공산주의 순교자 룩셈부르크와 리프크네히트 암살 70주년이 동독 위기를 표면화했다. 1988년처럼 인권 활동가들은 추모식이 진행되는 동안 그들 자신의 깃발과 현수막을 펼치기를 원했다. 다시 1988년처럼 독일사회주의통일당은 반대했다. 100명 이상의 항의자들이 시위에 참여했다. 그리고 또 다시 슈타지와 경찰이 가혹하게 대응했다. 그러나 이번에는 반체제 인사들이 이전처럼 교회와 사적인 모임으로 후퇴하지 않았다. 대신 그들은 동독 안에서 자신들의 생각을 널리 진작하기 시작했다.

1989년 동안 반체제 인사들은 독일민주공화국에서 불법적인 새로운 정치 그룹을 만들기 시작했다. 제일 먼저 작가인 베르벨 볼라이*와 대학 교수인 옌스 라이히** 같은 오랜 활동가들이 주도하는 '새로운 포럼'이 등장했다. '민주주의 지금', '민주적 각성', '사회민주당', '평화와 인권을 위한 행동', '녹색당', '좌파 연합' 등의 이름이 붙은 다른 그룹들이 뒤를 이었다. 일부 그룹들이 서독의 정당들과 유사한 명칭을 가졌음에도 불구하고, 그들은 그들 자신의 독자적인 정체성을 고집했다. 어떤 그룹도 적어도 처음에는 100-200명 이상의 회원을 보유하고 있지 않았다.

새로운 그룹들은 지켜보는 사람들에게 1848년과 1849년에 민주적인 독일 혁명***을 개시하려 했으나 실패한 독일인들을 떠올리게 하는 이상주의적 인도주의를 선포했다. 예를 들어, 라이히는 1990년 봄에 워싱턴에서 열린 한 세미나에서 민주주의 서방을 방문하는 일은 자신이 결코 실현되리라고 기대하지 않았던 꿈을 대변한다고 말했다. 그러나 그 이상주의 때문에 이 새로운 그룹들이 효과적으로 조직되고 강력하게 의견을 표명하는 일이 방해 받지는 않았다. 새로운 포럼의 공개적 호소는 "국가와 사회의 교란된 관계'에 이의를 제기했고, 변화를 위한 때가 무르익었다고 경고했다.[16] 이 그룹들은 또 서로서로 그리고 교회와 매우 긴밀하게 협력함으로써 새로운 정치 세력을 탄생시켰다.

새로운 정치 그룹들은 동독 사회에서 비등하고 있는 불만과 분노로

---

* Bärbel Bohley(1945-2010). 독일민주공화국의 예술가로서 반체제 인사였다. 1986년 '평화와 인권을 위한 행동', 1989년 '새로운 포럼'의 창립에 참여했다.

** Jens Reich(1939-). 독일의 과학자. 독일민주공화국 마지막 10년 동안 인권 운동에 적극 가담했다. 이미 1970년대에 반체제 활동을 시작했으며, 1980년대부터 슈타지의 감시를 받았다. 1989년 '새로운 포럼'의 창립에 참여했다.

*** 1848년 프랑스 2월 혁명에 자극받아 1848년 3월에서 1849년까지 독일 전역에서 진행되었던 '1848년 독일 혁명'을 가리킨다.

부터 힘을 끌어냈다. 어느 그룹도 독일사회주의통일당에 도전할 즉각적인 기회가 없었지만, 그들은 울브리히트가 설계하고 건설했던 인공 구조물의 핵을 정면으로 타격한 정치적 토론과 연합 과정을 시작했다. 교회와 새 반대파 그룹들은 심지어 독일사회주의통일당이 으레 그렇듯이 투표의 98.77퍼센트를 득표했던 1989년 5월의 독일민주공화국 지방선거의 결과를 비난하는 용기를 내기까지 했다. 그들은 또 독일민주공화국이 베이징의 천안문 광장에서 벌어진 중국의 억압*을 승인했다고 규탄했다.

동독 난민을 실은 열차가 프라하를 떠나 서독으로 향하는 길에 동독을 통과하던 1989년 10월에 인민들의 저항이 마침내 끓어 넘쳤다. 수천 명의 동독인들이 열차에 몰래 올라타려고 드레스덴 역으로 몰려들었다. 그러나 열차는 처음 예정했던 시간에 오지 않았다. 모든 사람에게 역을 떠나라고 경고하는 경찰의 목소리가 확성기를 통해 울려 퍼졌을 때, 분위기는 험악하게 변했다. 군중은 "우리는 떠나기를 원한다."고 연이어 외쳤다. 경찰은 곤봉으로 플랫폼에서 사람들을 쫓아냈다. 이 행동은 많은 이가 아이들을 데리고 있던 군중을 격분시켰다.

다음날 밤 전날보다 훨씬 더 많은 1만 명쯤 되는 사람들이 역 주위에 운집했다. 필사적으로 떠나기를 원하던 사람들은 철로 근처에 가지 못하도록 막고 있던 경찰을 향해 돌을 던졌다. 다시 경찰은 수백 명의 사람들을 체포하면서 역에서 사람들을 쫓아냈다. 경찰과 시위대는 다음 며칠 밤낮에 걸쳐 몇 차례 충돌했다. 경찰은 사람들을 계속 체포했으며, 사람들의 분노는 더욱 치솟았다. 서독의 라디오와 텔레비전으로 방송된 이

---

* 1989년 6월 4일 베이징의 톈안먼(천안문) 광장에서 중국 인민들의 반정부 시위를 중국 정부가 유혈 진압한 사건을 가리킨다. 이 사건으로 적게는 수백 명, 많게는 수천 명의 민간인들과 수십 명의 군인들이 사망한 것으로 알려져 있다.

사건들에 관한 소문이 동독의 모든 지역에 퍼졌다.

　10월 8일 일요일에 드레스덴은 터질 듯한 긴장감이 감돌았다. 오후와 저녁 대부분의 시간 동안 시위가 계속되었다. 시위로 더 많은 체포가 일어날 것 같았다. 하지만 이 시점에 몇몇 드레스덴 교회 지도자들이 개입하여 시위대가 독일사회주의통일당과 협상할 20명의 대표들을 뽑을 것을 주선했다. 시위대는 모드로에게 이야기했고, 그는 다시 한 번 긴장을 완화하고 진정한 대화를 개시하려 했다. 그러나 시위는 깊은 흔적을 남겼다. 독일사회주의통일당 관리들과 교회 지도자들은 동독에서 반체제 분위기가 비등점까지 끓어올랐고, 이를 막지 못한다면 대규모 폭력 사태가 벌어질 것임을 깨달았다.

　고르바초프가 10월 6일과 7일에 독일민주공화국 40주년 기념식에 참석하기 위해 동베를린에 도착함으로써 불안과 걱정은 더욱 심해졌다. 호네커는 고르바초프를 이용해 독일사회주의통일당의 권위를 강화시키기를 원했다.

　고르바초프는 호네커가 모드로를 거부하고 계속 개혁을 거부하고 있는 것이 마음에 들지 않았다. 고르바초프는 또 독일민주공화국과 소련의 보수주의자들 사이에 맺어진 몇몇 관계들도 싫어했다.[17] 공식 기념식에서 고르바초프가 한 발언은 절제를 보여주었다. 고르바초프는 호네커가 독일민주공화국의 성과를 의기양양하게 설명한 것을 폄하하거나 반박하려 하지 않았다. 대신 고르바초프는 공식 연설을 이용해 독일민주공화국에 관련된 문제는 모스크바가 아니라 베를린에서 해결되어야 한다고 말하면서, 사회주의 체제의 변화가 중요하다는 점을 강조했다. 그러나 모든 관찰자들은 고르바초프와 호네커가 기념식에서나 다른 공개 모임에서 서로 거의 말하지 않았다고 보고했다.

고르바초프는 이튿날 파시즘 희생자를 기리는 동독의 헌화식에서 언론과 짧게 대화하는 동안 불에 기름을 부었다. 고르바초프는 "삶은 너무 늦게 오는 사람을 벌합니다."라고 거의 지나가는 투로 말했다. 나중에 고르바초프가 자신의 회고록 등에서 이 구절은 그 자신이 소련을 필요한 만큼 빨리 개혁할 수 없을지도 모른다는 두려움을 언급한 것이라고 주장했지만, 모든 동독 사람들은 그것을 변화에 저항하는 호네커를 한 방 쥐어박는 것으로 들었다. 이 문장은 특히 서독 라디오와 텔레비전에서 끊임없이 반복되고 토론되면서 번개처럼 빠르게 베를린과 동독을 관통했다. 모두가 그 말을 호네커와 독일사회주의통일당에 대한 공개적인 질책으로 여겼다. 그것은 동독 반대파에게 고르바초프가 그들의 대의에 동조하고 있다고 확신시켰다.

고르바초프는 자신을 초청한 사람들에게 행동에 나설 것을 사적으로 촉구했다. 최고위 독일사회주의통일당 관리와 소련 관리들 사이에 이루어진 작은 만남에서 고르바초프는 호네커에게 독일민주공화국이 경제를 개선하기 위해 무엇을 할 것인지를 물었다. 독일사회주의통일당 지도자는 동독의 성공과 가능성에 대해 으레 하던 주장을 되풀이했다. 고르바초프는 참을 수 없고 못마땅한 태도를 분명히 보여주면서 광범위한 개혁에 대한 바람을 표명했다. 고르바초프는 역사가 너무 늦게 오는 사람을 벌할 것이라는 자신의 발언을 되풀이했다. 심지어 이 만남 동안에도 경찰은 동베를린에서 시위를 해산시키고 있었고, 군중은 "고르비, 우리를 도와 달라."라는 말로 대응하고 있었다.

그날 저녁 호네커는 동독 체제의 40주년 생존을 기념하기 위해 동베를린의 '공화국 궁전'에서 근사한 만찬을 주최했다. 웨이터들이 음식과 음료로 가득한 쟁반을 날랐다. 관리들과 외교관들이 조용하고 진지하게 연설했다. 그러나 그들은 동베를린 중심부 근처에서 여전히 계속되던 시위로부터 '자유'와 '고르비'를 외치는 소리가 창문을 통해 들리자 집중을 할 수가 없었다. 결국 경찰은 물대포와 곤봉을 이용하여 시위대를 쫓아냈다. 리셉션에 참석한 한 손님은 자신이 밤 12시 5분에 '타이타닉' 호에 있는 것처럼 느꼈다고 썼다. 그는 독일사회주의통일당 체제에게 '신들의 황혼'(Götterdämmerung), 종언이 닥쳤다고 생각했다.[18] 그는 라이프치히, 드레스덴, 할레, 에르푸르트, 포츠담을 비롯한 많은 동독 도시들에서 그날 저녁 공식 기념식에 대응하여 유사한 시위들이 있었음은 미처 알지 못했다.

동독의 최대 도시인 라이프치히는 가장 큰 반체제 중심지가 되었다. 라이프치히에서는 지난 수백 년 동안 해마다 독일 최대의 박람회들 가운데 하나가 열렸는데, 독일사회주의통일당은 40년 동안 이 박람회를 이용해 동독의 진보와 제품을 세계에 선전해왔다. 이 박람회들은 라이프치히 시민들에게 독일사회주의통일당이 얼마나 훌륭하게 외국인들을 대접하고, 이에 반해 자신들은 얼마나 초라하게 대접했는지를 보여주었다. 이 대비는 체제의 허위를 강조하는 데 도움을 주었다.

1989년 여름과 가을의 몇 달 동안 점점 더 커진 군중이 라이프치히 구 중심부의 '성니콜라이 교회'에서 평화를 위한 월요 야간 예배에 참석했다. 그들은 예배를 본 후 촛불을 들고 평화와 자유를 위해 기도하면서 함께 거리를 걷기 시작했다. 1989년 10월 9일 월요일 밤에 특히 큰 행진이 예정되었다.

호네커는 그날 저녁 어떤 시위도 무력으로 진압하기로 결정했다. 폭력 사태를 예상한 경찰은 경찰 의무부대에 여분의 혈장을 나눠주었다. 추가 민병대와 슈타지 부대뿐만 아니라 정규 경찰과 기동경찰 중대가 중부 유럽에서 천안문 광장 사태를 되풀이할 준비를 갖추었다. 중국 부총리가 베를린의 호네커를 방문하면서, 총격과 체포를 통해 정치 문제를 해결한 중국 모델이 사태의 진행 과정에서 어렴풋이 떠올랐다.

독일사회주의통일당 지도자들은 경찰에게 곤봉이 군중을 통제하기에 충분하지 않으면 화기를 사용할 준비가 되어 있어야 한다고 말했다. 그리고 경찰은 자신들이 예상되는 행렬과 직접 대치할 수 있도록 행진 경로를 꽉 메웠다. 경찰을 지원하기 위해 공중공격 연대의 낙하산부대와 자동차화 경비대를 비롯해 몇몇 정예 동독 군부대들이 전투태세에 들어갔다.

하지만 동독 경찰과 군대는 자신들이 혼자라는 것을 알았다. 동베를린 방문 동안 고르바초프는 충돌이 임박했음을 알게 되었고, 시위대에 맞서 붉은군대의 행동을 금지하는 엄격한 명령을 내렸다. 소련군 사령관과의 만남에 참석했던 한 사람은 고르바초프의 명령이 "철석같았다."고 말했다.[19]

이 순간, 동독 역사의 경로가 대규모 억압 쪽으로 방향을 틀고 있을 때, 강력한 인물이 주변부에서 등장했다. 라이프치히 교향악단(Gewandhaus)의 지휘자(Kapellmeister)(나중에 뉴욕 교향악단과 런던 교향악단의 지휘자)로서 턱수염을 기르고 가슴이 딱 벌어진 쿠르트 마주어는 일찍이 평화적 시위대를 향한 동독 경찰의 야만적 행동에 끔찍한 충격을 받아 서독 텔레비전에서 이에 대해 항의한 적이 있었다. 유혈사태의 가능성을 본 마주어는 나서기로 했다.

마주어는 지역 소련군 사령관에게 전화를 걸었다. 마주어는 소련의 의향에 대해 물었고, 붉은 군대가 병영에 머물 것임을 알았다. 그러나 마주어는 동독 군사령관으로부터 그의 군대가 경계상태에 있다는 사실을 알았다. 그러자 마주어는 영향력 있는 카바레 예술가와 3명의 지역 독일 사회주의통일당 관리들에게 전화를 걸어 평온을 유지해달라는 공동 호소문을 발표하자고 제안했다. 마주어는 그들이 함께 하지 않는다면 혼자라도 행동하겠다는 점을 분명히 했다.

3명의 독일사회주의통일당 관리들은 고위 독일사회주의통일당 정치국원이자 호네커의 후계자로 알려져 있던 에곤 크렌츠*에게 전화를 걸어 독일사회주의통일당 본부가 이 호소를 승인해달라고 요청했다. 크렌츠는 호네커에게 갔지만 확답을 받지 못했다. 대신 호네커는 자신이 크렌츠를 위해 멋진 계획을 세웠으나 지금으로서는 당신이 그 계획을 감당할 수 있을지 의문이라고 말했다. 호네커는 크렌츠에게 당신은 당신이 원하는 바를 하겠지만 정치국은 적절하게 대응할 것이라고 말했다. 당혹스럽고 협박을 당한 크렌츠는 라이프치히에 저녁때까지 응답을 미루었다.[20]

그동안 라이프치히 독일사회주의통일당 관리들은 마주어의 호소에 동참해야 한다고 독자적으로 결정했다. 라이프치히의 모든 사람들은 도시의 관현악단과 그 지휘자를 존경했다. 지역 독일사회주의통일당 지도자들은 마주어에게 저항할 수가 없었다. 그들은 크렌츠에게 그 호소에 대해 들었을 때 찬성의 뜻을 밝히면서 이미 스스로 그렇게 하는 데 동의한 상태였다.

마주어의 호소는 "우리 모두 터놓고 의견을 교환할 필요가 있습니다."라고 말했다. 호소는 모든 라이프치히 시민들에게 '평화적인 대화'가

---

* Egon Krenz(1937-). 독일민주공화국의 정치가. 1989년 10월 18일부터 12월 3일까지 단기간 동안 총서기로서 동독을 통치했다. 1997년 베를린 장벽을 탈출하려던 동독인 4명을 살해한 혐의로 투옥되어 2003년 석방되었다.

가능하도록 흥분을 가라앉히고 이성적으로 행동할 것을 요청했다.[21] 그리하여 마주어는 슈타지와 경찰에게 어떤 문제도 유발하지 말라고 경고했다. 이 호소를 널리 알리기 위해 마주어는 라디오와 성니콜라이 교회를 비롯한 큰 교회에서 호소문을 낭독하도록 조처했다. 마주어는 또 경찰 지휘관에게 가두행진 참가자들이 지나갈 길에서 병력을 철수시키고, 경찰들에게 호소를 전달해줄 것을 요청했다. 독일사회주의통일당 관리들과 마찬가지로 경찰 지휘관 역시 마주어의 말을 거부할 수가 없었다.

마주어의 메시지와 인품은 성공을 거두었다. 그날 저녁 교회 예배가 끝난 뒤, 역대 가장 큰 규모의 라이프치히 시위대가 도심을 관통하는 촛불 행진을 위해 모였다. 7만 여 명에 이르는 군중은 행진을 하는 동안 찬송가를 부르면서 구 도시의 어두운 거리를 지나 주 광장으로 천천히 나아갔다. 암묵적인 휴전 상태라 경찰과 군대는 뒤로 물러나 행진을 중단시키거나 행진 참가자들을 괴롭히려 들지 않았다. 때때로 군중은 "우리가 인민이다"나 "고르비, 고르비"라고 외쳤다. 그들은 행진을 끝냈을 때 동독의 모습을 바꾸었다. 그들은 당국이 집회에 참여한 사람들의 힘을 존중해야 한다는 것을 보여주었다.

독일사회주의통일당 정치국은 10월 10일과 11일에 비상회의를 소집했다. 정치국원들은 독일사회주의통일당이 노선을 변경하든지 아니면 소련의 지지도 없고 성공의 보장도 없이 대규모 억압에 돌입하든지 양자택일해야 한다는 사실을 깨달았다. 경제 계획 참모는 처음으로 독일민주공화국의 외채 규모와 그것이 장래 인민들에게 지울 부담에 대해 정치국원들에게 이야기했다. 정치적 저항과 경제적 실패에 큰 충격을 받은 정치국원들은 행동을 요구했다. 호네커는 '필수적인 새로운 조처'를 약속하고 동독인들에게 서방으로 탈출하지 말고 남아서 미래의 건설을 도와달라고 요청하는 선언을 발표하는 데 동의했다. 선언은 "사회주의는 모든 사람을 필요로 한다."라고 말했다. 그러나 선언은 어떤 구체적인 것도 내놓지 않았고, 대신 참신한 아이디어를 요구했다. 40년 동안의 집권 이후 독일사회주의통일당은 앞으로 무엇을 해야 할지, 무엇을 약속할 수 있는지를 몰랐다.

시위는 사실상 동독의 모든 도시에서 계속되었다. 10월 16일, 10만 명 이상의 사람들이 성니콜라이 교회의 예배가 끝난 후 모여들었다. 또 다른 1만 명이 드레스덴의 시청 앞에 모였다. 슈타지는 고참 당원과 지식인은 물론이고 산업 노동자들로부터도 점점 더 독일사회주의통일당에 대한 비판이 노골화되어 가고 있다고 보고했다.

10월 17일, 다음 정치국 회의 때 에곤 크렌츠는 행동에 나섰다. 크렌츠는 정치국원들인 빌리 슈토프, 귄터 샤보브스키,* 그리고 심지어 호네커의 친구인 에리히 밀케와 손잡고 호네커의 퇴임 계획을 개괄적으로 이야기했다. 독일사회주의통일당 당수는 정치국 회의를 열어서 의사일정을 진행하고 싶었으나, 슈토프는 이를 가로막고 그들이 먼저 당 총서기의 해임을 논의해야 한다고 말했다. 깜짝 놀라 얼굴이 굳어버린 호네커가 이에 동의했다. 호네커는 자기 생각에 자신을 가장 지지할 것 같은 사람부터 시작하여 정치국원 한 명 한 명에게 의견을 물었다. 모두가 그에게 떠날 때가 왔다고 말했다.

전임자인 울브리히트처럼 호네커는 이 문제를 피하려고 약간의 술책을 시도했지만, 가장 가까운 친구들조차 가만있지 않으려 했다. 밀케

---

* Günter Schabowski(1929-2015). 독일사회주의통일당의 관리. 1981-1990년 인민의회 의원을 지냈으며, 1985년 독일사회주의통일당 동베를린 지부 제1서기에 임명되었다.

는 자기 집무실의 '붉은 금고' 속에 간수한 파일들을 공개하겠다고 경고하면서, 호네커가 감옥에 있는 동안 어떻게 자신의 동료들을 밀고했는지 폭로하겠다고 위협했다. 호네커가 표결을 요구하자 표결은 25 대 0으로 그에게 반대하는 것으로 드러났다. 회의가 끝날 때 호네커는 "건강상의 이유로" 사임하는 데 동의했다. 호네커는 크렌츠를 후계자로 지명하는 데도 의견을 같이 했다.[22]

크렌츠는 새로 얻은 권한을 사용해 독일사회주의통일당과 독일민주공화국이 위기를 헤쳐 나갈 수 있도록 인도하고 싶었지만, 낡은 허물을 벗어 던질 수가 없었다. 10월 18일, 크렌츠는 텔레비전에 나와 변화를 다짐하고, 정치적·이념적 공세의 "주도권을 쥐겠다."고 약속했다. 그러나 크렌츠는 또 '독일민주공화국의 성과'를 단념하지 않고 계속 사회주의를 건설하겠다고 말했다. 독일사회주의통일당이 인민을 대표하며, 요구되는 어떤 변화도 꾀할 수 있다고 주장하면서, 크렌츠는 대등한 입장에서 새로운 정치 그룹들과 대화할 뜻이 없다고 말했다. 그리하여 크렌츠는 변화를 도모하더라도 거의 하지 않을 것이며, 독일사회주의통일당이 지도적인 당이라는 주장을 계속 유지하겠다는 점을 분명히 했다. 동독인들에게 다시 헝가리로 여행하는 것을 허가하는 일과 같은, 크렌츠가 언급한 개혁안은 어떤 반응도 불러일으키지 않았다. 새로운 포럼 같은 개혁 그룹들은 수천 명씩 새 회원들을 계속 확보했기 때문에 이 연설을 일축했다. 크렌츠가 천안문 억압 때 베이징을 방문한 일을 상기하면서, 그들은 크렌츠를 '크렌츠 샤오핑'이라고 불렀다.

동독 인민들은 계속 거리로 나섰다. 10월 23일 월요일, 30만 명이 진정한 개혁과 민주주의를 요구하며 라이프치히에서 행진했다. 사람들이 분노를 보여주기 시작함에 따라 비슷한 시위가 곳곳에서 발생했다. 크렌

츠는 본으로부터 대규모 경제원조를 받을 수 있을 것이라고 생각했으나,
콜은 독일민주공화국이 자유선거를 비롯해 광범위한 개혁을 도입하지
않으면 아무것도 주지 않을 것이라고 말했다.[24]

크렌츠는 고르바초프가 호네커의 냉혹한 정책과 태도를 싫어한다는
사실을 알았고, 자신이 위기를 뚫고 독일민주공화국을 이끌면서 소련과
함께 일할 적임자라고 소련 지도자를 설득하고 싶었다. 크렌츠는 11월
1일 모스크바로 날아가 고르바초프에게 자신이 "근시안적이고 잘못된"
것으로 묘사한 호네커의 정책을 버릴 것이며, 모스크바와 긴밀한 관계를
원한다고 말했다.[25] 고르바초프는 크렌츠를 만나긴 했지만, 독일사회주
의통일당이 호네커의 후계자로 모드로를 뽑지 않았던 것에 실망했음에
틀림없다.[26]

고르바초프는 크렌츠에게 진정한 개혁을 조속히 단행하라고 말했고,
인민들의 시위는 상황이 급변할 수 있음을 보여주고 있다고 경고했다.
크렌츠는 "모든 시민들을 과정에 끌어들일" 그런 종류의 변화를 꾀해야
할 터였다. 고르바초프는 굳이 소련이 독일 통일을 허용하지 않을 것이
라고 언급하며 크렌츠를 안심시켰다. 고르바초프는 모스크바가 "두 독
일 국가의 존재를 비롯해 전후 시기의 현실"을 유지하는 데 찬성한다고
말했다. 통일은 "극도로 폭발적"일 것이었다.

크렌츠와 고르바초프는 또 동독 경제의 재앙적 상태에 대해서도 논의
했다. 고르바초프는 독일민주공화국의 파산을 보여주는 비밀 브리핑을
언급했고, 특히 동독 인민들이 생활수준의 극심한 저하를 받아들일 것을
요청받고 있다면 독일사회주의통일당은 인민들에게 정직해야 할 것이라
고 크렌츠에게 말했다. 독일사회주의통일당이 진실을 말한다면 인민들
은 협력할 것이다. 진실을 말하지 않는다면 협력하지 않을 것이다.

나중에 밝혀진 것처럼 고르바초프와 크렌츠는 서로 다른 이야기를 했다. 이 독일사회주의통일당의 관료는 심지어 공산당과 사회 사이의 관계에 대한 고르바초프의 개념을 파악할 수조차 없었다. 크렌츠는 고르바초프에 동의를 표명했으나, 소련 지도자가 진정으로 의미하는 바를 이해하지 못했다. 그는 고무되긴 했지만, 미몽에서 벗어나지는 못한 상태로 모스크바를 떠났다.

크렌츠는 확산되는 위기를 어떻게 다루어야 할지 아이디어가 없었다. 크렌츠는 독일사회주의통일당과 독일민주공화국 정책을 조금만 조정하면 여전히 이 추세를 뒤집을 수 있다고 생각했다. 크렌츠와 그의 동료들은 그들이 진정한 혁명, 그들의 업무, 당, 국가, 그리고 그들 자신에 반대하는 혁명에 직면해 있음을 깨닫지 못했다.

미움 받는 장벽

크렌츠가 돌아온 그 다음날 거의 100만 명의 시위 참가자들이 동베를린 중심부에 있는 알렉산더 광장에 모였다. 이것은 그때까지 시에서 열린 집회 중 가장 큰 집회였다.[27] 연사들이 연이어 등장하여 다른 집회들이 동독 전역에서 제기해왔던 것과 같은 개혁과 자유라는 주제를 되풀이했다. 그들은 또 여행할 권리도 요구했다.

베를린의 집회는 동독 혁명의 우선 사항을 바꾸었다. 동베를린 시민들은 매우 구체적이고 매우 극심한 불만의 원인, 즉 장벽을 갖고 있었다. 다른 동독인들과 마찬가지로 그들은 표현의 자유와 기본 인권, 진정한 선거를 원했다. 그러나 장벽은 그들이 당면한 모든 의제들의 맨 꼭대기에 있었다. 그들이 본격적으로 시위를 시작한 때부터 동독 정부는 어떤 다른 것보다도 더 긴급하게 여행의 자유를 고심해야 했다.

　장벽은 대부분의 동베를린 시민들의 마음속에서 곪은 종기처럼 쓰라렸다. 장벽은 그들을 감옥 속에 가두었다. 설령 떠날 수 있었던 일부 사람들도 특별한 경우에, 특별한 허가를 받을 때만 그렇게 할 수 있었다. 그리고 대다수는 결코 떠날 수가 없었다. 장벽은 그들이 가족과 친구들을 보러 서쪽으로 가는 것을 막았다. 장벽은 다른 지역의 도시 거주자들은 갈수 있는 소풍도 차단했다. 그들은 1킬로미터도 떨어지지 않은 데지만 그곳의 영화도 볼 수 없었고 록 밴드의 공연도 관람할 수 없었다. 그들은 아이들을 데리고 어쩌다 서베를린에 있게 된 옛 베를린 동물원에 갈 수도 없었고, 인기 있는 서베를린 축구팀도 볼 수 없었다. 그들은 서베를린 거리나 서베를린 공원에서 어슬렁거리며 산책할 수도 없었다. 많은 사람들의 경우, 하루도 실망감과 고통을 의식하지 않고 지나가는 날이 없었다. 일부는 다음과 같이 적혀 있는 현수막을 들었다. "10월 혁명 만세―1989년." 다른 현수막에는 "장벽을 없애자!"라고 적혀 있었다.

　크렌츠는 몇몇 방향으로 가는 여행을 수월하게 함으로써 압력을 줄이려 했다. 크렌츠는 체코슬로바키아와의 국경을 다시 열었다. 그런 후 체코슬로바키아 정부는 본과 의논한 뒤 서독으로 통하는 국경을 열었다. 1주일 만에 2만 5,000명의 동독인들이 이 루트로 탈출했고, 또 다른 5만 명이 헝가리를 경유하여 빠져나갔다. 새로운 포럼은 모든 동독 시민들이 원하는 곳은 어디든지 갈 수 있는 여권과 출국 허가증을 요구했다.

　점점 커져가고 점점 빈번해지는 시위를 막을 수 없던 슈토프의 정부는 비록 그 장관들은 새 정부가 구성될 때까지 계속 재임했지만, 공식적으로 물러났다. 몇몇 독일사회주의통일당 정치국원들도 사임했으나 크렌츠는 총서기직을 유지했다.

크렌츠는 스스로를 구하고 또 적어도 독일사회주의통일당에 대한 권위도 얼마간 지키려 했다. 독일민주공화국 시민들을 대상으로 한 또 다른 연설에서 크렌츠는 진정한 개혁 정책을 시행하겠다고 약속했다. 크렌츠는 정치국이 호네커가 개혁을 개시하지 않으려 했기 때문에 그를 제거하기로 결정했다고 설명하면서, 호네커가 "정치적으로 교만하며" 권력을 남용했다고 비난했다. 그러나 크렌츠는 동독인들에게 깊은 인상을 주지 못했다. 많은 독일사회주의통일당 당원들을 포함해 또 다른 5만 명의 동베를린 시민들이 연설이 충분하지 않았다고 크렌츠를 비난하며 그날 저녁 시위를 벌였다.

동독의 작가이자 인권 활동가인 크리스타 볼프*는 독일민주공화국을 탈출하는 사람들의 수에 대해 걱정하기 시작했다. 볼프와 베르벨 볼라이는 사람들에게 독일민주공화국에 남아 달라고 호소했다. 볼라이는 "땅이 정부가 아니라 우리의 것이기" 때문에 떠나지 않을 것이라고 말했다.

그러나 독일민주공화국에 남아 있기를 원한 사람들조차 떠날 수 있되 원하면 언제라도 돌아올 수 있는 권리가 보장될 때에만 그렇게 하겠다는 점이 점점 분명해졌다.[28] 크렌츠와 독일사회주의통일당은 시위자들에 응답하기 위해서뿐만 아니라 프라하가 더 이상 동독 난민들을 위한 휴게소가 되는 것을 원하지 않는 체코슬로바키아 정부의 화를 누그러뜨리기 위해서도 여행에 대한 요구에 부응해야 한다고 결정했다.

11월 9일 화요일 아침 늦게 독일민주공화국의 내무부와 국가안전부

---

* Christa Wolf(1929-2011). 독일의 문학비평가, 소설가, 에세이작가. 구동독 출신 작가 중 가장 유명했다. 1949-1989년 독일사회주의통일당 당원이었지만, 슈타지의 감시를 받았다. 냉전 시기 동안 독일민주공화국 지도부에 비판적이었으나 사회주의 가치에 여전히 충직했으며 독일 재통일에 반대했다.

는 여행 규제를 완화시킬 법안 작성을 끝냈다. 새로운 법은 동독인들이 설명(가족 재회 같은)을 전혀 할 필요 없이 개인적인 외국여행을 신청할 수 있고, 신청은 예외적인 경우를 제외하고 전부 신속하게 승인될 것이라고 규정했다. 여행자들은 국경의 어느 곳을 통해서든 서독과 서베를린으로 건너갈 수 있고, 반복되는 여행을 위한 허가증을 받을 수 있다고 규정했다. 법률은 다음날인 11월 10일부터 효력을 발생할 것이었다.[29]

법안 초안은 그 다음으로 크렌츠에게 전해졌고, 크렌츠는 그것을 힐끔 보더니 마음에 들어 했다. 크렌츠는 법안이 거리로부터의 압력을 완화시키고, 독일사회주의통일당에게 숨 돌릴 시간을 주기를 희망했다. 의사진행 중간의 오후 휴식 시간에 크렌츠는 홀에 남아 있던 정치국원들과 다른 중앙위원회 위원들에게 법안을 재빨리 읽어주었다. 크렌츠는 즉각 승인을 얻었다.

오후 늦게 크렌츠는 법안을 정치국원이자 언론 대변인인 귄터 샤보브스키에 넘겨주었고, "이건 우리에게 히트가 될 거요"라고 말하면서 서둘러 그에게 새로운 법을 발표하라고 요청했다. 크렌츠는 샤보브스키에게 법안의 세부사항들을 알려주거나, 법률이 다음날까지는 효력을 발생하지 않는다고 설명하지 않았다. 회의에 참석하지 않았던 샤보브스키는 독일과 외국 언론을 위한 일일 브리핑에 들어가기 전에 법안을 훑어볼 시간이 없었다. 보통 때처럼 브리핑의 대부분은 독일민주공화국의 상황과 시위에 집중했다.

브리핑이 끝나갈 무렵 어느 이탈리아 기자가 샤보브스키에게 독일민주공화국이 새로운 여행법을 통과시켰느냐고 물었다. 샤보브스키는 독일민주공화국이 통과시켰다고 하면서 동독인들에게 자유롭게 여행할 수 있도록 허가했다고 말했다. 자세한 내용을 밝히라는 요구를 받은 샤보브스키는 앞에 놓인 종이를 헤집다가 법안을 발견했다. 샤보브스키는 새 법이 동독인들에게 언제라도 그리고 어느 국경 지점을 통해서도 나라 밖으로 여행할 수 있도록 해줄 것이라고 되풀이하면서 법안을 큰 소리로 읽었다. 샤보브스키는 사람들이 떠나기 전에 출국 허가증을 신청해야 한 다는 것도 강조하지 않았다.[30]

기자들은 독일민주공화국이 지금부터 사람들을 자유롭게 여행할 수 있도록 할 것이라고 결론 내렸다. 기자들이 아는 정도로만 알고 있던 샤 보브스키는 이에 동의했다. NBC 뉴스의 톰 브로커*는 이는 장벽이 개방 된 것을 의미하느냐고 물었다. 샤보브스키는 '예'라고 말했다. 새로운 규 정의 발효 시점에 관한 질문에 샤보브스키는 두서없이 대답했지만, 그러 나 그 대답에는 '즉시'(sofort)라는 핵심적인 단어가 들어 있었다. 샤보브 스키는 누군가가 소련 대사관에 이 사실을 통지했는지 잠깐 의문이 들었 다. 왜냐하면 소련 점령 당국이 이론적으로는 여전히 구역 경계에 책임 이 있었기 때문이었다. 그런 후 지난 한 주 동안 일어난 사건들의 중압에 기진맥진하고 자신이 폭탄을 떨어뜨렸다는 사실을 깨닫지 못한 채 샤보 브스키는 저녁식사와 휴식을 위해 집으로 향했다.[31]

샤보브스키가 오후 7시 이후까지 공표하지 않았음에도 불구하고 동·서독의 저녁 뉴스 방송은 공표에 바탕을 둔 보도를 했다. 서방 미디어 는 흥분해서 동독인들이 이제 서방으로 마음대로 여행할 수 있다고 보도 했다. 한 통신사는 장벽이 이날 저녁에 개방될 것이라고 보도했다. 동베 를린 시민들은 공식 원문을 듣지 못했고 오직 뉴스만 들었다. 그들은 새

---

* Tom Brokaw(1940-). 미국의 언론인이자 작가. 1982-2004년 동안 NBC 〈나이틀리 뉴스〉 (Nightly News)의 앵커이자 편집자로 유명하다.

규정이 무엇을 의미하는지 정확히 이해하지 못했으나, 저녁 내내 점점 더 많은 시민들이 진상을 알고 싶어 장벽으로 가기로 결정했다. 마찬가지로 궁금했던 서베를린 시민 수천 명도 장벽으로 향했다. 서방 라디오 및 텔레비전 직원과 신문 및 잡지 기자들도 장벽으로 갔다.

　베를린 중심부 북쪽에 위치해 있고, 대규모 동베를린 노동자 주택 단지 인근에 있는 보른홀머슈트라세와 인발리덴슈트라세 같은 국경 검문소들에 대규모 군중이 모여들기 시작했다. 이 검문소들은 또 버려지거나 꼼짝달싹도 못하는 트라반트 자동차들이 사방팔방으로 10블록씩이나 길게 늘어서는 바람에 교통체증도 일으켰다. 독일민주공화국 관료층의 언어를 잘 알던 노동자들은 고압적인 말투로, 자신들이 독일사회주의통일당 정치국원 샤보브스키의 공표를 들었으며, 지금 그가 말한 대로 통과하기를 원한다고 경비병들에게 소리쳤다. 경비병들은 누구든지 통과시키라는 공식 허가를 받지 못했지만 정치국원이 한 말을 무시할 만큼 어리석지는 않았다.

　경비병들은 본부에 지침을 요청했으나 동독 부서들도 대책이 전혀 없었다. 총체적으로 혼란에 빠진 독일민주공화국 과도정부는 아직 공식적으로 독일사회주의통일당 결정을 발표하지 않았다. 현장에 있지 않은 일부 국경 경찰 지휘관들은 군중들을 수백 미터 뒤로 밀어 내자고 제안했다. 경비병들은 그렇게 할 수 없으며, 샤보브스키가 국경이 즉시 개방될 것이라고 말했으므로 사람들에게 다음날 오라고 요청할 수 없다고 말했다. 경비병들은 서비스 리볼버 권총과 몇 자루의 소형 경기관총으로 무장했을 뿐이었다. 그들은 근처에 더 많은 총들을 보관하고 있었으나 그들이 발포하기 시작하면 군중들이 자체 무기로 자신들을 공격할까봐 두려워했다. 증원 부대는 버려진 차량과 고함치는 사람들로 막혀 있는 거리를 뚫고나갈 수가 없었다.

어떤 경비병도 마지막 '사회주의 영웅'이 되고 싶지 않았다. 그들 모두는 서독이 난민에게 발포한 국경 경비병 명단을 갖고 있음을 알고 있었다. 많은 경비병들은 체제에 개인적인 의구심을 지니고 있었으며, 일부는 항의 행진에 동참하기까지 했다. 모두가 독일사회주의통일당의 권위가 해체되는 것을 목격했고, 싸울 의사가 없었다.

밤 10시 30분 경 보른홀머슈트라세의 경비병들이 가장 시끄럽고 가장 불쾌한 시위자들을 통과시켰다. 경비병들은 노동자들의 신분증에 출국 비자 스탬프를 찍어서 사실상 달갑지 않은 사람들을 추방하는 영리한 대응을 했다고 생각했다. 그러나 경비병들은 서방 텔레비전과 라디오를 고려하지 않았다.

'추방된' 노동자들이 서베를린으로 쏟아져 들어오자 검문소 주위에 모여 있던 텔레비전 기자들은 일부 사람들을 붙잡고서 무슨 일이 벌어졌는지를 물었다. 노동자들은 자신들이 드디어 벗어났으며, 원하는 곳은 어디든지 자유롭게 갈 수 있다고 외쳤다. 어느 누구도 신분증을 보자고 해서 그들이 추방된 것임을 확인하지 않았다. 브로커와 다른 이들은 독일민주공화국이 사람들을 떠나게 하고 있다고 방송했다. 수분 내에 이 뉴스는 베를린 중심부의 모든 아파트와 독일민주공화국의 모든 가정에 전해졌다. 다른 사람들은 통과한 사람들을 뒤따르기를 원했다.

시시각각 군중들이 늘어나면서, 경비병들은 사람들이 고함을 치고 점점 더 끈질기고 조바심을 내며 자신들 주위를 압박해 들어오자 신변의 안전을 우려하게 되었다. 밤 11시 30분 경 보른홀머슈트라세와 인발리덴슈트라세 검문소의 경비병들은 여권이나 신분증을 검사하거나 스탬프를 찍는 수고조차 하지 않고 모든 사람들을 통과시키기 시작했다. 경비병들은 "사람들이 홍수처럼 밀려들고 있습니다. 문을 열 수밖에 없습니다.", "우리는 압도당하고 있습니다."라고 본부에 보고했다. 자정까지 보른홀머슈트라세에서만 약 2만 명의 동베를린 시민들이 빠르게 빠져나갔다.[32] 다른 검문소들도 이를 따랐다.

수천 명의 서베를린 시민들이 검문소의 반대편에 기다리며 서 있었다. 시장인 발터 몸퍼*는 직접 동베를린 시민들을 환영하러 갔다. 그런 후 군중들이 뒤섞이고 혼란이 확산되면서, 일부 젊은 서베를린 시민들이 동베를린으로 뛰어갔다. 서방의 시 사령관들은 미군 사령관의 저택에서 저녁식사를 하다 불려 나와 서베를린 경비병들에게 서베를린 시민들을 통과시키라고 지시해야 했다. 결국 체념한 검문소의 모든 경비병들이 누구나 양 방향으로 오가게 해주었다. 다른 검문소에서도 하나둘씩 잇달아 같은 모습이 연출되었다.

공식 독일민주공화국 보고에 따르면, 밤 12시 2분까지 동·서 베를린 사이의 국경 전체를 따라 모든 검문소들이 개방되었다. 공식적으로 외국인 방문자용으로 쓰였던 찰리 검문소조차 반체제적인 동·서베를린 시민들의 인파가 검문소를 완전히 가로막아 소련인들이나 서방 점령 열강들이 통과할 수 없다고 항의할까봐 경찰이 두려워했기 때문에, 동베를린 시민들을 나가게 해줄 수밖에 없었다. 형언할 수 없는 혼란의 현장에서, 경비병들이 멍하니 마비되어 서 있는 가운데 일부 사람들은 "나가게 해 달라!"라고 소리치고, 다른 일부는 "들어가게 해 달라!"고 소리치고 있었다.

---

* Walter Momper(1945-). 독일의 정치인. 1989-1991년 서베를린 시장을 지냈으며, 1975년부터 2011년까지 베를린 의회 의원으로 활동했다.

동독 국가의 권위는 장벽을 따라 더는 존재하지 않게 되었다. 크렌츠는 국경에서 발포가 있어서는 안 되며 사람들을 통과시켜야 한다고 자신이 직접 지시를 내렸다고 나중에 말했다. 이것은 아마도 옳은 결정이었을 것이다. 마침내 검문소에 전달된 지시는 경비병들에게 어떤 도발도 피하라고 말했다. 그러나 일부 독일사회주의통일당 중앙위원회 위원들은 크렌츠가 저녁 늦게 중앙위원회 건물의 복도를 뭘 해야 할지를 모른 채 멍하니 걷고 있는 것을 보았다고 보고했다.

오직 브란덴부르크 문만 계속 닫혀 있었는데, 그것은 그곳에는 횡단 지점이 없었기 때문이었다. 브란덴부르크 문에서 장벽은 문의 서쪽 측면에 약 3미터의 높이와 폭으로 평평하게 나란히 깔린 2개의 콘크리트 판으로 이루어졌다. 발터 울브리히트의 방어벽(Schutzwall)의 가장 자랑스러운 부분이었던 이 장벽은 공식적으로는 서방 탱크가 브란덴부르크 문을 통해 동베를린을 공격하는 것을 막는 핵심 방어시설로 규정되었다. 그날 밤에 장벽은 너무나 마음을 끄는 표적이 되었다.

자정 무렵 수백 명의 젊은 베를린 시민들이 양 방향으로부터 모여들기 시작했다. 다른 곳과 마찬가지로 연락을 받지 못했던 동베를린 경찰은 처음에는 동베를린 시민들이 문과 장벽에 접근하지 못하게 막으려 했다. 하지만 그들은 서베를린 시민들이 콘크리트 장벽 바로 앞까지 다가와서 힘내라고 소리치는 것을 중단시킬 수가 없었다. 수백 명의 동베를린 시민들이 서베를린으로 들어가지 않고 단지 문을 걸어 통과하고 싶을 뿐이라고 말하면서 경찰 저지선을 뚫었다. 경비병 중 일부가 양측 군중들을 호스로 싹 쓸어버리려고 허둥댔지만 다른 일부 경비병들은 사람들이 장벽에 올라가는 것을 허용했다. 휠체어를 탄 동베를린 여성이 스스로 휠체어를 밀어 문을 통과했다.

콘크리트 장벽에서는 어느 순간부터인지 젊은이들이 자력으로 또는 서로 도와가며 장벽 위로 올라갔다. 종국에는 일부 젊은이들이 경찰의 빈 호스를 이용해 장벽 위에 올랐다. 항상 소지하던 큰 카세트 라디오를 들고 그들은, 난민들이 어둠 속에서 다투어 국경을 넘는 것을 막으려고 탐조등이 번쩍거리며 환하게 비추는 가운데, 장벽 위에서 춤을 췄다. 춤에 리듬을 더하며 일부 사람들은 콘크리트 장벽을 기념품으로 갖기 위해 망치로 깼다. 경찰은 새벽 4시 30분까지 브란덴부르크 문 주위에서 사람들을 쫓아낼 수가 없었다.

베를린은 환호와 눈물의 그런 밤을 결코 본 적이 없었다. 잠을 잔 사람은 거의 없었다. 일단 동베를린 시민들은 서베를린으로 들어가자 친구와 친척들에게 전화를 걸었다. 그들은 장벽을 차로 통과했거나 택시를 탈 수 있었다면 쿠르퓌르스텐담*이나 자신들이 알고 있는 사람들의 집으로 갔다. 아니면 그들은 텔레비전에서 보았던 것을 직접 보려고 서베를린을 그냥 차를 몰고 다녔다.

이른 아침이 되자 수많은 사람들이 축제에 동참했다. 일부 사람들은 단지 밖으로 나왔다는 기쁨에 춤을 추고 목적 없이 즐겁게 쏘다녔다. 오랫동안 서로 만나지 못한 사람들은 눈물을 흘리며 포옹했다. 많은 이들이 만난 적이 없는 가족과 친구들을 방문하거나, 처음 만난 젊은 친척들을 껴안았다.

다음날이 되어서야 동독 정부와 독일사회주의통일당은 사태의 완전

---

* Kurfürstendamm. 독일 베를린에 있는 주요 거리 중 한 곳. 줄여서 쿠담(Ku'damm)이라고도 한다. 옛 서베를린의 상징인 카이저 빌헬름 기념 교회가 있는 브라이트샤이트플라츠에서 남서쪽으로 이어지는 3.5km의 거리이며, 고급 상점, 극장, 레스토랑, 카페 등이 즐비해 있다.

한 의미를 파악했다. 그들은 사람들이 언제 어디서 출국 허가증을 신청해야 하는지를 알리는 법령들을 계속 공포했다. 그들은 추방의 위험을 무릅쓰지 않고 떠나기를 원한 사람들을 위해 법령을 공포하기까지 했다. 그러나 오직 일부만이 주의를 기울일 뿐이었다. 크렌츠는 체제를 파멸시키고 말 폭발을 각오하지 않고서는 장벽을 다시 폐쇄할 수 없다는 사실을 이해했고, 사람들이 원하는 곳은 어디로든 계속 가도록 내버려두었다. 실제로 경찰은 동베를린의 공장과 사무실들이 최소한의 인원으로 가동되고 있는데도 더 많은 횡단 지점을 개방했다. 모든 사람들이 서베를린으로 갔다. 그들은 서베를린 정부로부터 100독일마르크를 '환영금'으로 받았고, 물건을 사고 방문과 구경을 하면서 서베를린을 걷거나 차를 타고 돌아다녔다.

주말까지 수백 만 명이 동베를린뿐만 아니라 동독 전역에서 왔다. 그들도 주로 오랫동안 보지 못했던 사람들과 장소를 보기를 원했다. 그들은 동독에서는 절대 살 수 없었던 물건들을 샀다. 어느 누구도 쿠르퓌르스텐담에서 고급 물건을 살 여유가 없었고, 대부분은 자신들이 어디에 있었는지 또 무엇을 했는지를 보여주려고 몇 가지 물건만 구매했을 뿐이었다. 할머니들은 시장의 과일가게 앞에 서서 마침내 동독의 손주들에게 바나나와 파인애플을 가져다 줄 수 있다는 생각에 주체할 수 없는 눈물을 흘렸다.

한 세대가 지나고 베를린 시민들은 장벽을 무너뜨렸다. 거의 40년 동안 억눌렸던 온갖 감정이 터져 나왔다. 그리고 최고위 세계 지도자들로부터 처음으로 조카와 조카딸을 안았던 동독 노동자들에 이르기까지 모든 사람이 다시는 어떤 것도 예전과 같지 않으리라는 사실을 알았다.

반란이 왜 일어났는가?

서방 점령국들은 1960년대 초에 독일인들 스스로가 독일 문제를 다루어야 한다고 결정했다. 그래서 서방 점령국들은 서독에게 그들 대신에 해결책을 찾는, 그리고 받아들이는 책임을 지게 했다.

이것은 합리적인 정책 같았다. 기본적인 유럽의 틀은 유지되었다. 독일은 분단된 채로 남아 있었고, 이것은 미국과 소련에게는 유럽에서 자신들이 원하는 기지를 주었고, 프랑스, 영국 및 다른 유럽 국가들에게는 독일의 부활을 걱정할 어떤 이유도 제공하지 않았다. 어느 누구도 중부 유럽의 외교적 미로와 독일 문제가 일으킬 수 있는 정치적·감정적 악몽을 헤쳐 나갈 방법을 찾을 필요가 없었다.

독일인들은 비록 1960년대에 자신들의 운명을 어떻게 떠맡을 수 있는지 아직 알지 못했지만, 1970년대와 1980년대 동안 점점 그렇게 하기 시작했다. 더 강한 파트너였던 서독은 자신의 교훈을 잘 배웠다. 서독은 동독을 지지하는 것처럼 보였으나 실제로는 사람들에게 독일사회주의통일당 너머의 세계에 대한 의식을 제공함으로써 동독을 압도하면서 포용했다. 독일민주공화국은 장벽 뒤에서 안전하다고 느꼈지만, 울브리히트가 성취했던 경계설정(Abgrenzung)은 실제로는 동독에서 통일에 대한 열망을 강화했다.

1989년 11월 9일, 동독이 행동에 나섰다. 정부가 아니라 사람들이 말이다. 그들은 장벽을 돌파했다. 12년의 나치즘 이후 45년의 공산주의에 격분한 그들은 독재에 대해 충분히 알게 되었다고 판단했다. 그들은 점령국들이 기대하거나 원하지 않았던 방식으로 책임을 지면서 독일을 둘러싼 투쟁의 통제권을 쥐었다. 그들은 독일 문제를 다시 찢어 열어젖혔다.

거의 누구도 이런 일이 벌어질 수 있고 벌어질 것이라고 생각하지 않았다. 독일민주공화국은 굳건한 공산주의 국가의 역할을 너무 잘 수행해서 장벽의 파괴는 가장 세련된 관찰자들조차 놀라게 만들었다. 조지 케넌은 1989년 초에 독일이 분단된 채로 남아 있고, 장벽이 상당 기간 그대로 유지될 것이라고 예상한다고 썼다.[33] 케넌은 자신의 봉쇄 정책이 작동했다는 사실을 깨닫지 못했다. 에곤 바르도 똑같이 생각했다.[34] 동독에 관한 어느 미국 전문가는 심지어 독일민주공화국이 붕괴에 직면해 있던 때인 1989년에도 독일민주공화국이 '성공할 위험'에 대해 썼다.[35] 독일민주공화국을 찾은 일부 서독 방문자들은 자신들이 보았다고 생각한 물건과 심지어 정치 과정에 대해서도 높이 평가했다.[36] 1989년 독일 주재 미국 대사였던 버논 월터스*만이 독일민주공화국이 브레즈네프 독트린의 종언을 견뎌내지 못할 것이라고 공개적으로 예측했다.[37] 그리고 샤보브스키는 인민이 자유롭게 여행할 수 있게 되자마자 붕괴한 체제는 그것이 겪은 운명이 무엇이든 그 운명을 당할 만할 것이었다고 회고했다.[38]

세심하게 구축된 독일사회주의통일당의 허위의 왕국에서 외부인들은 체제가 무엇을 숨기고 싶어 하는지를 볼 수 없었거나 혹은 보지 않기로 할 수 있었다. 그들은 수백 미터 땅 속으로 뚫린 거대한 노천 갈탄 광산도 보지 못했고, 주변 수 킬로미터에 걸쳐 검댕처럼 새까만 아이도, 천식에 걸리고 불구가 된 아이도 보지 못했다. 그들은 한때 멋졌던 건물들의 부서져 내리는 외관을 볼 수 없었거나 무시하기로 할 수 있었다. 그들은 1층 이상에 사는 모든 사람들로 하여금 지하층의 공동 화장실과 공동 목

---

* Veron A. Walters(1917-2002). 미국의 군 장교 및 외교관. 1972-1976년 중앙정보국 부국장, 1985-1989년 유엔 주재 대사, 1989-1991년 서독(통일 후에는 독일) 주재 대사 등을 역임했다.

욕탕으로 내려가게 만들었던 부식된 배관시설을 볼 수 없었거나 보지 않으려 했다. 그들은 가족을 위해 가장 간단한 필수품을 사려고 몇 시간 동안 줄을 서지 않아도 되었다. 또 그들은 (어쨌든 소유할 만큼 체제에 충직한 사람이라고 여겨지더라도) 차를 마련하는 데 15년, 전화기는 10년, 냉장고는 3년을 기다릴 필요가 없었다. 방문자들은 물질적 상황이 개선되었다고 말할 수 있었으나, 동독인들이 하는 서독과의 심기 불편한 비교를 하지 않았다. 그들은 자신들에게 보였던 외양 너머를 보려 하지 않았다. 그리고 방문자들은 노동자들이 "우리는 일하는 척하고 그들은 지불하는 척한다."라고 말하는 것을 듣지 않았다.

외국인들은 만연한 질식 상태를 참을 필요가 없었다. 그들은 오직 국경에 의해 떨어져 있는 곳에서 자유로운 독일 사회를 지켜보면서, 독일 사회주의통일당의 끊임없는 선전을 듣는 것이 어떤 기분인지 상상할 수 없었다. 외국인들은 노동자들이 당과 국가 엘리트들의 자녀들에게 따로 마련된 훈련 프로그램과 대학들을 보고 어떻게 느끼는지, 부패하고 냉담한 관료들을 계속 마주하는 것이 어떤 느낌인지 이해할 수 없었다. 그들은 젊은이들이 자신의 직업이나 진로를 선택할 수 없을 때, 또 자신들의 삶이 직접 볼 수조차 없는 슈타지의 '사회 평가'(Gesellschaftliche Beurteiling)에 의해 지배당할 때 무슨 기분이 드는지 알 수 없었다. 외국인들은 감시에 대해 농담을 할 수는 있었으나 감시를 두려워할 필요는 없었다.

가장 중요한 것으로 외국인들은 자신들이 떠날 수 있는지에 대해 걱정할 필요가 없었다. 그들은 자신들의 자녀와 손주들을 독일사회주의통일당 치하에서 살게 할 가능성에 직면하지 않았다. 그들은 장벽을 넘어갈 수 있었기 때문에 장벽에 대한 증오를 이해할 수 없었다. 외국인들은 신선한 공기에 대한 열렬한 요구, 즉 결국 분단 독일뿐만 아니라 얄타에서 형성된 분할된 유럽을 완전히 없애버릴 그런 절박한 요구를 완전히 이해할 수가 없었다.

고르바초프조차 이 체제가 붕괴될 것이라고 예상하지 않았다. 고르바초프는 다른 외부인들과 마찬가지로 동독인들이 궁극적으로 위선과 억압의 축적에 맞서 반란을 일으킬 것이라고 예견하지 않았다. 다른 외부인들처럼 고르바초프는 독일사회주의통일당이 사소하고 선별적인 호의를 대가로 항상적인 희생, 절대적인 복종, 침묵의 맹세를 요구하면서, 자신의 땅에서 얼마나 철저하게 이방인이 되었는지를 깨닫지 못했다. 동독 인민들은 더는 그것을 받아들이지 않을 터였다. 그들은 서독인들이 누리고 있는 것과 같은 민주주의를 원했다. 동독 인민들은 더는 정치적·경제적 헤어 셔츠*를 입지 않을 것이었다. 억눌린 분노와 깊은 좌절 속에서 그들은 반란을 선택했다.

반란. 동구권과 서방에서 오랫동안 모순어법으로 간주된 독일의 반란. 레닌이 조소를 보낸 평화적인 반란. 1953년이나 1956년, 1968년의 반란들과는 다른 새로운 종류의 반란. 탱크와 최루탄에 맞서 성공할 수 있었던 유일한 종류의 반란.

라이프치히의 행진 참가자들은 그들이 내딛었던 모든 발걸음으로 반란을 일으켰다. 모든 사람이 독일사회주의통일당이 천안문 광장에서 일어난 중국의 억압을 지지한 사실을 알았다. 모두가 그들이 봉착한 위험을 알았고 두려워했다. 그러나 그들은 참여했고, 촛불을 켰으며, 기도하고, 노래하고, 걸었다. 그들은 반란자처럼 느끼지 않았을 테지만, 바로 그것이 그들의 모습이다. 라이프치히의 촛불을 든 사람들과 베를린의 록

---

* hair shirt. 과거 종교적인 고행을 하던 사람들이 입던, 털이 섞인 거친 천으로 만든 셔츠.

팬들은 장벽을 돌파하고 싶었던 사람들과 공동의 목적을 공유했다. 그들은 다 함께 혁명을 일으켰다.

동독인들은 장벽을 1789년 프랑스 혁명가들이 바스티유를 그렇게 여겼듯이, 체제의 주요 도구이자 주요 상징으로 여겼다. 미움 받은 장벽은 사라져야 했다. 많은 이들이 무기는 아니지만 자신들의 생각을 갖고 일생 동안 이 장벽을 밀어붙였다. 그들의 집념은 마침내 장벽을 독일사회주의통일당에게 자산이 아니라 부채로 만들었다. 크렌츠는 이 점을 이해했으나 너무 때가 늦었다. 크렌츠는 새 여행법이 독일민주공화국의 생존을 가능하게 하리라고 희망했지만 법은 체제를 구하는 대신 무너뜨리고 말았다.

1989년 11월 9일 밤에 동베를린 시민들은 파리 시민들이 200년 4개월 전에 그랬던 만큼이나 확실하게 구질서의 종장을 썼다. 그리고 파리 시민들과 마찬가지로 그들은 다음에 무엇이 올지 몰랐고 실제로 신경 쓰지도 않았다.

19장

독일을 다시 통합하기

장벽에서 춤을 추고 환호했던 베를린 시민들은 먼지와 회반죽 가루만 일으킨 것이 아니었다. 베를린 시민들은 또 독일과 '튜턴족의 분노*'에 대한 오랜 공포도 야기했는데, 이 두려움은 냉전 시기 동안 독일의 동맹국들 사이에서조차 표면 아래 깊이 가라앉아 본 적이 없는 것이었다. 무덤으로부터 기어 나오는 검은 괴물처럼 강력하고 잠재적으로 지배적인 독일의 이미지가 유럽 및 세계의 총리들과 인민들 앞에 다시 스멀스멀 피어올랐다.

패배하고 분단된 독일인들은 어느 정도 통제를 받았다. 이제 그들은 통제로부터 벗어날 수도 있다. 그들은 단결할 것이다. 그들은 자신들이 필요로 했던 사람들과 맺었던 관계를 끊을 것이다. 그리고 그들은 다시 한 번 다른 사람들을 지배하려 할 것이다. 오랜 평화는 끝날 것이다.

나라마다 이 두려움을 상이한 정도로 느꼈다. 독일에 가장 가까운 나라들, 종종 가장 고통스런 기억을 갖고 있는 나라들은 두려움을 가장 극심하게 느꼈다. 멀리 떨어진 나라들은 두려움을 덜 느꼈다. 그러나 모두가 자신들이 새로운 상황에 직면했고, 자신들의 이해를 보호할 새로운 방법을 찾아야 할 것임을 알았으며, 일부는 아마도 자신들의 국경을 두려워했을 것이다.

---

* Furor Teutonicus. 튜턴족, 좀 더 일반적으로는 로마 제국 시대의 게르만 종족들의 흉포한 행동을 가리키는 라틴어.

처음에 어느 누구도 무엇을 해야 할지 몰랐다. 점령자들은 독일에 대한 통제권을 다시 획득해야 하는가? 그러나 어떻게? 그리고 어떤 비용을 들이고? 독일인들에게 그들이 원한다면 통합을 허용해야 하는가? 그렇다면, 어떤 조건으로? 다른 이들은 독일인들에 맞서 단결해야 하는가? 아니면 독일과의 관계를 강화해서 모든 게 잘 될 것이라고 낙관해야 할 것인가?

콜이 통제권을 쥐다

당장의 관심은 동독에 모아졌다. 요컨대 동독에서 무엇을 할 수 있고 또 해야 하는가? 독일민주공화국은 생존의 위기에 봉착했다. 장벽의 파괴는 동독의 권위를 뒤흔들었다. 1989년 11월 13일 독일민주공화국 총리가 된 한스 모드로는 그 권위를 다시 세워야 할 터였다. 그가 하지 못한다면 고르바초프가 해야 할 것이었다. 그렇지 않을 경우 서독이 독일민주공화국을 흡수할지도 몰랐다.

장벽의 붕괴는 모드로, 미하일 고르바초프, 헬무트 콜 사이에 동독에 대한 통제권을 둘러싼 전투를 촉발했다. 승자는 독일과 유럽의 장래에 대한 열쇠를 쥐게 될 터였다.

고르바초프는 가장 어려운 결정에 직면했다. 고르바초프는 움직이기 전에 상황을 신중하게 평가해야 했다. 그의 전임자들은 1949년에 동독에 대한 관리를 독일사회주의통일당에 넘겨주었다. 그들은 독일민주공화국을 연방공화국과 경쟁시킬 작정이었다. 그것은 이제 실패했다. 독일민주공화국은 결코 정체성을 확립하지 못했고, 서독의 영향력이 수십 년 동안 커져갔다. 독일민주공화국은 서독의 융자를 얻으려고 서방으로의 여행 확대와 개방을 허용할 수밖에 없었다. 호네커는 '이성의 연합'을 위해 비싼 대가를 치렀다. 이 정책을 이제 파기하고 '경계설정'으로 되돌아갈 수 있고, 되돌아가야 하는가?

고르바초프가 동독의 페레스트로이카를 희망했던 것은 개혁된 독일민주공화국이 서독과 좀 더 효과적으로 경쟁할 수 있을 것이기 때문이었다. 동독에서 고르바초프는 호네커를 축출하고 싶었다. 그러나 고르바초프는 독일민주공화국의 붕괴를 예상하지 않았다. 이제 독일사회주의통일당이 심지어 고르바초프에게 미리 알리지도 않고 베를린 장벽에서 모스크바가 세웠던 전략적 방벽을 무너지게 했다. 그리고 독일사회주의통일당도 고르바초프도 이 긴급사태를 다룰 어떤 계획도 준비하지 않았다.

고르바초프는 에곤 크렌츠가 자유로운 여행을 허용한 데 대해 축하를 보냈고, 그에게 장벽을 다시 닫으라고 말하지 않았다. 하지만 그는 탈출사태가 베를린에서 대혼란을 일으킬 수 있다고 우려했다. 고르바초프는 소련군에게 질서를 회복시키라고 요청할 수밖에 없는 그런 사태가 일어나는 것을 원하지 않았다. 11월 10일 고르바초프는 베를린 시장이 서베를린 시청 앞에서 집회를 계획하고 브란트와 콜이 그곳에서 연설한다는 이야기를 들었을 때, 그들에게 혼란을 야기할 수 있는 어떤 말도 하지 말라고 경고하고 싶었다.[1] 고르바초프의 본 주재 대사인 율리 크비친스키는 브란트에게는 미리 연락했으나 콜에게는 연락할 수가 없었다. 왜냐하면 콜 총리는 베를린으로 가기 위해 폴란드 방문을 중단했고, 크비친스키가 그에게 연락을 취하려 했을 때는 함부르크를 떠나 이미 미군 군용기에 탑승해 있었기 때문이었다. 크비친스키는 콜과 함께 시청에 간 호르스트 텔치크에게 고르바초프의 메시지를 전달할 수 있었을 뿐이었다. 그는 콜 총리가 막 연설하려던 참에나 겨우 텔치크에게 연락할 수 있었다.

크비친스키는 고르바초프가 베를린에서 폭동이 일어날 가능성에 대해 첩보를 받았고 소요가 발생할 것을 우려하고 있다고 텔치크에게 말했다. 텔치크는 상황이 매우 차분하며 고르바초프가 걱정할 이유가 없다고 말했다. 텔치크는 그런 소문을 퍼트리기 시작한 사람들은 아마도 불순한 동기를 갖고 있을 것이라고 덧붙였다. 그런 후 텔치크는 콜에게 메모를 전했지만, 브란트와 마찬가지로 콜에게도 그것은 불필요한 것이었다. 콜과 브란트는 장벽의 붕괴를 환영했으나 군중에게 어떤 행동도 자극하지 않으려고 신중하게 연설했다.

그럼에도 불구하고 브란트와 콜은 둘 다 고르바초프가 싫어할 수 있는 말을 했다. 그들은 장벽의 파괴가 독일 통일의 가능성을 열었다고 구체적으로 지적했다. 브란트는 어떤 것도 다시는 결코 예전과 같지 않을 것이라고 말했고, "우리가 함께 공유하고 있는 것이 지금 동시에 커져가고 있습니다."라고 덧붙였다.[2] 이것은 고르바초프가 우려한 대혼란을 자극하지는 않았지만, 브란트의 기대와 선호를 매우 분명하게 했다. 콜도 비록 그런 구체적인 문구는 없었지만 같은 취지로 연설했다.

다음 몇 주 동안 고르바초프는 동독의 상황에 대한 통제력을 다시 확보하기 위해 몇 가지 조치를 시도했다. 고르바초프는 장기적으로 모드르에게 큰 희망을 걸었다. 개인적으로 자신의 친구이기도 한 모드르가 동독의 페레스트로이카를 수행해주기를 바랐던 것이다.

하지만 첫 번째 조치로서 고르바초프는 소련공산당 국제부 부장이 된 발렌틴 팔린을 베를린에 보내 상황을 파악하고 건의를 하게 했다. 팔린은 동독 지도자들뿐만 아니라 소련 군부 및 민간인 관리들과도 상의했다.

팔린은 위기관리 참모를 임명하고, 필요하다면 100만 명에 달하는 소련군 병력을 이용해 자신의 점령지에 대한 통제권을 주장하면서 장벽을 다시 폐쇄할 것을 건의했다.[3] 고르바초프는 움찔했다. 고르바초프는 세계가 냉전의 가장 어두운 시절로 되돌아가게 되면 동독에서 유혈사태가 벌어지고 페레스트로이카가 끝장날 것을 우려했다. 고르바초프는 불가피한 경우가 아니면 무력을 사용하지 않으려 했다. 훗날 팔린은 그와 같이 무자비한 제안을 했던 사실을 부인했다. 팔린은 고르바초프가 자신의 건의 중 일부를 읽지도 않고 개인 금고에 집어넣었다고 불만을 털어놓았다. 고르바초프가 그렇게 한 것은 팔린의 그 건의가 소련 지도자가 심지어 자신이 고려해보기를 원하기까지 했던 바를 크게 뛰어넘는 내용을 담고 있을 것임을 알고 있었기 때문이었다.[4]

팔린이 무엇을 건의했든 모스크바에서 독일 정책을 둘러싸고 격렬한 토론이 벌어졌다. 셰바르드나제는 이 토론이 1월 말까지 진행되었는데, 일부 군 고위 장교들은 대대적으로 개입을 원했던 반면 일부는 그렇지 않았다고 나중에 텔치크에게 말했다. 셰바르드나제는 팔린이 개입을 건의했음을 확인해주었다.[5]

일부 소련 관리들은 자신들이 독일민주공화국에 대한 서독의 이해관계를 이용해 서독을 나토에서 탈퇴시키고 두 독일 국가의 연합을 이루어내면 아마도 독일로부터 더 많은 자금을 획득할 수 있을 것이라고 생각했다. 일부는 나토와 바르샤바 협정을 대체할 새로운 유럽 안보 구조를 위해 독일사회민주당과 협정을 맺기를 원했다. 독일민주공화국이 국경 개방을 이겨내고 살아남지 못할 것을 우려한 크비친스키는 고르바초프에게 사태 변화에 능동적으로 대처하기 위해 두 독일 국가의 국가연합을 즉각 제안하라고 촉구했다. 그러나 상충하는 전문가들의 견해 사이에 끼어있고 여전히 모드로의 성공을 바랐던 고르바초프는 독일민주공화국을 그렇게 빨리 단념하고 싶지 않았다. 고르바초프는 콜과 전화로 대화를 나누었는데, 이 대화에서 두 사람은 '안정'의 중요성에 동의했다. 그러나 고르바초프는 이것을 콜이 독일을 통일시키려 하지 않을 것임을 의미하는 거라고 이해했던 반면, 콜은 독일 통일이 유럽의 불안을 야기해서는 안 된다는 것을 의미하는 것으로 이해했다.[6]

콜은 동독과 관련해 모스크바와 협상하기를 원했다. 콜은 1989년 11월과 1990년 1월 사이에 몇 차례 고르바초프를 만나고자 했다. 그러나 다시 한 번 고르바초프는 콜과의 만남을 원하지 않았다. 크비친스키는 고르바초프가 모든 외교적 약속을 취소했다고 1990년 1월에 텔치크에게 말했다. 몇몇 다른 대외 위기와 국내 위기 때문에 고르바초프는 모스크바에 머물 수밖에 없었을 테지만, 독일 문제는 모든 문제들 가운데 가장 큰 문제 혹은 거기에 필적하는 심각한 문제였다. 고르바초프는 무슨 말을 할지를 정하지 못한 상태에서는 콜을 만나고 싶지 않았다.[7] 고르바초프는 12월에 미테랑에게 "만약 독일이 통일된다면 소련군 원수가 저를 대체한다는 두 줄짜리 선언이 나올 겁니다."라고 말하면서, 소련 군부를 두려워했다.[8]

온갖 책략들을 동원하는 와중에 고르바초프는 좀 덜 극단적인 팔린의 건의를 받아들였는데, 그것은 동베를린의 소련 대사로 하여금 베를린에 있는 구 연합국관리이사회 본부에서 제2차 세계대전의 4개국이 참가하는 회의를 소집하게 하는 것이었다. 4개국 대사들은 여전히 이전에 점령 사령관과 고등판무관이 가졌던 권한들 중 여전히 남아있는 권한을 갖고 있었다. 고르바초프는 4개국 대사들이 만나서 독일의 새로운 상황을 가장 잘 다룰 수 있는 방안이 무엇인지 논의하자고 제안했다.

마거릿 대처와 프랑수아 미테랑은 고르바초프의 초청을 받아들이고 싶었다. 조지 부시는 그렇지 않았다. 부시는 동맹국들을 달래기 위해 대사를 보내는 데는 동의했으나, 국제회의 장소와 관광 안내소로서 베를린의 지위를 개선하자는 오래된 제안으로 의제를 국한했다. 소련 대사 뱌체슬라프 코체마소프*가 독일 문제를 다루기 위해 4개국 대사의 정례 회의를 제안하자 미국 대사 버논 월터스는 영국과 프랑스의 동료들에게 이 제안을 즉각 거부하라고 설득했다.

부시는 월터스든 다른 누구든 어떤 추가 4자 회의에도 보내기를 거부했다. 연합국 점령국들이 40년 전에 갖고 있던 권한을 탈환하려는 소련의 노력에 넌더리가 난 월터스 자신은 회의가 끝난 후 4개국 대사들을 찍은 사진을 "내가 지금까지 본 사진 중 최악의 사진"이라고 묘사했다.[9] 콜과 겐셔는 회의가 열리는 것 자체를 원하지 않았으며, 부시와 그의 국무장관 제임스 베이커**가 그곳에서 어떤 일도 일어나지 않을 것임을 확약한 후에야 비로소 회의에 동의했다.[10]

소련 관리들은 계속해서 4개국 회의를 요청했는데, 3주 내에 여섯 차례 회의를 열자고 요구했다. 셰바르드나제가 직접 두 차례나 요청했는데도 부시와 베이커는 매번 요구를 거절했다.[11] 1월에는 고르바초프가 직접 또 다른 전술을 시도했다. 이번에는 부시와 베이커에게 4개국 외무장관 회의에 동의할 것을 요청한 것이다. 베이커는 콜에게 이 회의에 대해 물었고, 그러자 콜은 "우리는 4명의 산파가 필요 없습니다."라고 말했다. 그런 뒤 부시는 고르바초프의 제안을 거절했다. 콜과 마찬가지로 부시역시 독일이 점령하에 있을 때에 실패했던 형식으로 되돌아갈 이유를 발

---

* Vyacheslav Kochemasov(1918-1999). 러시아의 외교관이자 정치가. 1955-1960년 동베를린 소련 대사관에서 근무하고, 1966-1983년 러시아 연방 각료회의 부의장, 1983-1990년 동독 주재 소련 대사를 역임했다.

** James Baker(1930-). 미국의 정치가. 1985-1989년 미 재무장관, 1989-1992년 국무장관을 역임했다. 국무장관 사임 후에는 1993년까지 대통령 수석 보좌관으로 근무했다.

견하지 못했다. 또한 그 형식은 스스로 나아가고 있는 과정을 지체시킬 위험이 있었다.[12]

부시 자신은 오래 전부터 독일 통일을 선호해왔다. 부시는 이미 1988년에 통일이 다가오고 있는 것을 보기 시작했고, 1989년 봄 마인츠에서 독일과 미국이 '리더십의 파트너'가 되어야 한다고 제안한 것은 통일을 염두에 둔 것이었다. 장벽이 붕괴되자 부시는 통일이 빨리 올 수 있으리라고 예상했다.[13] 이러한 생각을 확인해 보기 위해 부시는 전 국무장관 헨리 키신저를 워싱턴으로 불렀다. 키신저는 부시에게 독일 통일이 '불가피'해졌으며, 미국은 통일을 방해하지 말아야 한다고 말했다. 키신저는 '두 개의 독일' 정책이 '재앙적'이며, 콜과 통일을 지지하지 않으면 고르바초프가 콜과 독자적으로 합의하게 될 것이며, 나토를 무너뜨릴 황금 같은 기회를 갖게 될 것이라고 경고했다.[14]

모스크바는 실제로 콜과 직접적인 협정을 맺기 위해 미리 상황을 살폈다. 팔린의 동료 중 한 명인 니콜라이 포르투갈로프는 11월 21일 콜이 국가연합을 통한 독일 통일을 위해 모스크바와 협정을 맺을 준비가 되어 있는지 텔치크에게 물었다. 포르투갈로프는 소련 관리들이 독일의 변화 속도를 계속 통제하기를 원한다는 점을 강조했다. 아마도 1922년의 라팔로조약처럼 또 다른 배타적인 독일-소련만의 거래를 암시하면서, 포르투갈로프는 소련이 다른 나라, 특히 런던과 파리가 제공하는 평화조약보다 더 유리한 평화조약을 제공할 수 있다고 말했다.[15] 포르투갈로프는 몇몇 선택지를 제안했고 독일의 대답을 요청했다.

포르투갈로프는 자신이 원한 것과는 정반대의 것을 얻었다. 훗날 텔치크는 포르투갈로프의 접근법에 '감전'되었다고 썼지만, 콜에게 모스크바와 직접 거래하라는 권고는 하지 않았다. 대신 텔치크는 포르투갈로프의 방문을 모스크바가 독일 통일을 수용하는 최초의 징후로 보았다. 텔치크는 콜에게 재빨리 통일을 위한 조건을 확정하라고 권고했고, 콜은 실제로 그렇게 했다.[16]

고르바초프는 모드로와 몇 가지 독일사회주의통일당에 대한 개혁을 통해 독일민주공화국의 권위를 회복시키기를 원했다. 고르바초프는 12월 초에 모드로를 모스크바로 초청했다. 그러나 고르바초프는 이 회담에서 별다른 희망을 보지 못했다. 점잖지만 한계가 있던 모드로는 역량이 크게 미치지 못했다. 모드로는 소련의 지지라는 허세가 아니라 현금과 국내의 신뢰가 필요했다. 고르바초프는 그에게 어느 것도 줄 수가 없었다.

소련군을 동원하고 싶지 않았던 고르바초프는 모드로가 성공하기를 바랄 수 있을 뿐이었다. 고르바초프 자신은 줄 수 있는 것이 아무것도 없었다. 고르바초프는 크비친스키에게 소련 자체 내의 대규모 기아를 막기 위해 콜에게 비상식량 원조를 요청하라고 지시까지 해야 하는 상태였다. 콜은 수십 만 톤의 육류를 보내면서 흔쾌히 식량을 제공했다. 그가 보답으로 뭔가를 기대한 것은 말할 필요도 없었다.

고르바초프는 크비친스키의 건의를 무시하고 모드로에게 독일 내부의 '조약 공동체'(Vertragsgemeinschaft)를 제안해 독일 문제에서 주도권을 잡아 보라고 채근했다. 이 조약 공동체하에서 두 독일은 별개의 국가로 남아 있으면서 광범한 협정을 통해 관계를 확대하자는 것이었다. 12월 5일 겐셔와의 팽팽한 회담에서 고르바초프는 통일은 "의제에 없다."라고 단호하게 선을 그었다. 고르바초프는 독일민주공화국이 독립국가로서 바르샤바 협정국으로 남아 있을 것이라고 주장했다.[17]

모드로는 자신의 정부가 받아들여지도록 하기 위해 열심히 애를 썼다. 모드로는 크렌츠로 하여금 국가수반직과 국방회의 의장직에서 물러나도록 했다. 모드로는 먼저 슈타지에게 새로운 이름(머리글자가 NASI라 당혹스럽지만)을 부여하고, 그런 다음 기능을 제한해 슈타지의 이미지를 개선해 보려고 했다. 독일사회주의통일당도 자신이 없애버렸던 옛 독일사회민주당처럼 보이기를 바라면서, 당명을 '민주사회주의당'(Partie des Demokratischen Sozialismus)으로 변경했다.

모드로는 자신의 정치적 기반을 넓히려고 애쓰면서, 동독의 반대파 그룹들과 일련의 회의를 시작했다. 모든 구성원들이 동등한 자격을 갖고 있기 때문에 '라운드테이블'이라고 불린 이 회의들은 독일민주공화국의 장래에 대해 결정을 내리려 했다. 회의들은 잠시 동안 명목상 동독에서 정치적 권위의 원천이 되었다. 회의들은 새 동독 의회인 '인민의 회'(Volkskammer)를 위한 선거 날짜를 1990년 5월 6일로 잡았다. 이러한 일정은 모드로에게는 새로운 인물을 인민들에게 선보이기 위한 6개월의 시간을 주고, 반대파 그룹들에게는 조직할 시간을 주는 것이었다.

그러나 라운드테이블은 결과적으로 동독 당국과 인민들 사이의 분위기를 바꾸지 못했다. 라운드테이블은 모드로로 하여금 독일사회주의통일당 정치국 전체나 동독 정부를 깨끗이 청소하도록 강제하지 못했고, 그 결과 전반적으로 경멸의 대상이었던 독일민주공화국/독일사회주의통일당 관료들을 통해 일을 할 수밖에 없었다. 라운드테이블은 곧 무기력해졌다.

심지어 개혁가조차 독일민주공화국에 정당성을 부여할 수 없었다. 변화에 확고히 반대하는 독일사회주의통일당 기구는 모드로의 지시를 따르지 않았다. 거의 6만 명의 사람들이 12월 동안 동독을 떠났고, 1월에는 숫자가 더 크게 늘어났다(무려 10만 명으로 추산된다.). 동독 경제는 공장이 조업을 중단하거나 늦추어야 함에 따라 급격한 하락을 겪었다. 모드로의 생산 증대 노력은 헛수고로 돌아갔고, 이 때문에 모드로는 전임자와 다를 바 없어 보였다. 정부는 자금이나 방향, 지지의 부족으로 서서히 작동을 멈추었다.

동독 인민들은 모드로가 가능한 한 빨리 개혁을 도입해야 하는데 그렇게 하지 않았다고 생각했다. 내핍 생활을 하지 않으면 안 되었던 동독 인민들은 독일사회주의통일당의 부패와 독일사회주의통일당 고위 인사들의 사치스런 생활을 보여주는 폭로에 충격을 받았다. 그들은 더 이상 신뢰할 수 없는 정부 관료들이 지위와 특권에 집착하는 모습을 혐오스런 눈길로 지켜보았다. 동독 인민들은 많은 상업적·개인적 거래와 국가와 계약하지 않은 모든 서비스에 대해 동독 마르크화 대신에 독일마르크화를 사용하기 시작했다. 더욱 중요한 것은 그들이 동베를린이 아니라 본에서 정치적 권위를 찾기 시작했다는 사실이었다.

12월까지 동독 시위에서 이전의 "우리가 인민이다" 대신에 "독일, 통일된 조국"이나 "우리는 하나의 민족이다"라고 쓴 현수막이 점점 더 늘어났다. 점점 더 많은 행진 참가자들이 하나의 독일을 외쳤다. 모드로는 서독과의 '조약 결사'(treaty association)를 내세웠지만 인민들은 통일을 요구하기 시작했다.

1989년 12월 19일, 모드로가 드레스덴에서 콜과 만나는 동안 그에게 진실의 순간이 닥쳤다. 두 사람은 점점 절망적이 되어가는 모드로의 정치적·경제적 상황을 반영해 긴 회담을 가졌으나 아무런 성과도 낳지 못했다. 회담이 끝난 후 그들은 공개회의와 콜 총리의 연설을 위해 폭격으로 완전히 파괴되어 폐허로 변한 '성모교회'(Frauenkirche)로 함께 걸어갔다. 그들이 지나가는 길을 따라 수만 명의 사람들이 늘어서서 깃발을 흔들고 통일을 외쳤다. 20만 명의 군중이 콜을 열렬하게 환영했다. 텔치크가 보고했듯이, 대부분의 군중은 고삐 풀린 열광 대신 차분히 사려 깊게 콜의 연설에 귀를 기울였지만, 집회의 규모 자체가 서독에 대한 그들의 관심을 보여주었다. 콜은 독일인들이 자제와 인내를 보여줄 필요가 있다고 강조하면서, 조기 통일에 대한 희망을 불러일으키는 발언은 피했다. 콜은 "신이여, 우리의 조국 독일을 축복하소서."라는 엄숙한 어구로 연설을 마무리했다. 깊이 감동한 군중은 독일 통일에 대한 외침으로 응답했다. 텔레비전으로 집회를 보기 위해 자리를 뜬 모드로는 잊혀졌다. 콜은 통일이 자신의 예상보다 훨씬 빨리 올 수 있고, 모드로를 상대하는 것은 소용이 없을 것이라고 결론을 내렸다.[18]

콜과 모드로가 브란덴부르크 문을 통과하는 횡단보도를 설치하기 위해 베를린에서 열린 의식을 공동으로 주관했던 12월 22일에도 같은 일이 벌어졌다. 이 행사는 군중들이 콜 총리에게만 관심을 줌으로써 모드로에게 또 하나의 굴욕을 안겼다.

1989년 크리스마스 무렵, 서독 정부의 관리들은 독일민주공화국이 더는 기능하지 않는다는 사실을 알았다. 동독 관리들은 회의에 참석하고 협정을 협상했으나 그것을 실행에 옮길 수가 없었다. 1990년 1월 15일, 수천 명의 동베를린 시민들이 슈타지 본부를 습격하고 약탈했다. 독일사회주의통일당과 독일민주공화국 정부의 권위는 완전히 무너졌다. 라운드테이블은 의회선거 일자를 5월 6일에서 3월 18일로 앞당겼다. 누구도 자신이 통치권을 갖고 있다고 주장할 수 없는 상태를 하루 빨리 마감하기 위해서였다. 모드로는 통일은 있을 수 없다고 주장하는 순간에도 서독에게 자금을 융통해달라고 호소해야 했다.

모드로가 흔들리자 고르바초프에 대한 국내외의 압력이 그의 예상보다 더욱 빨라지고 거세졌다. 모스크바 내부에서의 논의가 격화되면서 상황은 더욱 악화되었다.

1989년 12월 19일 유럽 의회에서 셰바르드나제가 행한 연설은 모스크바 내 논의의 양상을 반영하고 있었다. 셰바르드나제는 독일 통일의 가능성을 암시하고 싶었으나, 또한 통일이 무엇을 의미하는지에 대해 모스크바 측에 얼마간의 확약이 필요하다는 점을 분명히 하고자 했다. 셰바르드나제는 토론 중인 문제를 반영하는 몇 가지 질문을 제기했다. 독일 통일은 유럽의 안정에 어떤 영향을 미칠 것인가? 독일은 기존의 국경을 수용할 것인가? 유럽의 군사 구조에는 어떤 일이 벌어질 것인가? 독일 땅에 주둔해 있는 비독일 군사력은 어떻게 될 것인가? 헬싱키 프로세스*와 유럽안보협력회의는 어떻게 계속될 수 있는가? 독일 평화조약은 새로운 유럽 틀의 일부가 될 것인가?[19] 셰바르드나제의 질문들은 소련공산당 내 논의가 너무 유동적으로 되어서 셰바르드나제가 모스크바의 바람을 명확한 조건으로 내세울 수가 없고 단지 모스크바가 어느 지점에서 대답을 필요로 하는지를 가리킬 수 있을 뿐이었음을 보여주었다.

1월 말까지 고르바초프는 결정을 내려야 했다. 동독에 주둔한 소련군

---

* Helsinki process. 나토와 바르샤바협정 35개 회원국들이 유럽의 안보협력을 위해 1975년에 채택한 헬싱키 최종 의정서(Helsinki Final Act)를 이행해 나가는 과정을 의미한다. 이 의정서는 유럽 안보협력을 위한 10개의 원칙과 3개 부분의 신뢰구축 조치들을 상세하게 담고 있다. 헬싱키에서 유럽안보협력회의(Conference on Security and Cooperation in Europe, CSCE)는 비동맹 중립국이 상설 기구화를 지지했지만 동과 서 양측의 반대로 합의에 이르지 못했다. 대신에 헬싱키 의정서에 정해진 조항의 이행 상황을 재검토하기 위한 사후 검토를 베오그라드(1977-1978)에서 개최하는 것에 우선 일치했다. 이후 마드리드(1980-1983), 비엔나(1986-1989)에서도 사후 검토 회의가 개최되었다. 이 유럽안보협력회의는 1980년대 전반의 신냉전 시기에도 가입국 간의 최저한의 대화를 유지하는 역할을 했다. 냉전의 종결과 유럽의 신질서를 선언한 1990년 11월의 파리헌장에서 유럽안보협력회의의 상설 기구화가 결정됨으로써 사후 검토 회의(그후 재검토 회의라고 개칭)도 2년에 한 번 정기적으로 개최되는 등 정식화가 진행되고 있다.

은 더 이상 자신들의 임무를 이해할 수 없었기 때문에 심각한 사기 문제를 겪었다. 미테랑과 특히 대처는 성급한 독일 통일을 우려했으며, 자신들은 드러내놓고 통일에 반대할 수 없었기 때문에 고르바초프에게 그 통일을 막아달라고 압박을 가했다. 고르바초프의 자문관들은 서독의 유럽 동맹국들이 모스크바에게 단호한 행동으로 통일을 막아주길 바라면서도 막상 고르바초프가 단호한 행동을 취하면 그를 뒷받침해주지 않을 것이라고 불만을 토로했다.[20] 그리고 모드로가 독일민주공화국을 유지시킬 수 없다는 사실이 아주 분명해졌다.

1990년 1월 26일, 고르바초프는 행동에 나서야 한다는 결론을 내렸다. 고르바초프는 소련의 대(對)독일 정책을 논의할 회의를 소집했다. 여전히 독일민주공화국을 보존하기를 원하는 팔린과 통일된 독일과 지속적인 우호관계를 보장할 협상을 하고 싶어 하는 고르바초프의 자문관 아나톨리 체르냐예프* 사이에 으레 그렇듯 토론의 불꽃이 타올랐다. 알렉산드르 야코블레프** 같은 고르바초프의 자문관 중 일부도 비록 독일사회민주당과 통일을 협상할 수 있기를 바라긴 했지만, 통일에 찬성했다. 셰바르드나제는 독일민주공화국이 더 이상 기능하지는 않지만 "모든 것을 콜에게 주어서는 안 된다."고 지적하면서 중도적인 입장을 취하려 했다. 체르냐예프는 모스크바가 여전히 어느 정도 영향력을 지니고 있고 독일민주공화국이 완전히 붕괴되지 않은 동안에 빨리 협정을 맺는 데 찬성했다.

---

* Anatoly Chernyayev(1921-2017). 러시아의 역사가이자 문필가. 소련 말기에 총서기 미하일 고르바초프의 대외정책 자문관으로 잘 알려져 있다.
** Alexander N. Yakovlev(1923-2005). 러시아의 경제학자이자 정치가. 1973-1983년 캐나다 주재 소련 대사, 1983-1985년 세계경제와국제관계 연구소 소장, 1987-1990년 정치국원을 지냈으며, 고르바초프의 글라스노스트와 페레스트로이카의 이론적 배경을 제공했다.

고르바초프는 체르냐예프가 상황을 올바르게 분석했다고 결정했다. 모드로와 '새로운' 독일민주공화국은 독립적인 동독을 유지하기 위한 정치적 기반을 아직 세우지 못했다. 그들은 기반을 세울 수도 없었다. 그리고 독일사회민주당은 본에서 권좌에 앉아 있지 않았다.[21] 다시 한 번 고르바초프는 콜을 상대할 수밖에 없었다.

콜은 서서히 그러나 확실하게 의제를 결정하고 두 독일 사이의 관계를 이끌기 시작했다. 그러나 콜은 신중하게 움직여야 했다. 콜은 점차 사태의 경로를 결정할 수 있게 되었지만, 자신의 속도에 주의할 필요가 있었다. 독일인들은 자신들의 미래를 결정할 권리를 박탈당한 1945년 이래 어느 정도 먼 거리를 왔다. 그러나 전쟁 후 40년이 흘렀지만 독일인들은 여전히 자신들의 운명에 대해 완전한 권한을 회복하지 못했다.

콜에게는 두 청중들, 즉 동독 인민들과 외부 세계가 있었다. 동독 인민들은 콜이 자유와 번영을 누리는 조기 통일을 약속하기를 원했다. 그러나 콜의 국제 청중들은 예전의 군림하려 드는 추한 독일인을 원하지 않았다. 외국 지도자들은 성급하고 무모한 행동의 조짐이 보이자마자 비판의 일제사격을 개시할 준비를 갖추고 그를 주의 깊게 지켜보았다.

동독 인민들은 콜의 미묘한 상황을 이해하고 받아들였다. 그들 대부분은 외부인들이 허용하는 것보다 더 빨리 움직이기를 원하면서 필사적으로 변화를 열망했다. 그러나 그들은 자제심을 갖고 행동하기에 충분한 정치적 교양을 보여주었다. 동독 인민들은 적어도 서독 물건을 조금 살 수 있게 되고 수십 년 동안 그들이 알지 못했던 종류의 자유를 즐기는 등 이미 통일의 몇몇 혜택을 맛보았다. 그들은 콜에게 연합국이나 다른 나라들과 위기를 야기하지 않고 기회를 포착할 시간을 주었다. 베테랑 정치인답게 대중의 태도와 가능성의 예술을 잘 이해하고 있던 콜은 자신이 다그치지 않더라도 상황이 자신에 유리하게 흘러갈 것임을 확신할 수 있었다.

콜은 텔치크가 포르투갈로프를 만난 뒤인 11월 28일 처음으로 공개적으로 행동에 나섰다. 연방의회에서 연설하면서 콜은 다음 10개 항을 제안해 독일의 장래를 위한 프로그램의 개요를 설명했다.

1. 동독과 서독 사이의 여행을 용이하게 하는 조치를 시행할 것.
2. 환경보호, 철도, 통신 같은 분야에서 독일민주공화국과 기술적 협력을 확대할 것.
3. 독일민주공화국이 자신의 정치적·경제적 체제를 불가역적으로 변화시킬 경우, 즉 독일사회주의통일당이 권력을 독점하지 않는 진정한 자유선거를 실시할 경우, 독일민주공화국에 대한 경제적 지원을 확대할 것.
4. 공동의 문제에 관해 협력하기 위해 독일민주공화국과 '조약 공동체'를 설립할 것.
5. 독일민주공화국에서 자유선거를 실시한 후 '작은 발걸음' 정책을 통해 궁극적으로 독일 전체를 위한 연방체제로 귀착될 두 독일 국가 사이의 '국가연합 구조'를 발전시키는 일에 착수할 것.
6. 독일 내부 관계 프로세스를 '전 유럽 프로세스와 동-서 관계' 안에 끼워 넣을 것.
7. 유럽공동체에게 민주주의 독일민주공화국과 '중부 및 남동부 유럽의 다른 민주주의 나라들'에 스스로를 개방하도록 장려할 것.
8. 아마도 경제적·환경적 동-서 협력을 위한 새로운 제도를 비롯해, 유럽안보협력회의의 발전을 가속화할 것.
9. 군비 통제의 급속한 진전을 지지할 것.

10. 기존 협정을 깨지 않으면서 하나의 국가로서 독일 통일을 허용하고, 유럽에서 평화와 안정을 보장하기 위해 모든 관련 당사자들의 이해를 고려한 '평화 질서'를 위해 노력할 것.[22]

콜은 무척 민감한 문제들을 매우 신중하게 다루었다. 반발을 야기할 수도 있는 방식으로 통일을 정의하기를 거부하면서, 콜은 "오늘날 어느 누구도 재통일된 독일이 최종적으로 어떤 모습을 띨 것인지"를 모른다고 말했다. 콜은 모든 선택지를 열어두면서 '조약 공동체'와 '국가연합 구조'('국가연합'이 아니라)에 대해 입에 발린 소리를 했다. 그러나 콜은 "저는 독일에 있는 사람들이 원한다면 통일이 올 것이라고 확신합니다."라고 덧붙였다.

콜은 자신이 통일을 원하기 때문만이 아니라, 다른 독일인들이 통일을 추구하는 데 실패했다고 자신을 공격하기를 원하지 않았기 때문에 통일을 목표로 설정했다. 하지만 콜은 통일이 너무 심한 저항을 너무 빨리 촉발할 만큼 다른 국가들을 위협하지 않도록 확실히 해야 했다. 콜은 목표는 정하지만 일정과 경로는 유연하게 유지하기를 원했다.

자신의 연설에서 콜은 명확함과 애매함을 결합했다. 콜은 동독 일반인들에게 하나의 목표를 부여했는데, 콜은 이 목표 때문에 매일 서독으로 이주하는 사람들의 수가 줄어들기를 바랐다. 콜은 또 연립 파트너인 기독사회연합과 자유민주당에게 미래에 대한 전반적인 계획을 제공했다. 콜은 다른 제안들도 연설에 포함했지만 다른 사람들이 가로막고 나설 수 있는 구체적인 조치는 제의하지 않았다. 그는 상세한 계획이 아니라 개괄적인 약속을 발표했다.

콜은 자신의 10개항 계획을 발표하기 전에 텔치크 말고는 어느 누구와도 상의하지 않았다. 콜은 자신의 가장 충직한 외부 지지자인 조지 부시조차 자신이 받아들이기 곤란한 내용을 제안하고 싶어 하리라는 사실을 알았다. 콜은 또 다른 이전 점령자들이 공식적으로는 여전히 독일 문제를 해결할 권리를 보유하고 있기 때문에 독일의 어떤 제안도 괘씸하게 여길 수 있다는 점을 알고 있었다.

콜은 어떤 점령자가 자신을 지지하고 어떤 점령자가 지지하지 않을 것인지를 알았다. 콜은 심지어 연방의회에서 연설을 하고 있는 중에도 그 연설을 부시에게 전달하라고 지시했다. 그런 다음 텔치크는 콜이 연설한 후 다른 점령국 대사들에게 연설 내용을 간단히 알려주었다. 뒤이어 콜은 다음날 30분 동안 부시에게 말하면서, 대통령에게 몰타에서 곧 있을 고르바초프와의 정상회담을 이용해 자신의 계획을 지지해달라고 촉구했다. 부시는 이에 동의했다.

콜은 또 국내의 친구와 적들을 견제해야 했다. 콜은 겐셔에게 10개항에 대해서 말하지 않았다. 왜냐하면 그날 아침 외무장관이 기자들과 조찬 모임을 가질 예정이었기 때문에 10개항의 핵심을 자신의 프로그램인 것처럼 발표할 수도 있기 때문이었다. 또 겐셔가 제안의 요지를 희석시키려고 수정안을 제안할 수도 있다고 우려했다.

자신의 계획을 발표한 콜은 다음 몇 개월 동안 내외의 지지를 모으는 데 주력했다. 몇몇 관찰자들이 만일 조기 통일의 가능성이 보이지 않으면 50만 명의 동독인들이 서독으로 이주할 것이라고 예측했기 때문에 콜은 상당한 압박감을 느끼고 있었다.[23] 콜의 10개항은 시간을 약간 벌게 해주었으나 그는 더 많은 것을 할 필요가 있었다.

콜은 동독에서 기독민주연합을 대표할 정치 그룹들을 설립함으로써 그곳에서 영향력을 확대하고 자신의 10개항 계획에 대한 동독인들의 지지를 얻기 시작했다. 동독 기독민주연합과 자유민주당은 무리한 독일사회주의통일당과의 동맹에서 철수하고 서독 정당들과 공개적인 관계를 맺기 시작했다. 그들은 서독의 정치 자금을 이용해 독일민주공화국에서 자신들을 재조직하며 강화했고, 독일 통일뿐만 아니라 서독 노선에 따른 사회적 시장경제를 요구하기 시작했다.

대외적으로 콜은 대체로 자신이 의제를 장악하고 있을 때에도 다른 지도자들로 하여금 자신이 그들의 우려를 인정하고 있다고 생각하게끔 만들려고 했다. 콜은 4개국 방식으로 복귀하려는 어떤 노력도 일관되게 거부했으나, 자신이 의견을 달리 할 때도 그게 누구든 이전의 점령국이 내놓는 제안에 신중하게 귀를 기울였다. 콜은 다른 사람들에 대해서는 그다지 관심을 기울이지 않았으며, 누군가가 독일의 미래를 놓고 거래를 하려고 하면 겐셔를 이용해 슬쩍 피해버렸다. 예를 들어, 이탈리아 외무장관 줄리오 안드레오티[*]가 평화 회의(이탈리아가 승전국으로 참여할)를 제안하면서 겐셔에게 독일에 관한 진행 상황을 알려달라고 요청하자, 이탈리아와 안드레오티가 독일 통일에 반대해온 것을 상기한 겐셔는 "당신은 게임의 일부가 아닙니다."라고 냉랭하게 말했다.[24]

콜은 12월 4일 나토 정상회담과 그리고 12월 8일 유럽이사회[**] 회의에

---

* Giulio Andreotti(1919-2013). 이탈리아의 정치인. 1972-1973년, 1976-1979년, 1989-1992년 이탈리아 총리, 1983-1989년 외무장관, 1991-1992년 문화·환경장관 등을 역임했다. 1970년대부터 마피아와 연루된 부패 혐의로 몇 차례 기소되어 2003년 24년 징역형을 선고받았으나 고령을 이유로 형 집행이 보류되었다.

** European Council. 유럽연합(EU) 정상회의라고도 한다. 마스트리흐트 조약에 따라 설치된 기관으로서 유럽연합 회원국의 국가 원수 또는 정부 장관(각료)과 유럽이사회 의장, 유럽위원회 위원장으로 구성된다. 이사회 회의에는 유럽연합 외교·안보 정책 대표도 참석하며, 이사회 의장이 의사 진행을 맡는다. 입법 권한은 주어지지 않지만 여기서 이루어진 결정은 유럽연합의 일반적인 정치 지침을 정하는 기본이 된다.

서 기존 제도와 독일의 동맹국 및 파트너에 대한 독일의 헌신을 강조할 기회를 잡았다. 두 회의는 독일 통일에 대해 상당히 회의적인 분위기 속에 시작되었는데, 이것은 결국 콜이 의심하는 사람들을 모두 자기편으로 끌어들이지 못했음을 보여주었다. 회의들은 또 통일에 대한 미국의 지지가 의심하는 일부 사람들로 하여금 콜을 지지하도록 만들었기 때문에 미국의 도움이 중요하다는 점을 보여주었다. 긴 비공개 논의를 거친 후 나토와 유럽공동체 지도자들은 독일 통일에 대해 여전히 잠정적이긴 하지만 처음으로 찬성의 목소리를 냈다.

콜은 독일민주공화국이 무너질 때조차도 모드로와 협력하는 척해야 한다는 사실을 깨달았고, 그래서 그는 12월 19일 드레스덴에서 독일민주공화국 총리와 회담할 때 모드로와 긴 대화를 나누었다. 그러나 모드로는 대화에 만족하지 않았음에 틀림없다. 모드로는 동독이 불안정해질 위험에 대해 경고했고, 콜에게 150억 독일마르크의 '기부'를 요청했다. 모드로는 통일에 대한 논의가 비현실적으로 되었다고 불만을 털어놓았다. 콜은 모드로의 일방적 요구를 거부하고, 독일 내 재정 협상에만 동의했다. 그런 후 콜의 재무장관 테오 바이겔*이 서독 대표단을 이끌고 1990년 1월 12일에 개최된 회담에 참석했다. 콜과 바이겔은 구체적인 원조 수준을 약속하지는 않았으나 일반적인 용어로 독일민주공화국에 대한 지지를 공개적으로 약속했다. 그들이 그렇게 한 것은 독일민주공화국을 뒷받침해야 할 어떤 이유가 있어서가 아니라 난민들의 탈출을 막고 고르바초프에게 콜이 모드로를 상대할 것임을 보여주기 위해서였다.

---

* Theo Waigel(1939-). 변호사로 일하다 독일 정계에 입문했다. 1989년 헬무트 콜 총리 정부에서 서독 재무장관으로 임명돼 1998년까지 재임했다. 독일 통일 이후에 유럽연합과 유로(Euro)의 출범 과정에서 적극적인 역할을 수행하며 '유로의 아버지'라는 별명을 얻기도 했다.

고르바초프는 1월 26일 회의 전에 이미 모드로에 대한 자신의 도박이 실패로 끝나고 있음을 깨달았다. 고르바초프는 독일민주공화국과 관련해 큰 희망을 걸었던 모드로조차 믿을 만하게 자리를 잡지 못한 것에 대해 몹시 실망감을 느꼈음에 틀림없다. 고르바초프의 대외정책 자문관 중의 한 명인 바딤 자글라딘은 1월 18일에 이미 서독 경제협력장관 위르겐 바른케*에게 소련인들은 독일 통일을 불가피한 것으로 본다고 말했다.[25] 모드로가 1990년 1월 30일, 두 번째 방문을 위해 모스크바에 왔을 때 고르바초프는 독일 '국가연합'(confederation)의 점진적인 발전에 찬성하면서, '조약 결사'(treaty association) 제안을 버리라고 그에게 말했다. 일단 모드로가 동베를린으로 돌아온 후 고르바초프의 제의를 공개하자 콜은 고르바초프가 독일민주공화국을 단념했다는 것을 알았다.

고르바초프는 콜에게 직접 소련의 입장을 분명히 밝히는 일이 여전히 남아 있었다. 이 일을 위해 고르바초프는 콜에게 2월 초에 모스크바로 방문해 달라고 초청했다. 우연히 제임스 베이커가 콜에 바로 앞서 모스크바를 방문하여 독일 통일을 강력히 촉구하는 조지 부시의 메시지를 고르바초프에게 전달했다. 모스크바를 떠나기 전에 베이커는 콜에게 자신과 고르바초프의 만남에 관해 낙관적인 보고서를 보냈다. 부시도 직접 콜에게 편지를 써서 자신이 통일 독일을 선호한다고 조언했다. 그리하여 콜은 미국의 강력한 지지를 받고 있음을 알았다.

고르바초프는 비공개 회담에서 콜에게 소련, 독일민주공화국, 연방공화국이 지금 통일에 대해 그리고 독일인들이 통일을 이루려고 노력할

---

* Jürgen Warnke(1932-2013). 기독사회연합 소속의 독일의 법률가이자 정치인. 1982-1987년, 1989-1991년 경제협력장관, 1987-1989년 교통부 장관을 역임했다.

권리에 대해 의견의 일치를 보고 있다고 말했다. 독일인들은 자신들이 어떤 종류의 국가를 원하는지, 또 그것을 어떻게 획득하기를 원하는지 스스로 결정해야 했다. 동독과 서독의 인민들은 자신들이 역사의 교훈을 이미 배웠고, 전쟁은 더는 독일 땅으로부터 오지 않을 것임을 보여주었다. 고르바초프는 국경 문제를 근본적인 것으로 여겼기 때문에 해결할 필요가 있다고 덧붙였다.

고르바초프는 독일민주공화국이 소련에 대한 경제적 약속을 분명히 했고, 페레스트로이카가 성공하려면 그 약속이 이행될 필요가 있다고 콜에게 상기시켰다. 고르바초프는 또 독일 인민들은 통일을 선택할 수 있지만, 통일을 위한 조건은 여전히 협상되어야 한다고 말했다.[26] 그런 후 고르바초프는 또 한 번의 독일 방문을 위한 콜의 초청을 수용한다고 말했고, 팔츠 선제후국에 있는 총리 저택에서 만날 것을 기대했다.

체르냐예프와 함께 비공개 회담에 배석했던 텔치크는 콜이 모스크바에서 귀국하는 도중에 독일 대표단을 위해 샴페인을 터뜨렸다고 보고했다. 그들은 자신들이 원했던 돌파구를 찾았다. 고르바초프가 독일 통일에 동의했던 것이다. 며칠 내에 모드로는 경제와 통화의 통합에 대해 협상하자는 콜의 요청을 수용했다.[27]

모드로의 시간이 끝나가는 가운데, 3월 18일 선거는 독일민주공화국의 미래에 결정적이 되었다. 동독 기독민주연합과 그 동맹자들은 통일에 대한 동독 인민들의 소망에 호소하려 했다. 그들은 기본법 23조에 의거해 동독 주들(Länder)을 연방공화국에 흡수함으로써 급속한 통일을 요구했다. 정확히 이런 목적으로 쓰인 이 조항은 자를란트를 독일로 복귀시키기 위해 이미 사용된 적이 있었다. 이와는 대조적으로 동독의 독일사회민주당과 그 동맹자들은 146조를 이용하는 훨씬 긴 경로를 요구했다.

이 조항에 의거하여, 동독과 서독은 먼저 새 헌법을 협상하고, 그런 다음 통일하기 전에 일종의 국가연합을 거칠 것이었다. 독일사회민주당은 이 과정을 이용해 동독의 사회 입법을 새로운 통일 독일로 이관하고 싶었다.

콜은 몇몇 대규모 선거집회를 개최해 때때로 한 번에 수십만 명의 사람들 앞에서 연설하면서, 동독에서 열심히 선거운동을 했다. 콜은 통일이 동독에 '화려한 풍경'(Blühende Landschaften)을 가져다줄 것이라고 약속했다. 그럼에도 불구하고 여론조사는 제2차 세계대전 전에 동독에서 다수당이었던 독일사회민주당이 상당히 앞서 있는 것을 보여주었다. 독일사회민주당이 이긴다면 콜은 의제 설정을 확신할 수 없게 되고 통일 운동은 느려질 것이었다.

그러나 독일사회민주당은 전략적인 실수를 저질렀다. 통일을 촉구하는 유일한 독일사회민주당 인사였던 브란트를 제외한 당 지도자들은 통일에 대해 어떤 열망도 보여주지 않았다.[28] 서독 총리 후보인 오스카르 라퐁텐*을 비롯해 일부 독일사회민주당 대변인들은 심지어 두 독일이 상당히 오랫동안 각자의 길을 가는 게 최선일 것이라고까지 말했다. 그리고 많은 동독인들은 독일사회민주당이 1980년대에 공동선언을 발표할 때 독일사회주의통일당에게 너무 상냥했다고 생각했다.

기독민주연합은 3월 18일 결정적으로 승리했다. 많은 관찰자들을 놀라게 만든 결과였다. 확고하게 통일을 바랐던 동독인들은 기독민주연합과 그 동맹자들에게 투표의 48퍼센트와 새 인민회의(Volkskammer)의 193석을 선사했다. 독일사회민주당은 겨우 22퍼센트, 민주사회주의당은 16

---

* Oskar Lafontaine(1943-). 독일의 정치인. 1985-1998년 자를란트 주 주지사, 1995-1999년 사회민주당 원내대표, 1998-1999년 재무장관, 2007-2010년 좌파당 원내대표를 지냈다.

퍼센트를 획득했을 뿐이었다. 동독 기독민주연합 지도자 로타르 더 메치에어*는 독일민주공화국의 새 총리가 되었다. 메치에어는 독일 통일 협상을 위한 가장 폭넓은 정치적 기반을 확보하려고 동독 독일사회민주당과 연립해 통치하는 쪽을 택했다. 이로써 독일사회민주당은 어느 정도 영향력을 계속 갖게 되었다.

토박이 동독 저항 그룹들은 사실상 선거에서 전혀 지지를 받지 못했다. 그들은 아이디어와 이상을 갖고 있었으나 정치적으로 조직화할 수가 없었다. 그들은 통일보다 개혁을 원했고, 광범위한 지지를 얻을 수 있는 공동 프로그램을 위해 서로 타협하지 못했다.[29] 그들은 비록 독일민주공화국과 독일사회주의통일당에 맞서 혁명을 이끌었음에도 뒤따를 새 독일에서 정치적 역할보다는 지적인 역할에 치중할 것이었다.

고르바초프는 어느 누구만큼이나 선거 결과를 잘 읽을 수 있었다. 고르바초프는 콜이 동독을 놓고 벌인 전투에서 승리했다는 점을 인정했다. 소련군은 통제를 회복할 수도 있었을 테지만 그 비용은 토악질이 날 만큼 엄청났을 것이다. 동독 인민들은 통일을 원했고, 콜을 따를 것이었다.

고르바초프는 이제 가장 높은 가격으로 독일민주공화국을 헬무트 콜에게 팔아치울 방법을 찾아야 했다. 훗날 콜은 고르바초프가 10개항을 좋아하지 않았을 것이지만 중단시킬 수가 없었다고 말했다. 콜은 자신이 '행위준칙'(Das Gesetz des Handelns)이라고 일컬었던, 상황에 대한 통제력을 갖게 되었다.[30] 느긋한 기분이 되어 콜은 "저를 제외한 모든 사람이 어찌할 바를 모릅니다."라고 베이커에게 말했다.[31]

---

* Lothar de Maizière(1940-). 독일의 정치인. 1990년 4-10월 독일민주공화국의 마지막 각료 회의 의장(총리)을 지냈다.

점령국들이 상충하는 조건들을 설정하다

동독 인민들이 통일을 얼마나 열렬히 원했든 그들 스스로 통일을 이룩할 수는 없었다. 동독 인민들은 자신들의 희망을 분명히 하고 콜에게 의지하여 그 희망을 지지하게 할 수 있었다. 그러나 4개 점령국은 만약 그들이 그러기로 고집한다면 최종적인 결정권을 가질 터였다. 그리고 그들은 조건을 설정할 수 있었다.

워싱턴은 앞장서서 독일 통일을 재촉했다. 국무부의 고문이자 베이커의 최측근 자문관이었던 로버트 졸릭*은 이미 1989년 중반에 미국이 이 문제에서 앞장을 서야 한다고 썼다. 부시는 통일 독일을 옹호하는 점령국의 첫 번째 지도자가 되었다. 부시는 1989년 9월 18일에 독일 통일을 '두려워하지' 않는다고 기자에게 말했다. 부시는 독일 통일이 유럽 평화에 해로울 것이라는 관념을 받아들이지 않는다고 덧붙였다. 장벽이 무너진 후 11월 말에 부시는 '독일의 인민들'이 이 문제를 결정해야 한다고 또 다른 기자에게 말했다.[32]

그러나 부시와 베이커는 고르바초프의 입장을 위태롭게 하고 싶지 않았다. 부시는 12월에 몰타에서 소련 지도자와 정상회담을 준비하면서 자신이 통일의 속도를 강제하지 않을 것이라고 결정했다. 그는 몰타 회담에서 고르바초프의 삶을 '복잡하게' 만들고 싶지 않다고 말하며, "그게 바로 제가 베를린 장벽 위에서 펄쩍펄쩍 뛰지 않았던 이유입니다."라고 덧붙였다. 고르바초프는 자신이 그것을 알아차렸고 감사했다고 말했다.

---

* Robert Zoellick(1953-). 미국의 관리이자 법률가. 1989-1992년 미국 국무부 고문, 1991-1992년 경제·농업 문제 차관, 1992-1993년 백악관 수석 참모, 2005-2006년 국무부 부장관, 2007-2012년 세계은행 총재를 역임했다.

하지만 부시는 또 자신은 소련이 독일에서 진행되고 있는 변화를 수용해야 한다고 믿는다고 덧붙였다. 여전히 국내에서 무자비한 토론의 한복판에 있던 고르바초프는 부시에게 이의를 제기하지 않았고, 이에 부시는 소련 지도자가 자신이 수용할 수 있으리라고 간주할 만한 조건으로 통일에 동의할 것 같다고 결론 내렸다.[33]

부시는 또 미국이 통일 과정의 결과에 분명한 이해관계가 있다고 믿었다. 몰타 정상회담 직후 나토 이사회 회의를 준비하면서 부시는 자신의 나토 성명에 다음의 4개항을 포함시키기로 결정했다.

1. 자결은 결과에 해를 끼치는 일이 없이 추구되어야 한다.
2. 통일은 나토와 유럽공동체에 대한 독일의 지속적 헌신이라는 맥락에서, 그리고 4개 연합국의 역할 및 책임과 적절하게 관련하여 이루어져야 한다.
3. 통일로 나아가는 길은 평화적이고 점진적이며 단계적 과정의 일부이어야 한다.
4. 나토는 국경과 관련하여 유럽안보협력회의 헬싱키 최종 의정서*의 원칙에 대한 지지를 거듭 확인해야 한다.[34]

부시의 4개항은 콜이 그의 10개항에서 열거하지 않았던 두 가지 문제를 제기했다. 통일 독일이 나토 회원국이어야 하고, 또 독일은 기존 국경을 존중하겠다는 약속을 해야 한다는 것이 그것이다. 부시는 이 항목들이 미국의 이해에 중심적인 것으로 보았기 때문에 그것들을 제기하고 싶

---

* Helsinki Final Act. 691쪽의 옮긴이 주 참조.

었다. 독일이 나토 회원국 자격을 계속 유지하면 통일 독일은 독자적인 억지력을 개발하는 것을 불필요하게 만들 범대서양 구조 속에 포함될 것이었다. 그리고 유럽 국경의 불가침성을 준수하면 폴란드는 통일 독일이 오데르-나이세 선에 이의를 제기하지 않으리라고 안심할 터였다. 부시는 자신의 4개항이 콜의 10개항을 어느 정도 대체하기를 바랐지만 또한 그것들을 넘어서는 것도 원했다.

부시는 서방 구조에 탄탄하게 닻을 내린 안전하고 통일된 독일만이 동유럽과 유럽 전역에 지속적인 안정을 제공할 것이라고 믿었다. 부시는 또 미국과 서방 전체가 나토와 독일의 미군 병력 및 기지를 통해 유럽에서 획득했던 지구적 전략상의 위상을 보호하기를 원했다. 부시는 독일 통일에 찬성했으나, 통일이 유럽에서 미국과 서방의 위상을 훼손해서는 안 되었다. 부시의 전임자나 독일인 대부분이 두 세계 사이를 왔다 갔다 하는 중립국 독일에 동의하지 않으려 했듯이, 부시도 중립국 독일에 동의하지 않으려 했다.

부시는 12월에 미테랑과 만나는 동안 나토에 대한 그의 관심을 거듭 확인했다. 부시는 독일의 범대서양 관계에 적어도 미테랑이 지지하는 유럽공동체와 유럽안보협력회의만큼이나 비중이 주어져야 한다고 주장했다. 부시는 미군이 나토군의 일원으로 유럽에 남기를 원한다고 덧붙였다. 베이커는 12월 11일 베를린에서 연설하면서 나토의 중요성을 더욱 강조했다.[35]

1990년 2월 콜이 고르바초프를 만나기 전에 부시는 콜을 지지하는 방법으로 다음과 같이 미국의 주요 목표를 열거하는 편지를 콜에게 보냈다. 첫째, 독일인들은 그들 자신의 목소리를 낼 권리를 가져야 한다. 둘째, 옛 독일민주공화국에 '특별한 군사적 지위'가 허용될 수 있겠지만, 통일

독일은 나토에 남아야 한다. 셋째, 소련군은 떠나야 하지만 미군은 독일에 남아야 한다.[36]

다시 한 번 4개항에서처럼 부시는 통일을 바랐으나, 다른 것도 원했다. 부시는 콜이 모스크바에서 라팔로 식의 협정에 서명하기를 원하지 않았다. 비록 부시는 왜 고르바초프가 콜을 초청했는지를 몰랐지만 소련 지도자가 독일이 서방에 대한 기왕의 헌신을 그만두는 대가로 통일을 제의할까봐 우려하지 않을 수 없었다. 비록 부시는 콜이 아마도 그런 제안을 거절했을 것이라고 믿었음에도 불구하고 독일의 일반인들, 특히 동독인들은 그 제안을 뿌리치기가 힘들 것이라고 걱정했다. 부시는 미국과 서방 전체가 독일 통일보다 더 넓은 이해관계를 갖고 있다는 점을 분명히 할 필요가 있었다. 부시는 콜이 그 점에 동의한다고 아무리 확신했다 하더라도, 콜이 고르바초프와 만나기 전에 이 메시지를 더욱 강화하고 싶었다.[37]

부시와 베이커는 또 독일 통일 협상을 위한 형식도 설계하려 애썼다. 부시는 고르바초프, 미테랑, 그리고 특히 대처가 찬성했던 4개국 방식이 낡은 틀이 되었다고 생각했다. 부시는 35개 유럽안보협력회의 회원국 모두가 참여하는 통제하기 힘든 회의도 원하지 않았는데, 왜냐하면 그렇게 되면 통일이 지연될 것이고, 작은 유럽 국가 하나하나가 모두 사소한 요구를 할 것을 우려했기 때문이었다.

부시와 베이커는 지나치게 복잡하지 않고 주요 이해 당사자 각자가 독일의 미래에 관해 목소리를 낼 수 있는 방식을 제안하기로 결정했다. 졸릭은 두 독일이 통일과 관련된 내부 문제를 결정하고 4개 점령국이 대외적인 측면을 다룰 2+4 방식을 제안했다. 베이커가 이 방식을 선호한 것은 이렇게 하면 월등한 힘을 가진 서독이 내부 문제를 주도하고, 또 런던, 모스크바, 파리의 지나친 간섭을 받지 않을 수 있어서 속도를 높일 수 있다고 봤기 때문이었다. 그러면서도 이 방식은 독일 동맹체제의 미래 같은 핵심사항들에 관해서는 여전히 4개 점령국이 최종적인 권한을 가지는 것을 보장할 터였다. 베이커는 '두' 독일 중 동독에서 자유로운 선거가 이루어져야 한다는 조건을 추가했다. 그래서 베이커는 독일사회주의통일당이 제거되고 콜이 독일 내부의 합의를 끌어낼 시간을 찾을 때까지 4개국 회담을 연기하기를 원했다.[38]

고르바초프는 독일의 분단에 개인적으로 가담한 바가 전혀 없었다. 고르바초프는 제2차 세계대전에서 아버지를 잃었음에도 불구하고 개인적으로는 독일인들에 의한 가혹한 점령이라는 경험을 겪지 않았다. 1975년에 독일을 방문한 동안 고르바초프는 독일인들과의 회담에서 독일의 분단을 소련의 이익으로 옹호하지 않았다. 고르바초프는 스탈린이 독일의 분단을 원한 것이 아니라 서방이 그에게 분단을 강요했다고 말했다.

개인적으로 고르바초프는 서독의 태도가 좋아지고 있다고 믿게 되었다. 고르바초프는 특히 그의 방문 동안 일어났던 대규모 반파시즘 시위에 주목했다.[39] 그 후 고르바초프는 독일이 다시 통일될 날이 올 것이라고 소장 보좌관 중 한 명에게 말했다. 고르바초프의 대외정책 자문관인 체르냐예프는 고르바초프가 오래 전부터 독일의 통일이 '불가피'하다는 직관적 믿음을 가지고 있었다고 말했다.[40]

고르바초프는 모스크바가 독일민주공화국과 동유럽에 엄청난 비용을 들여 군대를 주둔시키고 있어야 할 까닭을 보지 못했다. 고르바초프는 회고록에서 소련의 수적 우위가 어떤 전략적 이점도 주지 못한다고 썼다. 왜냐하면 나토가 그것을 자신의 핵무기를 정당화하는 데 이용했기 때문이었다.[41] 소련의 재원을 인민들의 진정한 번영에 투입하고 싶었던 고르바초프는 중부 유럽에서의 대결에 종지부를 찍어야 했다.

예두아르트 셰바르드나제도 오래 전부터 독일 통일을 전망해왔다. 1986년에 이미 셰바르드나제는 외무부의 몇몇 독일 전문가들에게 가까운 미래에 독일 문제를 다룰 필요가 생길 것이라고 말했다, 그리고는 자신은 독일 민족이 "이념과 무기, 철근 콘크리트로"영원히 분단될 수 있다고 생각하지 않는다고 덧붙였다.[42]

그러나 고르바초프는 무조건적인 독일 통일을 받아들일 수 없었다. 셰바르드나제가 유럽의회에서 제기했던 질문들은 매우 현실적인 소련 안보 관심사를 반영했다. 부시와 마찬가지로 고르바초프 역시 안정된 유럽을 원했고, 고르바초프는 그것을 '유럽 공동의 집'이라고 부르기로 했다. 통일 독일은 안정에 기여해야 할 것이었다. 통일 독일은 자신의 국경, 특히 오데르-나이세 선을 받아들여야 할 터였다. 고르바초프는 실지회복주의를 내세운 독일 정부가 동구권으로 새로운 행진을 시작하는 것을 용납하지 않을 것이다. 그것을 용납하게 되면 고르바초프는 또 다른 군사적 장벽을 이번에는 자기 나라에 좀 더 가까운 곳에 세울 수밖에 없을 터였다.

고르바초프는 독일이 유럽의 동맹 체제들로 분할됨으로써 부분적으로는 유럽의 안정을 이루는 데 기여했다고 믿었다. 만일 독일이 통일된다면 똑같이 안정된 어떤 체제를 고안해야 했다. 고르바초프는 가장 좋은 방안을 결정하지는 않았으나, 처음에는 독일을 나토로부터 끌어내어 다른 제도로 편입하는 것을 선호했다. 그게 무엇이든 고르바초프는 독일을 유럽안보협력회의 속에 붙들어 두기를 원했다.

소련 지도자는 소련은 통일 독일이 나토에 있는 것을 받아들이지 않을 것이라고 말했다. 자글라딘은 1989년 12월 백악관보좌관 콘돌리자

라이스*에게 다음과 같이 말했다. "두 개의 독일이 있었지요. 하나는 우리 독일이고 또 하나는 당신네 독일이었습니다. 이제 하나만 있을 것이고, 당신들은 그것이 당신 독일이기를 원합니다. 그건 세력 균형에서 받아들일 수 없는 전략적 변화일 것입니다."[43]

다른 때에 고르바초프는 모스크바가 1950년대와 그 이후에 가끔 내놓았던 '통일되고 중립적인'이라는 문구를 만지작거리는 듯 보였다. 고르바초프는 세르게이 아흐로메예프 원수에게 모든 외국 군대의 철수와 함께 소련군을 독일로부터 철수시킬 계획을 짤 것을 요청했다.[44]

그러나 고르바초프는 자국 내에서 자신의 프로그램을 위해 독일의 도움이 필요했다. 페레스트로이카에는 돈이 필요했다. 고르바초프는 국내의 우선 사항을 뒤집고, 군사예산을 삭감하고, 특히 브레즈네프가 시작했거나 적어도 허용했던 외국에서의 전쟁과 개입을 중단함으로써 자금을 일부 마련할 수 있었다. 하지만 고르바초프는 독일로부터의 원조가 필요할 것이었고, 그는 콜이 그런 원조가 독일 통일을 위한 협상의 일부여야 한다는 점을 인정할 것이라고 생각했다. 콜이 식량을 얼마나 빨리 보냈는지를 상기하면서 고르바초프는 소련이 총리와 협력할 수 있다고 생각했음에 틀림없다.

고르바초프와 셰바르드나제는 종종 서방 사람들을 헷갈리게 했다. 셰바르드나제는 좀 더 보수적인 소련 군부와 민간인 관리들이 모스크바에서 우위에 있을 때는 때때로 완전히 수용 불가능한 요구를 하곤 했다. 아마도 셰바르드나제는 대체로 서방이 그런 아이디어를 수용하지 않을

---

* Condoleezza Rice(1954-). 미국의 고위 관리. 2005년부터 2009년까지 미국 대통령 조지 W. 부시 정부에서 콜린 파월의 뒤를 이어 국무장관을 지냈다. 매들린 올브라이트에 이어 두 번째 여성 국무장관이자, 아프리카계 미국인 여성으로서는 처음이었다.

것임을 그들에게 보여주고 싶었을 것이다.[45] 그 후 고르바초프는 모스크바에서 자신의 입지가 탄탄해져감에 따라 바로 그러한 요구들을 버렸다. 소련 대통령직의 권한을 강화하기로 한 최고 소비에트의 1990년 2월 결정은 그의 지배력을 강화했다. 이후 그해 7월에 있은 소련공산당 28차 대회에서 고르바초프가 얻은 승리도 그의 지배력을 강화했다.

고르바초프는 독일과 냉정하게 협상하기를 바랐지만, 또한 우호적인 미래 관계도 원했다. 이 목표들은 상충할 수 있었고, 실제로 상충했다. 아마도 그 자신의 모호함 때문에 고르바초프는 모스크바에서 토론이 계속되는 것을 허용했을 것이다. 일부 고위 소련 관리들은 나중에 고르바초프의 양보에 대해 불만을 터뜨렸다. 그들은 결국 고르바초프가 협상의 항목이 아니라 미래 독일 및 안정된 유럽과의 관계에 우선순위를 두기로 결정했음을 깨닫지 못했다.

미테랑은 대부분의 프랑스 시민들과 마찬가지로 독일 통일에 항상 반대했다. 물론 미테랑은 통일이라는 사건이 일어나리라는 것을 믿지 않았고, 또 독일인들이 듣고 싶어 하는 말을 해주고 싶어 했기 때문에 공개적 발언에서는 통일이라는 아이디어를 오랫동안 지지해왔다. 동독인들의 탈출이 극적으로 늘어났던 1989년 말에야 비로소 미테랑은 독일이 실제로 통일될 것이라고 믿기 시작했다.

통일에 대한 찬·반 감정이 동시에 폭넓게 퍼져 있던 프랑스 각료회의의 10월 18일 회의에서 미테랑은 현실적으로 발언했다. "프랑스는 통일을 멈출 수가 없습니다. 우리는 통일을 막으려고 전쟁을 할 수 없습니다." 미테랑은 통일을 두려워하지 않는다고 애써 말했다. 하지만 미테랑은 통일이 민주적이고 평화적인 방식으로 이루어져야 한다고 주장했다.[46]

미테랑은 장벽이 무너진 직후 독일 통일을 지지해야 할 어떤 이유도 보지 못했다. 미테랑은 독일민주공화국이 서독에 흡수되는 것보다 개혁을 희망하는 바람을 숨기지 않았다. 그러므로 미테랑은 사적으로 콜의 10개항에 강하게 반대했다. 특히 미테랑은 콜이 자신과 상의하지 않았던 것에 격분하여 "나는 이 일을 절대 잊지 않을 것이다."라고 말할 정도였다.[47] 미테랑은 콜이 인민들의 감정에 대응할 수밖에 없었다고 주장하기 위해 은밀히 동독인들의 통일 요구를 자극하고 있다고 의심하기까지 했다. 그러나 미테랑은 무슨 일이 벌어질지 보기를 기다리는 동안 자신의 초조함을 억눌렀다.

이번에는 미테랑이 베를린을 방문해달라는 콜의 초청은 거부해 놓고 12월 20일 독일민주공화국으로 가서 모드로를 만남으로써 콜을 화나게 했다. 미테랑은 또 키예프도 방문했는데, 그곳에서 미테랑은 독일 통일에 반대하는 연설을 했다. 미테랑은 고르바초프에게 독일민주공화국에서 회동하자고 요청했다. 두 사람이 독일민주공화국에 동시에 등장하면 아마도 독일의 현 상태를 유지하는 것을 강력히 지지한다는 신호가 될 수 있었을 것이다. 미테랑은 또 고르바초프에게 자신과 함께 독일 통일을 막자고 요청했다. 고르바초프는 두 요청을 모두 거절했다.[48]

1989년 12월 8-9일에 스트라스부르에서 유럽 정상회담이 열리는 동안 콜과 만난 미테랑은 거래의 대강을 제시했다. 그것은 콜이 더욱 통합된 유럽공동체를 지지한다면 통일 독일을 수용하겠다는 것이었다. 미테랑은 통일 독일을 담을 수 있는 유럽연합 틀을 건설하기 위해 유럽공동체를 더욱 심화시키고 강화시키기를 강력히 요구했다.[49] 미테랑은 홀로 독일을 대적해야 한다는 프랑스인들 사이에 널리 퍼져 있는 두려움을 덜어 주고 싶었다.[50]

미테랑은 유럽 통합 과정과 독일 통일 과정은 한 조의 말처럼 움직여야 한다고 나중에 부시에게 말했다. "말 두 마리가 똑같은 속도로 달리지 않는다면 사고가 납니다."[51] 부시처럼 미테랑도 독일이 유럽 국경, 특히 오데르-나이세 선을 인정하기를 원했다.

새로운 유럽연합을 위해 미테랑은 유럽이 통화와 재정 면에서 통합하고 국가 통화들을 새로운 유럽 통화, 즉 유로로 대체할 것을 강력히 주장했다. 미테랑은 독일의 중앙은행인 연방은행(Bundesbank)이 오래 전부터 독일마르크화의 힘을 이용하여 비독일인들에게 전혀 발언권을 주지 않고 유럽 전체에 적용되는 통화 정책을 세웠다고 믿었다. 프랑스는 독일이 분단되어 있는 동안에는 이를 겨우 버텨낼 수 있었다. 그러나 만약 독일이 통일된다면 프랑스로서는 도저히 수용할 수가 없을 터였다. 미테랑은 프랑스가 강한 영향력을 발휘하는 새로운 유럽 중앙은행을 통해서 유럽 통화정책을 형성하는 데, 프랑스가 지도적인 역할을 수행하기를 원했다.

콜은 그 자신 유럽 통합을 지지했기 때문에 기꺼이 미테랑의 협상을 받아들였다. 게다가 콜은 선택의 여지가 거의 없었다. 1945년 이래 프랑스는 독일과 관련해서 핵심적인 역할을 계속 수행해왔다. 미테랑이 독일 통일에 반대한다면, 통일을 막거나 최소한 수용할 수 없는 조건을 내세울 수 있었다. 콜은 그것을 감당할 형편이 아니었다. 아무리 부시가 돕는다고 해도 독일 통일을 혼자 힘으로 이룩할 수 없었다.

콜이 미테랑의 조건을 받아들이고 독일 통일을 요구하는 압력이 커져감에 따라 1990년 2월까지 미테랑은 독일 통일이 1990년 그해나 그 직후에 도래할 것임을 깨달았다. 2월 9일, 기자 회견에서 프랑스 외무장관 롤랑 뒤마*는 "독일 통일이 문간에 와 있습니다."라고 말했다.[52]

---

* Roland Dumas(1922-). 프랑스의 법률가이자 사회당 정치인. 1984-1986년, 1988-1993년

마거릿 대처는 헬무트 콜과 복잡한 관계를 맺고 있었는데, 독일 통일이 의제에 오르면서 그런 양상이 한층 더 강해졌다. 대처, 콜, 로널드 레이건은 중거리핵전력 배치에 관해 완벽하게 화합하며 1980년대를 시작했다. 대처는 콜과 함께, 전략방위구상을 지지하고, 나토 문제에 관해서 레이건과 긴밀히 협력했다. 베를린 방문 동안 대처는 장벽이 무너질 것이며, 장벽 저편에서 자유를 원하는 목소리가 터져 나올 것이라고 예측했다. 한 번은 대처는 예정된 일정에서 벗어나 라인란트에 있는 콜을 방문한 적이 있었는데, 대처는 콜이 라인란트 소시지와 돼지 위장 같은 지역 특산물을 맛보라고 한 것 말고는 명백히 이 방문을 즐거워하는 것 같았다. 그리고 두 사람은 우호적인 관계를 발전시키기 위해 정직하게 노력했다.

그러나 대처는 특히 유럽공동체 문제에 관해 콜이 영국보다 프랑스에 더 가깝다는 사실을 종종 발견하곤 했다. 콜은 대처보다 미테랑과 훨씬 더 자주 긴밀하게 상의했다. 유럽공동체에 대한 매우 뿌리 깊은 반대 때문에 대처는 미테랑과 끝임 없이 불화를 일으켰고, 콜과도 점점 사이가 나빠졌다. 대처는 콜이 유럽의 독일을 독일의 유럽으로 개조하려고 한다고 의심하며 유럽에 관해 콜을 완전히 신뢰하지는 않았다. 관계 개선을 위한 양측의 노력에도 불구하고 1980년대 대부분의 기간 동안 영국은 1960년대와 1970년대에도 그랬듯이 독일 문제와 독일에서의 영향력을 확보하기 위한 투쟁에서 멀리 떨어져 있었다.[53]

대처는 독일 통일이 처음 수면 위로 떠오른 순간부터 통일에 반대했다. 대처는 1989년 9월에 독일에 대한 우려를 고르바초프에게 말했다.

프랑수아 미테랑 대통령 내각에서 외무장관을 지냈다.

장벽이 무너진 후 대처는 통일을 막기 위해 고르바초프 및 미테랑과 연합 전선을 구성하기를 원했다. 대처는 독일이 통일될 경우 고르바초프의 미래를 염려했고, 고르바초프의 입지와 동유럽의 자유가 독일 통일보다 더 중요하다고 언제나 믿었다. 통일은 15년은 더 기다려야 한다고 대처는 생각했다.[54]

장벽이 붕괴된 후 콜이 대처에게 전화했을 때, 대처는 고르바초프와 연락을 유지하고 소련 지도자의 요구를 고려하라고 충고했다. 대처는 콜이 기대치를 "바삐 올리고" 있는데, 자신은 그런 방식을 좋아하지 않는다고 사적으로 불평했다. 대처는 또 독일 통일에 반대하고 동독의 진정한 민주화가 우선순위에 있어야 한다고 부시에게 전화로 말했다.[55]

부시, 미테랑, 고르바초프와는 달리 대처는 독일 통일을 위한 명확한 조건들을 열거하지 않았다. 대처는 유럽 대륙의 세력 균형이라는 영국의 전통적인 목표를 추구했다. 대처는 동과 서 사이에서 교묘히 비행하는 중립적인 독일을 두려워하여 통일 독일이 나토에 그대로 있어야 한다고 주장했다. 대처는 일관성이 없는 견해를 제시했다. 대처는 윈스턴 처칠과 해럴드 맥밀런을 따라 독일에 대해 세 거두 사이의 협상을 원했고, 어니스트 베빈과 앤서니 이든과 마찬가지로 독일을 나토에 묶어두기를 원했다. 하지만 또한 대처는 비스마르크가 체결한 차르와의 '재보장 조약'*이나 1922년의 라팔로 조약처럼 러시아-독일 관계를 원한 것은 아니었으나, 콜이 고르바초프의 요구도 들어주기를 원했다. 이러한 혼돈 상태로 인해 대처가 자신의 우선사항을 명확히 확정할 수가 없었기 때문에

---

* Reinsurance Treaty. 1887년에 독일과 제정 러시아가 맺은 비밀 조약. 발칸반도에서 국경을 현상 유지할 것과 두 나라 가운데 한쪽이 제3국의 공격을 받았을 때 다른 한쪽은 중립을 지킬 것을 약속했다.

콜이 정리를 해야 했다. 그리고 콜은 대처가 "독일 정치력의 진정한 과제는…1945년 이후의 독일 민주주의 전통을 강화하고 심화시키는 것입니다."라고 충고했을 때, 그녀가 약간 거들먹거린다는 것을 틀림없이 알았을 것이다.[56]

대처는 결코 통일을 요구하는 동독 인민들의 압력이 가진 힘을 제대로 파악하고 있었던 것으로 보이지 않는다. 부시는 종종 대처를 무시했다.[57] 그러나 대처는 중요한 점에서 그를 도왔다. 대처가 통일 독일이 나토에 그대로 머물러야 한다고 집요하게 주장한 덕분에 고르바초프가 이 문제에서 서방이 양보하지 않을 것임을 깨닫게 되었던 것이다.

독일과 유럽에 대한 미테랑과 대처의 회담은 초현실적인 양상을 보였다. 대처는 독일이 오데르-나이세 선 동쪽의 땅을 되찾고 체코슬로바키아까지 넘겨받으려 할까봐 우려한다고 말하면서 미테랑에게 통일을 저지하는 것을 도와달라고 요청했다. 대처는 한 번은 콜에 대해 미테랑에게 다음과 같이 큰소리를 질렀다. "우리는 콜을 중지시켜야 돼요! 그는 모든 것을 원하고 있습니다!"[58] 대처는 콜이 거짓말쟁이라고 덧붙였다. 미테랑은 자신이 새로운 독일을 포함시키고 싶었던 새로운 유럽연합을 건설하는 데 대처를 참여시킬 수 없다는 것을 깨달았다. 그리고 미테랑은 대처는 '혼자'며, 그녀는 다른 모든 사람들과 마찬가지로 독일을 통일시키는 합의에 서명해야 할 것이라고 한 보좌관에게 냉정하게 말했다.[59]

독일 통일의 현실이 가까이 다가오면서 대처는 그녀의 발언 중 일부를 바꾸기 시작했으나 태도는 바꾸지 않았다. 대처의 외무장관 더글라스 허드*는 이 점에서 일정한 역할을 했던 것처럼 보인다.[60] 대처는 1990년

---

* Douglas Hurd(1930-). 영국의 보수당 정치인. 1984-1985년 북아일랜드부 장관, 1989-

봄에 너무나 격렬한 반독일 기자회견을 하는 바람에 공항에서 콜을 만난 후 콜이 영국의 캠브리지에서 자신과 차를 함께 타는 것을 거절했을 정도였다. 하지만 대처는 바로 그 회담이 진행되는 동안 태도가 누그러져서 콜이 통일 독일을 나토에 그대로 머무르게 하는 결정을 내리고 또 독일민주공화국에서 치른 선거에서 승리를 거둔 데 대해 그에게 축하 인사를 건넸다. 추가 회담 후 콜은 영국 언론에 "마거릿 대처는 멋진 여성입니다."라고 말했다.[61]

대처의 개인적 자질이 어떠했던 간에, 대처는 미테랑이나 부시, 혹은 고르바초프를 설득해 독일에 관한 그들의 정책을 자신의 마음에 들게 할 수가 없었다. 대처는 대체로 태도를 분명히 표명했다. 자신의 신념과 개성의 힘으로 10년 동안 영국을 근본적으로 바꿔놓았던 이 '철의 여인'은 너무나 많은 다른 모든 영국 총리들의 전철을 답습하며, 독일과 관련한 투쟁에서 영국의 영향력과 영국의 이해를 위해 제안하거나 요구되었을 주요 역할을 하는 데 실패했다.

그리하여 독일 통일을 놓고 진정한 협상이 시작되자 이전의 4개 점령국은 일부 문제에서는 의견 일치를 보았으나 다른 문제들에서는 의견의 일치를 보지 못했다. 놀랍게도, 열광이나 주저함의 정도는 제각기 달랐지만 모든 나라들이 독일 통일을 고려할 준비가 되어 있었다. 그러나 모두가 통일이 균형을 뒤엎기보다는 유럽의 안정에 기여해야 한다고 주장했다. 모든 나라가 독일이 오데르-나이세 선을 폴란드와의 영구적인 경계로 인정해야 한다고 한 목소리로 요구했다. 그리고 미테랑은 '유럽통화동맹'을 포함한 유럽연합 문제를 놓고 구체적인 협상을 벌여야 했다.

1995년 외무·영연방문제부 장관 등을 역임했다.

그러나 4개국은 통일 독일이 나토의 회원국이 되어야 하는지에 관해서는 의견이 달랐다. 고르바초프는 통일을 원하지 않았으나 부시와 대처는 원했다. 미테랑도 덜 강했지만 통일을 원했다. 그러므로 독일이 통일될 것이라면 2+4 협상가들은 이 문제를 풀어야 했다.

협상가들은 또 수십 년에 걸쳐 진화해온 유럽에 통일 독일을 어떻게 끼워 맞출지 그 방법을 찾아야 할 터였다. 장벽이 뚫렸던 1989년의 유럽은 장벽이 세워졌던 1961년의 유럽과 닮은 점이 거의 없었다. 유럽공동체는 회원이 6개국이 아니라 12개국으로 늘어났다. 그리고 1961년에는 존재조차 하지 않았던 유럽안보협력회의가 1990년에는 중요한 기구가 되었다.

동베를린 시민들은 장벽을 돌파했을 때 동베를린과 동독을 떠나 서베를린과 서독으로 들어가기만 한 게 아니었다. 그들은 코메콘과 바르샤바 협정을 떠나 유럽공동체와 나토로 들어가고 있었다. 그들은 앞으로 질주하면서 대륙 전체의 균형을 기울게 했다. 독일 통일에 관한 협상은 독일 자체보다 훨씬 더 많은 것을 고려해야 했다.

2+4=5

부시는 처음에 베이커와 졸릭이 고안했던 2+4 협상 방식에 의문을 품었다. 부시는 이 방식이 모스크바에게 진전을 가로막을 너무나 많은 기회를 부여할 것이라고 우려했다. 그러나 부시는 정당한 역할이 있는 모든 국가들을 포함하는 것이 이점이 있다고 여겼기 때문에, 이 구상을 받아들이는 데 동의했다. 부시는 '4' 전에 '2'가 먼저 오게 하는 것을 특히 좋아했는데, 이는 독일 국가들, 그중에서도 특히 콜에게 주도권을 부여하는 것이었다.[62] 부시는 끝없이 계속되는 평화회담을 원하지 않았고, 유럽이 유럽안보협력회의를 통해 서명하게 하고 싶었다.

베이커는 2월에 모스크바를 방문하면서 2+4 제안을 가져갔는데, 중간에 프랑스 외무장관 롤랑 뒤마와의 회담을 위해 아일랜드에 잠깐 들렀다. 베이커는 뒤마를 설득해 이 방식을 받아들이게 했다. 셰바르드나제와 고르바초프도 체르냐예프가 제안하고 고르바초프가 이미 승인한 '6자'에 의한 협상 방식과 유사했기 때문에 그 방식을 수용했다. 베이커의 국무부는 영국 외무장관 더글러스 허드에게도 이를 간단히 설명했는데, 허드는 제안을 받아들였으나 베이커에게 독일인들을 배제한 '4+0'이면 더 좋겠다고 말했다.[63] 소련인들은 프랑스인과 영국인들과 마찬가지로 4개 점령국이 최종 권한은 물론 주도권까지도 쥐기를 원했기 때문에 보통 그것을 '4+2' 혹은 '6자'라고 부르기를 선호했다. 평화회담에 찬성하는 사람들은 유럽안보협력회의 정상회담을 대체 회의로 삼는 데 동의했다.[64]

그러나 사태는 부시와 콜이 희망한 대로 원활하게 진행되지 않았다. 베이커와 셰바르드나제는 독일에 대한 협상 방식에 동의했음에도 불구하고 합의의 조건에 관해서는 의견의 일치를 보지 못했다. 셰바르드나제는 원칙적으로 통일 독일을 수용했지만 나토 회원국이 아니라 중립적이고 무장 해제된 독일을 원했다. 셰바르드나제 입장의 많은 부분은 마치 옛 관료들이 옛 파일과 옛 아이디어를 부활시키기라도 한 것처럼 1950년대의 소련 어휘집으로부터 불쑥 튀어나온 것처럼 보였다. 모스크바가 더 강력했을 때도 워싱턴이 그런 아이디어를 거부했다는 것을 알고 있던 베이커는 셰바르드나제가 진지하게 그런 입장을 제기했다는 사실을 믿을 수가 없었다. 베이커는 워싱턴이 그런 조건을 골자로 한 독일 문제의

해결을 받아들이지 않을 것이라고 말했다.

베이커와 고르바초프의 대화는 원만하게 진행되었다. 소련 지도자는 "통일 독일의 가능성에 끔찍한 것은 아무것도 없습니다."라고 말했다. 고르바초프는 프랑스나 영국이 누가 유럽에서 주요한 역할을 할 것인가를 놓고 걱정할 것이라고 덧붙였다. 그러나 소련은 미국과 마찬가지로 스스로를 소중히 알 줄 알았다. "우리는 큰 국가들이며 우리 자신의 무게를 갖고 있습니다." 고르바초프는 심지어 독일이 나토에 참가하는 구상을 꺼리는 것처럼 보이지도 않았다. 그는 나토의 지휘를 받는 독일군이 국가의 통수를 받는 독일군보다 더 유럽의 안정을 촉진시킬 것이라는 베이커의 주장을 적어도 고려할 자세가 되어 있는 것 같았다.[65]

그럼에도 불구하고 고르바초프는 소련의 일반인들이 여전히 독일을 잠재적인 적국으로 보고 있으며, 본뿐만 아니라 워싱턴도 조심스럽게 진행해야 한다고 경고했다. 독일의 민족주의는 마음대로 행동하도록 내버려 둔다면 러시아의 민족주의를 점화시킬 수 있었다. 고르바초프는 나토와 독일에 관한 몇몇 문제들에 대해 최종 결정을 내리지 않았다고 덧붙였다. 베이커는 고르바초프가 어떤 다른 고위 소련 관리보다도 더 유연한 것 같고 장기적인 소련 이해와 관련해 다른 견해를 갖고 있는 듯 보이지만, 아직 할 일이 많이 남아 있다고 결론을 내렸다.

일단 2+4 혹은 6자 방식에 관한 합의에 도달하자 독일 통일로 이끄는 과정은 20세기 말의 외교 방식에서 하나의 선례가 되었다. 그것은 특히 국가 지도자들과 외무장관들이 다른 이들이 중요한 대화를 하는 것을 허용하지 않으려 한다는 사실을 보여주었다. 그들은 이미 다른 이슈에서도 그렇게 하는 데 익숙해져온 대로 독일 문제에서도 서로 직접 접촉하기를 원했다.

지도자들은 전화를 건다든지 상호 방문을 하다든지 하면서 거의 쉬지 않고 협상을 진행했다. 부시와 콜 같은 일부 지도자들은 다양한 무대에서 만남을 이어갔다. 외무장관들은 표면상으로는 독일 문제와 전혀 관계없는 회담에서도 회담장 밖에서 따로 약식으로 만나 대화를 나누곤 했다. 그들은 거의 모든 대륙에서 회동을 했으며, 외교 채널이라고 불리는 통로를 좀처럼 활용하지 않았다. 외무장관들은 누구와 어떤 논의를 하고, 어떤 합의를 했는지를 실시간으로 기록하기 위해 쩔쩔매는 참모들의 도움을 받으며 정신없는 속도로 일했다.

2+4 구조는 공식적인 외교적 환경으로 기능했지만 가장 중요한 것은 아니었다. 돌파구는 다른 데서 왔지만 그 구조는 관료적 형식과 필수적인 법적·절차적 논의를 위한 포럼이 되었다. 하지만 일단 고위 인사들이 주요 합의에 도달하면, 2+4 구조는 조약 문안을 작성하고 주역들이 무시한 복잡한 문제들을 해결하는 데 이상적인 것으로 판명되었다.

최초의 공식적인 2+4 회의는 동독 선거가 있기 직전인 1990년 3월 14일 외무부의 정치국장들의 실무 수준에서 이루어졌다. 이 회의는 회담의 일정과 의제를 설정했다. 회의는 미국인과 독일인 모두 사전 논의를 했음에도 불구하고 서방 측 내의 견해 차이 때문에 그들을 좌절감에 빠지게 했다. 미국 대표단과 독일 대표단은 반고르바초프 군사 쿠데타를 우려했기 때문에 신속하게 움직일 필요가 있다고 느꼈다. 이와는 대조적으로 런던은 긴 협상을 필요로 하는 공식적인 평화 조약을 원했고, 파리는 조화로운 서방의 모습을 너무 많이 보여줌으로써 소련인들을 위협하고 싶지 않았다.[66]

모스크바와 동베를린은 비교적 잘 조율된 모습을 보였다. 그들은 서서히 진행되는 통일 과정에 찬성한다고 의견의 일치를 보았다. 그들은 기본법 제23조에 의거하여 서독이 독일민주공화국을 재빨리 흡수하지 않기를 바랐다. 대신 모스크바와 동베를린은 서서히 진행되는 146조 프로세스에 찬성했다. 2+4 회의는 본과 워싱턴이 원한 속도를 거의 약속해주지 않았다.

그러나 부시와 콜은 너무 크게 걱정하지는 않았다. 그들은 심지어 첫 회의가 열리기 전에 이미 동독 선거의 결과 독일사회주의통일당과 모드로가 회담에서 빠지게 될 때까지 진지한 회담을 원하지 않는다고 결정했다.[67] 그들은 성공했다. 1990년 5월 5일 첫 외무장관 2+4 회의가 열릴 때는 이미 독일의 정세가 급변해 있었다. 독일민주공화국의 선거에서 기독민주연합이 승리했고, 로타르 더 메치에어 총리를 중심으로 정부를 구성했다.

두 독일 대표단은 이제 이전보다 더 협조적인 목소리를 냈다. 하지만 그렇다고 해서 새 독일민주공화국 정부는 콜의 희망을 완전히 충족시키는 것은 아니었다. 더 메치에어의 외무장관 마르쿠스 메켈*은 독일사회민주당 소속이었다. 메켈은 종종 총리보다 서독의 독일사회민주당과 더 긴밀하게 상의했다. 메켈은 비록 동독의 통일 압력을 변화시킬 수는 없었으나 때때로 독일민주공화국을 메치에어나 콜이 원한 것보다 더 소련의 입장에 가깝게(예컨대 독일의 나토 가입 문제에 관해) 끌고 가곤 했다. 이것은 그해 중반 독일사회민주당이 동독 연립정부에서 이탈할 때까지 몇 가지 문제를 제기했다.

동독에서 기독민주연합이 승리를 거둔 것도 소련의 2+4 입장에 눈

---

* Markus Meckel(1952-). 독일의 신학자이자 정치인. 로타르 더 메치에어 총리의 정부에서 1990년 4-8월 독일민주공화국 외무장관을 지냈다.

에 띌 만한 충격을 가져오지는 않았다. 고위 군 장교들과 외무부의 직업 외교관들은 첫 각료 회의를 이용해 가장 분명한 용어로 자신들의 견해를 거듭 밝혔다. 셰바르드나제는 아마도 내키지 않았겠지만 그들의 지침을 받아들였다. 5월 5일 그의 2+4 연설은 지난 수개월 동안 행해진 소련의 어떤 발언보다도 더 가혹하게 들렸다. 셰바르드나제는 통일 독일의 나토 가입은 있을 수가 없다고 말했다. 또 그는 다른 나라들이 독일을 신중하게 지켜봐야 하고, 나치즘의 발호를 막기 위해 독일의 국내 정치에 규제를 가해야 한다고 했다. '핵 위험 방지에 관한' 새로운 유럽안보협력회의 센터는 '독일의 군사적-전략적 상황'을 감시하기 위해 독일에 위치해야 한다. 평화조약은 점령국(특히 모스크바)이 오랫동안 실시했던 모든 조치의 적법성을 확인해야 한다. 이는 동독이 사회주의 체제를 유지하는 반면 서독은 사회적 시장 경제를 유지하는 것을 의미할 수 있었다.

셰바르드나제는 또 지난 6개월에 걸쳐 진행된 콜의 성공적인 전술을 훼손하는 새로운 의견도 내놓았다. 셰바르드나제는 독일 통일의 국내외 측면을 분리 협상할 것을 제안했다. 만일 두 독일이 통일을 원한다면, 그들은 하고 싶을 때 언제라도 그렇게 할 수 있을 것이다. 그러나 셰바르드나제가 방금 제기했던 주제들을 비롯해 독일 통일의 국외적 측면을 결정하는 합의에 대해서는 나중에 협의할 것이다. 그때까지 나라는 불확실한 상태로 있을 것이다. 이렇게 된다면 콜이 독일민주공화국을 넘겨받더라도 모스크바가 새로 통일된 독일을 번거로운 감독 체제하에 두는 것을 막을 수가 없다. 독일 통일의 국외적 상황에 대한 모스크바의 조건은 고르바초프가 통일을 수용했던 바로 그 순간에 더욱 강경해졌다.[68]

셰바르드나제의 발언은 독일에 한정되지 않았다. 셰바르드나제는 서방이 나토를 완전히 바꿔야 한다고 말했다. 독일이 나토 회원국이기를 바란다면, 동맹이 변해야 할 터였다. 셰바르드나제는 이 발언을 무심코 내뱉은 것이 아니라 비공개적으로 베이커에게 아주 다급하게 되풀이했다. 그리고 소련 외교관이자 독일 전문가인 이고리 막시미체프[*]는 몇 주 뒤 포츠담에서 열린 한 회의에서 어느 미국인 관찰자에게 같은 언급을 하면서, 고르바초프가 국내의 정치적 이유 때문에 나토의 변화를 요구한 것이라고 덧붙였다.[69]

셰바르드나제는 확실히 나토에 관한 해결책을 찾으려 애쓰고 있었다. 셰바르드나제는 다음 세대의 독일인들은 미군을 원하지 않을 것이라고 느꼈고, 따라서 미군이 5-10년 이상 머물 거라고는 예상하지 못했지만 그와 고르바초프는 미군의 유럽 주둔이 얼마간의 이점이 있음을 볼 수 있었다. 그러나 나토는 소련인들에게 너무 많은 불쾌한 기억을 갖고 있었다. 셰바르드나제는 베이커에게 "솔직히 우리는 이 문제에 대한 해답을 모르겠습니다."라고 말했다.[70]

그리하여 첫 2+4 회의는 불확실성으로 둘러싸인 교착상태로 마감했다. 베이커는 독일 통일의 국내외적 측면에 대해 별도의 시간표를 수용하지 않을 것이었다. 서방 외무장관들은 독일에 감시 기지를 설치하는 것을 거부했다. 6명은 오직 한 가지 문제에만 의견 일치를 보았다, 즉 폴란드 국경 문제는 오데르-나이세 선에 대한 독일의 보장을 통해 해결될 필요가 있다는 것이었다. 다른 모든 것은 유동적이고 미해결인 채로 남아 있었다.

회의가 끝난 후 서방 외무장관들은 셰바르드나제에게 보낼 답변에

---

[*] Igor Maximychev(1932-). 투르크메니스탄 출신의 소련과 러시아의 외교관. 러시아학술원 유럽 연구소 수석 연구원. 1987-1992년 독일민주공화국/독일연방공화국 주재 소련/러시아 대사관 자문관-공사 등을 지냈다.

대해 서로 의견이 달랐다. 겐셔는 국내에서 고르바초프의 입지를 강화하기 위해 최소한 소련의 별도 시간표 제안을 고려하기를 원했다. 그러나 베이커와 허드는 독일 통일의 국외 상황에 대한 협상을 연장하면 독일과 연합국 사이의 신뢰에 위기가 찾아올 것이라고 우려했다. 베이커는 콜에게 도움을 요청했다. 겐셔와 의견이 달랐던 콜은 베이커와 허드를 지지했다. 겐셔는 결국 양보했다. 허드는 영국은 프랑스와 미국이 동의한다면 점령 권리를 일방적으로 포기하는 것도 고려할 수 있다고 덧붙였다. 그렇게 되면 모스크바는 여전히 점령 권리를 주장하는 유일한 국가로 고립될 터였다.

서방 지도자들은 또 나토에 관한 셰바르드나제의 메시지도 고려하기 시작했다. 그들은 고르바초프가 초점을 독일에 관한 회담으로부터 유럽 안보 전체에 관한 협상으로 확대했다는 사실을 깨달았다. 고르바초프와 셰바르드나제는 1955년 이래 모스크바가 두려워했던 위협 요소를 제거함으로써 유럽의 상황을 조정하기를 원했다. 서방이 그렇게 하는 데 동의한다면 고르바초프는 독일민주공화국과 소련군이 서방에 제기했던 위협을 제거할 것이었다. 부시와 콜 및 여타 사람들은 독일에 관한 협상 차원에서 유럽에 관한 거래를 수용할 것인지를 결정해야 할 터였다.

부시와 베이커는 외무부의 성명서가 결코 협상에서 최종 결정을 대변하지는 않는다는 것을 알았다. 그들은 5월 말로 계획된 고르바초프의 다음 미국 방문 동안 소련의 속내를 알아보기로 결정했다.[71]

워싱턴과 캠프 데이비드에서의 회담 동안 고르바초프와 셰바르드나제의 관심은 대부분 미국의 원조와 무역에 맞추어져 있었다. 특히 고르바초프는 "우리가 제2차 세계대전 이후 대결에 들어가는 바람에 시간과 에너지를 낭비했습니다."라고 언급하면서 소련-미국 관계를 변화시키기를 원했다. 고르바초프는 첫 대화가 시작될 때 부시에게 소련-미국 무역이 페레스트로이카에 긴요하다고 말했다. 셰바르드나제는 더 나아가 고르바초프가 서방과의 협력 정책을 정당화하려면 무역협정이 필요하다고 매우 강력하게 베이커에게 말했다. 부시와 베이커는 소련 정부가 리투아니아 독립에 가하고 있는 압력이 미국 의회에서 혐오감을 일으키고 있다고 말하며 어떤 약속도 하지 않았다.

독일에 관한 부시-고르바초프의 논의는 독일의 나토 가입 가능성에 집중되었다. 고르바초프는 독일이 오랜 과도기 동안 나토와 바르샤바 협정에 동시에 가입하는 것이 최선이라고 설명하면서 논의를 시작했다. 그러나 이 제안은 미국인들에게 아무 소용이 없었다. 대신 부시와 베이커는 독일이 나토에 그대로 남아야 한다고 거듭 말했다.

부시의 주장은 익숙한 노선을 따라 시작되었다. 두 개의 동맹 체제에 묶여 있거나 어느 동맹 체제로부터도 완전히 벗어나 있는 독일은 나토에 단단하게 연결된 독일보다 더 위험한 영향력을 갖게 되어 그 중요성이 변할 수 있다. 게다가 나토는 독일과 유럽의 안정에 도움을 줄 수 있는 미군의 주둔을 허용했다.

고르바초프는 미군의 주둔이 안정을 유지하는 역할을 할 수 있다고 수긍했다. 하지만 그런 다음 고르바초프는 셰바르드나제가 본에서 밝혔던 주장을 강조했다. 나토가 바뀌어야 한다는 것이었다. 고르바초프는 소련 인민들의 감정을 무시할 수 없었다. 어쩌면 나토와 바르샤바 협정은 정치적 기구로 좀 더 변할 수 있고 우호적 관계가 군사적 대치를 대체할 수 있을 터였다.

부시는 유럽안보협력회의 조약이 어느 회원국에도 가입하고 싶은 동맹을 선택할 권리를 부여했음을 지적했다. 부시는 통일 독일도 그런 권리를 가져야 한다고 믿는다고 말하면서 그렇지 않느냐고 물었다. 고르바초프는 고개를 끄덕였고, 이것은 확실히 진실이라고 말했다.

부시는 자신의 주장을 못 박기 위해 끈질기게 계속했다. "전 당신과 제가 국가는 자신의 동맹을 선택할 수 있다는 데 동의한 것 같아 기쁩니다." 고르바초프는 다음과 같이 대답했다. "그래서 우리는 그 문제를 이런 식으로 설명하기로 합시다. 미국과 소련은 독일이 어떤 동맹에 참여하고 싶은지 스스로 결정하는 데 찬성합니다."[72] 부시는 미국은 독일의 나토 가입을 선호하나 독일이 하는 어떤 선택도, 심지어 다른 선택도 존중할 것이라고 덧붙였다. 고르바초프는 이에 동의하는 듯 보였다.

미국인과 소련인 모두 통일 독일이 나토를 선택할 것임을 매우 잘 알고 있었기 때문에 모두가 고르바초프가 그 선택에 동의했다고 결론을 내렸다. 자신의 회담 기록에서 고르바초프는 자기가 독일이 자신의 동맹을 선택할 수 있다는 유럽안보협력회의의 규정을 제기했다고 회고했다.[73]

졸릭은 다음 광경을 자신이 그때까지 본 "가장 이상한 광경 중의 하나"라고 묘사했다. 대개가 외무부와 국방부의 직업 관료인 고르바초프의 많은 자문관들은 자신들의 얼굴과 몸짓에서 고르바초프의 견해와 거리를 두기를 원한다는 것을 보여주었다. 아흐로메예프는 팔린에게 이야기하면서 분노의 몸짓을 했고, 팔린도 똑같이 분개했다. 부시는 소련 대표단이 고르바초프에게 사실상 '공개적 반란' 상태에 있는 것 같았다고 나중에 회고했다.

이 가시적인 반대는 회담에서 얼마간 드러났다. 팔린은 고르바초프가 방금 했던 바로 그 발언에 반하는 주장을 펼치기 시작했다. 셰바르드나제조차 처음에는 미국인들이 협정을 이행하기 위해 제안했던 외무장관들 사이의 논의에 참여하기를 거부했다. 셰바르드나제는 확실히 그것에 대한 책임을 지고 싶지 않았다. 그러나 고르바초프는 동료들의 반응에 당황하긴 했지만 부시의 유럽안보협력회의 조약 해석에 대한 동의를 철회하지 않았다.[74]

고르바초프의 대표단은 그 뒤 백악관의 남쪽 잔디밭에서 활발한 토론을 가졌다. 몇몇 외무부와 국방부 관리들은 고르바초프에게 독일의 나토 가입을 수용하라고 설득했다는 이유로 체르냐예프를 비난했다. 체르냐예프는 고르바초프가 자발적으로 동의했다고 답변했다. 그러나 모든 사람들은 고르바초프가 바로 얼마 전인 5월 15일까지도 자신은 통일 독일의 나토 참여를 절대 받아들이지 않을 것이라고 미테랑에게 말했기 때문에 깜짝 놀랐다.[75]

고르바초프는 무역협정에 집중하며 부시와의 다음 회담 대부분을 보냈다. 고르바초프와 셰바르드나제는 다시 한 번 협정의 중요성을 매우 분명하게 했다. 부시는 독일의 나토 가입에 관한 소련 지도자의 양보에 보상하기 위해 무역협정에 관해 고르바초프에게 양보해야 한다고 믿었다. 의회의 의견을 들은 뒤 부시는 협정을 추진할 수 있다는 결론을 내렸다. 부시는 고르바초프에게 이야기했고, 고르바초프는 매우 기뻐했다.

워싱턴을 떠나기 전에 고르바초프의 참모들과 고르바초프 자신은 그와 부시가 통일 독일이 동맹 체제를 선택하게 하자는 데 동의했다는 부시의 발표를 승인했다. 그러나 고르바초프는 언론에 "독일 문제가 해결될 자리는 여기가 아닙니다."라고 말했다.[76] 고르바초프는 여전히 콜과 진행할 협상이 있었다.

독일에게 동맹 체제를 선택할 수 있게 해준 고르바초프의 결정은 충분히 이해되는 데 얼마간의 시간이 걸릴 정도로 큰 놀라움으로 다가왔다. 콜조차 부시가 처음에 전화를 걸어 그 결정에 대해 말했을 때 무슨 일이 벌어졌는지 파악하지 못했고, 설명을 상세히 들어야 했다.

하지만 부시와 베이커는 이제 그들이 독일의 나토 가입을 위한 고르바초프의 조건을 존중해야 할 것임을 이해했다. 고르바초프는 여전히 마음을 바꿀 수 있었다. 그것을 막기 위해 그들은 나토를 변화시켜야 할 것이었다.

워싱턴에서의 타개 이후 다음 2+4 회의들은 다른 세계에 존재하는 것 같았다. 회의들은 부차적인 문제에 관해 유용한 기술적인 초안 작성 업무를 수행했음에도 불구하고 대체로 낡은 주장들을 그대로 반복했다.

6월 9일 동베를린에서 열린 실무 차원의 회의는 통일 독일의 국경을 규정하는 데 집중했다. 정치 문제 책임자들은 독일이 "독일연방공화국의 영토, 독일민주공화국의 영토, 그리고 베를린 전역"으로 이루어진다는 데 동의했다.[77] 이는 통일 독일이 폴란드에게 영토적 주장을 하지 않을 것임을 분명히 하는 것이었다. 나아가 두 독일 대표단은 그들이 어느 나라든 그 나라를 상대로 제기할 수 있을 어떤 영토적 주장도 포기할 것이라는 데도 동의했다. 그들은 또 구속력이 있는 폴란드와의 조약에서 이 약속을 재차 강조할 것이며, 이전의 어떤 독일 영토도 연방공화국에 속하도록 한 기본법의 모든 부분(23조와 146조 같은)을 폐기하겠다고 약속했다.

연방의회와 인민의회는 6월 21일 폴란드와의 오데르-나이세 국경을 최종적인 것으로 인정하는 공동선언으로 이 합의를 따랐다. 폴란드 정부는 이 선언을 환영했고, 독일 통일 전에 국경 조약을 맺자는 요구를 철회했다.

6월 22일 동베를린에서 열린 다음 외무장관 2+4 회의는 7주 전의 본회의 이래 아무 일도 일어나지 않았던 것처럼 진행되었다. 회의는 두 가지 긍정적인 조치로 시작했다. 외무장관들은 프리드리히슈트라세의 찰리검문소 통제실을 제거하는 데 다 함께 참석했고, 독일의 국경에 관한 실무 수준의 합의를 승인했다. 하지만 그러고는 회의는 소련 외무부 참모들이 자신들이 보기에 완전히 실패했던 협상에 대한 통제권을 쥐려고 하면서, 말과 문서의 격렬한 교환으로 퇴보했다.[78]

셰바르드나제는 독일에 관한 4개국 조약을 위한 소련의 초안을 제시했다. 그때까지 본에서의 근무를 마치고 외무차관으로 모스크바로 복귀했던 율리 크비친스키가 신중하게 조율한 이 초안은 소련의 이전 입장을 많은 부분 되풀이했다. 그것은 소련이 콜의 지체 없는 독일민주공화국의 흡수에 반대 입장을 취할 수 있는 발판과, 크비친스키가 서방 측은 마치 모스크바가 더 이상 독일에 관한 결정에서 중요하지 않은 것처럼 행동하는 경향이 있다며 비난했던 바로 그 서방 측의 태도를 차단하기 위한 확고한 발판을 마련하려는 것이었다. 훗날 크비친스키는 소련 대표단은 "그 게임에서 으뜸패를 하나씩 하나씩 잃어버리는 가운데 최적의 결과를 얻어내야" 했다고 썼다.[79]

소련의 초안은 4개국의 권리와 책임이 독일 통일 이후에도 유효할 것이라고 규정했다. 4개국은 독일의 행태, 특히 나치 활동을 계속 감시할 것이며, 독일의 그동안의 행위가 4개국 권리의 종결을 정당화하는지 여부를 결정하기 위해 1992년에 회의를 열 것이었다. 독일이 통일되더라도 그 영토는 나토와 바르샤바 협정 사이에 여전히 분할된 채로 남아 있을 터였다.

소련의 입지를 유지하기 위한 관료들의 굳은 결의를 강조하기 위해서 새 제안은 점령국의 군대가 통일 이후 5년 동안 독일에 남을 수 있다고 규정했다. 그러나 점령군은 서베를린에서 철수할 것이며, 그 결과 서베를린 시민들은 동독에 남아 있는 소련군에 맞서 어떤 보호도 받지 못할 것이었다. 통일 독일의 군대는 20만 명이나 25만 명으로 한정될 것이다. 그리고 독일은 핵무기와 생화학무기 금지를 받아들여야 할 뿐만 아니라 그러한 무기에 관한 정책 결정에서도 빠져야 할 터였다. 이는 독일이 '나토 핵기획단'을 떠나야 한다는 것을 의미했다. 셰바르드나제는 가을에 유럽안보협력회의 정상회담을 열자고 제안하고, 이 모든 일이 그 시간 맞춰 반드시 수행될 수 있도록 연속적으로 2+4 회의를 열자고 제의했다.

겐셔는 비공개 석상에서 소련의 제안은 '쇼윈도 장식'에 불과하다고 베이커에게 말했다. 셰바르드나제가 확실히 예상한 대로 모든 서방 장관들은 그것을 수용불가능하고 비현실적이라고 비난했다. 크비친스키의 노력이 소련 관료들의 견해를 훌륭하게 반영했을 테지만, 서방 장관들은 그것을 시대에 뒤떨어진 것으로 취급했다.

2+4 회의가 끝난 뒤 베이커는 셰바르드나제와 오랜 시간 비공개 대화를 나눴다. 베이커는 셰바르드나제가 회의에서 했던 말에 충격을 받았다고 했다. 베이커는, 셰바르드나제도 알고 있듯이, 부시가 주저하는 의회를 설득해 무역 협정을 체결함으로써 모스크바와 관계를 개선하기를 원한다고 언급했다. 그러나 독일에 관한 협상이 실패하면 지금까지 행해졌던 모든 것이 무위로 돌아갈 것이라고 그는 경고했다.

셰바르드나제는 이상하게 그리고 매우 괴로운 듯이 대답했다. '우리의 국내 정세'에 대한 적응으로서 소련의 입장을 옹호하면서, 셰바르드나제는 소련의 분위기가 좋지 않은데 그 점을 감안해야 한다고 말했다. 셰바르드나제는 많은 것이 런던의 나토 정상회담의 결과에 달려 있고, 소련의 문서는 최종적인 소련의 입장을 표명한 것은 아니라고 덧붙였다. 그러나 셰바르드나제는 "우리는 경제적으로뿐만 아니라 정치적으로도 위기 상황에 직면해 있고, 우리 인민들에게 오늘 우리가 하고 있는 일을 납득시키기가 쉽지 않습니다."라고 하면서 도움을 호소했다. 그는 '엄청난' 반대가 있음을 경고하면서, 소련 인민들에게 독일이나 미국, 혹은 나토로부터 어떤 위협도 받지 않을 것이라는 점을 알릴 필요가 있다고 주장했다. 셰바르드나제는 또 다시 나토 정상회담의 중요성을 강조하고, 또한 소련에 대한 경제 원조의 필요성을 상기시켰다. 베이커는 독일에 관한 소련의 견해는 다른 문제에 대한 서방의 행동에 달려 있을 것임을 깨달았다.

소련 대표단이 모스크바로 돌아갈 때 셰바르드나제는 가방에서 자신이 회의에서 제출했던 성명서를 꺼냈다. 셰바르드나제는 그것을 베이커와의 회담에 참석하지 않았던 크비친스키에게 주었다. 셰바르드나제는 다음과 같이 물었다. "이 문서에서 무엇이 남아 있게 될까요?" 자신과 다른 사람들이 몰려오는 밀물 앞에서 정교한 모래성을 쌓고 있다는 것을 알 만큼 충분히 영리했던 크비친스키는 대답하지 않았다.[80]

서독 정부는 또한 콜과 겐셔의 접근법이 달랐기 때문에 그 입장을 조율하기가 곤란했다. 콜은 통일 독일이 완전히 나토에 있기를 바랐고, 독일군이 독일 전역에서 활동할 수 있기를 원했다. 처음에 겐셔는 가끔 나토와 바르샤바 협정을 모두 해체하고 대신 범유럽 집단안보 체제를 구축해야 한다는 뜻을 내비치며 통일 독일이 나토에 남는 것을 고집하지 않았다. 부시와 대처, 미테랑은 다른 나토 회원국들과 더불어 그것을 즉각 거부했을 것이다.

일부 백악관 관리들은 겐셔의 발언에 각별히 우려를 표명했다. 그들은 겐셔가 1990년 3월에 행했던 연설에서 나토를 언급하지 않은 점에 주목했다. 겐셔는 단지 유럽공동체, 유럽안보협력회의, '유럽 공동의 집'이라는 맥락에서, 혹은 그가 '범유럽 평화 질서'나 '대서양에서 우랄산맥까지 평화적인 유럽 질서'라고 번갈아 일컬었던 것 속에서만 독일 통일에 대해 이야기했다. 그들은 겐셔가 대서양 동맹과는 별개의 안보의 장으로서 유럽을 강조하고, 또 나토 같은 옛 구조를 폐지하기를 바란다고 넌지시 비치는 식으로 '새로운 평화 구조'에 대해 종종 이야기한다고 생각했다. 겐셔는 4월에 미국에 갔을 때 비로소 나토 회원국으로서의 독일에 대해 이야기했다.[81]

겐셔는 독일 통일이 언제 닫힐지 모르는 매우 작은 창문을 통과해야 한다고 믿었다. 겐셔는 고르바초프의 미래를 우려했고, 이 창문을 통과하고 고르바초프를 보호하는 데 도움을 주기 위해 가능한 한 빨리 타협을 주선하고 싶었다. 하지만 겐셔는 독일의 동맹 체제에 관한 양보를 하는 것이 아니라 경제 전선에서 고르바초프를 도와줄 수 있다고 생각했다. 겐셔는 또 부시가 어떤 다른 지도자보다도 통일을 지지하기 때문에 본이 미국에 가까이 있어야 한다고 믿었다.[82]

콜과 텔치크는 겐셔를 불신했다. 고르바초프와의 만남에서 콜은 종종 텔치크와 체르냐예프만 참석하게 하고 겐셔를 회담에 포함시키는 것을 피했다. 텔치크는 겐셔가 콜에게 셰바르드나제와 가진 다섯 차례의 중요한 회담 기록을 보내주지 않았다고 불평했다. 텔치크가 기록을 요구하자 겐셔는 콜에게 따로 설명했다고 말했다(콜은 그 사실을 부인했다.). 콜은 또 세바르드나제가 본에 왔을 때 자신이 세바르드나제를 만나고 싶어 했음에도 불구하고 겐셔가 총리께서는 바쁘다고 핑계를 대며 둘의 만남을 무산시켰다는 것도 알게 되었다.[83]

겐셔의 구상은 콜의 견해보다도 독일인, 특히 동독인들의 생각과 더 가까울 수도 있었다. 그 때문에 콜은 외무장관에게 공개적으로 이의를 제기할 수가 없었다. 독일인들은 나토와 통일 중에서 선택을 해야 한다면 대다수가 통일을 택할 것이었다. 콜은 그런 종류의 토론을 좋아하지 않았다. 아데나워와 마찬가지로 콜도 변화하고 서로 경쟁하는 동맹들로 이루어진 유럽에서 어느 편을 들어야 할지 끊임없이 고민해야 할 중립국 독일이 출현할까봐 두려워했다. 콜은 국외적 안정뿐만 아니라 국내적 안정을 위해서도 독일에게 나토가 필요하다고 생각했다.

콜의 견해와 겐셔의 견해가 뚜렷이 대비되자 그들의 동맹자들은 이를 걱정했다. 겐셔의 발언에 불편을 느낀 몇몇 미국인들은 겐셔가 2+4 회의들에서 취했던 입장에 총리가 동의하는지를 알아보려고 총리에게 겐셔의 입장에 대해 설명하기 시작했고, 총리는 종종 동의하지 않은 것으로 드러났다. 그들은 나토에 대한 독일의 태도가 변하지 않았음을 확실히 해두고 싶었다.

일부 미국인들은 겐셔가 나토에 대한 좀 더 포괄적인 서방의 이해관계를 이해하지 못하거나 받아들이지 않을까봐 우려했다. 겐셔는 나토가 독일을 보호하기 위해 설립되었다고 생각했을 것이다. 그러나 부시는 전임 대통령 대부분과 마찬가지로 나토를 세계 전역에서 미국과 연합국의 전략적 지위를 유지하기 위한 본질적 요소로 간주했다. 캐나다에서 터키에 이르기까지 많은 다른 나라들도 동맹에 이해관계를 갖고 있었다. 독일은 심지어 창립 회원도 아니었다. 부시는 고르바초프가 독일과 관련된 거래를 수용하도록 돕기 위해 나토를 변화시키는 데는 동의하지만 폐지하지는 않을 터였다. 그리고 부시는 겐셔가 동맹을 해체하는 것에 대해 발언할 권한이 없다고 생각했다. 부시의 국가안보 자문관인 브렌트 스코우크로프트*는 겐셔가 '제3의 길'에 대해 말하는 것을 싫어했다. 그는 겐

---

* Brent Scowcroft(1925-). 미국의 공군 장교. 1989-1993년 미국 국가안보 자문관, 2001-

셔가 위험한 게임을 하면서 고르바초프를 잘못된 길로 인도하고 있는 것 같다고 우려했다. 백악관도 자신들이 콜과 겐셔 사이의 '몹시 불쾌한 관계'라고 일컬은 현상에 대해 속을 끓었다. 그러나 베이커와 그의 참모들은 백악관에 비해서는 겐셔를 더 신뢰했고, 외무장관과 콜의 의견 차이를 통제할 수 있다고 생각했다.[84]

프랑스 관리들도 겐셔와 콜에 대해 걱정했다. 미테랑의 보좌관인 자크 아탈리*는 유럽 동맹 체제의 해체를 고려해볼 의향을 밝힌 겐셔가 마음에 들지 않았다. 아탈리는 겐셔가 지속적으로 콜의 입장과 거리를 두면서 소련의 견해 쪽으로 더욱 가까이 방향을 틀려고 한다고 느꼈고, 겐셔가 유럽공동체 외무장관 회의 때 콜을 비판하기까지 했다는 데 주목했다. 아탈리는 콜과 겐셔가 어떻게 함께 계속 일할 수 있을지 궁금해 했다.[85]

겐셔는 회고록에서 자신의 견해 중 일부가 본의 반대자들에 의해 맥락을 고려하지 않고 인용되었으며, 이 반대자들이 자신을 곤경에 처하게 하고 유화론자처럼 보이게 하려고 일부러 신문에 기밀을 흘렸다며 불만을 토로했다. 또한 겐셔는 소련 지도자들과 특히 셰바르드나제가 경직된 국방부와 외무부의 참모들에 맞서 살아남을 수 있도록 그들에게 얼마간의 운신의 폭을 줄 필요가 있었다고 썼다. 겐셔는 자신이 비록 그런 선택을 하기로 했지만, 결코 나토의 이해로부터 벗어나지 않았다고 적었다. 나토가 해체되어야 한다면, 그것은 아주 나중에, 매우 다른 유럽에서 일어날 터였다.[86]

외교적 대화가 진행되면서 소련인들은 겐셔와 콜의 의견차를 이용

2005년 대통령 정보자문단 단장을 역임했다.

* Jacque Attali(1943-). 프랑스의 경제학자이자 사회 이론가. 1981-1991년 미테랑 대통령의 자문관, 1991-1993년 유럽부흥개발은행 초대 총재를 지냈다.

하려고 하지 않았다. 고르바초프와 셰바르드나제는 훨씬 큰 목표가 있었고, 책략에 시간을 낭비하고 싶지 않았다. 특히 고르바초프는 독일 정부의 장관들이 아니라 수반을 상대하기를 원했다. 그리고 다른 소련 관리들은 1940년대의 점령 체제를 재수립하든지 아니면 1880년대의 비스마르크의 유럽으로 되돌아가려고 하면서, 상충되는 목적을 가지고 있었다.

4개국이 독일 통일의 국외적 측면을 토론하는 데 시간을 들이고 있는 동안 국내 과정이 쏜살같이 진행되었다. 이 과정은 국제 협상가들의 속도를 강제했고, 때때로 그들의 말과 일을 사실상 무의미하게 만들기도 했다.

5월이 되자 동베를린 시민과 서베를린 시민들은 베를린 장벽의 완전한 파괴를 시작했다. 같은 달 5월 6일, 기독민주연합은 동독에서 치러진 최초의 자유로운 지방선거에서 또 한 번 큰 승리를 거뒀다. 기독민주연합이 34퍼센트의 득표율을 차지한 반면, 독일사회민주당이 21.3퍼센트, 민주사회주의당은 14.6퍼센트를 얻는 데 그쳤다. 일주일 뒤 콜은 기독민주연합/기독사회연합과 자유민주당이 1990년이 끝나기 전에 독일 전역에서 총선을 치르기를 원한다고 발표했다.

독일 내부 과정은 계속 확대되었다. 점점 더 많은 수의 동서독 위원회들이 점점 더 자주 만나기 시작했다. 그리고 두 독일 국가들은 그들의 공동 국가를 위한 틀을 설정할 두 가지 기본 협상을 수행했다.

첫째, 1990년 봄에 두 독일은 통화 및 재정적 연합에 관한 회담을 진행했다. 콜은 오로지 동독 인민들이 독일마르크화를 얻는 것을 도와줌으로써만 동독으로부터 노동자와 이주민들의 대량 탈출을 막을 수 있다는 것을 알았다. 동독에 이런 구호가 나붙었다. "독일마르크가 오면 우리는 남는다. 독일마르크가 오지 않으면 우리가 독일마르크에게 간다." 그러

나 두 가지 통화를 합치는 것은 예상보다 힘든 일로 밝혀졌다.[87]

콜은 협상을 진행할 인물로 최근 연방은행 관리이사회에 참여한(그리고 나중에는 연방은행 총재가 된) 재무부의 전 차관 한스 티트마이어*를 선택했다. 티트마이어는 이 과제가 대단히 미묘하다는 것을 알았다. 모드로는 집권해 있는 동안 서독의 어떤 통제도 없이 동독 마르크화에 대한 재정 지원과 연방은행 보증을 원했다. 콜과 연방은행은 어느 것에도 동의하지 않았다. 더 메치에어는 모드로의 입장을 폐기하고, 동독 마르크화를 폐기하고 독일마르크화를 도입할 것을 원했다. 그러나 더 메치에어는 또 암시장 환율이 4동독 마르크 대 1독일마르크일 때, 동독 마르크와 독일 마르크의 1 대 1 교환을 원했다. 독일사회민주당에게 떠밀린 더 메치에어는 또 경제적·통화적 통합뿐만 아니라 사회적 통합도 협상하기를 원했다. 그는 동독의 사회보장이 서독의 사회보장을 뛰어넘고 있는 상황에서 독일민주공화국이 그랬던 것처럼 단지 화폐를 찍어내고 통화 가치를 절하하는 것만으로도 재원을 조달할 수 있었음에도 불구하고, 동독의 사회보장을 서독 통화로 지불하기를 원했다.

협상은 매우 광범한 것이었다. 예를 들어, 독일민주공화국은 국가 소유를 선호하면서 제한된 사적 소유권만 인정했다. 그러나 서독인과 외국인들은 사유 재산을 가질 수 없다면 독일민주공화국에 투자하지 않을 터였다. 그리고 동독 기업들은 생산성 수준이 너무 낮고 보조금을 너무 많이 받고 있어서 대등한 환율로는 국제적으로 경쟁할 수가 없었다. 동독의 은폐된 실업률, 즉 명목상 직업을 가지고 있지만 실제로는 생산 활동

---

* Hans Tietmeyer(1931~2016). 독일의 경제학자. 국제 재정 문제의 가장 뛰어난 전문가 중의 한 명으로 여겨졌다. 1993~1999년 독일 연방은행 총재를 지냈다.

에 종사하지 않는 사람들의 비율이 노동력의 25-30퍼센트에 이르렀다.

합의에 도달하기 위해 필요한 타협은 더 강한 통화와, 재정 문제에서 경험이 풍부한 협상가들을 가진 서독인들에게 유리하게 이루어졌다. 그러나 서독인들도 몇 가지 정치적 양보를 해야 했다. 서독인들은 동독 마르크화를 1 대 1로(6,000 독일마르크 이하의 자산에 대해) 과대평가한 환율을 허용함으로써 동독의 공업과 농업 생산의 미래를 위태롭게 할 수밖에 없었다. 서독인들은 또 독일민주공화국이 자체적으로는 결코 충분한 재원을 확보할 수 없는 독일민주공화국의 몇 가지 값비싼 사회 프로그램과 노동 규제에도 자금을 대야 했다. 통일을 지지하는 것을 돕기 위해 본은 독일민주공화국에게 1990년에 220억 독일마르크, 1991년에 350억 독일마르크의 재정 지원을 약속했다. 6월 16일, 서독 정부와 주들은 1,150억 독일마르크의 '독일 통일' 기금을 설립했는데, 그중 950억 독일마르크는 재정 시장에서 모금될 것이었다.

6월 18일, 동독과 서독은 7월 1일부로 유효한, 통화·경제·사회 통합을 확정하는 조약에 서명했다. 더 메치에어는 이 조약을 동독 국가를 위한 사회적 시장경제의 탄생으로 묘사했다. 콜은 조약을 "자유롭고 통일된 독일의 탄생"이라고 일컬었다.

두 독일은 또 독일민주공화국의 국유 재산을 인수하기 위해 1990년 초에 설립된 동독 '신탁관리청'(Treuhandanstalt)이 모든 동독 기업들을 사적 경매 입찰자에게 매각하는 것에도 동의했다. 신탁관리청은 이 일을 2년 이상 진행했는데, 총 3만 2,000필지의 부동산, 2만 2,000개의 소기업과 서비스 기관(식당, 여행사 등)을 주로 동독인들에게 매각했다. 그러나 신탁기관청은 제조공장 같은 1만 4,000개의 대규모 재산을 매각할 때는 외국인과 동독인들보다 서독 구매자들을 선택했다.[88] 많은 외국계 회사들도 동독에서 투자하고 생산하고 싶어 했지만 신탁관리청은 사실상 모든 생산 설비를 서독인들에게 매각했다.

신탁관리청은 스스로를 서독의 구매자들을 위해 특별히 허가된 경매 전문회사로 만듦으로써, 통일 이후 동독의 성장을 가로막는 데 일조했다. 많은 서독 기업들은 오직 값싼 예비 생산 능력이나 세금 감면 혹은 부동산을 얻기 위해 동독의 기업들을 매입했다. 이들은 대부분 신탁관리청의 승인을 얻기 위해 상세한 생산 계획을 제출했지만, 서독에 있는 설비만으로 수요를 충족시킬 수 없을 때까지는 동독에서 생산 활동에 나서려고 하지 않았다. 1991-1992년의 경기 후퇴로 인해 독일의 성장이 지체되면서 많은 서독 기업들은 새로 매입한 동독의 설비들을 그대로 묵혀두었다. 서독 기업들은 동독에서 생산 공장보다는 가게와 쇼핑몰을 지었다. 서독의 주요 투자는 도로, 철도, 공공건물 및 설비 같은 기반 시설에 퍼부은 5,000억 독일마르크의 정부재정이었으며, 이는 단기적인 공공부문 고용은 창출했지만 장기적인 생산은 창출하지 못했다.

그리하여 동독 경제는 과대평가된 통화, 비효율적인 산업의 붕괴, 생태학적으로 비참한 일터, 생산을 신속하게 진행하지 못하게 하는 보수적인 서독의 기업문화로 고통을 받았다.[89] 재정·통화 협정이 효력을 발생한 1990년 7월 1일 이후 동독은 통일 이후 10년이 지나도 완전히 회복하지 못할 불황에 빠졌다. 동독에서 생산된 물품의 양은 7년 뒤에 통일 이전의 수준으로 다시 늘어났으나, 효율성이 높은 서독의 생산 시스템은 약 20퍼센트의 실업률을 남겨놓았다. 실업자 중 많은 이들이 40-50대였기 때문에 새로운 직업을 찾을 수가 없었다.[90]

정치적 통합을 위한 독일 내부 협상도 진행되었는데, 서독 대표단을 이끈 사람은 내무장관이 된 볼프강 쇼이블레였다. 협상은 예상보다 힘들었는데, 부분적으로는 상이한 사회 체제 때문이었다. 동독 여성들은 서독 여성들보다 더 큰 낙태 권리뿐만 아니라 더 후한 사회보장과 육아 프로그램을 가지고 있었다. 다른 한편 서독은 더 엄격한 환경 규제와 그 나름의 사회적 입법들이 있었다. 독일사회민주당은 동독의 여러 가지 사회적 프로그램들을 서독으로 이관해 오기를 원했지만, 기독민주연합/기독사회연합은 그것들을 수용하지 않을 것이었기 때문에 쇼이블레의 과제를 복잡하게 만들었다. 협상가들은 마감시한에 대한 압박 때문에 타협적 해결책을 찾았으나 거의 모든 타협이 통일 비용을 증가시켰다.

협상이 거의 끝나감에 따라 서독인들은 점차 동독의 기능들을 흡수했고 동독의 정치를 좌우했다. 서독인들은 비용을 지불해야 했고, 정치적·관료적 관리 기술에 대해 더 알게 되었다. 그들은 힘과 권한을 더 많이 가졌다. 동독인들은 서독인들을 따르는 경향이 있었다. 2+4 과정에서 두 독일 파트너들은 특히 독일사회민주당이 동독 정부에서 이탈한 이후 점점 더 한 목소리로 말하기 시작했다. 2+4는 꾸준히 1+4로 변해갔다.[92]

마치 새로운 시작을 확고히 하려는 그들의 결의를 강조라도 하는 듯이, 새 동독 인민의회 의원들이 1953년 7월 17일 발터 울브리히트에 맞선 봉기를 기념하기 위해 동베를린 극장에서 열린 공동 행사에 서독 연방의회를 초청했다.

1990년 7월까지 통일을 향한 독일 내부의 과정과 국제적 과정은 위험할 정도로 보조를 맞추지 않은 채 따로따로 진행되었다. 국내적으로 독일은 사실상 하나의 경제적·정치적 실체가 되었다. 특히 동독은 높은 기대치로 넘쳐났다. 그러나 통일의 국외적 측면은 오데르-나이세 선에 관한 합의에도 불구하고 뒤처져 있었다. 셰바르드나제와 고르바초프는 서방을 헷갈리게 하고 회담을 지연시키면서, 소련 관료들에게 그들의 견해를 공개적으로 표명할 기회를 주었다.

부시와 고르바초프, 콜은 위기를 피하기를 원한다면 두 과정들을 되돌려서 서로 보조를 맞추게 해야 할 터였다. 그리고 그들은 동독 체제 전체의 총체적인 붕괴와 연방공화국으로의 대량 탈출을 미연에 방지하기 위해 신속히 그렇게 해야 할 것이었다.

부시와 뵈르너가 나토를 변화시키다

심지어 2+4 회의들이 시작되기 전에도 콜과 텔치크는 통일 독일이 위협이 아니라 자산이라는 것을 고르바초프에게 보여줄 필요가 있음을 알았다. 그들은 2+4 무대 밖에서 고르바초프에게 제공할 독일의 인센티브 꾸러미를 고안하기로 결정했다. 콜은 난민들의 탈출이 폭발적으로 증가하기 전에는 소련 관료층의 진부한 요구들을 만족시키기를 절대 바랄 수 없다고 생각했다. 그러나 만약 콜은 그러한 요구들을 회피하고자 한다면 소련 지도자를 자기 쪽으로 끌어들이고, 소련 지도자가 내부의 반대파를 무력화하기에 충분할 만큼 그의 정당한 정치적·안보적·경제적 요구를 들어줘야 할 터였다.

1990년 4월 텔치크와 독일의 일부 소련 전문가들이 묘안을 짜고 있는 동안 전문가의 한 사람인 보리스 마이스너*는 콜이 고르바초프에게 쌍무적인 우호조약을 제의할 것을 제안했다. 그러한 조약을 통해 고르바초

---

* Boris Meissner(1915-2003). 독일의 법률가이자 사회과학자. 특히 국제법과 동유럽 역사 및 정치에 관한 전문가였다.

프는 자기 자신과 다른 이들에게 독일 통일을 정당화하는 것을 도와줄 정치적·안보적 보장을 부여받을 수 있었다. 대체로, 그 조약은 유익한 장기적 동반자 관계의 탄탄한 가능성을 제공할 수 있었다.[93] 수세기 동안 러시아 지도자들은 별도의 독일 관계를 원해왔다. 고르바초프의 '유럽 공동의 집'은 그런 관계를 필요로 했다.

텔치크는 콜에게 마이스너의 제안에 관해 설명했고, 4월 23일 총리는 당시 여전히 본에 있던 크비친스키에게 공식적으로 그러한 조약을 제안했다. 콜은 정치 조약과 새로운 경제 협정으로 두 국가의 관계를 새로운 수준으로 끌어올리고 싶다고 말했다. 정치 조약은 불가침 조항을 포함할 것이었다. 콜은 부시 대통령과 이 조약안을 논의했고, 부시도 전적으로 지지했다고 덧붙였다.

크비친스키는 고르바초프가 이 제안을 수용할 것이라고 생각한다고 말했다. 크비친스키는 자신은 본에서 근무하는 기간을 활용해 긴밀한 독일-러시아 관계라는 비스마르크의 전통으로 복귀하기를 바라 왔으며, 따라서 자신도 이를 지지한다고 덧붙였다. 콜은 비스마르크의 세력 균형 정책처럼 19세기의 세력 균형 정책을 수행할 계획은 없다고 하면서 이 제안을 일축했다. 콜은 독일이 독자적으로 있을 때보다 나토를 포함한 서방과 확고히 통합되어 있을 때 모스크바와 더 잘 협력할 수 있다고 생각했다. 콜은 과거가 아니라 미래에 대해서 생각하기를 원한다고 덧붙였다.[94]

텔치크와 크비친스키가 기대한 대로, 고르바초프와 셰바르드나제는 이 제안이 두 나라와 유럽 전체에게 '엄청난 중요성'을 가질 것이라고 하면서 그것을 받아들였다.[95] 조약의 조건이 나중까지 협상되지 않을 것이었지만, 텔치크는 제안만으로도 고르바초프가 소련으로 하여금 새 통일 독일과 우호적인 관계를 맺으려고 하는 등 중차대한 충격이 가해졌다고 믿었다.[96] 고르바초프에게 그것은 콜이 100년 동안 러시아-독일 관계를 손상시키고 두 국가를 무장 진영화하는 데 도움을 주었던 적대행위에 확실히 종지부를 찍을 것임을 의미했다.

콜은 또 고르바초프에게 페레스트로이카를 위해 실질적인 도움도 주었다. 셰바르드나제가 5월 초에 콜에게 융자를 요청하자 콜은 즉각 행동했다. 콜은 독일은행 총재와 드레스드너은행 총재인 힐마르 코퍼*와 볼프강 룀러**에게 텔치크의 모스크바 비밀 사절단을 따라가 소련의 요청을 알아보라고 부탁했다.

소련 총리 니콜라이 리시코프***와 셰바르드나제는 텔치크와 은행가들에게 소련이 중앙 관리적 경제의 붕괴와 새로운 페레스트로이카 체제의 탄생 사이의 과도기를 헤쳐 나가는 데 융자가 필요하다고 설명했다. 그들은 고르바초프가 대외정책을 지속할 수 있는 능력은 페레스트로이카의 성공에 달려 있다고 덧붙였다. 그러면서 리시코프와 셰바르드나제는 두 가지를 요구했다. 첫째, 채무의 즉각적인 변제를 위해 단기 융자로 15억에서 20억 루블(당시 약 10억-14억 달러). 둘째, 5년 유예 후 10-15년 내에 상환하는 장기 융자로 100억-150억 루블.

텔치크는 콜이 온갖 가능한 방법으로 도우려는 생각은 있지만 독일인들이 그러한 융자를 독일 합의를 포함하는 좀 더 폭넓은 협정의 일부로

---

* Hilamr Kopper(1935-). 독일의 은행가. 1989-1997년 독일은행 이사회 회장, 1998-2007년 다임러크라이슬러 감사회 회장을 지냈다.
** Wolfgang Röller(1929-2018). 독일의 은행가. 1973년 이후 드레스드너 은행 총재를 지냈다.
*** Nikolai Ryzhkov(1929-). 소련 및 러시아의 고위 관리. 1982-1985년 소련공산당 중앙위원회 경제부 부장, 1985-1991년 소련 각료회의 의장, 1995년 이후 러시아 국가두마 의원을 역임했다.

간주하리라는 점을 이해해야 한다고 대답했다.[97]

고르바초프는 같은 날 오후 텔치크와 은행가들을 만나 리시코프의 주장을 거듭 확인하고 페레스트로이카가 성공할 것이라는 자신감을 강조했다. 고르바초프는 어떤 협정을 맺더라도 소련 인민들에게 그들이 수많은 목숨을 바쳐가며 지켰던 평화를 잃지 않았다고 확신시켜야 한다고 말했다. 고르바초프는 7월에 모스크바뿐만 아니라 자신의 고향 지역인 캅카스에서도 콜을 맞이하기를 바란다고 덧붙였다. 텔치크가 콜에게 회담 결과를 보고하자 콜 총리는 융자에 대해 독일 정부가 보증을 제공함으로써 고르바초프를 돕기 위해 가능한 모든 일을 하겠다고 말했다.

콜은 다른 회의에서도 소련의 융자 요청을 지지함으로써 소련을 한층 더 도왔다. 콜은 1990년 4월 말 더블린에서 열린 유럽공동체 정상회담에서 고르바초프를 위해 연설하여 얼마간의 지지를 얻었다. 그는 또 7월 9-11일에 휴스턴에서 개최된 G7 공업국 정상회담에서 페레스트로이카 지원을 옹호했다. 콜은 대처의 확고한 반대와 일본의 망설임 때문에 고르바초프를 위한 즉각적인 재정 지원을 얻는 데 실패했다. 부시도 모스크바에서 추가적인 경제개혁 없이는 미국의 원조를 제공하고 싶어 하지 않았다. 그럼에도 불구하고 부시는 콜과 함께 G7을 설득해 소련의 요구가 무엇인지 긴급하게 알아보게 하는 데 동의했다. 콜은 페레스트로이카를 지지하기 위해 할 수 있는 바를 다했다고 고르바초프에게 말할 수 있었다.[98]

한 가지 주요 장애물이 여전히 앞에 놓여 있었다. 부시와 콜은 독일 통일과 독일의 나토 가입 둘 다를 원한다면 나토 자체를 바꿔야 했다. 고르바초프는 브레즈네프 독트린을 버렸다. 고르바초프는 페레스트로이카로 소련의 우선순위를 바꾸었고, 서베를린과 서유럽에 대한 위협을 제거했다. 부시와 콜은 더 많은 것을 원한다면 고르바초프의 정책이 단지 서방뿐만 아니라 소련을 위해서도 결실이 있음을 보여주어야 했다.

이것은 말보다는 실천이 더 어려운 것이었다. 전방방어*나 핵무기의 선제 사용 같은 나토의 원칙과 전략은 모든 나토 회원국의 방어 계획을 형성했다. 그러한 계획은 정상적으로는 하룻밤 새 바뀌지 않을 터였다. 나토 동맹은 소련의 정책 변화에 대응해 이 계획을 수정하는 것을 이미 고려하기 시작했다. 그러나 나토의 자체 관료조직은 이러한 조정을 위한 완벽한 진용 구축에 통상 1~2년의 시간이 걸릴 것으로 예상할 터였다.[99] 이것은 부시나 콜, 고르바초프를 도울 만큼 충분히 신속한 것이 아니었다. 부시는 5월에 나토 정상회담을 요청했고, 이제 그것을 이용해야 했다.

나토 사무총장 만프레트 뵈르너는 도움을 주고 싶었다. 뵈르너는 나토의 직위에 임명된 최초의 독일인이었다. 그는 콜과 결코 가깝지는 않았지만 독일과 동맹에게 무엇이 중요한지를 알았다.

부시는 몇 년 동안 전략가로서 뵈르너를 알고 존경했다. 부시는 뵈르너를 캠프 데이비드로 초청했고, 뵈르너는 그곳에서 통일 독일의 나토 가입을 강력히 지지했다. 뵈르너는 연합국이 또 다시 독일에게 동맹들 사이에서 자유롭게 오갈 수 있도록 허용한다면 그것은 역사적인 실수를 저지르는 것이라고 경고했다. 그렇게 하면 "유럽에서 경쟁과 적대의 오랜 판도라의 상자"를 열게 될 것이고, 이는 수십 년 동안 건설해온 구조를 파괴하고 대륙이 마침내 이룩했던 평화를 위태롭게 할 터였다.[100]

---

* forward defense. 화력이 극적으로 개선된 현대의 전쟁에서는 초기 몇 개 전투에서 적을 제압하는 것이 결정적이고 따라서 후방의 병력이 신속하게 기동할 수 있는 시간적 여유가 없기 때문에 모든 병력을 가능한 한 전선에 가깝게 배치하는 전략이 필요하다. 이 군사 전략을 전방방어라고 하며, 이 교리에 따라 냉전 시대에는 미군과 연합군 전력의 대부분을 동독과 서독의 국경에 최대한 가까이 전개했다.

그러나 뵈르너는 부시와 베이커에게 나토와 각국 관료조직을 우회해 결과를 만들어내고 싶다면 나토의 절차에 직접 관여하기를 촉구했다. 뵈르너는 미국을 포함한 일부 나토 회원국들이 이번 나토 정상회담을 "1960년대 이래 동맹의 역할에 대한 가장 중요한 재평가"라고 공지했음에도 불구하고, 정작 정상회담으로 가는 과정에는 절박감이 결여되어 있다고 지적했다.

부시와 베이커는 뵈르너의 지적에 즉각 반응했고, 부시가 직접 정상회담 준비를 책임지게 되었다. 부시는 백악관과 국무부 및 국방부에 동맹의 기본원칙을 근본적으로 변경할 새로운 제안을 만들라고 지시했다. 부시의 국가 안보 참모들은 모든 관계자들에게 통일 독일을 나토에 머물게 할 '1차 전략 목표'에 초점을 맞추어야 하며, 신속히 행동할 필요가 있다고 말했다.

부시는 고르바초프와 모든 동유럽 지도자들의 노력에 부응할 수 있는 나토의 새로운 기본원칙이 필요하다는 것을 알았다. 6월 6일, 바르샤바 협정 지도자들이 모스크바에서 만나 "바르샤바 조약의 성격, 기능, 활동을 재검토하기로" 약속했다. 그들은 협정을 소련의 통제를 받는 서열조직에서 "민주적 기반 위에서 형성된, 동등한 권리를 가진 주권 국가들의 조약"으로 변모시키기 시작할 터였다. 나토 외무장관들은 이튿날 스코틀랜드의 턴베리에서 만났을 때 이에 응답하여 바르샤바 협정에 "우애와 협력의 손"을 내미는 선언을 발표했다. 그러나 이 고귀한 말은 구체적인 계획으로 이어져야 했다.

부시의 압박을 받은 미국 관리들은 모스크바가 수십 년 동안 갈구해왔던 엄숙한 불가침 약속, 나토 본부에 바르샤바 협정국들의 상설 연락 공관을 설치하는 제안, 몇 가지 주요 무기 감축 제안, 그리고 핵무기를

"최후의 수단으로 사용하는 무기"로 만드는 결정을 포함하는 나토 정상 회담 선언문을 기초했다. 이 선언은 또한 핵무기에 대한 나토의 의존을 줄이기 위해 '유연대응'* 원칙도 수정할 것이었다.

부시는 이 초안을 승인하고, 6월 21일에 콜, 미테랑, 대처, 뵈르너 그리고 이탈리아 총리에게 보냈다. 부시는 상황의 급변으로 인해 보통 때처럼 이 제안들을 나토 직원이나 각국 직원들이 충분한 시간을 두고 연구하는 것이 아니라 나토 정상회담의 각국 지도자들이 긴급하게 검토할 필요가 생겼다고 썼다. 부시는 동유럽의 새로운 민주적 지도자들을 도울 "결정적 순간에 있다."고 선언하면서, "이번 나토 정상회담은 이 역사적 변화의 시기 동안 우리 동맹이 무엇을 옹호하고 있는지에 대한 이미지를 결정하게 될 가능성이 크다."고 덧붙였다. 부시는 또 제안의 구상들을 비공개로 셰바르드나제에게 보여줄 것을 계획했고, 셰바르드나제는 이에 긍정적인 관심을 표명했다.[101]

콜과 텔치크는 부시의 서한을 진심으로 환영했다. 그리고 미테랑은 콜과 대화를 나눈 뒤 핵무기에 관한 나토의 기본원칙을 변화시키는 데는 의구심이 들지만 미국의 초안이 마음에 든다고 부시에게 알려주었다. 그러나 대처는 나토 전략의 이와 같은 극적인 변경이 의미하는 바를 의문시했고, "아주 최근까지 우리의 가증스런 적"이었던 동유럽 정부들이 나토 본부에 들어오는 것이 허용되어야 하는지 물었다. 대처와 대화를 나눈 후 뵈르너는 정상회담을 성공시키기 위해서는 미국 정부가 "상당한 강고

---

* flexible response. 국지전과 전면전에 모두 대처할 수 있는 신축성 있는 군사전략을 일컫는다. 1961년 미국의 케네디 대통령이 아이젠하워 대통령의 뉴룩정책과 대량보복 정책을 비판하면서 실행한 새로운 방어 전략으로서 핵전쟁에만 국한하지 않고 다양한 수준의 전쟁에서 적의 공격에 대응하는 것을 목표로 한다.

함과 결의"를 보여줄 필요가 있다고 베이커에게 경고했다.

부시는 런던 정상회담이 시작되기 겨우 사흘 전인 7월 2일에 모든 나토 정부 수반들에게 선언문 초안을 보내기로 결정했다. 부시는 이 사흘이 지도자들이 문서를 읽어보고 그것에 대해 깊이 생각해 보기에는 충분하지만, 그들의 관료들에게 문서를 보내 세밀한 연구를 하게 하기에는 불충분한 시간이 되기를 바랐다. 관료들이 문서를 뜯어보기 시작하면 일의 진행이 지체될 수밖에 없을 것이었다. 뵈르너는 부시의 초안을 정상회담의 실무 문서로 만들어 정부 수반들에게 직접 검토할 것을 요청함으로써 다시 한 번 부시를 도왔다.

부시의 행동은 성공했다. 정상회담은 몇몇 국가 지도자들, 특히 대처와 미테랑이 특정 부분에 대해 여전히 의구심을 표명하고 일부 변경을 강력히 주장했음에도 불구하고 문서의 긍정적인 논조를 승인했다. 나토는 소련에게 우애의 손을 내밀었고, 소련과 동유럽 국가들에게 "나토와 정규적인 외교적 연락을 확립"할 것을 요청했으며, 핵무기를 "진정으로 최후의 수단으로 사용하는 무기"로 만들었다. '선제 사용'의 원칙을 완전히 보류하지는 않았지만, 연합국은 동유럽 영토와 소련 영토를 겨냥한 핵무기의 조기 사용을 상정한 '전방방어'와 '유연대응' 개념 둘 다를 바꾸었다.

부시와 콜은 나토가 더는 소련에게 위협을 가하지 않으며, 통일 독일이 동맹의 일원이 되는 것을 허용해도 안전하다는 것을 고르바초프가 알기를 바랄 수 있었다. 더 중요한 것은, 고르바초프가 그의 정책이 더 많은 재원을 국내 경제와 개혁에 쏟아 부을 수 있도록 해준다는 것을 모스크바에 입증해 보일 수 있었다는 점이었다.

나토 정상회담 직후 뵈르너는 직접 고르바초프에게 설명하고 또 나토 본부를 방문할 것을 요청하기 위해 모스크바를 찾았다. 고르바초프는 이를 수용했다.

　부시는 가능한 한 빨리 나토 선언문을 고르바초프에게 전달하고 싶어 했다. 에어포스 원 편으로 런던에서 귀국하는 길에 부시는 자신은 고르바초프를 "중요하게 염두에 두고" 이 선언 작업을 했다는 소련 지도자에게 보내는 개인 메시지와 함께 나토 선언문을 동봉해 고르바초프에게 타전했다. 부시는 나토 정상회담 선언이 "그 활동, 특히 소련과의 관계의 모든 측면에서" 동맹의 변화를 약속했다고 말했다. 소련공산당 당 대회 도중에 미국 외교관으로부터 부시의 편지를 전달받기 위해 나온 체르냐예프는 그 외교관에게 "이것은 진짜 중요한 편지요."라고 말했다.[102]

　제28차 소련공산당 대회는 나토 정상회담 전에 시작하여 회담 후까지 계속되고 있었다. 대회는 소련과 독일에게 전환점이 될 것이었다. 장기적인 안목으로 보면 당 대회는 당이 분열되고 떠오르는 소련공산당 지도자 보리스 옐친*이 러시아를 연방에서 분리시킴에 따라 소련의 붕괴에 기여했다. 그러나 단기적으로 대회는 고르바초프와 그의 개혁 정책이 승리를 거둔 것으로 밝혀졌다. 보수주의자들은 그를 이길 수가 없었다. 고르바초프는 자신의 정책을 지지하는 새로운 인물들로 이루어진 다수파로 정치국을 자기편에 서게 했다. 고르바초프는 압도적인 다수로 소련공산당 총서기로 직접 선출됨으로써 당 관료층으로부터 훨씬 더 큰 자유를

---

* Boris Yeltsin(1931~2007). 러시아 연방 초대 대통령(재임 1991~1999). 1986년부터 1988년까지 소련 공산당 정치국 후보국원을 지냈으며, 1990년 러시아 소비에트사회주의연방공화국 최고회의 의장이 되었고, 그해 7월 12일 소련 공산당에서 탈당했다. 1991년 6월 12일에는 러시아 공화국 대통령에 당선되었고, 그해 8월에 보수파 공산주의자들이 일으킨 쿠데타를 저지했으며, 그해 12월 벨라루스, 우크라이나의 지도자와 만나 소련의 해체와 독립국가연합(CIS)의 결성을 선언했다. 1996년에 대통령에 재선되어 8년간 대통령직을 맡고 있다가 1999년 12월 31일 블라디미르 푸틴에게 대통령 자리를 물려주었다.

얻었다. 이 투표는 최고 소비에트가 2월에 그에게 부여한 특별한 권력과 함께 고르바초프에게 충분한 집행 권한을 주었다. 게다가 고르바초프는 새 나토 선언을 이용해 자신이 소련에 대한 나토 위협을 종결시킴으로써 주요한 대외 정책 승리를 거두었다고 주장할 수 있었다. 많은 소련 인민들은 평화를 바라면서 이를 환영했다.[103]

당 대회에서 보수주의자들은 대 독일 정책을 이유로 끊임없이 셰바르드나제를 비난했다.[104] 고르바초프 비판자인 예고르 리가초프*는 한 번은 독일이 나토 회원으로 남을 가능성을 언급하면서 "우리가 이것을 어떻게 허용할 수 있겠습니까?"라고 소리를 지르기도 했다.[105] 그러나 군부와 보수주의자들은 고르바초프에게 그의 정책을 바꾸도록 강제할 만큼 충분한 표를 모을 수가 없었고, 리가초프는 제2서기로서 고르바초프 후보자에게 대항했다가 개인적으로 치욕적인 패배를 당했다.[106]

셰바르드나제는 단 한 가지도 물러서지 않고 비판자들에게 맞섰다. 대회에서 셰바르드나제는 소련이 페레스트로이카를 개시했을 때가 아니라 1956년 헝가리, 1968년 체코슬로바키아, 1979년 아프가니스탄 침공으로 자신의 대의에 대한 지지를 파괴했을 때 동유럽을 상실했다고 말했다. 셰바르드나제는 동독인들이 그들 자신의 운명을 결정할 것이고 결정해야 한다고 주장하면서, 독일민주공화국을 본에 갖다 바치는 어떤 '거래'도 부인했다. 동독에 대한 통제를 다시 확립하려고 소련군을 이용하는 것은 '파멸'을 초래할 것이라고 단언하면서, 셰바르드나제는 소련은 국내총생산의 25퍼센트를 쏟아 붓는 대외 정책과 국방 정책을 계속할

---

* Yegor Ligachev(1920-). 소련의 정치가. 처음에는 고르바초프의 후원을 받았으나 그 후 그에게 도전했다. 1965-1983년 톰스크 지역 위원회 제1서기, 1983-1985년 소련 공산당 중앙위원회 조직-당무부 부장, 1985-1990년 소련공산당 제2서기를 역임했다.

여유가 없다고 덧붙였다.[107]

고르바초프는 당 대회가 국내 문제에 집중하기 위해 독일 문제를 해결할 때가 왔다는 결정을 내리는 데 도움을 주었다고 말했다. 고르바초프는 자신이 소련 경제를 변화시키고 있는 동안 콜과 새로운 독일이 유럽을 안정시키는 데 도움을 줄 것이라는 확신을 가질 수 있다고 느꼈다.[108]

7월 14일 콜이 텔치크, 겐셔와 함께 모스크바에 도착했다. 콜은 고르바초프에게 필요하리라고 생각한 선물 보따리도 가져갔다. 콜은 고르바초프와의 첫 비공개 회담을 이용해 나토 정상회담, 더블린의 유럽공동체 정상회담, 그리고 휴스턴의 G7 회의에서 드러난 동서관계의 새로운 기운에 대해 이야기를 나눴다. 콜은 이 모든 회의들이 서방이 기꺼이 페레스트로이카를 지지하겠다는 자세를 보여준다고 말했다.

고르바초프는 콜에게 지지해준 데 대해 감사하며, 새로운 독일-소련 조약을 위한 초안을 주었다. 고르바초프는 모든 징후들이 독일에서의 4개국 권리의 폐기를 가리키고 있으며, 통일 독일이 완전한 주권을 가질 것이라고 덧붙였다.

고르바초프는 독일이 원한다면 확실히 나토에 남아 있을 수 있지만, 소련군이 주둔하고 있는 동안에는 나토 조직이 이전의 독일민주공화국 영토로 확장할 수는 없다고 부언했다. 소련군의 철수와 그 비용 부담을 위해서는 특별 협정을 맺어야 할 터였다. 고르바초프는 거의 400건에 이르는 소련과의 협정에서 독일민주공화국이 진 의무를 통일 독일이 수행해야 할 것이라고 덧붙였다. 그런 후 고르바초프는 독일 통일과 독일 주권 사이의 시간 간격을 고집하지 않을 것이라고 말하면서 2+4 교착 상태를 깨뜨렸다.[109]

고르바초프와 콜이 캅카스의 아르히스에 있는 고르바초프의 고향으로 날아가면서, 소련 지도자는 1979년 소련의 아프가니스탄 침공 이후 자신과 셰바르드나제 사이에 있었던 대화를 떠올렸다. 고르바초프는 두 사람이 소련을 구해야 할 것이라고 동의했던 때가 바로 그때였다고 콜에게 말했다. 그날 그들은 소련 인민들의 고통을 끝내기 위해 페레스트로이카를 생각해냈다.

아르히스에서의 회담에서 콜과 고르바초프는 자신들의 임박한 조약이 새로운 유럽 구조의 초석이 되어야 한다는 데 동의했다. 그들은 독일이 나토에 가입할 수 있으며, 그러나 2+4 합의는 완전한 주권을 가진 독일은 자신의 동맹 체제를 선택할 수 있다고만 언급한다는 데 동의했다.

고르바초프와 콜은 동독 내의 군사 문제에 대해서 상당히 세부적인 것까지 이야기를 나누었다. 그들은 소련군이 4년에 걸쳐 철수할 것이라는 데 동의했는데, 이는 고르바초프의 5년 제안과 콜의 3년 제안 사이에서 절충한 것이었다. 콜은 과도기 동안 소련군의 비용을 떠맡는 데 동의했다. 두 사람은 나토 조직은 소련군이 주둔해 있는 동안 동독 영토 안으로 들어가지 않을 것이며, 그러나 나토의 지휘를 받지 않는 일부 서독군은 들어갈 것임을 확인했다. 주권을 가진 독일은 적절한 시기에 나토가 동독 영토를 포괄할 것인지를 결정할 수 있었다. 그러나 고르바초프는 독일이 소련의 안보를 위태롭게 할 조치는 취하지 않을 것이며 또 어떤 나토 핵무기도 독일에 배치되지 않을 것으로 생각한다고 덧붙였다. 콜과 고르바초프는 소련군이 동독에 잔류하는 동안에는 베를린의 서방 점령군도 잔류한다는 데 동의했다.

콜은 독일군을 37만 명으로 감축할 것을 제안했고, 고르바초프는 이를 수용했다. 이 수치는 앞서 소련이 했던 제안을 크게 상회하는 것이었지만, 콜은 사회의 큰 흐름과 동떨어진 소규모 직업적 군대를 보유했던 바이마르의 경험을 되풀이하고 싶지 않다고 말함으로써 이 수치를 정당화했다. 병력 규모가 커지면 적어도 일부 병사는 징집으로 충당해야 하며, 그렇게 되면 틀림없이 군대가 국민 전체의 삶과 어우러지게 된다는 것이었다. 고르바초프는 이 주장을 받아들이면서 통일 독일은 핵무기와 생화학무기를 포기해야 한다는 자신의 주장을 되풀이하였는데, 이번에는 콜이 이 주장을 받아들였다.[110]

콜과 독일 대표단은 일부 사람들이 '아르히스의 기적'이라고 부른 것에 크게 기뻐했다. 고르바초프도 만족감을 표명했다. 고르바초프는 워싱턴에서 부시와가 아니라 모스크바에서 콜과 독일 문제를 처리했다. 고르바초프는 "자신의 국경을 수용하는 민주적이고, 정치적으로 안정되고, 경제적으로 건전한 독일은 유럽과 국제 질서의 가장 중요한 요소 중 하나가 될 것이다."라고 회고록에 썼다.[111] 콜은 통일 독일을 원했다. 고르바초프는 새로운 유럽 질서를 원했다. 아르히스에서 그들은 그 둘 다에 도움을 주는 합의를 보았다.

모스크바와 베를린: 새로운 라팔로?

고르바초프는 셰바르드나제를 곁에 두는 행운을 가졌다. 이 소련 외무장관은 서방 동료들에게 그가 선을 고수할 때에도 문제를 해결하는 법을 알게 해주었다. 그런 후 고르바초프는 협상을 할 수 있었다. 고르바초프는 많은 압력들을 저울질해야 했지만, 다른 어느 누구도 집행자 역할을 맡지 못했다. 어느 소련 관리가 서방 동료들에게 말한 대로 "모든 결정은 정치국 밖에서 내려졌다."[112]

서방은 셰바르드나제의 제안을 따르면 합의를 얻을 수 있었다. 셰바르드나제는 베이커에게 만약 런던의 나토 정상회담 선언이 없었더라면 고르바초프가 통일 독일의 나토 잔류를 허용하기는 어려웠을 것이라고 말했다. 셰바르드나제는 "당신은 우리의 모든 문제와 우리의 관심사를 고려하기 위해 노력했고, 바로 그것이 그토록 많은 일을 가능하게 만들었습니다."라고 말했다.[113]

아르히스에서의 정상회담이 끝나고 하루 뒤에 파리에서 열린 2+4 회의는 재빨리 움직였다. 겐셔는 소련-독일 협정에 대해 브리핑했고, 다른 이들은 이를 지지했다. 폴란드 외무장관 크시슈토프 스쿠비셰프스키[*]는 이미 동의한 대로 회의의 일부에 참석했다. 스쿠비셰프스키는 독일이 국경을 보장한 것에 만족감을 표명했다. 스쿠비셰프스키와 겐셔는 독일 통일 후에 독일과 폴란드가 국경조약에 서명할 것이며, 그렇게 함으로써 폴란드의 의구심을 잠재울 것이라고 말했다. 1990년 11월 14일 바르샤바에서 서명된 최종 조약은 오데르-나이세 국경을 인정했고, 양 당사자가 그것을 존중하기로 약속했다.[114] 고르바초프는 자신이 약속한 대로 했다. 일단 콜과 합의에 이르자 고르바초프는 2+4 회의에 대한 지시를 변경하여 독일 통일의 국내적 측면과 국외적 측면 사이에 시간 간격을 두는 것에 대한 소련의 강력한 주장을 철회했다. 고르바초프는 앞서 부시와의 5월 합의 이후에는 그 지시를 변경하지 않았었다.

하지만 독일인들은 모든 당사자들이 2+4 최종 협정에 서명하기 전에 소련인들과 해결해야 할 두 가지 과제가 남아 있었다. 그들이 맺은 쌍무 조약의 조건과 그리고 독일이 소련군의 독일 철수를 지원하기 위해 지

---

[*] Krzysztof Skubiszewski(1926-2010). 폴란드의 정치인. 공산주의 정권 치하에서 폴란드 자유 노조인 연대 운동에 적극 참여했으며, 1989-1993년 폴란드 외무장관을 지냈다.

불해야 할 비용 문제가 그것들이었다.

크비친스키는 자신의 약속을 지킨 것으로 드러났다. 크비친스키가 독일-소련 조약을 위해 준비한 초안은 확실히 그가 콜에게 언급했던 비스마르크 시대의 특별한 러시아-독일 관계를 상기시켰다. 초안은 안보 관계를 수립하는 몇 가지 조항을 포함하고 있었다. 각 당사국은 다른 당사국의 안보를 위태롭게 할 수 있는 어떤 조치도 피해야 하고, 다른 당사국의 영토에 대한 어떤 침략 행위도 지지하기를 거부할 것이며, 다른 당사국에 불리한 행동을 위해 자신의 영토를 이용할 수 있게 해주지 않는다는 것이었다. 콜은 자신의 정부가 이 초안을 검토하겠다고 말했다. 본은 6주 뒤인 8월 28일까지 답변을 내놓지 않았다.[115]

외무부가 작성한 독일의 역제안은 소련의 주요 주장을 직접적으로 충족시키지는 못했다. 그것은 구체적인 소련의 제안을 무시하고, 유엔헌장과 유럽안보협력회의 최종의정서를 지지하는 한편 무력 사용을 포기하겠다는 폭넓은 약속으로 대체하면서, 안보 문제를 작게 취급했다. 이것은 좀 더 구체적인 약속을 원했던 고르바초프를 만족시키지 못했다. 그러자 크비친스키와, 겐셔의 정치국장 디터 카스트루프*가 마라톤협상을 벌였는데, 여기서 소련의 초안에서 제시된 광범한 약속들 가운데 몇 가지를 삭제하고 그 대신 본이 양보하고 싶지 않았던 조건을 모스크바 측에 제공하게 된다.

최종적인 '선린과 동반자 관계 및 협력에 관한 조약'은 "양국 중 어느 한 쪽이 침공의 표적이 된다면 다른 한 쪽은 침공자에게 군사적 원조를 비롯한 어떤 지원도 제공하지 않을 것"이라고 기술했다.[116] 이 약속은 몇

---

* Dieter Kastrup(1937-). 독일의 법률가이자 외교관. 1990-1995년 외무차관을 지냈다.

가지 문제를 제기했다. 그것은 독일군이, 시작을 두고 논란이 있는 나토의 교전, 다른 곳에서 발생한 소련의 행동에 대응한 나토의 행동, 혹은 모스크바가 나토 회원국에 의해 도발된 것으로 해석하는 충돌에서의 나토 개입에 가담하거나 그것을 지지하지 않을 것임을 의미할 수 있었다. 미테랑은 고르바초프가 이와 유사한 합의에 서명하기를 요청하자 이를 거부했다.[117]

하지만 콜은 나토가 소련을 절대 공격하지 않을 것이기 때문에 조약이 나토에 대한 독일의 헌신에 위배되지 않는다고 믿었다. 독일의 나토 동맹국들을 안심시키기 위해 조약은 "양측이 다른 국가와 맺었던 기존의 쌍무적·다자적 협정으로부터 발생한 권리나 의무에 영향을 미치지 않을" 것이라고 명시하는 조항을 삽입했다. 독일 외무부는 또 미국, 영국, 프랑스도 공식적으로 조약의 조건에 반대하지 않는다고 지적했다.

조약은 다른 상호 약속도 정했다. 조약은 연 1회 혹은 연 2회 국방장관들을 비롯한 몇몇 고위 관리들에 의한 협의를 가능하게 했고, 경제 협력과 그리고 환경에서 문화에 이르기까지 다른 형태의 접촉에 대한 많은 규정도 포함했다. 조약은 소련이 독일이 회원국인 조직과의 관계를 발전시킴으로써 모스크바가 유럽연합, 경제협력개발기구* 등과의 관계를 개선시키는 일을 도와주기로 약속했다. 조약은 20년 동안 유효할 터였다.

---

* Organization for Economic Cooperation and Development(OECD). 경제 성장, 개발도상국 원조, 무역 확대 등을 목적으로 경제 정책의 조정, 무역 문제와 산업 정책의 검토, 환경 및 개발도상국의 원조 문제 논의 등의 활동을 하는 국제기구이다. 1948년 미국의 마셜 계획의 지원을 받은 유럽경제협력기구(OEEC)에서 시작해, 1961년 가맹국 18개국과 함께 미국, 캐나다가 가담해서 지금의 경제협력개발기구가 만들어졌다. 최고 의사 결정기구는 매년 한 차례 파리의 본부에서 열리는 각료이사회이며, 사무총장은 2006년 이래 멕시코의 앙헬 구리아가 맡고 있다. 우리나라는 1996년 12월 12일 회원국으로 가입했다.

조약은 새로운 중요한 관계를 확립했다. 수많은 안보 및 경제 관련 조항들을 바탕으로 조약은 유럽 중부 내에 새로운 관계를 창출했다. 조약은 독일에게 모스크바와의 유대관계를 얼마간 제공했는데, 이는 서방국가들이 모스크바와 맺은 어떤 유대관계도 크게 뛰어넘는 것이었다. 그러나 콜은 그것을 통일과 독일의 나토 잔류를 위한 필수적인 조치로 정당화할 수 있었다.

조약은 일부 사람들이 일컬었듯이 '새로운 라팔로'가 되지 않았다. 또 조약은 일부 다른 유럽 국가들이 전쟁에 돌입하는 경우 상호 중립을 보장하기 위해 비스마르크가 러시아와 맺었던 '재보장 조약'과도 비슷하지 않았다. 새 조약의 중립 조항은 일어날 것 같지 않은, 심지어 극단적으로까지 개연성이 없는 만일의 사태, 베를린과 상트페테르부르크 혹은 모스크바 사이의 이전 조약들이 상정한 만일의 사태보다도 훨씬 개연성이 없는 그야말로 만일의 사태에 대한 것이었다. 그것은 독일을 나토에서 제외하지 않았다. 그리고 본은 본의 나토 잔류가, 비록 소련은 종종 그렇지 않다고 주장하지만, 소련을 공격하겠다는 언질을 결코 포함하지 않는다고 지적했다.

그러나 재보장 조약이 그랬듯이 새 조약은 법률적인 의무보다는 정치적 제휴를 창출하는 외교적 관계를 수립했다. 그것은 문호를 개방했고, 상호 이해와 신뢰를 위한 기반을 제공했다. 가장 중요한 것은 새 조약이 독일로 하여금 경우에 따라 양쪽을 다 볼 수 있게 해 주었다는 점이었다. 고르바초프와 크비친스키는 확실히 독일이 앞으로 수년 동안 더 자주 그렇게 하기를 바랐다. 그렇지 않았다면, 고르바초프는 명백히 자신이 부여했던 정도의 중요성을 이 조약에 결코 부여하지 않았을 것이다.

새로운 독일-소련 관계는 또한 독일에게 소련과의 특권적인 관계도 제공했다. 아르히스 회담 후 걱정이 된 부시는 며칠 후 소련지도자에게 전화를 걸었고 무려 45분 동안이나 통화를 했다. 마치 소련 지도자에게 서방 동맹에서 차지하는 워싱턴의 핵심적 역할을 상기시켜 주려는 것 같았다.[118]

콜은 독일-소련 조약에 대해 한시름 놓았을 테지만, 소련의 막바지 자금과 융자 요구에 직면했다. 고르바초프는 본에게 동독의 소련군 주둔과 그들의 철군 지원을 명목으로 큰 액수의 자금을 제공해줄 것을 요청했다. 고르바초프는 본의 지원이 불충한 경우 철수를 아예 유보하거나 철수 일정을 4년에서 길게는 7년까지 연장하겠다고 위협하면서 몇몇 최후통첩을 발표하기까지 했다. 독일인들은 소련 군부가 완강하게 버티기로 결정했음을 깨달았다. 붉은군대는 철수의 불명예에 대한 대가는 물론, 독일에서의 비용과 철군 이후의 국내 비용에 대한 보상까지 받아낼 작정이었다.[119]

소련인들은 동독 주둔 군대를 먹여 살리고, 그들을 소련으로 철수시키며, 귀국 후 국내에서 필요한 7만 2,000채의 가옥과 사무실, 학교를 건설하는 데 들어가는 비용을 요구했다. 모스크바는 또 남아 있는 기지에 대해서도 대가를 원했다. 360억 독일마르크에 달하는 총 금액은 콜이 지불하기로 계획했던 80억을 훨씬 상회했다.

콜은 고르바초프에게 액수를 줄여달라고 요청했는데, 고르바초프는 그동안 그들이 다른 문제들에 대해서 논의해왔을 때보다 한층 완강했다. 고르바초프는 상황이 '걱정스러우며' 콜의 제안은 전적으로 부적절하다고 말했다. 그것은 모스크바가 2+4 조약에 서명하지 못하게 할 것이었다. 고르바초프는 군부 및 예산 관리들과 '많은 전투'를 치르고 있으며 자금이 필요하다고 말했다. 콜은 결국 120억 독일마르크를 지불하고, 30억 독일마르크의 무이자 융자를 제공해야 했다. 본은 문자 그대로 소련군으로부터 독일의 해방을 돈으로 샀다. 일단 자금이 승인되자 1990년 9월 27일, 1994년 말까지 소련군을 철수하겠다는 협정이 맺어졌다. 이전 약속과 함께 본은 총 600억 독일마르크를 2+4 협정을 위한 원조와 융자로 모스크바에 제공했다.[120]

하지만 마지막 한 가지 문제가 남았다. 그것은 전 독일민주공화국의 군사적 지위에 관한 것이었다. 모든 2+4 국가들은 비독일 나토 군대가 동부 유럽의 국경에 바로 인접한 그 영토에 영구적으로 주둔할 수 없다는 데 동의했다. 그러나 몇몇 나토 국가들과 특히 미국은 자국의 군대를 자유롭게 그곳에 배치하거나 기동 훈련을 할 수 있기를 원했다. 부시는 폴란드가 나토에 가입하기를 원하고 기대했으며, 동맹의 한가운데에 특별한 군사 체제를 갖고 싶지 않았다. 부시와 다른 이들은 나토군을 영구적으로 주둔시키지는 않더라도 아마도 한 동안은 그곳에 배치할 권리를 갖기를 원했다. 모든 사람이 군대를 '배치하기'와 '주둔시키기'를 어떻게 해석할지를 두고 논쟁을 벌였다.

소련인들과 나토 국가들은 마침내 '배치'라는 단어의 "적용에 관한 어떤 문제"도 "합리적이고 책임 있는 방식으로" 결정하는 것을 독일 정부에 맡기기로 결의했다. 콜과 그의 후임자들은 어떤 규모의 병력이 얼마나 오래 동독에 남아 있을 수 있는지를 판단할 수 있었는데, 이는 독일인들이 독일 땅으로부터 동유럽을 위협하려고 대대적인 나토군의 증강을 허용하지는 않으리라는 고르바초프의 자신감을 보여주는 뚜렷한 표시였다. 이 협정은 독일 통일에 관한 조약에 첨부된 '합의 각서'가 되었다.

이 논쟁이 마침내 해결되자 독일 통일을 향한 과정이 속도를 내기 시작했다.

1990년 9월 12일 2 +4 회의들이 모스크바에서 독일 통일을 결정하는 조약에 서명함으로써 마무리되었다.[121]

1주일 뒤인 9월 18일 미테랑과 콜이 그들의 오랜 관계 속에서 80번째로 만나 유럽 통합에 더 한층 헌신하고 협력의 긴밀한 확대를 약속하는 공동선언을 발표했다.

그날부터 2주 후인 10월 1일과 2일에 뉴욕과 베를린에서 4개 점령국은 베를린의 4개국 점령 기구인 군사정부사령부를 폐쇄하면서 베를린과 독일에 남아 있던 권리들을 포기했다. 다음날인 10월 3일 리하르트 폰 바이츠제커, 헬무트 콜, 로타르 더 메치에어는 베를린에서 독일 통일을 기념하는 의식을 주관했다.

베를린 의식은 냉전을 끝냈다. 얄타가 독일을 점령하에 두고 분할했듯이, 베를린은 주권과 통일을 되돌려주었다.

11월 9일 고르바초프는 본을 방문해 콜과 새로운 독일-소련 조약에 서명했다. 이 조약은 새로운 통일 독일이 서명한 최초의 국제 협정이 되었다.

11월 19일부터 21일까지 파리 정상회담에서 유럽안보협력회의 회원국들은 '새로운 유럽을 위한 파리헌장'*과 유럽에서 재래식 전력을 감축하고 제한하는 조약에 서명했다.[122]

1991년 6월 17일 독일과 폴란드는 '선린관계 및 우호협력' 조약에 서명했다. 히틀러의 폴란드 침공 52년 후, 히틀러의 소련 침공 50년 후에 체

---

* Charter of Paris for a New Europe. 1990년 9월 19-21일 파리에서 대부분의 유럽 정부들과 캐나다, 미국, 소련 정부들의 대표가 참석한 가운데 분쟁과 대결을 종식하고 상호협력과 평화, 단합에 바탕을 둔 새로운 국제 관계를 선언한 문서. 나아가 모든 회원국에게 자유선거와 민주주의 강화, 시장경제가 필수적임을 밝히고 이에 따른 인권과 기본권 존중도 강조하고 있다.

결된 이 조약은 제2차 세계대전과 냉전을 공식적으로 끝내는 일련의 협정을 완성했다.

이 세 협정은 고르바초프에게 그가 원한 것, 즉 우호적이고 평화적인 독일과 좀 더 안정된 유럽이라는 약속을 주었는데, 고르바초프는 그 두 가지 덕분에 소련의 국내 요구에 집중할 수 있기를 바랐다.

같은 해 12월에 미테랑은 모든 유럽연합 회원국들이 네덜란드의 마스트리흐트에서 유럽연합과, 유로에 바탕을 둔 유럽통화체제를 수립하는 조약 원문에 관해 동의했을 때 협상의 종료를 인정했다. 유럽연합 회원국들은 1992년 2월 7일 이 조약에 서명했다.[124]

이러한 외교적 구조물들을 바탕으로 제2차 세계대전 연합국은 냉전을 끝내고 독일을 통일시켰다. 그들은 또 새 독일에 어울릴 관계망도 수립했다.

20장

새
로
운
독
일
문
제

베를린의 전승기념탑에서 브란덴부르크 문까지 약 2킬로미터를 걸으면서 베를린 시민은 진정한 평화와 안보에 대해서뿐만 아니라 19세기와 20세기의 유럽 역사에 대해서도 많은 것을 배울 수 있다.

1870-1871년 프랑스에 대한 프로이센의 승리를 기념하기 위해 세워진 전승기념탑 주위에는 오토 폰 비스마르크 재상과 프로이센 참모총장들을 비롯해 이 전쟁에서 승리했던 프로이센과 그 후 독일 지도자들의 영웅적인 조각상들이 포즈를 취하고 있다. 이 승리는 독일에게 40년간의 무장 평화를 가져다주었으나 어떤 실질적인 안보도 제공하지 못했다. 프랑스는 다시 일어서서 제1차 세계대전에서 승리했고, 베르사유 조약을 강요했다. 그러나 마찬가지로 프랑스도 실질적인 평화와 안보를 찾지 못했다. 히틀러는 한 세대도 지나지 않아 프랑스를 공격하고 정복했다. 이 것은 지금 히틀러 관청의 잔해 위에 세워져 있는 히틀러 희생자들에게 바치는 기념비가 증언하듯이 히틀러나 독일에게도 안보를 가져다주지 못했다. 왼쪽으로는 이와는 뚜렷이 대조적으로, 보행자는 붉은군대가 베를린을 정복한 뒤 건립했던 자랑스러운 기념물을 볼 수 있다. 그러나 그것도 소련인들이 베를린을 떠나 파탄 상태에 이른 집으로 돌아가지 않으면 안 되었기에 공허한 승리로 밝혀졌다. 끝으로 베를린 시민은 브란덴부르크 문에 가까이 다가가면서 자신의 인민들을 상대로 거두었던 발터 울브리히트의 헛된 승리인 장벽의 현장을 걷게 된다.

그리하여 베를린 도심은 독일이나 중부 유럽에 진정한 안보를 가져다주지 못한 많은 공허한 '승리들'을 상기시켜준다. 각각의 전쟁은 다음 전쟁을 일으켰고, 각 전쟁은 필수적인 보복 행위로 정당화되었다. 그들이 가져온 것은 잇따른 휴전이었다. 폭력의 악순환을 끊고 진정한 평화를 찾기 위해 국가들은 화해를 모색했어야 했지만, 그들은 승리만 생각하는 법을 배웠다.

승리한 연합국은 제2차 세계대전 이후 똑같은 안보 딜레마에 직면했다. 그들은 평화의 유산을 남겨놓기를 원했지만, 처음에는 여전히 주로 승리라는 면에서 생각했다. 하지만 그들의 계획은 독일의 상황이 변하고 제2차 세계대전 연합국 사이의 관계가 악화되면서 바뀌기 시작했다.

냉전의 유산

전쟁 동안과 그 이후 연합국은 프랭클린 루스벨트의 모겐소 계획을 통해서든 샤를 드골의 독일 해체와 라인 강 서안에 대한 통제 계획을 통해서든 처음에는 영구적으로 약하고 불완전한 독일을 원했다. 이오시프 스탈린만 적어도 처음에는 통일 독일에 대해서 생각했는데, 이 통일 독일은 공산주의 정부나 적어도 좌파 정부가 들어선, 소련의 우방국이 될 그런 나라였다. 스탈린은 화해에 대해 생각했다.

그러나 점령 초기 몇 달이 지나고 외무장관협의회 첫 회기들이 열린 후 기대는 바뀌었다. 서방 지도자들은 서방 전체를 보호하는 데 일조할 수 있는 좀 더 강력한 독일을 수립하거나 권장해야 할 것이라고 생각하기 시작했다.

루셔스 클레이 장군은 비록 여전히 통일 독일을 바라긴 했지만 서독에서 민주적인 연방주의 국가를 건설하기 시작함으로써 독일에서 이 과정을 개시했다. 제임스 번스와 조지 마셜은 슈투트가르트와 하버드대학에서의 연설로 새로운 독일을 지지했다. 그들은 연방공화국의 정치적·경제적 기초를 놓는 데 일조했다.

어니스트 베빈은 좀 더 광범위한 유럽 수준에서 연합국의 정책을 다시 입안하기 시작한 최초의 서방 지도자가 되었다. 베빈은 독일을 적어도 일시적으로 동서 사이에 분할하고 서방 점령지들을 서유럽에 묶어야 하며 소련과 힘의 균형을 만들어야 한다고 결정했다. 베빈은 미국을 계속 유럽에 관여시켰다.

조르주 비도는 프랑스의 정책을 드골의 해체 계획에서 벗어나게 함으로써 점령선에 따른 분할을 받아들이고 영국과 미국이 대륙에 계속 관여하도록 했다. 그 후 장 모네와 로베르 슈망은 서독을 아우르게 될 서유럽의 틀을 설계하기 시작했다.

스탈린은 모든 독일인들을 위한 모델로 소련 점령지에서 급진적인 사회적·경제적 변화를 지시했다. 그러나 이 모델은 작동에 실패했으며, 부분적으로는 울브리히트가 통일을 무릅쓰기 전에 자신의 점령지에서 확고하고 야만적으로 공산주의 체제를 수립하기를 원했고, 부분적으로는 스탈린 자신의 군대가 혹시 있었을 수도 있는 일체의 화해 분위기를 파괴했기 때문에, 매력이 전혀 없었다. 스탈린은 자신의 점령지를 반대급부로 얻기 위해 통일 독일에 대한 저당을 요구하지 않으면 안 되었다.

이러한 다양한 목표들이 1948-1949년의 통화 개혁과 베를린 봉쇄에서 충돌했을 때, 서방 점령자들은 독일의 분단을 공식화하고 범대서양 방어 체제를 만들어내기 시작했다. 많은 서독인들은 분단에 반대했으나 기본법을 작성하는 것 외에는 선택의 여지가 거의 없었다. 기본법을 통해 서방 연합국은 독일을 패전 상태로 누워 있게 하는 계획을 공식적으로 제출했다. 역설적이게도 그런 후 서방은 스탈린이 원래 원했지만 포기할 수밖에 없었던 독일과의 화해를 바랐다.

1950년이 되자 스탈린은 자신의 원래 계획이 흐트러지기 시작했다는 사실을 깨달았다. 스탈린은 한국을 모델로 삼아 유럽에서 군사행동을 취하는 것을 고려했을 것이다. 그런데 한국전쟁은 엉망이 됐고 스탈린이 그렸던 계획이 무엇이었든 그 계획을 가로막았다. 게다가 한국전쟁은 딘 애치슨에게 서독 군대를 나토의 일부로 만들자는 폴 니츠의 NSC-68 제안을 받아들여야 한다고 확신시켰다. 이것은 서독에 대한 연합국의 헌신을 더욱 심화시켰고, 독일의 냉전 유산의 전망을 더욱 변화시켰다.

이 시점에 독일인들은 스스로 그 유산의 모습을 빚기 시작했다. 발터 울브리히트는 동독에 대한 공산주의와 독일사회주의통일당의 통제를 선택했다. 콘라트 아데나워는 서독에 대한 자신의 우선 사항으로 민주주의와 신뢰를 선택했다. 각자는 자신의 국가가 통일 독일을 위한 모델로 기능하기를 바랐다. 울브리히트는 베를린 장벽이 자신에게 베를린 전역에 대한 통제권을 부여함으로써 자신의 모델에 도움이 되기를 희망했으나 실패했다. 대신 콘라트 아데나워와 샤를 드골은 장벽을 연방공화국을 프랑스 및 유럽공동체와 연결시키는 데 이용했다.

그러므로 1960년대까지 독일인들과 점령자들은 독일 분단을 확정지었고, 점령자들이 애초 계획했던 것과는 매우 다른 독일 유산을 만들어내기 시작했다. 그들은 심지어 독일의 군사력도 재건하기 시작했다.

모든 독일 지도자들이 민주주의나 공산주의가 승리할 때까지 독일 분단의 가능성을 수용한 것은 아니었다. 빌리 브란트는 화해가 통일을 촉진할 것이라고 생각했다. 바르샤바 게토 추모비 앞에 무릎을 꿇은 브란트는 독일인들은 과거와 결별했으며, 따라서 신뢰해도 좋다는 것을 폴란드인과 러시아인 등에게 보여주기 시작함으로써 통일 독일 국가는 아니더라도 통일 독일 민족으로 향하는 문을 다시 열었다.

브란트의 데탕트 이후 제2차 세계대전과 냉전의 유산은 결정된 것처럼 보였다. 독일은 반은 민주주의로 반은 공산주의로 분열될 터였다. 유럽의 안정과 화해는 분단된 독일 국가 위에 건설될 것이었다.

1970년대에 레오니트 브레즈네프의 SS-20 배치는 대륙의 군사적 균형과, 그리하여 브란트의 안정된 평화 희망을 파괴함으로써 독일과 유럽에 대한 전망을 바꿔놓았다. 헬무트 슈미트는 서독의 전 지구적인 경제적 역할을 확대하는 데 성공하면서 동서 데탕트를 버려야 했다.

로널드 레이건이 생각해내고 앞장섰던 브레즈네프에 대한 서방의 대응은 소련의 붕괴를 초래했다. 일부는 미국의 군사력 증강을 서방이 승리를 거둔 원인으로 보았다.[1] 그들은 부분적으로 옳았다. 이 군사력 증강, 특히 전략방위구상은 모스크바의 지구적 야심이 허망하고 소련 기술이 무력하다는 사실을 보여주었다.[2] 소련의 세르게이 아흐로메예프 원수는 레이캬비크에서 레이건이 전략방위구상의 포기를 거부함으로써 모스크바가 노선을 바꿔야 한다는 점을 깨달았다고 미국 대사 버논 월터스에게 말했다.[3]

헬무트 콜은 소련의 SS-20뿐만 아니라 데탕트와 군사적 우위를 결합하여 유럽을 지배하려는 모스크바의 희망에 도전하면서 레이건을 지지했다. 콜은 레이건이 지구적 균형을 변경하려는 소련의 노력을 되돌렸듯이 유럽의 군사적 균형을 변경하려는 소련의 노력을 되돌렸다. 그러나 소련 체제는 교황 요한 바오로 2세가 폴란드에서 반체제운동을 지지했을 때 훨씬 더 심각한 도전에 직면했다.[4]

그런 뒤 군사력 증강으로 소련을 밀어붙인 레이건과 콜은 새로운 균형으로 대륙을 안정시키기 위해 외교에 의지했다. 그 과정에서 그들은 독일과 유럽을 위해 화해라는 냉전 유산의 기초를 놓았다.

미하일 고르바초프는 화해의 유산을 포용하고 구축하는 데 일조했다. 일단 고르바초프와 레이건이 폭넓은 동서 이해에 도달하고 폴란드와 헝가리가 민주주의 국가가 되자 동독의 독일사회주의통일당 체제는 살아남을 수가 없었다. 그러자 동독 인민들은 장벽을 돌파했고 그럼으로써 중부 유럽에서 소련의 절대적 지배권에 종지부를 찍었다.

그 시점에 조지 부시와 헬무트 콜은 동과 서 사이에 새로운 관계를 가져올 독일 통일을 위한 순간을 포착했다. 그렇게 하기 위해 콜은 유럽에서 또 대서양을 가로질러서 사방팔방으로 안심시키는 말과 행동을 제공해야 했다. 프랑수아 미테랑은 마스트리흐트조약, 유럽연합, 유로를 받았다. 부시는 독일의 나토 잔류를 받았다. 그리고 한 영국 학자의 말을 빌리면 그 독일 정책이 '확실한 실패'로 돌아갈 위험을 각오했던 마거릿 대처도[5] 마지막 순간에 통일 독일이 유럽 대륙에서 균형을 지키는 데 도움을 줄 수 있다고 보았다.

고르바초프는 스탈린, 흐루쇼프, 브레즈네프가 할 수 없었던 것을 했다. 고르바초프는 독일 전역과 서유럽에 대한 소련의 영향력이 동독과 동유럽에 대한 지배보다 더 중요하다고 결정했다. 고르바초프 통치하에서 소련 정책은 비록 이념적 주안점은 매우 달랐지만 거의 50년 이후 스탈린의 원래 희망으로 되돌아왔다.

다른 무엇보다도 콜과 여타 독일인들은 비스마르크의 국내외 정책 실수를 바로잡기를 원했다. 그들은 권위주의적인 독일 국가가 아니라 민주적인 독일 국가, 스스로 파괴의 씨앗을 품지 않는 국가라는 유산을 남겨놓고 싶었다. 그들은 복수심에 불타는 이웃보다는 우호적인 이웃으로 둘러싸인 독일을 원했다. 아데나워와 브란트의 정책 둘 다를 기반으로 콜은 그 후 미하일 고르바초프를 안심시키고 소련과 러시아가 독일 통일을 수용하게 하기 위해 모스크바와 새로운 관계로 가는 길을 열어줄 수 있었다. 이 관계는 새로운 통일 독일이 서방과 동구권 모두에게 친구가 될 것이기 때문에 서방이 이기고 동구권이 지는 제로섬 게임이 더는 아니라는 것을 의미했다.

콜은 새로운 비스마르크, 통일 독일의 창조자가 되었다. 그러나 콜은 승리를 내세우거나 유럽의 안정을 파괴하지 않고 그렇게 했다. 레이건과 마찬가지로 콜은 군사력 증강 이후 화해의 외교를 펼쳤다. 호르스트 텔치크에서 콜은 그 자신의 헨리 키신저를 발견했다.

그들 사이에서 점령국의 지도자들과 독일인들은 그들의 전임자들이 1945년이나 심지어 1970년에도 기대하거나 원했던 것과는 매우 다른 냉전 독일의 유산을 창출했다. 고르바초프는 1990년 본-모스크바 조약에 서명할 때 "세계에 대한 새로운 비전이 승리합니다."라고 말할 수 있었다.[6] 그리고 셰바르드나제는 수사적으로 다음과 같이 물을 수 있었다. "처음부터 우리는 분단되고 적의를 품고 있으며 잠재적으로 폭발적인 독일…과 통일된 민주적 독일, 즉 운명을 스스로 결정하는 주권 국가들 사이에 자신의 자리를 차지하고 있는 통일된 민주적 독일 중에서 어떤 독일이 우리의 이익을 더 잘 나타낼 것인가를 물었다."[7]

고르바초프는 자신이 원한 '유럽 공동의 집'을 창출했다. 고르바초프는 대륙의 분단을 끝냈다. 그 대가로 고르바초프는 서유럽에서 소련의 발언권을 얻었다. 고르바초프는 독일에서의 합의를 훨씬 뛰어넘는 많은 이유 때문에 소련을 단결시킬 수가 없었다. 그러나 나토의 상설합동위원회를 통해 러시아는 그 후 나토의 정치적 결정에서 중요한 영향력을 발휘하고 일정한 역할을 할 수 있게 되었다. 표트르 대제*처럼 고르바초프는 러시아를 유럽으로 데리고 가 대륙에서 역사적인 역할을 할 수 있게 해주었다.

그리하여 독일인들과 점령자들은 독일과 유럽에 안정된 냉전 유산을 남겨놓았다. 강요된 평화나 어느 한 편의 굴복 대신에 그들은 통일되고 민주적인 독일과 그 이웃들이 받아들인 구조를 남겨주었다. 그들은 또 서방에 통합되었으나 러시아와 긴밀한 관계를 갖고 있는 독일도 남겨주었다. 영원히 찬양받을 만하게도 그들은 총 한 발 쏘지 않고 역사적인 유럽 혁명을 돈으로 샀다.

그러나 지도자들은 자신들이 때때로 베를린 시민과 독일 인민들, 특히 동독인들을 따라가는 역할에 그치고 있다는 것을 알았다. 인민들은 정부들이 분단을 받아들일 때도 그것을 용납하지 않았고, 많은 정치 지도자와 전문가들이 독일 문제를 마무리했다고 선언한 이후에도 여전히 미해결인 채로 두었다. 그들은 1848년과 1953년의 실패 이후 1989년 독일 혁명을 성공시켰다.

새로운 독일의 필수적인 인큐베이터였던 냉전은 외무장관협의회를 위해 계획된 평화회담을 대신했다. 그러나 주역들은 전통적인 외교보다는 정치적 압력과 힘께 군사적 위협과 대응위협으로 협상을 진행했다. 결국에는 제2차 세계대전의 4개 승전국 각각은 비록 처음에 기대했거나 수용하지 않았을 형태였겠지만 자신이 필요한 것을 받았다. 각국은 안보와 안정을 얻었다. 냉전은 1947년이나 1948년에 협상되었을 수도 있는

---

* Peter the Great(1672-1725). 러시아 제국 로마노프 왕조의 차르(재위 1682-1725). 강력한 서구화 정책을 실시한 러시아 제국의 황제로 잘 알려져 있다.

어떤 해결책보다도 더 나은 해결책을 1990년에 가능하게 해주었다. 냉전은 상호 이해와 평화의 가능성을 유산으로 남겼다.

냉전은 또 독일인들에게도 도움이 되었다. 냉전은 그들에게 민주주의 국가를 창설할 기회를 주었다. 냉전은 부분적으로는 독일인들에게 새로운 삶과 새로운 사명을 부여함으로써 제2차 세계대전의 피해를 소화하고 수용할 시간을 주었다. 냉전은 그들에게 자기 자신 및 이웃들과 화해를 위한 기회를 주었다. 그리고 독일은 전제적 동독이 아니라 콘라트 아데나워가 원했듯이 자유화되고 현대화되고 있는 서독에 의해 통일되었다.

때때로 불안정하고 불확실했지만 독일을 둘러싼 냉전 투쟁이 안정된 중부 유럽의 균형의 토대를 놓았는지도 모른다. 그것은 몇몇 조약 체제에 단단히 기반을 두고 모든 인접국과 화평하는 민주적 독일을 남겨놓았다. 그리고 1914년 이래 유럽을 황폐화시켰던 거대한 갈등은, 깨지기 쉬운 휴전에 의해 분열되고 그 뒤 길고 강경한 대치 상태가 지속된 두 번의 전쟁 이후, 끝났다. 셰바르드나제가 말했듯이 모두가 승리해야 했다.

그러나 세계 전체와 특히 독일을 둘러싼 냉전 투쟁 참여자들은 엄청난 비용을 짊어져야 했다. 군사적 균형을 유지하는 데 들어간 돈은 전후 재건에 더 훌륭하게 사용되었을 수도 있었다. 수천 만 명의 동유럽인과 동독인들에게 강요된 체제들은 평화와 민주주의를 지연시켰다. 그리고 어느 누구도 상실한 목숨, 파멸한 삶, 혼란, 고통, 이별, 걱정 속에서 얼마나 많은 부담을 져야 했는지 가늠조차 할 수 없었다.

훗날 로타르 더 메치에어는 독일에 관한 조약에 서명한 후인 1990년 9월 12일 협상의 주역들이 모스크바에서 느긋이 쉬고 있을 때 이에 대한 고르바초프의 생각을 회고했다.[8] 메치에어는 그때 소련 지도자에게 그가 베를린에서 했던, 삶은 너무 늦게 오는 사람들을 벌한다는 말을 상기시켰다. 그러자 고르바초프는 다음과 같이 대꾸했다고 한다. "글쎄요, 우리 모두 너무 늦게 오지 않았나요?"

'베를린 공화국'

통일 후 8년이 지난 1998년 9월 27일, 독일은 좋은 지도자를 내쳤다. 독일 유권자들은 기독민주연합/기독사회연합에게 연방공화국 건국 이래 가장 낮은 득표율을 안기면서, 헬무트 콜과 그의 당을 투표로 해임했다. 콜은 16년 동안 총리를 지냈는데, 이는 대부분의 독일인들, 특히 동독인들에게 너무 긴 시간이었다. 동독인들은 콜이 통일 전에 했던 '화려한 풍경'에 대한 약속을 지키지 않았다고 믿었다.

독일사회민주당의 게르하르트 슈뢰더*는 환경보호를 내세운 녹색당의 지지로 총리가 되었다. 그러나 슈뢰더는 새로운 정치적 조합을 정부에 가져왔을 뿐만 아니라 세대 변화도 가져왔다. 처음으로 연방공화국은 대개 40-50대이며, 나치나 제2차 세계대전, 전후 시대의 궁핍을 기억하지 못하는 사람들로 총리를 뽑고 내각을 채웠다.

콜은 독일 역사의 가장 힘든 경험을 모면하고 오직 민주주의와 번영만을 알았던 사람들을 향해 "늦은 출생의 은총"에 대해 이야기했다. 고르바초프가 너무 늦게 왔다는 것에 대해 불평했다면, 나이 많은 세대의 많은 독일인들은 자신들이 너무 빨리 왔다고 느꼈다.

---

* Gerhard Fritz Kurt Schröder(1944-). 독일사회민주당 소속의 정치가. 1997-1998년 사회민주당 대표, 1998-2005년 사회민주당-녹색당 연립 정부의 연방 총리를 지냈다.

슈뢰더의 유권자들은 이전에는 결코 존재한 적이 없는 독일에서 살고 있다. 새로운 독일은 현대적인 유럽 국가이다. 그것은 이전의 어떤 통일된 독일 국가와도 다른 사회체제와 세계관뿐만 아니라 역사적인 독일 국가나 독일 연합체들과는 다른 국경을 갖고 있다.

비스마르크의 제국이나 바이마르공화국과는 달리 새 독일은 좌파나 우파의 장로정치도 없고, 방대한 수의 적개심에 불타는 박탈당한 사람들도 없다. 새 독일은 분명한 적(敵)이 없으며, 대륙적 규모의 유럽과 좀 더 폭넓은 북대서양 공동체의 완전한 일부이다. 그것은 보장은 못하더라도 지속적인 번영과 부단한 평화에 대한 어떤 희망을 갖고 있다. 샤를마뉴 시대 이래로 모든 이전 세대의 독일인들은 이와 같은 기대들의 조합을 상상도 할 수 없는 일로, 아마도 망상의 징조로 일축했을 것이다.

오늘날의 독일은 호엔촐레른 가문의 허풍 떠는 독일도, 굴욕당한 바이마르 독일도, 잔혹했던 나치 독일도 아니다. 50년 동안 서독인들과 그들의 동맹자들은 동독인들이 간절히 참여하기를 바랐고 모두가 보존하고 싶었던 민주주의 체제를 낳았다.

통일 독일은 또 서독과는 다른 창조물이기도 하다. 그것은 다른 국경, 다른 이웃, 다른 이해관계, 다른 우선 사항, 다른 정치, 다른 비중을 갖고 있다. 통일 독일은 서독과는 다를 정책을 추구할 것이고 심지어 추구해야 하며, 서독보다 자신의 독자적 역할을 더 크게 의식할 것이다. 비록 서독과 똑같은 공식 명칭을 가지겠지만 그것은 같은 존재가 아니다.

통일 독일의 정치는 이전 서독의 정치를 따르지 않는다. 이전 동독의 많은 부분을 구성했던 전통적으로 프로테스탄트적이고 사회민주주의적인 주들이 더해지면서 라인란트와 바이에른의 지배적으로 가톨릭적인 주들은 서독 때와는 달리 더는 독일 정치의 분위기를 결정하지 않는다. 동독에서는 일부 동유럽 국가들에서처럼 이전 공산주의자들이 돌아왔다. 우파와 좌파로 이루어진 독일의 비주류 집단들이 다른 나라의 유사한 집단들보다 더 많은 외국의 주목을 끌었지만 대부분의 독일인들은 그들을 거부했다.

1999년에 연방공화국은 본에서 베를린으로 수도를 옮겼다. 새 독일은 1919-1933년의 바이마르 공화국 및 1949-1999년의 본 공화국과 구별하기 위해 오늘날 종종 베를린 공화국으로 불리곤 한다.

많은 점에서 독일연방공화국은 '정상' 국가라고 일컬어질 수 있는 국가가 되었다. 그것은 더는 혹시 모를 침공을 차단하기 위해 군이 전멸의 위험을 무릅쓰고 생존 투쟁을 벌여서는 안 된다. 그것은 파리나 런던 같은 세계적 도시로 평가 받는 수도가 있다.

독일은 1998년에 정부의 정상적인 민주적 변경을 거쳤다. 1949년 이래 처음으로 대외 문제나 군사적 문제가 선거를 지배하지 않았다. 독일인들은 대서양 동맹에 대한 찬성이나 반대, 모스크바와의 데탕트에 대한 찬성이나 반대, 혹은 새 미사일 배치에 대한 찬성이나 반대를 위해 투표할 필요가 없었다. 그들은 재정 문제에 관해 투표하면서, 대부분의 정상적인 유권자들처럼 결정을 내렸다.

이 새로운 유권자들은 새 독일 정부, 그리고 운이 좋다면 그 다음 정부에게도 무엇이 우선사항인지를 명령할 것이다. 정부는 국내 문제, 실업과 구조개혁 같은 경제 문제를 해결하는 일, 이민자와 난민들을 통합하는 방법을 찾는 일, 복지와 사회정의 문제, 전 지구적인 경제적 불확실성의 시대에 독일의 번영을 유지하는 일에 집중하기를 원할 것이다. 대외정책은 우선순위가 낮을 것이며, 또한 국내의 태도를 반영해야 할 것이다. 독일인들은 전쟁에 대해서 완전히 잊어버릴 수는 없겠지만, 전쟁보다는 일자리에 대해 더 걱정할 것이다.

냉전이 끝나고 독일이 통일되면서 독일인들은 이전보다도 더욱 자신감이 있고, 자신들의 욕구와 바람을 더욱 의식할 수 있다. 그들은 다른 사람들이 자신들을 버릴까봐 두려워할 필요가 없다. 그리고 많은 이들은 자신들이 항상 독일의 과거에 대해 속죄할 필요가 있다고 믿지 않는다. 슈뢰더는 그의 첫 공식 행보 중에서 프랑스의 제1차 세계대전 휴전 80주년 기념식이나 바르샤바 게토에서 있었던 의식에 참여하지 않았다.

슈뢰더의 태도는 새롭거나 특이한 것이 아니다. 빌리 브란트는 독일인이 방에 들어갈 때마다 자동적으로 사과하지 않을 날이 올 것이라고 말하곤 했다.[9] 많은 젊은 독일인들은 슈뢰더처럼 자신들이 정상적이고 또 그런 식으로 대우받기를 원한다고 느낀다. 그들은 연방공화국이 50년 동안 서방의 책임 있는 파트너였고, 서방의 안보와 번영, 그리고 서방의 성공에 기여해왔다고 믿는다. 그들은 다른 사람들이 12년간의 나치즘만이 아니라 이 50년에 대해서도 생각하고 이야기하기를 원한다. 그들은 나치 범죄와 잔혹행위에 대해 알고 있고 이것에 대해 기꺼이 속죄하고자 하지만, 그것을 그들 자신의 삶의 일부로 보지는 않는다.

하지만 독일은 완전하게 정상적인 국가는 아니며, 충분히 정상적인 역사를 갖고 있지 않다. 독일인들은 프랑스, 영국, 심지어 이탈리아가 민족 통일을 이룩한 지 한참 후인 1871년까지도 민족 통일을 이루지 못했다. 그들은 바이마르공화국을 수립한 1919년에 민주주의를 달성했으나 이 민주주의는 제1차 세계대전에서 독일의 패배를 받아들인 부담과 베르사유조약, 그리고 급진적 정당들의 급증을 고무하는 헌법을 갖고 있었다. 그것은 그 정치인들 중 일부가 집권한 히틀러를 통제할 수 있다고 생각함으로써 그를 총리로 만들기로 결정한 순간 참담하게 실패했다.

또 독일은 정상적인 대외관계라고 일컬어질 수 있는 것도 갖고 있지 못했다. 독일의 외교는 도덕적 기조나 다른 국가들이 가지고 있는 이른바 도덕적 야망을 결코 갖고 있지 않았다. 비스마르크의 '국가 이성'은 잔인하다 싶을 정도로 자기이익만 생각하는 것 같았다. 황제 빌헬름 2세의 과대 망상적 태도는 독일의 고립과 제1차 세계대전을 낳았다. 비스마르크의 재보장조약이나 라팔로조약, 혹은 나치의 폴란드 침공과 제2차 세계대전을 가져온 1939년의 몰로토프-리벤트로프 협정* 같이 독일이 러시아 및 소련과 맺은 조약들은 종종 음흉한 목적에 봉사하는 것 같았다. 독일 외교는 교활함과 간사함으로 명성을 얻었다.

히틀러의 부상과 히틀러의 정책은 독일 역사의 어두운 측면을 더했다. 광란과 호통, 침략, 홀로코스트, 세계의 많은 부분에서 생겨난 무수한 사망자는 독일 유산의 일부로 남아 있고, 그 일들은 과거에 일어났지만 여전히 지금의 현실에 영향을 미친다.

냉전 시기 동안 모든 서독 정부들은 비스마르크의 외교든 바이마르의 마비상태든 혹은 히틀러의 유산 중 어느 부분이든, 독일 역사의 암울한 부분과 거리를 두는 정책을 끊임없이 의식적으로 추구하고자 했다. 그들은 연방공화국이 반드시 과거의 독일 체제와는 다른 완전히 새로운 길을 걷기를 원하면서, 앞을 바라볼 뿐만 아니라 뒤도 바라보았다.

본 공화국처럼 베를린 공화국에게 어제와 오늘은 여타 나라와는 다른 방식으로 합쳐진다. 그리고 각 세대의 독일인들은 과거와 그리고 과거를 기억하고 과거를 공유하는 사람들과 어떻게 가장 잘 화해를 이룰 수

---

* Molotov-Ribbentrop Pact. 1939년 8월 23일에 맺어진 독일-소련 불가침조약을 가리킨다. 조약에 서명한 외무장관들의 이름을 따서 몰로토프-리벤트로프 조약이라고도 부른다. 조약은 1941년 6월 22일 독일이 소련을 전격 침공함으로써 2년도 지나지 않아 폐기되었다.

있는지 결정할 필요가 있다. 냉전은 변했으나 그 유산을 뿌리 뽑을 수는 없었다. 냉전의 유산은 독일인들이 그것에 책임감을 느끼든 아니든 모든 독일인들이 짊어져야 할 몹시 괴로운 짐으로 남아 있다.

오늘날의 독일은 냉전 동안의 서독의 정책과는 매우 다른 새로운 대외정책을 갖고 있다. 오늘날의 독일은 현 상태를 그대로 유지하기를 원한다. 1949년부터 1990년까지 일련의 서독 정부들은 통일 독일과 소련의 철수를 모색하며 유럽 질서를 변경시키기를 원했다. 1990년에 본은 둘 다를 달성했다. 독일 정부는 지금 더 이상 변화, 특히 격변을 원하지 않는다. 역사상 처음으로 독일은 그 국경에 적이 없다. 어떤 다른 나라보다 더 많은 유럽 인접국을 갖고 있는 국가에게 그것은 수 세기 동안 어떤 독일 지도자도 누려본 적이 없는 자유를 가져다준다. 그러나 그것은 또 의무도 가져다주며, 베를린 공화국은 자신이 원하든 원하지 않든 더욱 뚜렷한 국제적 역할을 갖게 되었음을 알게 될 것이다.

새 통일 독일은 군사적 모험에 대한 어떤 희망도 품고 있지 않다. 루이 14세와 나폴레옹의 전쟁 이후 많은 사람들은 프랑스가 끊임없이 정복의 야망을 품고 있다고 생각했지만, 그것은 틀린 생각이었다. 그때의 프랑스처럼 지금의 독일도 평화를 원한다.

독일과 유럽의 관계는 대외 정책뿐만 아니라 국내 정책도 대변한다. 유럽연합은 지금 독일 경제 행정의 필수불가결한 일부이다. 많은 경제적 규제는 지금 독일의 규제일 뿐만 아니라 유럽연합의 규제이기도 하다. 전 지구적인 혹은 유럽의 통화체제가 고장 나지 않는 한, 독일인들은 2002년까지 그들의 소중한 독일마르크화의 사용을 중단하고 새로운 유럽 통화인 유로를 채택할 것이다. 독일인들은 또 유럽연합이 어떻게 발전할지 결정하는 데 도움을 줄 필요가 있을 것이다. 유럽연합이 동구권으로까지 확대됨으로써 독일은 어떤 다른 유럽연합 회원국보다 많은 비용을 부담해야 하겠지만, 그 자신이 유럽에 충분히 통합된 이웃들에 의해 둘러싸이기를 원하기 때문에 여전히 유럽연합의 동구권 확대를 원할 것이다.

베를린 공화국은 유럽연합뿐만 아니라 나토의 핵심 회원국으로 남아 있다. 나토 총사령관은 전쟁이 발발할 경우 여전히 독일군을 지휘한다. 핵 억지 체제를 비롯한 몇몇 나토 억지 체제는 냉전이 끝났음에도 불구하고 독일에 남아 있다. 독일인들은 나토의 맥락 내에서 자신들이 어떤 역할을 하기를 원하는지 시간이 흐르면서 결정할 필요가 있을 것이다. 그들은 어떤 나토 억지 체제가 독일 땅에 남아야 하는지 결정할 필요도 있을 것이다.

독일은 분단된 유럽을 허용할 수가 없다. 독일은 어떤 다른 국가보다도 더 대서양에서 우랄 산맥에 이르기까지 통합된 유럽을 가져야 한다. 서쪽보다도 동쪽으로 두 배나 많은 유럽 국가들이 있는 독일은 모든 방향으로 안정을 확대할 필요가 있다. 독일은 서방과 계속 관계를 유지하겠지만 자신의 에너지와 재원을 동쪽으로 더 집중해야 한다.

좀 더 구체적으로, 독일은 나토와 러시아 사이를 잇는 교량이어야 한다. 나토가 폴란드, 헝가리, 체코 공화국에게 회원국이 되라고 요청했을 때, 콜은 보리스 옐친이 나토의 확장을 승인했던 합의를 중개했다. 콜은 또 러시아에게 상설합동위원회를 통해 나토에서 발언권을 주었던 협정을 타결하는 데도 도움을 주었다. 러시아가 정치적·경제적으로 비틀거리자 독일만이 장기 평화를 지속시킬 수 있는 유럽 합의를 만들어낼 수 있다. 그리고 독일은 슈뢰더가 하고 있듯이, 어떤 다른 국가보다도 더 열심히 모스크바와 소통을 유지하려고 할 것이다.

코소보 주에서 세르비아 군에 맞섰던 나토의 군사작전*으로부터 어떤 결과가 초래되든 상관없이 그것은 유럽, 나토 동맹, 그리고 특히 독일에게 하나의 분수령이 되었다.

이 작전은 독일군에게 1945년 이래 처음으로 전투 역할을 부여했다. 작전의 인도주의적 목적은 연방공화국이 무력 사용을 삼가는 태도를 바꾸는 것을 가능하게 했을 뿐만 아니라 또한 필수적이게 했다. 코소보 내 알바니아인들에 대한 세르비아의 '인종 청소'를 유대인에 대한 히틀러의 말살 운동에 비유하면서, 독일 총리 게르하르트 슈뢰더와 외무장관 요슈카 피셔**는 독일인들이 특히 행동할 책임이 있다고 말했다. 독일이 지상군은 파병하지 않았지만 독일의 토네이도 전폭기가 세르비아 군을 겨냥한 폭격 작전에 가담했는데, 이는 독일 공군(Luftwaffe)이 제2차 세계대전 이래 처음으로 교전에 참여한 것이었다.

이에 더해 약 5,000명의 독일군 병력이 코소보를 빠져나온 난민들을 보호하고 돌보기 위해 마케도니아에 파견되었다. 보스니아에서 평화유지 임무를 맡았던 독일군이 임지에 그대로 남았고, 이는 구 유고슬라비아에서 독일에게 상당한 국제적 영향력을 부여했다. 독일군은 코소보에서 평화유지군에 참가했고 그들 자신의 구역을 부여받았다. 독일은 또 어떤 다른 국가보다도 코소보로부터 더 많은 난민을 받아들였다.

---

* 1998년 신유고슬라비아연방의 코소보에서 코소보의 분리 독립을 주장하는 알바니아계 민병대가 세르비아의 군사 시설을 습격하자 이에 대한 보복으로 세르비아가 인종청소를 단행함으로써 시작되었던 코소보 전쟁을 가리킨다. 전쟁은 1999년 4월 나토군까지 참여하는 국제전으로 비화했고, 같은 해 6월 신유고슬라비아연방 군이 코소보에서 철수하는 것으로 종결되었다.

** Joschka Fischer(1948-). 독일의 정치인. 1991-1994년 헤센 주 환경·에너지부 장관, 연방문제부 장관, 부지사, 1998-2005년 독일연방공화국 외무장관 겸 부총리를 역임했다.

그러나 독일인들은 전투보다는 외교에서 더 중요한 역할을 했다. 피셔는 유럽연합과 주요 8개국 정상회담(Group of Eight. G7 + 러시아)이 승인한 평화안을 만들었다. 하지만 일부 미국 관리들은 워싱턴이 전투뿐만 아니라 코소보에서도 평화 구축에 앞장서기를 원했기 때문에 이에 대해 의구심을 표명했다.

슈뢰더는 또 특히 모스크바가 나토의 대(對)세르비아 작전에 분노하여 나토 관계를 끊어버렸기 때문에 러시아를 계속 코소보 외교에 참여시키려고 직접적으로 노력했다. 슈뢰더는 다른 나토 회원국과 자신의 행동을 조율했지만, 모스크바와의 단절을 무마하려는 자신의 결의를 보여주기 위해 피셔의 차관인 볼프강 이싱어*를 모스크바에 보내 독일의 계획을 제안하기로 결정했다. 독일인들은 특히 미국인들이 처음에 소련의 역할을 무시하려는 경향이 있었기 때문에 자신들이 워싱턴보다 모스크바를 더 잘 이해한다고 생각했다. 슈뢰더와 피셔는 또 모스크바를 배제하고는 발칸 지역이 안정될 수 없다고 생각했다. 독일 대통령 로만 헤어초크**는 동유럽 나라들과 구소련의 국가수반 회의에 참석했는데, 이는 이 지역의 마셜 계획을 위한 슈뢰더의 제안에 무게를 더해주었다.

독일은 또 나토 내에서 서유럽연합***을 위한 특별한 대외 정체성과 안

---

* Wolfgang Ischinger(1946-). 독일의 외교관. 1998-2001년 독일 외무차관, 2001-2006년 미국 주재 독일 대사, 2006-2008년 영국 주재 대사를 지냈으며, 2008년 이래 뮌헨안보회의 의장을 맡았다.

** Roman Herzog(1934-2017). 독일의 정치인. 1987-1994년 연방 헌법재판소 소장, 1994-1999년 독일 대통령을 역임했다.

*** Western European Union(WEU). 1954년부터 2011년까지 존재했던 유럽의 국제기구. 사무국은 브뤼셀에 있었다. 1948년 영국, 프랑스, 벨기에, 네덜란드, 룩셈부르크 5개국이 독일의 유럽 국가 침략 정책의 부활 저지를 목적으로 브뤼셀 조약을 체결, 지역 집단 안보 체제로서 발족되었으며, 1954년 10월 21일 서독, 이탈리아가 추가된 파리 협정이 체결됨으로써 서유

보 정체성을 발전시키려는 새로운 유럽의 노력에서 핵심적인 역할도 할 것이다. 코소보에서의 활동은 모든 유럽 국가들, 특히 영국, 프랑스, 독일에게 유럽은 군사적·외교적 전략에서 독자적인 안보 역할을 발전시켜야 한다는 사실을 확신시켜주었다. 군사 기술에서 미국이 가진 장점 덕분에 워싱턴은 전투 활동뿐만 아니라 정책도 지배할 수 있었는데, 이 사실 때문에 유럽인들은 자체적으로 기술을 개발하고 재원을 과거보다 더 잘 공유해야 한다는 점을 깨달았다.

독일인들은 힘 있는 지위를 원하지 않으며 구 독일제국의 야심과 정책을 부활시키기를 바라지 않는다고 끊임없이 강조한다. 독일 통일 직후 헬무트 콜의 국내 정치 전문가 고문단의 일원이었던 볼프강 베르그스도르프*는 비스마르크의 1871년 통일 독일과 콜의 1991년 통일 독일의 차이를 상세히 설명하는 논문을 발표했다. 슈뢰더의 국방장관인 루돌프 샤르핑**은 독일 군사 활동의 인도주의적 목적을 지속적으로 강조했다. 이싱거는 모스크바를 방문하는 동안과 그 후에도 자신은 특수한 독일의 길을 추구하고 있는 것이 아니라 유럽연합뿐만 아니라 나토 동맹 전체를 대표하여 행동하고 있다는 점을 분명히 했다. 독일은 새로운 동방정책을 가지겠지만, 슈뢰더와 그의 후임자들은 아데나워나 브란트만큼이나 비

럽연합으로 확대·개편되었다. 성립 목적 또한 회원국 간의 국방 정책, 군비의 조정 및 사회·문화·법률 분야의 협력 촉진으로 변경되면서 유럽의 단결과 통합의 도모를 표방했다. 1990년에는 스페인과 포르투갈이, 1995년에는 그리스가 가입하면서 회원국이 10개국으로 확대되었다. 하지만 서유럽 연합의 집단방위 정책이 2009년에 발효된 리스본 조약으로 넘어가면서, 2011년 6월 30일을 기해 공식적으로 해체되었다.

* Wolfgang Bergsdorf(1941-). 독일의 정치학자. 2000-2007년 에르푸르트 대학 총장, 2007-2015년 괴레스 협회 의장을 지냈다.

** Rudolf Scharping(1947-). 독일의 정치인. 1993-1995년 사회민주당 총재, 1994-1998년 연방의회 사회민주당 원내대표, 1998-2002년 국방장관을 역임했다.

스마르크의 '시소 정책'(Schaukelpolitik)을 되풀이하고 싶지 않을 것이다. 별도의 독일의 길은 없을 것이다. 그럼에도 불구하고, 별개의 좁은 독일의 길은 있을 것이다.[10]

하지만 독일인들은 당장은 그들 자신에 집중하기를 원한다. 독일인들은 얄타를 수정하고 냉전에서 승리하는 데 일조했다. 이제 그들은 옛 현실과 옛 욕구를 잊어버리고 새로운 현실과 새로운 욕구에 집중하기를 원한다.

독일인들은 역사를 정지시키고 싶다. 그들은 역사를 되풀이하기를 원하지 않는다. 그들은 서독인들이 누려왔고 모든 사람이 지금 공유하기를 원하는 평화와 번영의 행복감 속에서 무한히 살고 싶다. 독일인들은 그와 같은 바람이 비현실적인 것은 알지만 그것은 그들이 자기 자신과 다가올 세대를 위해 원하는 안정을 표현한다. 독일인들은 이 목적에 가장 잘 기여할 수 있는 사람들을 친구로 선택할 것이다.

베를린의 유럽

독일 통일은 한 민족뿐만 아니라 대륙을 통합시켰다. 그리고 그것은 새로운 유럽, 베를린의 유럽을 위한 토대를 구축하기 시작했다.

유럽은 유럽 국가 체제의 새벽이 시작된 이래 4개의 역사 단계를 거쳐 왔고 지금 다섯 번째 단계에 진입중이다.

• 첫 번째 단계는 1648년 베스트팔렌 조약*으로 만들어져 1800년 경

---

* Treaty of Westphalia. 30년 전쟁을 종결하기 위해 1648년에 체결된 평화조약. 이 조약으로

나폴레옹 전쟁으로 끝난 베스트팔렌의 유럽이었다.

- 두 번째는 1815년 빈 회의*에서 만들어져 제1차 세계대전으로 끝난 빈의 유럽이었다.

- 세 번째는 1919년 베르사유 조약에 의해 만들어져 1939년 히틀러의 폴란드 침공으로 끝난 베르사유의 유럽이었다.

- 네 번째는 1945년 얄타 협정에 의해 만들어져 1989년 동베를린 시민들이 장벽을 돌파했을 때 끝난 얄타의 유럽이었다.

- 여전히 형성 과정에 있는 다섯 번째 단계는 베를린의 유럽이 될 것이다. 그것은 베를린 장벽의 붕괴로 시작되었고, 또 베를린이 느리지만 꾸준하게 대두하여 대서양으로부터 우랄산맥에 이르는 유럽의 중심이 될 것이기 때문에 베를린이라는 이름을 붙여야 한다.

유럽은 거의 한 세기 동안의 전쟁과 분할 이후 다시 단합하고 있다. 유럽은 1914년 이래 어느 때보다도 유럽 전역을 여행하기가 더 쉽다. 정부 관리, 실업계 지도자들, 예술가, 운동선수 등은 거의 항상 왔다 갔다 한다. 자본 투자는 주로 서쪽에서 동쪽으로 대륙을 가로질러 흐른다. 노동자와

신성 로마 제국에서 일어난 30년 전쟁과 네덜란드 독립전쟁이 종결되었다. 이 조약은 근대적인 개념의 외교회의를 통해 이루어진 조약이라는 점에서 중요한 의미가 있다. 전쟁에서 이긴 나라가 패전국에게 일방적으로 강요해서 체결된 조약이 아니라, 관련 국가들이 참석한 외교 회의를 토대로 이루어낸 조약이며, 나아가 중부 유럽에 국가 주권 개념에 기반을 둔 새 질서를 세웠다는 점에서도 높은 평가를 받는다. 또 상호 독립적인 주권국가가 자신의 의사만으로 외국과의 동맹 등 조약을 체결할 권리를 인정받았다는 점에서, 일반적으로 이 조약으로부터 근대 국제법이 시작된 것으로 본다.

* Congress of Vienna. 나폴레옹 전쟁의 결과를 수습하기 위해 1814-1815년 오스트리아의 재상 클레멘스 폰 메테르니히의 주도하에 영국, 프로이센, 오스트리아, 러시아 등이 참석하여 오스트리아의 수도 빈에서 개최된 회의이다. 회의의 결과 유럽의 질서를 나폴레옹 전쟁 전으로 돌리는 빈 체제 혹은 유럽협조체제가 성립했다.

난민들은 동쪽에서 서쪽으로 흐른다. 무역은 양 방향 모두에서 증가하고 있다. 유럽은 지금 스스로를 재창조하는 과정에 있는 대륙으로 간주되어야 한다.

새로운 유럽은 1914년에 에드워드 그레이 경이 알았고 탄식했던 유럽보다 나을 수 있고 또 나아야 한다. 그때의 유럽에는 중심부 전역에 격렬한 증오와 불변의 적대감이 팽배해 있었다. 새로운 유럽에는 그런 것들이 없다. 물론 발칸 지역 같은 주변부에서 오랜 균열을 뚫고 다시 폭발이 일어나 유럽의 평화와 유럽의 화합을 훼손시킨 적은 있지만 말이다.

유럽은 완전히 통합되어야 한다. 유럽은 절반은 부유하고 절반은 가난하게 남아 있는 한 안정되고 평화적일 수가 없다. 주로 경제적이고 정서적인 강력한 힘들이 항상 대륙을 뭉치게 했다. 똑같이 강력한 힘들, 주로 정치적이고 전략적인 힘들은 항상 유럽을 갈라놓았다. 비록 정치적·경제적 위기가 이 과정을 여전히 망치고 심지어 뒤집을 수도 있겠지만, 지금은 전자의 힘이 승리할 수 있다.

일부 서방 조직들이 대륙을 가로질러 뻗어나가기 시작했는데, 이 과정은 1999년 4월에 나토가 체코공화국, 헝가리, 폴란드를 회원으로 가입시키면서 개시되었다. 이러한 팽창에는 위험이 뒤따른다. 러시아는 이에 반대했다. 고르바초프는 자신이 독일을 통일시키면 미국이 나토를 동쪽으로 더 움직이지 않기로 약속했다고 역설했다. 소련 군부도 불평했고, 소련 정부는 나토 확장을 이유로 일부 군비통제 협정의 비준을 지연시켰다. 모스크바의 태도는 앞으로 나토의 팽창을 늦추겠지만, 유럽연합의 팽창은 순전히 서유럽의 보조금 관행을 동유럽으로 확대하는 데 드는 비용 때문에 느려질 것이다.

하지만 서유럽의 기구들도 러시아인들도, 나토와 유럽연합이 대륙 전역으로 팽창하면 이 기구들이 확대되는 만큼 그 기구들 자체가 변화되리라는 사실을 깨닫지 못하고 있는 듯하다. 더구나 이 기구들이 동쪽으로 연장되면서, 유럽의 중심도 동쪽으로 움직인다.

나토와 유럽 연합은 변할 것이다. 나토는 그 전략의 기본원칙 일부를 수정해야 할 것이고, 유럽연합은 자신의 통합 정책 중 일부를 수정해야 할 것이다. 분할된 유럽을 위해 창출된 조직들은 통합된 유럽에서는 기능할 수가 없다. 유럽이 변함에 따라 이 조직들도 변해야 한다. 이 조직이 변하면, 서유럽은 동쪽의 이웃들과 덜 구별될 것이다.

대륙의 전반적인 통합처럼 서유럽 기구들의 팽창도 유럽의 성격을 변화시킬 것이다. 나토와 유럽연합은 브뤼셀에 사무실을 계속 유지하겠지만 그들의 사고는 다른 곳으로 옮겨져야 한다. 그들은 유럽의 중심부가 보는 방식으로 사태를 보아야 한다. 브뤼셀은 서유럽의 중심일 수는 있었으나 유럽 전체의 중심일 수는 없다. 브뤼셀은 유럽연합을 관리할 수는 있으나 대륙 전체를 화합시킬 수는 없다.

유럽의 기구들이 변하거나 확대될 수 없다면 독일은 직접 나서서 대륙의 두 반쪽을 잇는 연결고리들을 건설하려 할 것이다. 독일은 새로운 동-서 관계의 조건을 확실히 자신이 설정할 수 있도록 어떻게 해서든 그렇게 하려 할 것이다.

슈뢰더 총리는 어떤 분할선도 없는 유럽에 특별한 독일의 이해가 있다는 점을 금방 깨달았다. 총리가 된 후 몇 달도 안 돼 슈뢰더는 역사적인 이유와 최근에 있었던 여러 이유들—독일인들이 자유를 되찾는 것을 도와주기 위해 체코슬로바키아, 헝가리, 폴란드가 했던 역할을 포함하여— 때문에 독일이 중부 유럽과 동유럽 전역에서 특별한 역할을 할 수 있고 또 해야 한다고 말했다. 슈뢰더는 독일이 러시아를 포함한 유럽 전체의 관계를 개선하는 데 '정직한 중개자'가 될 것이고, 자신은 독일이 러시아의 동반자가 되기를 원한다고 말했다. 슈뢰더는 접촉을 확대하기 위해 발트 공화국들과 다른 동유럽 국가들에게 특별 대표단을 보냈다. 슈뢰더는 이것이 비스마르크적 의미에서의 '특별한 독일의 길'이 아니라 유럽 전체를 도와주어야 하는 독일 정책이 될 것임을 강조했다.

독일 실업계는 동쪽으로 새로운 큰길을 열었다. 중부 유럽과 동유럽에서 독일의 무역과 투자 규모는 다른 서유럽 국가들을 모두 합한 것보다 더 크다. 독일은 베를린과 바르샤바, 그리고 그것을 넘어 민스크, 키예프, 모스크바, 발트 해를 따라 상트페테르부르크를 잇는 새로운 고속 열차와 고속도로 건설에 자금을 지원할 것이다.

강력한 힘이 유럽을 통합하면서 베를린 주위로 유럽을 응집시킬 것이다.

베를린은 유럽의 지리적 중심이다. 유럽 지도를 들고 파리부터 모스크바까지 하나의 선을 긋고, 스톡홀름으로부터 로마까지 또 하나의 선을 그으면, 두 개의 선은 신기하게도 브란덴부르크 문 가까이에서 교차한다. 이 문은 베를린 시처럼 북유럽과 남유럽뿐만 아니라 서유럽과 동유럽 사이의 중심점에 위치해 있다. 베를린은 동과 서 사이에 가장 직접적으로 위치해 있는 세계의 수도로서 더 이상 대륙의 주변부가 아니라 중심에 있게 될 것이다. 베를린은 동시에 서유럽의 일부이기도 하고 중부 유럽의 일부이기도 하고 동유럽의 일부이기도 한 유일한 도시이다.

사람들과 사업과 영향력이 베를린 쪽으로 이끌려갈 것이다. 독일 정부는 그곳에 자리 잡을 것이다. 베를린 시는 주요한 중공업 중심지였던 19세기의 지위를 되찾지 않겠지만, 앞으로 이런 종류의 산업은 과거만큼 중요하지 않을 것이다. 대신 베를린은 미래의 필수적인 활동들인 첨단

기술투자, 문화, 관광, 정치, 화상 회의의 중심이 될 것이다. 베를린은 다른 대도시들과 마찬가지로 상이한 관찰자들에게 다양한 이미지를 제공할 수 있다.

베를린은 정보통신 시대의 정보통신 중심지, 다문화 시대의 다문화 중심지가 될 것이다. 베를린은 다른 큰 도시들이 누리지 못하는 동-서 시각을 갖게 될 것이다. 이것은 오랜 냉전 기간 동안 베를린이 지방주의 비슷한 것을 갖게 되었기 때문에 금방 일어나지는 않을 것이다. 그러나 사람들이 그러듯이, 사건들이 베를린 주위로 모이기 시작할 것이다. 베를린은 새로운 경제와 새로운 유럽 정신을 지배하는 기능을 수행하면서 가장 역동적인 독일 도시로서 그 역할을 재개할 것이다. 독일의 수도로서 베를린은 그 주위로 유럽뿐만 아니라 독일도 끌어들일 것이다.

새로 구성되고 새로 태어난 독일이 독일인들이 '중앙의 나라'(Das Land der Mitte)라고 부르는 지역으로서의 전통적인 역할로 되돌아갈 수 있듯이, 베를린도 '중앙의 도시'(Die Stadt der Mitte)로서의 전통적인 역할로 되돌아갈 수 있다. 그러나 베를린은 한 국가의 중앙이 아니라 대륙의 중앙에 있을 것이다. 베를린은 유럽의 상이한 부분들 사이에서 중심 연결고리로 기능할 것이다. 유럽의 안정을 원한다면 베를린과 독일이 그 중심에 있어야 한다.

베를린과 독일은 유럽을 지배하지 않을 것이며, 또 그런 시도를 해서는 안 된다. 그들은 예전에 그렇게 원했던 것처럼 무력이 아니라 다른 수단으로 영향력을 발휘할 수 있다. 베를린과 독일은 그들의 동쪽이나 서쪽에서 일어나는 모든 일에, 특히 유럽의 동쪽 절반과 서쪽 절반 사이에서 일어나는 어떤 일에도 관여해야 한다. 그들은 아마도 항상 핵심적인 것은 아니겠지만 언제나 경청해야 하는 발언을 할 권한을 가질 것이며,

다른 이들이 독일의 역할을 두려워하는 것이 아니라 환영하기를 바랄 수 있을 것이다.

제국의 수도라는 협소한 역할로부터, 그리고 냉전의 주요 무대라는 훨씬 더 협소한 역할로부터 베를린은 새로워진 대륙의 중심이라는 좀 더 폭넓은 역할을 찾을 수 있다. 베를린이 그렇게 할 수 있다면, 베를린의 유럽은 과거의 어떤 유럽보다도 더 나은 유럽이 될 수 있다.

또 다른 독일─미국의 세기?

프랑스의 역사학자이자 정치학자인 레몽 아롱*은 1945년 베를린의 폐허를 걷고 있을 때 다음과 같이 말했다고 전해진다. "이는 독일의 세기일 수도 있었을 겁니다."

어떤 의미에서 물론, 합리적인 독일인이라면 희망했을 그런 식은 아니었지만, 그것은 독일의 세기였다. 독일은 세기의 대부분 동안 다른 나라에 맞서 싸우든지 혹은 다른 나라가 독일을 두고 싸우게 하면서, 세계 사건들의 중심에 위치해 있었다.

또한 출판업자 헨리 루스**와 많은 다른 이들이 그랬듯이 20세기는 미국의 세기라고 말할 수도 있을 것이다. 미국은 전 지구적 정치 형태와 전

---

* Raymond Aron(1905-1983). 프랑스의 학자이자 언론인. 제2차 세계대전 중에는 드골에 협력하여 잡지 편집을 맡았다. 철학, 정치학, 사회학 등에 관한 여러 저서가 있다.

** Henry Luce(1898-1967). 미국의 잡지 발행인이자 출판업자. 1898년 중국 산둥 성의 장로교 선교사의 아들로 태어나 1912년 미국으로 건너왔다. 예일 대학교에 재직하면서 1923년 동창생인 브리턴 헤이든과 함께 뉴스 잡지《타임》을 창간했다. 또 1930년 미국의 종합 경제지《포춘》, 1936년 주간 그래프지《라이프》, 1952년 주부용 잡지《하우스 앤드 홈》, 1954년《스포츠 일러스트레이티드》등도 발행했다.

지구적 경제를 형성시켰다. 미국은 유엔, 세계은행, 국제통화기금, 그리고 나토와 여타 기구 같은 주요 동맹들의 설립에 앞장섰다. 미국은 또 국제 인권 및 난민 운동 같은 인도주의적 문제에 대한 새로운 지구적 감정 전체도 촉발시켰다. 이와 동시에 미국은 과학, 기술, 많은 종류의 산업에서도 세계를 이끌었고, 심지어 세기 말 이후에도 그렇게 했다.

가장 정확히 말하면, 20세기는 독일과 미국이 각자 세계에서뿐만 아니라 상대국의 운명에서도 결정적인 역할을 했기 때문에 독일-미국의 세기였다고 말할 수 있을 것이다. 독일은 미국을 세계로 데려와 그곳에 있게 했다. 독일은 미국을 제1차 세계대전 속으로, 그 후 1920년대 중반에 등장한 일부 지구적 제도 속으로, 그리고 제2차 세계대전 속으로 데려왔다. 독일은 어떤 다른 국가보다도 더 지구적 역할에서 미국이 영국을 대체하게 해주었다. 독일에 맞선 두 차례의 전쟁에서 이긴 후 미국은 그 뒤 서독 등과 함께 힘을 합쳐 냉전에서 승리했다.

이후 미국은 독일에 대해 가장 큰 영향력을 갖게 되었다. 미국은 두 차례의 세계대전에서 독일을 패배시켰고, 냉전 기간 동안 서독을 창건하고 방어했으며, 냉전에서 등장한 독일을 형성하는 데 도움을 주었다. 독일이 20세기 동안 미국의 운명에 영향을 미쳤다면, 미국은 받은 대로 돌려주는 것 이상이었다.

양 국가는 냉전 시기 동안 긴밀하게 협력했다. 서독은 워싱턴이 창설한 많은 지구적 기구들, 특히 재정적·전략적 책임을 진 기구들의 주요한 지지자가 되었다. 독일마르크화는 달러 다음 가는 세계 통화가 되었다. 연방은행은 세계에서 두 번째로 중요한 중앙은행이 되었다. 그리고 독일은 세계에서 두 번째로 큰 무역 국가가 되었다. 워싱턴과 뉴욕이 현재의 지구 체제를 설계하고 건립했다고 할 수 있지만, 이 체제는 서독이 가담하고 지지하지 않았더라면 효과적으로 기능할 수 없었을 것이다. 또한 미국도 서독과 동맹을 맺고 그곳에 미군 기지를 갖지 않았더라면 지구적인 전략적 역할을 담당할 수 없었을 것이다.

서독은 서방의 전략적·재정적 구조에 편안하게 맞춰 들어가 그 구조에 세계적 규모의 범위를 부여하는 데 도움을 주었다. 서독은 파리와 워싱턴과 협력하여 지구적 관리 이사회인 G7(Group of Seven)을 창설했다. 서독은 점점 더 큰 비중으로 국제적인 전략적·재정적 주요 결정에 참여하면서, 지구적 체제의 핵심에서 안정되고 존중받는 역할을 가졌다.

21세기는 한두 민족의 것이 아닐 것이다. 너무나 많은 주요한 국가들이 대두하면서 지구적 권력과 명성을 얻었다. 중국, 인도, 부활한 러시아, 새로운 활기로 넘치는 일본, 좀 더 통합된 유럽연합은 모두 내로라 할 뭔가가 있을 것이다. 발전도상국들만이 아니라 제2차 세계대전의 다른 두 승전국인 영국과 프랑스도 그럴 것이다. 대부분의 문제가 지금 한두 나라에 의해서는 해결되거나 처리될 수 없기 때문에 국가들은 아마도 동맹을 통해 기능할 것이다.

다음 세기는 또 하나의 독일-미국 세기가 되지 않을 것이다. 그러나 미국과 독일은 함께 긴밀하게 일할 필요가 있을 것이다. 20세기가 보여주었듯이, 그들은 적으로서보다는 친구로서 더 많은 일을 할 수 있다. 그러나 이것은 냉전 시기보다도 더 낮은 노력을 요할 것이다.

이제부터 베를린은 워싱턴과 다르게 세계를 볼 것이고 또 보아야 한다. 독일인들과 미국인들은 더는 그들이 엘베 강을 따라 그랬던 것처럼 전략적 경계를 공유하지 않는다. 독일은 지구적 초강대국이 아니라 유럽 대륙의 국가이며, 그러므로 베를린의 결정은 워싱턴의 결정과 다른 바탕 위에서 내려질 것이다.

워싱턴도 베를린을 다르게 볼 것이다. 베를린 장벽 돌파 이후 10년 동안 미국의 미디어들이 베를린을 다루는 방식이 변했다. 미국의 신문과 텔레비전 기자들은 서베를린을 '자유의 섬'으로, 서베를린 시민들을 자랑스러운 미국의 동맹자들로 이야기하곤 했던 반면, 지금의 미국의 미디어들은 주로 베를린의 나치 전력에 대해 이야기한다. 마찬가지로 미국이 독일 전체를 다룰 때는 냉전 시기보다 나치 시기를 더 깊이 파고든다.

유럽과 미국 기구들의 새로운 역할들은 독일-미국 관계의 성격을 바꿀 것이다. 유럽연합의 중요성이 점점 커져가고, 유럽연합의 정책에서 프랑스가 중요한 목소리를 가짐에 따라 독일은 미국의 길과 다른 길을 밟을 수 있다. 독일은 유럽의 결정에 대한 자신의 충직성을 유지한다면 항상 미국을 지지할 수는 없는 노릇이다. 워싱턴은 통합된 유럽의 함의들, 특히 그 정책이 미국의 정책과 다를 수도 있는 통합된 유럽의 함의들을 충분히 직시하지 못했다. 독일을 포함한 대부분의 유럽 국가들도 마찬가지이다. 그러나 진정으로 통합된 유럽은 독일로 하여금 충직성을 자신의 본거지 대륙으로 더 기울도록 강제할 것이다.

똑같은 것이 나토에도 적용된다. 워싱턴과 베를린은 전략적 문제에 관해 항상 의견이 일치하지는 않을 것이다. 그들은 심지어 독일 통일을 위한 최종 협상 동안에도 그랬다.[11] 소련의 붕괴와 함께 워싱턴과 베를린이 앞으로 같은 의견을 가져야 할 이유는 더 줄어들 것이다.

나토는 미국인과 독일인들에게 여전히 중요하다. 나토는 미국과 유럽이 구 유고슬라비아에서, 보스니아와 코소보에서 문제를 다루는 것을 도와주었고, 계속 그렇게 해야 할 것이다. 그러나 워싱턴은 종종 베를린을 비롯한 유럽의 수도들보다 더 군사적이고 덜 정치적으로 문제들을 바라본다. 많은 군사적 충돌에서 고도로 정교한 미국 군사장비가 유럽의 군사장비보다 더 효과적으로 작동할 수 있지만, 그 때문에 유럽인들이 자동적으로 미국의 전술을 따르지는 않을 것이다. 그리고 군사적 자신감보다 외교적 자신감을 더 많이 갖고 있는 독일은 워싱턴보다 더 외교를 이용하고 싶어 할 것이다. 전략적 요구는 냉전 시기와는 달리 기능하지 않을 것이다.

모스크바의 독일 전문가인 율리 크비친스키는 독일인들이 통일 전보다 통일 이후에는 미군을 덜 환영할 것이라고 생각했다. 이것은 여전히 확인을 해봐야 하나 아마 사실로 드러날 것이다. 워싱턴도 유럽에 그렇게 많은 병력을 주둔시키는 것을 원하지 않을 것이다. 그 숫자는 이미 크게 감축되었다. 그리고 나토가 범유럽 구조로 합체되어야 한다는 한스-디트리히 겐셔의 믿음은 앞으로 올바른 것으로 판명될 것이다. 장기적으로 고르바초프의 정책과 유산은 스탈린이나 흐루쇼프 혹은 브레즈네프의 정책과 유산보다 나토와 미국에 더 큰 도전을 제기한다. 그것들은 독일-미국의 전략적 협력에 영향을 미치지 않을 수가 없다.

새로운 세기가 밝아옴에 따라 독일은 워싱턴과의 관계가 독일의 평화, 안보, 번영에 여전히 필수적이기 때문에 이 관계를 버리고 싶지 않을 것이다. 그것은 냉전 유산의 중요한 일부이나 변해야 하고 또 변할 것이다. 콘라트 아데나워, 빌리 브란트, 헬무트 콜은 필요할 때마다 거의 자동적으로 워싱턴을 쳐다보았다. 그리고 트루먼부터 부시까지 많은 미국의 대통령들은 대 독일 관계의 중요성을 보았다. 앞으로 어느 누구도 과거처럼 현 상황을 당연한 것으로 여길 수 없다. 그들은 또 자동적으로 서로를 향하는 것을 기대할 수도 없다.

이것들 중 어떤 것도 놀라움이나 경계를 불러 일으켜서는 안 된다. 왜냐하면 그것은 미국과 독일의 관계에서뿐만 아니라 다른 많은 국가들과 독일의 관계에서도 장기적 과정이 정상적으로 종결되고 있음을 보여주는 것이기 때문이다. 통일 독일은 서독보다 더 많은 정치적·전략적·경제적 대안이 있다. 통일 독일의 동맹국들도 그렇다. 모두가 이를 고맙게 여길 수 있지만 그들은 향수를 일으키는 순간들도 갖고 있을 것이다. 드골은 알제리에 살고 있는 프랑스인들에게 '아빠의 알제리'*는 영원히 없어졌다고 말한 적이 있다. 그처럼 미국인들에게 '아빠의 독일'은 영원히 없어졌다. 그리고 독일인들에게는 '아빠의 미국'이 없어졌다. 미국인들과 독일인들에게 나토는 더 이상 '아빠의 동맹'이 아니다.

역사적인 관점에서 서방 동맹의 진정한 시험대는 냉전에서 승리한 사실이 아닐 것이다. 딘 애치슨과 어니스트 베빈이 동맹을 수립한 목적은 달성되었다. 진정한 시험대는 뒤이은 평화를 유지하고, 냉전 50년의 노력이 헛수고로 돌아가지 않도록 확실히 하는 일일 것이다.

독일에 대한 세 번째 질문

세계는 근대 유럽사의 여명 이래 독일에 대한 두 가지 질문에 직면했다.

첫째, 1871년 비스마르크의 통일 이전에 다른 이들이 독일 영토와 독일 민족의 몫을 두고 싸울 때 독일에서 어떻게 평화를 유지할 것인가? 독일을 둘러싼 냉전 투쟁은 이 오랜 독일 문제의 근대적 변이가 되었다.

둘째, 강력할 뿐만 아니라 종종 독단적이고 공격적이기도 한 전제적

---

* l'Algérie de Papa. 1959년 드골이 신문기자에게 알제리민족해방전선(FLN)과 평화협정을 맺을 것을 주장하며 말한 문장 속의 문구. 이 문구가 든 문장은 다음과 같다. "아빠의 알제리는 죽었고, 만약 사람들이 그것을 이해하지 못한다면, 우리는 알제리와 함께 죽을 것입니다."

인 통일 독일 국가에 맞서 유럽과 세계의 평화를 어떻게 유지할 것인가? 빌헬름의 제국과 히틀러의 통치 동안 세계는 이 독일 문제에 직면했다.

이제 세 번째 독일 질문이 다가왔다. 통일되고 강력하며 때때로 독단적이지만 완전히 충실한 민주주의 체제이고 침략에 어떤 관심도 없는 독일 국가와 어떻게 관계를 맺을 것인가? 혹은 핵무기 같은 국가의 힘을 구성하는 주요 요소들은 없겠지만 여전히 큰 영향력을 갖고 있고 가끔 그것을 사용할 독일 정부와 어떻게 관계를 맺을 것인가? 이 질문들은 분단 독일이 정책의 주요 요소들은 다른 이들에게 맡기고 대개 다른 이들이 주도하는 동맹의 맥락 내에서만 행동하면서, 의도적인 침묵 문화뿐만 아니라 무행동 문화를 실행했던 냉전 기간 동안에는 없던 것이었다.

본의 침묵 문화, 눈에 띄지 않으려는 의식적인 욕망은 같은 이름의 공화국의 등장과 함께 사라질 것이다. 다른 이들은 프랑스나 영국, 미국, 혹은 다른 정부들에 대해서는 전혀 침묵을 기대하지 않는다. 하지만 수십 년 동안 그들은 독일에게 침묵을 기대했다. 그러나 독일 민주주의 체제는 또 국익을 가질 수 있고 다른 민주주의 체제들처럼 국익을 추구할 수 있다.

그리하여 독일에 대한 세 번째 질문은 독일과 그 동맹국들에게 문제들을 제기할 수 있다. 독일인들은 유럽에서의 중심적 자리와 세계 속에서 자신들이 담당할 주요한 역할을 개척할 것이다. 독일인들은 이미 그렇게 하기 시작했고, 슈뢰더 정부하에서든 그 후임 정부하에서든 계속 그렇게 할 것이다. 모든 사람이 독일인들이 하는 것을 전부 마음에 들어하거나 받아들이지는 않을 것이다. 그러나 어느 누구도 그런 종류의 독일을 대해본 경험이나 역사적 기록도 없고, 또 다루기 위한 방안도 갖고 있지 않다. 그들은 독일과 유럽, 세계가 서서히 나아감에 따라 자신들의 방법을 찾아야 할 것이다. 독일인들도 마찬가지일 것이다.

　독일 총리는 다른 나라의 지도자들은 굳이 설명할 필요가 없는 다음과 같은 문제들에 대해 설명할 필요가 있다. 해외에서 정당한 독일의 국익은 무엇인가? 독일군은 언제 해외에서 교전행위에 참여해야 하는가? 독일은 어느 정도 앞장서려고 해야 하는가? 미국 대통령이나 프랑스 대통령 혹은 영국의 총리, 혹은 심지어 일본 총리도 이런 종류의 질문에 대답할 필요가 없다. 그 정부들이나 혹은 다른 정부들은 정당한 국익을 인식할 수 있고 또 인식한다. 독일도 국익을 가지겠지만 다른 나라들은 여전히 그것에 익숙하지 않다. 독일인들 스스로도 익숙하지 않다. 독일 총리는 무엇을 그러한 국익으로 인식할 것인지를 어느 누구보다도 더 신중하게 설명해야 한다. 총리는 그것을 국내에서뿐만 아니라 해외에서도 설명해야 한다.

　이러한 질문들은 심지어 독일이 국제적인 조직 내에서 행동할 때에도 제기된다. 독일 총리나 외무장관 혹은 심지어 재무장관조차도 많은 다른 나라들 사이에서 연결고리로 기능해야 한다. 독일은 보편적인 중개인이다. 하지만 점차 독일 총리는 중재인으로서만 역할하기를 원하지 않을 것이며, 다른 국가가 독일의 정책과 구상들을 따르기를 설득하고 싶어 할 것이다.

　독일에 대한 세 번째 질문은 그렇게 많은 것이 달려 있지 않기 때문에 첫 두 질문보다도 대답하는 데 비용이 덜 든다. 유럽과 세계는 독일이 너무 약하거나 너무 강하지 않을 때 더 낫다. 그 점에 대해서는 독일인 자신들도 그렇다. 그러나 독일인들과 그들의 친구들은 새로운 관계에 적응하는 법을 배울 필요가 있다. 과거가 발목을 잡을 수도 있는데, 사람들이 현재의 현실을 반영하지 못하지만 너무 깊이 뿌리를 내리고 있어서 무시하지도 못하는 태도로 물러나 그냥 관망할 수 있기 때문이다.

시간이 흐르면서 관계는 더욱 분명해질 것이다. 그러나 독일인들은 유럽과 세계에서 새로이 자신들의 자리를 찾아내는 것이므로 처음에는 관계 맺기에 어려움이 있을 것이다. 게르하르트 슈뢰더와 그의 동료, 그의 후임자들이 내딛는 발걸음은 각각 독일의 새로운 역할을 형성하는 선례가 될 것이다. 각각의 발걸음들은 독일을 새로운 길 위에 올려놓을 것이다. 독일인들과 다른 이들은 미래에 대해서뿐만 아니라 제국과 냉전의 유산에 대해서도 생각할 필요가 있다.

독일인들과 그들의 친구들은 냉전의 거대한 위기들을 넘어 나아갈 수 있었다는 사실에 고마워할 수 있다. 그러나 독일에 대한 질문은 독일인들에게나 다른 이들에게나 언제나처럼 여전히 대답하기 쉽지 않은 문제로 남아 있다.

새로운 베를린 공화국은 냉전 기간 동안 독일의 경험에 바탕을 둔 몇 가지 원리를 따를 것이다.

- 국내에서의 민주주의. 독일인들은 어떤 형태로든 극단주의로 돌아가기를 원하지 않는다.
- 해외에서의 신뢰성. 콘라트 아데나워는 이 원리를 세웠고 다른 이들은 그것을 지켜왔다.
- 모든 방향으로 향한 전면적인 개방. 빌리 브란트는 이 원리를 세웠고 슈뢰더는 그것을 유지하기를 원한다.
- 절대적으로 필요한 경우가 아니면 결코 혼자 힘으로 하지 않겠다는 단호한 결의 속에서 더욱 폭넓은 관계에 대한 지속적인 희망.

새로운 독일은 옛 독일이 그랬듯이 국익을 가지고 있고, 다른 국가들처럼 그것을 추구할 것이다. 새 독일은 필연적으로 다른 국가들의 국익과 충돌할 수밖에 없을 것이다. 그러나 새 독일은 또 다른 국가와 의견이 다를 수밖에 없지만 공개적인 절연과 노골적인 반대를 피하려 애쓸 것이다. 워싱턴은 독일이 미국에 반대하는 행동을 취함으로써가 아니라 미국 없이 행동을 취함으로써 의견 차이를 보여준다는 것을 알게 될 것이다. 워싱턴은 또 2000년에 러시아 대통령이 되었고 독일을 알면서 독일어를 유창하게 구사하는 블라디미르 푸틴*이 일부 미국의 이익에 반하는 독일의 태도에 영향을 미치기 위해 베를린과 선린 관계를 수립하려고 할 것임을 알게 될 것이다. 그러나 독일 정부는 가능한 한 분열을 악화시키는 것이 아니라 정책을 조화시키려고 할 것이다.

이 전략은 양치기의 원리를 따르며, 따라서 '양치기' 독트린이라고 불러도 무방할 것이다. 베를린은 지구적 동맹 정책을 이끄는 것을 도와주기를 원한다. 그러나 양치기처럼 베를린은 모든 독일의 친구와 파트너들이 화목하게 지내거나 적어도 외교계 내에서 서로 접촉하고 가능하면 의견이 일치하도록 확실히 하기를 원한다. 이 전략은 가능한 한 가장 넓은 전선에서 동구권과 서방에 대한 이해를 모색하게끔 만든다. 실제든 잠재적이든 친구들을 이 외교계 내로 끌어들여야 한다. 일단 그들이 외교계 내에 들어오면 베를린은 그들을 그곳에 머물게 하기 위해 애쓸 것이다. 다른 무엇보다도 베를린은 고립을 피하려 노력할 것이다.

---

* Vladimir Putin(1952-). 러시아 연방의 정치가. 1999년 러시아 대통령 보리스 옐친에 의해 총리로 지명되었으며 그해 12월 31일 옐친이 사임하면서 총리로서 대통령직을 대행했다. 이듬해 3월 26일 열린 정식 대선에서 러시아의 대통령으로 당선되어 2008년까지 제2대 대통령직을 맡았다. 대통령에서 물러난 뒤 드미트리 메드베데프 정권하에서 총리직을 지냈고, 2012년 3월 대통령 선거에서 3선에 성공하여 다시 대통령직을 수행하게 되었다.

슈뢰더의 정책은 그의 전임자들과 마찬가지로 이 목적과 그것이 반영하는 현실에 봉사해야 한다. 베를린 공화국이 평화로우면 베를린의 유럽도 틀림없이 평화로울 것이다. 슈뢰더는 도처에서, 유럽연합, 동유럽, 러시아 내에서, 또 대서양을 가로질러서 안정을 제도화해야 한다.

새로운 베를린 공화국은 옛 본 공화국처럼 역할하기를 원한다. 베를린 공화국은 혼자 정책을 주도하는 것이 아니라 민주주의 체제 서방에 기본적으로 충실하면서도 모든 이들과 보조를 맞추며, 보편적인 연결고리로 남기를 원한다.

독일의 친구들, 이전 점령자들 혹은 동맹자들 모두가 독일의 행동에 항상 찬성하는 것은 아니다. 그것은 독일에 대한 새로운 세 번째 질문의 일부일 것이다. 그러나 독일에 대한 이 세 번째 질문이 어떤 문제를 제기하든 그 문제는 이전의 두 가지 질문들이 제기한 문제보다도 유럽과 미국 등에게 더 쉬운 것으로 판명될 것이다.

옮긴이 후기

    소련 현대사 전공자인 내가 독일 현대사를 다루는 이 책을 번역하기로 마음먹은 것은 순전히 학문적 호기심 때문이었다. 나는 지난 몇 년간 한국냉전학회 회원으로 활동하면서 세계 냉전 역사에 관심을 기울여왔다. 2차 세계대전 직후 동서 대립의 주요 무대로 떠올랐던 독일에서의 냉전에 소련이 어떤 역할을 했는지 그 사정이 무척 궁금했고, 이 의문을 해소하고자 국내외 관련 문헌들을 이것저것 살펴보았다. 하지만 기대한 것과는 다르게 국내 문헌에서 이 문제를 깊이 다루는 연구는 별로 없었다. 특히 독일의 분단을 초래한 결정적인 시기인 2차 세계대전 직후 소련의 독일 점령 정책 등, 소련 입장에서 독일 냉전을 다루는 연구는 거의 전무한 형편이었다. 나는 연구의 진척을 위해 국외 문헌에 주로 의존해야 했고, 마침내 이 두툼한 책이 국제사(international history)적 관점에서 독일 냉전의 역사를 그 성립부터 해소에 이르기까지 일목요연하게 정리하고 있음을 알게 되었다.

    물론 1999년에 처음 출간된 이 책이 최근의 연구 성과까지 담고 있지는 않다. 하지만 이 책이 집필될 무렵은 이미 동구권의 공산주의 체제가 몰락한 후 상당한 시간이 지난 때라, 책 출간 때까지 그 사이의 10년은 동독과 소련의 기밀 해제된 새로운 문서들이 여러 학자들에 의해 이미 수집되고 분석되기에 어느 정도 충분했던 기간이다. 이런 점에서 1990년대의 연구를 십분 활용하고 있는 스마이저의 이 책은 독일의 냉전을 둘러싼 여러 주제들을 연구하는 데 지금도 매우 유용하고 중요한 문헌이다. 나아가 이 책이 여전히 가치가 있는 것은 책이 출간된 후 20년이 지난 지금까지도 냉전사의 맥락에서 독일 분단의 역사를 그 발생부터 종언까지 전 과정을 다루는 깊이 있는 다른 연구서가 거의 나오지 않았다는 점 때문이다. 독자들은 이 책을 통해 지난 20세기 후반기 동안 유럽 냉전의 가장 '뜨거운' 현장이었던 독일, 특히 베를린을 둘러싸고 4개 점령국과 동·서독이 각자의 열망과 이해관계를 평화적으로 관철하기 위해 어떻게 대립하고 갈등하고 협상하고 화해하는지를 생생하게 들여다볼 수 있다.

스마이저는 총 스무 장으로 이루어진 이 책에서 독일의 냉전 역사를 체계적으로 묘사하기 위해 무엇보다도 2차 세계대전 후 독일을 둘러싼 국제사의 중요한 전환점들에 초점을 맞춘다. 1945년 얄타회담의 결정에 따른 4개 열강에 의한 독일 및 베를린의 분할 점령, 1948~49년 1차 베를린 위기를 전후한 독일 분단의 고착화, 중립국 통일 독일을 제안한 1952년의 스탈린 각서, 1958년 흐루쇼프의 베를린 최후통첩으로 야기된 2차 베를린 위기와 그 결과 이루어진 베를린 장벽 건설, 1969년부터 1970년대 중반까지 빌리 브란트가 추진했던 '동방정책'을 바탕으로 한 독일에서의 데탕트, 그에 뒤이은 브레즈네프의 SS-20 발사대의 배치와 이에 대한 대응책으로 나토의 퍼싱 Ⅱ 미사일 배치에서 비롯한 데탕트의 위기, 소련의 아프가니스탄 침공으로 인한 데탕트의 종결과 동서 긴장의 재격화, 그리고 마지막으로 고르바초프의 등장과 독일민주공화국의 몰락에서 결과한 독일의 재통일 등이 그런 변곡점들이다.

독일 냉전의 역사를 흥미진진한 한 편의 드라마처럼 만들며 지난 20세기 독일의 역사에 결정적인 영향을 미쳤던 이 주요한 역사적 전환점들이 그동안 미국과 영국, 독일, 프랑스 등의 많은 해외 학자들에 의해 폭넓게 연구되고 분석되어왔다는 것은 부인할 수 없는 사실이다. 무엇보다도 이 책이 갖고 있는 미덕은 이 풍부한 국제적 연구들을 학술적으로 충분히 소화하면서 교과서처럼 한 권의 단행본에 일목요연하게 종합하고 있다는 데 있다. 그렇다고 이 책이 그런 연구들을 단순히 소개하고 나열하는 데 그치는 것은 아니다. 스마이저는 기존의 연구들을 바탕으로 최근에 발굴되고 출간된 동독과 소련의 자료 및 냉전 주역들의 회고들에 대한 분석을 더해 역사적 사건들과 그 주역들에 대한 자신만의 새로운 해석과 평가도 내놓는다.

예를 들어 독일의 분단에서 결정적인 역할을 한 것은 우리가 상식적으로 알고 있듯이 트루먼의 미국과 스탈린의 소련만이 아니다. 2차 세계대전 직후 영국의 외무장관을 지냈던 어니스트 베빈도 독일의 분단에 큰 역할을 했다. 철저한 반공주의자였던 베빈은 독일을 동서 사이에 분할해서 서방의 점령지들을 통합해 서유럽에 연결시키자고 주장하며 '두 통합 점령지(bizonia)'를 창설하는 데 앞장섰다. 이는 독일 분단으로 가는 서방 측의 주요한 디딤돌이었다.

반면 동구권 측에서는 2차 세계대전 후 초기에 독일의 분단을 촉진한 사람은 스탈린이라기보다는 동독의 독일사회주의통일당 지도자였던 발터 울브리히트였다. 오히려 스탈린은 비록 분단을 막기 위해 정확한 정세 판단과 그에 따른 필요한 결정을 내리는 데는 실패했지만, 독일 전체를 소련의 세력권으로 편입시키기 위해 독일의 분단이 아니라 독일의 통일을 원했다. 이와 달리 울브리히트는 스탈린의 후원으로 소련 점령지에서 실권을 장악했음에도 불구하고 스탈린의 바람과는 달리 소련 점령지를 독자적인 시스템을 가진 자신만의 폐쇄적인 '영지'로 만들기를 원했다. 독일 통일 문제에 관한 울브리히트의 이런 태도는 1971년 호네커에 의해 그가 실권을 잃을 때까지 기본적으로 계속 유지된다.

사실과 인물에 대한 스마이저의 흥미로운 평가를 보여주는 또 다른 예는 미국 대통령 케네디와 그의 개인 대리인이었던 루셔스 클레이 장군에 대한 독자적인 묘사다. 1961년 울브리히트의 베를린 장벽 축조에 대해 케네디는 처음에는 베를린 장벽이 베를린 위기를 완화시켰다고 평가할 정도로 전반적으로 안이하고 경솔했으며, 이러한 그의 유순한 태도는 주위 측근 인사들의 항의와 경고를 받은 후에야 장벽 건설이 불러일으킨 사태에 대해 적극적인 대응을 하는 쪽으로 겨우 바뀌었다. 반면 케네디에 의해 서베를린에 보내졌던 클레이는 찰리 검문소 탱크 대치 사건에서 드러났듯이 울브리히트의 도발에 대해 강경하게 대처함으로써 베를린 문제의 결정자는 울브리히트가 아니라 흐루쇼프임을 보여주고 나아가 미국에 대한 베를린 시민들의 신뢰를 얻는 데 결정적인 역할을 했다.

그밖에도 우리는 이 책에서 앞으로 치열한 학문적 논쟁을 불러일으킬 만한 여러 쟁점들을 발견할 수 있다. 1871년 비스마르크에 의한 독일 통일 과정에서 침공을 당한 이래 세 번에 걸쳐 독일의 공격 대상이 된 프랑스의 독일에 대한 태도는 특히 드골 시대에 나머지 두 서방 점령국과 갈등을 일으킬 만큼 통일에 적대적이었다는 사실, 또 찰리 검문소 사건 이후 케네디가 베를린 위기를 해결하고자 독일민주공화국 인정을 통한 독일 통일을 흐루쇼프에게 제안하려 했던 이른바 파격적인 '탐색'이 불러일으킨 국제정치적 반향, 독일과 베를린 문제의 맥락에서 한국전쟁 및 쿠바 미사일 위기 사태를 해석하고자 하는 저자의 과감한 시도, 데탕트 시기 소련의 국가보안위원회(KGB) 수장이었던 유리 안드로포프와 그 개인 전령들이었던 '레오'와 '슬라바'의 역할, 1975년부터 브레즈네프가 장거리 핵미사일을 쏠 수 있는 SS-20 발사대라는 새로운 무기를 전면적으로 배치함으로써 데탕트의 위기를 자초하는 설명하기 힘든 소련의 행동 등이 그런 쟁점들 중의 일부일 것이다. 독자들은 이외에도 냉전 시기 독일을 둘러싼 강대국들의 '투쟁' 과정에서 발생한 사건들과 그 주역들에 대한 크고 작은 여러 흥미로운 이야기들을 이 책에서 훨씬 더 많이 찾아볼 수 있을 것이다.

세계 냉전의 역사를 공부하는 연구자들은 물론이고 유럽 현대사에 관심을 가진 일반 독자들의 차분하고 꼼꼼한 일독을 권한다.

2019년 4월
김남섭

주

1장

1 Robert Murphy, *Diplomat among Warriors* (Garden City, NY: Doubleday, 1964), 211.

2 Jochen Laufer, "The Soviet Union and the Zonal Division of Germany," paper presented at a conference entitled "The Soviet Union, Germany, and the Cold War, 1945–1962: New Evidence from Eastern Archives," Essen and Potsdam, June 28-July 3, 1994, 1–3; Wolfgang Pfeiler, "Das Deutschlandbild und die Deutschlandpolitik Josef Stalins," *Deutschland Archiv* (December 1979), 1256–1284.

3 Vladislav Zubok and Constantine Pleshakov, *Inside the Kremlin's Cold War* (Cambridge, MA: Harvard University Press, 1996), 19–21.

4 독일에 관한 대조적인 태도들을 위해서는 이 장 내용의 대부분을 작성하는 데 의존한 다음 자료를 보라. John Wheeler-Bennett and Anthony Nicholls, *The Semblance of Peace: The Political Settlement after the Second World War* (New York: Norton, 1974); Winston S. Churchill, *The Second World War* (Boston: Houghton Mifflin, 1953), and especially vol. 5, *Closing the Ring*, and vol. 6, *Triumph and Tragedy*; David S. Painter, *Deciding Germany's Future, 1943–1945*, Case 323, Part A, Pew Case Studies in International Affairs (Washington, D.C.: Institute for the Study of Diplomacy, Georgetown University, n.d.).

5 카사블랑카 회담에 관해서는 Murphy, *Diplomat among Warriors*, 165–178; Charles E. Bohlen, *Witness to History, 1929–1969* (New York: Norton, 1973), 158; J. K. Snowden, *The German Question* (New York: St. Martin's Press, 1975), 50–56.

6 Wheeler-Bennett and Nicholls, *Semblance of Peace*, 43.

7 Snowden, *German Question*, 58.

8 테헤란 회담에 관해서는 Churchill, *Closing the Ring*, 361–407; U.S. Department of State, *Foreign Relations of the United States: The Conferences at Cairo and*

Teheran, 1943 (Washington, D.C.: U.S. Government Printing Office, 1961)을 보라.(이후로는 *FRUS*로 표기)

9   Snowden, *German Question*, 233–236.

10   Wheeler-Bennett and Nicholls, *Semblance of Peace*, 267–271.

11   *FRUS, 1945, Volume 3, The European Advisory Commission; Austria; Germany*, 1–557 and 697–1607.

12   Ibid., 205, 379.

13   Ibid., 175, 208 and 277.

14   U.S. Department of State, *Documents on Germany, 1944–1985* (Washington, D.C.: U.S. Department of State, 1986), 33–40.

15   *FRUS, European Advisory Commission*, 264–265.

16   *Documents on Germany, 1944–1985*, 1–9.

17   Snowden, *German Question*, 67.

18   Ibid., 63–66; Murphy, *Diplomat among Warriors*, 226–227.

19   Bohlen, *Witness to History*, 175–176.

20   Raymond Poidevin, "Die Französische Deutschlandpolitik, 1943–1949," in Claus Scharf and Hans-Jürgen Schröder, eds., *Die Deutschlandpolitik Frankreichs und die Französische Zone, 1945–1949* (Wiesbaden: Franz Steiner, 1983), 15–18.

21   Pierre Maillard, *De Gaulle et l'Allemagne* (Paris: Plon, 1990), 86–93.

22   Churchill, *Triumph and Tragedy*, 227.

23   Ibid.

24   Herbert Tint, *French Foreign Policy since the Second World War* (New York: St. Martin's Press, 1972), 35–39.

25   Snowden, *German Question*, 9; *FRUS, European Advisory Commission*, 318.

26   George C. Herring, *Aid to Russia, 1941–1946* (New York: Columbia University Press, 1973), passim.

27   John H. Backer, *The Decision to Divide Germany* (Durham, N.C.: Duke University Press, 1978), 179.

28   얄타 회담을 위해서는 Wheeler-Bennett and Nicholls, *Semblance of Peace*, 174–250; Bohlen, *Witness to History*, 173–201 and 217–239; James MacGregor Burns, *Roosevelt* (New York: Harcourt Brace Jovanovich, 1970), 564–580; James F. Byrnes, *Speaking Frankly* (New York: Harper & Brothers, 1947), 21–45; Churchill, *Triumph and Tragedy*, 327–394; Murphy, *Diplomat among Warriors*, 255–260; Robert E. Sherwood, *Roosevelt and Hopkins* (New York: Harper & Brothers, 1948), 850–869를 보라.

29 Alfred M. de Zayas, *Nemesis at Potsdam: The Anglo-Americans and the Expulsion of the Germans* (London: Routledge & Kegan Paul, 1977), 46–52.

30 Ibid., 50.

31 Churchill, *Triumph and Tragedy*, 387.

32 *Documents on Germany, 1944–1985*, 14.

33 Snowden, *German Question*, 75.

34 *Documents on Germany, 1944–1985*, 33–40.

35 포츠담 회담을 위해서는 *FRUS, Conference of Berlin (Potsdam), 1945*, vols. 1 and 2, passim; Bohlen, *Witness to History*, 173–201; Backer, *The Decision*, 67–72 and 88–101; Byrnes, *Speaking Frankly*, 65–87; Churchill, *Triumph and Tragedy*, 647–676; David McCullough, *Truman* (New York: Simon & Schuster, 1992), 404–453; Lucius D. Clay, *Decision in Germany* (New York: Doubleday, 1950), 37–49; Murphy, *Diplomat among Warriors*, 245–247; Harry S. Truman, *Memoirs* (Garden City, N.Y.: Doubleday, 1956) 1, 332–412; Wheeler-Bennett and Nicholls, *Semblance of Peace*, 308–343; Zayas, *Nemesis at Potsdam*, 131–141; *Documents on Germany, 1944–1985*, 54–64를 보라.

36 *FRUS, Conference of Berlin*, 1.

37 Backer, *The Decision*, 70–71.

38 *Documents on Germany, 1944–1985*, 54–64.

39 Ibid., 55.

40 McCullough, Truman, 549.

41 Ibid.; Murphy, *Diplomat among Warriors*, 278–279.

42 Byrnes, *Speaking Frankly*, 54; Wheeler-Bennett and Nicholls, *Semblance of Peace*, 554.

43 McCullough, *Truman*, 452.

44 A. W. DePorte, *De Gaulle's Foreign Policy 1944–1946* (Cambridge, MA: Harvard University Press, 1968), 168–182.

45 Pierre de Senarclens, *From Yalta to the Iron Curtain*, trans. Amanda Pingree, (Oxford: Berg, 1995), 79.

2장

1 이 장의 내용은 기본적으로 Allan Bullock, *Ernest Bevin: Foreign Secretary, 1945–1951* (London: Heinemann, 1983), 9–306; James F. Byrnes, *Speaking Frankly* (New York: Harper & Brothers, 1947), 111–149; Anne Deighton, *The Impossible Peace* (Oxford: Clarendon Press, 1993), 54–104; Pierre de Senarclens,

From Yalta to the Iron Curtain, trans. Amanda Pingree (Oxford: Berg, 1945), 82–120; Wheeler-Bennett and Nicholls, *The Semblance of Peace: The Political Settlement after the Second World War* (New York: Norton, 1974), 419–462에 바탕을 둔다.

2   Wheeler-Bennett and Nicholls, *Semblance of Peace*, 429.

3   Byrnes, *Speaking Frankly*, 159–176.

4   Ibid.

5   Deighton, *Impossible Peace*, 81–102; Wilfried Loth, *Stalin's ungeliebtes Kind* (Berlin: Rowohlt, 1994), 85–86.

6   Wolfgang Benz, "Der Strom schien nicht zu versiegen," *Frankfurter Allgemeine Zeitung*, April 6, 1996, 10.

7   John Lewis Gaddis, *We Now Know* (Oxford: Clarendon Press, 1997), 116; Loth, *Stalin's ungeliebtes Kind*, 29.

8   Wladimir S. Semjonov, *Von Stalin bis Gorbatschow: Ein halbes Jahrhundert in diplomatischer Mission, 1939–1991*, trans. Hilde and Helmut Ettinger (Berlin: Nicolai, 1995), 200–201.

9   달리 언급이 없으면 소련 점령지에 관한 자료는 다음 문헌에 주로 의존한다. David Childs, *The GDR: Moscow's German Ally* (London: George Allen & Unwin, 1983), 1–36; Loth, *Stalin's ungeliebtes Kind*, 13–99; Norman M. Naimark, *The Russians in Germany: A History of the Soviet Zone of Occupation, 1945–1949* (Cambridge, MA: The Belknap Press of Harvard University Press, 1995), 9–204; Semjonov, *Von Stalin bis Gorbatchow*, 206–215; Hermann Weber, *DDR: Grundriss der Geschichte, 1945–1990* (Berlin: Fackeltrager, 1991), 18–36; Weber, ed., *DDR: Dokumente zur Geschichte der Deutschen Demokratischen Republik, 1945–1985* (Munich: Deutscher Taschenbuch Verlag, 1986), 17–147.

10   Weber, *DDR: Dokumente*, 30에 있는 Wolfgang Leonhard의 보고서에서 인용.

11   Weber, *DDR: Dokumente*, 51–52.

12   Ruth Fischer, *Stalin und der deutsche Kommunismus* (Berlin: Dietz, 1991), vol. 2, *Die Bolschewisierung des deutschen Kommunismus ab 1925*, 142–143.

13   Loth, *Stalin's ungeliebtes Kind*, 20.

14   Childs, *GDR*, 14–16; "Stalin's reges Interesse an der Bodenreform in der Sowjetzone," *Frankfurter Allgemeine Zeitung*, September 6, 1995, 5.

15   Childs, *GDR*, 15.

16   Naimark, *Russians in Germany*, 168–169.

17   Weber, *DDR: Dokumente*, 43.

18   "Vor- und Fruhgeschichte der SED," *Frankfurter Allgemeine Zeitung*, April 29,

1996, 10.

19   Stefan Dietrich, "Die Hand der SPD wurde erst ergriffen, dann abgehackt,"
     Frankfurter Allgemeine Zeitung, April 1, 1996, 3; Peter Merseburger, "Es war eine
     Zwangsvereinigung," *Frankfurter Allgemeine Zeitung*, February 22, 1996, 10;
     Andreas Malycha, *Auf dem Weg zur SED* (Bonn: Dietz, 1995), passim.

20   Weber, *DDR: Geschichte*, 42; Childs, *GDR*, 22.

21   Fritz Schenk, "Terror gegen ehemalige Sozialdemokraten," in Ilse Spittmann, ed.,
     Die SED in Geschichte und Gegenwart (Cologne: Edition Deutschland Archiv,
     1987), 177.

22   Wolfgang Leonhard, "Die Abkehr von der Politik des besonderen deutschen Weg
     zum Sozialismus," in Spittmann, ed., *SED*, 178.

23   Naimark, *Russians in Germany*, 52–60.

24   Ibid., 72; Gaddis, "On Moral Equivalency and Cold War History," *Ethics and
     International Affairs*, vol. 10, 1996, 141–145.

25   Naimark, *Russians in Germany*, 76.

26   Johann Georg Reissmuller, "Als Ulbricht nirgends mehr eine absolute Mehrheit
     bekam," *Frankfurter Allgemeine Zeitung*, August 27, 1996, 12.

27   Childs, *GDR*, 17–20.

28   울브리히트-스탈린의 의견 차이를 위해서는 Loth, *Stalin's ungeliebtes Kind*, 58–
     60; R. C. Raack, "Stalin Plans his Post-War Germany," *Journal of Contemporary
     History*, vol. 28 (1993), 53–73.

29   John H. Backer, *The Decision to Divide Germany* (Durham, NC: Duke University
     Press, 1978), 345.

30   Semjonov, *Von Stalin bis Gorbatschow*, 226–227; Loth, *Stalin's ungeliebtes Kind*,
     76–79; and Naimark, *Russians in Germany*, 25–55에서 울브리히트-스탈린의 의
     견 차이가 많이 인용되고 있다.

31   Naimark, *Russians in Germany*, 49–53.

32   Semjonov, *Von Stalin bis Gorbatschow*, 235–245 and 260–265.

33   Ibid., 261.

34   Backer, *The Decision*, 137.

35   Hannes Adomeit, *Imperial Overstretch* (Baden-Baden: Nomos, 1998), 58.

36   Jacques Attali, *Verbatim III* (Paris: Fayard, 1995), 417.

37   일반적인 연합국의 정책을 위해서는 Cyril Black, Jonathan Helmreich, Paul
     Helmreich, Charles Issawi, and James McAdams, *Rebirth* (Boulder, CO:
     Westview, 1992), 171–208; Theodor Eschenburg, *Jahre der Besatzung, 1945–
     1949*, vol. 1 of *Die Geschichte der Bundesrepublik Deutschland* (Stuttgart:

Deutsche Verlags-Anstalt, 1985), 77-105를 보라.

38   Jean Edward Smith, *Lucius D. Clay* (New York: Henry Holt and Company, 1990), 424-428.

39   Ibid., 396-397.

40   Byrnes, *Speaking Frankly*, 190.

41   Smith, *Clay*, 396-397; John L. Harris, *Remembering and Renewing* (Washington, D.C.: American Institute for Contemporary German Studies, 1998), passim.

42   De Senarclens, *From Yalta*, 147.

43   Smith, *Clay*, 414-415.

44   Deighton, *Impossible Peace*, 62.

45   Ibid., 55-78.

46   Heike Bungert, "A New Perspective on French-American Relations during the Occupation of Germany, 1943-1945: Behind-the-Scenes Diplomatic Bargaining and the Zonal Merger," *Diplomatic History* 18, no. 3 (Summer 1994), 332-352; A. W. DePorte, *De Gaulle's Foreign Policy, 1944-1946* (Cambridge, MA: Harvard University Press, 1968), 250-271; Georges-Henri Soutou, "France and the German Rearmament Problem, 1945-1955," in R. Ahmann, A. M. Birke, and M. Howard, eds., *The Quest for Stability* (Oxford: Oxford University Press, 1993), 487-512; Herbert Tint, *French Foreign Policy since the Second World War* (New York: St. Martin's Press, 1972), 28-43.

47   Lucius D. Clay, *Decision in Germany* (New York: Doubleday, 1950), 263-280; James Bacque, *Verschwiegene Schuld* (Berlin: Ullstein, 1995), passim은 식량 부족이 워싱턴과 다른 승전국들의 의도적인 정책이었을 것이라고 주장한다. 그러한 정책은 일부 사람들, 특히 JCS 1067의 매우 가혹한 조건들을 실행하는 데 여전히 전념하는 일부 미국인들의 마음속에 당연히 존재했을 테지만, 클레이나 트루먼이 일부러 서방 점령지들에서 기아 정책을 추구했다는 설득력 있는 증거는 없고, 오히려 그들이 그렇지 않았다는 증거는 많다.

3장

1   Eduard Mark, "The War Scare of 1946 and Its Consequences," *Diplomatic History* (Summer 1997), 383-415.

2   Alan Bullock, *Ernest Bevin: Foreign Secretary, 1945-1951* (London: Heinemann, 1983), 288.

3   Wilfried Loth, *Stalin's ungeliebtes Kind* (Berlin: Rowohlt, 1994), 88-93.

4   Ibid.

5 Scott D. Parrish and Mikhail N. Narinsky, *New Evidence on the Soviet Rejection of the Marshall Plan, 1947*, Working Paper no. 9, Cold War International History Project (이후 CWIHP로 표기) (Washington, D.C.: Woodrow Wilson International Center for Scholars, 1994), passim.

6 Charles E. Bohlen, *Witness to History, 1929-1969* (New York: Norton, 1973), 262.

7 Pierre de Senarclens, *From Yalta to the Iron Curtain*, trans. Amanda Pingree (Oxford: Berg, 1995), 217 and 225.

8 Mikhail Narinsky, "Soviet Policy and the Berlin Blockade, 1948," paper presented at a conference entitled "The Soviet Union, Germany, and the Cold War, 1949-1952: New Evidence from Eastern Archives," Essen and Potsdam, June 28-July 3, 1994, 2.

9 Melvyn Leffler, *The Struggle for Germany and the Origins of the Cold War* (Washington, D.C.: German Historical Institute, 1996), 41.

10 Anne Deighton, *The Impossible Peace* (Oxford: Clarendon Press, 1993), 207-222; Bohlen, *Witness to History*, 252; Lucius D. Clay, *Decision in Germany* (New York: Doubleday, 1950), 346-348; Bullock, *Bevin*, 496-497.

11 Loth, *Stalin's ungeliebtes Kind*, 98-99.

12 Ibid.

13 De Senarclens, *From Yalta*, 235.

14 Thomas Paterson, ed., *The Origins of the Cold War* (Lexington, MA: D.C. Heath and Company, 1974), 18.

15 John H. Backer, *The Decision to Divide Germany* (Durham, NC: Duke University Press, 1978), 86-87.

16 Clark Clifford with Richard Holbrooke, *Counsel to the President* (New York: Random House, 1991), 105-110; Spencer Warren, "Churchill's Realism," *The National Interest*, no. 42 (Winter 1995/96), 38-49.

17 Warren, "Churchill's Realism," 47.

18 De Senarclens, *From Yalta*, 135-136.

19 여러 대사들로부터 온 전신문의 전문을 위해서는 Kenneth M. Jensen, ed., *Origins of the Cold War*, rev. ed. (Washington, D.C.: U.S. Institute of Peace Press, 1994), 3-67 을 보라.

20 Ibid., 37.

21 클리포드의 메모는 20년 동안 기밀 상태에 있었다. 아서 크로크(Arthur Krock)는 1966년에 트루먼으로부터 그것에 대해 알아 *Memoirs* (New York: Funk & Wagnalls, 1968), 419-482에 부록으로 발표했다.

22 Viktor Mal'kov, "Commentary," in Jensen, ed., *Origins*, 74-77.

23 *Foreign Affairs* (Spring 1987), 852-868에 전재됨.

24 Walter Isaacson and Evan Thomas, *The Wise Men* (London: Faber and Faber, 1986), 289-290.

25 Andrei Zhdanov, *The International Situation* (Moscow: Foreign Languages Publishing House, 1947).

26 Tony Judt, "Why the Cold War Worked," *New York Review of Books*, October 9, 1997, 39-42.

27 Clay, *Decision in Germany*, 105-164 and 343-353.

28 Wolfgang Pfeiler, "Das Deutschlandbild und die Deutschlandpolitik Josef Stalins," *Deutschland Archiv* (December 1979), 1256-1284.

29 Ibid.

30 Dimitri Simes, "Wir haben es gewusst," *Europäische Rundschau* (Fall 1995), 17.

31 Joseph R. Starobin, "Origins of the Cold War: The Communist Dimension," *Foreign Affairs* (July 1969), 684-685; Vladislav Zubok and Constantine Pleshakov, *Inside the Kremlin's Cold War* (Cambridge, MA.: Harvard University Pres, 1996), 37-75.

4장

1 Anne Deighton, "Cold-War Diplomacy: British Policy towards Germany's Role in Europe, 1945-9," in Ian D. Turner, ed., *Reconstruction in Post-War Germany* (Oxford: Berg, 1989), 32-33.

2 U.S. Department of State, *Documents on Germany, 1944-1985* (Washington, D.C.: Department of State, 1986), 140-141.

3 Herbert Tint, *French Foreign Policy since the Second World War* (New York: St. Martin's Press, 1972), 44-47.

4 Mikhail Narinsky, "Soviet Policy and the Berlin Blockade, 1948," paper presented at a conference entitled "The Soviet Union, Germany, and the Cold War, 1949-1952: New evidence from Eastern Archives," Essen and Potsdam, June 28-July 3, 1994, 6.

5 *Documents on Germany 1944-1985*, 142.

6 Lucius D. Clay, *Decision in Germany* (New York: Doubleday, 1950), 361; author's interview with Clay, Berlin, November 1961.

7 Vladislav Zubok and Constantine Pleshakov, *Inside the Kremlin's Cold War* (Cambridge, MA: Harvard University Press, 1996), 52; Norman M. Naimark, *The*

Russians in Germany: A History of the Soviet Zone of Occupation, 1945–1949 (Cambridge, MA: The Belknap Press of Harvard University Press, 1995), 6, 306; Narinsky, "Soviet Policy," 5–8.

8   Richard Collier, *Bridge Across the Sky* (London: Macmillan, 1978), 7–8.

9   *Documents on Germany, 1944–1985*, 143–149.

10 Clay, *Decision in Germany*, 361–362; Dean Acheson, *Present at the Creation* (New York: Norton, 1969), 261.

11 Clay interview, November 1961.

12 봉쇄 초기에 관한 기록은 달리 특정되지 않으면 W. Phillips Davison, *The Berlin Blockade* (Princeton, N.J.: Princeton University Press, 1958), 91–151; Clay, *Decision in Germany*, 360–362; Alexander George and Richard Smoke, *Deterrence in American Foreign Policy* (New York: Columbia University Press, 1974), 107–137에 기반을 둔다.

13 Davison, *Berlin Blockade*, 22–25.

14 Jean Edward Smith, *Lucius D. Clay* (New York: Henry Holt and Company, 1990), 501.

15 Ibid., 494–497.

16 Davison, *Berlin Blockade*, 110.

17 Ibid., 116.

18 U.S. Department of State, *Foreign Relations of the United States: 1948: Germany and Austria* (Washington, D.C.: U.S. Government Printing Office, 1985), 2, 887–921 (앞으로 *FRUS*로 표기).

19 Erich Gniffke, "Beginn der Planwirtschaft," in Ilse Spittmann, ed., *Die SED in Geschichte und Gegenwart* (Cologne: Edition Deutschland Archiv, 1987), 179.

20 Clay interview, October 1961.

21 Smith, *Clay*, 519–523.

22 *FRUS, 1948, Germany and Austria*, 2, 916–917.

23 Narinsky, "Soviet Policy," 2.

24 Wilfried Loth, *Stalin's ungeliebtes Kind* (Berlin: Rowohlt, 1944), 123.

25 Narinsky, "Soviet Policy," 13–14.

26 Richard von Weizsäcker, "Ort der Begegung zweier deutscher Wirklichkeiten," *Frankfurter Allgemeine Zeitung*, June 30, 1990, 10.

27 Collier, *Bridge*, 119.

28 Clay interview, November 1961.

29 Loth, *Stalin's ungeliebtes Kind*, 123–128.

30 베를린항공안전센터(Berlin Air Safety Center, BASC)는 제2차 세계대전 후 베를린

지역에서 연합국과 소련의 항공교통 안전을 보장하기 위해 4개 승전국에 의해 설립되었다. 베를린항공안전센터는 조정 기능은 갖고 있었으나 공중 회랑과 베를린 상공 및 주위의 폭넓은 원형 지역에 대한 통제 권한은 없었다. 베를린을 드나드는 항공기는 베를린항공안전센터에 비행계획을 등록해야 했고 보통은 이착륙 허가를 받았다. 이착륙 허가를 받지 못하면 항공기는 여전히 비행은 할 수 있었지만 그에 대한 위험은 스스로 책임져야 했다. 베를린항공안전센터는 어떤 독일 항공기도 승인하지 않았다.

31 Collier, *Bridge*, 150.

32 Davison, *Berlin Blockade*, 256.

33 Collier, *Bridge*, 161.

34 Ibid., 162–166.

35 Ibid., 155.

5장

1   독일연방공화국 기본법의 서문을 위해서는 Theodor Eschenburg, *Jahre der Besatzung, 1945–1949*, vol. 1 of *Die Geschichte der Bundesrepublik Deutschland* (Stuttgart: Deutsche Verlags-Anstalt, 1985), 459–513; Lucius D. Clay, *Decision in Germany* (New York: Doubleday, 1950), 392–420을 보라.

2   Peter Pulzer, *German Politics 1945–1995* (Oxford: Oxford University Press, 1995), 45–46;

3   Eschenburg, *Jahre der Besatzung*, 469.

4   Hans-Peter Schwarz, *Adenauer—Der Aufstieg: 1876–1952* (Stuttgart: DVA, 1980), passim.

5   Kurt Rabl, Christian Stoll, and Manfred Vasold, *From the U.S. Constitution to the Basic Law of the Federal Republic of Germany* (Grafelfing: Moos, 1988).

6   Federal Republic of Germany, *Democracy in Germany* (Bonn: Press and Information Office, 1985), 17–24.

7   Alan Bullock, *Ernest Bevin: Foreign Secretary, 1945–1951* (London: Heinemann, 1983), 695.

8   Ibid., 667–670.

9   James Chace, *Acheson* (New York: Simon & Schuster, 1998), 208–209.

10 Wolfgang Leonhard, "Abschied von den Illusionen," in Ilse Spittmann and Gisela Helwig, eds., *DDR Lesebuch* (Cologne: Edition Deutschland Archiv, 1969), 240–243.

11 Ibid.

12 Hermann Weber, *Kleine Geschichte der DDR* (Bonn: Edition Deutschland Archiv, 1980), 45.

13 Ibid.

14 위 설명은 Wilfried Loth, *Stalin's ungeliebtes Kind* (Berlin: Rowohlt, 1994) 31–159 와 Weber, *Kleine Geschichte*, 35–45에 근거한다.

15 Norman M. Naimark, *The Russians in Germany: A History of the Soviet Zone of Occupation, 1945–1949* (Cambridge, MA: The Belknap Press of Harvard University Press, 1995), 56.

16 Loth, *Stalin's ungeliebtes Kind*, 146.

17 David Childs, *The GDR: Moscow's German Ally* (London: George Allen & Unwin, 1983), 23.

18 Naimark, *Russians in Germany*, 57–60.

19 Weber, *Kleine Geschichte*, 42–45.

20 John A. Reed, Jr., *Germany and NATO* (Washington, D.C.: National Defense University Press, 1987), 3–45; Dean Acheson, *Present at the Creation: My Years in the State Department* (New York: W.W. Norton, 1969), 277–284; Chace, *Acheson*, 201; Pierre de Senarclens, *From Yalta to the Iron Curtain*, trans. Amanda Pingree (Oxford: Berg, 1995), 239–260.

21 Bullock, *Bevin*, 700.

22 Thomas H. Etzold and John Lewis Gaddis, *Containment: Documents on American Policy and Strategy, 1945–1950* (New York: Columbia University Press, 1978), 144–152.

23 U.S. Department of State, *Documents on Germany, 1944–1985* (Washington, D.C.: U.S. Department of State, 1986), 209–212.

24 Reed, *Germany and NATO*, 10.

25 W. Taylor Fain III and David S. Painter, "Germany and the Defense of Europe," Pew Case Studies in International Affairs, Case 322, 1989, 1.

26 Ibid.

6장

1 NSC 68의 원문을 위해서는 Ernest R. May, ed., *American Cold War Strategy: Interpreting NSC 68* (Boston: Bedford Books of St. Martin's Press, 1993), 23–82를 보라.

2 W. Taylor Fain III and David S. Painter, "Germany and the Defense of Europe," Pew Case Studies in International Affairs, Case 322, 1989, 3–5.

3   Cold War International History Project (앞으로 CWIHP로 표기), *Bulletin*,
    Woodrow Wilson International Center for Scholars, Washington, 4 (Fall 1994),
    60.

4   Wilfried Loth, "The Korean War and the Reorganization of the European
    Security System 1948–1955," in R. Ahmann, A.M. Birke, and M. Howard, eds.,
    The Quest for Stability (London: Oxford University Press, 1993), 479.

5   U.S. Department of State, *Recent Soviet Pressures on Germany* (Washington: State
    Department Office of Public Affairs, September, 1951), Department of State
    Publication 4123, February 1951, 1–2.

6   May, *American Cold War Strategy*, 14.

7   Harry S. Truman, *Memoirs* (New York: Funk & Wagnalls, 1968), 253.

8   James Chace, *Acheson* (New York: Simon & Schuster, 1998), 324–325.

9   Kathryn Weathersby, "Soviet Aims in Korea and the Origins of the Korean War,
    1945–1950: New Evidence from Russian Archives," Working Paper #8, CWIHP,
    Woodrow Wilson International Center for Scholars, Washington, D.C.,
    November, 1993, 30–31; Jian Chen, "The Sino–Soviet Alliance and China's
    Entry into the Korean War," Working Paper #1, CWIHP, Woodrow Wilson
    International Center for Scholars, Washington, D.C., June, 1992.

10 Dennis L. Bark and David R. Gress, *From Shadow to Substance, 1945–1963*,
    vol. 1 of *A History of West Germany* (Oxford: Blackwell, 1989), 275–288; Fain
    and Painter, "Defense of Europe," 5.

11 Arnulf Baring, *Aussenpolitik in Adenauers Kanzlerdemokratie* (Munich: R.
    Oldenbourg, 1969), 128–146; Kai Bird, *The Chairman* (New York: Simon &
    Schuster, 1992), 317–375; Thomas Schwartz, *America's Germany* (Cambridge,
    MA: Harvard University Press, 1991), 211–278.

12 모네 견해의 인용과 요약을 위해서는 François Duchène, *Jean Monnet* (New York:
    Norton, 1994), 181–225.

13 Robert McGeehan, *The German Rearmament Question* (Urbana: University of
    Illinois Press, 1971), passim.

14 Schwartz, *America's Germany*, 247.

15 Federal Republic of Germany, *Die Sperrmassnahmen der DDR vom Mai 1952*
    (Bonn: Ministerium fur Innerdeutsche Beziehungen, 1953).

16 Ibid., 4; Interview with Stalin's German expert Daniil Melnikov, *Der Spiegel*, no.
    49 (1990), 185.

17 Vojtech Mastny, "Stalin's German Illusion," paper presented at a conference
    entitled "The Soviet Union, Germany, and the Cold War, 1945–1962: New

Evidence from Eastern Archives," Essen and Potsdam, June 28-July 3, 1994, 2.

18 *Foreign Relations of the United States, 1952-1954*, (앞으로 *FRUS*로 표기) vol. 7, 169-172.

19 서방의 협의와 동-서 각서들의 원문을 위해서는 ibid., 172-327을 보라.

20 Rolf Steininger, *Eine Chance zur Wiedervereinigung? Die Stalin-Note vom 10. März 1952* (Bonn: Neue Gesellschaft, 1985), 36-37.

21 Ibid., 23-25.

22 Ibid., 85,

23 *FRUS*, 1952-1954, 7, 185.

24 Ibid., 186.

25 Ibid., 250.

26 Ibid., 244.

27 서방이 귀중한 기회를 놓쳤다는 가장 강력한 단 하나의 주장을 위해서는 Steininger, *Eine Chance?* published in English as *The German Question: The Stalin-Note of 1952 and the Problem of Reunification* (New York: Columbia University Press, 1990)을 보라. 반대 주장을 위해서는 Hans-Peter Schwarz, ed., *Die Legende von der verpassten Gelegenheit* (Stuttgart: Belser, 1982)를 보라. 최근에 이용 가능한 문서들에 바탕을 두고 슈바르츠의 견해를 지지하는 논문들로는 Ruud van Dijk, "The Stalin-Note: Last Chance for Unification?" paper presented at a conference entitled "The Soviet Union, Germany, and the Cold War, 1945-1962: New Evidence from Eastern Archives," Essen and Potsdam, June 28-July 3, 1994, and Mastny, "Stalin's German Illusion"이 있다. 동베를린에서 권력 중심부에 가까운(그리고 또한 매우 회의적이기도 한) 전 동독 관리는 프리츠 셴크(Fritz Schenk)이며, 그의 "Der lange Schatten Josef Stalin's," *Frankfurter Allgemeine Zeitung*, March 10, 1994, 12를 보라. 계속되는 논쟁을 위해서는 *Deutschland Archiv* (February and August 1992)에 있는 글과 편지들을 보라. 통일 이후 벌어진 논의를 위해서는 Rolf Steininger, Gerhard Wettig and Hans-Peter Schwarz, *Die Sowjetische Note vom 10. März 1952—Wiedervereinigungsangebot oder Propagandawerkzeug?* (Köln: Bundesinstitut fur Ostwissenschaftliche und Internationale Studien, 1981)을 보라. 통일 후 베티히는 소련과 동독의 관련 문서들을 검토했고, 그는 이 문서들이 스탈린이 진정으로 자유로운 통일 독일을 결코 계획한 적이 없다는 자신의 믿음을 강화시켰다고 썼다.

28 *FRUS*, 1952-1954, 7, 182-183.

29 George Kennan, *Memoirs, 1950-1963* (New York: Boston, Little, 1963), 107.

30 소련지도자들과 그들의 독일 정책 사이의 연결에 대한 최근의 정보를 위해서 이 장은 Vladislav Zubok, "Soviet Foreign Policy in Germany and Austria and the

post-Stalin Succession Struggle, 1953–1955," discussion paper presented at a conference entitled "The Soviet Union, Germany, and the Cold War, 1945–1962: New Evidence from Eastern Archives," Essen and Potsdam, June 28–July 3, 1994; and James Richter, "Reexamining Soviet Policy towards Germany during the Beria Interregnum," Working Paper 3, CWIHP, Woodrow Wilson International Center for Scholars, June, 1992에 의존한다.

31 Dwight D. Eisenhower, *Mandate for Change, 1953–1956* (Garden City, N.Y.: Doubleday, 1963), 143–147; Robert Bowie and Richard Immerman, "Chance for Peace: the Initial U.S. Response to Stalin's Death," discussion paper prepared for a conference entitled "The Year 1953 in the Cold War," Potsdam, November 10–12, 1996.

32 Mastny, "Missed Opportunities after Stalin's Death" and Wettig, "Did Beria Seek Agreement on German Unification? An Old Problem in the Light of New Evidence," discussion papers presented at a conference entitled "The Year 1953 in the Cold War," Potsdam, November 10–12, 1996, 4–5 and 8.

33 Klaus Larres, *Politik der Illusionen: Churchill, Eisenhower und die deutsche Frage, 1945–1955*, (Göttingen: Vandenhoeck & Ruprecht, 1995); 133–134; Larres, "Great Britain and the East German Uprising of June, 1953," discussion paper prepared for a conference entitled "The Year 1953 in the Cold War," Potsdam, November 10–12, 1996, 3–10.

34 Larres, *Politik der Illusionen*, 135.

35 1952년과 1953년 독일에 대한 소련의 두려움을 위해서는 Vladislav Zubok, "Soviet Intelligence and the Cold War: The 'Small' Committee of Information, 1952–53," Working Paper 4, CWIHP, Woodrow Wilson International Center for Scholars, December, 1992를 보라.

36 Leonid Reshin, "Events of June 17th in GDR seen through the Moscow Archives," discussion paper presented at a conference entitled "The Year 1953 in the Cold War," Potsdam, November 10–12, 1996, translated by Danny Rozas, 3.

37 Peter Przybylski, *Tatort Politburo: Die Akte Honecker* (Berlin: Rowohlt, 1992), 240–249.

38 Christian F. Ostermann, "This Is Not a Politburo, But a Madhouse," CWIHP *Bulletin*, Woodrow Wilson International Center for scholars, 10 (March 1998), 61–110.

39 베리야의 제안과 의도에 대한 논쟁의 세부사항을 위해서는 a conference entitled "The Year 1953 in the Cold War," Potsdam, November 10–12, 1996에서 발표된 다음 글들을 보라: Ruud van Dijk, "The German Question Dropped, Revisited,

and Frozen"; Vladislav Zubok, "Unacceptably Rude and Blatant on the German Question: The Succession Struggle after Stalin's Death, Beria and the Significance of the Debate on the GDR in Moscow in April-May, 1953"; Ruud van Dijk, "The Kremlin, the East Germans, and the GDR in 1952-1953." 또 기본적이나 미심쩍은 자료인 Pavel and Anatoli Sudoplatov, with Jerold and Leona Schecter, *Special Tasks: The Memoirs of an Unwanted Witness, a Soviet Spymaster* (Boston: Back Bay, 1995), 363-364도 보라.

40　다른 논의 및 언급과 마찬가지로 말렌코프의 발언은 5월 27일 기록의 독일어 번역본에서 나왔다. Mark Kramer, "The Post-Stalin Succession Struggle and the Soviet Bloc: New Courses, Upheavals, and the Beria Affair," discussion paper prepared for a conference entitled "The Year 1953 in the Cold War," Potsdam, November 10-12, 1996에서 재인용.

41　Hans Wassmund, *Kontinuität im Wandel: Bestimmungsfaktoren sowjetischer Deutschlandpolitik in der Nach-Stalin-Zeit* (Cologne: Bohlau Verlag, 1974), 35-37.

42　Ostermann, "Not a Politburo," 66.

43　Wettig, "Sowjetische Wiedervereinigungsbemuühungen im ausgehenden Frühjahr 1953?" *Deutschland Archiv* (September 1992), 947.

44　Ostermann, "Not a Politburo," 66.

45　Berliner Montags Echo, July 6, 1953, 1.

46　1953년 6월 17일에 대해서는 많은 글이 집필되었다. 이 검토는 특히 다음 두 문헌에 의존한다: Ilse Spittmann and Karl Wilhelm Fricke, eds., *17 Juni 1953* (Cologne: Edition Deutschland Archiv, 1988); and Christian F. Ostermann, "The United States, the East German Uprising of 1953, and the Limits of Rollback," Working Paper 11, CWIHP, Woodrow Wilson International Center for Scholars (December 1994). 또 소련 문서와 동독 문서에 바탕을 두고 a conference entitled "The Year 1953 in the Cold War," at Potsdam, November 10-12, 1996에서 발표된 다음 최근의 연구들에도 의존한다: Gary Bruce, "The MFS, the West, and the June 17 Uprising"; T. Dietrich, "Militär- und Sicherheitspolitische Aspekte der Stalinistischen Systemkrise 1953 aus DDR-Sicht"; Victor Gobarev, "The German Uprising of 1953 through the Eyes of the Soviet Military"; and Monika Kaiser, "Die SED-Führung und die Krise des Stalinistischen Systems."

47　Radio East Berlin, May 28, 1953; *Neues Deutschland*, June 25, 1953.

48　Christian F. Ostermann, "Die Ostdeutschen an einen langwierigen Kampf gewöhnen," *Deutschland Archiv* (June 1992), 350-368.

49　Larres, *Politik der Illusionen*, 175-212.

50　Wassmund, *Kontinuität im Wandel*, 39.

51 David Childs, *The GDR: Moscow's German Ally* (London: George Allen & Unwin, 1983), 37.

52 Larres, *Politik der Illusionen,* 251–253.

53 Philip Windsor, *Germany and the Management of Detente* (New York: Praeger, 1971), 80.

7장

1 이 절을 위한 주요 자료는 달리 표시가 없는 한, Anthony Eden, *Full Circle* (Boston: Houghton Mifflin, 1960), 61–174이다.

2 Michael Guhin, *John Foster Dulles: A Statesman and His Times* (New York: Columbia University Press, 1972), 219.

3 유럽 순방 중에 열린 이든의 회담을 위해서는 Eden, *Full Circle,* 174–181을 보라.

4 James G. Hershberg, *James B. Conant* (New York: Alfred A. Knopf, 1993), 675.

5 Guhin, *Dulles,* 219.

6 Dwight Eisenhower, *Mandate for Change, 1953–1956* (Garden City, NY: Doubleday, 1963), 526; Guhin, *Dulles,* 319.

7 Hermann Weber, ed., *DDR: Dokumente zur Geschichte der Deutschen Demokratischen Republik, 1945–1984* (Munich: Deutscher Taschenbuch Verlag, 1986), 217–218.

8 통일에 관한 아데나워의 태도 및 정책과 그의 주도적 행동의 기록을 위해서는 Hans-Peter Schwarz, "Adenauers Wiedervereinigungspolitik," *Die Politische Meinung* (November/December 1975), 33–54를 보라.

9 Heinrich von Siegler, *The Reunification and Security of Germany* (Munich: Siegler, 1957), 55–120; 독일민주공화국의 견해를 위해서는 Gottfried Zieger, *Die Haltung der SED und DDR zur Einheit Deutschlands 1949–1957* (Cologne: Verlag Wissenschaft und Politik, 1988), 7–42.

10 예를 들어 *U.S. Department of State, Documents on Germany, 1944–1985* (Washington, D.C.: Department of State, 1986), 513–518에 있는 1958년 1월의 교환을 보라.

11 아데나워의 모스크바 방문을 위해서는 Angela Stent, *From Embargo to Ostpolitik* (Cambridge: Cambridge University Press, 1981), 20–47을 보라.

12 Rudolf Morsey, "Die Deutschlandpolitik Adenauers," *Vierzig Jahre Deutschlandpolitik im internationalen Kräftefeld* (Bonn: Edition Deutschland Archiv, 1989), 16–32.

8장

1   Howard Trivers, *Three Crises in American Foreign Affairs and a Continuing Revolution* (Carbondale: Southern Illinois University Press, 1970), 3–4.

2   울브리히트와 흐루쇼프 사이뿐만 아니라 동유럽 국가들 사이의 논쟁을 위해서는 Vladislav Zubok, *Khrushchev and the Berlin Crisis (1958–1962)* (Washington, D.C.: Cold War International History Project [앞으로는 CWIHP로 표기], Woodrow Wilson International Center for Scholars, 1993), passim을 보라.

3   Honore M. Catudal, *Kennedy and the Berlin Wall Crisis* (Berlin: Berlin Verlag, 1980), 48.

4   Hope M. Harrison, *Ulbricht and the Concrete "Rose": New Archival Evidence on the Dynamics of Soviet-East German Relations and the Berlin Crisis, 1958–1961* (Washington, D.C.: CWIHP, Woodrow Wilson International Center for Scholars, 1993), 17.

5   Zubok, *Khrushchev and the Berlin Crisis*, 7.

6   Dennis L. Bark and David R. Gress, *From Shadow to Substance, 1945–1963*, vol. 1 of *A History of West Germany* (Oxford: Blackwell, 1989), 435.

7   U.S. Department of State, *Documents on Germany, 1944–1985* (Washington, D.C.: Department of State, 1986), 542–546.

8   Zubok, *Khrushchev and the Berlin Crisis*, 9.

9   흐루쇼프-울브리히트의 대비를 위해서 Wolfgang Heidelmeyer and Günter Hindrichs, *Documents on Berlin, 1943–1963* (Munich: R. Oldenbourg, 1963), 197–204, 233–242; Harrison, *Ulbricht and the Concrete "Rose"*; Zubok, *Khrushchev and the Berlin Crisis*, passim을 보라.

10 Hannes Adomeit, *Soviet Risk-Taking and Crisis Behavior* (Boston: George Allen & Unwin, 1982), 271–272.

11 새로운 자료들이 베를린 위기, 흐루쇼프와 울브리히트의 견해 및 서방의 견해에 관한 문헌에 더해졌다. William Burr, "Avoiding the Slippery Slope: The Eisenhower Administration and the Berlin Crisis, November 1958-January 1959," *Diplomatic History*, 18, no. 2 (Spring 1994), 177–205를 보라. 미국 국무부는 1993년에 미국의 대외관계(Foreign Relations of the United States, 앞으로 *FRUS*로 표기) 시리즈로 네 권을 발간했다. 1958–1960년 시리즈의 8권과 9권은 위기의 첫 번째 단계(1958–1960)를 다루고, 14권과 15권은 위기의 두 번째 단계(1961–1963)를 다룬다. 이 네 권은 이 장과 다음 세 장을 위해 중요한 자료를 제공한다.

12 *FRUS, Berlin Crisis, 1958–1959*, 8, 19.

13 Burr, "Slippery Slope," 195.

14 Ibid., 198.

15 Harold Macmillan, *Pointing the Way, 1959-1961* (London: Macmillan, 1972), 61.

16 *FRUS, Berlin Crisis, 1958-1959,* 8, 568. 외무장관 셀윈 로이드(Selwyn Lloyd)가 실제로 '보잘것없어서'라는 단어를 사용했으나, 그는 맥밀런의 견해를 인용하고 있었다.

17 Macmillan, *Pointing the Way,* 61-408은 많은 사례를 제공한다.

18 Ibid., 78-79.

19 *FRUS, Berlin Crisis, 1958-1959,* 8, 521.

20 Macmillan, *Pointing the Way,* 93-115.

21 *FRUS, Berlin Crisis, 1958-1959,* 8, 426.

22 Ibid., 426, 461, 483, and 651.

23 Ibid., 76-81.

24 Bark and Gress, *Shadow to Substance,* 439.

25 회담의 기록을 위해서는 *FRUS, Berlin Crisis, 1958-1959,* 8, 540-1110을 보라.

26 Ibid., 688.

27 Macmillan, *Pointing the Way,* 78.

28 Burr, "Slippery Slope," 189-205.

29 Anatoly Dobrynin, *In Confidence* (New York: Times Books, 1995), 51.

30 Zubok, *Khrushchev and the Berlin Crisis,* 12.

31 Harrison, *Ulbricht and the Concrete "Rose,"* 33-35 and 53.

32 Bark and Gress, *Shadow to Substance,* 454-455.

33 Zubok, *Khrushchev and the Berlin Crisis,* 13-14.

34 Author's interview with John Mapother, American expert on Germany, Washington, August 15, 1998.

35 Zubok, *Khrushchev and the Berlin Crisis,* 13-14; Karl-Heinz Schmidt, *Dialog über Deutschland* (Baden-Baden: Nomos, 1998), 41-44.

36 Zubok, *Khrushchev and the Berlin Crisis,* 14-15.

9장

1 케네디와 베를린, 독일에 관한 자료를 위해서는 Michael R. Beschloss, *The Crisis Years: Kennedy and Khrushchev, 1961-1963* (New York: Edward Burlingam Books, 1991); Frank Mayer, *Kennedy and Adenauer* (New York: St. Martin's Press, 1995); and Richard Reeves, *President Kennedy* (New York: Simon & Schuster, 1992)를 보라. 필자는 또 흐루쇼프 시대 동안 케네디 대통령과 로버트 케네디를 포함하는 몇 차례의 케네디 방문의 책임자로서 근무하고, 또 케네디와 그의 자문관

들의 견해를 아는 백악관 및 국무부 관리들과 자주 접촉한 경험도 기억한다.

2   Ole R. Holsti, "The 1914 Case," *American Political Science Review* 54, no. 2 (June 1965) 365–378.

3   Reeves, *Kennedy*, 215.

4   Dean Rusk (as told to Richard Rusk), *As I Saw It* (New York: Norton, 1990), 218.

5   Curtis Cate, *The Ides of August: The Berlin Wall Crisis, 1961* (New York: Evans, 1975), 321–322.

6   Eric Roll, "Harsh Realities of Postwar Britain," *Financial Times*, July 13, 1995, 10.

7   Mayer, *Kennedy and Adenauer*, 13–14에서 인용.

8   *Der Spiegel*, no. 41 (1989), 157.

9   Dennis L. Bark and David R. Gress, *From Shadow to Substance, 1945–1963*, vol. 1 of *A History of West Germany* (Oxford: Blackwell, 1989), 483.

10 Mayer, *Kennedy and Adenauer*, 85.

11 Ibid., 46–48.

12 Vladislav Zubok, *Khrushchev and the Berlin Crisis (1958–1962)* (Washington, D.C.: Cold War International History Project, Woodrow Wilson International Center for Scholars, 1993), (앞으로 CWIHP로 표기), 246.

13 *Der Spiegel*, no. 40 (1989), 163.

14 Zubok, *Khrushchev and the Berlin Crisis*, 247.

15 Ibid.

16 Beschloss, *Crisis Years*, 211.

17 Rusk, *As I Saw It*, 220–221.

18 Harold Macmillan, *Pointing the Way, 1959–1961* (London: Macmillan, 1972), 356–358.

19 이 인용들과, 소련 행동 및 발언에 대한 뒤이은 즉각적인 검토를 위해서는 Robert M. Slusser, *The Berlin Crisis of 1961* (Baltimore: Johns Hopkins University Press, 1973), 1–20을 보라.

20 *Der Spiegel*, no. 41 (1989), 168.

21 Slusser, *Berlin Crisis*, 8. 흐루쇼프의 연설과 그가 빈에서 케네디에게 주었던 각서의 원문을 위해서는 *The Soviet Stand on Germany* (Moscow: Crosscurrents Press, 1961), 17–45를 보라.

22 Wjatscheslaw Keworkow, *Der Geheime Kanal* (Berlin: Rowohlt, 1995), 29.

23 Anatoly Dobrynin, *In Confidence* (New York: Times Books, 1995), 43–44.

24 Slusser, *Berlin Crisis*, 10.

25 Rusk, *As I Saw It*, 224.

26 Hope Harrison, *Ulbricht and the Concrete "Rose": New Archival Evidence on the Dynamics of Soviet-East German Relations and the Berlin Crisis, 1958-1961* (Washington, D.C.: Cold War International History Project, Woodrow Wilson International Center for Scholars, 1993, 앞으로는 CWIHP로 표기), 30-56은 장벽이 세워지기 전에 소련인, 동독인 및 여타 바르샤바 협정국들이 했던 상의에 대해 매우 상세한 설명을 제공한다. 해리슨은 많은 발간된 자료들을 참고하였으며, 동독 및 소련 관리들과 인터뷰했을 뿐만 아니라 동독과 소련 문서들도 보았다. 그녀의 설명은 글의 이 부분을 위한 주된 자료일 것이다; Beschloss, *Crisis Years*, 266-267은 장벽 이전 시기 동안 울브리히트, 흐루쇼프, 케네디의 태도와 행동에 관한 배경도 포함하지만 케네디에 가장 집중하는 반면, 해리슨은 동구권에 가장 집중한다.

27 Harrison, *Ulbricht and the Concrete "Rose,"* 36.

28 Alexei Filitov, "Soviet Policy and the Early Years of Two German States, 1949-1961," CWIHP, Woodrow Wilson International Center for Scholars (1994), passim.

29 Reeves, *Kennedy*, 204.

30 울브리히트 연설의 발췌와 연설에 관한 보고를 위해서는 Karl-Heinz Schmidt, *Dialog über Deutschland* (Baden-Baden: Nomos, 1998), 76-86을 보라.

31 Filitov, "Soviet Policy," 18.

32 CWIHP, *Bulletin*, Woodrow Wilson International Center for Scholars, 4 (Fall 1994), 28.

33 *Der Spiegel*, no. 41 (1989), 170.

34 Author's interview with John Mapother, former official at the U.S. Mission in Berlin, Washington, November 20, 1998.

35 8월 13일 이후 서방의 대응에 관한 가장 광범위한 묘사를 위해서는 Cate, *Ides of August*, 205-353을 보라.

36 Honore M. Catudal, *Kennedy and the Berlin Wall Crisis* (Berlin: Berlin Verlag, 1980), 38.

37 Rusk, *As I Saw It*, 225.

38 Jean Edward Smith, *Lucius D. Clay* (New York: Henry Holt and Company, 1990), 637.

39 Reeves, *Kennedy*, 212.

40 브란트의 편지와 케네디의 답장은 U.S. Department of State, *Foreign Relations of the United States: The Berlin Crisis, 1961-1963*, (앞으로 FRUS로 표기), 14, 345-346 and 352-353에 있다; 이 편지에 대한 케네디의 반응이 *Der Spiegel*, no. 48 (1989), 156에 있다.

41 Reeves, *Kennedy*, 213; 머로의 편지 원문을 위해서는 *FRUS, The Berlin Crisis,*

1961-1963, 14, 339-341을 보라.

42 Smith, *Clay*, 642.

43 Ibid., 644.

44 Cate, *Ides of August*, 448-449에서 인용.

45 *FRUS, The Berlin Crisis, 1961-1963*, 14, 378-379.

46 Ibid., 375-376.

47 Ibid., 387.

10장

1 베를린 근무 동안 클레이 장군의 태도와 발언은 다음 세 사람의 주요 자료에 근거한다. 세 명 모두 클레이가 베를린에 머문 동안이나 그 후에 클레이와 직접 이야기를 나누었다: Curtis Cate, *The Ides of August: The Berlin Wall Crisis, 1961* (New York: Evans, 1975), 325-390; Jean Edward Smith, *Lucius D. Clay* (New York: Henry Holt and Company, 1990), 629-665; 그리고 필자와 클레이와의 빈번한 대화. 필자는 베를린에서 그의 특별 보좌관으로 일했다. 다른 자료들은 따로 인용했다.

2 원문을 위해서는 U.S. Department of State, *Foreign Relations of the United States, The Berlin Crisis*, 1961-1963 (Washington, D.C.: U.S. Government Printing Office, 1994) (앞으로 *FRUS*로 표기), 14, 387.

3 Karl-Heinz Schmidt, *Dialog über Deutschland* (Baden-Baden: Nomos, 1998), 86-87.

4 Ibid., 87-93.

5 Hope Harrison, *Ulbricht and the Concrete "Rose": New Archival Evidence on the Dynamics of Soviet-East German Relations and the Berlin Crisis, 1958-1961* (Washington, D.C.: Cold War International History Project, Woodrow Wilson International Center for Scholars, 1993) (앞으로 CWIHP로 표기), 23.

6 Smith, *Clay*, 658-660; 필자의 기억.

7 Bruce W. Menning, "The Berlin Crisis of 1961 from the Perspective of the Soviet General Staff," paper presented at a conference entitled "The Soviet Union, Germany, and the Cold War, 1945-1962: New Evidence from Eastern Archives," Essen and Potsdam, June 28-July 3, 1994, 13-20.

8 클레이 편지의 원문을 위해서는 *FRUS, Berlin Crisis, 1961-1963*, 14, 509-513을 보라.

9 Cate, *Ides of August*, 476에서 인용.

10 베를린 위기의 미스터리 중 하나는 소련공산당 내 코즐로프 파와 다른 반대파가

흐루쇼프의 정책에 미쳤을 영향이었다. 지금까지 소련 국내 정책이 흐루쇼프의 베를린 전술을 어떻게 형성했는지 추적하는 것은 불가능했다. 또한 울브리히트와 코즐로프 사이의 연결에 관한 어떤 증거도 밝혀지지 않았다. 그러나 흐루쇼프는 코즐로프 파를 패배시키고 1961년 10월의 소련 공산당 대회 무렵 자신의 베를린 최종기한을 완화시키기로 결정했던 것 같다. 배경과 논의를 위해서는 Robert M. Slusser, *The Berlin Crisis of 1961* (Baltimore: Johns Hopkins University Press, 1973), 179–200을 보라.

11 찰리 검문소 사건에 대해서는 여러 저자들이 수차례 이야기를 해왔다. Howard Trivers, *Three Crises in American Foreign Affairs and a Continuing Revolution* (Carbondale: Southern Illinois University Press, 1970), passim은 현장에 있던 한 미국 관리의 시각을 보여준다; Cate, *Ides of August*, 457–495 또한 사건의 전모를 기록한다.

12 *FRUS, The Berlin Crisis, 1961–1963*, 14, 524.

13 Smith, *Clay*, 661; 회의에 대한 필자의 노트와 기억.

14 1964년에 로버트 케네디는 대통령이 자신과 소련 정보 관리인 게오르기 볼샤코프 (Georgi Bolshakov)를 통해 소련인들이 먼저 철수하면 미국 탱크가 30분 내에 철수하겠다고 흐루쇼프에게 알렸다고 한 미국 역사가에게 말했다고 전해진다. *Der Spiegel*, no. 48 (1989), 159–160은 이 메시지를 실었다. 피터 와이든(Peter Wyden), 리처드 리버스(Richard Reeves)와 레이먼드 가소프(Raymond Garthoff)를 비롯한 다른 이들도 메시지를 실었다. 하지만 *Foreign Relations of the United States*의 편집인들은 케네디 도서관이나 국무부 파일에서 어떤 증거도 발견하지 못했다고 썼다. (*FRUS, The Berlin Crisis, 1961–1963*, 14, 544). 가소프는 전 독일 주재 소련 대사인 발렌틴 팔린(Valentin Falin)이 소련 보고서를 본 적이 있다고 필자에게 알려주었지만 다른 어느 누구도 그것을 보았다고 주장하지 않는다. 흐루쇼프와 로버트 케네디도, 또 존 F. 케네디의 초기 전기 작가들 중 어느 누구도 그와 같은 메시지를 보고하지 않았다. 비록 그들은 그 메시지가 상황을 좌우하는 인물로서 클레이보다는 대통령임을 보여주기 때문에 메시지를 보고하지 않을 이유를 가졌을 테지만 말이다. 백악관의 많은 관리들은 언론이 클레이에 주목하는 것에 분노했으며 흔쾌히 그를 깎아내리고 케네디를 중시했을 것이다.

클레이는 필자와 다른 이들에게 미국 탱크들이 소련인들을 밖으로 드러나게 함으로써 그 목적을 완수했기 때문에 탱크들을 철수했다고 말했다. 클레이는 일단 자신이 대치를 실행하면 미국을 철수시키기를 원한다고 케네디에게 이미 썼다. 클레이는 비록 필자와 더불어 여러 번 찰리 검문소의 결과를 분석했음에도 불구하고, 필자에게 소련-미국의 조율된 지시가 있었다고 말한 적이 없으며, 틈날 때마다 필자에게 솔직히 털어놓았다. 그리하여 대통령은 클레이에게 흐루쇼프에게 보낸 그런 메시지에 대해 말한 것 같지 않다. 대통령은 러스크, 맥나마라, 번디를 비롯해 최측근 자문관과 초기 전기 작가 어느 누구에게도 혹은 자신이 대통령직 수행을 기록하라고 지시했던 백악관 관리들에게도 말하지 않았던 것처럼 보인다. 또한 흐루쇼프도 비록 그럴 이유가 있긴 했지만 (그리고 소련의 쿠바 미사일 철수 대가로 케네디가 터키로부터 미사일을 철수한다는 합의에 대해서도 훗날 그렇게 했듯이) 그와 같은 메시지를 인용한 적이 없었다. 그러므로 탱크에 관한 케네디-볼샤코프-흐루쇼프 메시지가 과연 존재하는지를 의문시할 이유가 있다.

흐루쇼프에게 보낸 케네디의 메시지가 없어도 모두가 탱크를 철수하기를 원했다. 흐루쇼프는 명목적으로 독립적인 독일민주공화국의 수도에 소련의 기갑부대를 갖고 싶지 않았다. 울브리히트도 그랬다. 그리고 클레이는 자신의 주장을 관철했다.

15 케네디의 반응은 클레이가 워싱턴에서 돌아온 후 클레이 자신과 다른 이들에 의해 필자에게 보고되었다. 케네디의 반응은 또 클레이의 보좌관으로, 케네디의 백악관에서 근무하면서 백악관 친구들로부터 케네디의 반응을 들었던 제임스 P. 오도넬(James P. O'Donnell)에 의해서도 보고되었다.

16 Harold Macmillan, *Pointing the Way, 1959-1961* (London: Macmillan, 1972), 405-408. Cate, *Ides of August,* 491.

17 *Der Spiegel*, no. 43 (1989), 160.

18 Schmidt, *Dialog über Deutschland*, 93-96.

19 Ibid.

20 Frank Mayer, *Kennedy and Adenauer* (New York: St. Martin's Press, 1995), 92-93.

21 Macmillan, *Pointing the Way*, 417-425.

22 Mayer, *Kennedy and Adenauer*, 89.

23 Ibid., 77.

24 National Security Archive, *The Berlin Crisis, 1958-1962* (Washington, D.C.: National Security Archive, 1996), 142.

25 Mayer, *Kennedy and Adenauer*, 111-120.

26 Ibid., 86.

27 Ibid., 85.

28 John C. Ausland, *Kennedy, Khrushchev, and Berlin* (Washington: The Foreign Service Institute, n.d.), 17.

29 Ibid., 11-16.

30 Clay interviews by author, Berlin, February-May, 1962.

31 Letter from Clay to Taylor, September 7, 1962, among the Clay papers in the George C. Marshall Research Library, Virginia Military Institute, Lexington, Virginia.

32 이것과 그 후의 교환 및 성명을 위해서는 *FRUS, Berlin Crisis, 1961-1963*, 15,

270-348을 보라.

33 Anatoly Dobrynin, *In Confidence* (New York: Times Books, 1995), 68.

34 *FRUS, Berlin Crisis, 1961-1963*, 15, 309.

35 케네디-그로미코 회담의 이 부분을 위해서 ibid., 370-376.

36 John R. Mapother, "Berlin and the Cuban Crisis," *Foreign Intelligence Literary Scene*, 12, no. 1 (January 1993), 1-3; Ray S. Cline, "Commentary: The Cuban Missile Crisis," *Foreign Affairs* (Fall 1989), 190-196.

37 *FRUS, Berlin Crisis, 1961-1963*, 15, 398-399.

38 Macmillan, *At the End of the Day* (New York: Harper & Row, 1973), 182.

39 Thomas J. Schoenbaum, *Waging Peace and War: Dean Rusk in the Truman, Kennedy, and Johnson Years* (New York: Simon and Schuster, 1988), 354-355.

40 Ernest R. May and Philip D. Zelikow, *The Kennedy Tapes* (Cambridge, MA: Harvard University Press, 1997), 143, 144, 176.

41 Ibid., 148, 172, 177.

42 Ibid., 144.

43 Ibid., 183.

44 Dobrynin, *In Confidence*, 71-73.

45 CWIHP, *Cold War Crises*, The Woodrow Wilson International Center for Scholars (Spring 1995), 59 and 89-92.

46 Arnold L. Horelick, "The Cuban Missile Crisis," *World Politics* 16, no. 3 (April 1964), 369.

47 Mapother, "Berlin and the Cuban Crisis," 3.

48 Cate, *Ides of August*, 493.

49 Horelick, "Cuban Missile Crisis," 388.

50 Dobrynin, *In Confidence*, 81-95.

51 Ibid.

52 소렌슨에 의해 편집되긴 했지만, Robert Kennedy, *Thirteen Days* (New York: W.W. Norton, 1969), 86-87은 터키의 미사일이 '이 위기 직후에' 철수될 것이라는 도브리닌의 설명을 확인한다. 필자는 소렌슨이 편집하기 전에 케네디가 작성했을 것 같은 문안을 보지 못했다. 또한 CWIHP, *Bulletin*, Woodrow Wilson International Center for Scholars, 5 (Spring 1995), 75-80을 보라.

53 *FRUS, Berlin Crisis, 1961-1963*, 15, 469.

54 Memorandum from David Klein, U.S. Mission, Berlin, August 3, 1963, in private files of John Mapother, Washington, D.C.

55 *FRUS, Berlin Crisis, 1961-1963*, 15, 486.

56 쿠바 이후의 스타일을 위해서는 *FRUS, Berlin Crisis, 1961-1963*, 15, 440-452,

465, 469, 496, 500-503, and 506-508을 보라.

57 Ibid., 519-520.

11장

1 프랑스-독일 연계에 대한 케네디의 우려를 위해서는 Frank Mayer, *Kennedy and Adenauer* (New York: St. Martin's Press, 1995), 127-155를 보라.

2 Dennis L. Bark and David R. Gress, *From Shadow to Substance, 1945-1963*, vol. 1 of *A History of West Germany* (Oxford: Blackwell, 1989), 493-497.

3 Mayer, *Kennedy and Adenauer*, 144.

4 Full text of Kennedy speech in *Public Papers of the Presidents: John F. Kennedy, 1963* (Washington, D.C.: U.S. Government Printing Office, 1976), 524-525; 베를린 방문의 요약과 연설문의 수정을 위해서는 Richard Reeves, *President Kennedy* (New York: Simon & Schuster, 1992), 531-537을 보라. 케네디가 실제로는 "저는 젤리 도넛입니다."라고 말했다고 노련한 독일인들과 일부 학자들이 강조해왔다. 젤리 도넛은 독일 빵집에서 'ein Berliner'를 달라고 하면 얻을 수 있는 것이다. 문법적으로 올바르려면 Kennedy는 "Ich bin Berliner"라고 말해야 했을 것이다. (마치 미국 시민이 "I am American"이라고 하거나 프랑스인이 "je suis francais"라고 말하듯이). 그러나 케네디의 어구는 이 사소한 문법적 실수에도 불구하고 베를린에 대한 예찬의 하나로 받아들여졌다.

5 Reeves, *Kennedy*, 535-536.

6 U.S. Department of State, *Foreign Relations of the United States, The Berlin Crisis, 1961-1963* (Washington, D.C.: U.S. Government Printing Office, 1994), 15, 525-527; Reeves, *Kennedy*, 533-535.

7 Full speech in Public Papers of the Presidents, John F. Kennedy, 1963, 526-528.

8 Reeves, *Kennedy*, 537.

9 Henry Kissinger, *Diplomacy* (New York: Simon & Schuster, 1994), 592.

10 Author's interview with Willy Brandt, Bonn, September 6, 1990.

12장

1 Clay Clemens, *Reluctant Realists: The CDU/CSU and West German Ostpolitik* (Durham, NC: Duke University Press, 1989), 38-39; Werner Link, "Neuanstösse in der Deutschlandpolitik, 1961-1973," in Alexander Fischer, ed., *Vierzig Jahre Deutschlandpolitik im Internationalen Kräftefeld* (Bonn: Edition Deutschland Archiv, 1989), 32-33.

2   *Die Welt*, October 9, 1963, 1.

3   *Frankfurter Allgemeine Zeitung*, April 28, 1964, 1.

4   *Christ und Welt*, July 24, 1964, 1.

5   다국적군과 미국의 전략 정책에 관한 독일의 태도를 위해서는 Henry A. Kissinger, "The Unsolved Problems of European Defense," *Foreign Affairs* (July 1962), 517–541; John Van Oudenaren, *West German Policymaking and NATO Nuclear Strategy* (Santa Monica, CA: RAND, 1985), 4–8; John A. Reed, Jr., *Germany and NATO* (Washington, D.C.: National Defense University Press, 1987), 118–120을 보라.

6   Dennis L. Bark and David R. Gress, *Democracy and its Discontents, 1963–1991*, vol. 2 of *A History of West Germany* (Cambridge, MA: Blackwell, 1993), 24; 나토 핵 정책에서 독일의 역할을 위해서는 Dieter Mahnke, *Nukleare Mitwirkung* (Berlin: Walter de Gruyter, 1972), passim을 보라.

7   Michael Sodaro, *Moscow, Germany, and the West from Khrushchev to Gorbachev* (Ithaca, NY: Cornell University Press, 1990), 44–71.

8   J. A. Kwizinskij, *Vor dem Sturm* (Cologne: Siedler Verlag, 1992), 221.

9   Willy Brandt, *My Life in Politics* (New York: Viking, 1992), 55–70. 이 책은 때때로 좀 더 상세한 브란트의 *Erinnerungen* (Frankfurt: Propylaen, 1989)을 앤시아 벨 (Anthea Bell)이 번역한 것이다.

10 Text in U.S. Department of State, *Documents on Germany, 1944–1985* (Washington, D.C.: U.S. Department of State, 1986), 860.

11 Jochen Staadt, *Die geheime Westpolitik der SED 1960–1970* (Berlin: Akademie Verlag, 1993), 82–87.

12 Brandt, *My Life*, 83.

13 Author's interview with Willy Brandt, Bonn, September 6, 1990.

14 Egon Bahr, *Zu Meiner Zeit* (Munich: Blessing, 1996), 152–161; Brandt, *Erinnerungen*, 73–77. 원문을 위해서는 Manfred Uschner, *Die Ostpolitik der SPD* (Berlin: Dietz, 1991), 182–202 and 203–210.

15 Staadt, *Geheime Westpolitik*, 89–96.

16 Horst Osterheld, *Aussenpolitik unter Bundeskanzler Ludwig Erhard, 1963–1966* (Dusseldorf: Droste, 1992), 301–305; Theo Sommer, "Bonn Changes Course," *Foreign Affairs* (April 1967), 480.

17 George C. McGhee, *On the Frontline in the Cold War* (Westport, CT: Praeger, 1997), 176–177.

18 Kurt Georg Kiesinger, *Die Grosse Koalition, 1966–1969* (Stuttgart: Deutsche Verlags-Anstalt, 1979), 6–17; Bark and Gress, *Democracy*, 90–97.

19 Kiesinger, *Grosse Koalition*, 66–67.

20 Ibid., 155–174.

21 Brandt, *Erinnerungen*, 164.

22 Ibid., 167–169.

23 Kiesinger, *Grosse Koalition*, 67; Bark and Gress, *Democracy*, 95.

24 Staadt, *Geheime Westpolitik*, 209.

25 Karl-Heinz Schmidt, *Dialog über Deutschland* (Baden-Baden: Nomos, 1998), 107–111.

26 James McAdams, *East Germany and Détente* (Cambridge: Cambridge University Press, 1984), 74.

27 Gottfried Zieger, *Die Haltung von SED und DDR zur Einheit Deutschlands 1949–1987* (Cologne: Verlag Wissenschaft und Politik, 1988), 110.

28 Philip Windsor, *Germany and the Management of Détente* (New York: Praeger, 1971), 116–119 and 149–153.

29 요약과 원문을 위해서는 Hermann Weber, ed., *DDR: Dokumente zur Geschichte der Deutschen Demokratischen Republik, 1945–1985* (Munich: Deutscher Taschenbuch Verlag, 1986), 255–308.

30 Staadt, *Geheime Westpolitik*, 242–246.

31 Windsor, *Germany and Détente*, 150–154.

32 McAdams, *East Germany and Détente*, 82–83.

33 Staadt, *Geheime Westpolitik*, 274–276.

34 Windsor, *Germany and Détente*, 184–185.

35 Clemens, *Reluctant Realists*, 47–50.

13장

1 Richard M. Nixon, *The Memoirs of Richard Nixon* (New York: Grosset & Dunlap, 1978), 343–347.

2 Ibid., 143.

3 Henry A. Kissinger, *White House Years* (Boston: Little, Brown, 1979), 147–150.

4 J. A. Kwizinskij, *Vor dem Sturm* (Cologne: Siedler Verlag, 1992), 218–225.

5 Arnulf Baring, *Machtwechsel* (Stuttgart: Deutsche Verlags-Anstalt, 1982), 249–251.

6 Ibid., 247–261.

7 발췌를 위해서는 *Deutsche Aussenpolitik* (Bonn: Bonn Aktuell, 1989), 217–221을 보라.

8   Wjatscheslaw Keworkow, *Der Geheime Kanal* (Berlin: Rowohlt, 1995), 50–53.

9   Ibid., 171–173.

10 Dennis L. Bark and David R. Gress, *Democracy and its Discontents, 1963–1991*, vol. 2 of *A History of West Germany* (Cambridge, MA: Blackwell, 1993), 177, with a report on the meeting, 172–183에서 인용.

11 Baring, *Machtwechsel*, 257–283.

12 바르의 모스크바 회담을 위해서는 Egon Bahr, *Zu meiner Zeit* (Munich: Karl Blessing Verlag, 1996), 284–338.

13 Keworkow, *Der Geheime Kanal*, 76–77.

14 Bahr, *Zu meiner Zeit*, 298–304, 315.

15 Karl-Heinz Schmidt, *Dialog über Deutschland* (Baden-Baden: Nomos, 1998), 228–246.

16 Baring, *Machtwechsel*, 282.

17 Ibid., 314–332.

18 Ibid., 333–349.

19 Michael Sodaro, *Moscow, Germany, and the West from Khrushchev to Gorbachev* (Ithaca, NY: Cornell University Press, 1990), 149–151.

20 Bahr, *Zu meiner Zeit*, 315.

21 Keworkow, *Der Geheime Kanal*, 29 and 47.

22 Author's interview with Günther Van Well, formerly political director in the West German Foreign Office, Bonn, September 8, 1990.

23 Valentin Falin, *Politische Erinnerungen* (Munich: Droemer-Knaur, 1993), 102.

24 Author's interview with Andreas Meyer-Landrut, former West German ambassador in Moscow, Bonn, September 8, 1990.

25 Schmidt, *Dialog über Deutschland*, 246–249.

26 Ibid., 257.

27 예를 들어 *Europäische Sicherheit und Möglichkeiten der Zusammenarbeit* (Hamburg: Körber Stiftung, 1970)를 보라.

28 Kwizinskij, *Vor dem Sturm*, 229–231; author's interview with Egon Bahr, Munich, February 6, 1999.

29 Willy Brandt, *Errinerungen* (Frankfurt: Propylaen, 1989), 203–206.

30 소련-독일 경제 관계를 위해서는 Angela Stent, *From Embargo to Ostpolitik: The Political Economy of West German-Soviet Relations, 1955–1980* (Cambridge: Cambridge University Press, 1981), passim을 보라.

31 Ibid., 210.

32 Ibid., 214.

33 이 장에서 바르샤바 협정에 관한 논의를 위해서는: Bark and Gress, *Democracy*, 186-189; 브란트의 사고와 행동은 Brandt, *Erinnerungen*. 211-224에 있다.

34 Brandt, *Erinnerungen*, 216; Brandt interview.

35 Dennis L. Bark, *Agreement on Berlin* (Washington, D.C.: American Enterprise Institute, 1974), 18-19.

36 Bahr, *Zu meiner Zeit*, 310-312.

37 Ibid., 358.

38 1970년 가을부터 최종 합의 사이의 베를린 4자 회담에 관한 논의는 주로 Honore M. Catudal, *The Diplomacy of the Quadripartite Agreement on Berlin* (Berlin: Berlin Verlag, 1978), 123-217, and Bark, *Agreement on Berlin*, passim에 바탕을 둔다. 다른 특정의 자료들은 적절한 곳에서 따로 인용했다.

39 Sodaro, *Moscow, Germany*, 162.

14장

1 Hannes Adomeit, *Imperial Overstretch* (Baden-Baden: Nomos, 1998), 122-123.

2 Jochen Staadt, "Walter Ulbricht's letzter Machtkampf," *Deutschland Archiv*, (September/October 1996), 694.

3 Michael Sodaro, *Moscow, Germany, and the West from Khrushchev to Gorbachev* (Ithaca, NY: Cornell University Press, 1990), 207-210.

4 Author's interview with Hans-Otto Brautigam, former West German representative to GDR, New York, November 20, 1991.

5 Author's interview with Willy Brandt, Bonn, September 6, 1990.

6 Author's interviews with Karl Kaiser, Professor, Cologne University, Bonn, February 12, 1993, and with Dimitri Simes, expert on Soviet affairs, Washington, August 14, 1995.

7 Author's interview with Egon Bahr, Bonn, September 7, 1990.

8 Adomeit, *Imperial Overstretch*, 123.

9 Markus Wolf, *Spionagechef im Geheimen Krieg* (Düsseldorf: List, 1997), 253-258.

10 Ibid.

11 울브리히트를 제거하기 위한 호네커-브레즈네프의 협력을 위해서는 Heinz Lippmann, *Honecker and the New Politics of Europe*, trans. Helen Sebba (New York: Macmillan, 1972), 190-253; 독일사회주의통일당 문서에서 나온 상세한 설명을 위해서는 Staadt, "Ulbricht's letzter Machtkampf," 686-700을 보라.

12 Staadt, "Ulbricht's letzter Machtkampf," 694.

13 Wolf, *Spionagechef*, 253-258.

14 Adomeit, *Imperial Overstretch*, 121.

15 J. A. Kwizinskij, *Vor dem Sturm* (Cologne: Siedler Verlag, 1992), 255–260.

16 Staadt, "Ulbricht's letzter Machtkampf," 698.

17 Wolf, *Spionagechef*, 253–258; Author's interview with John Mapother, U.S. expert on Germany, Washington, March 31, 1998; Brautigam interview.

18 Staadt, "Ulbricht's letzter Machtkampf," 698–700.

19 Adomeit, *Imperial Overstretch*, 124.

20 Staadt, "Ulbricht's letzter Machtkampf," 698.

21 Kwizinskij, *Vor dem Sturm*, 260.

22 Ibid., 222–223.

23 Ibid., 246.

24 Mapother interview.

25 William E. Griffith, *The Ostpolitik of the Federal Republic of Germany* (Cambridge, MA: MIT Press, 1973), 206–209.

26 Bahr interview.

27 Ibid.

28 Honore M. Catudal, *The Diplomacy of the Quadripartite Agreement on Berlin* (Berlin: Berlin Verlag, 1978), 139–140.

29 Ibid., 144.

30 Bahr interview.

31 Willy Brandt, *Erinnerungen* (Frankfurt: Propylaen, 1989), 190.

32 Brandt interview.

33 Brandt, *Erinnerungen*, 191.

34 Brandt interview.

35 Author's interview with Henry Kissinger, former U.S. White House Assistant for National Security Affairs, New York, November 20, 1991.

36 Ibid.

37 Bahr interview.

38 Wjatscheslaw Keworkow, *Der Geheime Kanal* (Berlin: Rowohlt, 1995), 277–278.

39 Dennis L. Bark and David R. Gress, *Democracy and Its Discontents, 1963–1991*, vol. 2 of *A History of West Germany* (Cambridge, MA: Blackwell, 1993), 199–201.

40 오레안다에 관한 브란트의 설명을 위해서는 Brandt, *Erinnerungen*, 202–210을 보라.

41 Ibid.

42 Sodaro, *Moscow, Germany*, 194–200.

43 Brandt, *Erinnerungen*, 202–203.

44 동-서독 협상을 위해서는 Griffith, *Ostpolitik*, 209-229; and Tony Armstrong, *Breaking the Ice* (Washington, D.C.: United States Institute of Peace, 1993), passim 을 보라.

45 Karl-Heinz Schmidt, *Dialog über Deutschland* (Baden-Baden: Nomos, 1998), 275-278.

46 독일어 원문을 위해서는 *Verträge, Abkommen und Vereinbarungen zwischen der Bundesrepublik Deutschland und der Deutschen Demokratischen Republik* (Bonn: Presse- und Informationsamt der Bundesregierung, 1973)을 보라.

15장

1 Dennis L. Bark and David R. Gress, *Democracy and its Discontents, 1963-1991*, vol. 2 of *A History of West Germany* (Cambridge, MA: Blackwell, 1993), 207-213.

2 Willy Brandt, *My Life in Politics* (New York: Viking, 1992), 267.

3 브란트를 지지하기 위한 소련의 노력을 위해서는 Wjatscheslaw Keworkow, *Der geheime Kanal* (Berlin: Rowohlt, 1995), 90-93, 114를 보라.

4 Markus Wolf, *Man Without a Face* (New York: Times Books, 1997), 150-170.

5 Author's interview with John Mapother, U.S. expert on Germany, Washington, March 31, 1998.

6 Brandt, *My Life*, 308.

7 Keworkow, *Der Geheime Kanal*, 176-179.

8 Karl-Heinz Schmidt, *Dialog über Deutschland* (Baden-Baden: Nomos, 1998), 288-289.

9 Ibid.

10 Ibid., 289-290.

16장

1 달리 언급이 없으면, 1970년대 독일 내부 관계에 대한 이 절의 정보는 Bundesministerium für innerdeutsche Beziehungen, *Zehn Jahre Deutschlandpolitik* (Bonn: Bundesministerium für innerdeutsche Beziehungen, 1980), 11-22에 근거한다.

2 Ibid., 11.

3 Dettmar Cramer, "Deutsch-deutsche Bewahrungsprobe," *Deutschland Archiv* (May 1980), 449.

4 *Zehn Jahre Deutschlandpolitik*, 41-42; Franz Rosch and Fritz Homann, "Thirty

Years of the Berlin Agreement—Thirty Years of Inner-German Trade: Economic and Political Dimensions," *Zeitschrift für die gesamte Staatswissenschaft* 137, (September 1981), 524–556.

5   *New York Times*, October 28, 1979, 1.

6   Gerhard Wettig, *Die Durchführung des Berlin-Transits nach dem Vier-Mächte-Abkommen 1972–1981* (Cologne: Bundesinstitut für ostwissenschaftliche und internationale Studien, 1981), passim.

7   Ibid., 15.

8   Hermann Weber, ed., DDR: *Dokumente zur Geschichte der Deutschen Demokratischen Republik, 1945–1985* (Munich, Deutscher Taschenbuch Verlag, 1986), 355–356.

9   "Wir haben euch Waffen und Brot geschickt," *Der Spiegel*, no. 10 (1980), 42–61.

10 Karl-Heinz Schmidt, *Dialog über Deutschland* (Baden-Baden, Nomos, 1998), 298–299.

11 Ibid., 304–305.

12 Egon Bahr, *Zu meiner Zeit* (Munich: Karl Blessing Verlag, 1996), 332.

13 Wolfgang Jäger and Werner Link, *Republik im Wandel, 1974–1982* (Stuttgart: Deutsche Verlags-Anstalt, 1987), 291. 290–341쪽은 슈미트의 총리 재임 기간 동안 존재했던 독일-소련, 독일-미국 정책 문제를 위한 기본 자료로 쓰인다.

14 유럽의 균형에 SS-20이 미친 영향에 관한 독일 군부의 견해를 위해서는 Federal Minister of Defense, *White Paper 1979: The Security of the Federal Republic of Germany and the Development of the Federal Armed Forces* (Bonn: Federal Ministry of Defense, 1979), 107–111을 보라.

15 Jonathan Haslam, *The Soviet Union and the Politics of Nuclear Weapons in Europe* (Ithaca, NY: Cornell University Press, 1990), 58–96은 배경의 전모를 제공한다.

16 Harry Gelman, *The Brezhnev Politburo and the Decline of Detente* (Ithaca, NY: Cornell University Press, 1984), 19–104; Michael Sodaro, *Moscow, Germany and the West from Khrushchev to Gorbachev* (Ithaca, NY: Cornell University Press, 1990), 385–409; author's interview with Curt Gasteyger, School of International Studies, Geneva, April 15, 1998.

17 Gelman, *Brezhnev Politburo*, 47.

18 Ibid., 209–212.

19 Wjatscheslaw Keworkow, *Der Geheime Kanal* (Berlin: Rowohlt, 1995), 192–224.

20 Zbigniew Brzezinski, *Power and Principle* (New York: Farrar Strauss Giroux, 1983), 289–315; Helmut Schmidt, *Men and Powers*, trans. Ruth Hein, (New

York: Random House, 1959), 181–187; Jimmy Carter, *Keeping Faith* (Toronto: Bantam Books, 1982), 535–537.

21 Cyrus Vance, *Hard Choices* (New York: Simon and Schuster, 1983), 67–68.

22 Helmut Schmidt, *Strategie des Gleichgewichts* (Stuttgart: Seewald, 1969), 21.

23 Marion Donhoff, "Bonn and Washington: The Strained Relationship," *Foreign Affairs* (Summer 1979), 1064.

24 Helmut Schmidt, *Men and Powers*, 185.

25 Gregor Schöllgen, *Geschichte der Weltpolitik von Hitler bis Gorbatschow, 1941– 1991* (Munich: Beck, 1996), 361–363.

26 *Die Zeit*, April 14, 1978, 3.

27 Author's interview with Walther Stutzle, former planning chief, West German ministry of defense, Bonn, September, 7, 1990.

28 Carter, *Keeping Faith*, 244–261.

29 Text of Schmidt speech in Survival (January/February 1978), 2–10.

30 Julius W. Friend, *The Linchpin: French-German Relations, 1950–1990* (New York: Praeger, 1991), 58–60.

31 Margaret Thatcher, *The Downing Street Years* (New York: Harper Collins, 1993), 240–241.

32 *Is America Becoming Number 2?* (Washington, D.C.: Committee on the Present Danger, 1978); Robert Kilmarx, *Soviet-United States Naval Balance* (Washington, D.C.: Center for Strategic and International Studies, 1975); "Russia's Blue-Water Bid," *Newsweek*, February 21, 1977, 8–13; "Is America Strong Enough?" *Newsweek*, October 27, 1980, 48–54.

33 Karl-Heinz Schmidt, *Dialog über Deutschland*, 313.

34 Alex Alexiev, "U.S. Policy and the War in Afghanistan," *Global Affairs* (Fall 1988), 81–85.

35 Keworkow, *Der geheime Kanal*, 236–249.

36 Karl-Heinz Schmidt, *Dialog über Deutschland*, 307–312.

37 Bahr, *Zu meiner Zeit*, 506–507.

38 Brzezinski, *Power and Principle*, 459–469; Helmut Schmidt, *Men and Powers*, 205–216.

39 Helmut Schmidt, *Men and Powers*, 86–91.

40 Ibid., 92–94.

41 Detlef Nakath and Gerd-Rüdiger Stephan, *Von Hubertusstock nach Bonn* (Berlin: Dietz, 1995), 20–21.

42 회담과 준비, 평가에 관한 독일민주공화국의 말한 그대로의 보고를 위해서는

Nakath and Stephan, *Von Hubertusstock*, 55-75를 보라; 서독 기록을 위해서는 *Das deutsch-deutsche Treffen am Werbellinsee* (Bonn: Bundesministerium für innerdeutsche Beziehungen, 1982)를 보라; 배경을 위해서는 Eric Frey, *Division and Détente: The Germanies and their Alliances* (New York: Praeger, 1987), 95-99; and James McAdams, *Germany Divided* (Princeton, NJ: Princeton University Press, 1991), 134-152를 보라.

43 Manfred Wilke, Reinhardt Gutsche, and Michael Kubina, "Die SED-Führung und die Unterdrückung der polnischen Oppositionsbewegung 1980/81," *German Studies Review* 17, no. 1 (Spring 1994), 105-152.

44 *New York Times*, May 21, 1981, 21.

17장

1 Charles Krauthammer, "The Reagan Doctrine," *Time*, April 1, 1985, 30-31.

2 Robert McFarlane, *Special Trust* (New York: Cadell & Davies, 1994), 293.

3 Jay Winik, *On the Brink* (New York: Simon and Schuster, 1996), 184; '숲 속의 산책'을 위해서는 ibid., 184-213을 보라; 또 Strobe Talbott, *The Master of the Game* (New York: Vintage Books, 1988), 174-181.

4 Winik, *On the Brink*, 203; Talbott, *Master of the Game*, 177.

5 J. A. Kwizinskij, *Vor dem Sturm* (Cologne: Siedler Verlag, 1992), 291-357.

6 Ronald Reagan, *An American Life* (New York: Simon and Schuster, 1990), 570.

7 Jonathan Haslam, *The Soviet Union and the Politics of Nuclear Weapons* (Ithaca, NY: Cornell University Press, 1990), 143.

8 McFarlane, *Special Trust*, 295-296.

9 Ibid., 127-131.

10 Wjatscheslaw Keworkow, *Der geheime Kanal* (Berlin: Rowohlt, 1995), 261-262.

11 Roland Smith, *Soviet Policy Towards West Germany* (London: International Institute for Strategic Studies, 1985), Adelphi Paper 203, 24.

12 Ibid.

13 Winik, *On the Brink*, 168.

14 Dennis L. Bark and David R. Gress, *Democracy and Its Discontents*, vol. 2 of *A History of West Germany* (Cambridge, MA: Blackwell, 1993), 406-7.

15 Haslam, *Soviet Union and Nuclear Weapons*, 131-138. 다음 인용들은 이 자료에서 나왔다.

16 Ibid.; Theo Sommer, "The Germanies Must Cooperate," *Newsweek*, January 7, 1985, 44.

17 *Frankfurter Allgemeine Zeitung*, August 4, 1984, 1.

18 중거리핵전력 배치에 관한 전략적 분석을 위해서는 Cristoph Bertram, "The Implications of Theater Nuclear Weapons in Europe," *Foreign Affairs* (Winter 1981–82), 305–326을 보라.

19 Federal Republic of Germany, *Bulletin*, December 14, 1982, 9–15.

20 비트부르크 방문을 위해서는 George P. Shultz, *Turmoil and Triumph* (New York: Scribner's, 1993), 539–560을 보라.

21 소련 인용을 위해서는 *Europa-Archiv*, October 25, 1985, 566–571을 보라.

22 Ibid.

23 *Bundesminister der Verteidigung, SDI: Fakten und Bewertungen; Fragen und Antworten; Dokumentation* (Bonn: FRG Ministry of Defense, June, 1986), 54–55.

24 콜을 비롯한 독일인들이 했던 발언의 원문과 요약을 위해서는 ibid., 53, 56–58을 보라.

25 *International Herald Tribune*, March 5, 1985. Louis Deschamps, *The SDI and European Security Interests* (Paris: The Atlantic Institute for International Affairs, 1987), 26에서 재인용.

26 *Die Welt*, July 2, 1986, 1.

27 McFarlane, *Special Trust*, 295–296; Don Oberdorfer, *The Turn* (New York: Poseidon Press, 1991), 38 and 74.

28 Oberdorfer, *Turn*, 62.

29 *Newsweek*, November 2, 1992, 58.

30 Mikhail Gorbachev, *Memoirs*, trans. Georges Peronansky and Tatjana Varsavsky (New York: Doubleday, 1995), 18–170.

31 William Griffith, "Brezhnev's Foreign Policy," *Problems of Communism* (March–April 1985), 106–109.

32 Hubert Védrine, *Les Mondes de Francois Mitterrand* (Paris: Fayard, 1996), 371–375.

33 1985년부터 1988년까지 레이건-고르바초프 협상의 주요 자료는 Oberdorfer, *Turn*, 109–386; Gorbachev, *Memoirs*, 401–463; McFarlane, *Special Trust*, 298–322; Reagan, *American Life*, 545–723; and Shultz, *Turmoil and Triumph*, 340–380, 463–607, 751–782, 863–900, 993–1015, and 1080–1108이다. 중거리핵전력 조약 원문을 위해서는 *Treaty between the United States and the Union of Soviet Socialist Republics on the Elimination of their Intermediate-range and Shorter-range Missiles* (Washington, D.C.: U.S. Department of State, 1987)를 보라.

34 Richard Perle, "Reykjavik as a Watershed in U.S.-Soviet Arms Control," *International Security*, no. 11 (Summer 1987), 175–179.

35 *The Washington Post*, November 2, 1986, 1.

36 Oberdorfer, *Turn*, 321.

37 Reagan, *American Life*, 706; 연설 원문을 위해서는 *New York Times*, June 13, 1987, 3을 보라.

38 콜에 대한 고르바초프 초기 태도를 위해서는 David Shumaker, *Gorbachev and the German Question* (Boulder, CO: Westview, 1996), 9–28을 보라.

39 Egon Bahr, *Zu meiner Zeit* (Munich: Karl Blessing Verlag, 1996), 525–546.

40 Karl-Rudolf Korte, *Deutschlandpolitik in Helmut Kohls Kanzlerschaft* (Stuttgart: DVA, 1998), 206.

41 *Frankfurter Rundschau*, February 13, 1987, 1–2.

42 Shumaker, *Gorbachev and the German Question*, 42–45.

43 Federal Republic of Germany, *Statements and Speeches*, vol. 10, no. 3, February 6, 1987, 1–5.

44 Kohl *ARD* interview, April 3, 1987.

45 Teltschik Deutschlandfunk interview, March 16, 1987.

46 Richard von Weizsäcker, *Remembrance, Sorrow and Reconciliation* (Bonn: Press and Information Office of the Federal Republic of Germany, 1985), 57–73.

47 방문에 관한 보고를 위해서는 Richard von Weizsäcker, *Vier Zeiten* (Berlin: Siedler Verlag, 1997), 339–347; Shumaker, *Gorbachev and the German Question*, 47–49 를 보라.

48 Shumaker, *Gorbachev and the German Question*, 62.

49 Vyacheslav Dashichev, untitled paper presented at the American Institute for Contemporary German Studies, Washington, D.C., July 17, 1991, 4.

50 Shumaker, *Gorbachev and the German Question*, 68–69.

51 Eugene B. Rumer, *A German Question in Moscow's "Common European Home"* (Santa Monica, CA: RAND, 1991), Rand Note N-3220–USDP, 6–12; and Dimitri Simes, "Gorbachev: A New Foreign Policy?" *Foreign Affairs, America and the World*, 1986, 477–500.

52 *Kolnische Rundschau*, August 8, 1986, 3.

53 Nineteenth All-Union Conference of the CPSU, *Documents and Materials* (Washington, D.C.: Soviet Embassy, 1988), 129.

54 Shumaker, *Gorbachev and the German Question*, 74–79.

55 Jeffrey Gedmin, *The Hidden Hand: Gorbachev and the Collapse of East Germany* (Washington, D.C.: AEI Press, 1992), 52.

56 *The Economist*, June 17, 1989, 37.

57 Moscow Television Service, June 15, 1989.

58 Vienna Television Service, June 15, 1989.

59 합의의 목록을 위해서는 *Frankfurter Allgemeine Zeitung*, June 13, 1989, 2를 보라; 방문에 관한 묘사를 위해서는 *Die Begegnungen von Moskau und Bonn* (Bonn: Presse- und Informationsamt der Bundesregierung)을 보라.

60 Gorbachev, *Memoirs*, 503.

61 Bergedorfer Gesprächskreis zu Fragen der freien industriellen Gesellschaft, *Systemöffnende Kooperation?* Protokoll no. 84 (March 1988).

62 Bergedorfer Gesprächskreis zu Fragen der freien industriellen Gesellschaft, *Das gemeinsame Europäische Haus—aus der Sicht der Sowjetunion und der Bundesrepublik Deutschland*, Protokoll no. 86 (December 1988).

63 달리 언급이 없으면, 이 절을 위한 정보는 *Innerdeutsche Beziehungen: Die Entwicklung der Beziehungen zwischen der Bundesrepublik Deutschland und der Deutschen Demokratischen Republik, 1980–1986* (Bonn: Bundesministerium fur innerdeutsche Beziehungen, 1986)에 근거한다; 또한 Heinrich Potthoff, *Die "Koalition der Vernunft"* (Munich: Deutscher Taschenbuch Verlag, 1995); Detlef Nakath and Gerd-Rüdiger Stephan, *Von Hubertusstock nach Bonn* (Berlin: Dietz Verlag, 1995), passim도 보라; 덜 포괄적이고 더 분석적인 글로는: Ernst Martin, *Deutschlandpolitik der 80er Jahre* (Stuttgart: Bonn Aktuell, 1986).

64 Korte, *Deutschlandpolitik*, 196–198 and 211–214.

65 Smith, *Soviet Policy toward Germany*, 25–26.

66 Hannes Adomeit, *Imperial Overstretch* (Baden-Baden: Nomos, 1998), 171.

67 Korte, *Deutschlandpolitik*, 164.

68 Michael Sodaro, *Moscow, Germany, and the West from Khrushchev to Gorbachev* (Ithaca, NY: Cornell University Press, 1990), 298.

69 Smith, *Soviet Policy toward Germany*, 26.

70 Ernest D. Plock, *West German–East German Relations and the Fall of the GDR* (Boulder, CO: Westview, 1993), 47.

71 Sodaro, *Moscow, Germany*, 307.

72 Adomeit, *Imperial Overstretch*, 169–170.

73 체르넨코-그로미코-호네커 회담을 위해서는 ibid., 175–185를 보라.

74 *International Herald Tribune*, September 5, 1984, 1.

75 *Frankfurter Allgemeine Zeitung*, December 1, 1984, 1.

76 *Frankfurter Allgemeine Zeitung*, April 4, 1986, 2.

77 Bundesminister für innerdeutsche Beziehungen, *Informationen*, February 12, 1988, 9–10.

78 *Frankfurter Rundschau*, January 6, 1987, 1.

79 *Frankfurter Allgemeine Zeitung*, April 14, 1987, 1.

80 *Tagesspiegel*, September 11, 1986.

81 호네커 방문에 관한 서독의 공식 기록을 위해서는 *Der Besuch von Generalsekretär Honecker in der Bundesrepublik Deutschland* (Bonn: Bundesministerium fur innerdeutsche Beziehungen, 1987)를 보라. 서독 관리들과의 회담에 관한 호네커 자신의 기록들은 Erich Honecker, *Moabiter Notizen* (Berlin: edition ost, 1994), 105–235에 있다.

82 *U.S. News & World Report*, September 14, 1987, 40.

83 "The Balance of Payments of the Federal Republic of Germany with the German Democratic Republic," *Monthly Report of the Deutsche Bundesbank* (January 1990), 15.

84 Hanns-D. Jacobsen and Heinrich Machowski, "Die wirtschaftsbeziehungen zwischen beiden deutschen Staaten," in Jacobsen, Machowski, and Dirk Sager, eds., *Perspektiven für Sicherheit und Zusammenarbeit in Europa* (Bonn: Bildungszentrale für politische Bildung, 1988), 374–5.

85 Plock, *West German–East German Relations*, 41–66.

86 Deutsche Bank, *Special: East Germany* (Frankfurt: Deutsche Bank, 1990), 7–11.

87 상업조정국에 관한 5,000쪽에 이르는 서독 보고서의 요약을 위해서는 *Frankfurter Allgemeine Zeitung*, June 22, 1994, pp. 1–2를 보라.

88 Peter Przybylski, *Tatort Politburo: Die Akte Honecker* (Berlin: Rowohlt, 1991), 367–375.

89 Ibid., 294–295.

90 Armin Volze, "Geld und Politik in den innerdeutschen Beziehungen 1970–1989," *Deutschland Archiv* (March 1990), 386–7.

91 Elizabeth Pond, *Beyond the Wall* (Washington, D.C.: Brookings, 1991), 80.

92 *Washington Post*, August 12, 1993, A22.

93 새로운 동방정책을 위해서는 Timothy Garten Ash, *We, the People* (Cambridge: Granta Books, 1990), 313–342를 보라.

94 Ibid., 342.

18장

1 Timothy Garten Ash, *We, the People* (Cambridge: Granta Books, 1990), 133.

2 Elizabeth Pond, *Beyond the Wall* (Washington, D.C.: Brookings, 1991), 88.

3 Ash, *We, the People*, 47–52.

4 Charles S. Maier, *Dissolution: The Crisis of Communism and the End of East*

Germany (Princeton, NJ: Princeton University Press, 1997), 131.

5   Karl-Rudolf Korte, *Deutschlandpolitik in Helmut Kohls Kanzlerschaft* (Stuttgart: DVA, 1998), 452.

6   Günter Schabowski, *Der Absturz* (Berlin: Rowohlt, 1992), 228–232.

7   Ilse Spittmann, "Der 17. Januar und die Folgen," *Deutschland Archiv* (March 1988), 227–232.

8   *Financial Times*, December 31, 1987, 5; *Der Spiegel*, no. 21 (1987), 78–92.

9   Hans Kleinschmid, "Symptome eines Syndroms," *Deutschland Archiv* (March 1988), 232–236.

10   이 장 나머지 부분을 위한 자료는 대체로 다음 문헌과 관찰에 근거한다: Hannes Bahrmann and Christoph Links, *Chronik der Wende* (Berlin: Links Verlag, 1994); Robert Darnton, *Berlin Journal* (New York: Norton, 1991); Volker Gransow and Konrad H. Jarausch, eds., *Die Deutsche Vereinigung: Dokumente* (Cologne: Verlag Wissenschaft und Politik, 1991), 52–110; Cornelia Heins, *The Wall Falls* (London: Grey Seal, 1994), 181–249; Ekkehard Kuhn, *Gorbatschow und die deutsche Einheit* (Bonn: Bouvier, 1993); Christoph Links and Hannes Bahrmann, *Wir sind das Volk* (Wuppertal: Peter Hammer Verlag, 1990); Maier, *Dissolution*, 108–215; Elizabeth Pond, *After the Wall* (New York: Priority Press, 1990), 1–153; Ralf Georg Reuth and Andreas Bonte, *Das Komplott* (Munich: Piper, 1993); and 당시 베를린을 방문하던 동안의 필자의 관찰.

11   Reuth and Bonte, *Komplott*, 27.

12   Spittmann, "Der 17. Januar," 227.

13   Reuth and Bonte, *Komplott*, 46.

14   Author's interview with J. D. Bindenagel, former minister at U.S. Embassy in East Berlin, Washington, August 20, 1998.

15   Reuth and Bonte, *Komplott*, 91–92.

16   Gransow and Jarausch, eds., *Deutsche Vereinigung*, 60–61에 있는 호소의 원문.

17   Vyacheslav Dashichev, untitled paper presented at the American Institute for Contemporary German Studies, Washington, D.C., July 17, 1991, 8.

18   Reuth and Bonte, *Komplott*, 108–109.

19   Kuhn, *Gorbatschow*, 44.

20   Schabowski, *Absturz*, 249–252.

21   Gransow and Jarausch, eds., *Deutsche Vereinigung*, 76–77에 있는 원문.

22   Schabowski, Absturz, 262–271.

23   Ibid., 121–122.

24   Kuhn, *Gorbatschow*, 55–56.

25 Reuth and Bonte, *Komplott*, 137-139.

26 Dashichev, untitled paper, 6.

27 이 절을 위한 자료는 1989년 가을 필자 자신의 베를린 및 동독 여행과 다음 문헌
에 근거한다: Hannes Bahrmann and Christoph Links, *Chronik der Wende*;
Darnton, *Berlin Journal*; Gransow and Jarausch, eds., *Deutsche Vereinigung*, 52-
110; Heins, *The Wall Falls*, 181-249; Links and Bahrmann, *Wir sind das Volk*;
Maier, *Dissolution*, 108-215; Pond, *After the Wall*, 1-153; Reuth and Bonte, *Das
Komplott*, passim.

28 Bahrmann and Links, *Chronik der Wende*, 89-91.

29 1989년 11월 9일 동베를린과 장벽에서 일어난 사건들에 관한 가장 상세한 검토는
Hans-Hermann Hertle, *Chronik des Mauerfalls* (Berlin: Ch. Links, 1997), 118-
212에 있다. 규정 원문을 위해서는 Gransow and Jarausch, eds., *Deutsche
Vereinigung*, 93-94를 보라.

30 Maier, *Dissolution*, 160.

31 Schabowski, *Absturz*, 305-309.

32 Bindenagel interview.

33 George Kennan, *The German Problem: A Personal View* (Washington, D.C.:
American Institute for Contemporary German Studies, 1989), 6.

34 Egon Bahr, *Zu meiner Zeit* (Munich: Karl Blessing Verlag, 1996), 570-574.

35 James McAdams, "The GDR at Forty: the Perils of Success," *German Politics
and Society* (Summer 1989), 14-26.

36 Theo Sommer, ed., *Reise ins andere Deutschland* (Reinbek: Rowohlt, 1986).

37 Vernon A. Walters, *Die Vereinigung war voraussehbar* (Berlin: Siedler Verlag,
1994), passim.

38 Schabowski, *Absturz*, 311.

19장

1 J. A. Kwizinskij, *Vor dem Sturm* (Berlin: Siedler Verlag, 1993), 15; Ekkehard
Kuhn, *Gorbatschow und die deutsche Einheit* (Bonn: Bouvier Verlag, 1993), 69;
Egon Bahr, *Zu meiner Zeit* (Munich: Karl Blessing Verlag, 1996), 573; Hannes
Adomeit, *Imperial Overstretch* (Baden-Baden: Nomos, 1998), 437.

2 Willy Brandt, *"... was zusammengehört"* (Bonn: Dietz, 1993), 33-39.

3 Kuhn, *Gorbatschow*, 77-78.

4 Ibid., 96-97.

5 Author's interview with Horst Teltschik, Munich, April 20, 1998.

6   Kwizinskij, *Vor dem Sturm*, 16–17; Helmut Kohl, *Ich wollte Deutschlands Einheit* (Berlin: Propylaen, 1996), 141.

7   Teltschik interview.

8   Horst Teltschik, *329 Tage* (Berlin: Siedler Verlag, 1992), 109; 이 장을 위한 정보의 일반적 출처로서는 ibid., 42–147, and Kohl, *Deutschlands Einheit*, 125–283을 보라; 포괄적인 이후의 검토를 위해서는 Werner Weidenfeld, with Peter M. Wagner and Elke Bruck, *Aussenpolitik für die deutsche Einheit: Die Entscheidungsjahre, 1989/90* (Stuttgart: Deutsche Verlags-Anstalt, 1999), passim을 보라.

9   Philip Zelikow and Condoleezza Rice, *Germany Unified and Europe Transformed* (Cambridge, MA: Harvard University Press, 1995), 139–141.

10 Ibid.; George Bush and Brent Scowcroft, *A World Transformed* (New York: Knopf, 1998), 201–202; Robert L. Hutchings, *American Diplomacy and the End of the Cold War* (Washington, D.C.: Wilson Center Press, 1997), 107–108.

11 Hutchings, *American Diplomacy*, 112.

12 Teltschik, *329 Tage*, 105.

13 Author's interview with Robert Zoellick, former counselor of the U.S. State Department, Washington, September 15, 1998; Hutchings, *American Diplomacy*, 97.

14 Michael R. Beschloss and Strobe Talbott, *At the Highest Levels* (Boston: Little, Brown, 1991), 137.

15 Kuhn, *Gorbatschow*, 125.

16 Teltschik, *329 Tage*, 81–84.

17 Hans-Dietrich Genscher, *Erinnerungen* (Berlin: Siedler Verlag, 1995), 686–688.

18 Kohl, *Deutschlands Einheit*, 215, 301; Teltschik, *329 Tage*, 87–91. 드레스덴 사태에 관한 세부사항과 논의를 위해서는 Weidenfeld, *Aussenpolitik für die deutsche Einheit*, 201–204를 보라.

19 Zelikow and Rice, *Germany Unified*, 151–153.

20 Ibid., *Germany Unified*, 117.

21 Teltschik, *329 Tage*, 106–108.

22 German Information Service, *Statements and Speeches*, vol. 12, no. 25, December 19, 1989에는 10개항에 대한 충분한 공식적 해석이 들어 있다. 여기서 인용된 요약본의 출처는 Zelikow and Rice, *Germany Unified*, 119–120이다.

23 G. Jonathan Greenwald, *Berlin Witness* (University Park: Pennsylvania State University Press, 1993), 288.

24 Bush and Scowcroft, *A World Transformed*, 244.

25 Teltschik, *329 Tage*, 112–113.

26 Ibid., 141–144.

27 Ibid., 145.

28 *The Economist*, May 26, 1990, 56.

29 Greenwald, *Berlin Witness*, 292.

30 Kuhn, *Gorbatschow*, 85.

31 James A. Baker III with Thomas M. DeFrank, *The Politics of Diplomacy* (New York: Putnam's, 1995), 234.

32 Zelikow and Rice, *Germany Unified*, 81 and 117.

33 Ibid., 131–132.

34 Ibid., 133.

35 Ibid., 142–143; Zoellick interview.

36 Beschloss and Talbott, *At Highest Levels*, 186–187.

37 Zoellick interview; Hutchings, *American Diplomacy*, 100, 115.

38 Hutchings, *American Diplomacy*, 167.

39 Adomeit, *Imperial Overstretch*, 218.

40 Ibid., 216–217.

41 Mikhail Gorbatschow, *Erinnerungen*, trans. Igor Petrowitsch Gorodetzkij (Berlin: Siedler Verlag, 1993), 709; 영어판은 Mikhail Gorbachev, *Memoirs*, trans. Georges Peronansky and Tatjana Varsavsky (New York: Doubleday, 1995)이다.

42 Eduard Shevardnadze, *Die Zukunft gehört der Freiheit*, trans. Novosti Information Agency (Hamburg: Rowohlt, 1991), 233

43 Zelikow and Rice, *Germany Unified*, 266.

44 Ibid., 161–163.

45 소련의 논쟁에 대한 상세한 분석을 위해서는 Rafael Biermann, "Machtgefüge im Umbruch," in Elke Bruck, Peter M. Wagner, eds., *Wege zum "2+4"-Vertrag* (Munich: Forschungsgruppe Deutschland, 1996), 92–105를 보라.

46 Hubert Védrine, *Les Mondes de François Mitterrand* (Paris: Fayard, 1996), 428; Julius W. Friend, *The Linchpin* (New York: Praeger, 1991), 81–84.

47 Jaques Attali, *Verbatim III* (Paris: Fayard, 1995), 390. 키예프에서 미테랑이 독일에게 독일 통일을 거부하라고 설득하려는 노력에 관한 상세한 보고를 위해서는 Weidenfeld, *Aussenpolitik für die deutsche Einheit*, 153–159를 보라.

48 Védrine, *Mitterrand*, 430; Hutchings, *American Diplomacy*, 105.

49 Védrine, *Mitterrand*, 431–433.

50 Dominique Moisi, "The French Answer to the German Question," *Foreign Affairs* (Spring 1990), 30–35.

51 Teltschik, *329 Tage*, 86.

52 *La Politique Étrangère de la France: Textes et Documents* (January–February 1990), 86.

53 독일에 관한 대처의 행동과 콜과 그녀의 관계는 Margaret Thatcher, *The Downing Street Years* (New York: Harper Collins, 1993), 263, 548–549, 747–748 and 784–789에 요약되어 있다; 또 Weidenfeld, *Aussenpolitik für die deutsche Einheit*, 69–74도 보라.

54 Hutchings, *American Diplomacy*, 68–69, 108.

55 Thatcher, *Downing Street Years*, 792–793.

56 Ibid., 748.

57 Paul Sharp, *Thatcher's Diplomacy* (London: Macmillan, 1997), 218–219.

58 Attali, *Verbatim III*, 369, 400.

59 Védrine, *Mitterrand*, 440–441.

60 Teltschik, *329 Tage*, 153.

61 Ibid., 159.

62 Zoellick interview.

63 Beschloss and Talbott, *At Highest Levels*, 185.

64 Zelikow and Rice, *Germany Unified*, 176–177.

65 Ibid., 180–184.

66 Ibid., 226–229; 회담에 관한 공문서와 언론 보도의 가장 완벽한 모음은 Stiftung Wissenschaft und Politik의 여러 권으로 된 시리즈 *"Zwei + Vier": Die Frage der äusseren Aspekte der deutschen Einheit* (Ebenhausen: Stiftung Wissenschaft und Politik, 1990)이다; 개인적인 2+4 독일 회고를 위해서는 Hans-Dietrich Genscher, *Erinnerungen* (Berlin: Siedler Verlag, 1995), 709–895를 보라.

67 Zoellick interview.

68 Zelikow and Rice, *Germany Unified*, 243–248.

69 Author's interview with Igor Maximychev, Deputy Chief of Mission at Soviet Embassy in East Berlin, Potsdam, June 2, 1990.

70 Bush and Scowcroft, *A World Transformed*, 269.

71 Zelikow and Rice, *Germany Unified*, 275–285. 다음 인용들은 이 문헌에서 나왔다.

72 Ibid., 278.

73 Gorbatschow, *Erinnerungen*, 722–723.

74 Bush and Scowcroft, *A World Transformed*, 281–283.

75 Attali, *Verbatim III*, 497.

76 Beschloss and Talbott, *At Highest Levels*, 221.

77 Ibid., 289.

78 Ibid., 295–303.

79 Ibid., 296.

80 Ibid., 303.

81 Hutchings, *American Diplomacy*, 45, 120.

82 Zelikow and Rice, *Germany Unified*, 174–175.

83 Teltschik interview.

84 Bush and Scowcroft, *A World Transformed*, 243, 246; Hutchings, *American Diplomacy*, 387, n.75; Zoellick and Bindenagel interviews.

85 Attali, *Verbatim III*, 432, 435, 439 and 520.

86 Genscher, *Erinnerungen*, 773–782.

87 Hans Tietmeyer, "Errinerungen an die Vertragsverhandlungen," in Theo Waigel and Manfred Schell, eds., *Tage, die Deutschland und die Welt veränderten* (Munich: Bruckmann, 1994), 57–117.

88 David Schoenbaum and Elizabeth Pond, *The German Question* (New York: St. Martin's Press, 1996), 157.

89 Harry Maier, "Gefahrliche Schlagseite," *Die Zeit*, May 20, 1998, 35.

90 W. R. Smyser, *The German Economy* (New York: St. Martin's Press, 1993), 149–174.

91 Wolfgang Schäuble, *Der Vertrag* (Stuttgart: Deutsche Verlags-Anstalt, 1991), passim; *Frankfurter Allgemeine Zeitung*, September 5, 1990, B1–B6의 조약 원문.

92 독일 내부 협상의 전체 기록을 위해서는 Schäuble, *Der Vertrag*, passim을 보라.

93 Teltschik, *329 Tage*, 192.

94 Kohl, *Deutschlands Einheit*, 556–557; Kwizinskij, *Vor Dem Sturm*, 19.

95 Teltschik, *329 Tage*, 248.

96 Teltschik interview.

97 Teltschik, *329 Tage*, 231–232.

98 Zelikow and Rice, *Germany Unified*, 325–327.

99 새로운 나토로 가는 길을 위해서 Zelikow and Rice, *Germany Unified*, 303–324.

100 Bush and Scowcroft, *A World Transformed*, 244.

101 Zoellick interview; Zelikow and Rice, *Germany Unified*, 316.

102 Ibid., 324–325.

103 Giulietto Chiesa, "The 28th Congress of the CPSU," *Problems of Communism* (July-August 1990), 24–38.

104 David H. Shumaker, *Gorbachev and the German Question* (Westport, CT: Praeger, 1995), 135–137.

105 Jack F. Matlock, Jr., *Autopsy of an Empire* (New York: Random House, 1995),

386 – 388.

106 Adomeit, *Imperial Overstretch*, 511 – 516.

107 Matlock, *Autopsy*, 389; Moscow television, July 7, 1990.

108 Kuhn, *Gorbatschow*, 127 – 128.

109 Mikhail Gorbatschow, *Gipfel-Gespräche* (Berlin: Rowohlt, 1993), 161 – 180.

110 Teltschik, *329 Tage*, 313 – 342.

111 Gorbatschow, *Erinnerungen*, 726.

112 Zelikow and Rice, *Germany Unified*, 329.

113 Ibid., 344.

114 Ibid.; *Deutsche Aussenpolitik, 1990/91* (Bonn: Foreign Office, 1991), 244 – 246.

115 Kwizinskij, *Vor dem Sturm*, 59.

116 조약의 전문은 Deutsche *Aussenpolitik, 1990/91*, 237 – 243에 있다.

117 Friend, *Linchpin*, 87.

118 Beschloss and Talbott, *At Highest Levels*, 240.

119 Zelikow and Rice, *Germany Unified*, 346 – 352; Teltschik, *329 Tage*, 352 – 362.

120 Adomeit, *Imperial Overstretch*, 541 – 554.

121 Curt Gasteyger, ed., *Europa von der Spaltung zur Einigung* (Bonn: Bundeszentrale für politische Bildung, 1997), 452 – 456에 있는 원문.

122 Ibid., 413 – 419.

123 Ibid., 456 – 459.

124 Ibid., 469 – 499.

20장

1 예를 들어 Peter Schweizer, *Victory* (New York: Atlantic Monthly Press, 1994).

2 Stephen Rosenfeld, "Star Wars: Scandal and Coup?" *Washington Post*, August 20, 1993, A17; Robert McFarlane, "Consider What Star Wars Accomplished," *New York Times*, August 23, 1993, 21; Jacques Attali, *Verbatim III* (Paris: Fayard, 1995), 305.

3 Author's interview with Ambassador Vernon Walters, Washington, November 4, 1994; Anatoly Dobrynin, *In Confidence* (New York: Times Books, 1995), 527, 609.

4 Carl Bernstein and Marco Politi, *His Holiness* (New York: Doubleday, 1996), 269 – 275; Adrian Karatnycky, "How We Helped Solidarity Win," *Washington Post*, August 27, 1989, C1.

5 Paul Sharp, *Thatcher's Diplomacy* (New York: St. Martin's Press, 1997), 202 – 225.

6 *Deutschland Archiv* (December 1990), 1935.

7   Eduard Shevardnadze, *Die Zukunft gehört der Freiheit*, trans. Novosti Press Agency (Hamburg: Rowohlt, 1991), 238.

8   Ekkehard Kuhn, *Gorbatschow und die deutsche Einheit* (Bonn: Bouvier Verlag, 1993), 167.

9   Author's interview with Willy Brandt, Bonn, September 6, 1990.

10   Wolfgang Bergsdorf, "Deutschland 1871 und 1991," *Geschichte*, No. 4 (1991): 4-7; "The Week in Germany," German Information Service, New York, April 16, 1999, 1-3; *Focus*, No. 16, 1999, 20-42; 평화유지 작전에서 독일의 역할을 위해서 는 *Auswärtiges Amt, 25 Jahre deutsche Beteiligung an Friedenserhaltenden Massnahmen der Vereinten Nationen* (Bonn: Foreign Office, 1998)을 보라.

11   Robert L. Hutchings, *American Diplomacy and the End of the Cold War* (Washington, D.C.: Woodrow Wilson Center Press, 1997), 278-279.

인명 찾아보기